Kersten Knipp

Paris unterm Hakenkreuz

HOTEL NAPOLEON

Kersten Knipp

Paris unterm Hakenkreuz

Frankreich zwischen Alltag und Ausnahmezustand

wbg THEISS

Abbildungsnachweis:
akg images: S. 25, 39, 55, 85, 119, 130, 135, 158, 185, 189, 220, 224, 251, 263, 270, 281, 302, 314, 334, 362, 372; bpk Berlin: S. 2/3, 9, 50 (bpk | RMN - Grand Palais | Estate Brassaï), 382, 402; dpa: S. 433 (© dpa-Report); wbg-Archiv: S. 204, 356.
Karten: Peter Palm, Berlin (S. 113, 435)

Die Deutsche Nationalbibliothek verzeichnet diese Publikation in der Deutschen Nationalbibliografie; detaillierte bibliografische Daten sind im Internet über http://dnb.dnb.de abrufbar.

wbg Theiss ist ein Imprint der wbg

Die Herausgabe des Werkes wurde durch die Vereinsmitglieder der wbg ermöglicht.
Lektorat: Mechthilde Vahsen, Düsseldorf
Satz: TypoGraphik Anette Bernbeck, Gelnhausen

Umschlagabbildung: Deutsche Soldaten beim Kauf von Backwaren in Paris, 1940.
Foto: © akg images.

Umschlaggestaltung: Harald Braun, Helmstedt
Gedruckt auf säurefreiem und alterungsbeständigem Papier
Printed in Germany

Besuchen Sie uns im Internet: www.wbg-wissenverbindet.de

ISBN 978-3-8062-4109-9

Elektronisch sind folgende Ausgaben erhältlich:
eBook (PDF): 978-3-8062-4141-9
eBook (epub): 978-3-8062-4142-6

Inhalt

Einleitung 7

TEIL I Aufziehende Düsternis

Teils heiter, teils wolkig
Der Sommer 1939 22

»Drôle de guerre«
Warten auf den Ernstfall 48

Reich und Rätsel
Diplomatische Manöver in den 1930ern 74

Geräusch und Signal
Vorgeschichte einer Niederlage 100

TEIL II Die Katastrophe

Exodus
Die große Flucht 132

Der verweigerte Blick
Das Verhältnis der Franzosen zu den Besatzern 153

TEIL III Reaktionäre und Mörder: Pétain und sein Regime

»Eine neue Ordnung beginnt«
Kulturkampf in Vichy 172

»Der Marschall ist am strengsten«
Pétain, das *statut des juifs* und die Tradition
des französischen Antisemitismus 196

Tortur im Vel' d'hiv
Die große Pariser Razzia vom Juli 1942 222

Jagd auf Kinder
Klaus Barbie, die Südzone und das Waisenhaus von Izieu 253

Tod und Gesang
Die Miliz 276

TEIL IV Heroen. Der Widerstand

»Die Ehre Frankreichs«
Charles de Gaulle in London 306

Der Preis der Freiheit
Motive des Engagements 330

Tödlicher Widerstand
Combat und die Vereinigung der *Résistance* 345

Widerstand auf dem Land
Der Marquis 367

TEIL V Französischer und europäischer Neuanfang

Abrechnung unter Landsleuten
Epuration: Die »Reinigung« nach der Befreiung 392

Last der Vergangenheit
Gedenkkultur nach dem Völkermord 413

Anmerkungen 436

Bibliographie 458

Personenregister 467

Einleitung

> Es braucht kein System, es braucht keine heilige Wahrheit, es braucht keine absolute Herrschaft. Nur so ist man gegen die Tyrannei geschützt.
>
> *Paul Bénichou, Romantismes français*

Nachdem er sich verneigt hatte, stand er einige Momente still. Die Mütze an seine Brust gepresst, schaute Adolf Hitler hinab auf das Grabmal Napoleons. Kein Wort kam dem deutschen Diktator in jenem Augenblick über die Lippen, regungslos verharrte er in der Krypta des Invalidendoms, einen Schritt hinter ihm seine Entourage: SS-Obergruppenführer Karl Wolff, Oberkommandeur der Wehrmacht Wilhelm Keitel, Hitlers späterer Sekretär Martin Bormann, der Architekt Albert Speer, der Bildhauer Arno Breker, dazu weitere NS-Größen. Doch in jenem Moment schien Hitler weit weg. »Stumm und andächtig stand er vor dem Sarkophag Napoleons«, erinnerte sich später sein Fotograf Heinrich Hoffmann an die Szene. »Was ging in ihm vor? Zog er Parallelen zwischen sich und dem Mann, der Europa beherrscht hatte? Als sich Hitler endlich aus der Verzauberung löste, sagte er tief ergriffen: ›Das war der größte und schönste Augenblick meines Lebens!‹«[1]

Der Besuch im Invalidendom war eine der letzten Stationen von Hitlers kurzer, gerade drei Stunden dauernder Exkursion in die französische Hauptstadt. Gegen fünf Uhr morgens war sein Flugzeug in Paris gelandet. Fünf Staatskarossen kutschierten ihn und sein Gefolge an jenem 23. Juni 1940 anschließend durch die menschenleere Stadt. »Paris hat mich schon immer fasziniert«, gestand er seinen Begleitern. »Ein Besuch ist seit Jahren mein leidenschaftlicher Wunsch. Jetzt stehen die Tore für mich offen. Nie war bei mir eine andere Vorstellung vorhanden, als die Kunstmetropole mit meinen Künstlern zu besichtigen.«[2]

Hitler sprach von Paris als einer »Kunstmetropole«, nicht aber von Paris als der Hauptstadt Frankreichs, dem Wohnort zahlloser Menschen. Womöglich, weil ihn die Menschen grundsätzlich nicht interessierten, er sie ohnehin nur als politische Verschiebemasse zur Kenntnis nahm. Womöglich aber auch, weil die Stadt in jenem Moment weitestgehend menschenleer war. Und zwar nicht nur, weil zu dieser frühen Stunde noch niemand auf den Straßen war, sondern weil rund 2 Millionen Pariser die Stadt in den Tagen und Wochen zuvor auf der Flucht vor der Wehrmacht verlassen hatten. Die deutschen Truppen galten den Franzosen als unberechenbar, und so waren zahllose Menschen in den Süden des Landes geflohen, gejagt von den Sturzkampfflugzeugen der Wehrmacht, deren Piloten nicht zögerten, ihre Bomben auch auf die Flüchtlinge zu richten und tausende wehrlose Zivilisten zu töten – aus Sicht der deutschen Besatzer eine Lektion, die ein für alle Mal klarstellen sollte, wer im Land fortan das Sagen hatte.

Inmitten dieser Stadt stand nun also kunstergriffen der oberste deutsche Kriegsherr. Zuvor hatte er ein anderes Gebäude besichtigt, die Pariser Oper, auch sie für den Reichskanzler eine Attraktion. Einmal umrundete er das Gebäude, dann trat er ein, wandelte durch die Vorhallen und das Treppenhaus und betrat schließlich den eigentlichen Konzertsaal. »Das schönste Theater der Welt«, entfuhr es ihm. Ganz berührt zeigte er sich angesichts der »wundervollen, einmalig schönen Proportionen«.[3] Die folgende Führung durch den Bau übernahm der gescheiterte Kunstmaler selbst.

Ästhetische Ergriffenheit im Opernhaus, historische Ehrfurcht vor Napoleon. »Es war der Traum meines Lebens, Paris sehen zu dürfen«, wird Hitler Albert Speer später anvertrauen. »Ich kann nicht sagen, wie glücklich ich bin, dass er sich heute erfüllt hat.«[4]

Allerdings verlief auch dieser Traum nicht ohne dass Hitler seiner größten Obsession nachgegeben hätte, der unentwegten Zerstörung. »Immer stürzte er nur das Fallende, tötete er nur das schon Sterbende«, umreißt Sebastian Haffner Hitlers feinen Sinn für die Schwächen der schon Unterlegenen.[5] So auch an diesem Tag im unterworfenen Paris. Während eines kurzen Abstechers an die École militaire ließ er sich in deren Ehrenhof eine Inschrift vor einem Standbild des französischen

Diktator ehrt Kaiser: Hitler am Grab Napoleons, 23. Juni 1940.

Weltkriegsgenerals Charles Mangin übersetzen. Diese, fand er, sei geschmacklos und beleidigend. Umgehend gab er Befehl, das Denkmal zu sprengen. Es war das erste von rund 200 Monumenten, die die Nationalsozialisten während ihrer Besatzungszeit allein in Paris in die Luft jagten.

Rachsucht, Gewalt, Zerstörungswut: Wären sie zugegen gewesen, hätten die Franzosen einmal mehr sehen können, was unter Hitlers Herrschaft auf sie zukam. Sie hatten fortan mit einem Mann zu tun, der sich gelegentlich, wie in Paris, für einige Momente verzaubern ließ, aus diesem Zauber aber sehr schnell wieder erwachte und seine Sicht der Dinge durchdrückte. Geleitet, so stellt Sebastian Haffner es dar, zum einen von positiven Eigenschaften – Willenskraft, Wagemut, Tapferkeit und Zähigkeit –, vor allem aber von seinen negativen: Rücksichtslosigkeit, Rachsucht, Treulosigkeit und Grausamkeit, zudem völliger Unfähigkeit zur Selbstkritik.[6]

Mit Hitlers Entschlossenheit zum unbedingten Durchgriff hatte die französische Regierung – sie war gerade vor der deutschen Armee aus Paris nach Bordeaux geflohen – bereits einen Tag zuvor, am 22. Juni 1940, Bekanntschaft gemacht. An diesem Tag hatten ihre militärischen und politischen Repräsentanten den Waffenstillstandsvertrag mit Deutschland unterzeichnet. Zugleich hatten sie, wohl ohne sich dessen völlig bewusst zu sein, auf der Lichtung des Örtchens Compiègne an einer sorgsam inszenierten politischen Symbolveranstaltung teilgenommen. Denn unterzeichnet wurde dieser Vertrag an exakt demselben Ort, an dem 1918 der aus Sicht deutscher Nationalisten demütigende Waffenstillstandsvertrag zwischen dem Deutschen Reich und den Alliierten geschlossen worden war. Die Geste war deutlich: Das Deutschland 1918 widerfahrene Unrecht werde 22 Jahre später wieder rückgängig gemacht, und zwar von niemand anderem als Adolf Hitler. Die Zeit des Schmachfriedens, so die Botschaft, gehörte nun endgültig der Vergangenheit an. Die »Zerschmetterung Frankreichs«, erklärte Hitler, sei ein »Akt der geschichtlichen Gerechtigkeit«.[7]

Zu diesem Zweck hatte er die Szene ganz nach den Bildern des Jahres 1918 arrangieren lassen. Sie wurde hergerichtet zur Bühne eines Auftritts, der Deutschen, Franzosen und der Welt klarmachen sollte, wer fortan in Frankreich das Sagen habe. Um die Symbolik bis zum Äußersten zu treiben, hatte die Organisation Todt, die militärisch gegliederte Bauorganisation des NS-Staates, eigens den Auftrag erhalten, den Eisenbahnwaggon, in dem der Waffenstillstandsvertrag von 1918 unterzeichnet worden war, aus dem nahe gelegenen Museum herauszuholen und für die nun anstehende Unterzeichnung vorzubereiten. »Der Wagen des Marschall(s) Foch steht in einer Halle, die Ausfahrt ist nicht möglich, in 39 vorsichtigen Detailsprengungen muss der Weg freigemacht werden«, hieß es in einem Text des damaligen Pressereferenten der Organisation Josef Pöchlinger.[8] Kein Problem für Männer des Bautrupps, die den Wagen nach den Sprengungen an seinen Platz schoben, ihn putzten, seine alten Scharniere ölten und in seinem Inneren eine Fernsprechanlage für die Schallplattenaufzeichnung und die darauffolgende Radioübertragung installierten.

Damit stand die Bühne für Hitlers großen Auftritt, den allen Indizien nach er selbst – und nicht Goebbels, wie lange Zeit angenommen – ersonnen hatte.[9] »Hitler hatte sich diese Szene schon längere Zeit vorgestellt und war jetzt ganz davon erfüllt, diese Rolle vor der Geschichte spielen zu könnte«, notierte Hitlers Luftwaffenadjutant Nicolaus von Below.[10] Goebbels selbst erfuhr von Ort und Inszenierung des Waffenstillstandsvertrags erst kurz vorher. »Die Kapitulationsverhandlungen will der Führer in Compiègne stattfinden lassen. Ich bin auf das Tiefste ergriffen und kann dem Führer meine Glückwünsche kaum zum Ausdruck bringen«, notierte der Propagandaminister am 17. Juni. »Wir übertragen die Nachricht im Rundfunk mit ganz großem Zeremoniell.«[11] Tatsächlich wurde es ein großer Auftritt. Die auf vier Personen begrenzte französische Delegation – General Charles Huntziger, der ehemalige Botschafter in Polen Léon Noël, Luftwaffengeneral Jean Bergeret und Vize-Admiral Maurice Le Luc – war bis kurz vorher über den Ort der Verhandlung im Unklaren gelassen worden. »Hier Huntziger«, kontaktierte der französische Delegationsleiter am Abend des Verhandlungstags General Maxime Weygand, den frisch ernannten französischen Verteidigungsminister. »Ich rufe Sie aus dem Waggon an, den Sie gut kennen«, teilte er ihm mit. Der verstand offenbar umgehend, um welchen Waggon es sich handelte. »Mon pauvre ami« (»Mein armer Freund«), lautet seine Antwort.[12]

Einige Stunden zuvor hatte die französische Delegation den Verhandlungsort erreicht und sah sich als Teil eines umfassenden medialen Spektakels. Die Kameramänner der *Wochenschau* waren vor Ort, ebenso zahlreiche internationale Journalisten. Für die amerikanische CBS berichtete William L. Shirer. Auch er konnte sich der historischen Symbolik des Ortes kaum entziehen.

> »Der Eisenbahnwaggon – es war Marschall Fochs privater Wagen – steht einige Fuß von uns entfernt, an genau demselben Platz, an dem er an jenem grauen Morgen vor 22 Jahren stand. Nur – und was für ein ›nur‹ das ist – saß Adolf Hitler an dem Platz, der damals vom Marschall Foch besetzt war. Hitler, der zu jener Zeit nur ein unbekannter Gefreiter in der Deutschen Armee war.«[13]

Shirer verstand die Botschaft des Treffens: Es ging um nichts weniger als die Korrektur eines aus deutscher Sicht historischen Unrechts.

Aus nächster Nähe schilderte er, wie Hitler, begleitet von Luftwaffenchef Hermann Göring, Admiral Erich Raeder, Generalfeldmarschall Walther von Brauchitsch, Wehrmachtsoberkommandeur Wilhelm Keitel, Außenminister Joachim von Ribbentrop und Reichsminister Rudolf Heß, sich langsam dem Waggon näherte. Auf dem Weg zum Waggon kreuzten sie einen Gedenkstein, der an die Waffenstillstandsverhandlungen des Jahres 1918 erinnerte: »Hier scheiterte am 11. November 1918 der verbrecherische Hochmut des Deutschen Kaiserreichs, besiegt durch die freien Völker, die es sich zu unterjochen anmaßte.«[14] Hitler, Göring und die anderen Delegationsmitglieder lasen die Aufschrift. »Wir suchen nach einer Regung in Hitlers Gesicht. Doch es verändert sich nicht. Schließlich leitet er seine Mannschaft zu einem anderen Granitstein, einem kleineren einige Meter weiter seitlich.«[15] Keine Regung in Hitlers Gesicht? Shirers Bemerkung zeigt nicht nur, wie sorgsam die Nationalsozialisten die Szene vorbereitet hatten, sondern auch, wie streng sie die berichtenden Journalisten zensierten. An diesem Tag ging es darum, der Welt einen Hitler zu präsentieren, der selbst angesichts der historischen Tragweite des Augenblicks in jedem Moment gefasst war. Diese Fassung war freilich nichts als eine Fiktion. In seinen Tagebüchern, die anders als die offizielle Reportage nicht der Zensur unterlagen, schilderte Shirer einen beim Anblick der Inschrift ganz anderen Hitler:

> »Ich habe dieses Gesicht oft gesehen, in großen Momenten seines Lebens. Aber heute! Es ist rot vor Zorn, Wut, Haß, Rache, Triumph ... Plötzlich, als ob sein Gesicht allein die Gefühle nicht ausdrücken kann, bringt er seinen ganzen Körper in Übereinstimmung mit seinen Empfindungen. Hastig legt er seine Hände an die Hüften, hebt die Schultern und spreizt die Beine. Es ist die großartige Geste der Herausforderung, der brennenden Verachtung für diesen Ort und alles, wofür er in den zweiundzwanzig Jahren gestanden hat.«[16]

Nach der Verlesung des Waffenstillstandsvertrags verließ Hitler das Treffen. Ihm war es um den Auftritt gegangen, darum, die absolute Herrschaft über den unterlegenen Kriegsgegner zu demonstrieren. Das Gespräch zu den Details des Waffenstillstandsvertrags interessierte ihn nicht mehr. Symbolisch war für ihn in diesem Moment Entscheidendes erreicht. Auch sein strategisches Ziel war erfüllt: Frankreich lag am Boden. Damit war die entscheidende Voraussetzung erfüllt, um Großbritannien, das dem Deutschen Reich zusammen mit Frankreich am 3. September 1939 – zwei Tage nach dem deutschen Überfall auf Polen – den Krieg erklärt hatte, die Aussichtslosigkeit eines fortgesetzten Kampfes zu verdeutlichen und zum Frieden mit Deutschland zu bewegen. Einen Zweifrontenkrieg hatte er nach der Eröffnung des geplanten Feldzugs gegen die Sowjetunion unbedingt verhindern wollen. Zugleich hoffte Hitler, durch die Besetzung Frankreichs auch die Vereinigten Staaten zur Zurückhaltung zu bewegen. Diese waren zwar zu jenem Zeitpunkt noch neutral, signalisierten aber unverkennbar, auf wessen Seite sie in den Krieg eingreifen würden.

Nach dem Sieg über Frankreich brauchte Hitler in Frankreich vor allem eines: militärische Ruhe. Der Krieg war geschlagen, zum Widerstand wollte Hitler den Franzosen möglichst wenig Anlässe liefern. Mit weiterer Symbolpolitik hielt er sich darum zurück. Philipp Pétain, wenige Tage zuvor ins Amt des französischen Staatschefs getreten, sollte mit seinem Kabinett weiterhin das gesamte Land, einschließlich der von den Deutschen besetzten Zone, verwalten. Zumindest offiziell und in der Theorie. Denn tatsächlich übte Deutschland – so stipulierte es der Waffenstillstandsvertrag – »alle Rechte der besetzenden Macht aus. Die französische Regierung verpflichtet sich, die in Ausübung dieser Rechte ergehenden Anordnungen mit allen Mitteln zu unterstützen und mit Hilfe der französischen Verwaltung durchzuführen.«[17]

Ein geschlagenes Land

Frankreich, so das grundsätzliche Signal, würde auch unter deutscher Besetzung weiter bestehen. Allerdings sah der Waffenstillstandsvertrag von Compiègne massive Einschnitte vor: Elsass-Lothringen wurde der Zivilverwaltung der angrenzenden deutschen Gaue unterstellt und damit praktisch, allerdings nicht staatsrechtlich, ins Deutsche Reich eingegliedert. Die Départements Nord und Pas-de-Calais wurden der

Militärverwaltung in Belgien und Nordfrankreich überantwortet. Im unmittelbaren Anschluss richteten die Deutschen eine rund 100 Kilometer breite »verbotene Zone« ein, die vom Ärmelkanal bis zum Genfer See reichte. Der dort lebenden und während der Kriegswochen geflohenen Bevölkerung war es verboten, in ihre Häuser zurückzukehren. Deutschlands Verbündeter Italien, erst vor Kurzem in den Krieg eingetreten, erhielt die Macht über einen kleinen Zipfel im Süden mit Menton als Zentrum. Die verbleibenden Teile des Landes wurden in eine von den Deutschen besetzte und eine »freie Zone« zergliedert. Die deutsche Zone zog sich vom südlichen Atlantik, beginnend in Spanien, und bog zwischen Poitiers und Tours Richtung Osten ab, um an der Schweizerischen Grenze zu enden. Das gesamte nördliche Gebiet war von den Deutschen besetzt – insgesamt hielten sie knapp 60 Prozent der gesamten Landmasse.

Hinzu kamen enorme ökonomische Belastungen: Die Deutschen zwangen den Franzosen die Kosten für die Besatzung auf – zunächst 20 Millionen Reichsmark täglich. Insgesamt beliefen sich diese Leistungen zwischen 1940 und 1943 auf 490 Milliarden Francs – bei einem Steueraufkommen von 378 Milliarden Francs.[18] Einer Berechnung des damaligen französischen Finanzministers Aimé Lepercq zufolge hatte Deutschland insgesamt 900 Milliarden Francs aus Frankreich herausgeholt.[19] Auch auf anderen Gebieten demonstrierte Deutschland seine Macht: Die französische Armee wurde auf eine Stärke von 100.000 Mann reduziert. Forderte Deutschland die Auslieferung von auf französischem Staatsgebiet lebenden Reichsbürgern, hatte Frankreich dem unverzüglich nachzukommen.

So demoralisierend die äußeren Bedingungen wirkten: Langfristig viel demütigender dürften die ethischen Zwangslagen gewesen sein, in die die Deutschen viele Franzosen zwangen. Die mehr als vier Jahre dauernde Besatzungszeit bewirkte eine Degradierung des sittlichen Gefühls, eine Verrohung und Brutalisierung, die in diesem Maß vorher kaum denkbar gewesen waren. Gewiss, schon der seit Jahrzehnten andauernde und entlang vielerlei Frontlinien verlaufende Streit zwischen Konservativen und Progressiven, zwischen Monarchisten und Republikanern, zwischen christlich-liberalen und kommunistisch-sozialistischen Fraktionen hatte für erhebliche Spannungen gesorgt. Seit Jahren, wenn nicht Jahrzehnten rangen die Franzosen um ihre politische Identität, fochten einen Kampf um die Ordnung ihres Staats. Letztlich reichte dieser Kampf bis in das Revolutionsjahr 1789 zurück. Umstürzler und Bewahrer, Modernisten und Traditionalisten, Anhänger der alten und Verfechter der neuen Ordnung standen einander gegenüber, oft unversöhnlich, zu Kompromissen nur mühsam bereit. Insbesondere die letzten 15 Jahre vor dem Krieg zeugten durch vielfache Regierungswechsel, Streiks, Demonstrationen und Zusammenstöße, bissige Pamphlete und Schmähungen davon, wie tief die Kluft sich durch die Gesellschaft zog. Doch die Franzosen einte das Gefühl, dass es mit dem Land bergab gehe, dass es den Herausforderungen der Zeit weder politisch noch ökonomisch noch kulturell gewachsen sei.

> »Das Bestreben, originelle Lösungen zu finden, durch die sich sowohl die Krise der westlichen Zivilisation als auch der nationale Niedergang beheben ließen, ist umso größer, als im Arsenal traditioneller politischer Ideologien keine Lösung zu finden ist. Die politischen Parteien offenbaren eine enorme geistige Trägheit und sind nicht in der Lage, die Dynamik zu entfachen, die das Land braucht. Einer der wesentlichen Aspekte der moralischen und intellektuellen Krise in Frankreich liegt in dem Umstand, dass das politische Denken nicht in der Lage ist, sie zu erfassen und auf sie einzugehen.«[20]

Aus Sicht nicht weniger Franzosen schienen die Spannungen mit der Besetzung des Landes durch die Deutschen ganz unvermittelt eine Lösung zu finden. Philippe Pétain, gefeierter Held des Ersten Weltkriegs und zu diesem Zeitpunkt 84 Jahre alt, übernahm die Regierung. Umgehend löste der politische Reaktionär die Dritte Republik auf und setzte an deren Stelle seinen *État français*. Im Anschluss verordnete er dem Land eine Revolution von oben, die *Révolution nationale*. Entschlossener Gegner der Moderne, nahm er wenige Wochen nach Amtsantritt auch jene ins Visier, die in seinen Augen ganz wesentlich für die Misere des Staats verantwortlich waren: Kommunisten, Freimaurer und Juden. Ohne von den Nationalsozialisten dazu genötigt worden zu sein, erließ er Anfang Oktober den ersten *statut des Juifs*, einen Erlass, der erste Berufsverbote für die als »Rasse« definierten Juden aussprach. Schritt für Schritt glitt die Regierung über eine immer engere Zusammenarbeit – die berüchtigte *collaboration* – mit den Nationalsozialisten in eine antisemitische Politik, in deren Verlauf sie immer aggressiver gegen die in Frankreich lebenden Juden vorging: zunächst gegen jene ohne französische Staatsangehörigkeit, schließlich – wenngleich zögerlich und in geringerem Maß – auch gegen die eigenen Bürger jüdischen Glaubens. Entschlossen und überwiegend in eigener Regie – oftmals sind ausschließlich französische Sicherheitskräfte beteiligt – organisierte sie Razzien gegen Juden, um sie anschließend den Besatzern auszuliefern. Die transportierten sie umgehend in die Konzentrations- und Vernichtungslager in Deutschland und den besetzten Gebieten Mitteleuropas. Insgesamt 73.853 Juden wurden so in 79 Transporten in die Vernichtungslager deportiert. Von ihnen überlebten 2560.[21] Hinzu kamen rund 1900 weitere Juden, die auf anderen Wegen in die Vernichtungslager gebracht wurden. Insgesamt, so der Historiker und Nazijäger Serge Klarsfeld, wurden 75.721 Juden in die Lager deportiert.

Die Vichy-Regierung befand sich in einem furchtbaren Dilemma: Der Druck der Besatzer, die in Frankreich lebenden Juden auszuliefern, nahm beständig zu. Aber hätte sie ihm entsprechen müssen? Hätte sie einem mörderischen Regime tatsächlich Zehntausende unschuldiger Menschen ausliefern müssen? Hatte sie wirklich keine Wahl? Gewiss, eine Weigerung hätte womöglich ihr Ende bedeutet. Aber was zählt das Ende einer Regierung angesichts so vieler Menschenleben? Zudem hätte die Regierung durch eben dieses Ende umso überzeugender ihre ethischen Prinzipien beweisen, ein klares und überzeugendes Bekenntnis zu zivilisatorischen Standards, zu Menschenrechten und politischer Verantwortung leisten können. Doch all dem entzog sie sich, indem sie den Besatzern weiter zuarbeitete, und das hieß: Menschen auslieferte. Zumindest am Anfang konnte sie behaupten, nicht zu wissen, welches Schicksal die Deportierten erwartete. Doch von 1942 an, als der polnische Offizier Jan Kozielewski, bekannt unter dem Namen Jan Karski, in Großbritannien und den USA erste Berichte über den Völkermord veröffentlichte, hätte die Regierung gewarnt sein können. Doch die Gerüchte – glasklare Beweise hatte sie zu dieser Zeit noch nicht – geflissentlich ignorierend, setzte sie stattdessen zu den Razzien in großem Stil an. 1943 rief Premierminister Pierre Laval die im Regierungsauftrag agierende *Milice française*, eine paramilitärisch agierende Ordnungskraft, ins Leben, die ihm politisch unterstand. Die Miliz ging gegen Juden wie politische Gegner gleichermaßen vor. Ganz wesentlich bekämpfte sie die verschiedenen innerfranzösischen Widerstandsgruppen, die sich teils gegen die Vichy-Regierung, vor allem aber gegen das deutsche Besatzungsregime richteten. Die Auseinandersetzungen zwischen Miliz und *Résistance* wurden so hart und so blutig, dass die Besatzungsjahre auch als Zeit eines französischen Bürgerkriegs beschrieben werden.

So setzten die Besatzer den Franzosen nicht allein durch die äußeren Umstände der Besatzung zu. Deutschlands Verantwortung bestand auch darin, in Frankreich Bedingungen geschaffen zu haben, unter denen viele Franzosen – allen voran Pétain und seine Minister – schwere Schuld auf sich luden. Unter deutscher Herrschaft begangen sie Verbrechen, die sie unter anderen Umständen in dieser Form aller Wahrscheinlichkeit nach nicht begangen hätten. Wenn es zutrifft, dass Menschen ganz wesentlich durch die Umstände ihrer Zeit zu Helden oder Verbrechern werden, dann lag die deutsche Schuld darin, diese Umstände überhaupt erst geschaffen zu haben. Freilich ließ sich nur ein vergleichsweise kleiner Teil der Bevölkerung zu großen oder kleineren Verbrechen hinreißen. Doch auch sie reagierten vor allem auf die Situation, in die die Politik der Besatzung sie gebracht hatte. Auch das war deutsche Verantwortung.

> »(I)ch würde sogar die These vertreten, dass es den Deutschen nach dem Zweiten Weltkrieg unterschwellig immer wieder übelgenommen wurde, dass sie diese Fähigkeit der Franzosen ans Licht gebracht hatten, selber ›Schweinehunde zu sein‹, wie das Kurt Schumacher 1932 vor dem deutschen Reichstag mit Bezug auf die Nazis formuliert hatte.«

So schreibt es die französische Historikerin Hélène Miard-Delacroix in ihrem klugen Dialog mit ihrem deutschen Fachkollegen Andreas Wirsching. »Auch Franzosen konnten sich während der Präsenz der deutschen Wehrmacht in Frankreich als Schweinehunde erweisen. Das bedeutete, dass nicht nur die Deutschen böse sein konnten, sondern dass auch Menschen im eigenen Land, in der eigenen Familie solche Übeltäter sein konnten. Und das wurde den Deutschen nicht vergeben.«[22]

Gewiss, es gab auch den Widerstand, und er setzte sich am Ende durch, wenngleich natürlich mithilfe der Alliierten, allen voran den Briten und den USA. Ohne sie hätte Frankreich, muss man fürchten, erheblich länger unter dem Hakenkreuz gestanden. Dennoch leisteten die Kämpfer der *Résistance* Herausragendes, verteidigten stellvertretend für viele andere die Würde des Landes gegen dessen Regierung. Charles de Gaulle, Jean Moulin, Henri Frenay, Berty Albrecht: vier Namen nur von tausenden, die für die Zivilisation nicht nur Frankreichs, sondern Europas eintraten, sie teils um den Preis ihres Lebens verteidigten. Zudem kämpften sie nicht nur für die Gegenwart ihres Landes. Sie kämpften auch um dessen künftige Vergangenheit, bereiteten jener politischen Entwicklung den Weg, auf deren Grundlage sich die Franzosen Jahrzehnte später wieder mit sich selbst versöhnen konnten. Gleichwohl war der erinnerungspolitische Weg auch in Frankreich ein harter, verlief schmerzhaft und nicht ohne Konflikte. Dass sich das deutsch-französische Verhältnis nach der Befreiung Europas vom Nationalsozialismus relativ schnell änderte und beide Nationen wieder aufeinander zugingen, darf man zu den Wundern der Geschichte rechnen, in deren Genuss Deutschland unverdientermaßen kam.

Versuch einer Annäherung

Ein Buch wie dieses wird seiner Thematik nur bedingt gerecht. Die Besetzung Frankreichs, lediglich ein Kapitel im furchtbaren Drama des Zweiten Weltkriegs, hat unendlich viele Aspekte. Es ließe sich auf vielfache Weise erzählen, anhand der unterschiedlichsten Ereignisse, Akteure und Erfahrungen. Insofern bietet das Buch nur *eine* Geschichte jener Zeit. Sie kann auch ganz anders präsentiert werden, mit anderen Schwerpunkten und Perspektiven. Gleichwohl habe ich mich bemüht, die mir am bedeutsamsten erscheinenden Aspekte herauszugreifen und zu beleuchten. Eine Gesamtdarstellung ist dieses Buch nicht, wohl aber der Versuch einer umfassenden Annäherung.

Immer wieder stellt sich die Frage, wie man Vergangenes darstellt, Empfindungen der damaligen Akteure rekonstruiert. Ich habe das versucht, indem ich mich extensiv auf die Schriften, Erinnerungen und Notizen jener Zeit, also auf Dokumente aus erster Hand, gestützt habe.

Natürlich: Vieles erschließt sich erst nach Jahren oder Jahrzehnten. So haben wir heute ein viel klareres Bild von den großen Linien des französischen Antisemitismus (die noch viel größeren des deutschen Antisemitismus bleiben in diesem Buch – dem Thema geschuldet – weitestgehend außen vor). Aber auch diese Linie, scheint mir, lässt sich am besten mithilfe von Originalzitaten aus der damaligen Zeit verfolgen, eingebettet in den Rahmen der historischen Aufarbeitung.

Dieses Buch zu schreiben ist mir nicht durchweg leicht gefallen. Immer wieder hatte ich als deutscher Autor mit der Scham zu kämpfen, zu der die Diktatur der Nationalsozialisten so viel Anlass gibt. Auch Trauer hat sich in die Arbeit geschlichen angesichts der zahllosen Opfer, die Hitlers Schergen auch in Frankreich forderten, gerade unter den im Lande lebenden Juden – und noch einmal unter den Kindern: junge Menschen von vier, fünf Jahren, die die Nazis ebenfalls in die Vernichtungslager deportierten. Umso größer ist die Achtung gegenüber jenen vielen französischen Historikern, die Licht in die Jahre der Finsternis brachten. Ganz besonders beeindruckt hat mich das Ehepaar Serge und Beate Klarsfeld, die ihr gesamtes Leben in den Dienst der Aufklärung stellten. Dies taten sie zum einen durch eine ganze Reihe wissenschaftlicher Arbeiten, die bereits von ungeheurer Kraft, ungeheurer Geduld und Zähigkeit zeugen. Ich denke etwa an das monumentale, auch über 30 Jahre nach seinem Erscheinen noch aktuelle Buch *Vichy – Auschwitz. Die ›Endlösung der Judenfrage‹ in Frankreich* von Serge Klarsfeld. Ich denke zum anderen aber auch an die Prozesse gegen führende Nazis, die die Klarsfelds bis in die 1980er-, 1990er-Jahre ins Rollen gebracht hatten. So dauerte es über 15 Jahre, bis ein Verbrecher wie Klaus Barbie durch ein ordentliches Gericht verurteilt war. Ihr Beispiel zeigt, wie viel einzelne Menschen erreichen können, was einzelnen Menschen möglich ist; dass sich ein anfangs kaum zu realisierendes Unternehmen – Barbie schien in seinem südamerikanischen Exil zunächst unangreifbar – schließlich doch zum Erfolg führen lässt. Den beiden Klarsfelds verdanke ich in Sachen Mut, Entschiedenheit und Konsequenz eine Lektion fürs Leben.

Ein Buch zu schreiben, kann nahegehen. Frankreich hat in meinem Leben recht früh eine wichtige Rolle gespielt. In Gedanken war ich während der vergangenen Monate häufig am Ort des Ursprungs dieser Beziehung: in einem auf den ersten Blick ganz unspektakulären Zimmer im Hause meiner Großeltern nahe Aachen. Dort, im Lesezimmer, standen im Regal, geschützt hinter Glas, unzählige Bücher. Unter ihnen auch ein Band, der mich von Anfang an faszinierte, die »Psychologie der Massen« von Gustave Le Bon, jenes feinsinnige, hypersensitive und darum - behaupte ich - höchst französische Buch. Der Name des Autors wie auch sein Buch waren mir bereits ein Begriff, kaum dass ich die Buchstaben zu entziffern vermochte. Gelesen habe ich es erst später – es formte umgehend meine Vorstellung von der französischen Essayistik als Kunst unschlagbarer Subtilität, des Sinns für feinste und allerfeinste Regungen. Die inzwischen stark in die Jahre gekommene Ausgabe dieses Buchs begleitet mich bis heute, und auch, wenn ich oft nicht an es denke, ist dieses Exemplar immer in meiner Nähe, diskret, bisweilen erst auf den zweiten Blick auffindbar, aber niemals erst auf den dritten. Als wär's, hätte Carl Zuckmayer gesagt, ein Stück von mir ...

So war dieses Lesezimmer im Hause meines Großvaters von Anfang an ein Schlüssel zur Welt, ein Schlüssel auch und vor allem zu Frankreich. Dieser meist stille Raum, aufgrund der zwar großen, für seine Dimensionen aber unzureichenden Fenster immer in leicht schummrigem Licht liegend und damit auf elegante Art der Welt entzogen, führte mich in die faszinierende Welt der Romanistik. Er schenkte mir eine Ahnung von dem, was außerhalb seiner selbst lag, von Weite und Offenheit, die sich auch über Bücher mitteilten. So reifte, ohne dass ich es damals bemerkt hätte, in diesem Raum der später unumstößliche Entschluss, Romanistik, vorneweg französische Literatur, zu studieren. Von dieser Literatur fühle ich mich zutiefst geprägt, und für die Begegnung mit ihr empfinde ich größte Dankbarkeit. Umso schmerzhafter zu sehen, wie selbstherrlich, brutal und enthemmt die deutschen Besatzer ihr Zerstörungs- und Vernichtungswerk auch in Frankreich in Gang setzten. Dass es verhältnismäßig rasch wieder zu einem Dialog, peu à peu dann auch wieder zu vertieften Beziehungen beider Länder im Rahmen eines mittels größter Staatskunst befriedeten Europas kam: Das ist eine Entwicklung, für die man nur in Demut danken kann.

Teil I
Aufziehende Düsternis

Teils heiter, teils wolkig – der Sommer 1939

> Warum dieser Eifer, junges Antlitz?
> – Ich breche auf, der Sommer erlischt.
>
> *René Char, Aiguillon*

Eigentlich hatte man vom Wetter mehr erwartet. Man hätte es sich beständiger gewünscht, vor allem aber wärmer und trockener und mit mehr Sonne. Doch der Sommer hatte mäßig begonnen und heiterte auch im weiteren Verlauf nicht nennenswert auf. Erst später, als es fast schon gegen Herbst zuging, zeigte er sich freundlicher. Alles in allem aber setzte er jene nervösen Kapriolen fort, die schon den Frühling einigermaßen fragwürdig hatten werden lassen.

Doch Wetter hin oder her, die Franzosen waren entschlossen, den Sommer zu genießen. Drei Jahre zuvor hatte der französische Premier Léon Blum, Vorsitzender des *Front populaire*, der »Volksfront«-Regierung, den Arbeitern und Angestellten wunderbare Geschenke gemacht. Die Löhne wurden erhöht, die Arbeitszeit auf 40 Wochenstunden begrenzt. Vor allem aber gab es fortan zwei Wochen bezahlten Urlaub – eine unerhörte Wohltat, die die Franzosen umgehend nutzten: Sie brachen auf in die Ferien. Anfangs gaben sie sich noch bescheiden, begnügten sich mit Zielen an den Ufern von Seine und der Marne.[1] Zunehmend zog es sie aber auch an das Meer. Viele sahen es in jenen Jahren zum ersten Mal. Die neue Mobilität verdankte sich einer weiteren großzügigen Geste: Im Jahr 1936 verbilligte sich auch die Urlaubsreise per Zug. Wer für mindestens fünf Tage am Ort seines Zieles blieb, zahlte nur 40 Prozent des regulären Ticketpreises, für Kinder zwischen drei und sieben Jahren wurde gar nur die Hälfte des Betrags fällig. Eigens in der Urlaubszeit eingesetzte Züge brachten die Menschen günstig wie nie an die verheißungsvollsten Orte: Von Paris nach Saint Raphaël für 165 Francs und nach Nizza für 175 Francs. Wer sich auf große Tour durchs Mittelmeer begab, mit Stationen in Korsika, Algier und Barcelona, zahlte dafür nur 575 Franc. Entsprechend geschäftig ging es an den Bahnhöfen zu. Am Wochenende des 12. und 13. August 1939 verzeichnete der Bahnhof Saint-Lazare ein Aufkommen von 80.000 Passagieren; am Bahnhof Montparnasse zählte man 90.000, an der Gare de l'Est sogar 140.000.[2]

Wohin auch immer die Franzosen nun reisten, die großen Sommer-Destinationen – Deauville, Cabourg, Saint-Malo oder unten im Süden Biarritz, Marseille und Cannes – veränderten sich. Sie beherbergten fortan immer mehr Menschen, entsprechend zügig wurde ausgebaut. Alles in allem verkrafteten sie den Ansturm so vieler neuer Gäste gut. »Die Badesaison verläuft normal«, vermerkte der Präfekt von Calvados in seinem Bericht vom Juli 1939. »Der Hafen von Deauville beherbergt 42 Jachten, die Pferderennen von Deauville finden statt, die Luftrallye Deauville-England zieht viele Menschen an.«[3]

Der Bericht deutete es an: Deauville war für allem für die französische *haute volée* ausgelegt, die betuchten Gäste aus dem Großbürgertum. Dessen Mitglieder mussten feststellen, dass sie fortan nicht mehr exklusiv unter sich waren. Allenfalls die teuren Villen und die Hotels boten ihnen noch ein Refugium, in dem sie ihren exklusiven Vergnügungen ungestört nachgehen konnten. Man zeigte sich elegant, erinnerte sich in arglosem Ton die junge Schauspielerin Corinne Luchaire. »Die Frauen kommen in funkelnden Roben, die Herren im Smoking oder Anzug. Der Service ist untadelig, das Essen hinreißend. Abends im Casino wiederholen die Croupiers mit regungsloser Miene ihren traditionellen Spruch: ›Rien ne va plus‹.«[4]

Die Mittelklasse hielt es bescheidener. Sie begnügte sich mit den preisgünstigen Hotels abseits der Zentren, während die Arbeiter und kleinen Angestellten die Campingplätze entdeckten. Allein der Strand war Treffpunkt aller. Dort waren sie vereint durch die Freuden des Sommers: Dösen in der Sonne, kniehoch Waten im Meer, der Sprung in die Wellen, seien es die hart heranrollenden des Atlantiks oder die weich dahingleitenden des Mittelmeers. Neben den Picknickkörben klackten laut die Boule-Kugeln aneinander, wuchsen Sandburgen in die Höhe, waren die Damen mit gymnastischen Übungen beschäftigt, während die Herren mit der Angel den arglosen Fischen auflauerten. Modisch gab man sich dezent: Frauen und Männer hielten den Körper weitestgehend bedeckt, der Badeanzug schien beiden Geschlechtern als angemessenes Kleidungsstück.

Frankreich hatte viel zu bieten in jenem Sommer 1939, nicht nur an den Stränden. Spektakulär wie eh und je war die *Tour de France*, das große Radrennen. Zu Tausenden standen die Franzosen am Straßenrand und bejubelten die zähen, in die Pedale tretenden Athleten. Star der Saison war der Belgier Sylvère Maes. Er hatte bereits die Tour des Jahres 1936 gewonnen, nun schickte er sich an, auch dieses Mal das Gelbe Trikot zu holen. Allerdings hatte er es in diesem Jahr etwas leichter als in den vorhergehenden, denn die italienischen und deutschen Rennfahrer waren dieses Mal nicht dabei. Die Deutschen seien im Radsport zu schwach, deshalb mache es keinen Sinn, sie einzuladen, hieß es seitens der Tourleitung. Die Italiener sagten von sich aus ab, unter dem Vorwand, mit dem Reglement nicht einverstanden zu sein. Glücklich dürften die Nachbarn damit nicht sein, hieß es spöttisch in einem eilig komponierten Chanson. Denn eines dürften sie noch merken: »Que c'est seulement en France / Que le bon dieu est heureux« – »dass der liebe Gott / einzig und allein in Frankreich glücklich ist.«[5] Die politisch angespannte Lage prägte auch den Verlauf der Tour: Die östlichen Landesteile wurden dieses Mal ausgespart – sie waren zu Militärzonen erklärt worden. Noch größeren Verzicht mussten einen Monat später Teilnehmer und Zuschauer der auf den 19. bis 24. August angesetzten *Tour de l'Ouest* hinnehmen: Aus Sorge vor dem Ausbruch des Krieges endete die Tour vorzeitig bereits nach der fünften Etappe.

Für Aufregung sorgte auch der Fußball. Die Saison ging ihrem Ende entgegen, und die Fans des *Football Club de Sète 34* kamen aus dem Jubeln nicht heraus, als ihre Mannschaft nach einem Sieg über den Erzrivalen *Olympique Marseille* die Meisterschaft gewann. Nicht nur für diese beiden Clubs war es der vorerst letzte Auftritt vor landesweiter Kulisse. Der Einmarsch von Hitlers Truppen und die anschließende Aufteilung in eine besetzte und eine – so jedenfalls hieß sie – »freie« Zone machten einen nationalen Wettbewerb bis auf Weiteres nicht möglich. Anders hingegen der Pokalwettbewerb: Die Spiele fanden unter der Nazi-Herrschaft

Übungen im Ballwerfen: Strandvolleyball an der französischen Mittelmeerküste, August 1939.

weiterhin statt, wenn auch der Wettbewerb in jenen Jahren auf seinen eigentlichen Titel verzichten musste. Zwischen 1940 und 1945 firmierte er nicht wie üblich als *Coupe de France*, sondern wie in den allerersten Jahren nach der Gründung 1917 als *Coupe Charles Simon*, in Erinnerung an den großen, 1915 gefallenen französischen Fußballfunktionär. Doch das wusste man in der Saison 1939 noch nicht. Die Spieler konzentrierten sich ganz auf den Wettbewerb. So auch, und mit größtem Erfolg, die Kicker von *Racing de Paris*: Sie setzten sich mit drei zu eins gegen *Olympique Lille* durch und brachten den Pokal in die Hauptstadt.

Einladung zur Reise

Gediegener als in den hitzigen Arenen ging es indessen an der Côte d'Azur zu. Wie immer ließen sich auch 1939 die Schönen der Welt dort blicken. Der *Bal de petits Lits*, 1918 zur Unterstützung an Tuberkulose erkrankter Kinder erschaffen, zog im Hotel Palm Beach von Cannes auch nach 20 Jahren noch ein mondänes Publikum an. Der Herzog und die Herzogin von Windsor waren zugegen, Sir Jagatjit Singh Bahadur, der Maharaja von Kapurthala, Miss Joseph Kennedy, die Gattin des amerikanischen Botschafters, Mme Raymond Patenôtre, die Ehefrau des französischen Wirtschaftsministers, auch Raffaele Guariglia, der italienische Botschafter, später Minister seines Landes, war gekommen. Fernand Joseph Désiré Contandin alias Fernandel trat an jenem Abend dort auf. Noch waren die Filme um *Don Camillo und Peppone* nicht gedreht, aber der verschmitzte Charme des Schauspielers tat auch 1939 schon seine Wirkung.

Andere hingegen waren gekommen, um sich zu entspannen. Norma Shearer etwa, die Göttin des US-amerikanischen Stummfilms; Constance Bennett, zwei Jahre zuvor vom amerikanischen Publikum zur bestgekleideten Frau der Welt gekürt und in jenen Monaten hochzufrieden mit dem Erfolg ihres jüngsten Films *Merrily we live*. Auch die bezaubernde Grace Moore war angereist. Kurz zuvor hatte sie zusammen mit dem französischen Regisseur Abel Gance die Dreharbeiten an *Louise* beendet, den von einer gleichnamigen Oper von Gustave Charpentier inspirierten Musikfilm über die unbotmäßige Liebe einer jungen Frau zu einem jungen Künstler. Mit Moore standen auch die Sänger Georges Thill und André Pernet vor der Kamera, die das Werk bislang auf der Opernbühne interpretiert hatten. Natürlich war auch Marlene Dietrich vor Ort. Sie liebte die Sommer an der französischen Riviera, wenngleich sie es in ihrer damals eigentlichen Residenz, dem Hotel Lancaster in Paris, auch nicht schlecht antraf. Dort fanden die Gäste einen verschwenderischen Luxus vor. »Blumen, Blumen, überall Blumen«, erinnerte sich Dietrichs Tochter Maria Riva an den Aufenthalt in der Nobelherberge.[6]

Andere hingegen suchten die Einfachheit. Simone de Beauvoir hielt sich zusammen mit Jean-Paul Sartre und ihrem gemeinsamen Freund, dem Schriftsteller Jacques-Laurent Bost, für ein paar Tage am Mittelmeer auf. »Wir gingen eine Bouillabaisse in Martigues essen; die Sonne ergoss sich über die bunten Boote und die Fischernetze. Wir saßen am Rand des Wassers, auf großen Steinfelsen mit spitzen Kanten: Das war wenig komfortabel, aber Sartre liebte den Mangel an Bequemlichkeit.«[7] Auch mangelnde Bequemlichkeit war ein Weg, die Realität der Welt zu spüren und sich ihrer physisch zu vergewissern. Und es brauchte Vergewisserung in diesen Tagen, die Hingabe an den Sommer entsprang in diesem Jahr tieferen Motiven als den üblichen touristischen Träumen. Denn dieser Sommer, Beauvoir spürte es, könnte für längere Zeit der letzte friedliche sein. Hitlers kriegerisches Gebaren war zuletzt immer beunruhigender geworden. Im März 1938 war die Wehrmacht in Österreich einmarschiert und hatte so den »Anschluss«, die Eingliederung des Nachbarlandes in das Deutsche Reich, eingeleitet. Ein Jahr später, im März 1939, fiel die Wehrmacht in Tschechien ein, man musste davon ausgehen, dass sich Deutschland damit nicht begnügen würde. Liefe es schlecht, könnte Hitler den ganzen Kontinent mit Krieg überziehen. Und im Süden hatte kurz darauf Mussolini, der italienische *duce*, seine Truppen ausrücken lassen. Am 8. April – in jenem Jahr der Karfreitag – waren seine Truppen in Albanien einmarschiert, das Land wurde fortan aus Rom regiert. Im schlimmsten Falle könnte Frankreich gleich von zwei Seiten angegriffen werden. »Das wird mir nicht passieren«, hoffte Beauvoir, »nicht der Krieg, nicht mir«.[8] Doch man musste mit dieser Möglichkeit rechnen, gestand sie sich ein. »Aber wie bereitet man sich auf den Horror vor?« Noch aber war Zeit. Vor allem war es Sommer. Mitte Juli brach sie allein in Richtung Marseille auf, nicht ohne auf dem Weg dorthin noch ein paar Wandertage einzulegen, entlang des Mont Ventoux, der Basses-Alpes, der Alpes-Maritimes. Bestes Wetter, eine betörende Landschaft. »Ich dachte an nichts als die Tiere, die Blumen, die Steine, den Horizont, an die Freude, Beine, einen Magen und Lungen zu haben und meinen eigenen Rekord zu schlagen.«[9]

Die Lust, sich in der Landschaft zu spüren, als Teil von ihr. Den Wind im Gesicht, den glühenden Geruch der Pinien, unterlegt von Thymian und Lavendel in der Nase. Ein Hauch von Ewigkeit durchschien diese Tage. Aber in diesem Sommer 1939 war es anders. Das Kommende hing in der Luft, ein Hauch sich nähernden Unglücks. »Das Blau des Himmels, das Blau des Meers belasteten mich in manchen Momenten; auch ich hatte den Eindruck, dass irgend etwas im Verborgenen lag: keine Spinne, sondern ein Gift. Diese Ruhe, diese Sonne waren nur vorgetäuscht: Mit einem Schlag würde alles zerreißen.«[10] Es war schwer, die Idylle des Südens zu genießen, noch schwerer, ja unmöglich, an sie zu glauben. Dafür waren die Nachrichten aus Deutschland zu real und zu aufdringlich. Die Hingabe an den Sommer war eine auf Zeit, das schöne, sorglos dahinplätschernde Leben eine Illusion. Selbst die Bouillabaisse auf den Felsen von Martigues konnte sie nicht vertreiben. Die scharfkantigen Felsen, eigentlich doch eine Vergewisserung der Solidität des Bodens, wenn nicht sogar der Welt, verwandelten sich unter der Hand in eine Mahnung. Es würde, ahnten Beauvoir, Sartre und Bost, anders kommen. »Unter dem blauen Himmel träumten wir lässig mit lauter Stimme: wäre es besser, blind von der Front zurückzukehren oder mit einem entstellten Gesicht? Ohne Arme oder ohne Beine? Würde Paris bombardiert werden? Würde man Gas einsetzen?«[11]

Und doch machten auch andere Nachrichten die Runde, auch und gerade an der Côte d'Azur. Vor allem diese: In Cannes werde ein neues Filmfestival aus der Taufe gehoben. Ein erstes Plakat deutete an, womit man es zu tun haben würde: einem besinnlichen, ruhigen Festival, gewidmet Erinnerung und Kontemplation. So zumindest wollten es der Maler und Grafiker Jean-Gabriel Domergue, der das Plakat für das Festival entworfen hatte. Es zeigte ein Paar, das durchaus dem *fin de siècle* entstiegen sein könnte. Sie schlank und grazil, in elegantem beigem Abendkleid mit ausgeschnittenem Rücken, die Haare hochgesteckt. Rechts von ihr der Begleiter: schwarzer Anzug, vielleicht auch – man durfte es vermuten – ein Frack. Den Hals umschloss eng ein weißer Hemdkragen, das nicht mehr allzu dichte Haar korrespondierte mit der Farbe des Oberteils, vor dem linken Auge spannte sich ein Monokel. Das Paar, porträtiert von hinten und mit deutlichen Anklängen an den Stil eines Toulouse-Lautrec gehalten, war ganz einer Vorführung hingegeben und, die klatschenden Hände der Frau deuteten es an, durchaus angetan. Die beiden könnten auch in einer Theatervorführung oder einem Konzert sitzen – der Blick auf die Bühne oder die Leinwand war dem Betrachter entzogen. In anderen Worten: Das Kino setzte eine große kulturelle Tradition fort. »L'invitation au voyage« – »Einladung zur Reise« – hatte Domergue sein Plakat genannt, einem Gedicht Charles Baudelaires folgend. »Là, tout n'est qu'ordre, et beauté, / Luxe, calme et volupté«, verhießen zwei der Zeilen: »Dort ist alles allein Ordnung und Schönheit, / Luxus, Ruhe, und Sinnlichkeit«.[12] Als Baudelaire jenen Band, der dieses Gedicht enthielt, *Les Fleurs du Mal*, 1857 veröffentlichte, verursachte die Sammlung einen Skandal: Als allzu gewagt, sinnlich und darum unsittlich empfand man den Band. Nun aber, gut 80 Jahre später, war er etabliertes, ja kanonisiertes Kulturgut – ein weiteres Signal, dass das Kino nahtlos an das große Erbe der Überlieferung anknüpfte und auf seine Weise fortführte in die Gegenwart.

Das neue Festival wird ein Erfolg, war die Zeitschrift *Ciné-Miroir* im Juli 1939 überzeugt.

> »Denn niemand wird sich weigern, an die Côte d'Azur zu kommen. Welche Nation auch immer eingeladen sein, wie groß auch immer die Distanz sein mag, die sie von der französischen Riviera trennt, wie viel Geld auch immer man ausgeben muss, niemand wird zögern, das Schiff oder Flugzeug zu nehmen, um an die glücklichen Gestaden unseres Mittelmeers zu kommen«,

schrieb das Blatt – um dann einen geradezu Baudelaire'schen Dreiklang hinzuzufügen: »Dort sind die Freude, die Wärme und das Licht.« Vor allem aber könnte man ein Weiteres finden: »Dort ist die Schönheit, die gesamte Schönheit der Welt.«[13]

»Paris ist die Welt«

Schönheit ließ sich freilich auch in Paris finden. Wie eh und je sonnte sich die Stadt in ihrem Glanz, strahlte auch 1939 jene Selbstgewissheit aus, die ihr seit – beinahe – undenklichen Zeiten eigen war. »Während eines einzigen Spaziergangs kann man eine Menge wunderbarer Dinge sehen«, hatte der Autor und Fremdenführer Germain Brice in seiner 1684 erschienen *Description nouvelle de ce qu'il y a de plus intéressant et de plus remarquable dans la ville de Paris* (»Neue Beschreibung dessen, was es an Interessantem und Bemerkenswertem in der Stadt Paris gibt«) geschrieben.[14] Sein Buch eröffnete das unsterbliche Genre der Paris-Reiseführer, und Brice nahm darin vorweg, was man seither in allen Büchern zu diesem Thema lesen konnte. Information war das eine, Hingabe und Feier des Mythos das andere. Die Autoren des Genres führten ihre Leser nicht nur durch die Stadt, sie setzten verlässlich auch eine schwärmerische Begeisterung für sie frei. »Alle kreativen Ideen entstehen in Paris«, schrieb der weitgereiste Arzt und Philosoph François Bernier (1625–1688). »Paris ist die Welt«, befand der Dramatiker Pierre Carlet de Marivaux (1688–1763), seines Zeichens langjähriger Bürger der Stadt und eben dort geboren wie gestorben. »Im Vergleich zu ihr wirken alle anderen Orte als bloße Vorstädte.« So einhellig waren sich die Autoren – die einheimischen wie die fremden – in ihrem Urteil über die Stadt, dass dieses fortan für alle Zeiten feststand. »Es gibt keinen Grund, Paris zu beschreiben«, erklärte der auf Französisch schreibende preußische Schriftsteller Karl Ludwig von Pöllnitz (1692–1775). Seine Begründung: »Die meisten Leute wissen selbst dann, was für ein Ort die Stadt ist, wenn sie niemals dort gewesen sind.«

Der Ruhm des modernen Paris hatte zwei Väter: König Ludwig XIV., den prunkverliebten Monarchen. Und Jean-Baptiste Colbert, seinen Finanzberater. Als Ludwig sich daran machte, das Schloss Versailles umzubauen und zu erweitern, riet ihm Colbert, sich nicht nur um den Königssitz zu kümmern. Den dort geschaffenen Luxus würden die Franzosen als frivol empfinden, würde er nicht durch entsprechende Bauten in der Hauptstadt ergänzt. Um die Herzen der Untertanen zu gewinnen, müsse der König auch diese verschönern. Diese müssten fortan *grandeur* – frei übersetzt: »erhabene Größe« – ausstrahlen. Das täte der Stadt, den Bürgern und zuletzt ganz Frankreich gut.

Colbert behielt recht: Die neuen Bauten bescherten der Stadt eine Faszinationskraft, die sich über die kommenden Jahrhunderte erhalten sollte. Insbesondere, nachdem Georges-Eugène Baron Haussmann, seines Zeichens Präfekt von Paris, gewaltige Schneisen in das Häusergewimmel im Zentrum hatte schlagen und an ihrer Stelle breite Boulevards hatte bauen lassen, galt Paris als eine der schönsten Städte der Welt. Die französische Metropole wurde zum Inbegriff der Lebenskunst, des verfeinerten Daseins, der Raffinesse und Kultur. Paris war ein Ort von Schönheit und Eleganz, der die Menschen dabei unterstützte, ihre Ambitionen umzusetzen, ihre Begabungen zu entfalten. Eugène de Rastignac, der ehrgeizige Student aus Honoré de Balzacs *Le Père Goriot* (1834), steigt nach der Beerdigung seines Mentors auf dem Friedhof Père-Lachaise dessen leichte Anhöhe hinauf, schaut auf die Seine, die Place Vendôme, den Invalidendom, kurzum, die Stadt mit all ihren Verheißungen.

Verheißungen, die Rastignac in aller Entschlossenheit einlösen will, so dass er die Stadt in jenem kurzen Satz anspricht, mit dem der Roman endet und der Karriere weit über das Buch hinaus machte: »À nous deux maintenant«, »Nun zu uns beiden«.[15] Die Stadt ruft zu ihrer Eroberung.

Und natürlich war Paris die Stadt der Liebe. Ihre Parks, ihre Alleen, die Brücken der Seine und deren Ufer – alles lud zum romantischen Spaziergang, Arm in Arm mit dem geliebten Menschen, versonnenen Schrittes durch die Schönheiten der Stadt, ihre Prachtbauten ebenso wie ihre stillen, romantischen Empfindungen ganz besonders begünstigenden Ecken. Ja, Paris war die Stadt der Sehnsucht, und sie zu erwecken genügte der Klang ihres Namens. »Was für ein grenzenloser Name«, entfährt es der wohl berühmtesten Romantikerin der französischen Literatur, Gustave Flauberts *Madame Bovary*. »Sie wiederholte den Namen mit leiser Stimme, aus reiner Freude, ihn auszusprechen. Er klang in ihren Ohren wie die Glocke einer Kathedrale. Er glänzte vor ihren Augen.«[16] Paris leuchtete, strahlend erhellte es den Alltag auch jener und vielleicht vor allem jener, die fern von ihm wohnten, die von der Stadt nur den Namen kannten. Aber das reichte, es war mehr als genügend. Paris war jener Ort, der die Seelen zum Schwingen brachte.

Zufrieden registrierten die Franzosen, dass dem Mythos der Stadt nicht nur sie selbst, sondern Menschen aus aller Welt erlagen. Spätestens seit dem frühen 19. Jahrhundert war Paris Fluchtort der politisch Verfemten. Heinrich Heine rettete sich vor der strengen Hand der Preußen an die Seine, Ludwig Börne ließ sich vom revolutionären Geist der Stadt locken, Karl Marx entwickelte im Dialog mit Pierre-Joseph Proudhon die Philosophie des Kommunismus. Auch die Künstler und Intellektuellen anderer Länder zog es in die französische Metropole. Fréderic Chopin entzog sich hier dem Druck des russischen Zarenreichs, der Anarchist Michail Bakunin hielt sich hier auf, der italienische Sozialist Giuseppe Ferrari schrieb in Paris seine 1850 veröffentlichte *Filosofia della Revoluzione* (»Philosophie der Revolution«).

Später, im frühen 20. Jahrhundert, schmückte sich Paris mit der künstlerischen Avantgarde der Zeit: Pablo Picasso, Max Ernst, Man Ray, Tristan Tzara, um nur ein paar zu nennen. Das Verlagswesen blühte, die Stadt wurde zur Drehscheibe der europäischen Literatur. »Rilke übertrug Verse von Valéry, der sie mir in der Handschrift zeigte«, erinnerte sich der deutsche Romanist Ernst Robert Curtius an das internationale literarische Netzwerk der 1920er-Jahre.

»Bei Scheler sah ich die ersten Nummern von Ortegas *Revista de Occidente.* Valery Larbaud führte Joyce in Frankreich ein. Die Buchhandlung *Shakespeare and Company* von Sylvia Beach in der rue de l'Odéon war ein internationaler Treffpunkt wie die schräg gegenüberliegende ihrer Freundin Adrienne Monnier. Die *Dekaden* von Pontigny fanden seit 1922 wieder statt. Der Pen-Club wurde gegründet. Es gab ein höchst lebendiges Europa des Geistes – über alle Politik, aller Politik entgegen. Dieses Europa lebte nicht nur in Zeitschriften und Büchern, sondern in persönlichen Beziehungen.«[17]

Beziehungen, die eine auch eine sehr intime Note annehmen konnten, wie die zwischen dem US-amerikanischen Schriftsteller Henry Miller und seiner Kollegin Anaïs Nin. Geboren 1903 in Paris, zog sie nach dem Tod des Vaters, eines kubanischen Komponisten, mit der Mutter nach New York, lebte seit 1924 aber wieder in Paris. Hier traf sie später Miller, der sich nach einem mehrmonatigen Urlaub ebendort 1930 für knapp zehn Jahre niederließ. Miller war ein sensibler Mensch, den Frauen zugetan, aber auch der französischen Hauptstadt, für ihn ein Ort reiner Sinnlichkeit. »Ich brauche nur daran zu denken, was mich empfing, wenn ich morgens das Haus verließ«, würde er sich später erinnern.

»Ich spreche nicht von den Kathedralen und Palästen. Ich spreche von den kleinen, den bescheidenen und täglichen Dingen. Ich spreche von der Straße, dem Glockenschlag morgens um acht. Die Bürgersteige sind von Bäumen gesäumt, und die Vögel zwitschern wie verrückt. Das Aroma des frischen Brotes kitzelt in der Nase, die Auslagen sind voller Früchte, der Metzger hat die appetitlichsten Stücke schon ausgelegt. Es ist ein ruhiges, monotones Hin und Her, das die Nerven beruhigt. Beim Gang durch die Straßen erinnern die Büchereien und Kunstgalerien unentwegt an das Erbe der Vergangenheit und die fiebrige Atmosphäre der Gegenwart. Ein planlos begonnener Spaziergang durch ein kleines Stadtviertel reicht aus, um ein Übermaß an Empfindungen zu schaffen, in deren Folge man durch die einander widersprechenden Impulse und Wünsche wie gelähmt ist.«[18]

Starke Empfindungen weckten, auch die Couturiers, auch die weiblichen unter ihnen. Elsa Schiaparelli hatte wenige Jahre zuvor den Reißverschluss in der Mode hoffähig gemacht. Anschließend war ihr mit dem Diana-Dekolleté – der Stoff bedeckte nur eine Schulter und ließ die andere nackt – ein wahrer Coup gelungen. Das berühmte Hummerkleid war fast schon Geschichte, aber ihre »verwegenen, schockierenden Rosatöne« kamen gut an,[19] ebenso wie ihre Anleihen aus der Kunst von Christian Bérard und Jean Cocteau, und natürlich dem Guru der damaligen Kunstszene Salvador Dalí. Lanvin bestach durch ein schlichtes purpurfarbenes Tageskleid, Robert Piguet hatte den Modeschöpfer Christian Dior unter Vertrag und hielt sich weiter an seinen betont schlichten Stil, den er nicht nur ästhetisch verstanden wissen wollte: »Pas de nouveaux riches ici«, lautete sein Motto – »Keine Neureichen hier«. Allein Coco Chanel musste kämpfen: Ihre Kreationen kamen nicht recht an. Für die Kollektion 1938 hatte sie ein Abendkleid aus Goldlamé mit einer kurzen Jacke entworfen. Das hatte einen Tick ins Erotische, doch die britische *Vogue* konnte sich nicht recht begeistern: »Sex-Appeal ist das Leitmotiv der Pariser Kollektion, aber Sex-Appeal zieht nicht mehr.«[20]

Sonntags am See

Sex-Appeal lief nicht mehr. Hieß es zumindest. Die Regisseure, im Theater und mehr noch im Film, sahen es anders. Sie setzten weiterhin auf weibliche Schönheit. Ein Durcheinander der Geschlechter gab es noch nicht, die Frauen, die meisten jedenfalls, gefielen sich in Rollen, die ihre ästhetische Vollendung in der Kunst fanden. Paris war voll von Diven, manche mit großem, manche mit eher kleinem Namen – verehrt wurden sie alle. *Madame la Folie* hieß das aktuelle Saison-Stück der *Folies Bergère*, während der *Alcazar* mit *Caprices de femmes* aufmachte; das *Casino de Paris* lud derweil zu *Amour de Paris* und *Bain de Venus*.

Ernster und feierlich ging es in der Hochkultur zu. Im Vorjahr 1938 hatten die Briten dem Louvre eine Reihe bedeutender Kunstwerke für eine Sonderausstellung geliehen. Berühmtestes Kunstwerk war das *Mädchen mit Garnelen* von William Hogarth, entstanden 1740–45. Das Bild war eine Hommage an das Nordmeer, das beide Länder trennt und zugleich verbindet, geografisch ebenso wie kulturell. Vor allem aber waren die

Leihgaben ein politisches Zeugnis, von London nach Paris entsandt, um die Verbundenheit der beiden Länder zu dokumentieren. Die Ausstellung wurde im März von Staatspräsident Albert Lebrun persönlich eröffnet, und während Eduard VIII., der Herzog von Windsor, und seine Ehefrau die Ausstellung noch inkognito besichtigten, würdigten sie König Georg VI. und Königin Elisabeth im Juli durch einen offiziellen Besuch.

International präsentierte sich auch die Pariser Oper. Dort war *Lohengrin* zu sehen, Wagners ausgreifendes Werk über die scheiternde Liebe des gleichnamigen Gralsritters zu Elsa von Brabant. Die *Opera Comique* hingegen präsentierte eine Art indisches Gegenstück: *Lakmè*, ersonnen freilich von einem Bestsellerautor des späten 19. Jahrhunderts, Pierre Loti. Das *Mogador* versetzte das Publikum in *Rose-Marie* in die Weiten Kanadas, in der sich die gefährdete Liebe der Titelheldin am Ende – es wird sehr, sehr knapp – doch noch erfüllt; das *Châtelet* hingegen setzte auf einen ungebrochenen Helden, nämlich Michel Strogoff, den *Kurier des Zaren*, auch er aus der Feder eines bewährten Erfolgsautors, Jules Verne.

Die Theater brachten Bewährtes auf die Bühne. Jules Romains' *Knock* zum Beispiel, ein Stück über die angehende Kommerzialisierung der Medizin, ein Stück auch, das die Zuschauer zur Wachsamkeit erziehen wollte. »Ihr Vergehen war es, in einer trügerischen Sicherheit zu schlummern, aus der sie zu spät der Donnerblitz der Krankheit riss«, hieß es gegen Ende des Stücks. Besonders wachsame Zuschauer konnten das, die unheilvolle Entwicklung in Deutschland im Blick, auf die politische Situation beziehen; die anderen verstanden es als guten Rat zur Gesundheitsvorsorge: Lass dir von den Ärzten nichts einreden. Ebenfalls zur Aufführung kam Armand Salacrous' *La terre est ronde*, ein Stück über die Hinfälligkeit der Wahrheit. Dass aber aus dem Zusammenbruch einer alten Beziehung etwas Neues entstehen konnte, nahmen alle jene zur Kenntnis, die am *Bouffes-Parisiens* das Stück *Les Parents terribles* von Jean Cocteau sahen, das von der Emanzipation aus den ideologischen Seilschaften der Familie handelte. Die *Comédie Française* legte ihren Zuschauern die Rätselwelt des Jean-Jacques Bernard vor, der auch mit seinem *Jardinier d'Ispahan* die »Kunst des Ungesagten« betrieb, ein Sprechen in Andeutungen, deren Sinn sich der Interpretation immer wieder entzog. Vieles war denkbar in jenem Jahr 1939.

Im Schlager hingegen war alles sonnenklar, vor allem auch wunderbar unbeschwert. Tino Rossi suchte das Glück und besang in *La petite maison grise* das kleine Glück in Form eines Hauses – klein, aber fein, mit einer wunderbaren Frau am Herd: Was will man mehr? »Für mich«, hieß es in dem Schlager, »ist das eine Ecke geradewegs vom Himmel«. Rina Ketty hingegen suchte in *Sombreros et mantilles* das Glück in der Ferne, die in diesem Fall noch nicht allzu fern war: Spanien. »Ich habe ganz Andalusien gesehen / die Wiege der Poesie und der Liebe«, hieß es in dem Stück. Und was, singt sie, kann man nach dieser Reise anderes im Herzen tragen als »eine charmante Erinnerung / glühend wie eine Blume Spaniens«? In der Wirklichkeit stand das Land am Ende eines furchtbaren Bürgerkrieg und an der Pforte zu dreieinhalb Jahrzehnten Diktatur. Aber was kümmerte das den Schlager? War sie allzu widerborstig, blieb die Wirklichkeit eben draußen. In Sommerlaune auch Charles Trenet. »Vive la vie / Vive l'amour«, forderte er in *La vie qui va*. Das Leben hatte Flügel, und ebenso die Liebe, und so ließ sich der Himmel im Handstreich auf die Erde holen. Allerdings, schob Trenet mahnend hinterher: »Ich weiß sehr wohl, dass sich morgen alles ändern kann«. All die ihr gewidmeten Opern und Chansons habe er vergessen, versicherte er in *Vous* êtes *jolie* der Angebeteten. Er habe sie vergessen just in jenem Augenblick, in dem er sie gesehen habe. »Ihr seid schön, mein kleiner Vogel / Neben euch sind die Blumen lange nicht so schön«. Die Verehrung war da, und von ihr ist es zum Verlangen nicht weit. Ein junges Paar traf sich an einem schönen Nachmittag am See, und von da an wurde der Bauch der jungen Frau merklich runder. »Ça s'est passé un dimanche / un dimanche au bord de l'leau« – »Das ist an einem Sonntag am Ufer des Sees passiert«. Wie es eben so ging im Land der Liebe, das auch die Franzosen selbst als ein solches betrachteten.

Und doch, die Zeit der Liebe konnte knapp bemessen sein. Lucienne Boyer stimmte in »*Adieu mon p'tit Kaki*« eine melancholische, geradezu ahnungsvolle Note an. Sie lieh einer jungen Frau die Stimme, die sich am Bahnhof von ihrem Geliebten verabschiedete. »Als der Zug startete, hatte ich kein Blut mehr in den Adern«, hieß es in dem Lied. So würde es in wenigen Wochen unendlich vielen Französinnen gehen. Indirekt waren sie wie auch ihre Männer auf das Schlimmste bereits seit Längerem vorbereitet. Seit mittlerweile vier Jahren identifizierte die Regierung Orte, die bei einer deutschen Attacke besonders gefährdet waren. Dazu zählten insbesondere die großen Städte, aber auch wichtige Verkehrsknotenpunkte. Am Ende stand eine Liste mit 1200 potenziellen Zielen der Deutschen – kaum eine Region im Land, die nicht betroffen war. Kaum ein Bürger, der sich der potenziellen Gefahr nicht bewusst war. Systematisch wurden die besonders gefährdeten Orte in überschaubare Zonen eingeteilt. Die Stadt Rennes wurde in vier große Sektoren zergliedert, die sich wiederum aus 120 kleinen Zonen, sogenannten »Inseln«, zusammensetzten. Jeder dieser Inseln stand ein Sicherheitschef vor, der zusammen mit seinen Helfern die Bürger im Fall eines Angriffs in die ebenfalls bereits ausgesuchten Schutzräume leitete. Große Plakate wiesen in den Quartieren auf die kürzesten Wege zu den Schutzräumen hin. Auch in den öffentlichen Gebäuden – Theatern, Kinos – fanden sich solche Sicherheitshinweise. Die Bibliotheken durften aus Sicherheitsgründen nur noch eine bestimmte Zahl von Besuchern gleichzeitig beherbergen: Im Ernstfall galt es, Massenpaniken unbedingt zu verhindern. Von 1938 an durften bauliche Maßnahmen auch an privaten Häusern nur noch dann ausgeführt werden, wenn sie den Sicherheitsvorschriften entsprachen. Nachts sollte aus den Städten im Fall eines Angriffs kein Licht mehr dringen – Dunkelheit, hieß es, sei die beste Verteidigung. Die Autofahrer mussten darum Vorbereitungen treffen, die Scheinwerfer abzudunkeln. Etwa durch blaue Farbe, die bis auf ein winziges Loch in der Mitte komplett aufzutragen war. Die Stadt Paris stattete von 1938 an die Straßenlaternen mit Lampen aus, die sich automatisch löschen ließen. In Ausstellungen und Schulungen wurden die Bürger unterrichtet, wie sie sich bei einem Angriff zu verhalten hatten. Kinder wurden für den Fall, dass sie im Durcheinander eines Angriffs verloren gingen, mit eigenen Identitätsmarken ausgerüstet. »Sie müssen sagen können, wenn es morgen geschähe, wäre ich bereit«, forderte die Pariser Stadtverwaltung ihre Bürger mittels großer Plakate auf. »Man kann sich sehr gut gegen furchtbare Unfälle schützen. Es ist besser, vorzubeugen als nachträglich zu heilen. Machen Sie eine persönliche Anstrengung!«[21]

»Wir bedrohen niemanden« – die Parade vom 14. Juli

Wer es hingegen einen Tick patriotischer liebte, schaute in jenen Monaten nach Paris. Im Juni wurde auf dem Mars-Feld das Monument Marschall Joseph Joffres enthüllt, des Oberbefehlshabers der französischen Armee bis 1916, einer der großen Helden des Ersten Weltkriegs. Joffre hatte im September 1914 in der Schlacht an der Marne den deutschen Vorstoß auf Paris verhindert. Seitdem war Joffre für die Franzosen ein Freiheitsheld, der nun endlich auch im Pariser Stadtbild angemessene Würdigung erfuhr. Atmosphärisch verwies die Enthüllungszeremonie bereits auf das große Ereignis einige Wochen später: die Parade am 14. Juli, dem Nationalfeiertag zur Erinnerung an den Sturm auf die Bastille, der sich 1939 zum 150. Mal jährte. Zwanzig Jahre war zudem die große Pariser Friedenskonferenz her, in der Europa nach dem Ersten Weltkrieg neu zugeschnitten und vor allem der Erzfeind Deutschland in seine Schranken verwiesen wurde.

So bot der Tag hinreichend Gründe für eine eindrückliche Evokation der Vergangenheit – aber auch eine Gelegenheit, Bevölkerung und militärische Führung einander anzunähern. Die teils sorglosen, das Leben der Soldaten allzu leichtfertig aufs Spiel setzenden Manöver einiger Generäle während des Ersten Weltkriegs hatten in der Bevölkerung ein tiefes Misstrauen gegen die Heeresführung wachsen lassen. Zudem verdächtigten Teile der Linke das Militär, sich gegen die Republik verschworen zu haben. Wiederholt hatte die Kommunistische Partei Frankreichs Kampagnen gegen das Militär geführt. Dieses Misstrauen konnte man sich nun nicht mehr leisten: Hitler-Deutschland rüstete unverkennbar zum Krieg. Die Hoffnungen, dass er sich bremsen ließ, schwanden täglich mehr. Jahrelang hatte man versucht, den zeternden Mann an der deutschen Regierungsspitze zu beruhigen, ihm möglichst weit entgegenzukommen und so zu besänftigen. Dabei war man bis zum Äußersten gegangen, ja sogar, fanden nicht wenige Franzosen, darüber hinaus. Im September des Vorjahres 1938 hatten Hitler, der italienische Diktator Benito Mussolini, der britische Premier Neville Chamberlain und sein französischer Amtskollege Édouard Daladier das Münchener Abkommen unterzeichnet. Es sah vor, dass die Tschechoslowakei das deutschsprachige Sudetenland an das Deutsche Reich abtrat. Die Einheit der knapp zwei Jahrzehnte zuvor auf der Pariser Friedenskonferenz ins Leben gerufenen Tschechoslowakei wurde der Friedenssehnsucht der westeuropäischen Staaten geopfert. Ein mindestens fragwürdiger Deal, den Daladier zutiefst bereuen würde. »In München bin ich in eine Falle gelaufen«, sollte er später erklären.[22]

Nicht nur wegen der runden Jahrestage, sondern auch, um Deutschland zu imponieren, wurde die Parade an jenem Tag zu einer militärischen Leistungsschau ohnegleichen. 30.000 Soldaten zogen über die Champs-Élysées, teils zu Fuß, teils auf einem der 3500 Pferde, die man für jenen Tag in die Hauptstadt gebracht hatte. Die gute Ausrüstung der Armee sollten 600 Fahrzeuge, 120 Artilleriegeschosse und 350 Maschinengewehre dokumentieren. 300 französische Flugzeuge kreuzten den Himmel über Paris. Auch Truppen aus den Kolonialgebieten waren präsent: Ein aus tunesischen, algerischen und marokkanischen Reitern zusammengesetztes Kavallerieregiment war vor Ort, ebenso die berühmten *Tirailleurs sénégalais*, Truppen senegalesischer Kämpfer, seit dem Ersten Weltkrieg vom Nimbus der Unbesiegbarkeit umgeben. Als »wunderbare Bronzestelen« beschrieb sie der Korrespondent der *Dépêche de Toulouse*, als »schwarze Karyatiden des französischen Heers« der von *Paris Soir*. Nun hatte diese »force noire« (»schwarze Kraft«), wie sie allgemein hieß, eine neue Aufgabe: Sie sollte dazu beitragen, »auf Hitler und seine Strategen abschreckenden Eindruck zu machen.«[23] Auch sonst zeigte sich Frankreich geschlossen: Sieben Grußworte wurden gesprochen, von Repräsentanten aus allen Ecken des französischen Großreichs und seiner Kolonien. Zu hören waren ein Sufi-Mystiker aus dem Senegal, ein tunesischer Würdenträger, ein hoher Beamter aus Französisch-Indochina, der Vertreter eines kleineren Unternehmens aus Straßburg, ein Angestellter eines Handelshauses aus Lyon, ein Winzer aus Angers und der Kapitän der *Normandie*, des vier Jahre zuvor in Dienst gestellten, großen französischen Transatlantik-Liners, damals das größte Schiff der Welt.

Ganz wichtig auch: Frankreich stand nicht allein. Aus Großbritannien waren mehrere Einheiten entsandt worden: Schottische, irische und walisische Garden marschierten über die Champs-Élysées, grüßten die

Französische Fremdenlegion bei der Militärparade zum 150. Jahrestags des Sturms auf die Bastille am 14. Juli 1939.

französischen Politiker, aber auch die für jenen Tag eigens aus der Heimat angereisten: den britischen Kriegsminister Leslie Hore-Belisha etwa oder General John Vereker, 6. Viscount Gort, der in Kürze das britische Expeditionskorps in Frankreich befehligen würde. Auch die Gäste waren mit imposantem Kriegsgerät vertreten: Fünf Schwadronen der britischen Luftwaffe donnerten über die französische Hauptstadt. Ihre Botschaft war klar und in erster Linie an Deutschland gerichtet: Großbritannien stand fest an Frankreichs Seite. »Möge diese große Evokation uns den festen Willen geben, das Vaterland mit allen unseren Kräften zu verteidigen, Freiheit und Gleichheit zu erhalten und an unsere Kinder weiterzugeben«, erklärte Staatspräsident Albert Lebrun. »Möge sie uns den Willen geben, eng und brüderlich vereint in freier, generöser und starker Gemeinschaft zu bleiben.«[24]

Frankreich war ein militärisch mächtiger Staat, darauf wies in deutlichen Worten die *Dépêche de Toulouse* hin: »All dies war Frankreich, das da vorbeizog, das unsterbliche Frankreich, das nicht vergehen will, Frankreich, das mit niemandem Streit sucht, das aber nicht zulässt, dass man ihm übel mitspielt.«[25] Ähnlich umriss es in seiner Rede auch Premier Édouard Daladier: »Wir bedrohen niemanden und träumen von keinerlei Eroberung. Aber jede Drohung, jeder Beherrschungsversuch würde uns entschlossen finden, unsere französischen Freiheiten zu verteidigen.«[26] So lag ein Schatten über den Feiern dieses Tages. Die Republik wurde politisch zwar gewürdigt. Aber mindestens ebenso kam es angesichts der dunklen Töne von der nördlichen Seite des Rheins darauf an, sie als gerüstet zu inszenieren, als im Zweifel höchst wehrhafte Institution, mit der man sich besser nicht anlegte. Das allerdings kostete. »Für ein starkes Frankreich – zeichnen Sie Rüstungspapiere«, wandte sich die Regierung über die Zeitungen an die Bürger.

In jenen Wochen wurde es immer mehr Franzosen klar: Ein Krieg wurde immer wahrscheinlicher. Meinungsumfragen dokumentierten die wachsenden Sorgen. »Werden wir 1939 einen Krieg erleben?«, werden die Franzosen gefragt. Ja, antworteten im Juli 45 Prozent der Befragten – im April waren es noch 37 Prozent gewesen. Nur ein gutes Drittel – 34 Prozent – schloss einen Krieg aus. Drei Monate zuvor hatte sich fast die Hälfte der Franzosen – 47 Prozent – einen Krieg nicht vorstellen können.[27]

Zudem wurden die Mobilisierungsbescheide verschickt. Die Franzosen kannten diesen massiven Eingriff in ihr Privatleben bereits: Der erste erging im Frühjahr 1936, als Hitler Truppen in das im Versailler Vertrag zur entmilitarisierten Zone erklärte Rheinland entsandte. Der zweite erging im September 1938 in Reaktion auf die Sudetenkrise. Im August 1939 dann folgte in Reaktion auf den sich verschärfenden deutsch-polnischen Streit um Danzig eine weitere Teilmobilisierung. 1,6 Millionen Franzosen waren im Juli zum Wehrdienst einberufen. »Am besten ist es, ein für alle Male (mit den Deutschen) Schluss zu machen«, las man Ende August in der Zeitung *Le Jour*.[28]

»Festival der freien Welt« – die Filmfestspiele von Cannes

Die Signale aus Deutschland und Italien beunruhigten nicht nur die Politiker und Militärs. Auch die Künstler waren besorgt. Die konkretesten Erfahrungen machten die Filmschauspieler, Regisseure und Produzenten, wenn auch nicht mit Deutschland, so doch mit dessen Verbündetem Italien.

Das Festival von Cannes, dem die Franzosen so erwartungsvoll entgegenschauten, war zwar auch ein Ort der Schönheit. Mindestens ebenso sollte es aber auch ein politisches Bekenntnis sein, nämlich das zur Freiheit der Kunst, die ihrerseits nur in demokratischen Staaten zu haben war. In Cannes sollte nach dem Willen der Macher nicht irgendein Festival entstehen, sondern eines, das einem der bislang größten und dazu noch in unmittelbarer Nachbarschaft gehaltenen politisch Konkurrenz machen sollte, nämlich der *Mostra internazionale d'arte cinematografica*, den Internationalen Filmfestspielen von Venedig. Der Entschluss, das Festival ins Leben zu rufen, gründete allerdings zuletzt auf einer Illusion. Nämlich der, Kunst und Politik hätten nichts miteinander zu tun. Über Jahre hatten die französischen Filmemacher über die politischen Zustände im faschistischen Italien hinweggesehen. Die Kunst, fanden sie, sollte davon unberührt bleiben. So sah es auch der Regisseur Jean Renoir. Noch 1937 hatte er für seinen Film *La grande illusion* – ein engagiert auf Völkerverständigung und Pazifismus setzendes Werk – die *Coppa Mussolini* entgegengenommen, die bis 1942 vergebene Auszeichnung für den besten ausländischen Beitrag. Den Widerspruch, für einen pazifistischen Film eine Ehrung aus einem autoritär regierten Land entgegenzunehmen, nahm er hin.

Auch im Jahr 1938 hatten die Franzosen noch Filme zur Teilnahme an der *Mostra* eingereicht. Doch immer deutlicher zeigte sich, dass ihre Haltung selbst eine große Illusion war. Denn Kunst und Politik waren unter Mussolini eine allzu enge Bindung eingegangen. Der italienische Regierungschef wollte den Import ausländischer Filme kontrollieren – eine kaum hinnehmbare Maßnahme vor allem für die US-amerikanischen Produzenten. Das Maß war voll, als die Jury – eigentlich, so viel wusste man inzwischen, wollte sie den »Großen Preis« an einen amerikanischen

Film vergeben – einen deutschen Film auszeichnete: *Olympia* von Leni Riefenstahl, aufgenommen während der Olympischen Spiele 1936 in Berlin. Die Vergabe war ein offener Bruch des Reglements: Diesem zufolge durften ausschließlich Spielfilme ausgezeichnet werden. Riefenstahls Arbeit war aber kein Spielfilm, sondern eine propagandistisch gefärbte Dokumentation.

Auch die Vergabe der *Coppa Mussolini* war in diesem Jahr tendenziös: Der Preis ging an den Film *Luciano Serra pilota* (»Zwischen Leben und Tod«). Die Gesamtleitung des Films lag in den Händen ausgerechnet von Vittorio Mussolini, dem Sohn des *duce*. Allerdings handelten die Italiener nur bedingt aus freien Stücken. Aus dem verbündeten Deutschland kam massiver Druck. Propagandaminister Joseph Goebbels persönlich engagierte sich für Riefenstahls Film. Verärgert war er bereits im Juni 1939, als die Franzosen sich schwer damit taten, Riefenstahls Film zu präsentieren. »Man will in Paris den Olympiafilm nur aufführen, wenn die Aufnahmen vom Führer herausgeschnitten werden«, notierte Goebbels am 22. Juni 1939 in seinem Tagebuch. »Das ist eine Gemeinheit. Ich lehne das kategorisch ab.«[29] Doch in Frankreich waren ihm die Hände gebunden. Umso entschlossener schritt er bei der Vergabe der Biennale-Preise ein. »Die Italiener wollen in Venedig die Coppa Mussolini einem Film von Vittorio Mussolini geben und für den Olympiafilm einen neuen ›Preis der Nationen‹ einrichten. Ich gebe meine Zustimmung unter der Bedingung, dass der ›Preis der Nationen‹ auch wirklich als erster Preis herausgestellt wird. Sonst gibt's Krach.«[30] Den angekündigten Krach fürchteten die Italiener – und ließen Riefenstahls Epos wunschgemäß als Gewinner aus dem Festival gehen.

Die Amerikaner und Engländer waren empört: Sie erklärten, an der nächsten Ausgabe des Festivals nicht mehr teilnehmen zu wollen. Zeuge des Eklats war der Schriftsteller und Beamte Philippe Erlanger, 1938 Direktor der *Association française d'action artistique* (»Französischer Verband des künstlerischen Handelns«), in Venedig um das Wohl der präsentierten Filme bemüht. Am Folgetag, »noch aufgewühlt von der Gewalt des Geschehens und zutiefst beunruhigt von der tschechoslowakischen Krise« – gemeint ist der deutsche Einmarsch in das tschechoslowakische Sudentenland Anfang Oktober 1938 –, nahm er den Nachtzug zurück nach

Paris. Schlafen konnte er angesichts der aufwühlenden Eindrücke und Nachrichten nicht. »In der Morgendämmerung kam statt eines Traums eine Idee. Da die Umstände die *Mostra* um ihre unabdingbare Objektivität gebracht hatten, warum solle man da nicht, falls der Frieden auf wunderbare Weise gerettet würde, in Frankreich ein Festival auf die Beine bringen – das Festival der freien Welt?«[31] Umgehend präsentierte Erlanger die Idee dem damaligen Kulturminister Jean Zay. Der war angetan. Nicht weniger waren es die Kulturmanager, die Bürgermeister der großen Städte an der Côte d'Azur und natürlich deren Hoteliers. Ebenso auch die Amerikaner: Alle wünschten sich ein neues Festival – ein politisch sauberes, und ein ökonomisch erfolgreiches dazu. Filmfestspiele in einer der großen europäischen Städte, wussten die Produzenten in Hollywood, waren immer noch das wichtigste Instrument, um amerikanische Filme auch in der Alten Welt in Kassenschlager zu verwandeln. Die Drähte der Telefone auf beiden Seiten des Atlantiks, in Paris, Washington und Hollywood, würden glühen in den kommenden Monaten, denn es blieb wenig Zeit, das Festival auf die Beine zu stellen, jenes »ewige Wunder der freien Nationen«, wie es Maurice Bessy, Chefredakteur der Zeitschrift *Cinémonde*, noch am 30. August 1939, wenige Tage vor der geplanten Eröffnung, nicht ohne Pathos schrieb.[32]

Mona Lisa auf Reisen – die Evakuierung des Louvre

Vieles geriet untergründig in Bewegung in diesem Jahr 1939, manches Ereignis gewann doppelten Boden. Die Leihgaben, die im Herbst 1938 aus London an die Seine gekommen waren, dienten nicht nur dem künstlerischen Austausch. Sie waren auch ein Akt der Solidarität sowie ein Vertrauensbeweises: Selbst wenn Hitler immer lauter zeterte, die Briten überließen den Franzosen ihre Kunstschätze weiterhin. Sie wussten sie in Paris in guten Händen, so die Botschaft. Freilich verlief der gesamte Akt nicht ohne Vorsichtsmaßnahmen. Als König Georg VI. und Königin Elisabeth die Ausstellung im Juli besuchten, war für den Ernstfall längst alles vorbereitet. Im Louvre war unter dem Infantinnengarten bereits ein Luftschutzraum angelegt.

Das Direktorium des französischen Nationalmuseums war freilich seit Längerem alarmiert. Die Kunsthistoriker hatten schon erste Pläne für die Evakuierung der Kunstwerke im Louvre und in anderen Museen entworfen. Hitler, ahnten sie, war alles zuzutrauen, auch die französischen Kunstschätze dürfte er im Zweifel bedenkenlos plündern. Als Donnerschlag nahmen sie den deutsch-sowjetischen Nichtangriffspakt, unterzeichnet am 24. August 1939 von dem deutschen Außenminister Joachim von Ribbentrop und dem sowjetischen Volkskommissar für Auswärtige Angelegenheiten Wjatscheslaw Molotow. Anwesend ebenfalls bei der Zeremonie: Josef Stalin. Nun, ahnte man (auch) im Louvre, war alles möglich. Die Direktion entschied sich, das Museum für drei Tage zu schließen – die Sicherheit der Kunstwerke hatte Vorrang vor allem anderen.

Als eines der ersten Kunstwerke war bereits Ende September 1938 Leonardo da Vincis *Mona Lisa* aus Paris geschafft worden. Das Gemälde erhielt eine neue Unterkunft im Schloss Chambord an der Loire, das während der Monate vor Ausbruch des Krieges zur nationalen Drehscheibe für bedrohte Kunstwerke wurde. Unter der Regie des Journalisten Jaques Jaujard, stellvertretender Direktor der nationalen Museen Frankreichs, transportierten ab dem 29. August knapp 40 Konvois aus jeweils fünf bis acht LKWs die Kunstwerke aus dem Louvre. Einmal evakuiert, steuerten sie aus Chambord ihre nächsten Stationen an. Die Bestände anderer Museen wurden in benachbarte Schlösser gebracht. Die Depots des *Musée Nissim de Camondo* und des Museums von Versailles fanden sich im Schloss von Brissac wieder. Die *Mona Lisa* – französisch: *La Joconde* – kehrte nach einigen Wochen zwar noch einmal zurück in den Louvre, wurde dann aber aufs Neue in Sicherheit gebracht, aus Sorge um ihren Erhalt an immer anderen Orten: zunächst im Schloss Louvigny an dem Fluss Sarthe, dann in Montauban, später im ehemaligen Zisterzienserkloster Loc-Dieu in Okzitanien und schließlich im Schloss von Montal, auf halber Höhe zwischen Montauban und Limoges.

In den Tagen nach Unterzeichnung des Abkommens in Moskau nahmen die Rettungsaktionen dramatisch an Fahrt auf: Am 1. September 1939 – Deutschland überfiel an diesem Tag Polen und löste damit den Zweiten Weltkrieg aus – waren viele Kunstwerke, gelagert in rund 6000

Kisten, bereits aus der Hauptstadt gebracht, überwiegend in die Schlösser der Loire. Delacroix' *Hochzeit zu Kana* ließ sich noch zusammenrollen; andere, Erdpech enthaltende Werke hingegen nicht. Täte man es, würde die Farbe absplittern. *Das Floß der Medusa*, erschaffen 1818/19 von Théodore Géricault, *Die Küche der Engel*, 1646 von Bartolomé Esteban Murillo gemalt, *Bonaparte bei den Pestkranken von Jaffa*, Antoine-Jean Gros' Meisterwerk aus dem Jahr 1804: Sie alle mussten in ihrer ganzen Länge und Breite transportiert werden. Ein gewaltiges Unternehmen, erinnerte sich Georges Salles, damals einer der Chef-Konservatoren des Louvre:

> »Beim Transport gab es viele Zwischenfälle. Der erste Stopp ergibt sich am Viaduct von Passy, dessen Bogen nicht hoch genug ist, um die Fahrzeuge weiterfahren zu lassen: Ein Umweg ist nötig. Ein zweiter Halt am Viadukt von Auteuil, der dann aber durchquert wird. In Versailles eine neue Komplikation: die Drähte der Straßenbahn bilden ein undurchdringliches Netz. Ein Elektriker-Team wird herbeigerufen, um einen Weg zu bahnen: Es begleitet das unglückliche Floß bis zum Hafen.«[33]

Die Pastellzeichnungen hingegen verblieben in Paris: Ihre extreme Zerbrechlichkeit ließ einen längeren Transport nicht zu. So wurden sie in den Kellergeschossen der *Banque de France* untergebracht, ein Ort, der sie im Fall des Falles auch vor Bombenangriffen schützen sollte.

Doch die Zeit drängte. Am Tag des deutschen Angriffs auf Polen befanden sich immer noch viele – zu viele – Kunstwerke im Louvre. »Der bisherige Geschwindigkeitsrekord musste geschlagen werden«, berichtete Salles später.

»Wir konnten nicht mehr daran denken, alles in Kisten zu verpacken. Dazu fehlte das Material, und zugleich drängte die Zeit. Im Hof werden die Umzugswagen zusammengezogen. Das Herz wird schwer beim Anblick der an die steinerne Balustrade gelehnten Kunstwerke, die sich nun auf den Weg machen werden. Unter direktem Tageslicht, aus dem Rahmen genommen auf den Rücken, teils aber auch auf den Bauch gelegt, nehmen sie das elende, erbarmungswürdige Aussehen von Bildern an, die man dem Trödler verkauft. Eines nach dem anderen werden sie in die gepolsterten Laderäume der LKWs gebracht, wo sie der Größe nach geordnet, durch Kissen voneinander getrennt und dann auf den Weg zum Bahnhof gebracht werden.«[34]

Auch anderswo wurden Ende August Kunstwerke auf den Krieg vorbereitet. Die Schutzmaßnahmen setzten der Umgebung ästhetisch hart zu. Die berühmten *Pferde von Marly*, verteilt auf Skulpturen, die sich damals am Eingang zu den Champs-Élysées befanden, wurden durch dicke Sandsäcke verdeckt. Ebenso verschwanden die Statuen an der Place de la Concorde, an der Place des Victoires, am Pont Neuf sowie eine Reihe anderer Monumente hinter hohen, aus Sandsäcken gestapelten Schutzwällen. Vom Obelisken auf der Place de la Concorde war bald nur noch die Spitze zu sehen. Gewiss, der Schutz war letztlich dürftig, aber vielleicht, so die Hoffnung, bewahrte er die Kunstwerke im Falle eines Luftangriffs wenigstens vor den gröbsten Schäden. Auch die großen Fenster der Kirchen und Kathedralen wurden aus ihren Rahmen genommen und in Schutzräume außerhalb der Städte gebracht. Die Arbeiten fanden in Rekordzeit statt: In wenigen Tagen wurden 5500 mittelalterliche Glasplatten nach Chartres gebracht. Insgesamt waren nach einer Woche 20.000 Quadratmeter Glas in 8000 Kisten verpackt worden. Ebenso fanden die wichtigsten Manuskripte in der Provinz eine neue Unterkunft, den Bomben der Nazis ebenso entzogen wie ihrem Sinn für Kunstraub.

Dass es zu Angriffen nicht kommen möge, diese Hoffnung hegten die Franzosen bis zuletzt. Dass sich die Hoffnung kaum mehr begründen ließ, war ihnen ebenfalls klar. Am 23. August dann – Ribbentrop hatte sich zum Entsetzen Europas mit Stalin auf den Nichtangriffspakt geeinigt – stand die Entscheidung: Greift Deutschland Polen an, wird Frankreich dem Aggressor den Krieg erklären. Am 26. August versuchte Daladier, Hitler noch ein letztes Mal umzustimmen. Nichts stehe dem Versuch entgegen, die internationale Krise noch im Geiste »der Ehre und Würde aller Völker zu lösen.«[35] Frankreich stehe zwar zu der Garantieerklärung, die es zusammen mit Großbritannien Polen Ende März 1939 gegeben habe. Man hoffe aber, dass sich die Krise mit friedlichen Mitteln lösen lasse.

»In einer so schweren Stunde glaube ich in aller Aufrichtigkeit, dass kein Mensch, der ein Herz hat, nicht verstehen könnte, dass ein Zerstörungskrieg

> beginnen könnte, ohne dass zwischen Deutschland und Polen ein letzter Versuch eines friedlichen Arrangements stattfindet. ... Sie wissen ebenso gut wie ich, welchen Schrecken das Bewusstsein der Völker auf immer von dem Desaster des Krieges hat, ganz gleich, worum es in diesem geht. Wenn das französische und das deutsche Blut noch einmal fließen wie vor 25 Jahren, wird der Sieg mit größter Wahrscheinlichkeit einer der Zerstörung und Barbarei sein.«

Ebenso wandte sich Daladier an diesem Tag über das Radio auch an seine Landsleute. Über fünf Millionen Haushalte verfügten inzwischen über ein Empfangsgerät – ihre Botschaften, konnte die Regierung annehmen, verbreiteten sich schnell und auf breiter Fläche. Frankreich habe kaum eine Wahl, wandte sich der Premier an die Bevölkerung. »Wenn wir es zuließen, dass diese Völker eines nach dem anderen untergehen, nachdem wir unser Wort verweigert haben, dann stünden wir ohne Ehre da, während sich absehbar alle Versuche, Europa zu beherrschen, gegen unser Land richten würden.«[36]

Hitler beeindruckten die Warnungen und Bitten wenig: Am 1. September 1939 löste er durch den Überfall auf Polen den Zweiten Weltkrieg aus. Die Franzosen mussten einsehen, dass die Appeasement-Politik, dass aller guter Wille und alle Geduld vergeblich waren. »In Polen bekämpft man sich seit heute morgen«, notierte der Schriftsteller und Rechtsanwalt Maurice Garçon in sein Tagebuch. »Das Radio gibt die allgemeine Mobilisierung bekannt. Das Schlimmste ist wahr geworden.«[37]

»Drôle de guerre« – Warten auf den Ernstfall

> Sie sagen, dieser komische Krieg,
> aber er ist eben nicht komisch; er ist düster.
>
> *Georges Bernanos*

Wohin mit den Dingern? Sie sahen abstoßend aus, hässlich und furchteinflößend zugleich. Zog man sie sich über, war man kein Mensch mehr, war das gesamte Antlitz entstellt, verschwunden hinter einer zweiten Haut, die sämtliche Gesichtszüge auf monströse Weise verformte: die Augen um ein Vielfaches vergrößert, Nase und Mund vereint in einem absurden Rüssel, Haut und Haare verborgen unter einem grau-grünen Überzug, der die allerletzten Anklänge an ein menschliches Wesen tilgte. Gasmasken verliehen ihren Trägern etwas Gespenstisches, Urzeitliches, Außerirdisches, sie überzustreifen war ein radikaler Bruch mit aller Anmut.

»Jede Person mit festem Wohnsitz ist angehalten, für sich selbst und alle mit ihr zusammenlebenden Personen Schutzinstrumente gegen einen Gasangriff in Besitz zu nehmen«, gaben die Behörden im November 1938 bekannt.[1] Ein Angriff durch Nazi-Deutschland schien schon wenige Wochen nach dem Münchener Abkommen nicht mehr auszuschließen. Der Schutz der Bevölkerung war dringend geboten, und so wurden die Masken in Massenproduktion hergestellt. Angesichts der potenziellen Gefahren war die Nachfrage groß – und doch: Offen umherlaufen mochte mit der Maske niemand. Es war wichtig, die Masken jederzeit bei sich zu haben. Aber man wollte sie nicht ständig sehen, wollte vor allem nicht ständig mit ihr gesehen werden. Zu brachial, davon waren insbesondere die modebewussten Damen überzeugt, war der Bruch mit dem übrigen Erscheinungsbild. Die ästhetischen Nöte vor Augen, reagierten die Designer umgehend. Rasch entwarfen sie verschiedene Taschen, Etuis und Behälter, in denen sich das lebensrettende Utensil diskret verbergen ließ. Teils in die Länge, teils in die Breite gearbeitet, mit einem Knopf oder einer Verschlusslasche versehen, in Grau, Kaki oder Grün gehalten und wie Handtaschen mit einem über die Schulter zu werfenden Riemchen ausgestattet, verbargen sie das ungeliebte und doch unverzichtbare Teil. Zumindest ästhetisch war der Krieg damit gebannt. Die Schönheit des Menschen würde er vorerst nicht mehr beeinträchtigen.

Doch Schönheit war nicht alles. Der Gedanke an den Schrecken des Krieges ließ sich nicht so leicht verbannen. In den ersten Septembertagen und -wochen war die Nervosität allgegenwärtig. Die von den Behörden herausgegebenen Ratschläge und Mitteilungen zum Selbstschutz enthielten zwar wichtige, im äußersten Fall sogar lebensrettende Hinweise. Sie machten den Bürgern aber auch das Ausmaß der potenziellen Gefahren bewusst. Der *Petit Guide de Défense passive* (»Kleine Anleitung zur passiven Verteidigung«), gedruckt in einer Auflage von 600.000 Exemplaren, informierte vom Mai 1939 an alle zwei Monate über die wichtigsten Verhaltensmaßnahmen. Dass die Leser diese nicht auf die leichte Schultern nehmen sollten, deutete bereits die Gestaltung an. Auf der Ausgabe vom Dezember war ein Neugeborenes in einer hermetisch abgeschlossenen Tasche zu sehen, die in Höhe des Kopfes ein durchsichtiges Plastikfenster hatte. Oberhalb davon war ein Luftfilter angebracht. Über ein Ventil war sie zudem mit einem Schlauch verbunden, der auf dem Bild direkt zu einer Gasmaske führte, die ein Arzt sich übergezogen hatte. Links von dem Mann stand eine junge Frau – vielleicht die Mutter, vielleicht eine Krankenschwester –, noch ohne Maske auf dem Kopf. Die Angriffe der Deutschen, gab das Foto zu verstehen, machten auch vor den Kleinsten nicht halt, also wappnet Euch, so die Botschaft. Im Inneren illustrierten Zeichnungen den richtigen Umgang mit den Masken. Ausführlich beschrieb das Heftchen, wie man die Maske aufsetzte. Denn nur wenn sie korrekt saß, konnte sie den Träger schützen. Zugleich aber, war dem *Petit Guide* zu entnehmen, musste man wissen, wann sie zu tragen war und wann nicht. »Während eines Angriffs darf man sich unter keinen Umständen von seiner Maske trennen«, hieß es in dem Begleittext. »Fehlen aber die toxischen Elemente, benutzen Sie die Maske nicht, um sich gegen den Rauch zu schützen, der sie beschädigen kann. Nehmen Sie stattdessen ein feuchtes Tuch.«[2] Ähnlich konnte man es auf großen Anschlägen an Häusern und Mauern lesen.

Militärische Übung am Rond Point der Champs Elysées (Foto von 1939).

Gasmasken konnten Leben retten. Entsprechend groß war die Nachfrage. Und auch der Unmut, als sich herausstellte, dass längst nicht genügend Masken produziert waren. Die Versorgung hinkte dem Bedarf Nachfrage hoffnungslos hinterher. Am 1. September 1939 waren knapp 5,5 Millionen produziert worden. Nötig waren aber 16 Millionen allein für die Zivilbevölkerung, dazu noch einmal vier Millionen Ersatzmasken. »Die weitere Verteilung der Masken an Nachzügler ist bis auf weiteres eingestellt«, informierte *Le Matin* am 4. September, einen Tag nach der französischen Kriegserklärung, seine Leser. »Die Öffentlichkeit wird über die Wiederaufnahme der Verteilung unmittelbar informiert.«[3] Bald entschloss sich die Regierung, die Masken zu verkaufen. 70 Francs kostete das Exemplar – für viele Franzosen keine geringe Summe. Das Leben, spotteten sie, hat für Arm und Reich fortan einen unterschiedlichen Preis. Doch nicht einmal mit Geld ließ sich das Überleben bei einem Gasangriff sichern: Im Mai 1940, wenige Tage vor Beginn der deutschen West-Offensive, standen den Bürgern gerade einmal etwas mehr als 10 Millionen Masken zur Verfügung. Doch auch wer eine Gasmaske besaß, mahnte die Zeitschrift *Les Veillées des chaumières* im Oktober 1940, sollte der eigenen Sterblichkeit gedenken, auch und gerade im Angesicht der Maske. »Der Anblick dieses in unserem Büro oder am Kopfende des Bettes hängenden Objekts sollte eine ständige Erinnerung an den Tod sein, der vom einen auf den anderen Moment kommen kann.«[4] Und doch: Die Masken boten Schutz. Ein Beamter im Norden des Landes warnte Mitte September seine Vorgesetzten: Der Umstand, dass sämtliche Mitarbeiter der Verwaltung mit einer Maske ausgestattet worden seien, wecke beim Rest der Bevölkerung Ärger und Neid. »Es wäre darum wünschenswert, wenn die Maskenproduktion im großen Stil so schnell wie möglich vorangetrieben würde, um die Bevölkerung auf diese Weise zu beruhigen, die allgemeine Reizbarkeit zu mindern und jegliche Unruhe und Mutlosigkeit zu vermeiden.«[5]

Frustration und Ängste konnten die Masken aber auch vielen derjenigen Bürger nicht nehmen, die im Besitz einer solchen Maske waren. Über Gas in der Luft sollten eigens ausgerüstete Warnfahrzeuge informieren, die zu jeder Zeit durch die Straßen fuhren. Das entsprechende akustische Signal war ein kurzer, spitzer Ton, ein Umstand, der Streife fahrende Polizisten zu besonderer Verantwortung zwang: Schalteten sie für einen kurzen Moment das Horn ihres Wagens ein, veranlasste diese zumindest die besonders nervösen Passanten, sich hastig die Maske über das Gesicht zu streifen.

Die *Défense passive* gab weitere Schutzmaßnahmen bekannt: Drohte ein Angriff, waren vor Verlassen der Wohnung unbedingt Strom und Gas abzustellen. Scheiben waren mit Klebebändern zu verdunkeln, brennbare Gegenstände möglichst aus der Wohnung zu entfernen. Ganze Wohnungseinrichtungen wurden entsorgt, insbesondere Holzmöbel wanderten auf die Straße. Brauchte man sie nicht gerade zum Duschen, waren Badewannen bis zum Rand mit Wasser gefüllt. Sollte es brennen, konnte man aus ihnen schöpfen. Erste-Hilfe-Etuis wurden angeschafft, ebenso wichtige Medikamente – Brandsalben etwa, sollte man den Flammen nicht schnell genug entkommen. Überall hingen Plakate aus, die den Weg zu den nächstgelegenen Schutzräumen wiesen. Schaffte man es trotz aller Vorbereitungen nicht rechtzeitig zur nächsten Schutzstation, empfahl sich neben dem Keller zur Not ein schmaler Graben im eigenen Garten. Ihn auszuheben kostete zwar ästhetische Überwindung, aber im Zweifel rettete er Leben. In Paris verwandelten sich mehrere Metro-Stationen in potenzielle Schutzräume. Bis zu 30.000 Menschen, so hatte es die Polizei errechnet, fanden in ihnen wie auch den Verbindungsfluren der großen Stationen Schutz. Sie alle wurden von den bereits installierten Sirenen gewarnt – 92 waren es allein in Paris, 128 in den Vorstädten. Ein vierminütiges Intervall steigender und fallender Töne kündigte einen Angriff an, ein drei Minuten anhaltender starrer Ton gab dessen Ende bekannt.

»Alle sprechen von einem Luftangriff«, schrieb Simone de Beauvoir am 4. September in ihr Tagebuch. »Niemals war Paris so schwarz.«[6] Die Entschlossenheit, mit der die Wehrmacht in Polen vorging, ließ auch für Frankreich das Schlimmste befürchten. So lösten die Behörden wenige Tage später den ersten nächtlichen Alarm aus. Ein erster deutscher Vorstoß über die Landesgrenze könnte einen direkt folgenden Angriff auf die Hauptstadt einleiten, so die Sorge.

> »In der Nacht tritt Gégé (Beauvoirs Freundin Geraldine Pardo, Anm. d. Aut.) in mein Zimmer: die Sirenen. Wir stellen uns ans Fenster. Die Menschen laufen unter einem schönen, mit Sternen übersäten Himmel zu den Schutzräumen. Wir steigen zur Loge hinunter, wo die Concierge schon ihre Gasmaske angelegt hat. Wir gehen wieder hinauf, in der sicheren Annahme, dass es sich um einen falschen Alarm handelt. Ich schlafe bis sieben Uhr.«

Ein Fehlalarm also. Doch worauf ging er zurück? Auf einen technischen Effekt? Oder funktionierte die Verteidigung? »Alle sprechen mit angsterfüllter Stimme vom Alarm der vergangenen Nacht. Man sagt, deutsche Flugzeuge hätten auf einem Aufklärungsflug die Grenze passiert. All das ist nicht sonderlich interessant, im Grunde sogar pittoresk. Man hat sich noch nicht daran gewöhnt, dass nun tatsächlich Krieg herrscht; man wartet: worauf? Auf den Schrecken der ersten Schlacht?«

Angst und Alarm

Ja, man wartete. Und man reagierte im entscheidenden Moment, und zwar richtig. Die Pariser hätten »Disziplin« gezeigt, schrieb in ihrer nächsten Ausgabe die Zeitung *Le Matin*.[7] Sie hätten es an »dem ruhigen Mut, den man von ihnen erwartet«, nicht fehlen lassen. Auch hätten die Bürger in dieser Nacht ein neues Miteinander entdeckt. In den Kellern hätten sich Kameraderie und Solidarität entwickelt – »zwischen Bewohnern die seit vielen Jahren dasselbe Haus bewohnen, ohne sich zu kennen.« Besonnene Reaktionen überwogen, fasste die Zeitung *La Victoire* den Schrecken der Nacht zusammen. »Sehr gut, die Pariser!« Allerdings hörte man auch von Menschen, die sich beim hastigen Abstieg in die Keller und Schutzräume verletzt hatten. Einige hatten sich das Bein gebrochen, andere den Fuß verrenkt. Und noch etwas mussten die Pariser zur Kenntnis nehmen: Nicht alle Mitbürger waren ehrenhaft. Einige nutzten die Zeit des Alarms, um in leer stehende Wohnungen einzudringen und fremder Leute Besitz zu rauben.

Vor allem aber bildete die Nacht des ersten falschen Alarms nur den Auftakt zu einer zähen Reihe ermüdender, zermürbender Vorsichtsmaßnahmen. Um dem Feind die Orientierung zu erschweren, war das Licht in der Stadt auf ein Minimum zu reduzieren. Die Straßenlaternen waren ausgeschaltet, die Autos fuhren mit ihren blau übermalten, nur einen winzigen Lichtstreif durchlassenden Scheinwerfern auf kürzeste Sicht. Die Geschwindigkeit war auf 20 Stundenkilometer begrenzt. Dennoch war die Unfallquote deutlich höher als zuvor.

Zugleich verloren die Bürger einen Teil ihrer Freiheit. Restaurants, Theater und Kinos nahmen am 4. September 1939 empfindliche Maßnahmen hin: Größere Veranstalten mussten um 20.30 Uhr beendet sein, die Restaurants spätestens um 23 Uhr schließen. Strenge Regelungen galten auch für die privaten Haushalte: Die Bewohner waren verpflichtet, kein Licht aus ihren Wohnungen dringen zu lassen – Zuwiderhandlungen wurden streng geahndet. Am 10. September hatte sich Simone de Beauvoir früh zu Bett gelegt. »Um elf Uhr abends lese ich ›Meine Mutter‹ von Pearl Buck, ein zähes Buch, als ich auf der Straße grobe Stimmen höre: ›Licht! Licht!‹ – Ich versuche mit den Leuten zu reden, aber man schreit: ›Knall ihr ein paar Revolverschüsse auf die Fensterläden! Wenn Sie spionieren wollen, gehen Sie woanders hin!‹ Ich entscheide mich, das Licht auszumachen.«[8]

Reizbarkeit lag in der Luft, die ständige Angst vor einem Angriff zermürbte. Die nächtlichen Fehlalarme – es waren nicht wenige – brachten die Menschen aus dem Rhythmus. Sie schliefen zu wenig, das Leben geriet aus dem Takt. Ruhe und Selbstverständlichkeit der bisherigen Tage waren verschwunden, an ihre Stelle trat eine ermüdende Wachsamkeit, der Zwang, jederzeit mit dem Schlimmsten zu rechnen. Die Menschen nahmen die Geräusche der Stadt und die Gespräche mit Freunden, Nachbarn und Kollegen weiterhin wahr, achteten zugleich aber auch auf das jederzeit mögliche Heulen der Sirenen. Sie wussten, dass ihre Sicherheit bedroht, zumindest aber infrage gestellt war. Ein unbehagliches Gefühl, das Distanz zum Alltag schaffte, ihm seine Vertrautheit nahm und unter das Zeichen eines allzeit möglichen Angriffs stellte. Dieses Bewusstsein setzte sich im Kopf fest und zwang aller Wahrnehmung eine eigene Färbung auf. Noch die kleinste Handlung verlor ihre Unschuld – etwas Drohendes, Gefährliches schwebte über allem. Der Krieg, auch wenn er auf sich warten ließ, wurde zur psychologischen Herausforderung. »Man hat sich in der Unruhe eingerichtet und sich daran gewöhnt«, hielt der Schriftsteller und Anwalt Maurice Garçon am 12. September in seinem Tagebuch fest.[9] Und weil man der Situation nicht entkommen konnte, aber auch nicht vor ihr in die Knie gehen wollte, blieb nur eine Möglichkeit: Man musste sich ihr stellen. »Die falschen Alarme vermitteln ein Gefühl der Ruhe«, so Garçon weiter. »Man hat entschlossen, das Leben wieder aufzunehmen, als gäbe es keine äußeren Ereignisse, die es stören könnten.«

Doch auch, wenn es vorerst ruhig blieb: Das Leben war gestört, und zwar fundamental. Frankreich und Deutschland befanden sich seit dem 3. September im Krieg miteinander. Niemand hatte diesen Krieg gewollt. Die führenden Politiker, und mit ihnen die Militärs, hatten ihn unbedingt zu vermeiden gesucht. Doch angesichts der bedrohlichen Gesten aus Deutschland schien die Entscheidung unausweichlich: Sobald die Deutschen Polen angreifen würden, musste Frankreich Deutschland den

CETTE SEMAINE Louis Gillet, H. G. Wells, Georges de La Fouchardière, André Billy, René Jouglet, Jean Martet

MARIANNE 2 francs Mercredi 13 Septembre 1939

MARIANNE

GRAND HEBDOMADAIRE POLITIQUE ET LITTÉRAIRE ILLUSTRÉ

PARIS LONDRES en 1h15 AIR FRANCE

RIEN QUE LA TERRE...

Présence de Péguy

par Louis GILLET

Les heures cruciales de ma vie...

par H. G. WELLS

Un incident à l'hôtel

par André BILLY

Titelseite der Zeitung »Marianne« mit der Überschrift »Rien que la terre« (»Nicht weniger als die Welt«) vom 13.9.1939.

Krieg erklären. Nur so ließe sich verhindern, dass Hitler seine Truppen nach Westen wandte, sobald Polen unterworfen wäre. Darum galt es, den Feind in einen Zweifrontenkrieg zu verwickeln und auf diese Weise zu schwächen. Außerdem hatten Frankreich und Großbritannien im März 1939 eine Garantieerklärung unterzeichnet: Sollte sich Polen gezwungen sehen, seine Souveränität mit militärischen Mitteln zu verteidigen, würden die beiden Westmächte ihm beistehen. Gemeint war damit nicht zwingend ein militärischer Einsatz – auch diplomatischer Beistand war denkbar. Der Pakt war vor allem eine Warnung an Hitler, verbunden mit dem Angebot, alles Weitere am Verhandlungstisch zu regeln. Den Pakt galt es nun einzulösen. Andernfalls hätten Frankreich und Großbritannien als ebenso unglaubwürdige wie unverlässliche Staaten dagestanden. Europa, so das unterschwellige Eingeständnis, hätte Nazi-Deutschland nichts entgegenzusetzen. Zudem: Die Mobilisierung vom Juli 1939 war seit dem April 1936 die fünfte ihrer Art. Die Franzosen so oft aus ihrem Rhythmus zu reißen und dann wieder nach Hause zu schicken – das hatte auf Dauer einen ermüdenden Effekt.

Hitler ließ sich nicht beeindrucken: Am 1. September griff das deutsche Heer Polen an. Frankreich und Großbritannien reagierten. Am 3. September um 9 Uhr morgens überreichte der britische Botschafter Nevile M. Henderson dem deutschen Außenminister Joachim von Ribbentrop ein auf zwei Stunden befristetes Ultimatum, das den britischen Kriegseintritt bekannt gab. Ihm folgte gut drei Stunden später, um 12.20 Uhr, der französische Botschafter Robert Coulondre, auch er mit der Kriegserklärung seiner Regierung im Gepäck, angesetzt auf 5 Uhr nachmittags. Sein Eindruck von dem deutschen Außenminister und damit von den Möglichkeiten, den Frieden doch noch zu retten, stand zu diesem Zeitpunkt schon fest.

> »Hitler verfällt in Monologe, wenn die Leidenschaft ihn hinreißt. Herr von Ribbentrop aber monologisiert eiskalt. Es ist vergeblich, ihm seine Auffassung auseinanderzusetzen, er hört ebenso wenig hin, wie seine kalten, leeren Mondaugen einen sehen. Immer von oben herab, immer in Pose, versetzt er mit schneidender Stimme seinem Gegenüber die wohlvorbereitete Ansprache; das weitere interessiert ihn nicht mehr; man hat sich nur noch zurückzuziehen. An diesem, übrigens gut aussehenden Germanen ist nichts Menschliches außer den niedrigen Instinkten.«[10]

Folie der Erinnerung: der Erste Weltkrieg

So standen die Franzosen ab dem 3. September 1939, einem Sonntag, im Krieg. Unglauben, Verblüffung, Verzweiflung. Am Nachmittag ließen sich die Stunden herunterzählen: noch drei, noch zwei, noch eine. Der

Uhrzeiger rückte unaufhaltsam weiter. 17 Uhr: Der Frieden war vorbei. Eine unbekannte Zukunft stand bevor. Und eine nur allzu bekannte Vergangenheit schien sich zu wiederholen, die im Herbst 1918 mit der deutschen Kapitulation ihr Ende gefunden hatte, die nach über vier Jahren die Waffen endlich wieder hatte schweigen lassen. Insgesamt 7,5 Millionen junge Franzosen waren zwischen 1914 und 1918 eingezogen worden, rund 1,3 Millionen gestorben in dieser Zeit.[11] »Die Abwesenheit ist in unserem Frankreich überall gegenwärtig«, hatte François Simon, Präsident des *Souvenir français*, der Gesellschaft zum Gedenken der Kriegsgefallenen, bereits im November 1917 auf dem Ostfriedhof von Rennes erklärt.

> »Niemals haben die menschlichen Empfindungen eine derartige Prüfung durch die Trennung erlitten. Über Jahre waren in einem ganzen Volk die Ehefrau vom Ehemann, die Mutter vom Sohn, der Vater von den Kindern, der Sohn von seinen Geschwistern getrennt. Von der Trennung zum Tod ist es oft nur ein Moment. Zahllose Familien haben ihre Mitglieder in jene große Abwesenheit eintreten sehen, die man den Tod nennt.«[12]

Man hat es errechnet: Während des Ersten Weltkriegs starben an allen Fronten 6000 Menschen täglich. Tag um Tag riss der Tod tausende Menschen aus dem Leben, vernichtete die Hoffnungen und Pläne, die sie mit sich trugen. Er brachte aber auch deren Angehörige aus dem Gleichgewicht, konfrontierte sie mit einem Schicksalsschlag, den, sofern es überhaupt möglich war, zu ertragen enorme Kraft erforderte. Mehrere Seiten umfasste etwa jener Brief, den am 30. April 1915 Henri Boulard erhielt. Der Familienvater aus Paris hatte zwei Söhne, Lucien und Gabriel. Beide wurden im Herbst 1914 im Abstand von einem Monat eingezogen. Beide waren im Südosten von Verdun stationiert. Mehrere Wochen hielten die Eltern per Brief engen Kontakt zu den Söhnen, doch dann riss er ab. Ein am 26. April veröffentlichtes Communiqué des französischen Generalkommandos berichtete von schweren Kämpfen rund um jenen Abschnitt, in dem die Söhne ihren Dienst taten. Die Eltern waren unruhig, ertrugen die Ungewissheit um das Schicksal ihrer Söhne nur mit Mühe. Dann der Brief vom 30. April, verfasst wenige Tage zuvor von einem Kameraden Luciens. Dieser schrieb in aller Behutsamkeit. Zunächst berichtete er von einem Brief, den er selbst kurz zuvor, am 25. April, von einem weiteren Kameraden erhalten hatte. Darin fände sich eine Auskunft über Lucien. Dann erwähnte er den christlichen Glauben des Vaters, in dem er Trost finde, und appellierte an dessen Kraft, um schließlich zum Eigentlichen zu kommen: »Und nun erlauben Sie mir, Ihnen mitzuteilen, was ist: Dem erhaltenen Brief zufolge hat es Gott gefallen, Ihren Sohn Lucien zu sich zu rufen. Es ist hart, was ich Ihnen sage; ich selbst leide und beweine mit Ihnen denjenigen, den ich so wenig gekannt und doch so sehr gemocht habe.«[13] Henri Boulard behielt die Nachricht für sich. Seiner Frau gegenüber erwähnte er den Brief nicht – vielleicht handelte es sich ja doch um ein Missverständnis? Stattdessen schrieb er dem zuständigen Bataillonschef. Dessen Antwort traf am 7. Mai ein. Sie bestätigte die schlimmsten Befürchtungen: »Ich teile Ihnen mit Bedauern mit, dass Ihr Sohn Lucien am 20. April auf dem Feld der Ehre gefallen ist; was Ihren Sohn Gabriel angeht, er wurde am 24. April als vermisst gemeldet, es ist anzunehmen, dass er in Kriegsgefangenschaft geriet.«

Briefe wie diesen erhielten Hunderttausende französischer Familien. Sie veränderten das Leben der Angehörigen mit einem Schlag, zwangen sie, mit dem Verlust von Menschen zurechtzukommen, die ihnen unendlich viel bedeuteten. Andere Familien hatten mit anderen Herausforderungen zu kämpfen, etwa einer jahrelangen Ungewissheit über das Schicksal ihrer Mitglieder. Auch die Familie Lhéritier schickte zwei Söhne in den Krieg: Jules und François.[14] Der Ältere war bereits im Herbst 1914 an der Front. Im November 1916 erhielt die Familie eine beunruhigende Nachricht: Jules galt als vermisst. Lebte der Sohn noch oder war er tot? Hoffnung und Verzweiflung wechselten einander ab, verbunden allein durch die ständige, nicht zu überwindende Unruhe, die sich fortan in den Alltag der Familie schlich. Die Hoffnung ließ abschließende Trauerarbeit nicht zu, ein endgültiger Abschied angesichts der Ungewissheit war unmöglich. Die Eltern und die Verlobte schrieben Briefe an die zuständigen Kommandanten, doch die konnten nichts sagen: Von Jules fand sich keine Spur. Nichts wies darauf hin, dass er noch am Leben war, doch auch sein Tod ließ sich nicht bestätigen. Anfang November 1916, ergab die Aussage eines Kameraden, habe Jules noch gelebt. Ein weiterer Kamerad meldete sich: Am 16. November, also elf Tage, nachdem Jules als vermisst gemeldet worden sei, habe er ihn noch gesehen. Doch auch diese Nachricht ließ sich nicht erhärten. Anfragen an das Außenministerium, ob er in Russland in Kriegsgefangenschaft geraten sein könnte, brachten ebenfalls keine befriedigende Antwort. Einer im Frühjahr 1919 geschlossenen Vereinbarung zufolge müssten sämtliche Kriegsgefangenen innerhalb von drei Monaten nach Hause zurückgebracht worden sein. Doch Jules war offensichtlich nicht unter ihnen. Im Juni 1921 dann erhielten die Eltern einen Brief vom *Ministère des pensions*, jener staatlichen Agentur, die sich um die Kriegsgräber kümmerte: Man sei damit beschäftigt, den Tod eines vermissten Soldaten zu bestätigen. Der Prozess zog sich hin. Am 23. November dann ein weiterer Brief: Jules' Status als vermisster Soldat habe sich geändert: Er gelte nun als im Kampf gefallener Soldat. Über fünf Jahre hatte es gedauert, bis die Familie Gewissheit erhielt: Der Sohn und Verlobte war tot. Spätere Aufräumarbeiten auf den ehemaligen Schlachtfeldern brachten dann die letzte Bestätigung: Man fand Jules' Identifikationsmarke an eben jenem Ort, an dem er als vermisst gemeldet worden war.

Nun endlich konnte die Trauerarbeit beginnen. Doch sie war schwer, kaum erträglich. Jules Lhéritier hatte sich kurz vor seiner Einberufung ein Fahrrad gekauft. Als er eingezogen wurde, deponierte der Vater das Fahrrad auf dem Dachspeicher des Hauses. Wenn der Sohn zurückkomme, so die Hoffnung, würde er sich über sein gut erhaltenes Fahrrad freuen. Doch der Sohn kam nicht zurück. Das Fahrrad wurde zu einer Reliquie. Kein Familienmitglied durfte es anrühren. Über Jahrzehnte steht es auf dem Speicher, als Symbol der Lebenslust des Sohnes, seiner Hoffnungen und seiner abrupt aus dem Leben gerissenen Jugend. Das Fahrrad stellte eine Verbindung zu dem Toten her, es einte die Lebenden und Gestorbenen. Es war Zeugnis einer unwiederbringlichen Vergangenheit und garantierte doch, dass diese Vergangenheit zumindest symbolisch in die Gegenwart reichte. Es war, als hafte an diesem Fahrrad noch das Leben des Verstorbenen, als wäre er über seine materielle Hinterlassenschaft mit seinen Angehörigen weiterhin verbunden. Briefe, Portemonnaies, Medaillen: Alle konnten sie zu Objekten des Gedenkens werden, auf lange Zeit bewahrt in Schatullen, Schubladen und Truhen, in Schränken, Kommoden, Regalen. Hinzu kamen als offensichtlichste Erinnerung die Fotos, nach dem Ende der Kämpfe zu Hunderttausenden in (nicht nur) französischen Haushalten aufgestellt. »Meine ganze Kindheit über«, zitierte der Historiker Pierre Barral einen Bericht seines Onkels Lucien Boulard, »habe ich mich wie tausende meiner Zeitgenossen daran gewöhnt, zuhause das Foto eines jungen Soldaten in blauer Uniform zu sehen. Er wurde mit 21 Jahren an der Front getötet – der Bruder meiner Mutter.«[15]

Die Angehörigen wollten Gewissheit über ihr Schicksal. Lebten die Väter, Ehemänner, Brüder, Söhne noch oder waren sie tot? Wenn sie tot waren: Wie kamen sie ums Leben? Wurden sie von feindlichen Maschinengewehren getötet? Erstickten sie während eines Gasangriffs? Wurden sie von einer Bombe zerrissen? Waren sie sofort gestorben oder zog sich ihr Tod lange hin, womöglich unter quälenden Schmerzen? Hätte eine andere Kriegsführung ihren Tod vermeiden können? Wo befanden sich ihre sterblichen Überreste? War der Vater oder Ehemann womöglich eine der vielen nicht mehr identifizierbaren Leichen, die Schlacht für Schlacht auf dem Feld zurückblieben? Bohrende, quälende Fragen, die sich für zahllose Familien stellten, die ihnen nachts den Schlaf und tagsüber die Seelenruhe raubten – und die doch, teils über Jahre, die Hoffnung nicht ganz sterben ließen: Vielleicht kam der Totgeglaubte ja doch noch zurück, vielleicht ereignete sich am Ende doch noch ein kleines Wunder?

Hinzu kamen die apokalyptischen Bilder aus dem Norden des Landes: die Mondlandschaft rund um Verdun, die gespenstisch in den Himmel ragenden Baumstümpfe, Sinnbilder der totalen Zerstörung, die dieser Krieg entfachte. Sie machten eindrücklich klar, in welchem grauenhaften Inferno die Vermissten ihre letzten Lebensstunden oder Minuten verbracht hatten. Die bestürzenden Bilder der *Gueules cassées*, der durch Geschosse furchtbar entstellten Gesichter einiger Überlebender des Krieges, verstärkten den Eindruck des Schreckens, den die Menschen nach dessen Ende zu verarbeiten hatten. Die jegliche Individualität verhöhnende Gleichgültigkeit dieses Krieges fand ihre kulturelle Deutung in dem Kenotaph, dem Symbol des leeren Grabes, das die Franzosen vor dem Nationalfeiertag am Arc de Triomphe errichteten. Der unbekannte Soldat wurde zum neuen Helden des Kriegs. Denn angesichts so vieler Toten verbot es sich, einzelne heldenhafte Figuren gesondert zu ehren. Das Gedenken an sie würde das an die zahllosen anderen, anonymen Kämpfer verdrängen. In einer demokratischen Armee, deren Mitglieder allesamt die Freiheit ihres Landes verteidigen, war so etwas nicht mehr denkbar.[16] Stattdessen entstanden überall im Land Gräber des unbekannten Soldaten, an denen die Menschen ihrer Vermissten und Toten gedenken konnten. An den Stätten der großen Schlachten, etwa bei Verdun, wurden *ossuaires*, Gebeinhäuser, für die vielen nicht mehr identifizierbaren Toten eingerichtet. Überall im Land wurden Monumente für die Gefallenen errichtet, die in sie eingravierten Namen der Toten erinnerten an die zahllosen Opfer, waren schmerzhafte Erinnerung, dokumentierten aber auch, wie sehr der Tod die Nation als Ganze getroffen hatte, dass die Trauer alle Bürger verband. Freilich war dies für die jeweils individuelle Trauer oft nur ein schwacher Trost – das offizielle Gedenken, die Rituale konnten den millionenfach empfundenen persönlichen Schmerz bestenfalls im Ansatz auffangen. All dies warf eine bohrende Frage auf: Wozu? Wofür waren so viele Menschen gestorben? Der Schriftsteller Jean Guéhenno gab darauf in seinem 1934 erschienenen Buch *Un homme de quarante ans* eine bittere Antwort:

> »Meine Freunde sind für nichts gestorben. Für weniger als nichts, wenn diese Millionen verderbender Körper Europa vergiften, wenn jedes Grab ein Altar ist, auf dem Rache und Hass kommunizieren, wenn wir seit zwanzig Jahren ich weiß nicht welchem Ruhm des Blutes und des Todes weichen. All dies, in das so viel Herzblut floss, war nur eine nutz- und maßlose Dummheit. Wenn all das nicht gewesen wäre, ginge es der Welt heute besser.«[17]

Das Gedenken an die Toten mochte über 20 Jahre später abgeklungen sein. Doch die Drohungen und ab dem 3. September 1939 dann auch sehr realen Aggressionen aus Deutschland weckten die Erinnerungen neu. So war die Nachricht vom Krieg bedrückend, fast lähmend. Die älteren Franzosen erinnerten sich deutlich an den Ersten Weltkrieg, die jüngeren kannten ihn aus den Erzählungen ihrer Eltern und Großeltern. Gefallene Soldaten wie auch zwischen 1914 und 1918 getötete Zivilisten gab es in jeder Familie, die Lücke, die sie hinterlassen hatten und weiter hinterließen, legte auch nach Jahrzehnten noch eindringliches, sehr persönliches Zeugnis von den Schrecken des modernen Krieges ab. Dass die Deutschen nun wieder einen Krieg begannen, war schwer zu fassen. »Sie sind dieselben geblieben«, schrieb *Le Matin* am 5. September. »Man hat die Deutschen nicht verändert! Wir finden sie 1939 so wie wir sie 1918 gelassen hatten. Sie waren grausam und stupide, sie sind grausam und stupide geblieben. Vielleicht sind sie noch grausamer und stupider als zuvor.«[18]

Evakuierungen

Noch grausamer und noch stupider als zuvor: Bei den Deutschen, fanden viele Franzosen, musste man mit allem rechnen. Die Nachrichten vom Überfall auf Polen im Ohr, hielten sie nach der französischen Kriegserklärung einen deutschen Angriff für unausweichlich. Entschlossenheit demonstrierten auch die obersten politischen und juristischen Instanzen des Landes: Der oberste Gerichtshof und der Staatsrat verlegten ihren Sitz nach Angers. Die Lage, zeigte diese Entscheidung, war ernst, ungeheuer ernst. Rund 500.000 bis 600.000 Menschen verließen offiziellen Schätzungen zufolge in den ersten Septembertagen die Hauptstadt und ihr Umland.[19] Bereits seit März des Jahres waren Evakuierungspläne ausgearbeitet worden. Sie sahen vor, als Erstes die Schwächsten – Alte, Kranke und Kinder – zu evakuieren. 30.000 Krankenhauspatienten wurden nach der Kriegserklärung aus der Stadt gebracht. Ihnen folgte, noch am gleichen Tag, ein Großteil der Bevölkerung. Hastig wurden Koffer und Taschen gepackt, auf die Dächer der Autos gehoben und befestigt. Wo die Insassen der PKWs noch Platz ließen, stapelten sich weitere Utensilien. Zahllose Autos verstopften die Straßen. Knotenpunkt des Verkehrs war die Place de la Bastille. Von dort fügten sich die Fahrer in die Schlange in Boulevard Henry IV, um von dort auf die Place d'Italie vorzustoßen und den Süden zu erreichen, die Loire, die zunächst als sichere Grenze galt, hinter der man sich vor Angriffen vorerst sicher fühlen konnte. Und für alle jene, die kein Auto hatten, standen Sonderzüge bereit – insgesamt 900 würden es in den folgenden zehn Tagen sein. Andere hingegen entschieden sich, die Stadt zu Fuß zu verlassen. »30 Kilometer entfernt habe ich Frauen gesehen, die eine Matratze auf dem Rücken trugen. Die Kinder an der Hand, folgten sie der Eisenbahnlinie, um sich mit dem Nachwuchs dann irgendwo auf den Feldern niederzulassen.«[20] Ausnahmefälle, gewiss. Aber sie deuteten bereits den kommenden Massenexodus an, losgetreten durch den Angriff der Deutschen auf Belgien, die Niederlande und Luxemburg am 10. Mai des kommenden Jahres.

Geordneter verlief die Evakuierung der Schulkinder. Viele von ihnen hatten die Ferien zusammen mit Lehrern in Schullandheimen außerhalb der Stadt verbracht. Ende August entschied man, sie dort zu lassen. Weil viele Kinder aber auch in Paris waren, bot man den Eltern an, sie in Orte im Westen oder Zentrum des Landes zu schicken. 38.000 Kinder verließen auf diese Weise die Stadt, noch bevor der Krieg begonnen hatte. Allein am letzten Augusttag waren es über 16.000 Kinder, transportiert von 27 Sonderzügen der SNCF, der französischen Eisenbahngesellschaft. Um spätere Komplikationen zu verhindern, wurden sie je nach Wohnviertel in bestimmte Départements gebracht, über die die Eltern genauen Bescheid erhielten. Sollten auch sie fliehen müssen, würden sie wissen, wo sie ihren Nachwuchs finden konnten. Vorteil aus Sicht der Kinder: Sie hatten einen Monat länger Ferien. Der Unterricht begann nicht wie üblich im September, sondern im Oktober.

Die betroffenen Regionen stellte das vor erhebliche Herausforderungen: In den Grundschulen des Départements Loir-et-Cher wurden üblicherweise rund 32.000 Kinder unterrichtet – jetzt musste Platz für 53.000 geschaffen werden. Im Département Haute-Vienne standen statt der erwarteten 37.000 Schüler nun 60.000 vor den Schultoren.[21] Die Schulgebäude waren für solche Massen nicht ausgerichtet. So suchte man andere Möglichkeiten. Öffentliche Gebäude, Sporteinrichtungen, auch die Schlösser: Alle verwandelten sie sich nun in Klassenzimmer. Eine gewaltige Kraftanstrengung, die die Lehrer und Politiker der betroffenen Regionen aber unbedingt zu leisten entschlossen waren. »Alle Kinder, die an der Schule erscheinen, müssen aufgenommen werden«, wies der Schulinspektor des Départements Bouches-du-Rhône die ihm unterstehenden Lehrer an. »Der Unterricht ist ohne Verspätung zu organisieren – es sei denn, es wäre in materieller Hinsicht völlig unmöglich. Wenn die Anzahl der Schüler die Organisation des Unterrichts nicht zulässt, müssen die schulpflichtigen Kinder trotzdem auf jeden Fall in der Schule gehalten werden. Eine aufmerksame Aufsicht muss gewährleistet sein.«[22] Die Kinder sollten die Trennung von ihren Eltern möglichst gut verkraften und sich, so gut es eben ging, auch fern der vertrauten Umgebung unbelastet fühlen. Darum, so ein weiterer Erlass, solle man darauf achten, dass sie sich mit den Kindern aus den Aufnahmeprovinzen mischten – im Unterricht ebenso wie in der Pause. Auch in seinen Schulen war Frankreich eine solidarische und demokratische Republik – Vorteile aufgrund des Wohnortes sollte niemand genießen, auch im Krieg nicht. Die Bürger der Republik hatten alle denselben Stand – natürlich auch die aus dem Elsass, jener Region ganz im Norden des Landes, die ein knappes Jahrhundert zu Deutschland gehörten und erst seit 1919 wieder Franzosen waren – ungeachtet der Tatsache, dass viele des Französischen nicht oder nicht vollkommen mächtig waren. Auch die dort lebenden Kinder wurden evakuiert. Viele Erwachsene hatten in den Tagen der Kriegserklärung ebenfalls ihre Heimat verlassen: Zu groß war die Gefahr, dass die Region umgehend angegriffen würde. Keine Frage darum, dass auch die Flüchtlinge und Evakuierten ganz aus dem Nordosten angemessen aufgenommen werden müssen, schrieb der Schulinspektor des Départements Lot-et-Garonne seinen Untergebenen. »Sie dürfen nicht vergessen, dass auch das Elsass ein Teil der Republik ist und dass seine Bürger in Lot-et-Garonne brüderliche Aufnahme erfahren. Unsere erste Aufgabe, die heiligste von allen, ist es, uns zu bemühen, angesichts der Vielfalt der Kulturen und religiösen Überzeugungen die moralische Einheit des Vaterlands zu wahren.«

Evakuierung im Elsass

Doch die Behörden sorgten sich nicht allein um die Kinder. Am Tag der allgemeinen Mobilmachung ordneten die Behörden die obligatorische Evakuierung von Teilen des Elsass und des Gebiets an der Mosel an. Betroffen waren alle Bewohner der sogenannten »Zone 1« – sie umfasste alle jene Orte, die näher als 15 Kilometer an der deutschen Grenze lagen. Deren Bewohner waren verpflichtet, sich in andere Landesteile zu begeben.

Mitnehmen konnten sie nur das Allerwichtigste: warme Kleidung, eine Decke, Lebensmittel für drei Tage – das war es. Insgesamt durfte das Gewicht der mitgeführten Habseligkeiten 30 Kilo nicht überschreiten. Die Order betraf über eine halbe Million Menschen. Binnen weniger Tage verwandelten sich zahlreiche Orte in Geisterstädte. Straßburg, damals die Heimat von rund 190.000 Menschen, war binnen kürzester Zeit nahezu vollständig entvölkert. Eine gespenstische Stille herrschte in der vor Kurzem noch so belebten Stadt. Am 8. September hielten sich noch knapp 1000 Personen in der Stadt auf – einschließlich des Bürgermeisters und knapp 400 dort weiterhin arbeitender Beamter. Die Stadt selbst wurde unter Militärverwaltung gestellt. »Ein seltsamer, fast schockartiger Eindruck von Stille schlägt Ihnen in dieser großen, einst so belebten und nun leeren Stadt mit ihren verschlossenen Häusern entgegen«, erinnerte sich Georges R. Clément, ehemaliger Leiter der Straßburger Filiale der *Banque de France*. »Die Straßen sind leer, nur einige Polizisten und Beamte des Wachdienstes durchliefen sie, ebenso auch Rudel unruhig streunender Hunde, dazu traurig wirkende, hungrige Katzen und einige Hühnerscharen – eine Art Strandgut, dem der Auszug ihrer Herren die Freiheit zurückgegeben hat, mit der sie nichts anfangen können.«[23] Noch deprimierender war die Situation auf dem Land: Die anstehende Ernte wurde nicht eingefahren, die Tiere wurden nicht versorgt. Mit breiten Beinen standen die Kühe auf der Wiese, die von einem Tag auf den anderen nicht mehr gemolken wurden. Zwar wurde vorab auch die Einrichtung eines landwirtschaftlichen Notdienstes geplant. Der aber kam mit der Arbeit kaum nach. All dies ahnten die zu Evakuierenden, die sich mit der Abreise entsprechend schwer taten. »Man packt die 30 Kilo zusammen, dann die Matratzen und etwas Proviant (Schokolade, Biskuit, Konserven)«, berichtete Fernand Klethi, Jahrgang 1928. »Am späten Nachmittag binden die Bauern die Pferde vor die Karren. Alle treffen sich auf dem Dorfplatz. Das Herz drückt bei dem Gedanken, das Vieh, die Hunde und Katzen zurückzulassen, das gesamte Zuhause. Dann ertönt schon das Signal zum Aufbruch.«[24]

Trotz der großen Zahl der zu evakuierenden Menschen verlief die von langer Hand vorbereitete Aktion insgesamt reibungslos – wenn für die Betroffenen oft auch alles andere als angenehm. 500 Züge standen bereit, die Menschen in sichere Orte zu bringen. Allerdings hatten sie nicht nur Personen-, sondern auch Güter- und Viehwagen im Schlepp. Die Menschen ließen sich auf dem notdürftig mit etwas Stroh oder Decken gepolsterten Metallboden nieder. Da viele Wagen keine Fenster hatten, verbrachten sie die Reise ohne natürliches Licht.

Auch Fernand Klethi hatte nach einer achttägigen Reise auf dem Gespann einen Bahnhof in der Region Val-de-Villée erreicht, von wo aus es weiter in Richtung Süden ging.

»Ich werde niemals die Aufschrift auf den Wagons vergessen, die wir nehmen mussten: ›40 Personen, 8 Pferde‹. Die Reise dauert drei Tage und drei Nächte, unterbrochen von zahlreichen Stopps in Bahnhöfen oder der freien Natur. Während dieser Unterbrechungen kümmern sich verschiedene Organisationen um uns, etwa das Rote Kreuz, die Pfadfinder, der Ökumenische Dienst zur Unterstützung der Flüchtlinge. Diese Leute helfen uns mit Nahrungsmitteln und Hygiene. Was für eine physische, aber auch moralische Unterstützung! Als der Krieg ausbricht, sind wir weit weg von zu Hause. Dank der Helfer haben wir alles, was wir brauchen.«[25]

Drei Tage später kam Fernand Klethi mit seiner Gruppe in dem Örtchen Eymet im Département Dordogne an. Für das gesamte betroffene Gebiet hatten die Behörden eine Quote erlassen, die die Verträglichkeit der Aufnahme garantieren sollte: Die Flüchtlinge aus dem Elsass und von der Mosel sollten nicht mehr als 35 Prozent der einheimischen Bevölkerung betragen – eine Quote, die im Mai 1940, als nach dem deutschen Angriff weitere Flüchtlinge aus dem Nordosten eintreffen, kaum mehr zu halten war. Der junge Fernand Klethi fühlte sich insgesamt wohl in der neuen Umgebung.

»Aber es gibt auch Momente von Traurigkeit oder Unruhe. Dieses Jahr haben wir Weihnachten zwar in der Kirche von Eymet gefeiert, auch habe ich ein kleines Modellflugzeug geschenkt bekommen. Trotzdem ist es kein Tag der Freude. Eine positive Erinnerung aber bleibt mir: Der Pfarrer erzählt uns die Legende vom Weihnachtsbaum, die ihren Ursprung im Elsass hat.«

Die Flüchtlinge trugen das Elsass im Herzen – eben das machte sie in den Augen derer, die sie aufnehmen, verdächtig. Denn viele der Neuankömmlinge beherrschten das Französische nur bruchstückhaft. Stattdessen pflegten sie ihren merkwürdigen, ans Deutsche angelehnten, für Außenstehende komplett unverständlichen Dialekt. »Ya-ya« nannten die Südfranzosen die Elsässer, ihren seltsamen Brauch aufgreifend, statt des üblichen »oui« das deutsche »ja« zu gebrauchen. »D'Heim éch d'Heim« – »zu Hause ist zu Hause«, pflegten die Neuankömmlinge zu sagen und schufen damit ganz nebenbei und ohne es zu wollen eine psychologische und sprachliche Distanz. Auch war den Einheimischen, seit Langem dem republikanischen Laizismus verpflichtet, die Glaubensinbrunst ihrer Gäste nicht ganz geheuer. »Der Umstand, dass nun ein Religionslehrer eine Stunde des regulären Unterrichts übernimmt, stellt einen schweren Eingriff in den laizistischen Charakter des Schulwesens im Périgord dar«, erklärte im Januar 1940 der nationale Lehrerverband.[26]

Alles in allem waren da merkwürdige Landsleute zu ihnen gekommen, fanden die Südfranzosen. Schon die enorme Menge derer, die sich nun bei ihnen niederließ, bereitete ihnen Unbehagen. Verstärkt wurde es durch politische Vorbehalte. Die Elsässer, erinnerte man sich, waren schließlich noch gar nicht lange Franzosen – gerade etwas mehr als 20 Jahre. Davor, von 1871 bis 1918, gehörten sie zu Deutschland. Konnte man ihnen wirklich vertrauen? Waren sie wirklich überzeugte Franzosen? Oder nur, weil die Alliierten sie auf der Pariser Friedenskonferenz Frankreich zugeschlagen hatten? Bange Fragen, die noch durch die unterschiedlichen Gewohnheiten, etwa in der Landwirtschaft oder auch der Ernährung, verstärkt wurden. Eine mindestens reservierte, bisweilen sogar offen feindselige Haltung schlug den Flüchtlingen darum entgegen. Schon die Flucht selbst sei für viele Menschen eine traumatische Erfahrung gewesen, erinnerte sich Jeannine H., Jahrgang 1933. »Dies umso mehr, als einige Personen schlecht aufgenommen wurden, da die Einwohner die Elsässer nicht kannten. Sie hielten uns für Deutsche. In der Schule bezeichneten uns die Kinder als ›les boches‹ (diffamierende Bezeichnung für Deutsche, Anm. d. Aut.). Sie benutzten den Begriff, weil sie ihn zu Hause hörten. Es war nicht ihr Fehler.«[27] Und doch: Die Menschen gewöhnten sich aneinander. Langsam zwar, aber unausweichlich. Und irgendwann hatten sie sich nicht nur aneinander gewöhnt – sie mochten sich sogar. »Wir haben dort fast besser gelebt als zur Zeit, als wir zurück nach Hause kehrten«, erinnerte sich Jeannine H. »Innerhalb eines Jahres ist das Département Dordogne zu meiner Heimat geworden, und zwar so sehr, dass ich nicht mehr zurück ins Elsass wollte. Ich hatte dort Freunde gefunden. Über mehrere Jahre hatten wir per Brief noch Kontakt mit den Leuten, die uns aufgenommen hatten.«

Krieg? Was für ein Krieg?

Entspannung auch in Paris und vielen anderen Städten des Landes. Der Schrecken des ersten Luftalarms, so groß er war, ließ rasch nach. Wiederholt heulten die Sirenen, ohne dass die Deutschen sich am Himmel über der Hauptstadt auch nur gezeigt hatten. Schon nach wenigen Tagen gewöhnten sich die Bürger an den Krieg – es war ja kein »richtiger« Krieg. Bald fanden sich für diesen ein paar gängige Begriffe. Das Wort vom »Drôle de guerre«, dem »komischen Krieg«, machte die Runde. Ein Begriff, der Lässigkeit signalisierte, aber auch Hoffnung: Vielleicht blieb das Land von einem tatsächlichen Krieg ja verschont? Andere Formeln machten die Runde: »Guerre-qui-n'ose pas dire son nom« (»Krieg, der seinen Namen nicht zu sagen wagt«); »guerre blanche« (»Weißer Krieg«); »guerre-en-vacances« (»Krieg, der in die Ferien gefahren ist«); »guerre-paix« (»Friedenskrieg«). Der verbale Einfallsreichtum deutete es an: Ein solcher Krieg war etwas Neues, dergleichen kannte man nicht. So gab man sich bald wieder entspannt, wurde der Krieg als das wahrgenommen, was er in erster Linie war: ein Quell unangenehmer Belästigungen. Sobald ein deutsches Flugzeug die Grenze zu Frankreich überflog, gingen auch in Paris die Sirenen an – ein ermüdender Mechanismus, der umgehend Spötter auf den Plan rief. »Jede Nacht sich anziehen / um sich am Morgen wieder auszuziehen«, reimte schon am 8. September die Zeitschrift *Le Petit Bleu*, um der Aufregung zu dunkler Stunde dann augenzwinkernd ihren Schrecken zu nehmen: »Es ist ein Alarm – das ist alles«.[28] Auch die ungeliebten Gasmasken wollten die Franzosen lieber heute als morgen wieder loswerden. »Hat die zunächst so klug akzeptierte Disziplin nachgelassen«, fragte am 9. November die Zeitung *Le Jour*. »Gestern Morgen traf man viel weniger Passanten ohne die wertvolle Maske als noch am Vortag.«[29] Und wenn sie die Maske in dem Etui doch dabei hatten – dann war es insbesondere von den Frauen um eine Funktion erweitert worden: Es diene ihnen als Handtasche, vermeldete die Zeitschrift *Le Canard*, in der sie die verschiedensten Utensilien verstauten: den Lippenstift, das Schminkpuder, den Busfahrschein, das Ticket für die Metro und den jüngsten Brief des Geliebten von der Front. Wo Gefahr war, sollte wieder Schönheit walten, der ästhetische Sinn ließ den Sinn für die mögliche Gefahr in die zweite Reihe treten. Auch die Nacht sollte wieder heller werden: Nicht wenige Autofahrer handelten sich Ärger mit der Polizei ein, weil sie, entgegen der Vorschrift, nicht mit abgedunkelten Scheinwerfern fuhren. Und immer mehr Bürger nahmen es mit der Abdunkelung ihrer Wohnung nicht mehr so genau. Auch die Händler wurden ungeduldig: Geschäfte konnten sie unter den obligatorischen Vorsichtsmaßnahmen viel schwerer machen als vorher. »Der Handel von Nizza will leben, und in der Frage der Beleuchtung in den Geschäften protestiert er zurecht«, hieß es am 20. Oktober in der Zeitung *Le Petit Niçois*. »Will man den Wiederaufschwung des wirtschaftlichen Lebens, oder will man ihn nicht«, fragte die Zeitung zwei Monate später.

Freilich nahmen nicht alle Franzosen die Vorsichtsmaßnahmen so leicht. Insbesondere die *chefs d'îlot*, die Sicherheitsbeauftragten der einzelnen Viertel, gaben sich streng. »Ihre Wohnung ist ein Leuchtturm«, ranzten sie die allzu nachlässig ihre Fenster abdeckenden Bürger an. »Sie hätten ihn hören sollen, wie er die Leute anschreit, die ihr Licht nicht abdecken«, erzählte ein Franzose seinem Gegenüber. »Ernie (so der Spitzname des hier erwähnten *chef d'îlot*, Anm. d. A.) nimmt den Krieg ernst.« Und er hatte Gründe dafür, so die Vermutung: »Er ist ein tapferer Typ. Sein Hund ist gestorben, er war sein bester Freund.«[30] Die *chefs d'îlot* waren Helden des Alltags. Als solche erhielten sie jene Anerkennung, die nicht wenige von ihnen ganz offenbar brauchten. Unverkennbar schwang in manchen Schilderungen des Sicherheitsbeauftragten ein ironischer Ton mit. Er nehme seine Rolle ernst, erinnerte sich der Komiker Pierre Dac. Das könne man ihm kaum hoch genug anrechnen. Allerdings übertreibe er es bisweilen auch mit seiner Hingabe. »Bei der Morgendämmerung fällt der *chef d'îlot* in eine Art Trance. Er hat zwei unverwechselbare Ausdrucksmittel: zum einen die Trillerpfeife, von der er verschwenderischen Gebrauch macht. Und zum anderen einen gutturalen, unmenschlichen Schrei, der fast jede Sekunde zu hören ist, und den man ungefähr mit »›Licht! Licht!‹ übersetzen könnte.«[31] Der *chef d'îlot* war jener Mann, den die Franzosen brauchten in den ersten Wochen des Krieges – und der seinerseits nicht selten nichts dringender brauchte als die anerkennenden Blicke der ihm Anvertrauten. Keine Krise, die nicht ihre Helden schafft, jene, die in schwierigen Zeiten über sich hinauswachsen und zu Recht den Ruhm der dunklen Stunden ernten. »Die Pförtnerinnen lächeln mir zu, die Geschäftsleute sprechen mich ehrerbietig an, die Polizisten grüßen mich mit militärischer Ehre«, umriss einer von ihnen die neue Anerkennung.[32]

Mobilisierung

Schmerzhafter stellte sich der Krieg den Soldaten dar. Am 3. September gingen die Mobilisierungsbescheide raus. 29 Altersklassen waren betroffen. Die jüngsten hatten noch nicht einmal ihre militärische Ausbildung beendet. Alle zusammen ergaben ein gewaltiges Heer: 4.564.000 Millionen Franzosen wurden im September zum Militärdienst gerufen – etwas mehr als die Hälfte direkt an die Front, die andere zur logistischen Unterstützung dahinter. Über Nacht unterstand ein Achtel der gesamten Bevölkerung nun dem Militär. Der Frieden, zumindest die Zeit, in der sich auf ein friedliches Arrangement mit Deutschland noch hoffen ließ, wich im fliegenden Wechsel den Vorbereitungen zum Kampf. Die Zeitung *La Semaine à Paris* berichtete in ihrer Ausgabe vom 5. September von ungewohnten Szenen rund um die Bahnhöfe. »Die Physiognomie der Hauptstadt spiegelt die sanfte Atmosphäre der Sonntagsruhe. Die Zugänge zu den Bahnhöfen sind belebt vom Kommen und Gehen der Freunde des Campings und gleichzeitig durch die vielen Reservisten, die sich mit männlicher Ruhe zu ihren Truppen bewegen.«[33]

Die Ruhe gründete auf der gereiften Einsicht ins Unvermeidliche. Über Jahre standen die Franzosen unter dem Eindruck des aggressiven Nachbarn jenseits des Rheins. Die Einberufung, so schien es seit Langem, war nur eine Frage der Zeit. Zudem waren immer mehr Franzosen überzeugt, dass ein Krieg unvermeidlich sei. In einer Meinungsumfrage im Sommer 1939 wurden sie gefragt, was zu tun sei, sollte Hitler die Freie Stadt Danzig erobern wollen. 76 Prozent erklärten, Deutschland müsse daran gehindert werden, notfalls auch mit Gewalt. Nur 17 Prozent sprachen sich für Frieden um jeden Preis aus.[34] Entsprechend gefasst nahmen die Wehrpflichtigen die Einberufung zur Kenntnis. Es herrsche eine Stimmung »irgendwo zwischen Entschlossenheit und Resignation«, meldete Émile Bollaert, Präfekt des Départements Rhône, nach Paris.[35] »Es ist nicht der Enthusiasmus von 1914«, informierte der Präfekt des Départements Vaucluse – »das ist umso besser«, fügte er hinzu. »Die Mobilisation wird gut hingenommen, und die Leute bleiben ruhig«, hieß es aus der Gemeinde Thizy nordwestlich von Lyon. »Wenn auch recht viele Einberufene mit Tränen in den Augen aufgebrochen sind, waren sie doch entschlossen, ihre Pflicht zu erfüllen.« Anders als 1914 stimmte niemand die *Marseillaise* an, kam nirgends ein kriegsbegeisterter Nationalismus auf. Der Krieg, so viel wusste man inzwischen, kannte letztlich nur Verlierer. »1914 waren die Männer vielleicht zum letzten Mal mit der Vorstellung aufgebrochen, zur Zeit der Ernte wieder zurückzukehren«, notierte der Schriftsteller Julien Gracq. »1939 wussten sie in ihrem Herzen, dass sie nur eine Erde wiedersehen würden, über die das Feuer hinweggerollt war.«[36] Diesen Krieg hatte sich niemand gewünscht. Er war eine Notwendigkeit, der man sich stellen musste. Er löste alles aus, nur keine Begeisterung. Stattdessen nüchterne Bereitschaft, sich ins Unvermeidliche zu fügen – »schweren Herzens, mit einer Art Wut, deren wirklicher Name Entschlossenheit ist«, beobachtete der Schriftsteller Henri Pourrat die Mobilisierung in einer Gemeinde in der Auvergne. »Aber entschlossene Distanz zu allem, was mit Klang, demonstrativer Gestik, Militärmusik zu tun hätte. Der Bürgermeister hätte es gern gesehen, wenn man die Sturmglocke geläutet hätte. Aber man war der Auffassung, das sei ein zu großes Spektakel.«[37] So blieb es bei deprimierenden Abschiedsszenen. Die Bahnhöfe waren voller Menschen. »Die Väter in Uniform, die Mütter und Kinder im Arm. Kein Lachen, stattdessen erstickende Verzweiflung«, beschrieb eine junge Frau, Jacqueline Boissard, die Stimmung am Pariser Gare de l'Est. »Die Männer stiegen in die Wagons, die Frauen und Kinder stiegen auf die Trittbretter. Man drückt einander, man umarmt sich in einer tragisch anmutenden Atmosphäre. Der Zug war voll, die Schaffner gaben ein Signal mit der Pfeife. Alle Männer klebten an den Fenstern, um Hände zu drücken, einen letzten Blick zu wechseln.«[38] Der Zug setzte sich in Bewegung, wie so viele Züge in jenen Tagen. Tränen waren in den letzten Momenten des Beieinanders nur selten vergossen worden. Stattdessen flossen sie jetzt, einige Sekunden, nachdem der Zug den Weg aus dem Bahnhof nahm. Viele Frauen hatten sie sich aufgespart – die ins Ungewisse Aufgebrochenen sollten nicht zusätzlich belastet werden. Die Welt aber, der sie entgegenreisten, würde eine komplett andere sein. Der Philosoph Jean-Paul Sartre, Jahrgang 1905 und umgehend nach Marmoutier, einige Kilometer nördlich von Straßburg, verlegt, bemerkte die Konturen der soldatischen Welt bereits in der Herberge, in der er stationiert war. Eine Herberge, notierte er am 14. September, ist in normalen Zeiten ein Ort der Freiheit: Der Gast zahlt und hat im Gegenzug Anspruch, alle Einrichtungen und Dienste der Unterkunft in Anspruch zu nehmen. Mit seinem Geld hat er sich von allen weiteren Verpflichtungen losgekauft, kann er tun und lassen, was er will. Ganz anders das für die Soldaten geräumte Gasthaus. Der Rekrut musste für die Unterkunft zwar nicht zahlen. Trotzdem war der Aufenthalt alles andere als gratis. Die Soldaten zahlten mit dem Verzicht auf ihre Freiheit, die innere ebenso wie die äußere. Die Herberge, notierte Sartre, sei »Zwang ohne Kosten« – ohne finanzielle Kosten. Zugleich war ihr ehemaliger Luxus verschwunden, alles, was zahlenden Gästen den Aufenthalt einst erleichterte und angenehm machte. Das Hotel wurde zum Lager, das Bett war durch Stroh ersetzt.

> »Noch bevor also eine Bombe dieses durch den Menschen geschaffene Objekt zerstören könnte, ist der kulturelle Sinn dieses Objektes zerstört. Im Krieg bewegt man sich in einer Welt der Utensilien. Genauso wie in der Kaserne. Weil aber hier die Annehmlichkeiten des Ortes noch zu spüren sind, ist in jedem Moment der flüchtige Ruf einer verschwundenen Welt zu vernehmen, eine sich haltende Illusion.«[39]

Die alte Welt zerfloss in jenen Tagen des September 1939. Gewiss, in manchem hielt sie sich noch, zumindest schien es so, acht Monate lang. Noch durfte man hoffen, die Deutschen griffen vielleicht doch nicht an. Aber sie taten es, im Mai 1940. Mit einer Wucht, der die Franzosen nichts entgegenzusetzen hatten. Die großen Fragen in den Tagen und Wochen, vor allem aber den Jahren und Jahrzehnten danach lauteten: Warum kam die Niederlage so schnell? Warum war Frankreich so schwach?

Reich und Rätsel
Diplomatische Manöver in den 1930ern

Im Schatten könnte man das Objekt meiner Klagen nicht sehen
Eine allzu schwarze Hinterhältigkeit

Aragon, Sans mot dire

Als Marschall Philippe Pétain am 17. Juni 1940 ans Mikrofon trat, befand sich das Land im freien Fall. Hunderttausende waren auf den Straßen, hatten Hals über Kopf ihre Häuser verlassen, um der Gefahr zu entgehen. Der Feind hatte das Land geradezu überrannt, war in einem nie für möglich gehaltenen Tempo vorgestoßen und hatte weite Landesteile unterworfen. Paris war zur »Offenen Stadt« erklärt, war, in anderen Worten, für den Einmarsch des Feindes freigegeben worden. Ebenso stand es um die anderen Städte des Landes. Die Erfolgsmeldungen der ersten Tage nach der deutschen Offensive hatten sich als falsch erwiesen, waren nach und nach verstummt, nun lag die Wahrheit unabweisbar auf der Hand: Die militärische Führung und mit ihr das Land hatten ein nie dagewesenes Desaster erlitten. Kämpfte man weiter, würde Frankreich in eine Katastrophe stürzen, wären weit mehr als die während der vergangenen Wochen 90.000 Gefallenen zu beklagen. Dem Land stünde ein Vernichtungsfeldzug bevor, dessen Ausmaße man sich kaum würde vorstellen können.

Schluss also mit dem Widerstand. Es war an der Zeit, der Bevölkerung die Wahrheit zu sagen, so sie diese nicht längst schon selbst erkannt hatte: Frankreich hatte den Krieg verloren. Dem Land blieb keine andere Wahl, als sich dem Feind zu ergeben. So gab Marschall Pétain das Unvermeidliche bekannt. »Français!«, wandte er sich an die Zuhörer, »Franzosen!« Als solche, signalisierte der Sprecher, sollten sich die Zuhörer im Moment der Rede fühlen – als Angehörige einer auch in der Niederlage geeinten Nation, als Menschen, die tapferen Widerstand geleistet hatten, nun aber besiegt waren.[1] Damit aber auch als Bürger eines Landes, dem schwere Zeiten bevorstünden.

Der Redner verkündete nicht die Niederlage, sondern deren erste Konsequenz, die Regierungsumbildung am Vortag gegen 23 Uhr. Premierminister Paul Reynaud hatte sein Amt nach nicht einmal 90 Tagen abgegeben und Platz gemacht für ihn: Philippe Pétain, den Veteran und Kriegshelden von Verdun, der sich in dieser Situation per Radio an seine Landsleute wandte.

Seit er im Februar 1916 zum Befehlshaber der in die Defensive geratenen französischen Truppen bei Verdun ernannt worden war, war Pétain ein nationaler Held, genoss er ein Ansehen, wie es bislang keinem anderen Franzosen des 20. Jahrhunderts zuteil geworden war. Gewiss, es gab andere große Militärs – Marschall Ferdinand Foch, Marschall Joseph Joffre, General Joseph Gallieni –, doch allenfalls Foch, der auf der Lichtung von Compiègne im November 1918 seine Unterschrift unter den Waffenstillstandsvertrag mit den besiegten Deutschen gesetzt hatte, konnte es an Ruhm mit Pétain aufnehmen. Denn es war Pétain, dessen Name sich in der Erinnerung mit dem französischen Triumph der Schlacht von Verdun verband. Im Februar 1916 war das strategisch bedeutsame Fort Douaumont gefallen. Eine Niederlage der französischen Truppen schien absehbar. In diesem Moment vertraute die Heeresleitung das Kommando dem wenige Monate zuvor zum *Général d'Armée*, dem ranghöchsten französischen General, beförderten Kommandanten an, der bereits wiederholt sein taktisches Genie bewiesen hatte. Schon die Ernennung flößte den Soldaten Vertrauen ein. »Der Meister kommt, und wie von Zauberhand fassen sich diejenigen wieder, die vorher den Kopf verloren hatten und am Rand der Panik standen«, notierte ein Kommandant. »Von Neuem zu allem bereit, stehen sie gegen das furchtbarste Bombardement, das die Deutschen (im Original: »les boches«) jemals gegen uns losgelassen haben.«[2] Der »Meister« und seine Berater bewiesen ihre Kreativität umgehend: Sie schufen das System der »noria« – wörtlich »Schöpfrad« –, ein Versorgungssystem für die Front. Zwischen der Ortschaft Bar-le-Duc und dem rund 60 Kilometer entfernten Verdun ließ Pétain eine Kette von 8000 Lastwagen rotieren, beladen mit allem, was die Soldaten an der Front brauchten. Alle 14 Sekunden startete ein Fahrzeug mit Material oder Soldaten. 90.000 Rekruten und 50.000 Tonnen Kriegsgerät wurden auf dieser *Voie Sacrée* – der »heiligen Strecke«, wie der Schriftsteller Maurice Barrès sie nannte – Woche um Woche an die Front und nach dem Einsatz von dort wieder zurückgebracht. Ebenso ließ Pétain die in Verdun kämpfenden Divisionen nach einem festen Rhythmus auswechseln – mit der Folge, dass von den 95 Divisionen des Heeres schließlich 80 in Verdun gekämpft hatten, wodurch die Festungsstadt für mehrere Generationen zu einem Ort gemeinsam geteilter Erfahrung wurde. »Verdun« wurde zu einer Erinnerung, die sich mit der Biografie hunderttausender junger Franzosen verknüpfte. Pétain selbst wurde nur wenige Wochen später, im April 1916, zum Offizier der Ehrenlegion ernannt. »Dank seiner Ruhe, seiner Festigkeit, seinem organisatorischen Geschick vermochte er eine schwierige Situation zu wenden und allen Vertrauen einzuflößen. So leistete er dem Land bedeutsamste Dienste.«[3] In ganz Frankreich galt Pétain fortan als »Held«, als »Sieger« von Verdun.

Dieser Mann, geboren 1856 und im Jahr der Niederlage gegen die Wehrmacht 1940 mithin 84 Jahre alt, unternahm es nun, die Franzosen über die Kapitulation zu informieren. Auf Aufforderungen des Staatspräsidenten habe er die Leitung der Regierung übernommen, ließ er seine Landsleute wissen. »Der Zuneigung unserer bewundernswerten Armee gewiss, die mit einem ihrer langen militärischen Traditionen würdigen Heldenmut gegen einen an Zahl und Waffen überlegenen Feind kämpft, … des Vertrauens der gesamten Bevölkerung gewiss, mache ich Frankreich die Gabe meiner Person, um sein Unglück zu mildern.«

Was für ein Wort: »die Gabe meiner Person«. Noch ein weiteres Mal, gab Pétain, 1918 zum Marschall von Frankreich ernannt und damit Träger der höchsten militärischen Auszeichnung überhaupt, damit zu verstehen, würde er seine soldatische Pflicht erfüllen und sich in den Dienst des Landes stellen – dieses Mal nicht als Sieger, sondern als Verwalter der Niederlage. »In diesen schmerzhaften Stunden denke ich an die unglücklichen Flüchtlinge, die in äußerstem Elend über unsere Straßen ziehen. Ich erkläre ihnen mein Mitgefühl und meine Anteilnahme. Schweren Herzens sage ich Ihnen heute, dass wir den Kampf beenden müssen.« Indem der oberste Soldat der Zivilisten gedachte, stellte er ein Band zwischen Armee und Bevölkerung her und unterstrich ihrer beider unverbrüchliche Verbundenheit mit der Republik, die in diesem Moment ihre Niederlage einräumte. Pétains Aufgabe würde es nun sein, die Niederlage zu »verwalten«, das heißt, die Republik mit geringstmöglichem Schaden durch die Zeit der anstehenden Besatzung zu führen. Das aber setzte voraus, dass die französische Regierung die Niederlage offiziell anerkannte und um einen Waffenstillstand ersuchte. Eben das, informierte Pétain die Franzosen, habe er in der vergangenen Nacht getan. Er habe den Gegner gebeten, »mit uns, unter Soldaten, nach dem Kampf und in Ehre« die Möglichkeiten zu erkunden, die Feindseligkeiten zu beenden.« Alle Franzosen, forderte Pétain seine Landsleute auf, »mögen sich während der schweren Prüfungen um die Regierung sammeln, die Angst schweigen lassen und nur auf ihren Glauben an das Schicksal des Vaterlandes hören.«

Nicht einmal zwei Minuten dauerte die Rede, die Frankreichs Schicksal für die nächsten vier Jahre besiegelte. Sie wies das Land in eine Zukunft, die zur Probe für die ganze Nation wurde. Diese Probe ließ manche Bürger zu Helden werden und andere zu Verrätern. Die meisten aber blieben, was sie immer gewesen waren: Menschen ohne Hang und ohne Drang zu den moralischen Extremen, sondern einzig darauf bedacht, ihr Leben den Umständen anzupassen. Sicher war nur: Die Umstände, wie immer sie aussähen, wären ganz andere als die bislang gewohnten. So markierte die Rede nicht weniger als eine Zeitenwende. Darum, schreibt Pétains Biografin Bénédicte Vergez-Chaignon, blieb den Franzosen die Rede als ein Markstein ihrer jeweiligen Biografie in Erinnerung. Sie stand für einen Punkt, an dem etwas unheilvoll Neues begann, an dem das Vertraute dem Unvertrauten wich, das Leben in Freiheit in die Unterwerfung unter eine fremde Siegermacht mündete. So verwob sich diese Rede mit den ganz persönlichen Umständen von Millionen Biographien.

»Man weiß, welches Ereignis diese Rede in der französischen Geschichte des 20. Jahrhunderts darstellt. Zahlreich sind die Zeugen, die erzählten, unter welchen Umständen sie diese Rede gehört hatten, wie ihre Reaktionen und die ihrer Umgebung ausfielen: Überraschung, Erleichterung, Ungläubigkeit, Schmerz, Unruhe, Verzweiflung, Wut. Das Kommuniqué, sehr neutral gehalten,

> durch das die Bildung einer durch den Marschall geführten Regierung angekündigt worden war, hatte nichts über dessen Absichten durchblicken lassen. Der Ruf und das Bild Pétains mochten den Franzosen durchaus bekannt sein – seine Stimme war es kaum. Die Form der Nachricht, von so eminenter Öffentlichkeit, so überraschend gekommen, nachdem der Marschall sich so sorgsam im Hintergrund gehalten hatte, verstärkte ihre Wirkung, indem sie ihr den Eindruck außergewöhnlicher Erhabenheit verlieh.«[4]

Pétain sprach nicht nur am 17. Juni zu den Franzosen. Diese Rede bildete den Auftakt zu weiteren Ansprachen, in denen er sich während der folgenden Tage an seine Landsleute wandte. Am 20. Juni griff er eine Frage auf, die fast alle Franzosen beschäftigte, auf die sie keine Antwort wussten, und von der sie lange Zeit angenommen hatten, sie sich auch niemals stellen zu müssen: Warum hatte Frankreich den Krieg verloren? Für Pétain war die Antwort klar. Vier Gründe hätten das Land in die Niederlage geführt: Frankreich habe wenige Freunde, zu wenige Kinder, zu wenige Waffen, zu wenige Verbündete. Die Antwort, die Pétain gab, war die erste – und kurzfristig wirkungsmächtigste – einer seitdem nicht mehr abreißenden Reihe von Erklärungen und Deutungen, die das schier Unbegreifliche verständlich und nachvollziehbar zu machen versuchten.

Pétain gab nicht nur die früheste Antwort auf die Frage der Niederlage. Er formulierte sie auch in Worten, deren Milde sich die späteren Kommentatoren zumeist nicht anschließen mochten. Die Franzosen, deutete der Marschall an, hätten sich nichts vorzuwerfen. Sie hätten im Grund alles – fast alles jedenfalls – richtig gemacht. Gescheitert seien sie an den äußeren Umständen, an Verhältnissen, an denen sie kaum etwas hätten ändern können. Das mochte angemessen sein in einem Moment, in dem sich die Franzosen, betäubt von der Niederlage, erst einmal fassen mussten. In Zeiten, in denen der Schock alle Analysefähigkeit außer Kraft setzt, ist für tiefergehende Diagnosen kein Raum, muss die intellektuelle Aufarbeitung hinter der psychologischen Verarbeitung zurückstehen – und mit ihr auch der politische Streit um die Verantwortung für die Niederlage. Denn die Frage, wer und was dazu geführt hatte, dass Frankreich dem deutschen Angriff von Anfang an nicht gewachsen gewesen war, dass sich eine der an Schlagkraft höchstgeschätzten Armeen der Welt dem Aggressor bereits wenige Wochen nach Beginn der Angriffe im

Mai 1940 hatte geschlagen geben müssen, stand unweigerlich im Raum. Zahllos die Analysen, Gründe und Rechtfertigungen, die unmittelbar nach der Niederlage genannt wurden, zahllos auch die Positionen, Standpunkte und Argumente, die in den kommenden Tagen, Wochen und Jahren geäußert wurden, die eine Diskussion in Gang setzten, die auch heute, 80 Jahre später, noch nicht endgültig zu ihrem Ende gekommen ist. Klar war nur, dass sich viele von Pétains Zuhörern mit seinen Worten nicht zufrieden geben würden. Seine Erklärung mochte dem Schock der Stunde entsprechen. Aber als ernst zu nehmende Antwort wurde sie zurückgewiesen, kaum dass sie gehört worden war.

In der Tat endete die Rücksichtnahme auf die kollektive Depression sehr schnell. Pétains Rede traf umgehend Widerspruch – und zwar von ihm selbst. In einer weiteren Rede, dieses Mal vom 25. Juni, in der er seine Landsleute über die Bedingungen des Waffenstillstands unterrichtete, ließ er sie zugleich seine jüngste Deutung der französischen Niederlage wissen. »Unsere Niederlage kam von unserer Erschlaffung. Genusssucht zerstört, was unsere Opferbereitschaft errichtet hat. Ich rufe Sie zunächst zu einem intellektuellen und moralischen Neubeginn auf. Franzosen, Sie werden dies vollbringen und Sie werden – ich schwöre es Ihnen – aus Ihrer Glut ein neues Frankreich entstehen sehen.«[5] Pétains Rede war trotz ihres aufmunternden Schlusses eine Abrechnung: Die Franzosen hatten sich seiner Einschätzung nach schlicht nicht hart genug geschlagen. Hätten sie mehr Einsatzfreude gezeigt, hätten sie den Krieg gewinnen können. Damit korrigierte er seinen früheren Eindruck: Die Niederlage hatte für ihn nun nicht nur angeblich unveränderliche strukturelle und materielle Gründe, sondern auch – vielleicht sogar vor allem – moralische. Sie gründete, so deutete er an, in mangelndem Kampfgeist.

Der Kampfgeist allerdings braucht Anleitung. Er muss wissen, gegen wen er sich wo und wann zu richten hat. Damit hängt er ganz wesentlich von den Kommandeuren, den Befehlshabern ab, und zwar bis in deren oberste Spitze. Genau die habe aber versagt, befand umgehend nach der Niederlage der Historiker Marc Bloch. Er schloss sich bald der *Résistance an*, dem französischen Widerstand, als dessen Mitglied er 1944 von der Gestapo verhaftet und zu Tode gefoltert wurde. Bloch, Jahrgang 1886 und trotz seines fortgeschrittenen Alters 1940 freiwillig als Offizier hinter der Front tätig, verortete die Gründe der Niederlage ganz anders als Pétain, nämlich im eigenen Land, genauer: bei den Generälen, die den Krieg gegen Hitler geführt hätten. Mit ihnen ging er in aller Härte zu Gericht: »Wir haben eine ungeheure Niederlage erlitten«, schrieb er in seiner 1946 posthum erschienen Analyse *L'étrange défaite*. »Wo liegen die Fehler? Beim parlamentarischen Regime, bei der Truppe, bei den Engländern, bei der fünften Kolonne, antworten unsere Generäle. Letztlich bei allen, außer bei ihnen.«[6] Mit scharfem Sarkasmus wandte sich Bloch gegen die militärische Führung des Landes, die seiner Einschätzung nach das Desaster ganz wesentlich zu verantworten hatte. Die Soldaten, erklärte er, hätten ihre Pflicht erfüllt. Doch die Generäle hätten es versäumt, Pläne zu entwickeln, durch die sie den Mut der Soldaten in einen Sieg hätten ummünzen können. Diese Antwort ging ebenfalls gnädig mit den Rekruten um. Doch wie Pétain verortete auch Bloch die Verantwortung im eigenen Land: Dessen Führung sei unfähig gewesen, die Bedrohung durch einen Aggressor abzuwehren und diesem die verdiente Niederlage beizubringen. Zwischen diesen beiden Polen, der Macht kaum zu ändernder Umstände und dem Versagen der militärischen und – auch dieser Vorwurf wurde bald erhoben – politischen Elite, verläuft seitdem die Debatte über die Gründe dieser einzigartigen, in diesem Tempo und dieser Deutlichkeit kaum für möglich gehaltenen Niederlage. Und es war Bloch, der als Erster die umfassenden Gründe des Debakels erfasste, einer Katastrophe, deren Ursachen weit über militärische Unfähigkeit hinauswiesen. Die Vorgeschichte des Desasters gründete neben der militärischen auch in der politischen, ökonomischen und kulturellen Verfassung eines Landes, dessen Bürger während langer Jahre über seine Identität gestritten und sich über seinen politischen Kurs nicht hatten einigen können. Die Franzosen, stellte sich nach der Niederlage heraus, hatten sich auf eine Grundvoraussetzung eines funktionierenden Gemeinwesens, den Streit, in einer solchen Intensität eingelassen, dass sie sämtliche Gemeinsamkeiten darüber vergessen hatten. Die *res publica*, die gemeinsame Sache, gab es nicht. Stattdessen gab es verschiedene Fraktionen, die um die Deutungshoheit über diese Sache stritten. Ein Ende hatte dieser Streit über Jahre nicht gefunden – auch nicht zu einer Zeit, da die Notwendigkeit der Versöhnung angesichts eines immer lauter agierenden Polit-Rüpels im Nachbarland dringend geboten schien. Die unversöhnlichen Gegensätze im eigenen Land standen einer angemessenen, von allen Bürgern getragenen Antwort weiter im Weg. Für Nazi-Deutschland bot das eine wunderbare Gelegenheit, sich in Frankreich bereits Jahre vor dem Angriff als Akteur zu positionieren, an dem kaum jemand mehr vorbeikam. Als böser Geist schwebte Hitler seit Jahren über dem Land. Den Rest besorgte seine Propaganda, die nicht nur die Franzosen, sondern auch die anderen Nachbarn, allen voran die Briten, lange – allzu lange – hinzuhalten verstand. Als man erkannte, dass dieser Geist vor nichts zurückschreckte, hatte der seine Armeen schon losgeschickt. Und zwar, wie insbesondere das französische Militär erfahren musste, auf ausgesprochen listenreiche Weise.

»Fort mit den Gewehren!«

Zunächst aber lag der lange Schatten des Pazifismus auf dem Land. Wie alle anderen im Ersten Weltkrieg kämpfenden Staaten hatte Frankreich Jahre gebraucht, um sich von den Schrecken des Krieges zu erholen. Und wie die übrigen europäischen Länder tat es sich ausgesprochen schwer damit, den Gedanken einer erneuten Konfrontation ins Auge zu fassen. »L'Allemagne paiera«, »Deutschland wird zahlen«, hatte es unmittelbar nach Kriegsende geheißen, und in diesem Geist hatten die in Paris versammelten Diplomaten auch den Friedensvertrag mit Deutschland formuliert. Artikel 231 legte fest, »dass Deutschland und seine Verbündeten als Urheber für alle Verluste und Schäden verantwortlich« seien, die seine Gegner »infolge des ihnen durch den Angriff Deutschlands und seiner Verbündeten aufgezwungenen Krieges erlitten haben.«[7] Das strenge Diktum und dessen Konsequenzen trugen das Ihre zu der angespannten Stimmung der folgenden Jahre bei, die in der Ruhrbesetzung 1923–25 ihren vorläufigen Höhepunkt fand. Bedenken gegen diesen harten Kurs hatte es auch gegeben. »Das ist kein Frieden«, hatte etwa Marschall Ferdinand Foch 1919 den zu erwartenden Ausgang des Versailler Vertrages kommentiert. »Das ist ein Waffenstillstand auf zwanzig Jahre.«[8] Auch die

Ruhrbesetzung hatte in Frankreich umgehend Kritiker auf den Plan gerufen. Léon Blum etwa, 1936 und 1938 Premierminister seines Landes, warnte vor den möglichen Folgen der Besatzung. »Das gesamte politische Leben Europas wird aufs Spiel gesetzt, weil Deutschland nicht einige Kubikmeter von Frankreich gefordertem Holz geliefert haben wird! Zum Protest gesellt sich Scham angesichts dieser Mischung aus Kleinlichkeit, Verschlagenheit und Brutalität.«[9]

Trotz aller Spannungen blieben beide Länder einander verbunden, waren das Interesse an- und die Sympathie für einander nicht völlig erloschen. Ausgerechnet im Krisenjahr 1919 hatte der Romanist Ernst Robert Curtius einen epochemachenden Essay, *Die literarischen Wegbereiter des neuen Frankreich*, veröffentlicht. Darin stellte er dem deutschen Publikum eine Reihe der damaligen zeitgenössischen französischen Autoren vor, deren Strahlkraft er vor dem Hintergrund der französischen Kulturgeschichte zu erfassen suchte. »Von Ronsard und Racine über Anatole France scheint sich eine typisch französische Wesensart von eindeutig bestimmtem Formgesetz fortzuerben, die man als die Verschmelzung von transparenter Geistigkeit und beherrschter Form, von humanistischer Geschmackskultur und einem in den Bezügen zur gesellschaftlichen Umwelt sich erfüllendes Menschtum zu begreifen gewohnt ist.«[10] Geist und Form, aus deren Zusammenspiel am Ende eine »Wesensart« entsteht: Überlegungen wie diese faszinierten nach Ende des Krieges, als es darum ging, nationale Identitäten neu zu fassen und ihre Grundlagen neu, nämlich weniger dogmatisch, dafür flexibler, zu definieren, die junge Weimarer Republik. Das Bildungsbürgertum, während der vergangenen Jahre mit guten Gründen versehen, Kollektive auf möglichst unpathetische Grundlagen zu stellen, sah in Curtius' kulturell motivierten Argumenten einen neuen Schlüssel zum Verständnis des Nachbarn – und ergriff ihn dankbar. Das Buch wurde nicht nur zu einem Standardwerk der romanistischen Literatur, sondern einem Klassiker der Völkerverständigung, gelesen über frankophile Kreise hinaus. Umgekehrt hatte Curtius' Freund, der Schriftsteller Romain Rolland, noch vor dem Ersten Weltkrieg einen aus zehn Bänden bestehenden Roman, *Jean-Christophe*, veröffentlicht, der in Frankreich Furore machte. Der Held des Romans, Jean-Christophe Krafft, ein deutscher Komponist, ringt zeit seines Lebens mit seiner Begabung ebenso wie mit seinem Land. Schließlich findet er Ruhe in der Schweiz. Von dort bricht er nach Paris auf, wo sein künstlerisches Genie begeistert gefeiert wird. Rolland selbst beschrieb immer wieder, wie tief die deutsche Kultur, insbesondere die Musik, ihn rührte. »Ich öffnete die alten Hefte, buchstabierte mich tastend auf dem Klavier und diese kleinen Wasseradern, diese Bächlein von Musik, die mein Herz netzten, sogen sich ein«, schrieb er einmal. »Liebseligkeit, Schmerzen, Wünsche, Träume von Mozart und Beethoven, ich habe euch mir einverleibt. In jedem Augenblick, wenn ich den Geist und das Herz verderbt fühle, habe ich mein Klavier und bade in Musik.«[11]

Eine politische Entsprechung fand dieser warme Ton in der zweiten Hälfte der 1920er-Jahre. Die guten persönlichen Beziehungen zwischen dem französischen Außenminister Aristide Briand und seinem deutschen Amtskollegen Gustav Stresemann hatten das gegenseitige Misstrauen zwar nicht völlig verschwinden lassen, gaben aber Anlass zu Hoffnung. »Fort mit den Pistolen, den Maschinengewehren, den Kanonen«, triumphierte Briand nach Inkrafttreten der Verträge von Locarno im September 1926, besiegelt durch den Eintritt Deutschlands in den Völkerbund. »Freie Bahn für die Versöhnung, die Schiedsgerichtsbarkeit und den Frieden!«[12] Das Prinzip der institutionalisierten Verständigung schien sich durchzusetzen, die Aussicht, Deutschland in diplomatische Netze einzubinden und dadurch zu zähmen, konnte, so dachte man, auf gute Gründe zählen. Zusätzlichen Schwung erhielt diese Hoffnung 1929, als Deutschland durch den Young-Plan erheblichen Nachlass bei den zu leistenden Kriegsreparationen erhielt, zu denen es zehn Jahre zuvor verpflichtet worden war. So hoffnungsvoll war 1928 die Regierung Poincaré, dass sie 1928 den Militärdienst von anderthalb auf ein Jahr reduzierte.

»Das Drama unseres Landes«

Eine erste Ernüchterung folgte in den frühen 1930er-Jahren. Schon lange predigte Hitler einen Geist der Unversöhnlichkeit, wohl wissend, wie verlässlich sich mit dem Vertrag von 1919 die gewünschten Energien entfesseln ließen. Dieser Vertrag, so der Schriftsteller Elias Canetti, war eine Wunde. »In diese Wunde stieß das Wort ›Versailles‹ jedesmal, wenn es gebraucht wurde; es erhielt sie frisch, sie blutete weiter, sie schloss sich nie.«[13] Als Hitler 1933 zum Reichskanzler ernannt wurde, hielten sich politische Beobachter des Nachbarlandes mit ihrem Urteil zunächst zurück. »Deutschland scheint zu Beginn des Jahres 1933 wieder den ersten Platz unter den europäischen Militärmächten einnehmen zu wollen«, hieß es zu Beginn des Jahres in einer vertraulichen Mitteilung des *Deuxième Bureau*, der militärischen Abteilung des französischen Geheimdienstes. »Die deutsche Regierung steht womöglich davor, ihre Politik wieder auf die Armee gründen zu wollen.«[14] Die Bedenken wuchsen, als Deutschland im Oktober desselben Jahres aus dem Völkerbund austrat. Zudem mehrten sich die Anzeichen, dass Deutschland aufrüstete. Im Herbst 1934 zählte das Reichsheer bereits eine viertel Million Soldaten; durch die Einführung der allgemeinen Wehrpflicht im März 1935 wuchs es bald darauf auf knapp 600.000 Mann an – die Vorgaben des Versailler Vertrags zur deutschen Truppenstärke hatte Hitler damit gebrochen.

Für Frankreich war das eine alarmierende Nachricht, die weit über das unmittelbar Militärische hinausging. Die ungeheuren Opferzahlen des Ersten Weltkriegs schlugen demografisch nun voll durch. Den knapp 80 Millionen Deutschen standen gut halb so viele Franzosen gegenüber, nämlich 42 Millionen – ohne Aussicht, dass sich der Unterschied absehbar aufholen ließe. In den späten 1930er-Jahren fiel die Geburtenrate auf 630.000 Kinder jährlich – die geringste weltweit. Hatten die Franzosen zu Beginn des 19. Jahrhunderts noch 15 Prozent der europäischen Bevölkerung gestellt, war die Zahl 1939 auf knapp neun Prozent gefallen. Ginge es so weiter, so die Sorge, wäre Frankreich Ende des Jahrhunderts ein Land vom demografischen Rang Belgiens.[15] Der demografische Schwund setzte eine Unruhe frei, die in Teilen der Bevölkerung in düsteren Pessimismus mündete. »Es gibt ein neues Europa und ein altes Frankreich«, hieß es 1933 in der von dem germanophilen Journalisten Jean Luchaire herausgegebenen Zeitschrift *Notre Temps*. »Diese Ungleichheit macht das Drama unseres Landes aus. Damit Frankreich härter wird, muss es ein neues, ein junges Frankreich sein.«[16] Was immer die Jugend an Neuem in die Welt setzen mochte: Fest stand, dass es so wie bislang nicht weiter-

Treffen von Adolf Hitler und Philippe Pétain in Montoir-sur-le-Loire im Oktober 1940. Im Hintergrund zu sehen ist Joachim von Ribbentrop.

gehen konnte. »Haben wir den Mut, es einzuräumen«, forderte Marc Bloch seine Landsleute nach der Niederlage 1940 auf.

> »Was in uns besiegt worden ist, das ist gerade unser kleines, geliebtes Städtchen. Seine allzu träge dahinfließenden Tage, das langsame Tempo seiner Busse, seine verschlafene Verwaltung, seine Zeitvergeudung, zu der ein sanftes Gehenlassen unentwegt beiträgt, der träge Rhythmus der Garnisonscafés, seine kurzatmigen politischen Streitereien, sein mühsames Kleingewerbe, seine Bibliotheken voll verwaister Regale, seine Präferenz für das schon Gesehene und schon Dagewesene, sein Misstrauen gegen alles, was überraschen, seine eingespielten Gewohnheiten stören könnte. Eben dies unterlag der Höllenmaschine, die die Dynamik eines überall brummenden Deutschland gegen uns führte.«[17]

Zusätzlichen Schub erhielt der Eindruck, Frankreich hinke der Zeit fast uneinholbar hinterher, durch seine politische Zerrissenheit. Das Land war zutiefst gespalten, Rechte und Linke fanden immer weniger zueinander. Dies führte zu nicht endenden Regierungskrisen. Allein zwischen 1930 und 1940 erlebten die Franzosen ein Dutzend unterschiedlicher Premierminister. Brüchige Allianzen, zweifelhafte Hinterzimmergespräche, politischem Kalkül geopferte Parteiprogramme: All dies trug dazu bei, das Ansehen der Republik massiv zu schmälern. »Die Republik erzeugt bei den jungen Menschen keinen Enthusiasmus mehr«, bemerkte 1932 der Schriftsteller Henri Petiot alias Daniel-Rops.

> »Mit den politischen Idealen verhält es sich wie mit den intellektuellen Werten: diejenigen, für die die Jugend sich nicht zu opfern wünscht, sind krank. Aber die Republik fordert keine Opfer mehr, weil sie nicht mehr angegriffen wird und nicht mehr angegriffen werden will. Es gibt keine größeren, ernsthaft politischen Kämpfe mehr, in denen es um die Grundlagen des Regimes ginge. Die Erhabenheit der Republik hatte sich lange bedroht gefühlt: Jetzt ist nicht einmal mehr das der Fall.«[18]

Innerlich zerrissen, unfähig, innen- wie außenpolitisch eine einheitliche, konsequent beschrittene Linie zu beschreiten, konnten sich die politischen Lager auch außenpolitisch auf keine Richtung einigen. Die Linke wollte die französische und europäische Sicherheit dem Völkerbund anvertrauen, die politische Rechte ließ Sympathien für den Faschismus erkennen. Hinzu kamen offen antisemitische Motive. »Plutôt Hitler que Blum«, »Lieber Hitler als Blum«, lautet eine der Formeln der extremen Rechten während der zweiten Amtszeit von Premier Léon Blum.[19] Enorme Spannungen durchzogen das Land, an nationalen Schulterschluss war angesichts des deutschen Kesselrasselns kaum zu denken. Während Deutschland entschlossen rüstete, pflegten die Franzosen nationale Grabenkämpfe. »Wir werden den Feind nicht daran hindern, unsere Städte zu bombardieren«, erklärte der Schriftsteller René Chambre 1934 in der angesehenen *Revue des deux mondes*.

> »Wenn der Feind vorwärts drängt, tut er das. Er wird auf unsere Städte seine Tonnen entzündlicher Projektile mit toxischen Gasen oder Bakterienkulturen regnen lassen. Nichts wird ihn aufhalten. Er braucht momentan nicht mehr als hundert Flugzeuge, von denen jedes ein Geschoss mit Giftstoffen trägt, um Paris mit einer Gaswolke von 20 Metern Höhe zu überziehen. Eine solche Operation lässt sich innerhalb einer Stunde ausführen.«[20]

Die militärische Verunsicherung verwandelte sich in eine psychologische, die dazu beitrug, die Entschlossenheit zu untergraben. »Wenn wir den Kampf einmal hinter uns haben«, schrieb zum Jahresende 1939 der Publizist Jean Schlumberger im *Figaro*, »wird die härteste Arbeit noch vor uns liegen. Nach dem ersten Sieg ... brauchen wir einen zweiten, um uns vor uns selbst zu retten.«[21]

Und doch, nicht wenige lebten lieber im Schatten der Bedrohung als in Vorbereitung auf einen weiteren Waffengang. Die Logik hatten die Pazifisten auf ihrer Seite, jedenfalls wenn man davon ausgehen konnte, dass auch Hitler letztlich realpolitischen Prinzipien folgte. Täte er das, würde ihn die zurückhaltende französische Rüstungspolitik am Ende dazu animieren, seinerseits auf Mäßigung zu setzen. Hinzu kam die begründete Vermutung, dass nicht alle Bürger im Nachbarland mit dem aggressiven Kurs ihrer Regierung einverstanden waren. Im Gegenteil: Im Grunde waren sie ebenso sehr Getriebene der nationalsozialistischen Drohgesten wie die europäischen Nachbarn selbst. »Einen Krieg gegen Hitler zu führen heißt, ihn gegen die deutsche Bevölkerung zu führen«, erklärte darum 1935 der sozialistische Schriftsteller Jean Guéhenno.[22] »Besser einen unbewaffneten Frieden, selbst Hitler gegenüber«, befand bereits 1933 der Sozialist Félicien Challaye. »Schrankenloser Friede mag schmerzhaft sein, aber die Besatzung wäre ein geringeres Übel als der Krieg.« Und der Schriftsteller Victor Margueritte war überzeugt: »Nationale Verteidigung heißt nationale Zerstörung.« Einen anderen Akzent setzten die Kommunisten. Sie sahen Frankreich als kaum minder großen Aggressor. Ihr Land, waren sie überzeugt, stand im sich anbahnenden Wettrüsten nicht für die Freiheit der Menschen, sondern für die des Kapitals. »Wir lassen nicht zu, dass man die Arbeiterklasse in einen so genannten Krieg der Demokratie gegen den Faschismus zieht«, hatte Maurice Thorez, der Generalsekretär der *Parti communiste français* (Kommunistische französische Partei) im März 1935 erklärt. »Wir werden mit allen Mitteln gegen den Beginn dieses imperialistischen Krieges kämpfen.«[23] Ähnlich sahen es auch die französischen Sozialisten. »Nicht einen Mann, nicht einen Sou für die Armee der Bourgeoisie«[24], lautete ihr Slogan zu Beginn der 1930er-Jahre, dem sie auch in den folgenden Jahren weiter anhingen. Freiheit, Gleichheit, Brüderlichkeit oder Ausweitung des ohnehin schon massiv entgrenzten Marktes? Die Diskussion um die angemessene Reaktion auf das rüstende Deutschland war auch und vielleicht vor allem eine über die Entwicklung der französischen Gesellschaft: kapitalistisch oder sozialistisch, »imperialistisch« oder »internationalistisch«, auf Waffen oder auf Verständigung setzend: Der Streit um die politische Verfassung des Landes drängte politischen Pragmatismus rüde an die Seite, die innenpolitischen Spannungen färbten ab auf die außenpolitischen – und lähmten auf diese Art die dringend notwendige Entscheidungsfindung.

Abgründe der Verständigung

Die Kursbestimmung fiel auch darum schwer, weil das Regime in Berlin die Nachbarstaaten über seine Absichten konsequent im Unklaren ließ. »Der unerbittliche Todfeind des deutschen Volkes ist und bleibt Frankreich«, hatte Hitler in *Mein Kampf* geschrieben. Doch Äußerungen wie diese, erklärte er als Reichskanzler seinen französischen Gesprächspartnern, hätten sich überlebt, seien nicht mehr Grundlage seiner Politik. Er wünsche sich ein Ende des Wettrüstens, erklärte er 1934 gegenüber Vertretern der führenden französischen Veteranenverbände. Eine deutsch-französische Aussöhnung, in ganz Europa als Ende eines Alpdrucks empfunden, würde Psyche und wirtschaftlichen Unternehmungsgeist der Völker beflügeln. »Von unseren beiden Völkern hängt es ab, dass dieser Traum verwirklicht wird.«[25] Das Wort fiel wenige Wochen, bevor die Bürger des unter dem Mandat des Völkerbunds stehenden Saargebiets im Januar 1935 über die Zugehörigkeit der Region zu Frankreich oder Deutschland entschieden – Anlass für Hitler, die Bürger des Gebiets nicht durch martialische Töne zu verschrecken, sondern sie im Gegenteil durch die ausgestreckte Hand für sich – für das Dritte Reich – einzunehmen. Ein Vorgehen wie dieses war typisch für die Propagandavorstöße aus Berlin: Sie suchten die Franzosen nicht nur allgemein über die tatsächlichen Absichten rätseln zu lassen. Sie intensivierten sich immer dann, wenn die Lage besonders kritisch wurde, etwa vor der Remilitarisierung des Rheinlands oder der Annexion Österreichs. Die an die französische Bevölkerung gerichteten Appelle nahmen vorzugsweise den Weg über die Jugendverbände, aber auch über die Veteranenverbände. Frankreich hatte deren mehrere: zum einen die *Union fédérale* mit rund 900.000 und die etwas weiter rechts stehende *Union nationale des combattants* mit rund 860.000 Mitgliedern. Hinzu kamen weitere, etwa das faschistische *Croix de feu* (Feuerkreuz), nach eigenen Angaben mit rund 300.00 Mitgliedern. In einem stimmten diese Verbände überein: Ein Krieg wie der von 1914 bis 1918 sollte sich auf keinen Fall wiederholen. Der Europagedanke war insbesondere der *Union fédérale* nicht fremd: Sie war dem SPD-nahen *Reichsbund der Kriegsbeschädigten* verbunden, doch als dieser sich 1933 auf Druck Hitlers der *Nationalsozialistischen Kriegsopferversorgung* eingliederte, brach der Kontakt ab. Aus Sicht der Nationalsozialisten waren sie das ideale Einfallstor, um in Frankreich die Mär vom deutschen Friedenswillen aufrechtzuerhalten. Bereits seit den frühen 1930er-Jahren umwarb der Kunstlehrer Otto Abetz, von August 1940 an deutscher Botschafter im besetzten Frankreich, die beiden großen Verbände.

So traf Anfang November 1934 eine Delegation ehemaliger Kämpfer in Berlin ein. Jean Goy, Vizevorsitzender der *Union nationale*, wurde noch am Tag der Anreise von Hitler empfangen. Er wünsche sich, erklärte er seinem Gast, ein dauerhaftes politisches Gleichgewicht zwischen den beiden Ländern.[26] Wieder zurück in Frankreich, unterrichtete Goy die Öffentlichkeit von dem Treffen. Sein Bericht wurde unterschiedlich aufgenommen. Längst nicht alle Franzosen wollten Hitlers Worten Glauben schenken. Goys Kurswert aber stieg durch das Berliner Treffen: Bald rückte er von der Position des Vize- zu der des ersten Präsidenten seines Verbandes auf. Wenig später, im Frühjahr 1935, reiste Georges Scapini nach Berlin, der Vorsitzende der französischen Kriegsblinden. Auch ihm wurden warme Worte Hitlers zuteil. Er, Hitler, sei selbst eine Weile blind gewesen, erklärte dieser dem Besucher. Darum wisse er, welches Opfer Scarpini dem Vaterland gebracht habe. Anschließend unterbreitete er ihm den Vorschlag einer Waffenbegrenzung – kurz nachdem in Deutschland die allgemeine Wehrpflicht wieder eingeführt worden war.

Auch Henri Pichot, der Vorsitzende der *Union fédérale*, wurde zu Gesprächen eingeladen. Im August 1934 traf er sich in Baden-Baden mit hochrangigen deutschen Veteranenvertretern. Er brachte durchaus gute

Eindrücke von dem Treffen mit, doch nur wenige Wochen später, im Oktober, zog er nach einer Unterredung mit Vertretern des NS-Regimes in Paris ein anderes Fazit: »Ihre zentralen Sätze gleichen Stereotypen«, notierte er.[27] Doch die Skepsis hielt nicht lange: Im Dezember traf Pichot im Beisein von Ribbentrop, Rudolf Heß, Hanns Oberlindober, dem Direktor der NS-Kriegsopferversorgung, und Abetz in der Reichskanzlei Adolf Hitler. Pichot, Volksschullehrer aus Orléans, genoss das Vertrauen nicht nur seiner Verbandsmitglieder, sondern sehr vieler Franzosen. Persönlich bescheiden und aufrichtig um Verständigung bemüht, sah er das Treffen als Versuch, zur deutsch-französischen Entspannung beizutragen. Und doch: Ein einfacher Mann des Volkes bei einem der in jener Zeit mächtigsten Männer Europas: Diese Konstellation mochte auch eine gewisse Eitelkeit wecken. »Vulkanismus«, »Orkan«, »Wetterleuchten« – das waren die Begriffe, mit denen er noch zehn Jahre später seine Eindrücke von Hitler beschrieb. Vor allem, berichtete er, sei ihm Hitlers Bekenntnis im Gedächtnis geblieben: »Ich will Frieden mit Frankreich.«[28] Wie das Treffen Goys blieb auch das Pichots daheim nicht ohne Eindruck. »Auflockerung der französischen Öffentlichkeit zugunsten einer direkten Verständigung mit Deutschland«, berichtete der Korrespondent des *Völkischen Beobachters*. Allerdings fehlte es auch dieses Mal nicht an warnenden Stimmen. Scharfsichtig beschrieb der Journalist Pierre Bernus das grundsätzliche Dilemma, in dem die Gespräche stattfanden: auf der einen Seite die Franzosen, Direktoren zwar bedeutender, aber letztlich privater Verbände, die reden und argumentieren durften, wie es ihnen selbst angemessen schien – und auf der anderen Seite Repräsentanten eines straff geführten Regimes, die genaue Anweisungen erhielten, wie die Unterredungen zu verlaufen und welche Resultate sie zu erbringen hatten. Das Gespräch auf Augenhöhe, die durch keinerlei Zwänge und Repräsentationspflichten eingeschränkte Diskussion, gab Bernus zu verstehen, war eine Illusion.[29] Bei diesen Gesprächen ging es nicht um Austausch, nicht darum, persönliche Beziehungen zu knüpfen und auf deren Grundlage zum Wohl beider Nationen beizutragen. Nein, diese Gespräche fanden zumindest auf deutscher Seite unter ganz anderen Voraussetzungen statt: Sie waren rein taktisch, dienten zu nichts anderem als der Manipulation und Steuerung des Gegenübers.

Bernus war nicht der Einzige, der sich über die deutsche Gesprächsbereitschaft keine Illusionen machte. Auch andere sahen den Dialog quer über den Rhein als Taktik. Hinter den so friedfertig wirkenden Gesprächen verberge sich ein Wille zur Aufrüstung, der sich durch nichts und niemanden aufhalten ließe, warnten sie. Überhaupt, warnte ebenfalls der Schriftsteller und Journalist Xavier de Hauteclocque, herrsche in Deutschland eine Atmosphäre, angesichts derer jeder Gedanke an Friedfertigkeit einer zu viel wäre. »Dieses Deutschland, aus dem das Dritte Reich den zivilisierten Staat per Exzellenz machen will, dieses ›Musterland‹ ist nichts als ein monströses, geöltes Geschoss, wie mit Wunderkraft hergestellt, wobei Millionen menschliche Wesen die Metallmoleküle ersetzen.« Und weiter: »Es ist ein Geschoss, das an diesem oder jenem Tag in der Geschichte unseres Planeten explodieren kann.«[30]

Ruhiger im Ton und präziser in der Sache umriss der an der Universität Straßburg lehrende Jurist René Capitant die massenpsychologischen Mechanismen, die er im Nachbarland am Werk sah. Präzise erfasste er die kunstvoll ausgelösten Erregungswellen, die die deutsche Gesellschaft durchliefen. Es liege auf der Hand, schrieb er 1935, dass sich das Regime von allen menschenrechtlichen Prinzipien verabschiedet habe. Diese definierten seit Immanuel Kant den Menschen nicht als Mittel, sondern als Ziel aller politischen Bemühungen. Seinem Wohlbefinden sei die Politik untergeordnet. »Der Nationalsozialismus vertritt die genau entgegengesetzte Position: Er entzieht dem Menschen seine Autonomie. Er löst ihn in der Gruppe auf. Er überlässt ihn dem Leviathan, dem kollektiven Wesen, dessen Mitglieder sein Fleisch bilden, dessen Geist und dessen Ziele ihm aber radikal fremd sind.«[31] Sei der Mensch als Person einmal dem Kollektiv überantwortet, zähle er nicht mehr als Einzelner, sondern nur noch als Mitglied der Gruppe, warnte Capitant. Gebe er seine Rolle als Staatsbürger auf, um sich in einen Teil der Volksmasse zu verwandeln, sei es nicht nur um seine rechtliche Autonomie geschehen, sondern sehr schnell auch um seine intellektuelle und psychische. Der Bürger verabschiede sich aus seinem zivilen Status, er verzichte auf das Recht zum inneren Vorbehalt, lasse seine Distanz im Zweifel schmelzen, schließe sich der Weltsicht des Regimes an. Er müsse das nicht, aber es sei denkbar. Der Zweifel rette zwar seine Würde, strenge aber auch an und sei zudem gefährlich. Leichter sei es, den ideologischen Vorgaben des Regimes zu folgen. Identität gründe nicht mehr auf einem individuellen, sondern auf einem kollektiven Fundament. Damit, beobachtete Capitant zwei Jahre später, sei in Hitlers Staat der Weg für alles Weitere bereitet. »Der nationalsozialistische Staat wendet sich vom Individuum ab. Er stellt sich in den Dienst des Nationalismus – und kann sich nur in diesen stellen. Er erklärt – und kann nur erklären – das Primat der Außen- über die Innenpolitik. Er hat als Mission – und kann als Mission nur haben –, alle nationalen Kräfte zugunsten des Nationalismus zu stimulieren und zu bündeln.« Was daraus folge, so Capitant, liege auf der Hand: »Der nationalsozialistische Staat ist – und kann nur sein – die totale und andauernde Mobilisierung des deutschen Volks.«[32]

Doch was wäre eine angemessene Reaktion auf diese Mobilisierung? Der Diplomat und Schriftsteller Jean Mistler sah nach einer Deutschlandreise 1933 allen Anlass, auch über die französische Wehrhaftigkeit nachzudenken.

> »Im Flugzeug zurück von Berlin nach Paris dachte ich über den tragischen Kontrast nach, der zwischen dem deutschen Fieber und der französischen Niedergeschlagenheit herrscht, zwischen der Erregung dieses Volkes, das schlecht isst, sich aber jung fühlt und stark sein will, und den Sorgen eines gut genährten Frankreichs, das aber nur an die Pensionsraten des letzten Krieges und den Pensionsausgleich denkt. Ich fragte mich, während wir gegen den Wind nur langsam vorankamen, aufgrund welcher Schicksalsfügung das französische Volk immer vergisst, dass es seine Gärten nicht nur pflegen, sondern auch verteidigen muss.«[33]

Es war die Naivität Pichots und Goys, solche Überlegungen nicht anstellen, ja nicht einmal zur Kenntnis nehmen zu wollen. Sie, die Männer guten Willens, verkannten, dass es bei ihren Gesprächspartnern – zumindest den entscheidenden – diesen guten Willen nicht gab. Für sie hatten die Gespräche von Anfang an rein taktischen Charakter, nicht der Verständigung dienlich, sondern der möglichst weitreichenden Einflussnahme auf die französische Meinungsbildung. Aus diesem Grund waren gerade die Vertreter der Vertriebenenverbände für die Nazis so begehrte Gesprächspartner: Sie verfügten mittels der zahllosen Ortsvereine, Zeitschriften und Vereinsblätter über weitreichende Kanäle. Zugleich galten sie ihren Landsleuten auch als unbestechliche, ausschließlich dem Wohl Frankreichs verpflichtete Patrioten. Solche waren sie in der Tat. Was die Franzosen unterschätzten, war die Naivität der Veteranen – oder umgekehrt, die zynische Gerissenheit von deren deutschen Gesprächspartnern. Die Veteranen, urteilte das Auswärtige Amt im Frühjahr 1935, besäßen »für uns und für Frankreich ein ganz anderes Gewicht, als das der sicherlich auch recht achtungswerten, aber einflusslosen Intellektuellen, die wir gelegentlich in Deutschland begrüßen durften.«[34] Treffend sah es auch die nationalsozialistische *Europäische Revue*. Sie beschrieb die Veteranenverbände als »das riesenhafteste Interessensyndikat, ... mit dem Parlament und Regierung in Frankreich zu tun haben; seine Wirkung ist umso gewaltiger, als es nationale Ideen wie Vaterlandsliebe, Heroismus usw. ins Treffen führt« – exakt jene Werte also, die sich seitens Hitlers Propagandisten trefflich ausbeuten ließen. Um die Botschaft eines angeblich friedliebenden Deutschlands noch breiter zu streuen, wurden von 1935 an Besuchsprogramme im ganz großen Stil organisiert. Tausende Veteranen – und nach ihnen auch jüngere Franzosen – reisten nach Deutschland, um sich, umhegt und in maximal angenehmer Atmosphäre von den guten Absichten ihrer Gastgeber zu überzeugen, genauer, überzeugen zu lassen. Der Wunsch nach guter Nachbarschaft war stark, und entsprechend massiv lenkte er die Wahrnehmung der Besucher. Besonders umschmeichelt wurden die führenden Vertreter der Verbände. Einmal mehr etwa Pichot, der im Frühjahr 1936 ein weiteres Mal von Hitler empfangen wurde – und wiederum die gewünschten Eindrücke verbreitete. »Der Kanzler hat nicht diese strenge und brutale Maske, unter der die Fotografen ihn darstellen«, unterrichtete er seine Landsleute. »Seine Augen sind gutmütig. Und um das zu sagen, was ich für die Wahrheit halte: Hitler macht mehr den Eindruck eines furchtsamen als eines gewalttätigen Menschen.«[35] Von ihrem Vorsitzenden entsprechend geimpft, reisten im Juli 1936 tausende französischer Veteranen zu einer Gedenkfeier auf das Schlachtfeld von Verdun. Ansprachen, Aufmärsche, Kranzniederlegungen, verbunden mit tiefer und aufrichtig empfundener Trauer aufseiten der ehemaligen Kombattanten – eine große Geste der Verständigung, so schien es. »Niemals wird es eine edlere Geste auf erhabenerem Terrain gegeben haben«, urteilte Henri Pichot.[36] Bald darauf, im August, sprach er im Berliner Olympiastadion vor über 100.000 deutschen Veteranen. Deren Anteilnahme war aufrichtig: Die Ehemaligen wussten, was Krieg bedeutet, und die meisten wollten, wie ihre ehemaligen Gegner auf der anderen Rheinseite, einen erneuten Waffengang vermeiden. Die Begegnungen und Programme blieben auch auf die akademische Welt nicht ohne Eindruck. Der Germanist Henri Lichtenberger, Professor an der Sorbonne, gab sich in seinem 1936 erschienenen Buch *L'Allemagne nouvelle* (»Das neue Deutschland«) überzeugt, dass von dem Nachbarland kein Krieg ausgehe.

> »Hitlers Rassismus weist aus Prinzip jede Art von Eroberung und Annexion zurück, verweigert sich ausdrücklich jeder aggressiven Tendenz, erklärt in aller Deutlichkeit, dass ein Krieg, selbst wenn er siegreich wäre, den Ruin des Siegers ebenso wie den des Besiegten nach sich zöge. Insbesondere verweigert sich Hitlers Politik den cäsarenhaften Ambitionen, wie sie sich bei Spengler zeigen. Sie strebt nicht die Hegemonie über die Welt an, ist gleichgültig gegenüber der Mission des weißen Mannes oder der Vereinigung Europas. Was sie interessiert, ist das Schicksal ihrer Rasse.«[37]

Lange Zeit konnten sich solche Einschätzungen behaupten. Durch die Wirklichkeit widerlegen ließen sie sich nur ungern. Als Hitler im Frühjahr 1936 das Rheinland remilitarisierte, konnte die Redaktion des *Canard enchaîné* daran nichts Verwerfliches erkennen. »Die Deutschen kehren nach Deutschland zurück«, titelte die Zeitschrift lapidar.[38] Und als Hitler zwei Jahre später Österreich in das Reich eingliederte, machte das *Syndicat national des instituteurs*, der Nationale Lehrerverband, dafür in Teilen auch die internationale Staatenwelt – insbesondere die demokratische – verantwortlich. »Hitler ist eine doppelte Strafe. In deutscher Hinsicht eine Strafe für die Demokraten und Sozialisten, die nicht in der Lage waren, eine sozialdemokratische Ordnung zu errichten. Und in internationaler Hinsicht eine Strafe für die Demokratien, die nicht in der Lage waren, den Frieden zu verwirklichen.«[39] Die Illusionen hielten sich lange. Goy und Pichot wollten selbst im Münchener Abkommen vom September 1938 aufseiten Deutschlands noch ein aufrichtiges Bemühen um den Erhalt des Friedens erkennen. Hitler, glaubten sie, würde Richtung Westen nicht ausgreifen. Sie brauchten noch Monaten, um zu erkennen, dass es auf Hitlers Expansionskurs notfalls auch mit Gewalt zu antworten galt.

Schwierige Verbündete

Wie umgehen mit einem Nachbarn, der Frieden predigte, aber den Krieg nach vorne trieb? Nicht nur die Bürger zögerten, sondern auch ihre politischen Repräsentanten. Es schmerzte, Gedanken an Rüstung und Verteidigung zu fassen, und zwar umso mehr, als einige der sich anbietenden europäischen Partner ihrerseits mehr als zweifelhaft waren. Italien, mit dem sich Frankreich mit Großbritannien im April 1935 in der Stresa-Front zusammenschlossen, war eine faschistische Diktatur, das Bündnis mithin alles andere als Ausdruck einer Wertegemeinschaft. Mussolini ging es in erster Linie darum, einen Zusammenschluss zwischen Deutschland und Österreich zu verhindern; außerdem hoffte er, die westlichen Staaten würden angesichts Italiens expansionistischer Abessinienpolitik ein Auge zudrücken. Tatsächlich war in dem Abkommen nur noch von einem Frieden in Europa, nicht aber mehr in anderen Weltregionen die Rede.

Schwierig war auch das Verhältnis zur Sowjetunion, auch sie ein diktatorisches Regime, dieses Mal nicht rechter, sondern linker Provenienz. Immerhin verständigten sich Paris und Moskau im Mai 1935 auf einen beiderseitigen Beistandspakt. Hitler verstand: Deutschland war nun von mehreren Seiten eingehegt. Die Pläne zum »Anschluss« Österreichs verfolgte er zumindest öffentlich nicht mehr. Allerdings war der Vertrag in Frankreich selbst umstritten. Moskau gegenüber sei Vorsicht angebracht, hatte General Jean de Lattre de Tassigny, Oberkommandierender der Ersten französischen Armee, bereits im Oktober 1933 gewarnt: Eine zu große Nähe zu der kommunistischen Großmacht berge politische Gefahren. »Wir riskieren, die Kontrolle über unsere Militärpolitik und die nationale Verteidigung zu verlieren.«[40] Allerdings lag auch auf der Hand, dass die Sowjetunion in Zeiten deutscher Aufrüstung ein geradezu zwingender Partner war. »Das sowjetische Militärpotential kann man in den kommenden Jahren nicht vernachlässigen«, warnte 1935 General Lucien Loizeau. »Man darf das Land nicht gegen sich, sondern muss es an seiner Seite haben.«[41] Allerdings hatte Stalin seinerseits klare Erwartungen an seine Bündnispartner. Und die erfüllten die Franzosen nicht. Als sich im

Juli 1936 der spanische General Francisco Franco an die Macht putschte und sein Land in einen drei Jahre währenden Bürgerkrieg stieß, zeigte sich Frankreich ebenso zurückhaltend wie Großbritannien. Zwar war die demokratisch legitimierte Regierung Manuel Azaña gestürzt worden, doch ihr militärisch beizustehen, schien in Paris und London zu riskant. Entschiedener zeigten sich die europäischen Diktatoren. Hitler und Mussolini unterstützten Franco, während Stalin Azaña unter die Arme griff. Eines war für den kommunistischen Machthaber fortan klar: Die westlichen Demokraten waren nur bedingt verlässliche Verbündete. Im Ernstfall, so sein Eindruck, schreckten sie vor militärischer Gewalt zurück.

Stalins Zweifel mehrten sich, als Frankreich und Großbritannien im September 1938 Hitler im Münchener Abkommen zustanden, das tschechische Sudetenland zu annektieren. Die Sowjetunion war zu dem Treffen nicht eingeladen, ungeachtet des Umstands, dass Paris und Moskau mit Prag zuvor einen Beistandspakt geschlossen hatten. Auch dieses Vorgehen bestärkte Stalin in seinen Zweifeln. Das Abkommen verstärkte seinen Verdacht, die westlichen Demokratien und die faschistischen Regime würden sich insgeheim gegen die UdSSR verbünden und hätten vor allem das Ziel, Hitlers Expansionspläne in Richtung Osten zu lenken. Die Haltung der westlichen Demokratien rächte sich im August 1939, als sie – nicht sonderlich hochrangige – Unterhändler, dazu noch auf einem gemächlich dahintuckernden Dampfschiff, nach Moskau entsandten, um dort über eine neue Allianz zu verhandeln. Einmal mehr war Stalin skeptisch: »Sie meinen es nicht ernst. Diese Männer können einfach nicht die nötige Autorität haben. London und Paris spielen wieder Poker.«[42] Deutschland hingegen entsandte Außenminister Ribbentrop nach Moskau. Für Stalin lag es auf der Hand: Deutschland war der im Zweifel ernsthaftere Bündnispartner. Am 24. August unterzeichneten Ribbentrop und sein Amtskollege Wjatscheslaw Michailowitsch Molotow den deutsch-sowjetischen Nichtangriffspakt, die diskret beschwiegene Einigung über die Zerlegung der künftigen Kriegsbeute Polen inklusive.

Der rüden Machtpolitik autoritärer und diktatorischer Regime gegenüber zeigten sich die Prinzipien des Dialogs und des Interessensausgleichs immer weniger gewachsen. Als Italien im Oktober 1935 in Abessinien einmarschierte, verhängte der Völkerbund zwar Wirtschaftssanktionen gegen den Aggressor. Der aber gab sich unbeeindruckt. Da auch die Partner der Stresa-Front, Frankreich und Großbritannien, beide Augen zudrückten, musste Mussolini keine ernsthaften Konsequenzen fürchten. In seiner Logik hieß das nichts anderes, als dass der Angriff sich gelohnt hatte. Im März 1936 musste Paris einen weiteren Rückschlag verkraften: Belgien sagte sich von dem gemeinsamen, 1920 geschlossenen Verteidigungspakt gegenüber Deutschland los. Getrieben von anti-militaristisch motivierten Sozialisten und anti-französisch gesonnenen Flamen schlug die Regierung in Brüssel einen Neutralitätskurs ein.

Das war für Frankreich ein weiterer Rückschlag. Bereits zuvor, im Juni 1935, hatte man zur Kenntnis nehmen müssen, dass Großbritannien mit Deutschland ohne Absprache mit Paris einen Flottenvertrag abgeschlossen hatte: Die deutsche Marine sollte ihren Bestand fortan auf eine Größe von 35 Prozent der britischen Flotte aufstocken dürfen – der hilflose Versuch, dem inzwischen ungehemmt rüstenden Hitlerregime zumindest einige Zurückhaltung aufzuerlegen. Gelänge das, so das Londoner Kalkül, bliebe Großbritannien weiterhin die führende Seemacht – eine wesentliche Bedingung, die Herrschaft über das gewaltige Kolonialreich weiter aufrechtzuerhalten. Zugleich war das Abkommen dem Geist des Appeasements geschuldet. Für diese Politik stand vor allem ein Name: Neville Chamberlain. Allerdings hatte auch der britische Premier sie nicht erfunden. Er konnte sich auf eine lange, im Ersten Weltkrieg geborene Tradition des friedlichen Interessensausgleichs beziehen. Wie die Franzosen hatten auch die Briten 1914–1918 enorme Verluste hinnehmen müssen. Am Ende des Krieges hatten rund 720.000 Soldaten ihr Leben verloren[43] – ein Aderlass, der auch sie bewog, Konflikte, wenn irgend möglich, durch Verhandlung und Dialog zu lösen. Für Großbritannien, erklärte 1921 der damalige Kriegs- und Kolonialminister Winston Churchill, »besteht das Ziel darin, eine Befriedung der furchtbaren, in Europa existierenden hasserfüllten Beziehungen und Antagonismen zu erreichen und die Welt zu befähigen, diese beizulegen. Ich habe in dieser Hinsicht kein anderes Ziel.«[44] Damit formulierte Churchill einen Kurs, dem sich die britische Politik noch anderthalb Jahrzehnte später verpflichtet fühlte. »Schlichtung und Befriedung in Europa sollten unser Ziel sein«, erklärte im Juni 1936 – knapp drei Monate nach Hitlers Rheinlandbesetzung – der damalige britische Außenminister Anthony Eden. Ihren Höhepunkt erreichte diese Politik im September 1938, als Chamberlain seine Unterschrift unter das Münchener Abkommen setzte. »I believe it is peace for our time«, erklärte er nach seiner Rückkehr und packte seinen Irrtum so in eine der bekanntesten Formeln der jüngeren Weltgeschichte. Er habe, erklärte er weiter, aus Deutschland »Frieden mit Ehre« mitgebracht. »Go home and get a nice quiet sleep.«[45]

Mit ganz anderen Gefühlen kehrte der französische Premier Édouard Daladier von dem Treffen zurück. Er unterschrieb das Abkommen, weil er Frankreich für eine militärische Auseinandersetzung mit Deutschland nicht hinreichend gerüstet sah. »Wenn ich 3000 oder 4000 Flugzeuge gehabt hätte, hätte es ›München‹ nicht gegeben«, soll er später bekannt haben.[46] Ein Teil seiner Landsleute begrüßte die Entscheidung hingegen: Sie sahen die Einigung als Teil einer klugen Appeasement-Politik. Als Daladier nach Paris zurückflog und am Flughafen nicht, wie erwartet, auf eine zürnende, sondern eine jubelnde Menge traf, war er konsterniert angesichts der aus seiner Sicht politischen Naivität der Menge. »Diese Narren«, bemerkte er gegenüber einem Assistenten.[47] Das Parlament freilich stimmte dem Ergebnis des Münchener Treffens mit überwältigender Mehrheit – 537 Ja- gegen 75 Nein-Stimmen – zu. Mit Bauchschmerzen klammerten sich die Franzosen an jene Hoffnung, von der auch die Briten – noch – nicht lassen wollten. Bis in das Jahr 1939, erinnerte sich der damalige Innenminister Samuel Hoare, unterstützten seine Landsleute Chamberlains Kurs. »Ich bezweifle, dass selbst Churchill, wäre er ein Mitglied der Regierung gewesen, das Land im Frühling und Sommer 1939 zu einer uneingeschränkten Kriegsanstrengung hätte bewegen können. Selbst wenn wir eine große und bedeutende Führungsfigur gehabt hätten, bezweifle ich, dass das Land den Kriegszustand in den Monaten vor Kriegsbeginn akzeptiert hätte.«[48] Ähnlich sah es auch Chamberlains Kriegsminister Leslie Hore-Belisha. »Weder das Parlament noch die Bevölkerung waren darauf vorbereitet, die Methoden der Friedenszeit aufzugeben und die Industriemaschine des Landes auf die Kriegsproduktion umzustellen, wie es in Deutschland der Fall war.«[49]

Und doch, beobachtete im März 1939, kurz nach dem Einmarsch der Wehrmacht in die Tschechoslowakei, der französische Diplomat Guy de Girard de Charbonnières, ging auf der Insel ein Ruck durch die öffentliche Meinung: »Hitlers brutale Verletzung einer Vereinbarung, die ohnehin nur mit starkem Widerwillen aufgenommen worden ist, sowie die unverhohlene Annexion einer Bevölkerung, von der niemand behaupten wollte, dass sie deutsch sei, haben das Bewusstsein der Briten vom Kopf auf die Füße gestellt.«[50] Die Reaktion der Öffentlichkeit habe auch Chamberlain zum Umdenken veranlasst. Die Öffentlichkeit, gab de Charbonnières durch, habe »eine brutale Verwandlung« durchlaufen. Dies geschah auch unter dem Eindruck der entschiedenen Haltung, die Frankreich angesichts der deutschen Aggression gegen die Tschechoslowakei demonstrierte. »Ich sagte damals, dass Europa sich im Alarmzustand befinde und dass Frankreich, entschlossen, den Frieden in Freiheit und in Ehre zu wahren, vor allem seine eigene Verteidigungsfähigkeit ausbauen und solidarische Bande zu allen Nationen stärken müsse, die entschlossen seien, der Aggression entgegenzutreten«, erinnerte sich Daladier an seine Erklärung im März jenes Jahres.[51] Die Worte machten auch jenseits des Ärmelkanals Eindruck. »Die Entschiedenheit, die die französische Regierung demonstriert hat, hat in London allerbesten Eindruck gemacht«, gab der Dichter und Diplomat Alexis Léger alias Saint-John Perse, damals Generalsekretär des Außenministeriums, Tage später nach Frankreich durch.[52] Von einem radikalen Meinungsumschwung in der britischen Hauptstadt berichtete auch der Diplomat Charles Corbin. Die britische Politik orientiere sich völlig neu. »Noch vor einigen Wochen hätte sich einen solchen Wandel niemand vorstellen können.«[53] Hitler, so viel war klar, ließ sich durch Geduld und guten Willen seiner Gesprächspartner nicht beeindrucken. Es galt darum, sich auf einen Krieg einzustellen. Die Frage war nur: Wenn der deutsche Kanzler mit seiner irrlichternden Politik seine Nachbarn schon zu Friedenszeiten so lange hatte hinhalten, vielleicht sogar täuschen können: Zu welchen Listen würde er dann erst im Kriegsfall greifen?

Geräusch und Signal
Vorgeschichte einer Niederlage

> Von neuem der Geschmack des Todes zwischen meinen Zähnen,
> der Graben, das Bedürfnis, zu erbrechen, die Umkehr.
> *Paul Claudel, Ténèbres*

Als unverdaute Brocken liegen sie in der Landschaft, massiv, gewaltig, wie es scheint, für alle Zeiten. Auch 80 Jahre nach Beginn der Angriffe markieren die Überreste der Maginot-Linie das Gebiet von der Schweizer Grenze bei Basel bis hin ins belgische Dünkirchen. Eigentlich kann man von »Überresten« kaum sprechen, ist von dieser Linie doch nahezu alles erhalten.

Immer wieder stößt der harte Kontrast der Linie zu ihrer Umgebung auf, in der Höhe von Luxemburg oder des Städtchens Charleville-Mézières etwa. Ließen sich die schroffen Klötze optisch ausblenden, man wäre versucht, von bukolischen Szenen zu sprechen. Ab und zu eine Straße, die Ausläufer landwirtschaftlicher Betriebe, selbstvergessen weidende Kühe, im Wind schaukelnde Weinreben. Hier, fernab der Städte, öffnet sich *la France profonde*, das »tiefe«, allen Zeiten enthobene Frankreich, Heimstatt ruraler Rhythmen, Objekt verträumter Zeilen voller Hingabe an die Natur. »Es ist eine Freude, an klaren Septembermorgen das Tal der Mosel entlangzulaufen, immer den Leinpfaden entlang«, umriss der Dichter Émile Moselly (1870–1918) den Charme seiner Heimat in einer Zeit noch vor den großen Kriegen. »Über den Bergen, die sie einschließen, baden die Eichenbäume im blauen Dunst, breiten ihre vom Morgenlicht liebkosten Kronen aus, und über alledem ein blasser verhangener Himmel.«[1] In diesen Breiten, so Moselly, lächle das Dasein die Menschen an, lasse sie ahnen, wozu sie auf der Welt sind. »Die Natur zu lieben, zu verstehen! Das vielleicht ist die Ruhe, das Lächeln unseres Lebens. ... Wir verdoppeln, wir vervielfältigen unsere Existenz und lassen uns in den größten Anteil jenes Glückes fallen, das sie enthält.«

Gern wollte man die Szene weiterhin durch die Augen Mosellys sehen. Doch die störrischen Blöcke in der Landschaft stemmen sich andächtigen Empfindungen entschieden entgegen.

Sie teilen anderes mit. In rüder Unmissverständlichkeit erinnern sie daran, dass das gelassene Selbstverständnis der Region mindestens in die Irre führt. Wer bereit für historische Lektionen ist, kann von ihnen etwas ganz anderes lernen: dass nämlich die Ruhe der Landschaft zwar vor Ort erwächst, über ihre Dauer aber andernorts entschieden wird – in diesem Fall durch die politischen Entscheidungen aus Berlin und Paris. Die entrückte Landschaft wurde passive Verfügungsmasse der Außenpolitik, die damals, in den 1930er-Jahren, vor allem Kriegspolitik war: kalkulierte Aggression auf deutscher, erzwungene Verteidigung auf französischer Seite. Um einen Angriff ging es auf französischer Seite ausdrücklich nicht. Das signalisierten die Konstrukteure, indem sie zwischen der Linie und der Grenze zu Deutschland eine Distanz von mehreren Kilometern beließen. Die Anlage war rein defensiv ausgelegt.

Dass Deutschland auf der Grundlage seiner Feuerkraft die Herrschaft nicht nur über das Grenzgebiet, sondern über das gesamte französische Territorium beanspruchte, machte die stille Landschaft zum Zentrum der Rüstungstechnik, genauer, einer weit ausgreifenden Verteidigungsarchitektur.

In ihrer zähen Unvergänglichkeit speichern die Bauten der Maginot-Linie, benannt nach dem Politiker André Maginot, 1922–1924 und 1929–1932 französischer Kriegsminister, bis heute die Unruhe und Sorge, die die Franzosen angesichts der Drohgebärden ihrer Nachbarn empfanden. Dies umso mehr, als die territoriale Identität der Region in den Jahrzehnten vor dem Zweiten Weltkrieg sprunghaft war: erst französisch, dann von 1871 bis 1918 Teil des Deutschen Reichs, nach dem Ersten Weltkrieg wieder Frankreich zugehörig. Um dem Nachbarn im Norden die Lust auf weitere Waffengänge endgültig zu nehmen, begann die *Commission d'Organisations des Régions Fortifiés* (»Organisationskommission der befestigten Regionen«) in den späten 1920er-Jahren mit den Planungen der Anlage, 1936 waren die Arbeiten weitestgehend abgeschlossen.

Das Maß der Sorgen vor dem Nachbarn fand Ausdruck in den Dimensionen der Anlage: Von ihrem äußersten nördlichen Punkt bei Longuyon, rund 50 Kilometer nordwestlich von Metz, erstreckte sie sich über 700 Kilometer Richtung Süden, mit einer freien Flanke einzig an der Grenze zur Schweiz. An der Grenze zu Italien nahmen die Konstrukteure die Arbeit wieder auf, um die Linie dann östlich von Nizza enden zu lassen, nicht ohne einen maritimen Ableger in den Süden Korsikas zu legen: Auch aus Sardinien hätten die Italiener, seit Langem mit den Franzosen um die Insel streitend, angreifen können. Am Ende hatten die Franzosen für die Linie 12 Millionen Kubikmeter Erde bewegt, anderthalb Millionen Kubikmeter Beton und 150.000 Tonnen Stahl verbaut. Insgesamt verschlang die Wehranlage 5 Milliarden Franc – mehr als das Doppelte der ursprünglich veranschlagten Summe. Dafür verfügte das Land nun über eine der größten Festungsanlagen weltweit. Die Maginot-Linie umfasste 108 in unterschiedlichen Abständen errichtete *gros ouvrages* und *petits ouvrages* – große und kleine Befestigungsanlagen, ausgestattet mit Artillerie- und Infanteriewaffen, ergänzt um mit ihnen korrespondierende Kasematten, Schutzstände, Kampfblöcke und Beobachtungsposten, dazu in Beton eingelassene Eisenbahnschwellen als Panzersperren im Vorfeld.

Die Massivität der Anlage reflektierte die Erfahrungen, die die Franzosen seit 1914 mit der Zerstörungskraft moderner Waffen gemacht hatten. Über dutzende Meter hatten die Erbauer die Anlage deshalb in die Erde versenkt. Im untersten Stockwerk arbeiteten die Fernmeldetechniker. Über ihnen befanden sich die Lagerräume für Munition, Nahrungsmittel und technische Ersatzteile, ausgelegt, um im Fall einer Belagerung über Wochen auszuharren. Darüber die Schlaf- und Aufenthaltsräume für die Soldaten. Ebenfalls unterirdisch lagen die Dieselmotoren, die etwa dem Betrieb der Aufzüge dienten, um die Munition aus den Tiefen des Baus nach oben zu befördern. Die Munitionsdepots wurden ihrerseits über mehrere hundert Meter lange Galerien versorgt, im Fall besonders ausgreifender *ouvrages* durch eine kleine elektrische Eisenbahn, ähnlich jener in Bergwerken. Zudem waren die schweren, nach außen durch bis zu dreieinhalb Meter starke Stahl-Betonwände geschützten Artilleriewerke mit ihren Außenposten verbunden, sodass der Nachschub auch dorthin jederzeit garantiert war. Am Ende fraß sich ein Tunnelsystem von insgesamt 100 Kilometern Länge durch den Boden.

Ein derart raffiniertes Verteidigungswerk schien den Konstrukteuren schlicht unbezwingbar. Sie hatten, waren sie überzeugt, einen *limes* geschaffen, der den Vorstoß des Feindes schon im Ansatz scheitern ließe. Tatsächlich war die Maginot-Linie ein Meisterwerk der Kriegstechnik – zumindest in der Theorie. Denn in der Praxis brauchte es nur wenige Wochen, um das Gegenteil zu beweisen: Die unverrückbar dastehenden Wehrbauten waren in Zeiten moderner Angriffskriege konzeptionell hoffnungslos veraltet. Ihre Schwachstelle lag auf der Hand: Was unverrückbar steht, lässt sich nicht bewegen. Die Abwehrkraft einer in die Erde gegrabenen Festungslinie funktioniert nur dann, wenn der Krieg tatsächlich da stattfindet, wo die Verteidiger ihn erwarten. Eröffnet ihn der Feind aber anderswo, fallen ihre Dienste aus.

Dies war der entscheidende Schwachpunkt eines Konzepts, das nach dem verheerenden Krieg 1914–1918 vor allem auf eines gesetzt hatte: Menschenleben zu retten. Nicht noch einmal sollten so viele französische Soldaten Opfer eines Krieges werden. »Unser kostbarstes Gut ist das Blut«, schrieb im Oktober 1939, kurz nach der französischen Kriegserklärung an Deutschland, der ehemalige Kriegsminister Louis Maurin in der Zeitschrift *Match*. »Denn das Blut, das Blut der Soldaten, ist das reinste, das in den Venen eines Landes läuft.« Darum, so Maurin weiter, gelte es, eines zu bedenken: »Um mit diesem Blut sparsam umzugehen, darf man sich in kein unbedachtes oder allzu hastig vorbereitetes Unternehmen stürzen.«[2] Behilflich dabei sollte auch die Maginot-Linie sein. Dank ihrer, so schien es, könnte Frankreich, wenn es dazu gezwungen würde, einen »smarten« Krieg führen: Ausgereifte Technik würde das Risiko der Soldaten auf ein absolutes Minimum reduzieren. Nicht mehr auf ungeschütztes Fleisch würden die Deutschen ihre Waffen lenken, sondern auf ein stahlhartes, undurchdringliches Gehäuse.

Der britische Kommandeur Alan Brooke bewies darum militärischen Sinn, als er sich nach zweimaligem Besuch der Anlage zur Jahreswende 1939/40 dem Vertrauen der Franzosen in ihre Anlage partout nicht anschließen mochte. »Ohne Zweifel ist die gesamte Konzeption der Maginot-Linie ein genialer Wurf. Und trotzdem! Er schenkt mir kein Gefühl von Sicherheit. Mir scheint, die Franzosen hätten besser daran getan, das Geld in die mobile Verteidigung zu stecken, etwa in eine größere und bessere Luftwaffe und schwerer gepanzerte Divisionen anstatt das gesamte Geld in den Untergrund zu versenken.«[3]

Die Maginot-Linie ist oftmals als Ausdruck einer zauderhaften, ja fatalistischen Haltung gedeutet worden, die Verteidigungsbereitschaft eher simuliere als tatsächlich bewerkstellige, eine Einschätzung, die in dem Wort von der »Maginot-Mentalität« ihren abschätzigen Ausdruck fand. Heutige Historiker bewerten die Anlage milder. Sie sehen in ihr vor allem den Willen dokumentiert, schonender mit dem Leben der eigenen Soldaten umzugehen. »Es ist unmöglich, die Generäle Pétain und Gamelin zu verstehen, wenn man von dem pazifistischen Klima absieht, in das sie sich mühelos eingefügt hatten und das ihre strategischen Vorstellungen leitete – angefangen bei der Maginot-Linie bis hin zur Militärpolitik, für die sie standen, und die ausschließlich defensive Operationen umfasst.«[4] Jeder Gedanke an eine Offensive galt in jener Zeit als »Doktrin eines reaktionären Chefs, dem der Verlust an Menschenleben gleichgültig ist«.[5] So formulierte es der damalige Finanz-, Kolonial- und Justizminister Paul Reynaud, von März bis Juni 1940 Premierminister der Dritten Republik. Auf ihre Weise nahm die Maginot-Linie militärtechnische Konzepte von heute vorweg.

> »Sie war Ausdruck des Glaubens, dass Technologie Menschenkraft ersetzen könne. Sie war ein Vorläufer des strategischen Bombers, der ferngesteuerten Rakete, und der ›smarten Bombe‹. Derselbe Glaube veranlasste die Franzosen, Panzer mit stärkerer Rüstung als die deutschen Panzer zu bauen, erheblich größere Mengen mobiler großer Geschütze bereit zu stellen und vor allem eine kontinuierliche Kampflinie aufrecht zu erhalten – also koordiniert nach vorne zu rücken oder zurückzuweichen, um den Feind an einem Durchstoß zu hindern, durch die er die französischen Einheiten von Nachschub und Verstärkung abschneiden konnte.«[6]

Doch beide Konzepte gingen in der Realität nicht auf: Die langgestreckte Verteidigungslinie ließen die Deutschen bei ihrem Angriff im Wortsinn links liegen. Die Kampflinien durchbrachen sie mit ihren hochmobilen Panzerdivisionen immer wieder. Denn anstatt sich auf die Einnahme des Bollwerks zu konzentrieren, nutzten sie die schwächste Stelle in der französischen Abwehr: das Gebiet der kaum gesicherten Ardennen.

Erzwungene Verteidigung

Die Lücke in der ansonsten gut besetzten Verteidigungslinie – an der Grenze zu Belgien setzte sie sich in Form rasch mobilisierbarer Truppen fort – war symptomatisch für die zahlreichen Schwächen, die der französischen Armee bis kurz vor Kriegsbeginn zu schaffen machten. Zwar war der Wehrdienst bereits 1935 wieder von einem auf zwei Jahre erhöht worden, ein Umstand, der die Zahl der Rekruten massiv erhöhte. Dafür aber band er die Kommandeure: Sie waren fortan vor allem damit beschäftigt, an der Waffe völlig ungeübte Zivilisten auszubilden. Um viele weitere Aufgaben, die die Schlagkraft einer Armee erhöhen, konnten sie sich darum bestenfalls am Rande kümmern. Unter normalen Umständen wäre das kein allzu großes Problem gewesen. Aber angesichts eines massiv aufrüstenden Deutschlands war es eins. Bereits 1933 hatte Hitler den Militärhaushalt von 1 Prozent auf 10 Prozent zwei Jahre später gesteigert – um ihn im Jahr 1939 noch einmal zu verdoppeln.

An solche Ausgaben war in Frankreich zunächst nicht zu denken. Bis weit in die 1930er-Jahre litt das Land an den Folgen der Weltwirtschaftskrise. Abgeschottet durch hohe Zölle, glaubten sich die Franzosen vor den ökonomischen Turbulenzen lange sicher – um dann, zu einem Zeitpunkt, da viele andere Volkswirtschaften sich bereits wieder erholten, festzustellen, dass sie sich getäuscht hatten. Inflation und Arbeitslosigkeit hingen über dem Land, und während die Industrieproduktion andernorts schon wieder kräftig wuchs, schrumpfte sie in Frankreich um ein knappes Viertel. Um das Handelsdefizit auszugleichen, exportierte Frankreich in großem Maßstab Rohstoffe nach Deutschland. »Deutschland kauft nur das von uns, was ihm für seine Waffen fehlt«, hieß es in einer französischen Broschüre aus dem Jahr 1939. »Frankreich hingegen exportiert ausschließlich nicht-verarbeitete Produkte. Fast scheint es, als wäre Frankreich ein nicht entwickeltes Land, eine deutsche Kolonie.«[7]

Allen Schwierigkeiten zum Trotz legte die 1936 gewählte Volksfront-Regierung unter Premier Léon Blum ein ambitioniertes Rüstungsprogram auf. 14 Milliarden Francs stellte sie dafür zur Verfügung, um es 1938, nach dem »Anschluss« Österreichs, noch einmal mit 12 Milliarden

Francs aufzustocken. Im Jahr 1939 schnellte der Betrag dann auf 93 Milliarden Francs hoch – das Zweieinhalbfache der zu Beginn des Ersten Weltkriegs bereitstehenden Summe. »Um den Krieg zu vermeiden, muss man bisweilen bereit sein, das Risiko eines Krieges auf sich zu nehmen«, rechtfertigte Blum im Juni 1938 die höchst umstrittenen Steigerungen.[8]

Doch die Produktion lief zunächst äußerst stockend an. Die französischen Werkhallen waren im Schnitt 13 Jahre älter als die deutschen, in den Betrieben des Rüstungsunternehmens Hotchkiss wurden die Produkte sogar noch von Hand produziert. Lange Zeit rang die militärische Führungsspitze um die Ausstattung der Armee. Welche Geschütze eigneten sich am besten für die neue Herausforderung, wie schnell ließen sie sich herstellen, wie anspruchsvoll war der Umgang mit ihnen? Solche Fragen zu klären kostete Zeit, doch als Antworten endlich gefunden waren, lief die Produktion so rasch an, dass sie die kühnsten Erwartungen übertraf. Die Folge: Kurz vor Beginn des deutschen Angriffs verfügte die französische Armee über mehr als 11.000 Geschütze, die deutsche Seite kam hingegen nur auf gut 7000. Weniger günstig sah es bei den Panzerabwehrgeschossen aus: Zu Beginn der Mobilisierung standen der französischen Armee gerade einmal 270 zur Verfügung. Viele Divisionen arbeiteten zudem noch mit einem alten 37-mm-Geschütz aus dem Ersten Weltkrieg – eine Waffe, die von Pferden oder umgearbeiteten Traktoren gezogen werden musste.

Effizienter verlief hingegen die Produktion der Panzer. Kurz vor Kriegsbeginn verfügte die französische Armee über 2900 Panzer – und damit über mehr als die Wehrmacht. Ein Modell, der SOMUA S-35, war seinem deutschen Gegenüber, dem Panzerkampfwagen III, sogar überlegen. Ein anderes Modell, der massive, gepanzerte B 1, enttäuschte hingegen die Erwartungen. Wegen des hohen Spritverbrauchs musste man ihn nach spätestens fünfeinhalb Stunden aus dem Kampf ziehen und neu betanken. Ein weiterer Nachteil: Der gesamte Geschützturm wurde von nur einem einzigen Soldaten bedient. Der musste nicht nur Munition laden, sondern auch das Ziel anvisieren und schießen. In deutschen Panzern wurden diese Aufgaben von drei Soldaten geleistet – mit der Folge, dass sie drei oder sogar viermal schneller feuern konnten. Hinzu kam, dass die Kanone des B 1 nicht im Turm, sondern im Fahrzeugrahmen verankert war. Wollte der Schütze ein neues Ziel anvisieren, musste sich der gesamte Panzer in die gewünschte Richtung drehen – ein im Gefechtstempo höchst zeitraubendes Verfahren, das das Fahrzeug für einige Momente zu einem wehrlosen Ziel machte.

Die meisten Probleme ergaben sich beim Flugzeugbau. Zu Beginn der 1930er-Jahre setzte sich die französische Luftfahrtindustrie aus rund 40 verschiedenen, wenig aufeinander abgestimmten Betrieben zusammen. Als die Bestellungen aufgrund des massiv angewachsenen Verteidigungsetats hochschnellten, kamen sie mit der Produktion kaum nach. Hinzu kamen Fehler bei der Planung. Die Armeeführung hatte zunächst einen einzigen Flugzeugtyp favorisiert, einsetzbar als Bomber, Kampfjet und Aufklärer. Die Schwächen des Modells lagen auf der Hand: Seine Leistungen waren in allen Bereichen unterdurchschnittlich und den spezialisierten Typen der deutschen Luftwaffe Punkt für Punkt unterlegen. Ein neues Programm lief 1936 an, mit dem Schwerpunkt auf Bombern, gefolgt von Kampfflugzeugen. Doch auch die wären gegen die deutsche Luftwaffe chancenlos, erkannte General Joseph Vuillemin, Chef der französischen Luftwaffe, nach einem Deutschlandbesuch 1938. Bliebe es beim derzeitigen Produktionsniveau, habe Frankreich im Ernstfall keinerlei Chancen. »Es wäre ein Irrtum, zu glauben, dass wir aus dieser strategischen Situation zu minimalen Kosten herauskommen, indem wir uns auf eine rein defensive Haltung beschränken und auf eine Kriegskoalition warten, die uns nützen könnte«, warnte der General. »Die Schwäche auf dem Gebiet der Luftwaffe könnte in unsere Vernichtung münden, sollte Frankreich allein gegen Deutschland und Italien stehen.«[9] Zwar bestellte Jean Monnet, Direktor des »Alliierten Koordinationskomitees« der französisch-britischen Militärkooperation, zu Beginn des Jahres 1939 in London 4500 Flugzeuge, doch standen von ihnen zu Beginn des deutschen Angriffs nur rund 200 bereit. Auch das effektivste französische Kampfflugzeug, die Dewoitine D.520, mit 600 Stundenkilometern ebenso schnell wie die besten deutschen Maschinen, ließ auf sich warten. Im Mai 1940 konnte die französische Luftwaffe ihre Piloten in nur 80 Flugzeuge dieses Typs setzen.

Umso glatter lief die Produktion in den folgenden Wochen, mit dem Ergebnis, dass bis Mitte Juni 430 weitere Modelle bereitstanden – die die

Deutschen dann beschlagnahmten und 1941 an der Ostfront einsetzten. Desto wichtiger war die Allianz mit den Briten. Zusammen brachten die Armeen beider Länder ein beachtliches Kontingent auf die Beine: Ihre rund 100 Divisionen standen gut 90 deutschen gegenüber; mit ihren insgesamt 13.974 Geschützen und 3383 Panzern bildeten sie ein quantitativ mächtigeres Heer als die Deutschen, die 7378 Geschütze und 2445 Panzer aufboten. Einzig bei den Flugzeugen war die Wehrmacht stärker: Sie konnte mit insgesamt 5446 Maschinen angreifen, während die Alliierten nur 3099 in den Himmel steigen lassen konnten.[10] Mit diesem Arsenal hätte der Krieg auch anders verlaufen können, war die Niederlage der Alliierten im Frühjahr 1940 alles andere als ausgemacht. »Dass wir nicht bereits im Jahr 1939 gescheitert sind, war nur dem Umstand zu verdanken, dass während des Polenfeldzugs die schätzungsweise 110 französischen und britischen Divisionen im Westen komplett inaktiv gegen die deutschen 23 Divisionen gehalten wurden«, erklärte der Chef des Wehrmachtführungsstabs Alfred Jodl im Nürnberger Kriegsverbrecherprozess 1945.[11] Doch die Waffen waren nur das eine. Dass der deutsche Angriff so rasch in einen Sieg mündete, lag an etwas anderem: einer raffinierten Strategie seitens der Deutschen. Und einer kaum nachvollziehbaren Unfähigkeit, diese zu durchschauen, seitens der Alliierten.

Panzer und »Blitzkrieg«

Wie schon beim Überfall auf Polen setzte die Wehrmacht auch beim Angriff auf Frankreich und die Benelux-Staaten ganz wesentlich auf Panzerdivisionen: Einheiten, die nicht nur die im Namen geführten Panzer umfassten, sondern auch motorisierte Infanterieregimenter, bewaffnet mit Artillerie, Panzerabwehrraketen, Pionieren und Funkern. »Es war eine Einheit, versicherten die Unterstützer des Konzepts, deren Gesamtheit stärker als die Summe ihrer Teile war, und die zudem nicht für sich allein arbeitete, sondern in Kooperation mit der übrigen Armee, um auf diese Weise die Mobilität zu verbessern.«[12] Als solche entsprach sie ganz der Doktrin des schnellen Angriffs, wie sie Jahre zuvor der ehemalige Chef der Heeresleitung der Reichswehr Hans von Seeckt umrissen hatte. Wie den französischen Kommandeuren ging es auch ihm nach den Erfahrungen im Ersten Weltkrieg darum, den massenhaften Tod der ihm anvertrauten Soldaten zu verhindern. »Das Ziel einer modernen Strategie wird sein, mit den beweglichen, hochwertigen operationsfähigen Kräften eine Entscheidung herbeizuführen, ohne dass oder bevor Massen in Bewegung gesetzt werden.«[13]

Anregungen wie diese halfen, eine neue, im Zweiten Weltkrieg angewandte Strategie zu entwerfen, die vor allem auf rasche Vorstöße setzte – jene in der deutschen Propaganda bald als »Blitzkrieg« verherrlichte Taktik, »angeführt von Panzern und motorisierten Divisionen, im Verbund mit Bombern, die die feindlichen Truppen terrorisierten und seine Luftwaffe manövrierunfähig machten und auf diese Weise einen eher konventionell ausgerichteten Gegner durch schiere Geschwindigkeit und die Kraft eines KO-Durchbruchs seiner Linien bezwang.«[14] Schnelligkeit und Entschlossenheit im Angriff schufen eine ganz neue Art von Krieg, der bislang so nicht bekannt war. Dass sie diese Art der Kriegsführung nicht hinreichend studiert hatten, machte Marc Bloch den französischen Generälen in seiner unmittelbar nach der Niederlage geschriebenen Analyse zum schwerwiegenden Vorwurf.

> »Es ist unmöglich, dass wir während des Friedens die Methoden und die Doktrin der deutschen Armee überhaupt nicht zur Kenntnis genommen haben. Seit dem Sommer hatten wir den Polenfeldzug vor Augen, dessen Lektionen hinreichend klar waren, und die die Deutschen im Westen nur zu wiederholen brauchten. Sie machten uns das Geschenk, acht Monate zu warten, eine Zeit, die uns zur Reflektion und zur Reform hätte dienen können. Wir haben sie nicht genutzt.«[15]

Die Gründe dafür lägen auf der Hand, führte er aus: Die Armee sei 1940 von Kommandanten geführt worden, die bereits im Ersten Weltkrieg gekämpft hätten.

> »Alle blieben in unterschiedlichem Maß von dem letzten Feldzug geprägt. Und wer sollte sich darüber wundern? Sie hatten die glorreichen Erfahrungen nicht nur zahllose Male schriftlich oder mündlich wiedergekäut. Sie hatten daraus nicht bloß einen pädagogischen Stoff gezogen. Sie hingen mit ihrem ganzen Bewusstsein daran, mit der gesamten Langlebigkeit, wie sie Bildern aus der

> Jugend eigen ist. Diese hatten den Glanz des mit eigenen Augen Gesehenen, deren Widerhall in den tiefsten Bereichen ihrer Erinnerung vibrierte. Eine Episode, in der andere nur das kalte Beispiel eines Strategiekurses sähen, war für sie – wie für uns alle ehemaligen Kämpfer – die unerhörte Erinnerung an eine mit persönlichem Mut gemeisterte Gefahr, an den getöteten Kameraden neben uns, an die Wut über einen schlechten Befehl, den trunkenen Zustand angesichts des fliehenden Feindes.«

Blochs kühlem Blick entging es nicht: Die Erlebnisse des Krieges 1914/18 waren für die Kommandanten weiterhin heiße Erinnerung, eine glühende Bilderflut, aus der sie sich allenfalls mühsam lösen konnten. Dies mochte etwa der Grund sein, weshalb Generalleutnant Robert Altmayer, Kommandeur der 10. Armee, davon überzeugt war, dass Panzer Pferde nicht angemessen ersetzen konnten. General Julien Dufieux hingegen war sich sicher, dass es keine LKW für den Truppentransport brauche; die Soldaten, fand er, könnten ebenso gut zu Fuß gehen. Das mochte für den Stellungskrieg der Jahre 1914-1918 noch zugetroffen haben – längst aber nicht mehr für den Bewegungskrieg des Jahres 1940. Täglich sich neu aufrollende Fronten an immer neuen, teils über viele Kilometer voneinander getrennten Orten erforderten höchste Mobilität, eine Wendigkeit und Reaktionsschnelligkeit, die, wollte man sie auf dem Fußmarsch leisten, die Soldaten schon im Anmarsch hoffnungslos ins Hintertreffen gerieten ließ.

Andere Kommandanten dachten darum seit Längerem über motorisierte, ja sogar gepanzerte Verbände nach. General Jean-Baptiste Estienne, »Vater des Panzers« genannt, brachte bereits 1919 den Gedanken an massiv geschützte Fahrzeuge auf, mit denen sich die feindlichen Linien durchbrechen ließen. Erste Prototypen liefen zwar vom Band, doch erst in der zweiten Hälfte der 1930er-Jahre waren Modelle entwickelt, die zeitgenössischen Anforderungen zumindest im Ansatz entsprachen. Hochrangige Kommandeure zweifelten weiterhin an der Effektivität der neuen Waffe. »Man darf die Bedeutung mechanisierter Einheiten nicht überschätzen«, erklärte General Weygand, von Mai 1940 an Oberkommandierender der französischen Streitkräfte, noch im Juli 1939. »Sie können dabei helfen, einen Durchbruch zu vergrößern, spielen aber nicht die große Rolle, die die Deutschen von ihnen zu erwarten scheinen.«[16] Zwar setzten sich die Panzer in den folgenden Jahren dann doch durch. Aber die Art, sie einzusetzen, war dilettantisch, wie sich vor allem auf den Schlachtfeldern im Norden Frankreichs zeigte.

> »In der Reihe von Zusammenstößen lagen Frankreichs taktische Schwächen offen. Die französischen Panzer formten statische Kampflinien, die die raschen deutschen Manöver durchbrechen konnten. Den Franzosen fehlte eine angemessene Funkausrüstung, was es ihnen erschwerte, unter einander zu kommunizieren und sich neu aufzustellen. Die besser ausgerüsteten Deutschen hingegen kannten solche Schwierigkeiten nicht.«[17]

Gemeinsame Verteidigung heißt, Rücksicht auf die jeweiligen Partner zu nehmen. Nicht anders als im Ersten Weltkrieg erwarteten die Franzosen, dass die Deutschen auch dieses Mal wieder über Belgien vorstießen. Die deutschen Truppen, so die Annahme, würden zunächst gen Westen vordringen, um sich dann nach Süden zu wenden und in Richtung Frankreich zu bewegen. Diesen Schritt, hatten sich Frankreich und Belgien geeinigt, wollten sie zusammen durchkreuzen, und zwar durch gemeinsame Verbände, die dem Invasor im nördlichen Belgien entgegentreten würden. Aus französischer Sicht war dieser Plan ideal: Die Kämpfe fänden wesentlich auf belgischem Territorium statt, während das eigene Gebiet, anders als 1914–1918, verschont bliebe. Die Absprache bedeutete aber auch etwas Anderes: Verteidigungslinien an der Grenze zu Belgien waren ausgeschlossen. Sie hätten dem Nachbarn vor allem eines signalisiert: Sollte die gemeinsame Verteidigung scheitern, würden sich die Franzosen einfach hinter ihren Wall zurückziehen und Belgien sich selbst überlassen. Hinter sicheren Mauern würden sie zuschauen, wie das Partnerland von den Feinden überrollt würde. Ein solches Kalkül hätte eine gemeinsame französisch-belgische Verteidigung von Anfang an scheitern lassen.

Zwar wurden Verteidigungswerke in Fortsetzung der Maginot-Linie Richtung Westen nicht gebaut. Trotzdem schwenkte die belgische Regierung aus innenpolitischen Gründen wie auch unter dem Eindruck der deutschen Hochrüstung von 1936 zunehmend auf einen Neutralitätskurs ein, um sich schließlich vollends für neutral zu erklären. Für die Franzosen hieß das: Manövervorbereitungen für den Ernstfall auf belgischem Territorium waren fortan nicht mehr möglich, denn die hätten der belgischen Neutralität widersprochen. Auch für einen Vormarsch über die

Grenze wäre das französische Militär nun auf eine »Einladung« aus Brüssel angewiesen. Als Deutschland dann angriff, traf es auf zwei Gegner, deren gemeinsame Kräfte kaum aufeinander eingespielt waren. So war das französisch-belgische Bündnis schwächer, als es unter anderen Umständen hätte sein können.

Durchstoß in den Ardennen

Je schwächer die physische Präsenz, desto stärker die Wachsamkeit. Als die Deutschen Belgien angriffen und nach Westen vorrückten, berichtet die Anekdote, soll Maurice Gamelin, der Oberbefehlshaber des französischen Heeres, in seiner Kommandozentrale nahe Paris vergnügt vor sich hingepfiffen haben. Die Deutschen, war er überzeugt, agierten genauso, wie er es vorausgesehen hatte. Sie würden schnurstracks Richtung Nordsee marschieren – und dort dann auf die massive Präsenz der belgischen Truppen stoßen, verstärkt durch die französischen, die im Kriegsfall flugs zur Stelle wären, um dem Feind mit massiver Kampfkraft den Garaus zu bereiten.

Was Gamelin sich partout nicht vorstellen konnte: dass die Deutschen den Vorstoß nach Westen im Wesentlichen als Ablenkungsmanöver konzipiert hatten, um ihre stärksten Truppenteile ganz woanders nach vorne zu werfen – in den Ardennen nämlich, die sie als Schwachstelle der französischen Verteidigung erkannt hatten. Sehr genau hatten die Angreifer registriert, dass die Verteidiger die natürliche Beschaffenheit der Mittelgebirgslandschaft mit ihren Höhen, Tälern, Flussläufen und ihrem dürftigen Wegenetz als hinreichendes Hindernis eingestuft hatten. Auf den schmalen Straßen, waren sie überzeugt, käme kein Heer voran. Die dort angelegten Trassen wären für Militärfahrzeuge zu eng, hieß es, erst recht kein Durchkommen wäre für Panzer und schwere Transportfahrzeuge. Die Ardennen, hatte Marschall Philippe Pétain, damals für einige Monate französischer Verteidigungsminister, 1934 in einer Rede vor der Militärkommission des Senats erklärt, stellten für die nationale Verteidigung keine nennenswerte Herausforderung dar. »Trifft man dort einige spezielle Vorrichtungen, sind sie unpassierbar. Darum betrachten wir sie

Blitzkrieg im Westen und Maginot-Linie

als eine verheerende Zone (für die Angreifer, Anm. d. Verf.).« Natürlich müsste man einige Blockhäuser aus Beton errichten. »Doch weil diese Front keine räumliche Tiefe hat, kann der Feind dort nicht antreten. Tritt er an, werden wir ihn zum Ausgang der Wälder zurückdrängen. Dieser Sektor ist also nicht gefährlich.«[18] Pétain irrte, und mit ihm die französische Heeresleitung: Die Ardennen waren der gefährlichste Abschnitt der Front überhaupt, weil vernachlässigt. Der Angriff durch die Ardennen kam genauso überraschend wie der gesamte Beginn des Westfeldzugs.

Allerdings war der Startschuss zu dem Angriff alles andere als leicht zu erkunden. Immer wieder hatte Hitler nach den ersten Erfolgen des Angriffs auf Polen auf eine Eröffnung der Attacke auf die Benelux-Staaten und Frankreich bereits im Herbst 1939 gedrängt. Immer wieder hatten ihn seine Generäle zurückgehalten – die militärischen Vorbereitungen, warnten sie ihn, seien noch nicht abgeschlossen. Nur mit Mühe ließ sich Hitler von ihren Argumenten überzeugen. »Führer verlangt Angriff«, hielt Helmuth Groscurth, Verbindungsoffizier zwischen Abwehr und Heeresleitung und später Mitglied des militärischen Widerstands gegen Hitler, in seinem Tagebuch fest. »Verschließt sich jeder sachlichen Einwendung. Nur noch Blutrausch.«[19] Immerhin gelang es zuletzt doch, Hitler von einem frühen Angriffsdatum abzubringen. Im Verein mit widrigen meteorologischen Umständen führten die Diskussionen um den rechten Zeitpunkt dazu, dass der Angriffstermin insgesamt 29 Mal verschoben wurde – ein Umstand, der wesentlich dazu beitrug, die Aufmerksamkeit der Franzosen und ihrer Verbündeten ermüden zu lassen.[20]

Hitlers Generäle nutzten die gewonnene Zeit, die Vorbereitungen für den Angriff voranzutreiben. Der war grob unterteilt: in den »Fall Gelb«, die Attacke auf die Benelux-Länder, und den »Fall Rot«, den darauffolgenden Vorstoß nach Frankreich. Ursprünglich sah der Gesamtplan einen am Schlieffen-Plan aus dem Ersten Weltkrieg orientierten Vormarsch der Verbände der Heeresgruppe A in Richtung Westen vor, mit Flandern als Hauptaufmarschgebiet – genau jenen Plan, den die Franzosen erwarteten. Eben darum würde ein solches Vorgehen scheitern, befürchtete Wilhelm Ritter von Leeb, Oberbefehlshaber der Heeresgruppe C.

»Alles deutet darauf hin, dass der Führer einen Angriff durch Belgien-Luxemburg, vielleicht einen Südteil Hollands, beabsichtigt. Der Franzose ist aber nicht zu überraschen. Er weiß genau, wenn der Deutsche angreift, muss er durch Belgien. Die Franzosen haben circa sechzig Divisionen operativ frei. Überraschung nicht möglich. Unsere Blutopfer werden unendlich groß sein, und der Franzose wird doch nicht niedergerungen werden können.«[21]

Erich von Manstein, Stabschef der Heeresgruppe A, legte schließlich seinen »neuen Plan« vor. Er schlug vor, das militärische Hauptgewicht inklusive der Panzerverbände der im Süden angreifenden Heeresgruppe A zuzuschieben. Diese sollte durch die Ardennen in Richtung Somme vorstoßen, um dann an mehreren Stellen die Maas zu überqueren. Anschließend würde sie in Richtung Westen weitereilen und den am Ärmelkanal zusammengezogenen alliierten Truppen in den Rücken fallen. Diese wären dann von allen Seiten eingeschlossen: Im Norden, Osten und Süden stünde die Wehrmacht, im Westen hätten die Alliierten den Atlantik vor sich. Die Franzosen, so das Kalkül, wären völlig überrascht.

Dass die Franzosen die deutschen Pläne zunächst völlig angemessen einschätzten, ergab sich einige Monate vor dem Angriff durch den Mechelen-Zwischenfall: Zu einer Stabsbesprechung in Köln Anfang Januar 1940 nahm der Luftwaffenoffizier Helmut Rheinberger von Münster aus nicht den Zug, sondern eine Kuriermaschine der Luftwaffe – entgegen einer Anweisung von Hermann Göring, Oberbefehlshaber der Luftwaffe, die den Transport von Geheimdokumenten auf dem Luftweg aus Sicherheitsgründen ausdrücklich untersagte. Tatsächlich kam das Flugzeug vom Kurs ab und flog immer weiter Richtung Westen, bis über die Maas. Schließlich fiel der Motor aus, und der Pilot musste auf einem Feld nahe des heutigen Ortes Maasmechelen notlanden. Herbeigeeilte belgische Polizisten verhafteten die Insassen und leiteten die bei ihnen gefundenen Dokumente umgehend an das Militär weiter. Die reichten sie ihrerseits an die Franzosen und Briten weiter – mit der Folge, dass die Alliierten über die deutschen Angriffspläne vollkommen im Bilde waren. Für die Deutschen hieß das: Es brauchte einen neuen Plan, und zwar schleunigst.

Dieser lag bereits ausgearbeitet vor. Er formulierte einige Gedanken, mit denen sich auch Hitler in jenen Wochen herumtrug. Im Februar

1940 empfing er General Manstein, um sich von ihm dessen Ideen darlegen zu lassen. Der Reichskanzler nahm aus dem Gespräch einen gemischten Eindruck mit: »Der Mann ist nicht mein Fall, aber können tut er etwas.«[22]

Damit stand die Strategie fest. In den Wochen vor dem Angriff hatten die Deutschen ein gewaltiges Heer zusammengezogen: 141 Divisionen mit 1,5 Millionen Soldaten, unter ihnen rund 50.000 Mitglieder der Ende 1939 gegründeten Waffen-SS, dazu knapp 2500 Panzer und fast 4000 Flugzeuge sowie zahllose weitere Militärfahrzeuge.[23] Die einzelnen Teile des Heeres würden ganz unterschiedliche Wege einschlagen. Die 18. Armee würde quer durch die Niederlande in Richtung Amsterdam und Rotterdam vorstoßen. Eine weitere Armee würde bei Tilburg und Breda auf die Küste zuhalten. Derweil würde die 6. Armee in Richtung Brüssel und Antwerpen marschieren. Die 4. Armee sollte sich hingegen Richtung Süden wenden und Charleroi und Dinant angreifen. Die Richtung Norden marschierenden Armeen hatten eine doppelte Aufgabe: Zum einen sollten sie die Beneluxländer in einem raschen Vorstoß unterwerfen. Zum anderen sollten sie die französischen und britischen Truppen in möglichst großer Zahl in den Norden locken und dort binden.[24] Derweil, so sah die Operation »Sichelschnitt« es vor, fände der eigentliche Durchstoß ganz woanders, nämlich in den Ardennen statt. Diese Aufgabe sollte die 12. Armee übernehmen. Sie würde durch den Norden Luxemburgs und die Ardennen marschieren. Wäre die Maas einmal überquert, stünden der Wehrmacht in Frankreich kaum mehr ernsthafte Abwehrkräfte entgegen – die befänden sich zu allergrößten Teilen im Norden.

Warum die Franzosen den Aufmarsch durch die Ardennen so beharrlich verkannten, ist bis heute nicht restlos geklärt. Einige Kommandanten wiesen auf die Gefahr hin, doch Gamelin ignorierte die Einwände. Ähnlich sperrten sich auch die Briten gegen die eigentlich naheliegende Überlegung. Noch am 4. Mai 1940 überreichte der britische Generalstab dem Kabinett eine Studie zur Frage, wo am ehesten mit einem deutschen Angriff zu rechnen sei. Die Autoren nannten drei wahrscheinliche Szenarien. Erstens: ein direkter Angriff auf Großbritannien. Zweitens: die Ausweitung des deutschen Feldzugs in Skandinavien und in Teilen des Balkans. Drittens: ein Angriff auf Frankreich. Am wahrscheinlichsten, so die Militärs, sei eine Attacke auf Großbritannien. Am wenigsten wahrscheinlich hingegen der Einmarsch in Frankreich.

Dabei hatten die Franzosen sehr präzise Kenntnisse von den deutschen Angriffsplänen. Ein Vergleich der vorliegenden Geheimdienstinformationen deutete darauf hin, dass der Hauptvorstoß sich auf das Gebiet südlich von Lüttich konzentrieren würde. Diesen Eindruck stützten auch Informationen des schweizerischen Geheimdienstes. Korrespondierende Erkenntnisse lieferte im April ein französischer Agent: Die Deutschen, gab er durch, bereiteten einen Angriff in der Höhe von Sedan-Charleville-St.-Quentin vor. Der Vormarsch begänne im Mai, Ziel sei, innerhalb eines Monats die Seine zu erreichen. Auch war bekannt, dass die Deutschen den größten Teil ihrer Panzerverbände in die Eifel, östlich der Ardennen, verlegt hatten. Ebenso wusste man, dass deutsche Spione die Straßen rund um Sedan in Augenschein genommen hatten. Auch der französische Militärattaché in Bern hatte am 1. Mai eine Warnung nach Paris geschickt: »Die Deutsche Armee wird zwischen dem 8. und 10. Mai entlang der gesamten Front angreifen, einschließlich der Maginot-Linie. Hauptangriffspunkt: Sedan.«[25]

Die französische Kommandozentrale schlug diese Hinweise wie viele andere in den Wind. Hätte sie besser und angemessener reagieren können? Davon waren Militärs und Historiker bereits kurz nach der Niederlage überzeugt. Erst in den letzten Jahren hat sich ein differenzierteres Bild ergeben, das die Schwierigkeiten, denen sich die Franzosen gegenübersahen, stärker in den Blick nimmt, vor allem die zentrale Aufgabe des militärischen Erkennungsdienstes: die eintreffenden Nachrichten angemessen zu bewerten. Den Schlüssel liefert die Informationstheorie. Sie unterscheidet zwischen »Signalen« und »Geräusch«. Signale sind Zeichen, deren Bedeutung sich vom Empfänger leicht und sicher entschlüsseln lässt. Als »Geräusche« hingegen gelten alle Signale, die falsche Informationen übertragen oder sich nicht entschlüsseln lassen – so etwa, weil der Feind bewusst falsche Signale sendet, die den Empfänger zu falschen Annahmen über seine Pläne verleiten sollen. Nach allem, was man heute weiß, scheiterten die Franzosen in ihren Aufklärungsversuchen ganz wesentlich an einem Übermaß an »Geräuschen«, also falschen oder nicht klar zu deutenden Informationen. In ihrer Masse gingen die »Signale« –

also die korrekten, zutreffenden Informationen – entweder schlicht unter oder waren als solche nicht zu erkennen.[26]

Die Schwierigkeiten, aus den Geräuschen die Signale herauszufiltern, wurden nach dem Ende des Zweiten Weltkriegs in der Diskussion um die Ursachen der Niederlage von 1940 deutlich. In seinen Memoiren schob der ehemalige Premier Paul Reynaud die Verantwortung vor allem General Gamelin zu. Der französische Militärattaché in Bern, so Reynaud, habe seine Hinweise nach eigenem Bekunden von einer »akzeptierten Quelle« erhalten. Dieser, so die Schlussfolgerung, hätte Gamelin trauen müssen. Tatsächlich aber war die fragliche Quelle ein polnischer Staatsbürger, der mit Hermann Göring, dem Oberbefehlshaber der deutschen Luftwaffe, in entfernter Verbindung stand.[27] Diese Nachricht war auch dem in Bern ansässigen britischen Militärattaché zu Ohren gekommen, der sie umgehend als bewusst gestreute Desinformation wertete. Diese Einschätzung teilte er auch seinem französischen Kollegen mit, der sie wiederum an das *Deuxième Bureau*, den militärischen Auslandsnachrichtendienst, weitergab. Dort standen die Mitarbeiter vor dem Problem, den Hinweis zu bewerten. Welchen Motiven mochte der polnische Informant folgen? Arbeitete er womöglich als Doppelagent und wollte die Franzosen täuschen? War es eine Falschmeldung, die von den wahren Angriffsplänen ablenken sollte? Oder nur eine von vielen Nachrichten, die keinen anderen Zweck hatten als den, den französischen Aufklärungsdienst beschäftigt zu halten und am besten sogar mürbe zu machen?

Vor vergleichbaren Problemen standen die Geheimdienstmitarbeiter immer wieder. In den Wochen und Monaten vor Beginn der deutschen Offensive hatten sie zahllose Informationen zu bewerten, von denen sich kaum eindeutig sagen ließ, ob sie als »Signal« gelten konnten oder doch nur »Geräusch« waren. So hieß es am 26. Februar, eine neue Erkenntnis, angeblich »verlässlicher als die vorhergehenden«, sage für Anfang März einen Luftangriff auf Großbritannien voraus. Diese gehe mit einer vom Saarland ausgehenden Bodenoffensive einher.[28] Am 1. März erklärte ein Informant, »der vor dem Krieg sehr gute Informationen lieferte«, zur Mitte des Monates erfolge eine Offensive gegen die Niederlande und Belgien, verbunden mit Luftangriffen auf London und Paris sowie Vorstö-

Angriff auf eine Festung der Maginot-Linie durch deutsche Soldaten mit Flammenwerfern (Foto vom 9. Juni 1940).

ßen nach Dänemark, Norwegen und Schweden. Die Kette der Verlautbarungen riss nicht ab. Am 23. April warnte der Chef des französischen Militärnachrichtendienstes Gamelin vor einem angeblich unmittelbar bevorstehenden Angriff auf die Niederlande. Am 30. April gaben die Pariser Geheimdienstler der Armeespitze einen weiteren Hinweis: Eine »sehr gute Quelle« habe erklärt, innerhalb der nächsten zwei Tage erfolge eine deutsche Offensive gegen die Niederlande.

Das Problem für die Mitarbeiter der Aufklärungsdienste ebenso wie für die französische Heeresführung lag auf der Hand: Wie umgehen mit solchen Informationen angesichts der gewaltigen Konsequenzen? Erachtete man die Informationen als wahr, würde dies nicht weniger als den Einsatzbefehl an die gesamten Streitkräfte nach sich ziehen. Hunderttausende Soldaten würden antreten und sich bereit für das Gefecht machen. Panzer würden losrollen, Piloten in die Flugzeuge steigen, Helfer die gewaltige Infrastruktur im Hinterland in Gang bringen. Dies wäre nicht nur logistisch ein gewaltiger Akt. Er würde auch enorme psychologische Risiken mit sich bringen. Denn gäbe die Armeeführung einen oder gar mehrere falsche Mobilisierungsorder heraus, würde sie an Autorität verlieren, mit der Folge, dass die Einberufenen der Mobilisierung irgendwann nicht mehr mit dem gebührenden Ernst folgten.

Hinzu kam, dass sich auch politische Einschätzungen als äußerst schwierig erwiesen. Wie die deutschen Generäle Hitlers Launen fürchteten – »Hitler ist ein verblendeter Narr, ein Verbrecher«, hielt etwa Wilhelm Ritter von Leeb nach der Kriegserklärung der Westmächte in seinem Tagebuch fest[29] –, so gingen auch die Alliierten von einer schwer berechenbaren Entscheidungskultur an der deutschen Staatsspitze aus. »Der persönliche Einfluss des Führers, von dem die finale Entscheidung abhängt, macht es unmöglich, jegliche Hypothese auf ihre Wahrscheinlichkeit hin zu definieren«, hieß es Anfang März im Englisch-Französischen Obersten Kriegsrat.[30] Zwar ging der Rat kurz darauf doch davon aus, dass die deutschen Angriffspläne weniger Hitlers Bauchgefühl, sondern strategischen Überlegungen entsprächen. Sie blieben aber bei ihrer Überzeugung, dass ein Angriff auf Großbritannien das wahrscheinlichste Angriffsszenario sei. Zwar gelang es mit polnischer Unterstützung, einen Teil der mithilfe des Chiffriersystems *Enigma* verschlüsselten Botschaften zu knacken, doch Anfang Mai änderten die Deutschen ihren Code. Den alliierten Kryptologen gelang es erst nach Beginn des Westfeldzugs, diese in Teilen erneut zu lesen.

Doch auch so verfügten die Alliierten über zahlreiche konkrete Hinweise zum Zeitpunkt, vor allem aber zum Schwerpunkt des Angriffs. Zusammen hätten sie ein Bild ergeben können, das keinerlei Zweifel an den deutschen Plänen mehr hätte aufkommen lassen dürfen. So beobachteten französische Aufklärungspiloten Mitte März, dass die Deutschen Material zum Bau von Brücken an die Grenze zu Luxemburg gebracht hatten.[31] Wenige Tage später registrierten sie den Transport sehr vieler Panzer in Richtung Luxemburg und des südlichen Belgiens. Zugleich bemerkten britische Aufklärer vier gepanzerte, in Richtung Eifel sich bewegende Divisionen. Auch blieb nicht verborgen, dass immer mehr Flugzeuge rund um Koblenz, dem Hauptquartier der Heeresgruppe A, stationiert wurden. Anfang April machten die Alliierten beunruhigend große Munitionsdepots am rechten Ufer der Mosel, gegenüber dem luxemburgischen Ort Remich, aus. Zudem beobachtete man wenige Tage später dort, wie auch rund um Trier, verstärkte Truppenbewegungen. Gleichzeitig äußerte sich die luxemburgische Regierung in Paris besorgt über dichtes deutsches Truppenaufkommen an der Grenze. Die britische Aufklärung bemerkte derweil, dass die Deutschen massive Brücken über die Mosel spannten, und zwar solche, die auch sehr schwere Lasten tragen konnten.

Am 21. April 1940 fasste *das Deuxième Bureau* seine Beobachtungen zusammen: An der Grenze zu den Niederlanden stünden vier bis fünf Divisionen. Dagegen befänden sich 30 bis 34 in der Eifel sowie 23 bis 27 zwischen Luxemburg und dem Rhein. Hinzu kämen 17 bis 19 in Baden und Württemberg. Zwar wurden unterschiedliche Angriffsvorbereitungen auch in Höhe der Niederlande registriert. Viel mehr aber sprach für den Süden als Angriffsschwerpunkt, offenbar mit Luxemburg als Zentrum. So sah es auch der belgische General Raoul Van Overstraeten. Er informierte Gamelin, dass sich die Achse des deutschen Angriffs aller Wahrscheinlichkeit nach »ungefähr von Bastogne bis Mézières« strecken würde. Dringende Hinweise ergaben sich auch aus den Aussagen eines Anfang April nahe Sedan abgeschossenen deutschen Aufklärungspiloten. Sein Auftrag sei es, die Region zwischen Luxemburg, Metz, Charleville und Bastogne zu fotografieren, ließ er die ihn befragenden französischen Militärs wissen. Dazu passten Mitte April auch Berichte über angebliche deutsche Touristen, die sich in Luxemburg in auffälliger Weise für die Qualität der Straßen und Brücken interessierten. Genügend Hinweise also – die dann aber doch nicht hinreichend gewürdigt wurden.

Dafür war neben der objektiven Schwierigkeit, »Signale« von »Geräuschen« zu trennen, eine ganze Reihe von Gründen verantwortlich. Dazu zählte der Umstand, dass die einzelnen Abteilungen des französischen Auslandsnachrichtendienstes seit 1938 räumlich voneinander getrennt waren. Der Generalstab mit Maurice Gamelin war im Schloss Vincennes am Ostrand von Paris untergebracht. Doch sein wichtigster Ansprechpartner, der für den Krieg im Nordosten zuständige General Alphonse Georges, residierte im rund 70 Kilometer entfernten Örtchen La Ferté-sous-Jouarre. Ursprünglich hatte die von Gamelin verantwortete Aufteilung dazu dienen sollen, einen möglichst engen Kontakt zwischen dem Generalstab und der Regierung zu garantieren. Tatsächlich führte sie dazu, dass Gamelin über das Kriegsgeschehen oft unzureichend informiert war oder Informationen viel zu spät erhielt. Anstatt zum Schloss begaben sich relevante Politiker darum oft direkt zu General Georges, der über die Entwicklung an der Front viel besser Bescheid wusste. »Ich glaubte, dass ...«: Diese Formel habe Gamelin in seinen Erinnerungen immer wieder benutzt, schreibt sein Biograf Pierre Le Goyet. Entscheidungen auf bloße Annahmen zu stellen, könne ein General sich aber nicht leisten, so Le Goyets Einwand: »Auf einer solchen Ebene hat ein Kommandant kein Recht, nur zu glauben. Er muss sicher sein.«[32]

Die räumliche Distanz zwischen den beiden Generälen spiegelte in Teilen die persönliche. Welcher französische General denn dem britischen Expeditionskorps die Anweisungen gebe, wollte der britische Generalmajor Edward Louis Spears, Verbindungsoffizier zwischen der französischen und der britischen Armee, von Gamelin wissen. »Natürlich General Georges«, antwortete dieser. »Aber natürlich gebe ich meinerseits General Georges meine eigenen Anweisungen.«[33] Dies war eine Spitze, auch weil Gerüchte die Runde machten, Premier Reynaud wolle Gamelin durch Georges ersetzen. Strategische Differenzen und persönliche Animositäten bis hin zu Eifersüchteleien prägten das Verhältnis nicht nur der beiden Generäle: »Die Uneinigkeit der beiden großen Befehlshaber entgeht ihren Untergebenen nicht. Unmerklich formen sich Clans, entstehen Rivalitäten. Der Zusammenhalt, unabdingbar für das gute Zusammenspiel des komplexen Räderwerks, löst sich auf.«[34] Gamelins persönliche Veranlagung half wenig, die Schwierigkeiten zu lösen. Seine intellektuellen Fähigkeiten waren unbestritten, eben darum aber auch für eine auf Eindeutigkeit angewiesene Kommandokette denkbar ungeeignet. »Seine Hauptsorge ist es, sich nicht bloßzustellen, sich alle Eventualitäten, Alibis und Notausgänge offenzuhalten«[35], notierte ein Mitarbeiter. Zwar schätze er Argumente, scheue aber davor zurück, diese in aller Deutlichkeit zu formulieren. Stattdessen ziehe er es vor, »seine Worte zu nuancieren, auf günstige Winde zu warten, seine nicht endende Bereitschaft zu Aussöhnung und Schlichtung führt ihn zur Unfähigkeit, zu handeln.« Er denke scharf, tue sich mit Entscheidungen schwer und dränge sich niemals auf, beobachtete ein ihm unterstehender Kommandant.

Doch selbst wenn er klare Anweisungen gab, war nicht ausgemacht, dass sie ihre Empfänger umgehend erreichten. Für reibungslose Kommunikation waren selbst die höchsten Kommandozentralen nicht hinreichend ausgerüstet. Im Château de Champchevrier, wo der britische Botschafter Quartier bezogen hatte, fand sich kein einziges funktionierendes Telefon – mit der Folge, dass sich der Botschafter zu allen Ferngesprächen in den Nachbarort begeben musste. Die Anlage im Château du Muguet, wo General Weygand seinen Sitz hatte, war ein altmodischer Apparat, der, wie Winston Churchill sich erinnerte, nur »mit langen Verzögerungen und unter endlos dahin gebrüllten Wiederholungen« funktionierte.[36]

Hinzu kamen weitere, eher kleinere Schwierigkeiten. Geheimdienstchef Maurice-Henri Gauché etwa ließ seinen führenden Mitarbeitern erhebliche Freiheiten bei ihrer Arbeit, machte sie im Gegenzug aber für ihre Leistungen *persönlich* verantwortlich. Auch forderte er strikte Beachtung der Fakten. »Wer in der Aufklärung zu tun hat, darf den Kontakt zur Realität nie aufgeben«, schrieb er in seinem nach dem Krieg veröffentlichten Buch *Deuxième Bureau*. »Er muss zudem vermeiden, sich von Intuition und überschießender Vorstellung leiten zu lassen.«[37] Wie aber interpretierte man einen unvollständigen und zudem in seiner Verlässlichkeit fragwürdigen Datensatz, ohne auf Intuition und Vorstellungskraft zu setzen? Es waren auch Anordnungen wie diese, die die Aufklärer verunsicherten und entsprechend vorsichtig handeln ließen. Gauché forderte Objektivität, wo es Objektivität nicht geben konnte. Auch darum drangen nur vorsichtige – womöglich allzu vorsichtige – Informationen ins Pariser Hauptquartier vor. Was Gamelin hörte, vielleicht auch nur hören wollte, bekräftigte seine Ansicht: Alles spräche für einen deutschen Vorstoß durch Zentralbelgien. Der südliche Landesteil sei dagegen nicht gefährdet. Entsprechend dürftig der Aufzug, den er in die Ardennen entsendete: drei Divisionen, dünn ausgerüstet, sich überwiegend aus schlecht trainierten Soldaten rekrutierend. Umso massiver die Streitkraft im Norden. Dort hatte Gamelin 36 bestens ausgerüstete Divisionen aufmarschieren lassen.

»Wie Steine vom Himmel«

Der Ansturm der Wehrmacht im Nordwesten mochte zu großen Teilen ein Schaulauf sein, ganz wesentlich dazu dienend, die Aufmerksamkeit weg vom eigentlichen Schauplatz des Vorstoßes in den Ardennen zu lenken. Dennoch wurde er entschlossen und mit Wucht geführt. Die Angriffe stellten alles bislang Bekannte in den Schatten. Am frühen Morgen des 10. Mai dröhnten die ersten Flugzeuge über Brüssel. Die veralteten Doppeldecker, die die Belgier losschickten, konnten ihnen nichts entgegenhalten. Auch von den Flugabwehrkanonen ließen sich die deutschen Piloten kaum aufhalten. Bereits am 18. Mai gaben die Belgier ihre Hauptstadt auf.

Besonders gefürchtet waren die »Stukas«, die Sturzkampfbomber der Luftwaffe. Ausgerüstet nicht nur mit Bomben, sondern auch mit Sirenen, ließen sie beim Angriff ein markerschütterndes Geheul ertönen. Die Angriffe dieser Flugzeuge hatten eine verheerende Wirkung, physisch und psychisch. »Von Stukas mit Bomben überzogen zu werden, war eine nervenzerrüttende, erschütternde Erfahrung«, berichtete ein französischer Leutnant. »Mit ihren gebogenen Flügeln konnten sie wie Steine vom Himmel fallen, ihre Bomben präzise setzen und als der heulende Mechanismus des Absturzes einsetzte, begannen die Menschen am Boden vor Angst zu zittern.«[38] Der französische Transportfahrer Charles-Michel Lépée erlebte einen Angriff rund 30 Kilometer südlich von Brüssel.

> »Die Flugzeuge kamen aus dem Nichts, und bevor ich verstand, was passierte, wurde ein Fahrzeug vor mir schon durch eine massive Explosion in die Luft geschleudert. Trümmer fielen auf mein Fahrzeug, sprengten die Windschutzscheibe und brachten mich dazu, von der Straße abzuweichen, um dem in Brand geratenen Wrack zu entkommen. Der LKW prallte in einen Entwässerungsgraben und fiel auf die Seite. Meine Schulter war gebrochen und wurde mit 50 Stichen genäht, die hässliche Wunden hinterließen. Als ich später hörte, dass sechs Fahrer bei dem Vorfall getötet worden waren, verstand ich, welches Glück ich gehabt hatte.«[39]

Die deutschen Truppen stießen mit unerwarteter Schnelligkeit voran. Die Angriffe entsprachen einem vorab entworfenen Plan, den sie Punkt für Punkt umsetzten. Wochenlang hatte etwa eine streng abgeschirmte Truppe die Einnahme der 1935 fertiggestellten Festung Eben-Emael am Albert-Kanal, eine der größten Bastionen weltweit, geplant. Bereits am ersten Tag der Offensive wurde sie von Fallschirmspringern eingenommen. Wenige Stunden genügten ihnen, die Anlage auszuschalten. Fallschirmspringer trugen auch erheblich zum Sturm auf Rotterdam bei, deren Verteidiger sich den Angreifern zwar entgegenstellten, aber bald zur Aufgabe der Stadt gezwungen waren.

Während die 6. Armee am frühen Morgen des 10. Mai 1940 einen furchtbaren, von massiven Luftangriffen eingeleiteten Angriff auf Brüssel startete und die 18. Armee ebenfalls mit umfassenden Flugzeugverbänden Rotterdam und Amsterdam attackierte, setzte sich die 12. Armee Richtung Ardennen in Marsch. Ein riesiger Zug, zusammengesetzt aus über 1200 Panzern und fast 40.000 weiteren, sich auf den engen Waldwegen immer wieder stauenden Fahrzeugen, blieb lange Zeit unbemerkt. Die luxemburgischen Grenzposten zu überrennen und einige Pontonbrücken über die Flüsse Sauer und Our zu ziehen, kostete die Sturmtruppen und Pioniere gerade 40 Minuten. Um nach dem Durchstoß nach Belgien den heraneilenden alliierten Verteidigungstruppen den Nachschub abzuschneiden, sprangen Fallschirmspringer über den belgischen Orten Nives und Witry westlich der luxemburgischen Grenze ab und sicherten umgehend die Verbindungsstraßen nach Frankreich und Belgien. Weil keine der als Transportflugzeuge eingesetzten Junkers Ju 52 zur Verfügung stand, wurden die Kämpfer in 100 kleinen Fieseler Fi 156 Storch zum Ort ihres Absprungs gebracht. Verzögerungen mangels technischer Kapazitäten konnten sich die Generäle nicht leisten. In diesem Tempo ging es quer über den gesamten Frontverlauf voran. Weiter nördlich stieß das XLI. Panzerkorps beim belgischen Monthermé vor, während sich das VII., kommandiert von Erwin Rommel, den Übergang über die Ourthe erkämpfte. »Rommel stellte fest, dass die Deutschen bei Gefechten mit den Franzosen am besten abschnitten, wenn sie sofort mit allen zur Verfügung stehenden Waffen das Feuer eröffneten.«[40] Unter dauernden Beschuss genommen, geriet die Gegenwehr rasch in Bedrängnis. Die Front der Verteidiger dünnte aus, bald löste sie sich zu großen Teilen auf – auch, weil die dringend angeforderte französische Flugunterstützung ausblieb.

Von den acht Maschinen, die die Royal Air Force schickte, wurden sieben abgeschossen. Auch weiter nördlich, bei Maastricht, hatte die alliierte Luftwaffe kaum Chancen. Rommels Division drang immer weiter vor. Am 12. Mai erreichte sie das Städtchen Dinant. Heftige Gegenwehr von der gegenüberliegenden Seite der Maas hielt sie zunächst auf, doch noch am Abend desselben Tages erreichte eine erste Vorhut das westliche Ufer.

Trotz dieser kaum zu übersehenden Vorstöße schätzte das Hauptquartier die Lage immer noch falsch ein. Zwar beobachtete ein französisches Aufklärungsgeschwader drei Züge von rund vier Kilometern Länge im belgischen Süden, hielt diese aber für Elemente des in Richtung Norden ziehenden Gesamtzugs. Auch als ihnen die Papiere eines toten deutschen Soldaten in die Hände fielen, die diesen als Angehörigen des Infanterie-Regiments »Großdeutschland«, einer der Elitetruppen der Wehrmacht, auswiesen, dämmerte ihnen die wahre Absicht des Verbandes nicht. Auch ein abgefangener Funkspruch der Ersten Panzerdivision im selben Landesteil, der auf eine südliche Marschrichtung hindeutete, ließ die Aufklärung ins Nichts laufen.

Bei Sedan konnten die Franzosen den Angreifern derweil kaum ernsthafte Verteidigungstruppen entgegenstellen. Die beiden Divisionen der Ardennenjäger hatte die durch das Hochland vorrückende Panzergruppe Kleist rasch niedergekämpft. Auch nachrückende französische Verteidigungskräfte waren bald hinter die Maas zurückgedrängt. Am Abend des 12. Mai hatten erste Einheiten der drei von Generaloberst Heinz Guderian befehligten Panzerdivisionen das nördliche Ufer der Maas erreicht. Der größte Teil seines Zugs durchquerte zu dieser Zeit noch die Ardennen, weshalb Guderian sich entschloss, den Angriff auf die Stadt durch die Luftwaffe einleiten zu lassen. Was folgte, erlebten die Verteidiger als Inferno. Sie sahen sich dem in diesem Krieg bislang größten Aufgebot der Luftwaffe überhaupt gegenüber. Für den gesamten Bereich an der Maas standen 1500 Maschinen zum Angriff bereit: 600 Bomber, 250 Sturzkampfflugzeuge, 500 einmotorige und 120 zweimotorige Maschinen. Für Sedan waren 300 zweimotorige Bomber und 200 »Stukas« vorgesehen. Der Plan war so schlicht wie erbarmungslos: Die Maschinen würden die Stadt in immer neuen Wellen so lange mit Bomben überziehen, bis die Gegenwehr ausgeschaltet wäre.

Am Morgen des 13. Mai rollte die erste Welle heran. Der französische Hauptmann Pinot, Kommandant der 147. Infanterie, erlebte die Angriffe im zentralen Zielgebiet.

»Besonders schwer war das Bombardement entlang der Hauptverteidigungslinie, am Bahnhof und im Stadtteil Torcy, wo mehrere Feuer ausbrachen. Am Nachmittag intensivierte sich der Beschuss und hielt sich, unterbrochen von einigen Phasen weniger heftiger Angriffe, bis 18 Uhr. Das gesamte Gebiet, vor allem aber die Verteidigungslinie, war eingehüllt von dichten Rauchwolken. Die Angriffe erfolgten in mehreren Wellen, von denen jede einzelne von 40 Bombern ausgeführt wurde.«[41]

Die Angriffe waren verheerend. Die meisten derer, die nicht getötet wurden, waren zum Gefecht kaum mehr fähig. Das Geheul der Sirenen, die Detonationen, der dichte Rauch nahmen ihnen nicht nur den Kampfesmut, sondern raubten ihnen inmitten des dröhnenden Chaos zudem die Orientierung. »Die Hölle scheint hier losgebrochen«, erinnerte sich ein französischer Verteidiger. »Die Luftdruckwellen sind so groß, dass sie die Scheiben zerplatzen lassen.« Wieder und wieder zogen die Bomber über die Stadt, um das Vorrücken der am anderen Ufer wartenden Panzer vorzubereiten. Einige der Bomben rissen Löcher von 15 Metern Durchmesser und 6 Metern Tiefe. Die Verteidiger waren hilflos. David Boyer von der 55. Infanteriedivision befand sich inmitten des Infernos.

»Der Luftangriff war schlimmer als alles, was ich mir je hatte vorstellen können. Nach einer sorgenvollen Nacht wurde mir klar, dass ich den Bomben nicht entkommen konnte. Ich befand mich in einem verstärkten, mit einem Bunker verbundenen Graben und fühlte mich wie so viele andere ohne Schutz vor den Bomben. Ich erinnere mich, wie eine Glocke läutete, als sich das erste Flugzeug näherte und wir in Deckung gehen sollten – was so viel hieß wie niederkauern im Graben und beten. Die erste Attacke dauerte rund fünf Minuten. Danach dachte ich, alles sei vorbei, aber nur Momente später begann ein zweiter Angriff. Es folgte ein weiterer. Dann noch einer und noch einer. Alle verbanden sie sich zu einem über Stunden anhaltenden Albtraum. Eine Bombe landete in meinem Graben und brachte einen Teil davon zum Einsturz. Er begrub meinen Vorgesetzten.«

Inmitten der Angriffswellen kam es immer wieder zu kleinen Pausen. Die aber, bemerkte Boyer, dienten bloß der Vorbereitung des nächsten Angriffs.

> »Die Augenblicke der Stille waren ebenso furchteinflößend wie die Angriffe selbst. Ich hörte Schmerzensschreie. Ich nahm keinerlei Bewegung wahr, auch sonst vernahm ich nichts, was darauf hindeutete, dass wir uns verteidigen würden. Wir waren ohne jede Gegenwehr. In den Minuten vor dem Angriff waren die Explosionen so häufig, dass man die einzelnen Detonationen nicht mehr voneinander unterscheiden konnte. Ich war taub und konnte kaum mehr atmen. Ich versuchte mich so klein wie möglich zu machen, die Hände über den Kopf gezogen. Meine Welt zitterte und wankte. Ich schluchzte.«[42]

Den Soldaten setzte vor allem die Dauer der Angriffe zu. Die ständig wiederkehrenden Attacken, die durch die Detonationen hervorgerufenen Erschütterungen und der Lärm zersetzten den Kampfgeist. Ein oder zwei Angriffe mochten erträglich sein, doch der unausgesetzte Druck, die Attacke auf Physis und Psyche der Verteidiger ließen an eine Verteidigung nicht mehr denken. Das wesentliche Ziel der Angriffe war damit erreicht. Weil die Luftwaffe nicht in der Lage war, Ziele am Boden präzise anzugreifen, war die Stadt als Ganze in Mitleidenschaft gezogen worden, mit höchster Zerstörungsrate in den Schwerpunktzonen des Angriffs. Doch die Verteidiger selbst hatten die Attacken vergleichsweise gut überstanden. Nicht mehr als 56 französische Soldaten wurden während der Aktion getötet. Die meisten Bunker standen noch, und auch ein Großteil der Waffen funktionierte. Die Soldaten aber waren demoralisiert. »Als es endete, brauchte ich mehrere Minuten, um auf die Beine zu kommen«, erinnerte sich David Boyer. »Die Welt um mich herum schwieg. Dichter Rauch behinderte die Sicht ... Dann kamen sie. Ich erhob die Hände und hoffte, erschossen anstatt gefangen genommen zu werden.«

Doch die Angreifer verzichteten auf die von den Verlierern befürchteten Gräueltaten. Stattdessen organisierten sie die Überfahrt über den Fluss. Unter schwerem Feuerschutz überquerten die großen Kontingente den Fluss, hie und da beschossen von einigen weiter in ihren Stellungen ausharrenden Franzosen. Einige Boote wurden getroffen und gingen unter, auch einige Soldaten ließen bei der Überfahrt ihr Leben. Kaum angekommen, startete die Vorhut den Gegenangriff. Mit Rauchbomben und hartem Beschuss setzten sie den Verteidigern zu, warfen Handgranaten in die Schießscharten der Bunker und scheuten sich nicht, Flammenwerfer ins Innere speien zu lassen. Bald bröckelte die Verteidigungslinie, deren einzelne Glieder sich angesichts gekappter Telefonverbindungen nicht mehr koordinieren konnten.

Auch an den anderen Frontabschnitten entlang des Flusses gaben sich die Verteidiger geschlagen. »Im Raume südlich der Linie Lüttich-Namur haben unsere Truppen die Ardennen hinter sich gelassen und ... die Maas zwischen Namur und Givet erreicht«, vermeldete der deutsche Wehrmachtsbericht am 14. Mai. »Unter dem Schutz von ununterbrochen angreifenden Kampf-, Stuka- und Zerstörerverbänden und deren niederschmetternder Wirkung gelang es, die Maas auch auf französischem Gebiet zu überschreiten.«[43] Auch der Generalstabschef des Heeres Franz Halder war zufrieden: »Der Durchbruchskeil entwickelt sich in geradezu klassischer Form. Westlich der Maas ist alles in zügigem Vorgehen.«[44]

Nach dem Sprung über die Maas drangen die Deutschen weiter, nun in Richtung Westen. Ihr Ziel: die Kanalküste. Wenige Tage später, am 18. Mai, standen sie kurz vor der Mündung der Somme. Immer weiter rückten sie nun auf Dünkirchen vor, wohin sich die rund 400.000 britischen und französischen Soldaten zurückgezogen hatten. Immer enger zog sich der Ring, doch dann, am 24. Mai, ließ Hitler den Zug anhalten. Die nachrückenden Truppen, war er nach Gesprächen mit seinen Generälen überzeugt, müssten an die Spitze aufschließen, sonst riskiere der Zug seine Auflösung, auch dann erst sei ein Angriff möglich. Zwei Tage lang standen die Einheiten still, erst dann setzten sie sich wieder in Marsch. Die Verzögerung bedeutete für die Briten und Franzosen nichts weniger als die Rettung. In der »Operation Dynamo« brachten mehrere Hundert Schiffe und Boote die Soldaten – insgesamt rund 370.000 Mann – nach England. Ihr Gerät konnten sie nicht retten, aber sie kamen mit dem Leben davon. Und das hieß: Das britische Heer blieb bestehen. In wenigen Wochen würde es den Kampf mit den Deutschen wieder aufnehmen – und sie fünf Jahre später, im Verein mit seinen Verbündeten, schlagen.

Vorerst aber wendeten sich Hitlers Truppen nach Süden in Richtung Paris. Am 5. Juni begann unter dem Decknamen »Fall Rot« der eigentli-

Messerschmidt ME 110 über Paris (1940).

che Angriff zur Besetzung Frankreichs. Die Franzosen hatten den Deutschen nur wenige Truppen entgegenzusetzen – auch darum, weil ein Großteil der Divisionen weiterhin an der Maginot-Linie verharrte. Immer weiter stießen die Deutschen in Richtung der Hauptstadt vor. Am 14. Juni besetzten sie Paris, inzwischen zur »Offenen Stadt« erklärt. Am 17. Juni nahm der am Vortag zum neuen Premierminister ernannte Pétain Kontakte zum deutschen Reich auf, um die Bedingungen eines Waffenstillstands zu erkunden. Dessen politische Führung antwortete erst Tage später, am 22. Juni. Die Bedingungen wurden nicht verhandelt – sie wurden diktiert. Am selben Tag wurde der Waffenstillstand von Compiègne unterzeichnet. Frankreich war besiegt.

Teil II

Die Katastrophe

Exodus
Die große Flucht

Sie kommen von drinnen
Sie kommen von draußen
Es sind unsere Feinde
Sie kommen von oben
Sie kommen von unten
Von nah und von fern
Von links und von rechts

Paul Éluard, Bêtes et méchants

Der Koffer war eng, man musste sich entscheiden: Was nahm man mit? Kaum minder wichtig als ein paar Kleidungsstücke waren die Bücher, schließlich saß man nicht ewig am Steuer und wollte loskommen von den bedrückenden Realitäten. Es brauchte ein Jenseits zum Ausgleich der übermächtigen Wirklichkeit – darum die Bücher. Immerhin sorgte solch ein Moment für literarische Aufklärung: Man merkte, woran man wirklich hing. In den Koffer kamen Voltaires *Candide*, Gogols *Tote Seelen* und Gides *Journal* – alle drei Varianten eines an den Idealen seiner Zeit kratzenden Skeptizismus, der ihnen alles Prätentiöse nahm, prüfte, was bestehen konnte und fürs Leben brauchbar war.

Solide Prinzipien brauchte es in jenen Wochen im Mai und Juni 1940, als die Wehrmacht auf Paris marschierte und Millionen Menschen die Flucht ergriffen. Zunächst die Belgier, Luxemburger und Niederländer, nach ihnen die Franzosen. Zahllose Menschen ließen – fast – alles hinter sich und flohen Richtung Süden. Es war eine atemlose Flucht, denn der Feind setzte in hartem Tempo nach. Die französischen Truppen, sofern nicht in Gefangenschaft geraten, fanden sich in freier Auflösung. Fast im Stundenrhythmus nahmen die Angreifer neue Gebiete ein. Am 11. Juni, einen Monat nach Beginn der Offensive, wurde Paris zur »Offenen Stadt«

erklärt, also nicht mehr verteidigt. Im Gegenzug erwarteten die Verlierer vom Eroberer Verzicht auf weitere Gewalt.

Bis dahin aber trieben die Angreifer die Bevölkerung vor sich her. Die Front rückte unerbittlich näher, und so packte an jenem 11. Juni auch Alexander Werth, seit Jahren Korrespondent des *Manchester Guardian*, seinen Koffer. Die drei Bücher – eigentlich waren es vier, denn einen weiteren Band, Charles Péguys *La France*, steckte er in die Jackentasche – ließen gerade noch genug Raum, um ein Bild von Henri Matisse mitzunehmen. Ein anderes Original hingegen, gemalt von André Derain, musste zurückbleiben, denn unbeschadet würde es die Enge im Koffer nicht überstehen. Und doch: »Warum soll ich mich um meinen eigenen Ärger kümmern? Er ist so klein angesichts des immensen europäischen Dramas.«[1]

Werth hielt es fest: Frankreich durchlebte ein europäisches Drama, dem ein dreiviertel Jahr nach seinem Beginn nun auch die westeuropäischen Länder zum Opfer fielen. Hitlers Armee schritt mit Riesenschritten durch die unterworfenen Territorien, und auch wenn Frankreich noch nicht dazu gehörte, war das Ende doch absehbar. Die Niederlage beschränkte sich nicht auf das Militärische. Frankreich, das Land der Aufklärung und des Fortschritts, war im Ganzen getroffen, das nationale Selbstverständnis stand in jeder Hinsicht zur Disposition. *Débâcle*: Das Wort bürgerte sich als fester Begriff für die dramatischen Wochen im Mai/Juni 1940 ein, die die Ordnung des Landes im Kern erschütterten. Noch vor wenigen Monaten hatte Maurice Chevalier seine Landsleute ermuntert, an sich und vor allem ihre Armee zu glauben. Denn in ihr, so versicherte es der Künstler in seinem heiteren, im Rhythmus eines Marsches gehaltenen Lied, fänden die Franzosen wie nirgends sonst zu sich selbst. Der Hauptmann stammte aus dem Finanzwesen; der Kommandant aus der Industrie; der Kapitän aus dem Versicherungswesen, derweil der Leutnant im Alltag ein Lebensmittelgeschäft führte. Mit Personen der unterschiedlichsten Berufe besetzte Chevalier die militärischen Ränge, Personen aus der Mitte der Gesellschaft, politisch ganz unterschiedlichen Lagern zugehörig, und doch vereint in der Armee – »ça fait d'excellents français, d'excellents soldats« (»Das ergibt hervorragende Franzosen, hervorragende Soldaten«). Die Franzosen wollten es ihm glauben, ebenso wie einer anderen, in eine beschwingte Melodie verpackten Botschaft: »Paris sera toujours Paris« (»Paris wird immer Paris sein«). Sie hielt sich, die Stadt der Künste und der Liebe, und daran, wollten die Franzosen glauben, würde sich nichts ändern. »In den Plattengeschäften hören sie mit glücklichem Lächeln, dass Paris immer Paris sein wird, und in diesem Frühling hat Chevalier größere Überzeugungskraft als alle Informationen und alarmistischen Zeitungsartikel«, notierte der junge ungarische Ethnologe Zoltán Szabó, der sich seit Januar mit einem Stipendium in der Tasche in der französischen Hauptstadt aufhielt.[2] Paris, beobachtete Szabó, durchlebe eine unwirkliche Zeit. Die Stadt klammere sich an sich selbst, gebe sich dem eigenen Mythos hin, der von Größe und nie erlöschender Strahlkraft künde. Paris werde immer Paris sein – und daran könnten auch die Deutschen nichts ändern. »Diese Stadt, diese Stadt der Künstler und der Künste, beschwört unter dem Druck einer düsteren und bedrohlichen Wirklichkeit ihren Kunstzauber«, schrieb Szabó. »An die Stelle der realen Welt der düsteren, realen Welt hat sie eine andere, eine friedliche und glückliche Welt gestellt, eine Welt, die den Kindern und den Verliebten entspricht, eine herbeizitierte Welt, die die andere verdeckt. Die Stadt lebt im Frühling, und nicht im Krieg.«[3]

Doch der Krieg setzte dem Traum immer stärker zu. Stadt und Land konnten sich der Invasion bald auch mit fiktionalen Mitteln nicht mehr entziehen. Die Soldaten und die militärische Führung wussten es als Erste: Die Zeichen standen auf Niederlage.

Die Folge war ein Exodus kaum gekannten Ausmaßes, eine Tragödie, die den trotzigen Optimismus eines Chevaliers und mit ihm den seines Publikums in wenigen Tagen hinweg bließ und in sein Gegenteil verkehrte. Die Realität kam mit schockierender Wucht. »Die Männer denken zu viel an ihre Familien, und die Frauen weinen zu viel«, hielt Werth fest.[4] Doch wie sollte es anders sein in jenen Tagen? *L'exode*, Exodus, heißt in Frankreich dieser gewaltige Auszug, der in der Tat von biblischen Ausmaßen war: Bis zu 10 Millionen Menschen konnten sich in jenen Frühlingswochen auf die Flucht gemacht haben.

Für sie änderte sich binnen weniger Stunden nahezu alles. Sie, die ein Leben lang für sich gesorgt hatten, waren nun angewiesen auf die Hilfe anderer. Wasser, Nahrung, Unterkunft: Nichts war garantiert. Alles war

Französische Zivilbevölkerung auf der Flucht vor der Westoffensive der Wehrmacht (Foto Mai/Juni 1940).

verloren, der zurückgelassene Besitz würde sich alsbald in den Händen des Feindes befinden. Das war der Preis, den das Überleben forderte. Auch die Vergangenheit stand zur Disposition: Sie schmolz dahin, und mit ihr millionenfach erarbeitetes Lebenswerk. Sie und ihr Mann hätten bereits den Krieg von 1914/18 ertragen, schrieb eine Frau aus dem ganz im Norden gelegenen Département Aisne. In dessen Verlauf hätten sie einen erheblichen Teil ihres Besitzes verloren. Doch damals seien sie jung gewesen, hätten hart gearbeitet und gespart, die beiden Kinder großgezogen. Ihr Mann habe 26 Jahre bei der SNCF, der französischen Eisenbahngesellschaft, gearbeitet, von seiner Rente hätten sie einen zwar nicht üppigen, aber doch auskömmlichen Lebensabend auf ihrem kleinen Hof finanzieren können. »Dort lebten wir glücklich und ruhig mit unserer kleinen Rente von jährlich 8000 Francs, von unserem Garten und der Kaninchenzucht. Doch dann kam die zweite Katastrophe, etwas Unfassbares, die Evakuierung unseres Dorfes am 12. Mai 1940 um zwei Uhr morgens.«[5]

Die Bewohner der nördlichen Landesteile waren die Ersten, die die Wucht des Angriffs zu spüren bekamen. Wie die fliehenden Belgier, Luxemburger und Niederländer merkten auch sie sehr schnell, dass der Feind auch Zivilisten nicht schonte. Im Gegenteil: Um jeglichen Gedanken an Gegenwehr zu unterbinden, nahm er die Flüchtlinge ganz bewusst ins Visier. Systematisch eingesetzte Gewalt war ein wirksames Instrument, um das Vertrauen in die Regierung zu erschüttern und führte der Bevölkerung vor Augen, dass sie auf Hilfe durch den Staat nicht rechnen konnte. Gründlicher, so die Logik, konnte man eine politische Führung nicht diskreditieren: Eine Regierung, die die Bürger nicht schützen konnte, musste sich die Frage nach ihrer Funktionsfähigkeit stellen lassen – und damit die nach ihrer Legitimität.

Darum erfolgte der Angriff ohne jede Rücksicht. Jules Philippe, damals 14 Jahre alt, floh in jenen Tagen aus der Gemeinde Daverdisse im Süden Belgiens. Die Mutter saß auf dem Pferdegespann, er selbst folgte auf dem Fahrrad. Langsam schleppte sich der stetig neue Menschen aufnehmende Flüchtlingstreck dahin. Zunächst vertrauten die Fliehenden auf ihre Füße, doch bald merkten sie, dass das Tempo des motorisierten Zeitalters ein anderes war. Die Geschwindigkeit der Jahre 1914–1918 hatte sich überlebt. So lange sie auch marschierten, in seinen Fahrzeugen holte der Feind sie im Nu ein. Seine Vorstöße aus der Luft ließen an Sicherheit nirgends mehr denken. »Von Zeit zu Zeit beschossen uns Flugzeuge. Dann warfen wir uns so schnell wie möglich in die Straßengräben. Trotzdem sind zwei Personen aus unserem Dorf getötet worden.«[6] Auch Joseph Daulne war in jenen Tagen auf der Flucht. Als die Deutschen einmarschierten, erhielt der 23-jährige Rekrut seinen Marschbefehl: Von der Kaserne nahe Charleroi ging es mit dem Zug in Richtung des Städtchens Lokeren nahe Gent. Kurz vor dem Ziel hörten die Soldaten das Brummen sich nähernder Flugzeuge. Nur Augenblicke später nahmen die den Konvoi ins Visier. »Die Piloten machten, was sie wollten, denn sie trafen auf keinerlei Widerstand. Alle wurden von Panik ergriffen. Die Soldaten sprangen wie die Hasen aus den Zügen, um Schutz in Häusern in der Nähe zu finden. Ich selbst blieb mit einem Freund im Wagon. Es gab keinen Grund, zu fliehen; ich sagte mir ›Es wird kommen, was kommt.«[7]

In Lokeren wie anderswo attackierte die Luftwaffe systematisch. Soldaten und Zivilisten wurden gleichermaßen beschossen. Einige setzten ihre Bomben wie bei einer »horizontalen Bewässerung« aus, während die »Stukas«, die Sturzkampfbomber, ihre Ladung in »zielgerichteten Spitzen« abfeuerten, wie ein belgischer Augenzeuge berichtete. Ihren Sinn erfüllten sie alle: »Die absolute Herrschaft, die der Feind über den Himmel ausübte, untergrub unübersehbar die Moral.«[8] Der Blutzoll der Angriffe war enorm. »Überall Leichen, hunderte und hunderte«, hielt ein französischer Offizier seine Eindrücke bei Arras fest. »Männer, Frauen, Kinder, Alte. An einer Mauer lehnt eine tödlich getroffene Frau, in ihren Armen ihr Kind von ungefähr zwei Jahren, mit weit offenem Schädel.«[9] Zunächst traf es die Städte, die flächendeckend bombardiert wurden. Nicht einzelne Gebäude waren das Ziel, sondern die Ortschaften als Ganzes – alles konnte getroffen werden, die Piloten setzten keine Prioritäten. Die Zerstörung hatte ihr Ziel in sich selbst. »Bomben, darunter einige Brandbomben, wurden auf wichtige Agglomerationen und kleine Ortschaften ohne militärische Ziele geworfen«, berichtete die Zeitung *L'Eclaireur de l'Est* am 11. Mai über die Angriffe rund um die Stadt Reims.[10] Unter der Zivilbevölkerung habe es »eine gewisse Zahl an Toten und Verletzten« gegeben, war weiterhin zu lesen. Die Menge der Opfer, so beklagenswert sie war, schien überschaubar zu sein doch die Bevölkerung war verunsichert. Und sie hatte begriffen, dass die Armee sie nicht zu schützen vermochte. Anders als nur wenige Tage zuvor steckten die Zivilisten den Soldaten keine Blumen mehr zu, beobachtete der Historiker und Essayist André Maurois. Stattdessen verließen sie sich mehr schlecht als recht auf sich selbst: »Die Frauen und die älteren Personen schauten von den Schwellen ihrer Häuser aus angstvoll in den Himmel.«[11] Sie hatten offenbar den Lärm der Flugzeuge vernommen, konnten sie aber nicht sehen. Auch das, auch die bloße Andeutung eines Angriffs, gehörte zur Strategie. Es reichte, den Zivilisten bewusst zu machen, dass sie jederzeit unter Beschuss kommen *könnten*. Blieb die Attacke heute aus, erfolgte sie – vielleicht – morgen. Alles, so die Botschaft der Angreifer, war jederzeit möglich. Gewissheit, verschont zu werden, gab es nicht. Das terroristische Prinzip, wahllos Schrecken zu verbreiten, bewies seine Effizienz: Der Gedanke an die Gefahr ließ die Menschen nicht mehr los. »Den ganzen Weg über stießen wir auf die Spuren der deutschen Bomben«, notierte Maurois. »Die Zerstörungen schienen nicht schwer. Hier zwei zusammengestürzte Häuser, dort ein aus der Verankerung gerissenes Eisenbahngleis, etwas weiter eine aufgerissene Straße und ein zerschmettertes Auto.« Keine allzu großen Schäden, gewiss. »Aber jedes Dorf hatte seine Bombe abbekommen, und das reichte, um die Bewohner zu verängstigen.« Das Unglück konnte jeden treffen, und so taten die Menschen das Angemessenste: Sie liefen davon. »Ein kleines Mädchen wurde getötet, und alle anderen Mütter führten ihre Kinder, einem Reflex folgend, hinweg.«

Nicht entkommen konnten sie hingegen den verstörenden sinnlichen Eindrücken, die die Angriffe hinterließen. »Die heulenden Sirenen kamen nicht aus den Städten, sondern von den Flugzeugen, die sich auf uns stürzten«, berichtete der Zeitzeuge Auguste Héry, damals ein Teenager. »Die Explosionen in unserer Nähe schnürten uns den Magen zu. Wir hatten furchtbare Angst.«[12] Héry hatte Glück: Aus seiner Gruppe kam niemand zu Schaden. Einige Tage später erreichten er und seine Begleiter das Dorf Broussy-le-Grand im Département Marne.

> »Der Ort ist verlassen, die Straßen sind übersät mit Fahrzeugen aller Art: mit Kutschen, zivilen und militärischen Wagen, sogar einem verlassenen Panzer. Tiere irren um die offenen und geplünderten Häuser. Vor einem von ihnen ruht ein Mann bei seinem toten Hund. Beide sind auf dem Platz von Kugeln getötet worden. Dieser schwer zu ertragende Anblick sollte sich während unserer Fahrt noch mehrere Male wiederholen.«[13]

Die Schützen am Boden mochten sich aussuchen können, wen sie ins Visier nahmen. Die Geschosse aus den Flugzeugen trafen hingegen unterschiedslos jeden. »Mehrere Kinder wurden durch Flugzeugbomben getötet«, schrieb eine Französin an eine Bekannte in Kalifornien, die einer Hilfsorganisation hundert Dollar gespendet hatte. »Eine Familie, die wir unterstützten, hat drei ihrer fünf Kinder verloren.«[14] Zahllose Kinder verloren im Durcheinander der Flucht ihre Eltern, die sich verzweifelt auf die Suche nach dem Nachwuchs machten. Andere Eltern wiederum sahen sich vor. Gelegentlich sehe man Väter oder Mütter, die ein Seil um ihre Kinder gebunden hätten, um sie auf diese Weise bei sich zu halten, beobachtete ein Zeitzeuge. Eine Mutter habe alle ihre Kinder miteinander verbunden und führe diese wie an einer Leine hinter sich her. »In drei Tagen sind wir in prähistorische Zeiten zurückgekehrt.«[15] Ältere Kinder hingegen übernahmen im Flüchtlingszug unverzichtbare Aufgaben. »Man sieht Kinder von dreizehn Jahren, die bereits einer ganzen Familie vorstehen. Fünfzehnjährige transportieren zwei Koffer. Kleine Mädchen tragen den ganzen Tag über ein Kleinkind auf dem Arm.«[16]

Züge wie dieser brachen aus dem gesamten Norden auf. Überall begaben sich die Menschen auf die Flucht, ganze Landstriche entleerten sich. »Bald sahen wir die ersten Flüchtlinge«, erinnerte sich André Maurois.

> »Wir stießen zunächst auf die Wagen der Reichen, am Steuer untadelige Chauffeure; dann kamen die Wagen der Armen, vollgestopft mit Vorräten und deformiert durch auf den Dächern befestigte Matratzen. Dann die Dorfbewohner auf Fahrrädern, an der Spitze der Pfarrer. Dann der deprimierende Zug derer, die zu Fuß unterwegs waren, einige von ihnen barfuß. Ein ganzes Land begab sich auf den Exodus, und sobald diese menschliche Flut das nächste Dorf oder die nächste Stadt erreichte, riss es deren Bevölkerung mit sich.«[17]

Präzise umriss Maurois die Dynamik der Flucht: Während die Menschen im Norden vor erlittener Gewalt flohen, genügte den weiter im Süden Lebenden der bloße Eindruck der vorwärts drängenden Trosse. Der Umstand, dass Menschen sich von ihrem gesamten Besitz trennten, um ihres Lebens willen sogar ihre Häuser aufgaben, genügte ihnen als Hinweis auf den Ernst der Lage. Um sich ein Bild von den Schrecken der Angriffe zu machen, reichte der Anblick derer, die ihnen ausgesetzt gewesen waren. Die Realität des Terrors war allein durch die schlichte Präsenz der Fremden hinreichend verbürgt. Ungefähre Vorstellungen hatten sie zudem durch die Medien. So hatten die Zeitungen über das Bombardement auf Guernica im April 1937 oder die Luftangriffe auf Barcelona im folgenden Jahr ausführlich berichtet. Die Zeitschrift *Paris-Match* bot ihren Lesern sogar Farbaufnahmen der zerstörten Stadtlandschaften. Zu gerne hätten die Angegriffenen geglaubt, dass Frankreich ein solches Schicksal erspart bliebe. Im Grunde aber ahnten sie, ihre Hoffnung war illusionär. »Hatte man uns in den Kinos nicht die schrecklichen Bilder des zertrümmerten Spaniens vor Augen geführt«, schrieb der Historiker

Marc Bloch in seiner Analyse der Niederlage. »Hatte man uns nicht hinreichend, in einer Reportage nach der anderen, vom Martyrium der polnischen Städte erzählt? Hatte man uns also nicht hinreichend gewarnt?«[18]

Doch, die Franzosen waren hinreichend gewarnt worden, so Bloch weiter. Die Frage war nur, ob die Warnungen nicht ihren Teil zum Fatalismus beitrugen, den Bloch seinen Landsleuten attestierte. War die Flucht, fragte er, tatsächlich die einzige Reaktionsmöglichkeit? Gewiss, unter den gegebenen psychologischen Umständen mochte sie zwangsläufig sein, räumte er ein. Doch dann hätten die Nachrichten aus dem Ausland ganz anders präsentiert werden müssen. »Paris wäre vielleicht verteidigt worden, der Aberglaube an die Offenen Städte hätte die militärischen Operationen womöglich nicht so eingeschränkt, wenn die öffentliche Meinung sich das Schicksal von Madrid, Nanking oder Warschau mit weniger Lebhaftigkeit vergegenwärtigt hätte.«

Doch die Zeit des Konjunktivs war vorüber. Die Bilder der zerstörten Städte in Spanien, Polen oder im chinesischen Nanking – dort hatte die japanische Armee im Dezember 1937 ein Massaker an rund 200.000 Zivilisten verübt – hatten ihre Wirkung längst entfaltet. So ging dem militärischen Sieg der psychologische Sieg voraus, über das Militär ebenso wie über die Zivilisten. »Die meisten Menschen gehorchen dem Fluchtimpuls auf eine Weise, die man als Ansteckung bezeichnen kann«, meinte ein Zeitzeuge.[19] Um die Ansteckung immer weiter auszudehnen, brauchte es nach den ersten Angriffen immer geringeren Aufwand. Es genügte ein einzelnes Flugzeug am Himmel, ein einzelner Angriff, um die Panik zu schüren. »Die Unglücklichen marschierten zwischen Compiègne und Soissons stracks geradeaus, wie Halluzinierende, ohne nach rechts und links zu schauen. Ihre gequälten Gesichter trugen das Stigma der Angst. Auf die Fragen, die man ihnen stellte, antworteten sie nicht. Sie flohen, gezogen vom Strudel des Schreckens.«[20]

Auch den Flüchtlingen auf anderen Routen setzten die Angreifer nach. Die Stadt Le Havre, ein bedeutender Atlantik-Hafen, war insbesondere nach dem Rückzug der Briten aus Dünkirchen stark umkämpft. Vom 19. Mai an fielen erste Bomben auf das Zentrum, am 23. Mai erlebte die Stadt einen Angriff von unerhörter Heftigkeit. Am 3. Juni standen die

Hafendocks in Flammen. Doch die Armee verteidigte die Stadt weiterhin. Die Kämpfe verdichteten sich. Am 11. Juni wollten hunderte Personen an Bord des Frachtschiffes Niobé dem Inferno entfliehen. Das Schiff geriet ins Visier der angreifenden Piloten, die mehrere Volltreffer landeten. Von den rund 800 Passagieren überlebten nur 13. Die anderen zählten zu den zahllosen anonymen Opfern, die dieser Krieg verschlang. Doch auch wer an Land starb, hinterließ allzu oft keine Spur. Im Hagel der Bomben wurden viele Menschen bis zur Unkenntlichkeit verstümmelt, während andere fern von ihren Angehörigen starben. Sie alle landeten in anonymen Gräbern, die mangels näherer Informationen mit schlichten Nummern versehen waren. »Grab 1«, Grab 2«, »Grab 3«, lauteten die Inschriften, während andere zumindest rudimentäre Angaben machten – ein Versuch, den Angehörigen, wenn schon keine Hoffnung, so doch zumindest Gewissheit über das Los ihrer Lieben verschaffen zu können.

»Eine Frau von ungefähr 40 Jahren«, ist auf einem Grab zu lesen. »Größe ungefähr 1,65, recht korpulenter Körperbau. ... Bekleidet war sie mit einem rosafarbenen Kleid, einem schwarzen Gürtel, einem blauen Strumpfband, einer blauen, langärmeligen Weste, schwarzen Schuhen aus Wildleder und mit Gummiabsätzen.«[21]

Adieu, Paris

Auch in Paris nahm die Nervosität mit jedem Tag zu. Die Bürger der Hauptstadt klammerten sich an jede noch so geringe Hoffnung – und ahnten doch, dass etwas gewaltig schief lief. Bereits am 16. Mai erörterten Premierminister Paul Reynaud und sein Kabinett die Evakuierung von Paris. Empfohlen hatte diese General Pierre Héring, der Militärgouverneur der Stadt. Der Rat verwarf den Plan, denn die Zivilbevölkerung sollte nicht in Panik geraten. Doch intern bereiteten sich die ersten Ministerien auf die Evakuierung vor. Über dem Garten des französischen Außenministeriums stieg dichter Rauch auf: Er stammte von wertvollen, nun brennenden Unterlagen, die im Fall der Niederlage nicht in deutsche Hände geraten sollten. »Vom Fenster aus sah ich, wie ehrwürdige Offizielle ganze Schubkarren mit Archivmaterial dorthin schoben«, notierte Winston Churchill im Mai 1940, fünf Tage zuvor zum britischen Premierminister ernannt und an diesem Tag nach Paris gekommen, um dort die militärische Lage zu erörtern. Der Rauch ließ für ihn keine Zweifel: »Die Evakuierung von Paris wurde vorbereitet.« Im Gespräch mit dem französischen Generalstabschef nahm er dann die Hintergründe der Unruhe zur Kenntnis.

> »Äußerste Niedergeschlagenheit war in die Gesichter geschrieben. Vor Gamelin war auf einer Staffelei eine Karte ausgebreitet, von knapp zwei Quadratmetern Größe, die die Front der Alliierten zeigen sollte. Darein war eine kleine, aber düster anmutende Stelle bei Sedan markiert. ... ›Wo ist die strategische Reserve‹, fragte ich, um dann ins Französische zu fallen, das ich recht gleichgültig benutzte: ›Où est la masse de manoeuvre?‹ General Gamelin wandte sich mir kopfschüttelnd und achselzuckend zu und sagte: ›Aucune‹.«[22]

Bis zur endgültigen Niederlage waren es noch einige Wochen, doch die Tage hatten ihre Selbstverständlichkeit längst verloren. Würde Paris sich halten oder würde die Stadt fallen? Noch die beiläufigsten Szenen nahmen die Bürger als Hinweise auf das Kommende. Beruhigend etwa, dass am 10. Juni an den Champs-Élysées noch eine Sprenkleranlage ihren Strahl über die Grünflächen gleiten ließ – ein untrügliches Zeichen, dass mit einem weiteren Vorrücken der Deutschen nicht zu rechnen war. »Wäre es ernst, würde man nicht daran denken, den Rasen zu wässern«, resümierte der Schriftsteller Léon Werth die Hoffnungen, die einige Passanten an die unscheinbare Routine knüpften. Weitere Illusionen erzeugte der Mythos der Stadt: »Paris ist Paris. Ausgeschlossen, dass die Deutschen einmarschieren.«[23]

Doch irgendwann waren die Suggestionskräfte aufgebraucht. Bereits am 3. Juni, einem Montag, musste die Hauptstadt einen ersten Angriff hinnehmen. Die Flughäfen von Orly, Villacoublay und Bourget sowie einige Gebäude im Stadtzentrum wurden bombardiert. An diesem Tag erwachte Paris, beobachtete Szabó.

> »Die Pariser Bevölkerung, diese delikate Pariser Bevölkerung, die vor noch nicht allzu langer Zeit große Prüfungen erduldet, die ihre Soldaten in Taxis an die Marne geschickt hatte, die sich zum Donner der Kanonen zum Schlafen

> legte und zu ihm auch wieder aufwachte, diese delikate und vornehme Pariser Bevölkerung, daran gewöhnt, König in ihren Straßen zu sein, wenn ihr danach zumute war, und die zugleich die Steine aus eben diesem Pflaster riss, um daraus Barrikaden zu errichten, die stets bereit war, sich ihrer Rechte zu bedienen und in aller Schnelle eine Revolution anzuzetteln, um diejenigen zu vernichten, die ihre Rechte und ihre Macht missachteten – eben diese Bevölkerung erwachte an diesem Montag und zeterte. In ihrem Erwachen lag mehr Wut als Erschrecken.«[24]

Sie war wütend, weil ihr dämmerte, dass sie den Versicherungen ihrer Politiker nicht glauben konnte. Von der Realität an der Front drang kaum etwas durch, zumindest erfuhren sie nicht die ganze Wahrheit. So wirkte der Angriff dieses 3. Juni wie ein Katalysator, erinnerte sich ein Zeitzeuge. Von diesem Tag an setzte die SNCF, die staatliche französische Eisenbahngesellschaft, ihren Notfallplan um und passte ihren Fahrplan der wachsenden Absatzbewegung aus der Hauptstadt an. Rund 200 Züge rollten allein zwischen dem 8. und dem 13. Juni aus Paris, dazu über 100 weitere, die keinem festen Fahrplan folgten. Zahllose Menschen entschlossen sich zudem, die Stadt auf eigene Faust zu verlassen. So entrückt der Gedanke bislang gewesen war, so zwingend schien er jetzt. »Der Exodus wurde zur Obsession, und eine pathologische, mit Panik und Nervosität angereicherte Angst beherrschte die Menschen. Die Leute machten sich auf den Weg und ließen alles hinter sich, mehr davon besessen, der Angst vor dem Krieg zu entfliehen als vor dem Krieg selbst.«[25] Wenige Tage später, am 8. Juni, standen die Deutschen 120 Kilometer vor Paris – für Premierminister Paul Reynaud der endgültige Anlass, einen Teil der Regierung aus der Stadt zu beordern: Alle Minister, deren Anwesenheit in Paris nicht unbedingt nötig war, mussten die Stadt verlassen. Am 9. Juni machte sich ein Großteil der Angestellten auf den Weg. »In den Vorzimmern schlossen Beamte die Kisten mit Archivmaterial«, erinnerte sich eine Bedienstete des Innenministeriums. »Unser Vorgesetzter wies uns an, uns auf alle Eventualitäten einzustellen.« Rasch fuhr die junge Frau nach Hause, packte das Nötigste zusammen, um sich dann zurück zum Ministerium zu begeben. »Um Mitternacht erfolgte der Befehl zum Aufbruch. Wir nahmen noch an, dass Paris verteidigt würde und hegten noch Hoffnung. Doch um ein Uhr morgens setzten sich die Autos über die Avenue de Marigny in Bewegung, um dann entlang der Ufer der Seine zu bewegen. Auf diese Weise verließen wir Paris.«[26]

Der Tross aus dem Innenministerium war nicht der einzige, der in dieser Nacht aufbrach. Zeitgleich machten sich zahlreiche politische und militärische Offizielle auf den Weg, stets darauf bedacht, die Flucht möglichst unbemerkt zu gestalten. »Um zehn Uhr abends sah ich von einem Fenster aus, wie der Staatspräsident, begleitet von de Gaulle, sich in Richtung seines Wagens begab«, notierte Paul de Villelume, der Militärberater von Paul Reynaud. »Ich hatte gerade noch Zeit, die Koffer in meinen PKW zu wuchten und loszufahren.«[27] Diskret verschluckt vom Dunkel der Nacht, machte sich der Präsident auf den Weg, um seine Pflichten im als sicherer geltenden Süden fortzuführen. »Eskortiert von einigen Motorrädern, nehmen wir einen Umweg über Nemours. Entlang des Straßengrabens stehen die vielen Autos der Flüchtlinge. Doch sie sorgen nur für eine kleinere Verstopfung, verglichen mit dem, was auf der Nationalstraße los ist.«

Im Aufbruch war in jener Nacht auch Arbeitsminister Anatole de Monzie: »Um Mitternacht war ich auf dem Boulevard Saint-Germain. Kein einziger Spaziergänger oder Passant hielt sich dort auf. Vor dem Ministerium befanden sich mehrere Wagen; Lastwagen bildeten eine Schlange. Nur als Schatten erkennbare Personen machten sich still an Kisten und Paketen zu schaffen. Frossard hatte mich heute Morgen nicht informiert. Die Evakuation erfolgte darum von einer Stunde auf die andere. Der Exodus verlief als Improvisation.«[28]

Im Süden, an den Ufern der Loire, nahm die Regierung ihre Arbeit wieder auf. So zumindest war es geplant. Doch während dieser Tage verlief kaum etwas nach Plan. Dass eine Evakuierung nötig wäre, hatte man bis zum Schluss nicht ernsthaft annehmen wollen. Entsprechend lax waren die Vorbereitungen verlaufen, mit dem Ergebnis, dass die Arbeitsbedingungen schlicht ungenügend waren. Autos waren zwar vorhanden, doch es fehlte an Benzin. Die Minister – ihre Dienstsitze verteilten sich auf mehrere Schlösser der Region – waren weitgehend isoliert und regelrechte Gefangene ihrer Amtssitze. Auch die fernmündliche Kommunikation funktionierte kaum, denn in einigen Orten existierte nur ein einziges Telefon – wenn überhaupt. Selbst der erste Mann des Staates, Albert

Lebrun, konnte seine Aufgaben kaum wahrnehmen. Schlimmer noch: Er wusste nicht einmal um die aktuelle Lage des Landes. »Der Präsident empfing mich sehr freundlich«, erinnerte sich ein Zeitzeuge. »Haben Sie Neuigkeiten«, habe er ihn gefragt. »Man hält mich über nichts auf dem Laufenden. Ich weiß nicht einmal, wo Weygand und wo die Minister sind. Ich sehe niemanden und mein Radio funktioniert nicht. Bringen Sie mir Neuigkeiten, ich bitte Sie!«[29] Doch die Bitte ließ sich kaum erfüllen, aus den umkämpften Zonen drang in die Abgeschiedenheit der alten Kulturlandschaft kaum etwas vor. »In Tours wissen wir gar nichts«, entfuhr es dem ehemaligen Premierminister Joseph Paul-Boncours.

Auch die Banken nördlich der Loire machten dicht. Die Direktoren nahmen zu treuen Händen das Geld, um es nicht dem Feind zu überlassen, schlossen die Schalter und folgten dem großen Tross Richtung Süden und Westen. Die Flüchtlinge hatten nun ein weiteres Problem: Sie konnten sich nicht mehr mit Geld versorgen und hatten nun noch mehr Schwierigkeiten, dringend notwendige Güter zu beschaffen.

Ebenso befand sich das Postwesen in Auflösung. Das verantwortliche Ministerium war bereits im September 1939 in das 9000 Einwohner zählende Örtchen Vendôme verlegt worden. Von dort, so das Kalkül, sollte es im Angriffsfall zumindest die grundlegendsten Kommunikationsdienste aufrechterhalten. Doch als die Deutschen Mitte Juni immer weiter vorrückten, wurde Vendôme als Sitz wieder aufgegeben. Stattdessen erhielten die Angestellten die Order, sich nach Poitiers und Limoges zu begeben. An ihrer Stelle drängten sich nun tausende Flüchtlinge aus dem Norden in dem Städtchen. Die Situation erwies sich als so beunruhigend, dass sich der Bürgermeister entschloss, alle über 14 Jahre alten Kinder sowie die verbliebenen wehrdiensttauglichen Männer zu evakuieren. Einen Tag später machten sich die übrigen Bürger auf den Weg, begleitet von den letzten Mitarbeitern der PTT – gerade noch rechtzeitig, bevor die Wehrmacht die Stadt unter Beschuss nahm, um am 18. Juni endgültig Besitz von ihr zu ergreifen.

Zu dieser Zeit hatten die Kabinettsmitglieder die Seine bereits verlassen. Die isolierte Lage hatte ihnen ihre Ohnmacht überdeutlich vor Augen geführt. Zudem drängte sich der Gedanke eines Waffenstillstands immer entschiedener auf: Dem Angreifer ließ sich nichts mehr entgegenstellen. Sollte er nicht das gesamte Land zerstören, war die Verständigung mit ihm zwingend. Noch allerdings konnten sich die meisten Minister nicht zu diesem Schritt entschließen. Noch hofften sie zumindest auf eine stärkere Verhandlungsposition an anderem Ort. Am 14. Juni verließen sie darum die Region. Neues Ziel war Bordeaux. Das Problem war allerdings, dass die Minister nicht alle Staatsdiener mit sich nehmen konnten. Die Transportkapazitäten waren dafür zu knapp, ebenso die Unterbringungsmöglichkeiten vor Ort. Viele mussten darum bleiben, vertröstet allein mit einer dreimonatigen Lohnvorauszahlung und dem Versprechen, so bald wie möglich wieder auf die Fortsetzung ihrer Anstellung hoffen zu können. Stück um Stück löste die Ordnung des Staates sich auf.

Gleichzeit erlitten die von der Wehrmacht bedrohten Regionen einen gewaltigen demografischen Aderlass. Das Département Seine-et-Oise etwa zählte Anfang Juni noch anderthalb Millionen Einwohner – Mitte des Monats waren es nur noch 300.000. Lebten in dem Städtchen Pontoise zu Monatsbeginn noch 26.000 Menschen, bevölkerten es zwei Wochen später nur noch 9.300 Personen. Versailles, einst Sitz des Sonnenkönigs Louis XIV., schrumpfte binnen eines halben Monats von knapp 74.000 auf 6.500 Personen. »Es war das Durcheinander eines ganzen Volkes«, beschrieb der mit den Nazis sympathisierende Schriftsteller Lucien Rebatet die Situation.

»Die Brandbomben mochten durch die aufgegebenen Städte rasen: Die Feuerwehrleute flohen mit ihren Wagen. Die Belegschaften der Rathäuser oder Präfekturen hatten sich in den Krankenwagen aus den Städten gemacht. Die Direktionen und Mitarbeiter der großen Unternehmen der Hauptstadt, des Ostens, des Nordens, der Bretagne waren auf den Straßen, ebenso die der großen Kaufhäuser, der Käse-, der Wachs- und Glasfabriken und dergleichen.«[30]

Das Gemeinwesen existierte nicht oder kaum mehr, allenfalls einzelne Unentwegte fühlten sich an ihre Pflicht gebunden und angehalten, die öffentlichen Instanzen weiter zu vertreten und ihnen, wenn möglich, zur Geltung zu verhelfen. So war es eine gespenstische Gegend, durch die der Metallarbeiter Georges Adrey in jenen Tagen reiste. Am 11. Juni traf er, aus Paris kommend, in Orléans ein. Nahezu alle für die Aufrechterhaltung des Öffentlichen Lebens verantwortlichen Beamten hatten die Stadt verlassen. Seitens der Stadt stand niemand bereit, um den Flüchtlingen das Leben wenigstens im Kleinen zu erleichtern.

»Weder in Orléans noch in anderen Städten konnten wir uns an Zivilbehörden oder lokale Autoritäten wenden. Man ist verloren wie in einer Wüste. In dieser Situation kann man nur die Sorglosigkeit der Regierung bedauern, die uns auffordert, die Städte zu verlassen, nur um uns in das Maul des Wolfs zu werfen und die nichts tut, um die Millionen Flüchtlinge zu versorgen, die, weil sie einen Fehler macht, schutzlos auf den Straßen Frankreichs umherirren. ›Auf dass die Zivilisten durchhalten!‹, sagt man. Einverstanden. Aber sich mit leerem Magen zu halten, ist unmöglich.«[31]

Kapitulation der Moral

Die Nazis ließen nicht nur die staatliche Ordnung zusammenbrechen. Auch und vielleicht vor allem ließen sie mit ihr auch die moralische Ordnung zugrunde gehen. Das soziale Gewebe, das die Franzosen unter der Autorität des Staates miteinander verband – wie dünn es gelegentlich auch sein mochte – war zerrissen. Die Gesellschaft war im Kern zwar nicht vernichtet, aber doch auf das Schwerste getroffen. Das hatte für das tagtägliche Verhalten hunderttausender Menschen in den Wochen des Mai und Juni 1940 verheerende Konsequenzen. Die Ordnung, der zu folgen sie als Bürger sich verpflichtet hatten, galt nicht mehr oder nur noch in Ansätzen. Wo aber die Gesellschaft keinen Schutz mehr bot, schützte jeder im Zweifel sich selbst und seine Nächsten. Was tun etwa, wenn sich nirgends etwas zu essen kaufen ließ und der Hunger trieb? Wer noch Proviant bei sich hatte, musste sich vorsehen, allzu leicht konnte er bestohlen werden. Die Hemmungen fielen, denn der Mensch muss essen. Die Polizei war nicht mehr existent. Niemand konnte mehr auf die gewohnten höheren Instanzen vertrauen, Kriminalität musste Verfolgung zumindest fürs Erste nicht fürchten. Verlassene Wohnungen wurden geplündert, Bauern, die sich auf die Flucht begaben, fanden bei der Rückkehr ihren Viehbestand aufgelöst. Zurückhaltung legten sich die Hungernden immer weniger auf. Deprimierend etwa die Bilanz im Département Orne in der Normandie zwischen dem 13. und dem 17. Juni. Die Liste der geplünderten Gebäude war lang: Sieben Schlösser, drei Bahnhöfe, ein Kraftwerk, zwei Apotheken, eine Metzgerei, drei Bäckereien, 45 Lebensmittelgeschäfte, zehn Cafés, vier Brauereien, 13 Kurzwarenläden, fünf Schuhgeschäfte, elf Garagen, 30 Bauernhöfe, 69 Häuser. Nicht immer war klar, auf wessen Konto der Diebstahl ging: auf das der Flüchtlinge, oder derer, die es vorzogen zu bleiben und die Gelegenheit nutzten, um den Besitz ihrer Nachbarn an sich zu bringen; oder auf das der Soldaten – sei es der Wehrmacht, sei es der eigenen Armee. Das Unrecht kannte viele Schattierungen in jenen Wochen: Einige nahmen nur das, was sie zum unmittelbaren Überleben brauchten. Andere hingegen raubten, was immer sie kriegen konnten. Hoch im Kurs standen Luxusgüter – zum Beispiel Süßigkeiten. In die aufgegebene Schokoladenfabrik von Tinchebray drangen hunderte Zivilisten aus der näheren Umgebung, die die süßen Riegel kistenweise abschleppten. Immerhin: Als die Nachricht über den Raub an die Öffentlichkeit kam, gaben einige der Plünderer ihre Beute zurück. Der spätere Widerstandskämpfer Jean Moulin, damals Präfekt von Rodez im Departement Aveyron, versuchte, den Plünderungen Einhalt zu gebieten. »Die sperrangelweit offenen Türen und Vitrinen stellen für die Reisenden eine ständige Versuchung dar«, notierte er.[32] Doch nicht nur Hausrat und dort lagernde Vorräte wurden gestohlen. Auch andere Dinge waren begehrt – Autos zum Beispiel. Wer mit dem Wagen reiste, war gut beraten, ihn im Auge zu behalten. Vor allem den Schlüssel sollte man stets abziehen. Die Pariser Stadtverwaltung zog hinsichtlich der Diebstähle in der Hauptstadt ein erstes Resümee:

> »Bis jetzt als ehrenwert angesehen Personen haben an diesen Plünderungen teilgenommen, sei es, weil sie davon ausgingen, straffrei davonzukommen; sei es, weil bislang verborgene schlechte Instinkte sich mit einem Mal Bahn brachen; sei es, dass sie, ohne sich dessen bewusst zu sein, einer Psychose nachgaben und einem kollektiven Trieb nachgaben; sei es schließlich aus Furcht, dass die Versorgung der Bevölkerung nicht gesichert sei.«[33]

Im Chaos von Anarchie, Not und Hunger missachteten einige selbst die fundamentalsten Spielregeln. Als am 16. Juni in der Nähe einer Ortschaft im Jura ein Flüchtlingstreck unter Beschuss geriet und die um ihr Leben rennenden Menschen ihre Habseligkeiten zurückließen, nutzten Anwohner das Durcheinander der folgenden Minuten, um die zerstreut herumliegenden Gepäckstücke an sich zu bringen. Da die Gendarmen den Ort bereits verlassen hatten, stand niemand den Bestohlenen bei. Am Ende startete der Bürgermeister Nachforschungen auf eigene Faust. Dank eines Tipps aus der Bevölkerung wurde er schließlich im Haus eines Bahnangestellten fündig. Der hatte unter anderem 10.000 Francs aus dem Raub in seinem Haus deponiert. Als nach dem Waffenstillstand die Gerichte wieder arbeiteten, wurde er zu vier Monaten Gefängnis verurteilt. Empfindlicher dürfte ihn der Knick seiner Karriere getroffen haben: Die SNCF entließ ihn umgehend.

Frankreich, überzeitlich

Eine Regierung, die sie nicht hat schützen können. Eine Gesellschaft, deren Grundlagen binnen weniger Wochen aus den Angeln gehoben wurden. Eine Gesellschaft, deren Mitglieder ihre abstoßenden wie ihre anziehenden, ihre klein- wie ihre großmütigen Impulse, ihren Edelmut ebenso wie ihre Selbstsucht in nie gekannter Deutlichkeit zu erkennen gaben: Diese auf kürzester Zeitstrecke zusammengedrängten Erfahrungen veranlassten viele Franzosen dazu, das Verhältnis zu ihrem Land neu zu überdenken, es nicht selten auch unter fiktive, zumindest idealisierende Vorstellungen zu rücken. Denn allein in der Distanz, in gewissem Abstand zu ihrem Schrecken ließ sich die Realität gedanklich wie seelisch verarbeiten. Das reale Frankreich mochte in diesen Wochen entsetzlich unter die Räder gekommen sein – umso heller leuchtete das ideale Frankreich: das Frankreich der Kunst und Kultur, die Heimat, wie sie in den Büchern besungen und auf den Leinwänden bebildert wurde. Alexander Werth war kein Franzose. Doch das Buch seines Gewährsmannes Charles Péguy würde er trotzdem lesen. Péguy, das war für ihn der Bote eines zeitlosen, vom Geschichtslauf verschonten Frankreich, eines, das sich wenn nicht seine Größe, so doch seine Anmut bewahrt hatte. In den Zeilen des Autors ließ sich an der Würde des Landes, der Stille seiner bäuerlichen Zentren zumindest für die paar Minuten der Lektüre festhalten. Allein das Buch verschaffte eine Ahnung von einer Präsenz, die nicht mehr war, evozierte eine Erhabenheit, von der man sich, wie die Dinge standen, zunächst verabschieden musste, mit ungewisser Aussicht auf mögliche Wiederkehr. »Ich ziehe meinen Péguy aus der Tasche und lese: ›Dieses immense Beauce, groß wie das Meer, so traurig und so tief wie das Meer; dieser Ozean von Getreide … eine vollkommen horizontale Schönheit, ohne jeglichen Fehlen, jeglichen Flecken, ohne Makel, ohne jede Enge: das Land der echten Sonnenuntergänge.‹«[34] Péguys Zeilen über die Region seiner frühen Jahre im Herzen Frankreichs standen in denkbar großem Kontrast zur Wirklichkeit. Vielleicht gerade deshalb entfaltete das Buch seine Größe, offenbarte das Bild eines Landes, das nun, in der Stunde der Not, unabdingbarer war als je zuvor. »Le jardin de la France«, »der Garten Frankreichs«, ging Werth nicht ohne Ironie die landläufig-liebevolle Bezeichnung für die Region durch den Kopf. Gerne würde er den Sommertag beschreiben, hielt Werth in seinen Aufzeichnungen fest, »aber ich habe nur eine vage Erinnerung daran. Woran ich mich erinnere, ist der Ausdruck der Gesichter: düster, deprimiert. Selbst die Gesichter der Kinder schienen niedergeschlagen.«[35]

Doch vielleicht musste man gerade in diesen Tagen an Frankreich festhalten. »Unser Vaterland ist nur eine Idee«, hielt der Schriftsteller Jean Guéhenno einige Wochen nach der Niederlage, am 27. Juli 1940, in seinem Tagebuch fest. »Es ist ein Vaterland, in das man nicht einfällt. Es ist unser unzugänglicher Schutzraum, in dem die Schande uns nicht erreichen kann.«[36] Guéhenno war sich im Klaren über die Bedeutung dieses Schutzraums. Von ihm hing unendlich viel ab, im Grunde alles. Nach außen mochten die Franzosen besiegt sein, doch innerlich durften sie sich dem Feind niemals unterwerfen. Sie mussten an sich und an den Widerstand glauben sowie daran, dass dieser die Besatzer eines Tages wieder abschütteln würde. Fehlte dieser Glaube, war der Sieg der Deutschen einer für immer. Ohne ihn wären die Franzosen in der Tat unrettbar verloren. Guéhenno formulierte in seinem Tagebuch einige Gedanken, von denen sich auch ein nicht unerheblicher Teil der Widerstandskämpfer leiten lassen würde. Für sie war die Niederlage eine auf Zeit. Folgen würde ihr der Triumph über den Angreifer, so unwahrscheinlich er im Moment auch scheinen mochte. Umso mehr kam es auf die Ressourcen an, die Frankreich seinen Bürgern zur Verfügung stellte. Es waren intellektuelle Ressourcen, abrufbar aus den Traditionen des Landes. »Man soll aufhören, Frankreich zu lieben, wie wir es lieben, ein anderes Frankreich auf andere Weise lieben? Aber es besteht doch seit Jahrhunderten. Genauso gut könnte man seine Berge schleifen, seine Flüsse anhalten, alles in einen Sumpf verwandeln.«[37] Aber nein, das war völlig unmöglich. Das äußere, das physische Frankreich ließ sich genauso wenig ausradieren wie das innere, das ideelle. Beider wurde der Feind nicht Herr, beide würde er nicht unterwerfen können – vorausgesetzt jedenfalls, die Franzosen blieben ihrem Land treu, dem Land, in dem sie lebten, und das sie zugleich im Herzen trugen. Pathetisch? Vielleicht, aber doch unverzichtbar zum Sieg über Nazi-Deutschland. Dessen Panzer waren derzeit unbezwingbar. Aber darum mussten sie es nicht für immer sein. Erhielt sich der Wille, konnte er auch diesen Feind in die Knie zwingen. Darum kam es auf die Idee Frankreich so sehr an. Denn es stimmte ja: »Gegen eine Idee kann man nicht mehr ausrichten als gegen den Himmel und die Sterne.«

Die Dialektik der Niederlage geriet in Bewegung, kaum dass das Land unterworfen war. Die kollektive Depression gebar neue Hingabe an das Land. Aus ihr erwuchs bereits in den ersten Tagen der Niederlage eine neue Liebe zum Vaterland, verbunden mit dem Entschluss, für es einzutreten und seine verlorene Größe absehbar wiederauferstehen zu lassen. So sah es auch der später der Vichy-Regierung verbundene Schriftsteller Alfred Fabre-Luce. Er gewann dem Desaster Sinn ab, indem er es als Wendepunkt interpretierte, als Erniedrigung, aus der nichts anderes als Größe erwachsen konnte. Fabre-Luce meinte die kommende Größe zu spüren, die in der Katastrophe bereits angelegt war. Was, fragte er sich, ist die Niederlage, wenn nicht die Geburtsstunde eines neuen Patriotismus?

> »Als sie die Wege entlanglaufen, werden sich Millionen Franzosen des tiefen Bandes bewusst, das sie an ihren Boden, ihre Arbeit bindet. Die politischen Ideologien, die Freund- und die Feindschaften, die man sie hat tragen lassen wollen, fallen von ihnen ab wie Parasiten, deren Nahrungszufluss gekappt ist. Sie besitzen nun wertvollere Schätze, deren Erhalt das Ende der Kämpfe voraussetzt. Frieden, Ordnung: das ist die Sehnsucht, die aus dem Volk auf den Wegen erwächst.«[38]

»Ordnung«, ja, nach ihr sehnten sich die Franzosen zurück. Einer Ordnung im gewöhnlichen Wortgebrauch allerdings, nicht in dem gesteigerten, der in Fabre-Luces Aufzeichnungen mitschwingt. Die auf die Straße getriebenen Menschen sehnten sich nach einer einfacheren, gerade darum aber bedeutsamen Ordnung, die ihnen jene Sicherheit bescherte, die bis Mitte, Ende Mai so selbstverständlich gewesen war. Sie wollten zurück zur Ordnung in Sicherheit, zur Stabilität, die allein ein Leben ohne Angst garantierte. Über alles andere ließ sich streiten. Viele Franzosen konnten Fabre-Luces empathischem Ordnungsbegriff etwas abgewinnen, jenem Programm, das die verlotterten Sitten der Republik, die Zeit der Streiks und Klassenkämpfe, des über Jahre sich ziehenden Streits der Ideologien endlich zu überwinden versprach. Es war exakt das Programm, für das Marschall Pétain und seine Regierung eintraten. Viele andere Franzosen wollten aber von dieser Art Ordnung nichts wissen. Sie sahen die Niederlage als das, was sie unabweisbar war: Folge eines militärischen und politischen Versagens, einer enormen Fehlleistung der Verantwortlichen in der Regierungs- wie der Armeeführung. Welche Konsequenzen daraus zu ziehen wären, darüber waren sie sich, anders als die Anhänger Pétains, anders aber auch als die französischen Kommunisten, nicht sicher. Nur eines lag auf der Hand: An ein entspanntes Verhältnis zum Angreifer war nicht zu denken. Die Deutschen hatten nicht nur zahllose Franzosen direkt oder indirekt getötet. Sie hatten sie außerdem ihrer Regierung wie auch sich selbst entfremdet. Über Wochen hatten die Franzosen die Überfallenen nicht mehr wiedererkannt, hatten erleben müssen, wie der Zusammenbruch der Ordnung bei nicht wenigen ihrer Landsleute zu einem Verhalten führte, das die Spielregeln eines zivilisierten Miteinanders außer Kraft setzte. Auch darum galt es, zum Feind und Sieger auf Distanz zu gehen, ihn spüren zu lassen, dass er ein Eindringling und Usurpator war, der auf Entgegenkommen oder gar Freundlichkeit nicht hoffen konnte. Die Deutschen waren Feinde. Und die Maxime im Umgang mit ihnen dementsprechend: größtmögliche Verweigerung.

Der verweigerte Blick
Das Verhältnis der Franzosen zu den Besatzern

Niemand weiß – tiefe Frage! – was der Lärm der Welt
an jenem Tag verlöre, an dem Paris schweigen würde!
Victor Hugo, Les Voix intérieures

Ende einer Kontaktanbahnung: Abendessen im Restaurant *Cazenave.* Am Nebentisch der französischen Gruppe drei deutsche Offiziere, den Freuden des Alkohols hingegeben: Bordeaux-Wein, Bier, Cognac, Kräuterlikör, Wein aus dem Elsass, Cherry. Ganz »pariserisch« wollten sie sich offenbar geben, beobachtete der Autor und Satiriker Jean Galtier-Boissière. Vor allem wollten sie mit ihm und seiner Gruppe in Kontakt kommen. Einer der Militärs nahm es schließlich auf sich, sich mit einer Frage an die Franzosen zu wenden. Einer von diesen antwortete ihm lächelnd: »Yes, sir?«

Ein Dialog, abgebrochen, kaum dass er begonnen hatte. Zwei Worte genügten dazu. Zwei englische Worte zudem, die keinen Zweifel ließen: Ihr Deutsche gehört hier nicht hin, auch sprachlich nicht. Die Ehre, auf Französisch mit euch zu sprechen, erweisen wir euch nicht. Glaubt nicht und tut auch nicht so, als wäret ihr Franzosen. Ihr seid es nicht. Und ihr werdet es auch nicht sein, genauso wenig, wie ihr jemals zu uns gehören werdet.[1]

Die Szene, die Jean Galtier-Boissière Ende Dezember 1940 in seinem Tagebuch festhielt, ist exemplarisch für den Umgang vieler Franzosen mit den Besatzern. Diese fielen ihnen durch eine bizarre Logik auf: Sie hatten Frankreich überfallen, knapp hunderttausend seiner Bürger getötet und den Rücktritt der nationalen Regierung erzwungen – und nun wollten sie bei den Franzosen gut gelitten, am liebsten von ihnen gar als Freunde anerkannt sein. Eine solche Szenerie, registrierten die erstaunten Franzosen, hielten die Deutschen offenbar allen Ernstes für möglich.

Darum galt es, ihnen entschieden deutlich zu machen, dass sie sich geirrt hatten. Die Deutschen waren als Feinde gekommen, und Feinde würden sie auch nach dem Einmarsch bleiben, alles andere war undenkbar.

Persönliche oder gar freundschaftliche Beziehungen, waren Galtier-Boissière und seine Freunde überzeugt, sollten zu den Deutschen nicht aufkommen. Wie auch? Sie sahen, wie vehement die Angreifer daran gingen, das Land nicht nur militärisch, sondern auch symbolisch zu unterwerfen.[2] Die Franzosen mussten sich an eine im Wortsinn neue Zeit gewöhnen: Die Deutschen zwangen ihnen eine neue Uhrzeit auf, die Sommerzeit, die ihrer bisherigen um eine Stunde voraus war. Über zentralen öffentlichen Gebäuden flatterte die Hakenkreuzfahne, in den Städten prangten auf Deutsch geschriebene Plakate, neue Zeichen regelten den Verkehr. Die Jagd war verboten, die Marseillaise durfte nicht mehr gesungen werden, patriotische Aufmärsche waren untersagt. Hinzu kamen die materiellen Ansprüche, die der Feind erhob: Hotels und kommunale Gebäude mussten den Soldaten der Wehrmacht Unterkunft gewähren, in Ortschaften mit besonders hoher Truppenpräsenz wurden zur Unterbringung auch Privathäuser herangezogen – ganz normale Familien sahen sich inmitten ihrer Häuser nun einem Fremden, oft genug einem Feind gegenüber. Zudem lief die Versorgung der Invasionsmacht auf Kosten der französischen Wirtschaft. Landwirtschaftliche Erzeugnisse gingen im Zweifel an die Wehrmacht und nicht mehr an die einheimische Bevölkerung, die sich so weiteren, immer größeren Versorgungsengpässen gegenüber sah. Zugleich aber versuchten die Deutschen die Franzosen durch versöhnliche Gesten für sich einzunehmen. Sie richteten Suppenküchen für die Allerbedürftigsten ein, beteiligten sich am Wiederaufbau der zerstörten Gebäude, halfen vom Spätsommer an bei der Ernte. Wurde Besitz beschlagnahmt, hatten die Eigentümer Recht auf Entschädigung. Die oberste Order an die Wehrmacht lautete: Respekt und Höflichkeit im Umgang mit den Franzosen. Freilich, die Wahrheit ließ sich durch noch so viel Höflichkeit nicht aus den Köpfen soufflieren: Die Deutschen waren eine Besatzungsmacht. »Die Bevölkerung, die bei der Ankunft der Deutschen voller Furcht und Bestürzung war und dann ein gewisses Vertrauen gegenüber den Besatzern zeigte, von denen sie das Schlimmste erwartete, empfindet die Last der Besatzung als immer drückender«, beobachtete Mitte September der Präfekt von Calvados.[3]

Denn der Respekt im Kleinen änderte nichts daran, dass er im Großen fehlte. De facto war Frankreich zum Plündern freigegeben. Das Land musste die Kosten seiner Besetzung selber tragen. 20 Millionen Reichsmark musste der französische Staat Tag für Tag an Deutschland überweisen, eine Summe, die durch das Steueraufkommen kaum gedeckt war. Tatsächlich würde die Summe im Laufe der Jahre steigen. Im Januar und Februar 1943 betrug sie 29 Millionen Reichsmark täglich.[4]

Außerdem griffen die Sieger in den Wechselkurs ein. Der Franc wurde im Verhältnis zur Reichsmark um knapp 25 Prozent abgewertet – eine massive Belastung, die die Not der Franzosen zusätzlich verschärfte. Die deutschen Soldaten hingegen sonnten sich im Luxus. In den Modegeschäften der Hauptstadt gingen sie ein und aus. Damenunterwäsche, Parfüm, Seife, Seidenstrümpfe, Süßwaren, Weine: Alles, was es in der auf Krieg gebürsteten Wirtschaft Germaniens nicht gab, fand in Paris reißenden Absatz. »Ils prennent tout«, »Sie nehmen alles«, beschwerten sich die Franzosen, die bald auch einen Namen für die alles abgrasenden und ihnen selbst nur Reste hinterlassenden Deutschen fanden: »Doryphores« (»Kartoffelkäfer«). Für die Franzosen hingegen blieb kaum mehr etwas, bemerkte die Modeschöpferin Elsa Schiaparelli. Die Entbehrungen seien auf einen Schal gedruckt worden: »›Montags: kein Fleisch. Dienstags: kein Alkohol. Mittwochs: keine Butter. Donnerstags: kein Fisch. Freitags: kein Fisch. Samstags: kein Alkohol.‹ Immerhin, wenigstens der Sonntag ließ sich nutzen. An diesem Tag: ›immer die Liebe‹«.[5]

Und diejenigen, die für diese Zustände verantwortlich waren, meinten ernsthaft, sie könnten auf Freundschaft und Zuneigung hoffen? Erstaunlich, diese Einfalt. Aber es war die Einfalt der Sieger. Distanz galt es entsprechend vorsichtig zu markieren. Wie also reagieren auf die Kontaktversuche? Wenige Wochen nach der Niederlage verfasste der Journalist Jean Texcier, bald auch im Widerstand engagiert, ein kleines Kompendium angemessener Verhaltensregeln, *Petit manuel de dignité* überschrieben (»Kleines Manual der Würde«). Die »Ratschläge für den Besetzten«, so der Untertitel, waren so knapp wie klar. Gewiss, man konnte sich täuschen: Mit Stadtplänen in der Hand eilten die Sieger von einer Sehenswürdigkeit zur nächsten. Keiner, beobachtete Texcier, der nicht einen Fotoapparat in der Hand hätte. »Aber mach dir keine Illusion«, wandte er sich an seinen Leser. »CE NE SONT PAS DES TOURISTES«, hielt er in Großbuchstaben fest, »das sind keine Touristen«.[6]

Was waren sie dann? »Sie sind Sieger«, erklärte Texcier im zweiten der insgesamt 33 Abschnitte seiner Schrift. »Sei ihnen gegenüber korrekt. Aber füge dich nicht ihren Wünschen, um gut vor ihnen dazustehen. Keine Eilfertigkeit. Sie würden es dir im Übrigen nicht ansatzweise danken.« Damit war die Tonart getroffen, die alles Weitere regelte. Die zahllosen im Alltagsleben sich ergebenden Fragen waren nichts weiter als Variationen des Themas. Es lag also auf der Hand, dass die Antworten sich allesamt im Spielfeld distanzierter Unversöhnlichkeit ergaben. Eines aber sollte klar sein: Eleganz und Haltung waren die Besiegten sich weiterhin schuldig. Die Contenance galt es weiterhin zu wahren. Zum einen, weil man es unter weltläufiger Lässigkeit ohnehin niemals tun sollte. Und zum anderen, weil alles andere dem Feind zur Genugtuung reichen würde. Laut zeterndes, unbeherrschtes Verhalten wäre nur Zeichen einer zweiten Niederlage, dieses Mal einer der Contenance. Ließ man sich seinen Stil nehmen, war man vollends besiegt – denn was war der innerste Kern des Widerstandsgeistes, wenn nicht Bewusstsein und Ausdruck der eigenen Würde? Also: »Wenn er dich um Feuer bittet, halte ihm deine Zigarette hin. Niemals, seit unvordenklichen Zeiten, hat man das Feuer verweigert – nicht einmal seinem größten Todfeind.« Die Weitergabe des Feuers markierte den zivilisatorischen Standard, unter den zu gehen unmöglich war. Aber bitte: Das war es dann auch. Weitere Höflichkeiten waren entbehrlich, allem voran, was deren wichtigste Voraussetzung, die Sprache, betraf. »Du beherrschst ihre Sprache nicht oder hast sie vergessen«, riet Texcier seinen Lesern für den Fall einer ungebetenen Kontaktaufnahme. »Wenn dich einer von ihnen auf Deutsch anspricht, gib ihm ein Zeichen des Nicht-Verstehens und geh guten Gewissens deines Weges.« Was aber, wenn der Feind die Sprache des Verlierers beherrschte und ihn in dieser ansprach? Auch hier ergab sich die Antwort von selbst: »Fühl dich nicht angehalten, auf diesen Weg einzuschlagen und darauf auch nur ein Stückchen mitzugehen. Er ist kein Reisegefährte.« Und das hieß dann auch, dass im Café oder im Restaurant, den klassischen Orten des sozialen Austauschs, jede Unterhaltung mit dem Feind tabu war. Versuchte ein Deutscher es dort mit einer Unterhaltung, »dann gib ihm höflich zu verstehen, dass das, was er sagen wird, dich nicht im Geringsten interessiert.« Jegliche Freundlichkeit verbot sich von selbst, erklärte Texcier – ohne dass man sich darum notwendigerweise so grob verhalten müsste wie zu vergangenen Zeiten: »Im letzten Krieg haben wir sie schlicht ›les boches‹ genannt. Das war nicht sehr elegant. Dieses Mal haben wir uns damit begnügt, sie schlicht ›die Deutschen‹ zu nennen. Das ist gewiss ein Fortschritt in der Haltung – wenn sich in die Sorge um Verbesserung bei Vielen nicht auch ein geheimes Verlangen nach Selbstaufgabe gemischt hätte.«

Einrichten in der Knechtschaft

Dabei war es leicht, diesem Verlangen nachzugeben. Die Gründe lagen auf der Hand. »Die Deutschen sind überall«, hielt Léon Werth fest.[7] »Man kann sie kaum besser vermeiden als einen Ameisenzug im Garten.« Zudem waren die Deutschen abstoßend, ihr Verhalten war so ganz anders als das der Franzosen. Es deckte sich nicht ansatzweise mit dem, was sie unter guten Umgangsformen verstanden. »Ihre privaten Unterhaltungen ähneln einem Bellen. Ihre scharf dahin gesprochenen Befehle, der Lärm der Stiefel, den auch ein einzelner Soldat produziert, der Gleichschritt, ihre gemeinschaftlichen Gesänge, die nichts als kehlige Kadenzen sind, legen sich über das Land und über das Dorf.«[8] Zudem waren die Deutschen bestens gerüstet. Es mussten keine Panzer sein. Um die Besiegten einzuschüchtern reichten ihnen auch ihre zahllosen Transportfahrzeuge. »Ihre Lastwagen fahren ohne Unterlass nach Paris, Richtung Norden. An jedem einzelnen ist oberhalb der Plane wie eine Gallionsfigur oder auch als ironische Trophäe eine unserer Gasmasken angebracht.«[9]

Konnte, durfte man sich auf solche Menschen einlassen? Nein, war Léon Werth überzeugt. Unvermeidlich war es dennoch, und so geriet jeder Franzose Tag für Tag in eine kaum auflösbare Zwangslage. »Man mag daran denken, dass bei jedem dieser Kontakte mit dem siegreichen

Deutsche Soldaten sprechen mit Französinnen vor dem Moulin Rouge in Paris (Foto vom Juni 1940).

Deutschen ein Stück unserer Würde, und sei es noch so gering, auf dem Spiel steht. Ich bedauere die, die das nicht spüren.«[10]

Die arrogant auftretende Übermacht signalisierte den Franzosen Tag um Tag, wo sie standen. Sie hatten den Krieg verloren und sich dem Sieger zu fügen. Die auf die Laster montierten Gasmasken ließen keine Zweifel daran, was ihnen drohte, sollten sie nicht parieren. Ein brutales *Memento mori*, nachdrücklich in Erinnerung gebracht durch die tödlichen Möglichkeiten der NS-Militärmaschinerie. Deren Spitze mochte nach den Wochen des Sturms nicht direkt zu sehen sein, doch verschwunden war sie nicht. Sie hielt sich im Hintergrund, jederzeit bereit, das Bild des Gases in grausame Wirklichkeit zu verwandeln. »Schon richten wir uns in der Knechtschaft ein«, notierte der Schriftsteller Jean Guéhenno am 25. Juni 1940.[11] Worauf lief das hinaus? Auf eine Anerkennung der Realitäten? Auf den ersten Blick schien es so, denn es ließ sich ja nicht leugnen: Der Feind war übermächtig, er kontrollierte weite Teile des Landes, und dank seiner Luftwaffe war er omnipräsent. Jeden Landesteil konnte er, wenn es darauf ankam, im Handumdrehen erreichen. Gegen die dröhnende Waffengewalt ließ sich schlechterdings nichts ausrichten. Doch das zu akzeptieren – eben das, fand Guéhenno, war die eigentliche Schmach. »Die Franzosen sind bereits so weit, dass sie es nicht mehr wagen, einander anzuschauen. Sie schämen sich voreinander.«[12] So war die Niederlage ganz wesentlich eine des Herzens, beobachtete Guéhenno. Sie war nicht nur eine militärische, sondern auch und vor allem eine psychologische. Sie umfasste den ganzen Menschen, drückte ihn nieder, schrieb ihm die Unterwerfung ein. Es war auch eine Niederlage des Intellekts, denn Gedanken an Widerstand, zumindest an mögliche Alternativen zum Offensichtlichen, stellten sich vorerst nicht ein. Vielleicht sollte man von Defätismus sprechen? »Das Durcheinander in den Köpfen ist furchtbar. Die Menge ist ohne Hoffnung, resigniert.«[13] Alles sei anders, notierte Guéhenno am 19. September. Gewiss: »Das sind zwar dieselben Menschen in derselben Haut wie vor ein, zwei Jahren. Und doch, etwas ist zerbrochen. Dieses Volk denkt, empfindet, will nichts mehr. Fünfzehn Tage haben genügt, aus ihm eine Herde zu machen.«[14] Die Deutschen wurden zu einer allmächtigen, allgegenwärtigen Präsenz. »Man spricht nicht von den Deutschen. Aber es ist klar, dass jeder immerzu daran denkt, dass sie da sind – und man schweigt.«[15]

Die Franzosen schwiegen. Auch darum, weil die vertraute Öffentlichkeit dahin war. Der Feind kontrollierte alles, auch die Kommunikation. Die Zeitungen waren der Zensur unterworfen. Was nicht erscheinen sollte, erschien auch nicht. Stattdessen drängte sich die allgegenwärtige Propaganda des Feindes auf, in teils feinerer, teils rüder Aufmachung. »Wir haben auf unseren Mauern genug an Schrecken, Grobheiten, Dummheiten gesehen«, notierte die Lehrerin Berthe Auroy in ihr Tagebuch. »Intention, Zeichnung, Farben, Komposition, Legende, alles ist von reinstem deutschen Geschmack.«[16] Die Nazis, teilte sie hier ganz nebenbei mit, hatten die deutsche Ästhetik okkupiert. Was immer sie propagandistisch in die Welt trugen, es galt nicht als Machwerk einer Regierung, sondern eines Landes, das Ausnahmen nicht mehr kannte. Deutschland also, wie es sich Auroy darstellte: »Nichts als Hässlichkeit, Grausamkeit und Hass.«

Es war in dieser Situation schwierig, sich Mut zu machen. Gerade darum musste man aber dagegenhalten, schrieb Texcier. »Im Stich gelassen von deinem Rundfunk, im Stich gelassen von deiner Zeitung, im Stich gelassen von deiner Partei, weit weg von deiner Familie und deinen Freunden, musst du lernen, für dich selbst zu denken. Aber denke daran, dass die Stimme, die vorgibt, dich zu ermutigen, die des Dr. Goebbels ist. Verlassener Geist, hüte dich vor der deutschen Propaganda!«[17]

Selbst zu denken war unverzichtbar, die Umstände erforderten erhöhte Geistesgegenwart. Im Zweifel musste man die Dinge mit sich selbst ausmachen, musste zur Beurteilung der Lage aus eigenen Stücken kommen. Denn mehr als das eigene Urteil war nicht zur Hand seit dem Juni 1940. Das vertraute symbolisch-intellektuelle Universum, in dem die Franzosen lebten, es war dahin. Und darum galt unbedingt: Fall auf die Propaganda des Feindes nicht herein. Bedenke bei allem, was du von ihm vernimmst: Es hat keinen anderen Sinn, als dich gefügig zu machen, den inneren Widerstand zu brechen. »Überwache deine Panzerung gegen die Angst und die Gelegenheiten zur allzu einfachen Resignation. Pass auf dich auf.« Ja, sei stark, gib den Verlockungen der Unterwerfung nicht nach. Und wiederum, als einer der letzten Sätze dieses vielfach mit der Hand kopierten und an Freunde weitergereichten Ratgebers: »Sei zivil, mein Bruder, richte mit Sorgfalt deine schöne Maske des Widerspenstigen aus.«

Diese Maske musste nicht grell sein. Meist war sie in diskreten Farben gehalten. Der offene Affront war riskant. So traten an seine Stelle diskretere Zeichen der Abgrenzung. Viele Franzosen reagierten vor allem, indem sie nicht reagierten. Konsequent mieden sie den Kontakt mit den Besatzern. Im September 1941 beobachtete der Schriftsteller Paul Léautaud eine Gruppe Mädchen, etwa fünf bis zehn Jahre, geführt von einem etwas älteren Mädchen. Just in dem Moment kreuzte eine Gruppe deutscher Soldaten ihren Weg. »Ohne anzuhalten dreht sich die Älteste zu den anderen Mädchen um: ›Schaut sie nicht an! Schaut sie nicht an!‹ Und alle bewegten sie sich in Richtung des Bürgersteigs vor der Bibliothek und setzten ihren Weg fort, den Kopf in die entgegen gesetzte Richtung gewandt.«[18] Die Verweigerung des Blicks war eine der häufigsten Gesten des Widerstands. Sie war deutlich – und dennoch nicht eindeutig aggressiv. Darum ließ sie sich nicht verfolgen. Immer wieder würden die Deutschen den Kopf ihres jeweiligen Gegenübers in zur Seite gerichteter oder gesenkter Position sehen. Für die Deutschen war Paris »la ville sans regard«, »die Stadt ohne Blick«.

»Ich habe gelebt«

Andere Äußerungen forderten größeren Mut. Jean Galtier-Boissière berichtete von einer Szene aus einem Kabarett, die man ihm offenbar zugetragen hatte. Der Comédien auf der Bühne beobachtete einen jungen deutschen Soldat, der gerade dabei war, seinen Mantel anzulegen, dessen Hand aber nicht in den Ärmel fand. »Na, es ist schwierig, durch den Ärmel (französisch: la Manche) zu kommen«, rief er ihm zu, in Anspielung auf den Ärmelkanal, der England zu dieser Zeit noch vor den Angriffen der Wehrmacht schützte. Und als wäre es des Spotts noch nicht genug, streckte er den Arm auf der Bühne zum Hitlergruß. »Bis dahin, bis dahin«, rief er. »Bis dahin stecken wir in der Scheiße.«[19] Die Franzosen ergötzten sich an der Gewitztheit, die der passive Widerstand zumindest bei den Mutigen erweckte.

In einer überfüllten Metro schoben sich zwei deutsche Soldaten ein wenig grob nach vorn. »Stoßen Sie nicht so vor, wir sind nicht mehr an der Front«, rief ihnen einer der Passagiere zu.[20] Auch drastischere Botschaften waren zu vernehmen, wenn auch arrangiert in einer Weise, die Rückschlüsse auf den Urheber nicht zuließen.

> »In einem Metrowaggon der Ersten Klasse (denn diese Herren reisen umsonst und natürlich in der Ersten Klasse; ihnen gebührt immer der beste Platz) hat Madame B. dies gelesen: ›Tod Hitler!‹ Zwei Offiziere saßen mit dem Rücken zu dieser Drohung, aber andere Boches standen; sie konnten lesen und sich einmal mehr von unseren Gefühlen für den Führer überzeugen.«[21]

Die Metro: Ort zahlloser Begegnungen zwischen Besatzern und Besetzten. Der Schriftsteller Felix Hartlaub, als Soldat in die französische Hauptstadt versetzt, beobachtete eine kleine Szene. Ein Franzose fragte einen anderen Passanten nach dem Weg. Der nannte ihn bereitwillig und gab sich über seinen Akzent als Deutscher zu erkennen. Die Informationen trafen zu – und fanden doch ungnädige Aufnahme. »Der Pariser, die Augen herauswälzend und mit angeekeltem Mund, muss erkennen, dass der Andere wirklich völlig im Bilde ist, die einzige noch benutzbare Verbindung genannt hat. Er entfernt sich in einer desperaten Diagonale über den Perron hin: ›C'est abominable – ces Boches ... ils savent tout, – ils ne savent rien, et ils savent pourtant tout.‹«[22]

Auf Dauer aber ermüdete die Konfrontation. Denn Sieger und Besiegte lebten, ob sie wollten oder nicht, fortan zusammen, mussten sich Stadt und Land teilen. Die Deutschen waren vor Ort, und sie würden so schnell nicht verschwinden. Rund vier Jahre würden sich die Franzosen mit ihrer Anwesenheit arrangieren müssen – und die Deutschen ebenso. Viele Wehrmacht-Soldaten waren nicht freiwillig vor Ort. Sie waren abkommandiert, verpflichtet, ihren Dienst zu tun. Hass auf den Gegner empfanden sie nicht. Weil zudem die Anweisungen aus Berlin einen im Vergleich zu Polen sehr behutsamen Kurs vorgaben, zeigten sich die meisten Soldaten von ihrer zuvorkommenden Seite – zumindest in dem Rahmen, in dem die Besatzungsmacht das zuließ. Nein, man sollte nicht glauben, die Soldaten hätten in der Straße eine schussbereite Waffe getragen, würde sich Jean-Paul Sartre später erinnern. In der Bahn seien sie für ältere Frauen aufgestanden, die Kinder auf der Straße hätten sie geherzt. Man habe sie angewiesen, korrekt zu sein, und daran hätten sie sich gehalten. »Und stellen Sie sich auch bei den Franzosen keinen bohrenden, verachtungsvollen Blick vor. Gewiss enthielt sich die Mehrheit der Bevölkerung jeden Kontakts mit der deutschen Armee. Aber man darf nicht vergessen, dass die Besatzung eine tägliche war. Jemand, den man fragte, was er unter dem Terror getan hatte, antwortete: ›Ich habe gelebt‹.«[23]

Gewiss, man hätte die Deutschen getötet, wenn diese Order ergangen wäre, erinnerte sich Sartre an die Haltung der Mehrheit seiner Landsleute. Aber die Dinge lagen anders, und so gewöhnte man sich an das

Miteinander. »Am Anfang schmerzte uns der Anblick der Deutschen, doch dann, Schritt für Schritt, lernte man, sie zu übersehen, sie nahmen einen institutionellen Charakter an. ... Sie erschienen uns eher als Möbelstücke denn als Menschen.«[24] Jenseits der Hauptstadt, in der Provinz, gaben sich die Menschen teils noch entspannter. An der Gegenwart der Besatzer war ohnehin nichts zu ändern, und ärgern wollte man sich auch nicht den ganzen Tag, könnte das auch nicht ertragen. Hinzu kam das natürliche Interesse des Menschen am Menschen. »In den ersten Zeiten taten sie so, als sähen sie die Deutschen nicht, ganz so als wären sie nicht da«, beschrieb der Historiker Louis Chevalier die Reaktion der Bauern in ihrer Stammkneipe in ihrem Heimatdorf in der Vendée. »Zum Schluss aber prostete man sich zu, und wenn man ein wenig getrunken hatte, duzte man sich.«[25]

Wie auf dem Land, so irgendwann auch in der Stadt. Deren Anonymität schützte die Bürger nicht vor peinlichen Begegnungen. Wenn die Deutschen seine Landsleute etwa nach dem Weg fragten, bemerkte Sartre, empfanden diese weniger Hass als erhebliche Verlegenheit. Man wurde angesprochen – und damit gezwungen, zu reagieren. Die Frage war nur: Wie reagierte man? Als unausgesprochene Regel galt, niemals das Wort an sie zu richten. Doch angesichts der verloren wirkenden Soldaten regte sich ein gewisses Mitgefühl, notierte Sartre. Die seit früher Kindheit anerzogene Gewohnheit, Hilflose nicht im Stich zu lassen, regte sich auch im Gespräch mit den fremden Soldaten. »So entschied man je nach Laune und Gelegenheit, und antwortete ›Ich weiß nicht‹ oder ›Nehmen Sie die zweite Straße links‹. Und in beiden Fällen ging man unzufrieden mit sich selbst seines Weges.«[26]

War man zu höflich zu den Besatzern? Eine Reihe Franzosen empfand es so, ohne doch dagegen angehen zu können. Die Vorstellung von dem, was angemessen, gut und richtig war, ließ sich nicht von einem auf den anderen Tag ändern. Von einmal erworbenen Verhaltensweisen trennte man sich nicht einfach so, selbst dann nicht, wenn die Situation es nahelegte. Man wäre gern unhöflich – war es im Zweifel aber trotzdem nicht, weil man Höflichkeit gewohnt war. Sich den Besatzern von gröberer Seite zu zeigen als den Landsleuten, erforderte Training und Disziplin. »Wir mussten alle die kindischen Verhaltensweisen wieder lernen, die unsere Erziehung uns ausgetrieben hatte«, erinnerte sich der Philosoph Maurice Merleau-Ponty. »Wir mussten wieder lernen, die Leute nach ihrem Äußeren zu beurteilen, mussten lernen, unhöflich auf ihre höflich vorgetragenen Anweisungen zu reagieren, vier Jahre lang an ihrer Seite zu leben, ohne auch nur eine Minute mit ihnen zu leben, uns unter ihrem Blick nicht als Menschen, sondern als ›Franzosen‹ zu fühlen.«[27]

Das ungeschriebene Gesetz der Distanz galt vor allem auf der Straße – nicht zuletzt, weil man dort nicht allein war, man stand unter Beobachtung. Den Erwartungen der Anderen galt es zu entsprechen, insbesondere im Blick auf die Deutschen. Anders hingegen im eigenen Haus, im geschützten Raum. Dort ging es teils ganz anders zu, ungleich entspannter, erlebte etwa Ernst Jünger, in Paris zum Stab des Militärbefehlshabers Otto von Stülpnagel gehörend. Anfang Juni wurde er in das Örtchen Montgé im Département Seine-et-Marne abkommandiert.

> »Ich wohne hier bei einem Herrn Patrouix und seiner Gattin, die beide schon in hohen Jahren stehen, doch noch sehr frisch und lebhaft sind. Der Mann ist Ingenieur, der während der Woche in Paris seine Geschäfte betreibt. Die Frau besorgt Haus sowie den großen Garten, der reichlich Obst und Gemüse trägt und durch sieben Quellen bewässert wird. Im Plaudern über Blumen und Früchte erkannte ich in ihr eine Dilettantin im besten Sinn. Das kommt auch darin zum Ausdruck, dass sie von den überreichen Erträgen gern herschenkt, aber nie verkauft.«[28]

Völlig ungezwungen gab sich Jünger, ganz so, als wäre er als Tourist unterwegs und stünde nicht in Diensten einer Besatzungsarmee. Die »quietistische«[29] Abstinenz von allem Politischen nahm hier und andernorts eine Wendung ins Heitere, zumindest Entspannte. Auch mit Herrn Patrouix kam er bestens zurecht. Dieser war »Katalane, in Perpignan geboren; wir unterhielten uns über seine Sprache, von der er mir erzählte, dass sie unter allen lebenden dem Lateinischen am nächsten sei. Um alt zu werden, meinte er, müsse man arbeiten; nur die Faulpelze stürben früh. Ich meine, dass man, um alt zu werden, jung bleiben muss.«

Zwangloses Geplauder, die Unterhaltung schöner Geister. Sie setzte sich auch am Tag fort, dieses Mal in anderer Gesellschaft. Nach einem Marsch erreichte Jüngers Truppe das Örtchen Villers-Cotterêts. »Dort wärmte ich mich am Herd eines Arztes, bei dem ich im Quartier lag, ein wenig auf.« Es folgte eine Unterhaltung »bei Tische«, dann aber wurde der Arzt wegen eines dringenden Falles abgerufen. Zur Gesellschaft blieb Jünger dessen Tochter zurück. »Diese, Frau eines Chirurgen, fand ich wohlbewandert und wohlbelesen; wir unterhielten uns über Marokko und die Balearen, dann über Rimbaud und Mallarmé, insonderheit über die erste Strophe von ›Brise Marine‹.«[30]

Allerdings waren die Gespräche zwischen Gastgebern und Gästen längst nicht überall so ungezwungen. Auch die Familie des Schriftstellers François Mauriac beherbergte ein Mitglied der Wehrmacht. Die Atmosphäre war nicht feindlich, aber doch alles andere als entspannt. »Gestern kam der Kommandant in den Salon, um sich meinen Eltern vorzustellen«, erinnerte sich Mauriacs Sohn Claude.

> »Jung, von sympathischem Äußeren, vornehm, mit großem Bestreben, korrekt zu sein. Aber er spricht unsere Sprache nicht und wir nicht die seine. Welch Graben zwischen uns liegt. So viele Verletzungen. Catherine (die aus dem Elsass kommt) dient als Dolmetscherin. Die Unterhaltung stockt zunehmend. Jeder strengt sich an und entschließt sich, diejenigen Worte zu äußern, die er jeweils kennt.«[31]

Eine forcierte Höflichkeit, die letztlich aber nicht weiterhilft.

> »Er wagt es nicht, zu gehen. Wir wagen nicht, ihm ein Zeichen des Aufbruchs zu geben. Die Minuten ziehen sich hin. Wir halten es kaum mehr aus. Schließlich geht er zum Essen. … Nach dem Essen treffen wir ihn wieder. Man kann ihn nicht bitten, wegzugehen. Man muss ihm einen Sitz anbieten, wenigstens die entsprechende Geste ausführen. Doch er nimmt die Geste wörtlich.«

So sah es aus, das Drama der deutsch-französischen Kommunikation in Jahren, die dafür kaum gemacht waren. Das einfache Gespräch, gedacht als Kontakt von Mensch zu Mensch, scheiterte an den Umständen. Vor ihnen ging selbst die entschlossenste Illusion irgendwann in die Knie – der Rest war Schweigen. »Papa, nachdem er durch den Salon geirrt war und am Kaminfeuer ein wenig gegähnt hatte, entschloss sich, ein Buch in die Hand zu nehmen, für das er sich zu interessieren versuchte. Mama strickte. Und er, der große Junge, lachte, wobei er die Augen der zwei hübschen, feindlichen Mädchen, Claire und Luce, verschlang.«[32]

Vor Chartres

Die beklemmende Atmosphäre, die Mauriac beschreibt, hat der Schriftsteller Jean Marcel Adolphe Bruller alias Vercors in einer beklemmenden Novelle, *Le silence de la mer* (Die Stille des Meeres), umrissen. Im Haus eines Schreinermeisters auf dem Land wird ein deutscher Offizier, Werner von Ebrennac, einquartiert. Trotz seines Namens ist der Träger ein geborener Deutscher, dazu ein Offizier der Wehrmacht. Er könnte ein Hugenotte sein, vermutet der Ich-Erzähler, ein Schreinermeister, der das Haus zusammen mit seiner Nichte bewohnt. Es bleibt bei der Vermutung, denn der Gastgeber wider Willen wird seinen Gast nicht fragen. Kein Wort wird er während dessen über Monate sich hinziehenden Aufenthalt an ihn richten. Er nimmt die Anwesenheit des Fremden hin, fügt sich dem unbedingt Notwendigen, also der Versorgung seines Gastes – doch dabei belässt er es. Der Fremde bleibt für ihn, was er ist: ein Eindringling. Und doch, der französische Name des ungebetenen Gastes ist ein Wink: Denn dessen Beziehungen zu dem besetzten Land gehen weit über das militärisch Notwendige hinaus. Ebrennac ist frankophil, um das Mindeste zu sagen. Er begeistert sich für die Literatur des unterworfenen Landes und ist gründlich mit ihr vertraut. Mit Respekt und Hingabe betrachtet er die Bücherregale im Haus des Schreiners, bestückt mit den französischen Klassikern, die ihm allesamt vertraut sind. »Ich brauche Frankreich jetzt«, vertraut er seinen beiden eisern schweigenden Gastgebern an. »Aber ich verlange viel: Ich verlange, dass das Land mich aufnimmt.« Doch Ebrennac weiß, dass sein Wunsch unter den derzeitigen Bedingungen unmöglich ist: »Es ist sinnlos, dies zu wünschen, wenn man als Fremder, Reisender oder Eroberer in das Land kommt.«[33] Ebrennac macht sich keine Illusionen: Er kommt nicht nur als Fremder oder Reisender, er kommt als Besatzer. Eben dies stellt sich seinem Wunsch entgegen, von Frankreich – von den Franzosen – willkommen geheißen, geschätzt zu werden. Er, der so gern ein Teil jenes Landes wäre, das zu erobern er gekommen ist – er weiß, dass sein Wunsch auf Erfüllung nicht rechnen kann. Klar ist ihm auch: Das, was er gerne hätte, kann er nur erbitten, aber nicht erzwingen.

> »Frankreich gibt nichts – denn man kann ihm nichts nehmen. Sein Reichtum, sein großer Reichtum, man kann ihn nicht erobern. Man muss ihn an der Brust des Landes trinken, man kann ihn sich nicht einfach nehmen. Es müsste so sein, dass Frankreich seine Brust in mütterlicher Bewegung, mütterlichem Gefühl anbietet. ... Ich weiß wohl, dass das von uns abhängt. Aber es hängt auch von ihr ab. Sie müsste unseren Durst verstehen. Und sie müsste akzeptieren, ihn zu stillen. Sie müsste akzeptieren, sich mit uns zu vereinen.«

Sie müsste. Aber sie konnte nicht. Das war das Dilemma, und es war auch das der über Monate eisern schweigenden Gastgeber. Gewiss, der gute Wille ihres Gastes bewegte sie, den Panzer des Schweigens zu tragen kostete Energie. Der menschliche Impuls, der Wille zum Gespräch ließ sich allzu oft nur mit Mühe kontrollieren. Doch der politische Verstand behielt die Oberhand, und das aus guten Gründen. Worum es ging, illustriert ein weiteres Wort, das der Gast an die stummen Gastgeber richtet:

> »Das Schicksal hat mich über Chartres geführt. Ach, wirklich: Als mir die Kathedrale über den reifen Feldern erschien, ganz blau aus der Ferne, dazu transparent, unkörperlich, das war eine starke Empfindung! Ich stellte mir die Gefühle jener vor, die einst zu ihr kamen, zu Fuß, zu Pferd oder in einer Kutsche ... Ich teilte diese Gefühle und liebte diese Menschen, und wie gerne wäre ich ihr Bruder!«[34]

Doch daraus wird nichts, kann nichts werden, und den Grund kennt Ebrennac: Er ist im falschen Fahrzeug angereist. Chartre mag man sich auf vielerlei Weise nähern. Aber auf keinen Fall auf jene, in der er es tat. Ja, er teile die Gefühle der Pilger, unbedingt. Aber: »Das ist zweifellos schwer zu verstehen bei einem Mann, der in einem großen Panzer nach Chartres kam. ... Und doch ist es wahr.« Subjektive und objektive Wirklichkeit bilden einen Widerspruch, der sich nicht auflösen lässt. Zu sehr gehen guter Wille und äußere Umstände auseinander, als dass sie sich miteinander vereinbaren ließen. Am Ende, nach einem Urlaub in Paris, erkennt Ebrennac es selbst: Er ist Teil eines Besatzungsapparats, einer Armee, der viele Soldaten angehören, die mit Frankreich nichts Gutes im Sinn haben. Für ihren Geschmack gehört das Land absolut und rigoros unterworfen. Es ist nicht nur militärisch, sondern auch kulturell zu bezwingen. Ebrennac kann diese Haltung nicht hinnehmen. Da er sie aber auch nicht ändern kann, lässt er sich abkommandieren: Er geht an die Ostfront. In eine Region, bei deren Unterwerfung ihm weniger unwohl ist. Dem militärischen Apparat bleibt auch der Feingeist unterworfen.

Le silence de la mer erschien im Verlag *Éditions de Minuit* – gegründet 1941 von Vercors und seinem Schriftstellerkollegen Pierre de Lescure. Die Novelle war die erste Veröffentlichung des im Untergrund operierenden Verlagshauses. Sie bildete den Auftakt zu einer Reihe weiterer, der *Résistance* verbundener Texte. Gewiss nahm Vercors mit seinem kurzen Werk das Risiko auf sich, das Bild eines Soldaten zu umreißen, der in den Reihen der Wehrmacht eine Ausnahme darstellte, dessen Respekt für und Liebe zu dem Land aufrichtig war. Eben dadurch stellte er sich den Anspruch, das Verhältnis zwischen Siegern und Besiegten auch in seinen abgründigen Verhältnissen auszuleuchten, den Blick auch auf die Zwischentöne und Ambivalenzen zu lenken, die sich in diesem Verhältnis ergeben könnten. Es mochte schwierig sein, das eiserne Schweigen durchzuhalten, so kann man die Novelle verstehen. Doch letztlich war es gerechtfertigt: Die Deutschen waren und blieben Mitglieder einer Besatzungsarmee. Werner von Ebrennac mochte die Ziele der Armee nicht gutheißen. Das hinderte ihn nicht, ihr dennoch zu dienen.

Er selbst mochte ein nachdenklicher Repräsentant seines Volkes sein. Doch viele Deutsche, bemerkten die Franzosen, schienen wie verhext von den Worten ihres Führers, seinem Versprechen, dem Reich den Osten Europas als neues Siedlungsgebiet einfügen zu können. »Wäre der Deutsche«, fragte sich Léon Werth im Februar 1943, »ein rein metaphysisches Tier, dem man, ohne dass er Widerstand leistete, alle Möglichkeiten des Irrealen präsentieren kann?«[35] Wenn dem so war, dann war aller Kontakt mit ihm sinnlos. Gespräche und Verhandlungen führten zu nichts, da der Feind, losgelöst von aller Wirklichkeit, die Argumente seines Gegenübers nicht verstand. Der Feind hatte den Kontakt zur Realität verloren, weshalb Vernunft auch jetzt, da er vor Stalingrad eine vernichtende Niederlage erlitten hatte, von ihm nicht zu erwarten war. Freundlich die einen, unnahbar die anderen: Je nach Charakter und Situation fielen die Reaktionen der Besiegten auf die Sieger ganz unterschiedlich aus. Die Lage verhärtete sich im Jahr 1942, als erstmals Geiseln erschossen und Juden deportiert wurden. Fortan schwand die Bereitschaft der Franzosen, hinter den Soldaten im Zweifel auch Menschen zu sehen. Unter dem Druck einer Besatzungsmacht, die sich Teilen der Bevölkerung gegenüber immer rücksichtsloser gebärdete, blieb für Nuancen kein Raum. Zu schauen, wer wie handelte und warum, machte im Augenblick der Gefahr keinen Sinn mehr. Im Zweifel waren alle Deutschen Feinde, ihre Anwesenheit zwang den Unterlegenen immer größere Opfer auf. Der sich nahende Winter drohte furchtbar zu werden, sorgte sich Jean Guéhenno. Die Arbeiter flohen vor der Requisition. »Unsere verängstigten Gastgeber, zu denen der Sieg nicht kommen will, organisieren den Terror. Seit zwei Jahren habe ich den Hass wie einen Baum wachsen sehen.«[36]

Die Stimmung verdüsterte sich. Auch Ernst Jünger spürte, dass die Gefühle sich wandelten. Mitte August 1942 kaufte er sich, gekleidet in Uniform, in einem Pariser Schreibwarengeschäft ein neues Notizbuch. »Ein junges Mädchen, das dort bediente, fiel mir durch den Ausdruck seines Gesichtes auf: es wurde mir deutlich, dass es mich mit erstaunlichem Hass betrachtete.« Geradezu mit Wollust bohrten sich ihre Augen in die seinen, notierte er, ganz so, wie vielleicht ein Skorpion den Stachel in seine Beute bohrt. »Ich fühlte, dass es derartiges seit langem nicht unter Menschen gegeben hat.«[37]

Noch war die Ablehnung diffus. Doch sie begann organisierte Formen anzunehmen, floss in versteckte Zusammenschlüsse und Bündnisse. Die Anwesenheit der Deutschen, waren sich die Konspirateure einig, war nicht mehr lange hinzunehmen. Aus dem Land vertreiben konnte man sie nicht. Aber ihren Aufenthalt erschweren, ihn zu einem Risiko für sie machen, das war möglich. Außerdem erlitten die Deutschen an ihrer Ostfront immer größere Verluste. Darum würden sie sich dort neu organisieren müssen, was Abzug der Kräfte anderswo – etwa in Frankreich – bedeutete. Diese Schwäche galt es auszunutzen. Womöglich machte der Kampf aus dem Untergrund heraus mehr Sinn als zunächst angenommen? Nicht wenige waren davon überzeugt. Es organisierte sich der Widerstand, es bildete sich die *Résistance*.

TEIL III

Reaktionäre und Mörder: Pétain und sein Regime

»Eine neue Ordnung beginnt« Kulturkampf in Vichy

Die Legenden formen sich unter unseren Schritten.
Schon verdüstert die Nostalgie den Glanz
eines Landes, das sich auflöst

André Frénaud, Vieux Pays

Der Spazierstock weckte Begehrlichkeiten. Tag für Tag hatte er in der Hand des alten Mannes gelegen, ihn auf seinen Wegen begleitet, war Zeuge von Gesprächen höchster Bedeutsamkeit geworden. In diesem Stock verdichtete sich die französische Politik der vergangenen Monate, und darum war es mehr als angemessen, sich in seinen Besitz zu bringen. So erzielte er, als Philippe Pétain, Staatspräsident von Frankreich, ihn Ende September 1941 anlässlich einer Wohltätigkeitsveranstaltung für eine Versteigerung spendete, die stolze Summe von 144.000 Franc.[1] Auch wenn über den Käufer nichts bekannt wurde, konnte man annehmen, dass der Erwerb für ihn eine Herzensangelegenheit war. Immerhin hatte er sich so in symbolische Nähe zu einem Mann gebracht, der vielen Franzosen als ganz und gar außergewöhnlich erschien. »Was für eine Gnade, in der Zeit eines Menschen zu leben, von dem man bereits jetzt weiß, dass er die Geschichte überschreiten und in das Reich der Legende treten wird«, schrieb etwa der Autor René Benjamin in seinem 1941 erschienenen Buch *Le Marechal et son peuple* (»Der Marschall und sein Volk«). Die Gründe für diesen Austritt aus der gewöhnlichen Geschichte lägen auf der Hand, war der Autor überzeugt: »Das Abenteuer seines Lebens bewegt die Herzen, es spricht den Dichter mehr als den Historiker an.«[2]

Das Abenteuer dieses Lebens bewegte die Herzen in der Tat. Systematisch unterfüttert durch nicht abreißende Propaganda, machte vom Juni 1940 an in der französischen Öffentlichkeit das Bild eines Mannes die Runde, der wie kein anderer geeignet sei, Frankreich zu retten – vor den Folgen der Niederlage, ebenso sehr und vielleicht noch mehr vor sich selbst. Denn Frankreich, so stellten Pétain und viele Personen aus seinem engsten Umfeld es dar, sei nicht nur politisch, sondern auch und vor allem moralisch verloren. Das Land sei vor allem an den Lastern der Moderne – seiner überzogenen Liberalität und republikanischen Gleichmacherei – gescheitert. Zu sehr habe es sich dem Geist der Zeit verschrieben, habe nach dem Abschied von Hierarchien und Eliten, die das Land lange mit größtem Erfolg regiert hätten, einen Weg eingeschlagen, der im Juni 1940 an sein unausweichliches Ende geführt habe: die Kapitulation vor einem Feind, dessen sich die Franzosen hätten erwehren können. Doch dazu hätte es eine andere Moral gebraucht: Demut, Hingabe, Opferbereitschaft – allesamt Tugenden, von denen sich die Franzosen in den letzten Jahrzehnten verabschiedet hätten. Und er, Philippe Pétain, war gekommen, seinen Landsleuten diese Tugenden wieder einzupflanzen. Von einem »immensen Wettbewerb der Angst, der kleinlichen Interessen und der Verzweiflung« hatte Pétains politischer Widersacher, der junge General de Gaulle, mit Blick auf die seelische Verfassung seiner Landsleute nach der Niederlage gesprochen.[3] Doch diese gründeten ihre Hoffnung überwiegend nicht auf den Kommandanten, sondern auf den Kriegshelden von Verdun. Von ihm erwarteten sie nicht nur eine kluge Politik gegenüber den deutschen Machthabern. Sondern auch – und vielleicht noch viel mehr – einen kulturellen Neubeginn, die Erlösung von einer Gegenwart, die in jenen Sommermonaten 1940 grau in grau erschien. »Es brauchte eine große moralische Reform, um uns zu erlauben, unserem Ideal ins Gesicht zu schauen«, schrieb der dem Präsidenten verbundene Schriftsteller Alfred Fabre-Luce. »Die konnte allein Pétain angehen. Diese Reform stellt die wirkliche Legitimation des Waffenstillstands dar.«[4] Pétain schien die besten Anlagen der Franzosen zu verkörpern, in seinen Tugenden spiegelten sich die verborgenen Möglichkeiten seines Volkes. »Pétain, das ist Frankreich«, versicherte 1940 der Erzbischof von Lyon, Kardinal Pierre-Marie Gerlier. »Und Frankreich, das ist Pétain.«[5] Gut zwei Jahre später, im August 1942, korrigierte sich Gerlier zumindest in Teilen: Ohne zu Pétain persönlich auf Distanz zu gehen, kritisierte er die Massenverhaftungen und die Deportation der Juden:

»Auf der Grundlage von Gewalt und Hass können wir die neue Ordnung nicht aufbauen. Errichten wird man sie und mit ihr den Frieden nur in Achtung vor der Gerechtigkeit, in der wohltuenden Vereinigung von Geist und Herz, zu der uns die große Stimme von Marschall Pétain einlädt und zu der das uralte Prestige unseres Vaterlandes wieder erblühen wird.«[5]

Doch noch war es nicht so weit, noch schien Pétain seinen Anhängern eine makellose Ordnung zu versprechen.

Und dies geschah von Vichy aus, Heilbad der Könige im Herzen Frankreichs, gelegen in der Region Auvergne-Rhône-Alpes, rund 160 Kilometer nordwestlich von Lyon und von Juli 1940 an der neue Sitz der frisch ins Amt berufenen französischen Regierung.

Schon der Name verweist auf die Heilkraft der Stadt: die *Aquis calidis*, die »heißen Wasser«, entdeckt von den Römern um die Mitte des ersten vorchristlichen Jahrhunderts. Vom 17. Jahrhundert an wurde der Ort zum Thermalbad ausgebaut. In dessen Wasser stieg 1676 auch die vom Rheuma geplagte Marie de Rabutin-Chantal, Marquise de Sévigné. »Man geht sechs Stunden zu der Quelle. Alle Welt findet sich dort ein. Man trinkt – und setzt unwillkürlich eine missmutige Miene auf. Denn Sie müssen sich vorstellen, wie heiß und voll unangenehmen Schwefelgeschmacks dieses Wasser ist.«[7] Und doch habe die Kur eine heilsame Wirkung, bemerkte die Marquise. Die Vorzüge der Quelle sprachen sich herum. Knapp 200 Jahre später war sie so überlaufen, dass die Verwaltung alle Mühe hatte, die Bedürfnisse ihrer Gäste zu erfüllen. »Leider steigt das Aufkommen der Badenden so sehr, dass die Zahl der Wannen völlig ungenügend ist«, berichtete 1849 der Reiseschriftsteller Hyacinthe Audiffred.[8] Doch das sei nicht der einzige Missstand, so der Autor. »Da es häufig an Mineralwasser fehlt, sieht man sich gezwungen, ihm Flusswasser hinzuzufügen. Aber dieser erhebliche Nachteil wird bald dank eines Versorgungsbeckens verschwinden, das man gerade im alten Kapuzinerkloster einrichtet und dessen Bau alsbald vollendet sein wird.«

Es wurde gebaut in Vichy. Neue Anlagen wurden entworfen, die die beiden zentralen Attraktionen des Ortes, Gesundheit und Vergnügen, immer enger mit einander verzahnten. »Vichy lässt sich von Jahr zu Jahr immer weniger mit anderen Städten vergleichen«, hieß es 1876 in der *New York Times*. Voll des Lobes war die Zeitung für »den Komfort und die

Raffinesse, mit der den Patienten das Angebot serviert wird: Promenaden, Parks, Casino, Theater – nichts fehlt.«[9] In den folgenden Jahrzehnten zog der Luxus immer weitere Gäste an. 1910 zählte das Städtchen 140 Hotels, dazu über 660 geräumige Wohnhäuser und Villen. Gut 20 Jahre später sorgte ein Flughafen dafür, dass auch die Anreise möglichst bequem war. In direkter Anbindung konnten die Gäste das Heilbad nun von Genf, Marseille, Nizza, Cannes oder London erreichen. Selbst für eine zügige Anreise aus den nordafrikanischen Kolonien war fortan gesorgt. In den 1930er-Jahren bevölkerten während der warmen Sommermonate bis zu 200.000 Besucher den Ort.

Mit all dem war im Sommer 1940 Schluss. Am 10. Juni flüchtete die Regierung von Paris nach Tours. Doch dort waren die Arbeitsbedingungen ungenügend, sodass sie weiter nach Bordeaux zog. Da die Stadt am Atlantik aber unter deutsches Herrschaftsgebiet fallen würde, musste das Kabinett erneut weichen, dieses Mal nach Clermont-Ferrand. Allerdings war die Stadt am Rand des Zentralmassivs für den Ansturm so vieler Würdenträger nicht gerüstet. Einen Tag lang hatte sie die Ehre, französische Hauptstadt zu sein, bevor sie die Rolle an Lyon weitergab. Doch die Stadt der Seidenweber war ebenfalls auf so viele neue Gäste nicht vorbereitet. Außerdem konnten seitens der für ihre Renitenz bekannten Arbeiter massive Proteste gegen das Regime ausbrechen. So fasste das Wander-Kabinett einen weiteren, diesmal endgültigen Ortswechsel ins Auge. Vichy verfügte zumindest theoretisch über hinreichende Unterkunftsmöglichkeiten, auch war von der Bevölkerung des gediegenen Ortes allzu massiver Einspruch nicht zu erwarten. Zudem war die geografische Lage der Stadt im Herzen Frankreichs ein Argument. Von dort ließ sich halbwegs zügig in die Hauptstadt des besetzten Landesteiles, nach Paris, reisen. So wurde Vichy am 9. Juli 1940 offiziell zum provisorischen Sitz der Regierung und der beiden Parlamentskammern erklärt.

Doch selbst in der Kurstadt fehlte es an freien Unterkünften: Der Tross der politischen Eliten und der ihnen hinterherziehenden Staatsdiener war einfach zu groß. Deshalb mussten mehrere Hotels geräumt werden, sehr zum Unmut der dort weilenden Kurgäste. »Ich war im Hotel du Parc und wusste von nichts«, beschwerte sich eine dort logierende Dame. »Ich hatte niemanden gefragt. Und plötzlich beschlagnahmt man mein Zimmer! Und dann setzt man mich wie eine unanständige Person auf die Straße, zusammen mit meiner Hofdame, meinen beiden Zimmerfrauen und meinen drei Skye Terriern! Für wen hält man mich? Für eine Dahergelaufene?«[10]

Fortan von Vichy aus regiert, durchlief Frankreich radikale Veränderungen, außen- und mehr noch innenpolitisch. Die am tiefsten einschneidende war eine der politischen Geografie: Frankreich hatte aufgehört, als zusammenhängender Staat zu existieren. Stattdessen sah sich das Land in fünf verschiedene Teile zerstückelt: Die Demarkationslinie trennte den besetzten nördlichen von dem (zumindest auf dem Papier) unabhängigen Teil im Süden. Elsass-Lothringen fand sich als Teil Deutschlands wieder; zwei Landesteile im Nordosten – die Départements Pas-de-Calais und Nord – unterstanden dem deutschen Befehlshaber in Belgien. Zudem war eine »reservierte« Zone im Nordosten und Nordwesten entlang der Kanalküste und der Schweizer Grenze eingerichtet worden, die die französische Bevölkerung nur mit Schwierigkeiten betreten konnte. Und von Herbst 1941 an wurde im Westen, von der Ärmel- bis zur Atlantikküste, eine »verbotene Zone« eingerichtet, in der Franzosen sich nur unter schärfsten Auflagen aufhalten durften. Im äußersten Südosten schließlich hielt Hitlers Verbündeter Mussolini, begierig auf den zu verteilenden Kuchen, eine kleinere Zone rund um die Stadt Menton besetzt.

Schon der rigorose Zuschnitt des besetzten Landes deutete es an: Die Deutschen besaßen absolute Verfügungsgewalt. Gegen ihren Willen war nichts möglich, jede Entscheidung von einiger Relevanz bedurfte ihrer Zustimmung. So hatte sich auch die Regierung in Vichy den Besatzern zu beugen, mochte sie nominell auch im »freien« Teil des Landes liegen. Es entsprang einem gewissen Pragmatismus, dass Pétain seine Politik den neuen Machtverhältnissen anpasste. Doch ging er über das Notwendige weit hinaus. Die neue Regierung erwies sich als willige Helferin der Besatzer, und zwar in immer deutlicherer Tendenz: verhalten in den ersten Monaten, seit der Invasion der freien Landesteile im November 1942 immer entschiedener. Nicht jede Anweisung der Besatzung trug die Regierung überzeugt mit. Aber immer klarer zeigte sich, dass die Niederlage für Pétain und seine Anhänger auch eine Gelegenheit war, das Land nach ihren Vorstellungen zu formen und grundlegend zu verändern. Pétain sprach nicht mehr von der »Republik«, sondern vom *État francois*, dem »französischen Staat«. Markiert war damit die deutliche Abkehr von den Werten dieser Republik.

»Übergang, Dekadenz«

Damit traf er den Nerv nicht weniger Landsleute. Frankreich, so der Eindruck vieler Bürger, hatte schlechte Jahre hinter sich, eine Epoche politischer, kultureller und sozialer Stagnation, die nahezu unausweichlich in eine Niederlage münden musste. Luzide Analysen des Debakels wie die des Historikers Marc Bloch waren noch kaum bekannt, und so sahen die meisten Franzosen die Gründe in anderen, vermeintlich »tieferen« Missständen. Die verorteten sie vor allem in den 1930er-Jahren – in ihrer Wahrnehmung ein verlorenes Jahrzehnt. Lange Zeit hatte sich Frankreich als ein stabiler und moderner Staat erwiesen, mit den Bauern als Sockel der Gesellschaft und einem die wirtschaftliche Entwicklung vorantreibenden Mittelstand. Dann aber geriet die gewohnte Ordnung unter Druck. Insbesondere nach dem Ersten Weltkrieg ging der Anteil der Landbevölkerung zurück. Der Schwund war zwar weniger scharf als in anderen westlichen Ländern, war aber in einer langen Phase des Niedergangs zwischen 1906 (43 Prozent Bevölkerungsanteil) und 1931 (36 Prozent) durchaus bemerkbar.[11] Immer mehr Menschen wanderten in die Städte, deren einfache Quartiere die Neuankömmlinge bald kaum mehr fassen konnten. Die Renault-Fabrik bei Boulogne-Billancourt etwa beschäftigte im Jahr 1900 gerade 110 Arbeiter – im Jahr 1929 waren es 20.000. Lebten im Stadtteil Bobigny im Jahr 1911 rund 3700 Personen, drängten sich 20 Jahre später dort über 17.000 Bewohner. Sie sahen sich in eine Umgebung versetzt, deren gesamte Anlage und Anmutung vor allem auf eines zielte: das Zusammenleben so vieler Menschen möglichst effizient und reibungslos zu organisieren – Wohnmaschinen ohne Charme und Anmut, nüchterne Zweckarchitektur der sich formierenden Massengesellschaft.[12]

In den etablierten Schichten löste die wachsende Arbeiterschaft einige Sorge aus: In jener Masse desillusionierter Menschen würde der

Kommunismus gewiss eine große Anhängerschaft rekrutieren. Tatsächlich holte der kurz zuvor gegründete *Parti communiste français* bei den Parlamentswahlen 1924 in den Vorstädten von Paris rund ein Viertel der Stimmen. Ende der 1920er-Jahre umgesetzte Sozialreformen – Sozialversicherung, kostenloser Schulunterricht für Bedürftige, Familienförderung – erwiesen sich als geeignete Instrumente, der kommunistischen Versuchung wenigstens einen Teil ihrer Anziehungskraft zu nehmen.

Doch die Bemühungen erhielten einen Dämpfer, als zu Beginn der 1930er-Jahre die Große Depression auch Frankreich erreichte. Im Spätsommer 1931 hatte sich Großbritannien vom Goldstandard getrennt. Auch andere Nationen werteten ab. In der Folge wurde der Franc rasch teurer. Die Exportwirtschaft kam ins Straucheln, die Industrie fuhr ihre Produktion um 17 Prozent zurück – auch darum, weil sich die demografischen Folgen des Ersten Weltkriegs nun mit aller Kraft bemerkbar machten: Im Jahr 1939 lebten in Frankreich 41,5 Millionen Menschen – etwas weniger als im Jahr 1913, als man als 41,6 Millionen Einwohner zählte.[13] Die Wirtschaft geriet in einen Teufelskreis: Die Modernisierung blieb aus, sodass die Hersteller im Vergleich zur internationalen Konkurrenz immer weiter zurückfielen.[14] In dieser Situation setzte die Regierung auf eine harte Austeritätspolitik, die besonders den Mittelstand traf.

Republik ohne Mythos

Auch politisch stagnierte das Land. Im Jahr 1932 versuchte ein Bündnis aus Sozialisten und bürgerlichen »Radikalen«, der wirtschaftlichen Probleme Herr zu werden, und zwar ungeachtet der programmatischen Widersprüche der Partner: auf der einen Seite die Sozialisten mit ihrem Plan einer 40-Stunden-Woche und auf der anderen die »Radikalen« mit ihrem Credo einer liberalen Wirtschaft, in der die Kräfte des Marktes letztlich zueinander finden würden. Die Koalitionäre dieses Bündnisses wurden sich ebenso wenig einig wie die der folgenden Regierungen: Allein zwischen 1932 und 1934 wechselten sechs Kabinette einander ab.

Die Schwäche ihrer Regierungen bereitete vielen Franzosen Unbehagen. Sie fürchteten, das Erreichte zu verlieren, die Früchte ihres Lebenswerks nicht ernten zu können. Ihre Sorgen waren der Stoff, aus dem alle diejenigen Energie zogen, die aus ganz anderen Motiven gegen die Republik zu Felde zogen und die Idee der parlamentarischen Demokratie grundsätzlich ablehnten. Monarchisten, konservative Katholiken, rechte bis rechtsextreme Politiker und Intellektuelle schossen sich nicht nur auf einzelne Kabinette oder deren Mitglieder, sondern auf die Staatsform als solche ein. Die Politiker seien ideenlos und ausgelaugt, so der Vorwurf, unfähig, das Land aus der wirtschaftlichen Talsohle herauszuführen. Die Republik als solche habe ihre Bindekräfte verloren, so die Diagnose. Sie sei nicht mehr in der Lage, die Bevölkerung zusammenzuhalten. Die Nation habe keine gemeinsamen Ziele mehr, keine Identität, auf die sich eine lebenswerte Zukunft gründen lasse. Die Identität des Bürgers war nur noch die eines ausschließlich rechtlichen Subjekts, mit anderen Bürgern allein durch Verträge verbunden, aber nicht mehr – jedenfalls nicht mehr ausschließlich – durch gemeinsame Überzeugungen und Ideale, auf denen sich eine auch emotional empfundene Gemeinschaft hätte gründen lassen. Giftige Einwürfe, die der politischen Kultur auf Dauer zusetzten. »Die Republik identifiziert mit dem demokratischen Staat und empfunden als Modell der öffentlichen Moral und die Grundlage der nationalen Identität gerät in eine Krise, wenn man sie mit dem Sumpf der Skandale und den unglücklichen Fehlleistungen des parlamentarischen Regimes identifiziert«, umreißt der Historiker Pierre Laborie die Mechanismen jener Zeit. »In Frage gestellt von einem Teil der Linken, die eine soziale Ordnung kritisieren, zu deren Erhalt sie beitrüge, ist sie zudem den Hassgefühlen der extremen Rechten ausgesetzt, die bisweilen sogar das Existenzrecht der Nation selbst bestreiten.«[15]

Aus der Perspektive der Rechten schien der Monarchist Charles Maurras Recht zu behalten. Er hatte bereits seit der Jahrhundertwende vor dem angeblichen Zerfall des Landes gewarnt. Eine der größten Geißeln der Moderne sei der Individualismus, hatte er seinen Lesern wieder und wieder eingeschärft. Denn dieser führe die Franzosen aus den stabilen monarchischen Verbänden, in denen sie bislang ganz im Einklang mit sich selbst und im Bewusstsein gelebt hätten, Teil eines umfassenden Ganzen zu sein, auf den Irrweg eines ruinösen, die Gemeinsamkeiten aushöhlenden Eigensinns. Wenn ein Staat sich in eine Republik verwandle, so Maurras in seinem im Jahr 1900 publizierten *Essay Enquête sur la monarchie* (»Untersuchung über die Monarchie«), dann entwickle sie sich von einer Gesellschaft der regelmäßigen und wohlorganisierten Produktion zu einer des bloßen, gedankenlosen Konsums.

> »Dies bedeutet den Raubbau an den moralischen und physischen Ressourcen des Staates. Die persönlichen Interessen zerstören das Interesse der Allgemeinheit. Als Parasiten leben sie von diesem allgemeinen Interesse, sie können ihm nicht mehr dienen. Ein dunkler, immer weiter wachsender Spalt tut sich unter den Bürgern auf, die fortan der Tyrannei der Gruppen ... unterworfen sind, auf die dann die Eroberung durch das Ausland folgt, die aus der allgemeinen Erschöpfung resultiert.«[16]

Maurras' Warnung schien sich in den frühen 1930er-Jahren mehr und mehr zu bestätigen. Der ökonomischen folgte die politische Depression, verstärkt durch den Eindruck, dass Europa unter dem Diktat autoritärer Führer wieder auf eine militärische Krise zusteuere. »Wir verbrachten unsere Jugend im Vorzimmer des Todes«, notierte ein Zeitzeuge im Jahr 1932.

> »Nach dem Krieg standen wir der Welt nackt gegenüber, ohne Loyalitäten, ohne einen festen Standpunkt. ... Wir hatten gehofft, dass aus dem Krieg eine große Erneuerungsbewegung entstünde, eine neue Sicht der Welt. Wir sahen, wie alte Männer, die weder das Töten hatten vermeiden noch einen Frieden schaffen können, wieder die Macht übernahmen, ohne dass sie etwas gelernt und stattdessen alles wieder vergessen hatten.«[17]

Der Stillstand beunruhigte auch jene Beobachter, die zwar konservative Vorstellungen vertraten, ohne darum aber Sympathien für rechtsextreme Positionen zu empfinden. »Die Republik«, schrieb 1932 der konservative Schriftsteller Henri Petiot alias Daniel-Rops, »weckt bei den jungen Menschen keinen Enthusiasmus mehr. Mit den politischen Idealen verhält es sich wie mit den intellektuellen Werten: diejenigen, für die sich die Jugend nicht mehr zu opfern wünscht, sind krank. Doch die Republik fordert keine Opfer mehr, denn weder wird sie attackiert noch will sie attackiert werden. Es gibt keine wirklich großen politischen Kämpfe mehr.«[18]

Opferbereitschaft, kranke Werte, Kämpfe: Schon die Begriffswahl deutet an, wie aufgeladen die Diskussion war, wie groß die Enttäuschung über den ausbleibenden Fortschritt. Ebenfalls zeigt sie, wie groß die Erwartungen an die Politiker waren: Die Personen an der Staatsspitze sollten nicht bloß regieren – sie sollten inspirieren, die Politik in einen emotionalen Akt verwandeln, der die Bürger mitreiße, passive Beobachter in glühende Gestalter verwandle. Politik, das war Leidenschaft und Entschlossenheit, Dienst nicht an der Gesellschaft, sondern, ungleich empathischer, an der Gemeinschaft. In Zeiten ausbleibenden Fortschritts schienen derlei Diagnosen auch weiten Teilen des Mittelstands von einiger Evidenz. So wie bisher, so ihr Eindruck, konnte es nicht weitergehen. »Ich habe die 30er Jahre in Verzweiflung über die französische Dekadenz verbracht, mit dem Gefühl, dass Frankreich in einem Nichts versinke«, erklärte Jahrzehnte später der Philosoph Raymond Aron. »Im Grunde existierte Frankreich nicht mehr. Das Land existierte nur noch durch den Hass der einen Franzosen auf die anderen.«[19]

Der Großteil der Intellektuellen mied zwar extreme Standpunkte, empfand aber Unbehagen an einer Moderne, deren Schattenseiten die Republik nicht mehr in den Griff bekam.

> »Ganz allgemein kann man sagen, dass in einer Gesellschaft, die wie unsere durch die Mechanismen der Banken, Industrien und des Staates beherrscht wird und die zugunsten dieser Mechanismen den Menschen schikaniert und unterdrückt – und zwar selbst dann, wenn sie vorgibt, ihn zu fördern –, unsere Jugendbewegungen versuchen, den Werten der Person erneut zum Triumph zu verhelfen«,

schrieb etwa der Historiker Robert Aron in seinem 1935 publizierten Essay *Dictature de la libérté* (»Diktatur der Freiheit«). »In ihnen sehen sie den wahren Grund des Daseins und die einzige Rechtfertigung einer wirklichen Gesellschaft.«[20] Ähnlich sah es der katholische Philosoph Emmanuel Mounier, Gründer der Zeitschrift *Esprit*. Er assoziierte die Republik mit Begriffen wie »Verkommenheit«, »Dekadenz«, »Ekel«. »Diejenige Ideologie, die wir bekämpfen, ist die des Jahres 1789. Das Individuum ist seiner Substanz entleert und von seinen Wurzeln gekappt. Es ist eine Leerstelle, die sich zwischen neutralen und austauschbaren Individuen befindet.«[21]

Andere aber nutzten die ideologisch-psychologische Leere, die im Zentrum der Republik klaffte. Eine der prominentesten Bewegungen war zunächst die 1898 von Maurras gegründete *Action française*, ein Verband unentwegter Monarchisten, viele von ihnen zugleich militante Antisemiten und Rassisten. Mit deren Existenz hatte die Republik zu leben gelernt. Doch die jüngeren Anhänger Maurras' verloren allmählich die Geduld mit ihrem Anführer. Der mochte in seinen Büchern und Essays die Republik scharf kritisieren. Doch konkrete Akte des Widerspruchs – Streiks, Kundgebungen, Demonstrationen – blieb der literarisch veranlagte Feingeist schuldig. Als »Inaction française« verspotteten die Jüngeren darum den Verband. Auf der Suche nach neuen, energischeren Protestformen wandten sie sich anderen Gruppierungen zu – der paramilitärischen, aus einem Veteranenverband hervorgegangenen *Croix de Feu* etwa oder der *Jeune Droite*, einem lockeren Zusammenschluss nationalistischer, rechter, rechtsextremer und konservativ-religiöser Intellektueller, verbunden durch das Unbehagen an der Moderne. Zur Fundamentalopposition gegen die Moderne gesellte sich als zweites Feindbild der Bolschewismus. Stalin in der UDSSR, im eigenen Land die ihm hörige Kommunistische Partei: eine Konstellation, angesichts der die rechten Akteure glaubten, sich mit einigem Erfolg als Bollwerk gegen in Moskau orchestrierte Umsturzpläne darstellen zu können. »Man hat im Faschismus den Retter der durch den Bolschewismus bedrohten Ordnung – dieses Übels, das sich bemüht, die nationale Einheit zu zersetzen«, formulierte 1934 ein Kommentator des *L'Echo de Paris*. »Die Exzesse der Faschisten, Konsequenz einer gewalttätigen Reaktion, sind erträglich im Vergleich zur abscheulichen Brutalität des ignoranten Kommunismus.«[22]

Ihre Muskeln ließen die Rechtsradikalen zu Beginn des Jahres 1934 spielen. Den Anstoß gab eine Betrugsaffäre um den ukrainisch-französischen Hochstapler Alexandre Stavisky. Er hatte sich in den 1920er-Jahren dank offenbar erkaufter politischer Kontakte wiederholt Ermittlungen wegen betrügerischer Bankgeschäfte entziehen können. Doch im Dezember 1933 flogen seine kriminellen Geschäfte auf. Stavisky floh, wurde aber im Januar 1934 mit einer tödlichen Schusswunde in einer Villa in Chamonix gefunden. Für die öffentliche Meinung stand fest: Stavisky war ermordet worden, um die Verwicklung hochrangiger Politiker in seine Geschäfte zu vertuschen. Um den Verdächtigungen entgegenzutreten, entließ der soeben ins Amt gekommene Premier Édouard Daladier den Polizeipräfekten von Paris, Jean Chiappe, den er enger persönlicher Bindungen zu Stavisky verdächtigte. Chiappes politische Freunde gaben sich entsetzt: Sie stellten die Entlassung als Komplott der Regierung dar. Die habe den Präfekten zum Bauernopfer gemacht, um Schaden von sich selbst abzuwenden. En masse versuchten sie, am 6. Februar den Palais Bourbon, den Sitz der französischen Nationalversammlung, zu stürmen. Nach äußerst gewalttätigen Zusammenstößen mit der Polizei zählte man 16 Tote und über 2500 Verletzte. Wenige Tage später trat Daladier zurück.

Der 6. Februar 1934 markierte zwar keine Staatskrise. Er zeigte aber, wie unversöhnlich zumindest Teile der rechten Bewegungen der Republik und ihren Repräsentanten gegenüberstanden. Man wolle eine »nationale Revolution« unternehmen, hieß es aus den Reihen der an den Prügeleien beteiligten *Jeunesses patriotes* (»Patriotische Jugend«). Ihr Ziel war klar: »Frankreich einen Chef und nicht bloß einen Meister geben.«[23] Ein weiteres Mitglied der Bewegung legte dem später tagenden Untersuchungsausschuss die Anliegen der Bewegung dar: »Es war unser Ziel, unbewaffnet in den Palais Bourbon vorzudringen, um zu zeigen, was für eine Masse wir sind. Außerdem wollten wir auf die Abgeordneten erheblichen Druck ausüben (erheblichen, aber keinen blutigen), um eine Volksabstimmung über eine Politik zu erzwingen, die Frankreich in Krieg und Ruin treibt.«[24]

Ein Land, das von seinen Repräsentanten in den Abgrund geführt wurde: Diesen Verdacht trugen die französischen Rechten während der folgenden Jahre immer wieder vor. Zu bestätigen schien er sich in den Auseinandersetzungen mit dem immer ruppiger auftretenden Nazi-Deutschland. Dem herrischen Gebaren des Nachbarlands, so schien es, hatte Frankreich nichts entgegenzusetzen. Die Regierungen in Paris, so der Vorwurf, fänden weder politisch noch militärisch angemessene Reaktionen auf Hitlers Drohungen. Die in dieser Geschwindigkeit nie für möglich gehaltene Niederlage im Juni 1940 schien diesen Befund zu bestätigen. Die Republik, so die vielen Franzosen sich anbietende Deutung, hatte auf ganzer Linie versagt, politisch, vor allem aber, was ihre moralischen Ressourcen anging: Die waren schlicht zu schwach, um den energisch voranstürmenden Aggressoren Einhalt zu gebieten. Nicht das Militär, so sahen es Pétain und seine Anhänger, sondern die Republik war verantwortlich für das Desaster der Niederlage. Also galt es, das Land politisch und moralisch wiederaufzurichten. Dass die Republik als Staatsform dafür nicht mehr infrage kam, lag für viele der in Vichy versammelten Politiker auf der Hand.

»Eine neue Ordnung beginnt«

So schlug in dem Kurort Vichy die Stunde derer, die ihre politischen Ansichten in den vergangenen Jahren zwar hatten äußern, nicht aber umsetzen können. Trotz abenteuerlicher Gestalten im Regierungsumfeld blieben die Franzosen ruhig: Sie vertrauten auf Pétain, als Kriegsheld von 1918 weiterhin hoch angesehen. Die ideologischen Tiefen, aus denen die neue Regierung schöpfte, bereiteten ihnen, soweit sie sich ihrer bewusst waren, zunächst keine Unruhe. Die meisten Bürger sahen in dem neuen Staatschef vor allem einen pragmatischen Politiker. »Es ist die Zukunft, auf die wir nun unsere Kräfte lenken müssen«, verkündete Pétain in einer Rede am 25. Juni 1940, wenige Tage nach der Unterzeichnung des Waffenstillstands.[25] Der Satz schien ganz und gar staatsmännischer Verantwortung zu entspringen, und so überhörten viele Bürger die Andeutung, die der Redner im folgenden Satz machte: »Eine neue Ordnung beginnt.«

Zur neuen Ideologie hatte sich das Regime von den Bewegungen in seinem Umfeld inspirieren lassen. Von den *Croix de Feu* hatte es etwa die Parole »Arbeit, Familie, Vaterland« übernommen – »unverrückbare Werte, ohne die keine Zivilisation auskommen kann«, wie es deren Präsident François de La Rocque schon 1934 formuliert hatte.[26] Das Triptychon der Traditionalisten ersetzte fortan das alte republikanische Credo »Liberté, Égalité, Fraternité«. Auch die Verbände der Kriegsveteranen waren stilistisch produktiv. Zusammengeschlossen zur *Légion française des combattants* (»Französische Legion der Kämpfer«), ging aus ihren Reihen ein ganzes Arsenal neuer Begriffe in das Register des Pétain-Regimes

Propagandaplakat der Compagnons de France: Jugendbewegung, gegründet nach dem Waffenstillstand im Juni 1940 von Henri Dhavernas, Generalinspektor und ehemaliger Nationalkommissar der französischen Pfadfinder, zur Betreuung und zum Einsatz der Jugend im Dienst der Nation.

über. So etwa »Pflicht«, »Opfer«, »Gehorsam«, »Dienen« – allesamt geeignet, die Abkehr von der Republik und ihren Werten sowie ihren Ersatz durch die neue Ordnung effektvoll in Szene zu setzen.

Wie diese Ordnung juristisch aussehen könnte, deutete sich wenige Wochen nach Pétains Ansprache an: Anfang Juli schlossen sich die beiden Parlamentskammern der Auffassung an, die Verfassungsgesetze bedürften der Überarbeitung. Gemeint waren jene des Jahres 1875, die das juristische Fundament der Dritten Republik gelegt hatten. Am 10. Juli 1940 stimmten die Volksvertreter ihrer faktischen Selbstabschaffung zu, mindestens aber der rigorosen Beschneidung ihrer Verantwortung: Mit

570 zu 80 Stimmen und 21 Enthaltungen stimmten sie für eine Reform, die dem Präsidenten erlaubte, das Land ganz nach seinen Vorstellungen zu gestalten:

> »Die Nationalversammlung ermächtigt die Regierung der Republik unter der Aufsicht sowie auf Grundlage der Unterschrift von Marschall Pétain, durch einen oder mehrere Gesetze eine neue Verfassung des französischen Staates zu erlassen. Diese Verfassung muss die Rechte auf Arbeit, Familie und Land garantieren. Sie wird von der Nation ratifiziert und von den von ihr eingesetzten Versammlungen angewandt.«[27]

Alle Macht dem Präsidenten. Für ihre Entscheidung – faktisch bedeutete sie das Ende der Dritten Republik – mochten die Parlamentarier ihre Gründe haben: die Angst vor dem kolportierten Putschversuch der Faschisten oder der Militärs, einer angeblichen Aufkündigung des Waffenstillstands durch die Deutschen. Diesen Herausforderungen, erklärten sie, könne allein der Präsident entgegentreten. Das sahen längst nicht alle Franzosen so.

> »Wir überantworten diktatoriale Macht einem Alten, den ich zwar für aufrichtig halte, der aber keine politische Erfahrung hat, weil er nie Politik betrieben hat. Zudem hat er sich auf diesem Gebiet niemals auch nur durch eine einzige originelle Idee hervorgetan, noch weiß man von ihm, welche Absichten und welches Programm er vertritt; zudem erscheint seine Haltung gegenüber den Deutschen vor allem kleinmütig«,

hielt der Jurist Maurice Garçon in seinem Tagebuch fest.[28] Die Folgen, ahnte Garçon, würden weitreichend sein: »Das ist das Ende unserer öffentlichen Freiheiten.« Garçon behielt Recht: Pétain ließ die Franzosen wissen, dass er seine neue Macht umgehend einsetzen wolle. Unbekümmert um alle Mechanismen der *checks and balances* erhob er seine persönlichen Ansichten zum Maß aller Dinge. Überzeugt, dass die Macht »d'en haut«, »von oben«, komme,[29] verlangte der Marschall bedingungslosen Gehorsam. »Man muss entweder für oder gegen mich sein«,[30] erklärte er im August 1941 in der ihm eigenen Sprödigkeit. Entsprechend stellte er sich auch die Bürokratie als eine Instanz vor, die das öffentliche Leben nicht nur verwaltete, sondern auch dessen Modus, seine Themen und

Präferenz vorgab, kurzum: die den Bürgern sagte, wo es langgeht. Es gelte, so Pétain, »Eliten auf allen Gebieten zu schaffen und ihnen die Befehlsgewalt zu übertragen.«[31]

So klang es, das politische Selbstverständnis des Staatspräsidenten. An den folgenden beiden Tagen bestimmte er mehrere Erlasse, in denen er seine Befugnisse rigoros erweiterte. So sicherte er sich Vollmachten für das Regierungshandeln sowie das Recht, Minister zu ernennen. Diese waren fortan allein ihm verantwortlich. Zudem konnte er nun Gesetze erlassen; auch das Oberkommando über das Militär lag in seinen Händen. Des Weiteren vertagte er die künftigen Sitzungen der beiden Volkskammern. Schließlich ermächtigte er sich, seinen Nachfolger zu bestimmen. Nahezu sämtliche Institutionen der Staatsgewalt unterstanden nun ihm. Die Gewaltenteilung war außer Kraft gesetzt, erstmals seit Langem hatte Frankreich wieder einen Alleinherrscher. Entsprechend robust ging er auch mit seinen Ministern um. Nahm er sich vor, einen von ihnen zu entlassen, griff er auf ein bewährtes Verfahren zurück: Alle Minister hatten ein Rücktrittsgesuch einzureichen. Lagen sie ihm vor, zog er sich vor versammelter Runde einen Moment zurück, um dann zu verkünden, welches er angenommen hatte.

Er strebe, ließ Pétain seine Landsleute wissen, eine »intellektuelle und moralische Neuausrichtung« an.[32] Ebenso stellte er klar, wo es mit dem Land in Zukunft hingegen sollte. »Die ›nationale Revolution‹ richtet sich nicht gegen die politische Unterdrückung, sondern gegen eine überalterte Ordnung. Sie ereignet sich einen Tag nach einer Niederlage, sieben Jahre nach der deutschen Revolution, achtzehn Jahre nach der italienischen Revolution, und in einem völlig anderen Geist als diese beiden historischen Revolutionen.«[33] Pétain distanzierte sich zwar von den Revolutionen der Diktatoren in Rom und Berlin. Doch wie Mussolini und Hitler nahm auch er sich vor, nicht nur den Staat, sondern die gesamte französische Gesellschaft grundlegend zu verändern. Jeder Franzose sollte in dieser Gesellschaft seinen festen Platz haben, eingegliedert sein in Familie, Nachbarschaft, Region, letztlich die Nation. Nach den harten Auseinandersetzungen der Republik galt es, die Bevölkerung wieder in Einheit zusammenzufügen. »Wir haben Frankreich wieder herzustellen«, erklärte er in seiner Ansprache vom 25. Juni zu den Bedingungen des Waffenstillstands. »Ich lade Sie zuerst zu einem intellektuellen und moralischen Neubeginn ein. Franzosen, Sie werden diesen zustande bringen und Sie werden sehen – ich schwöre es, – wie aus Ihrer Hingabe ein neues Frankreich aufersteht.«[34] Das Land, so die Botschaft auch anderer Politiker, brauche eine moralische Regeneration – eine, die die Ordnung vor dem *anno horribilis* 1789 wieder instand setzte. »Das Jahr 1789«, schrieb Yves Bouthillier, von Juni 1940 bis April 1942 Finanzminister unter Laval, »setzte einen grausamen Hieb zwischen die Strukturen des alten Frankreich, im Lauf der Jahre auf natürliche und harmonische Weise errichtet, und jene des neuen Frankreich, vom menschlichen Gehirn brutal auf der Grundlage zweier Konzepte erschaffen: dem abstrakten Individuum und dem kollektiven Menschen.«[35]

Die Vorarbeiten zur nationalen Wiederauferstehung sollte das große Vorhaben der Regierung Pétains leisten: die »Nationale Revolution«. Der Begriff »Revolution« behagte dem zutiefst konservativen Präsidenten anfangs wenig. Das Wort, wusste er, hatte Sprengkraft. »Wir werden uns nicht eines Wortes bedienen, das wir nicht kennen«, erklärte er zum Jahreswechsel 1940/41 in engem Kreis. In das Wort, fand er, passe so gut wie alles hinein, weswegen es unkontrollierbar sei. »Es wird uns am Ende viel weiter ziehen als wir wollen. Lassen wir es darum fallen.« Ihm persönlich, fügte er hinzu, seien andere Begriffe lieber, etwa »Nationale Wiederauferstehung« oder »Französische Erneuerung.«[36] Dann aber, die Radikalität seiner Pläne vor Augen, nahm er den heiklen Begriff an. »Es war in der Tat eine Revolution, die wir in Angriff nehmen mussten«, erklärte er später. »Es musste eine radikale und heroische Umkehr voll konstruktiv-enthusiastischem Elan sein, zu den Prinzipien, die die Größe unserer Nation ausmachen.«[37]

Zu erreichen, erklärte Pétain, sei diese Größe nur durch gemeinsame Anstrengung – durch »die glühende Entschlossenheit, die gesunden und von gutem Willen geprägten Elemente von Vergangenheit und Gegenwart zusammenzubringen, um daraus einen starken Staat zu machen, die durch Parteienzank aufgelöste nationale Seele wieder zusammenzusetzen, um ihr das scharfe und klare Bewusstsein der großen Generationen unserer Geschichte zurückzugeben.«[38] Nicht mehr abstrakte Verträge und Rechtstitel, sondern warme Bindungen sollten die Beziehungen der

Plakat mit einem Foto Pétains und dem Slogan »Revolution Nationale« im Schaufenster eines Geschäftes (Foto um 1941).

Franzosen untereinander regeln. »Das Individuum existiert nur durch die Familie, die Gesellschaft, das Vaterland, von denen es, zusammen mit dem Leben, alles für dieses Notwendige erhält.«[39] Passagen wie diese zeigen, wie Pétain sich den modernen Staat vorstellte: als Gemeinschaft der Vielen, deren Bedürfnisse sich im Rahmen der kleinen und großen Verbünde wie von selbst erfüllten, und zwar auf eine Weise, die soziale Konflikte überflüssig werden lasse. Die harten Sozialkämpfe der letzten Jahrzehnte kamen in seinem Entwurf nicht vor. Sie existierten nur, weil die Gesellschaft eine falsche Richtung genommen, sich von jenen Werten – »Familie«, »Arbeit«, »Vaterland« – getrennt hatte, obwohl mit ihnen für alles Nötige gesorgt sei. Eben darum wolle er diesen Werten wieder zur Geltung verhelfen.

So umriss Pétain am 1. Oktober 1940 in einer Rede seine Vorstellungen von der künftigen Rolle seiner Regierung. Diese, deutete er an, werde sich vom Liberalismus verabschieden. »Das neue Regime wird eine soziale Hierarchie sein«, erklärte er. »Es wird nicht mehr auf einer falschen Idee der Gleichheit der Menschen beruhen, sondern auf der notwendigen Idee der ›Chancen‹, die allen Franzosen gegeben ist, um ihre Fähigkeit zum ›Dienen‹ zu beweisen. Allein Arbeit und Talent werden die Grundlage der französischen Hierarchie sein.«[40]

Die Idee griff in Teilen ein modernes sozialpolitisches Anliegen voraus: die Chancengleichheit. Jeder Franzose sollte auf der Grundlage gleicher Bedingungen ins Leben starten, sich nicht durch Herkunft oder Stand, sondern allein durch seine Leistung bewähren können. Doch diese Leistung wurde streng bemessen, nämlich daran, inwiefern sie dem Staat diente. Letztlich gehe es darum, eines der großen Übel der Moderne zu überwinden: den Individualismus. »Versteht gut, meine jungen Freunde, dass der Individualismus, den wir als Privileg rühmen, am Anfang jener Übel steht, an denen wir beinahe zugrunde gegangen wären«, wandte Pétain sich Ende Dezember 1940 an seine Zuhörer.

> »Wir wollen das Land wieder aufbauen. Der nötige Auftakt zu jedem Wiederaufbau besteht darin, den zerstörerischen Individualismus zu eliminieren – den Zerstörer der Familie, deren Bande er zerreißt oder lockert, Zerstörer der Arbeit, der gegenüber er das Recht auf Faulheit proklamiert, Zerstörer des Vaterlands, dessen Zusammenhalt er erschüttert, wenn er nicht gar seine Einheit auflöst.«[41]

Das war deutlich: Das Volk, so sah es Pétain, war in verschiedene Interessensgruppen zerrissen – ein Umstand, für den er vor allem die Gewerkschaften verantwortlich machte. Diese Konflikte mussten durch eine autoritär geführte und autoritär sich gebende Regierung aufgelöst werden, die als Einzige im Namen des Volkes auftreten und in dessen Namen handeln würde. Dass eine Nation, auch eine Bevölkerung, sich eben auch aus Interessensgruppen zusammensetzt, dass Interessenswidersprüche ein unumgänglicher Bestandteil von Gesellschaften sind – dieses Gesetz großer Gruppen suchte er durch ein forciertes Konsensmodell aufzuheben, ein Anliegen, das über kurz oder lang in einen autoritären Staat führte.

»Marschall, hier sind wir«

Dieser Staat zeichnete sich wie alle von starker Hand regierten Länder durch massive Propaganda aus. »Die Vorstellungskraft des Volkes kann die Umstände der realen Welt vereinfachen«, hatte Maurice Barrès, Jahrgang1862, einer der Vordenker der französischen Rechten, einst geschrieben – und dem Pétain-Regime damit eine seiner politischen Maximen an die Hand gegeben.[42] Diese setzte Pétain auch stilistisch um. »Man muss simpel und geizig sein, das ist das beste Mittel«, erklärte er seinem Redenschreiber sein rhetorisches Ideal.

> »Ich möchte folgendes: eine zentrale Idee, die den Text vom Anfang bis zum Ende stützt, einige wenige Paragraphen, in ihrer Proportion ihrer Bedeutsamkeit angepasst. ... Kein Adjektiv, das Adjektiv ist lächerlich. Noch weniger Superlative. Selten Adverbien, die bei ihrem Einsatz aber immer stimmig sein müssen. Vor allem kein Schlenker am Anfang der Sätze, sie verbergen die Klarheit des Gedankens. Wenn der Gedanke in Ordnung ist, ergeben die Sätze sich von selbst. Das Semikolon ist ein Bastard.«[43]

Auf schnörkellose Sprache setzte der Marschall auch in der Kommunikation mit seinen Anhängern – in jenen Jahren noch die überwiegende Mehrheit der Franzosen. Die totalitären Regime, die Bolschewisten ebenso wie die Faschisten und Nationalsozialisten, lieferten nützliches Anschauungsmaterial. Im Zentrum stand ein zum Charismatiker stilisierter Führer, ihm zu Füßen die Masse. In Teilen übernahm das Vichy-Regime diese Vorlagen. So etwa, indem eine dem Marschall gewidmete Hymne die Runde machte. »Marschall, hier sind wir«, heißt es darin. »Vor dir, dem Retter Frankreichs / Wir schwören, wir, deine Burschen / Zu dienen und deinen Schritten zu folgen / Marschall, hier sind wir! / Du hast uns die Hoffnung zurückgegeben«. Ein Werbeplakat zeigte Pétains Konterfei vor weißem Hintergrund, oberhalb zweier in Rot und Blau gehaltener Hügel, ganz so, als würde er gleich einem guten Geist über dem

Land schweben, und natürlich über dessen Bürgern. Diese, von hinten und in viel kleinerem Maßstab gezeichnet und damit als Individuen nicht unterscheidbar, sammeln sich wie eine Kinderschar um den Marschall, einige französische Flaggen, andere landwirtschaftliche Geräte schwenkend. »Der Eid Frankreichs an seinen Chef« war das Plakat überschrieben, damit unfreiwillig andeutend, dass der Personenkult der totalitären Regimes auch in Vichy angekommen war. »Franzose zu sein, muss man sich verdienen«, lautete eine weitere in Vichy herausgegebene Parole. Sie fand ihre Entsprechung in einem Plakat, das Pétain als Politiker in Zivil abbildete, gehalten in Sepia vor schwarzem Hintergrund, das Porträt umrahmt von den französischen Nationalfarben. »Sind Sie mehr Franzose als er?«, fragte eine in Brusthöhe gehaltene Aufschrift und evozierte auf diese Weise einen Vergleich, in dem die Angesprochenen – so jedenfalls das Kalkül – nur den Kürzeren ziehen konnten: Nein, mehr Franzose als er würden sie niemals sein. Und damit, so die naheliegende Schlussfolgerung, war es nur gut und richtig, dass ER an der Spitze des Staates stand.

Auf einfache Botschaften setzte das Regime auch in der visuellen Kommunikation. Überall, in der freien wie der besetzten Zone, prangten Plakate, deren Urheber den Vorwurf paternalistischer Aufdringlichkeit offenbar nicht fürchteten. Zu sehen waren etwa Arbeiter, die die Tür zur Zukunft aufstießen. »Arbeiter, du wirst Frankreich durch die Nationale Revolution wieder aufbauen«, war die Zeichnung untertitelt.[44] Vor allem wandte sich Pétain aber an die Landbevölkerung. »Bauer, aus dir wurde Frankreich geboren«, lautete die Unterschrift zu einem Plakat, das einen die Ärmel hochkrempelnden Landarbeiter zeigte. »Lass es durch die Nationale Revolution von Neuem leben.« Ein anderes Plakat, veröffentlicht 1942, zeigte den Marschall auf dem Feld, auf einem Acker stehend, gekleidet im Anzug, Hut und Spazierstock in der Hand. Ihm gegenüber ein Bauer, einen von zwei Pferden gezogenen Pflug steuernd. Für den Moment der Begegnung hat er sein Gespann angehalten, um dem Staatschef die Hand zu schütteln, den Hut hoch zum Gruß erhoben und mit den gebeugten Knien eine Verbeugung andeutend. »Die Erde, sie lügt nicht«, so der Titel, eine Botschaft, die in kleinerer Schrift am unteren Rand noch einmal wiederholt und vorweggenommen wurde in einer Rede Pétains aus dem Jahr 1940. Er hasse die Lüge, die den Bauern – wortwörtlich: »euch« – so viel Böses angetan habe. Ganz anders hingegen das Land, die Erde: »Sie lügt nicht.« Das Land war aufrichtig, so die Botschaft des obersten Franzosen. »In den dunkelsten Stunden war es der friedliche und entschiedene Blick des französischen Bauern, der meine Zuversicht aufrecht erhielt. Die Erde Frankreichs ist nicht weniger reich als das Versprechen des Ruhms.« Das Plakat schmeichelte der Landbevölkerung nicht nur, indem es sie als das moralische Rückgrat des Landes darstellte. Zugleich stellte es ihnen ein Bild ihrer selbst bereit, in geradezu kindlicher Anmutung die Tugenden des Landlebens preisend. Den Landwirt am Pflug, ein wenig weiter eine Gruppe mit nacktem Oberkörper den Boden bearbeitender Bauern, während vor dem Dorf mit dem in die Höhe ragenden Kirchturm eine Gruppe blau gekleideter junger Männer vor einem Mast standen, an dem ein weiterer junger Mann gerade die französische Flagge hisste. Es war eine naive, kindliche Ästhetik, klar und übersichtlich in der Anordnung, die Legitimität des Präsidenten aus seiner Verbindung mit dem ableitend, was das Regime als Herz und moralischen Kraftraum Frankreichs inszenierte. Eine schmeichelhafte Botschaft, auf die nicht wenige Franzosen nur zu bereitwillig eingingen. Vor der bedrückenden Wirklichkeit rettete nur der Sprung in die Fiktion, zumindest aber die massiv nobilitierte Variante dieser Wirklichkeit.

Um den Glauben an diese aufrechtzuerhalten, scheute das Regime keinerlei Mühen. Die neue, aus den bestehenden Veteranenverbänden zusammengeschmiedete *Légion française des combattants* sollte die Anliegen der »Nationalen Revolution« bis in die letzten Winkel des Landes verbreiten. Die ehemaligen Kombattanten genossen weiterhin Ansehen und Autorität. Sprächen sie sich für die »Nationale Revolution« aus, bliebe das nicht ohne Eindruck. Jene Veteranen, die sich auf die Mitgliedschaft in der Légion einließen, wurden Teil einer gewaltigen Propagandamaschinerie, die die Franzosen ideologisch bei der Stange halten sollte: Eine nicht endende Zirkulation von Handzetteln, Broschüren, Büchern informierte die Bürger über die Überzeugungen der Regierung und ihre daraus resultierenden Entscheidungen. Massenversammlungen und Riten sollten Pétains Anhänger physisch und psychisch zum großen Ganzen verbinden, Fahnen, Uniformen und Abzeichen ihnen konkrete Insignien der Bewegung an die Hand geben.

Im November 1940 begab sich Pétain auf große Tour durch die Städte des Südens. Das wieder und wieder abgespielte Programm bewährte sich: zunächst Auftritt Pétains auf dem Balkon des Rathauses vor der in großer Zahl versammelten Menge. Auftritt der lokalen Offiziellen, Treueschwur der *anciens combattants*, Aufmarsch der Truppen. Als das Dritte Reich ab 1942 militärisch immer stärker in Bedrängnis geriet, dehnten sich die Touren aus. Und doch wurde es immer schwieriger, die Massen zu mobilisieren. Im Norden war die Präsenz Pétains von 1944 an unverzichtbar: Er allein vermochte – wenn auch mit Mühe – noch letzte Funken der früheren Begeisterung zu schlagen.

Der neue Staat

Jene, die zu dieser Zeit noch applaudierten, sahen sich als Teil jener konservativen Gesellschaft, die der Marschall ins Werk gesetzt hatte. Deren Kern war die Familie. Um deren Ansehen – in der Diktion von Vichy: »la dignité du foyer«– zu fördern, erließ die Regierung im September 1942 eine Reihe von Gesetzen. So wurde das Scheidungsrecht überarbeitet – mit der Folge, dass der Prozess vor Gericht sich ungleich mühsamer gestaltete als bislang und sich in die Länge zog. Wer die Familie aufgab, so die implizite Botschaft, machte sich auch den Staat zum Gegner. Wie ernst es das Regime mit seiner Politik meinte, zeigte es im Juli 1943: Eine mehrerer Abtreibungen beschuldigte Frau starb durch die Guillotine, ungeachtet des Umstands, dass sie bereits Mutter zu versorgender Kinder war. Frauen, die abtrieben, erklärte der Marschall, seien »gefährliche Personen«, hätten sich Handlungen schuldig gemacht, »die geeignet sind, dem französischen Volk zu schaden.«[45]

Um diesen Schaden künftig zu verhindern, hatte das Regime eine große Bildungsreform in Gang gesetzt, die, ganz der Neigung des Staatschefs zu hierarchischem Denken entsprechend, strikt von oben vorgegeben wurde. Sie betraf zunächst die Universitäten und deren »enzyklopädisches, abstraktes Ideal«, mit dem der in den Kasernen des Landes sozialisierte Marschall partout nichts anzufangen wusste.[46] In den Rektoraten der Hochschulen saßen die falschen Leute, fand er darum und ordnete an, dass die entsprechenden Positionen nicht mehr durch den Entschluss universitärer Gremien zu besetzen seien. Stattdessen etablierte die Regierung übergeordnete, ihren Vorstellungen entsprechende Instanzen, die fortan die Personalpolitik an den Universitäten in die Hände nahmen. Vergleichbares galt auch für die Schulen des Landes. »Die Schule darf nicht neutral sein«, befand der Staatschef, denn: »Das Leben ist nicht neutral. Neutralität ist nicht möglich zwischen dem Wahren und dem Falschen, dem Guten und dem Schlechten, Gesundheit und Krankheit, Ordnung und Unordnung, Frankreich und dem Gegen-Frankreich.«[47] Eine aller Wertung sich enthaltende, allein der Wissensvermittlung verpflichtete Schule hatte ihre Irrtümer mehr als hinlänglich erwiesen, weshalb zukünftig das Personal streng auszusuchen und die Schulbücher umzuschreiben seien. Entschlossen schimpfte General Weygand, der die Niederlage seiner Armee offenbar umgehend verkraftet hatte, bereits am 28. Juni 1940 gegen »die Welle des Materialismus, die Frankreich überflutet hatte.«[48] Rigoros durchforstete die Regierung die Schulen nach Beamten, die ihren Vorstellungen nicht entsprachen. Einige wurden versetzt, andere in den vorzeitigen Ruhestand entlassen. An ihre Stelle traten als verlässlicher geltende. Und da im Zweifel auch die Masse der loyalen Geister zählte, investierte die Regierung massiv in die öffentliche Verwaltung: Die Zahl der Staatsdiener stieg von 650.000 im Jahr 1939 auf 900.000 fünf Jahre später. »Die Staatsdiener sind nicht länger dazu aufgerufen, dem Öffentlichen Wohl zu dienen, sondern der nationalen Revolution«, gab der Staatschef den Staatsdienern als Leitlinie vor.[49]

Vor allem aber formte sich die Regierung die ihr genehme Bevölkerung. An die Stelle der alle Bürger repräsentierenden »Republik« war eine pathetisch inszenierte, doch längst nicht alle Bürger mehr meinende »nationale Gemeinschaft« getreten. An Juden, Kommunisten, Freimaurer, Ausländer und sonstige als unpassend Erachtete richtete diese sich ausdrücklich nicht. Im Gegenteil: Vom Sommer 1940 an hatten die Verfemten mit scharfem Gegenwind zu rechnen, entfacht von der Überzeugung Pétains und seiner Minister, nur diejenigen seien schützenswerte Bürger, die die Regierung als solche definiere. Der französische Rechtsstaat wich den Launen eines reaktionären Regimes.

»Der Marschall ist am strengsten«. Pétain, das *statut des juifs* und die Tradition des französischen Antisemitismus

Ich sehe etwas Monströses, etwas, das über die Grenzen von gesundem Menschenverstand, Wahrheit und Gerechtigkeit hinausgeht.

Émile Zola, Pour les Juifs, 1896

Das Gesetz lag schon vor, der Text war ausgearbeitet, der Präsident hätte es nur noch unterschreiben müssen. Doch angesichts einiger Passagen zögerte er. Über weite Strecken hatte Marschall Pétain an der *Loi portant statut des Juifs*, jenem Gesetz, das darüber befand, welchen rechtlichen Status die Juden in Frankreich fortan haben sollten, nichts auszusetzen. Aber sollte das Gesetz wirklich so weit gehen, den Juden die französische Staatsbürgerschaft abzusprechen? So hatte es Pétains Stab formuliert, so war es in dem Gesetz zu lesen: »Sie werden aufhören, französische Staatsbürger zu sein, um französische Untertanen zu werden, mit allen Konsequenzen, die diese Herabstufung mit sich bringt.«[1]

Die Juden als Bürger zweiter Klasse, juristisch auf ähnlichem Status wie die Angehörigen der Kolonien – das wäre ein ungeheurer Affront, ja mehr noch: Mit einem solchen Schritt würde sich das Land von den rechtlichen Standards der vergangenen anderthalb Jahrhunderte lossagen. Er war eines modernen, sich als zivilisiert verstehenden Staates schlicht nicht würdig. Ausnahmen von dieser Maßnahme sollte es dem Text zufolge nur für wenige geben, etwa für jene Juden, die im Ersten Weltkrieg gekämpft hatten. Die allermeisten aber müssten mit Konsequenzen rechnen, insbesondere jene Juden, die erst in den letzten Jahren ins Land gekommen waren: »Was die unerwünschten, nach 1918 hinzugekommenen im Land lebenden Migranten angeht, so werden sie, ob Juden oder nicht, des Landes verwiesen.«

Der Gesetzesentwurf war hart. So zögerten einige von Pétains Beratern, ihn in dieser Form zu veröffentlichen. Im Anschluss an das geplante Inkrafttreten des Gesetzes sollte der Präsident eine Rede halten, in der er die neue Regelung rechtfertigte. Das Gesetz, hieß es in dem Manuskript der Rede, entspreche dem nationalen Interesse. Ziel sei es, die Unabhängigkeit des Staates trotz der deutschen Besatzungsmacht zu wahren. Wie das im Einzelnen geschehen sollte, ließ sich dem Entwurf nicht entnehmen. Umso mehr lag den Autoren daran, die Reform als Ausdruck der nationalen Autonomie darzustellen: »Auf diese Art wird der nationale Charakter dieser freien Regierung bestätigt, ich wiederhole, frei von jeglichem Druck aus dem Ausland, stärker als jede andere von der Einheit und Größe Frankreichs durchdrungen, zuversichtlich mit Blick auf die Zukunft des Landes.«[2] Hinter den Kulissen allerdings war man sich erheblich weniger sicher, was Sinn und Zweck des Gesetzes anging. Das *statut* war ein Angriff gegen eine ganze Bevölkerungsgruppe. Konnte man das wagen? Würden die nicht-jüdischen Franzosen eine solche Attacke gegen ihre Mitbürger hinnehmen? Wie sehr Pétains Berater zögerten, zeigte eine Notiz am Rande des Entwurfs. »Noch nicht«, hatte ein Berater – allem Anschein nach Yves Bouthillier, Finanzminister und einer der engsten Vertrauten des Staatschefs, dort vermerkt. »Das Land ist nicht antisemitisch.«[3] Für einen solchen Schritt sei es noch zu früh, notierte er weiter. Die meisten Franzosen würden diesen Schritt nicht gutheißen. Er würde ihnen, vermutete Bouthillier, nicht nur zu weit gehen. Sie würden ihn auch ablehnen, weil er ein Signal in die falsche Richtung sende. »Ich wiederhole. Man wird sagen, dass dies eine Unterwerfung unter die Deutschen ist. Der Rassismus ist in diesem Land nicht geschätzt, weil er deutsch ist.«

Die Anmerkung dokumentiert es: Bouthillier hielt Rassismus – und man darf vermuten: auch den Antisemitismus – unter nennenswerten Teilen der Bevölkerung grundsätzlich für salonfähig. Dennoch solle man diese Disposition nicht ausnutzen, empfahl er. Klüger sei es, auf ein anderes Motiv zu setzen: die Feindschaft der Bevölkerung gegenüber den Besatzern. Sie sei derzeit das stärkere Gefühl – es zu bedienen propagandistisch darum klüger. Doch das Kabinett schlug Bouthilliers Warnung in den Wind: Am 3. Oktober 1940 wurde das für das gesamte Staatsgebiet sowie Algerien, die französischen Kolonien, Protektorate und Mandatsgebiete gültige *statut des Juifs* verabschiedet. Die Bevölkerung, so offenbar die überwiegende Einschätzung der Minister, war auf den Schritt hinreichend vorbereitet.

Tatsächlich waren die Franzosen im Spätsommer 1940 bereits Zeugen einer von Vichy aus vorangetriebenen antisemitischen Politik geworden. »Die Stunde der Wahrheit ist gekommen, es ist meine Pflicht, es Ihnen zu sagen«, hatte Innenminister Adrien Marquet im Juli in einer Radioansprache erklärt. »Wenn Sie mich verstehen, werden wir unser Land und unsere Rasse am besten schützen.«[4] Damit war ein neues Wort im Kontext der französischen Regierungstradition gefallen: »Rasse«. Das bezogen die Autoren des *statut* nicht nur auf die französische Bevölkerung, sondern gesondert noch einmal auf die Franzosen jüdischen Glaubens. Sie waren nun nicht mehr Angehörige einer Religionsgemeinschaft, sondern einer »Rasse«, wie es das *statut* im ersten Artikel formulierte – ein dramatischer und höchst folgenreicher Schwenk. Denn zu einer Religion können deren Mitglieder auf Distanz gehen und dies, wenn sie es für nötig halten, auch nach außen dokumentieren. Für Angehörige einer »Rasse« hingegen ist das nicht möglich. »Rasse« ist ein Konzept, dem man sich aus Sicht derer, die es gebrauchen und anderen aufoktroyieren, nicht entziehen kann. Wer gehörte zur jüdischen »Rasse«? Das Statut formulierte es so: »Für die Anwendung dieses Gesetzes gilt eine Person als Jude, wenn sie Nachkomme von drei Großeltern der jüdischen Rasse oder zwei Großeltern der gleichen Rasse ist, wenn auch ihr Ehepartner Jude ist.«[5]

In seiner Rede stellte Marquet klar, dass die französische Gesellschaft aus seiner Sicht zutiefst gespalten war. Die durch das Land irrenden Flüchtlinge, führte er aus, dächten an jene, »die die direkte Verantwortung für ihr Leiden tragen, an diejenigen, die unser Land in den Krieg stürzten, als es auf einen Kampf nicht vorbereitet war. Im Namen der Gerechtigkeit werden die Schuldigen derartiger politischer Fahrlässigkeit und militärischer Ignoranz bestraft werden.«[6] Die Zuhörer verstanden: Marquet spielte auf den ehemaligen Premierminister León Blum an, der sich nach seiner Wahl im Sommer 1936 nach einigem Zögern entschlossen hatte, auf das immer lautere Säbelrasseln in Deutschland mit einem französischen Aufrüstungsprogramm zu antworten. Damit, so seine Kritiker, hatte er Frankreich überhaupt erst in Gegnerschaft zu Deutschland gebracht und eine Konstellation erzeugt, die schließlich in den Krieg mündete. Damit griff Marquet die durch die rechtsradikale Presse verbreitete Behauptung auf, für die Niederlage seien direkt und indirekt die Juden verantwortlich zu machen. Ohne die Juden explizit zu erwähnen, hatte Marquet sie damit in aller Deutlichkeit für das gegenwärtige Elend des Landes verantwortlich gemacht. Damit, gab der rechtsradikale Journalist Lucien Rebatet zu verstehen, habe der Minister vielen Franzosen aus der Seele gesprochen. Er habe ausgeführt, »was viele aus guten Gründen nur flüsterten«: dass aus dem Befund die richtigen Konsequenzen zu ziehen seien.[7] Die Franzosen, so Rebatet, verdankten Marquet »die Vertreibung der auffälligsten Schurken oder Juden in Vichy«. Unter seinem Einfluss hätten sich die höchsten Beamten »eine solide antisemitische Doktrin« zu eigen gemacht.

> »Schließlich öffneten sie die geheimsten Akten der Republik. Auf diese Weise haben wir gelernt, dass man ohne die geringsten antijüdischen Maßnahmen ergreifen zu müssen, zweihunderttausend Juden, die sich als Parasiten auf unserem Boden hielten, von einem Tag auf den anderen ganz legal aus Frankreich werfen konnte, nur weil ihre Papiere nicht in Ordnung waren.«

Rebatet spielte auf die juristischen Maßnahmen an, die das Regime vom Juli 1940 an ergriff. Die hatten in der Tat keinen explizit antisemitischen Charakter, nahmen aber eindeutig die Juden ins Visier.

So gab die Regierung bereits im Juli 1940 bekannt, dass als Minister fortan nur noch von französischen Eltern geborene Personen fungieren könnten.[8] Die Maßnahme nahm in erster Linie die kürzlich eingetroffenen jüdischen Migranten ins Visier. Hatte dieses Gesetz aufgrund seines elitären Charakters – Minister werden nur die allerwenigsten Menschen – vor allem noch symbolischen Charakter, zeigte die Regierung fünf Tage später, dass sie sich mit bloßer Symbolpolitik nicht zufrieden geben wollte. Fortan durften nicht nur an der Staatsspitze, sondern im gesamten öffentlichen Dienst »allein die Kinder von Franzosen« arbeiten. Ab August und September galt dies faktisch auch für Mediziner und Anwälte. In dieselbe Richtung zielte die ebenfalls im Juli bekannt gegebene Revision des Einbürgerungsgesetzes von 1927. Dieses hatte Zuwanderern, die seit drei Jahren im Land lebten, zugestanden, die französische Staatsbürgerschaft zu erhalten. Das Angebot hatten bis zum Jahr 1940 rund 650.000 Einwanderer genutzt. Durch die verkündete Revision mussten sie nun um diesen Status fürchten. Tatsächlich wurde 15.000 Menschen die Staatsbürgerschaft auf der Grundlage des überarbeiteten Gesetzes wieder aberkannt.[9] Einen zusätzlichen Schritt tat das Regime mit seinem Erlass vom 17. Juli: Alle Staatsdiener oder Militärs, die durch einen Minister als illoyal oder unfähig angesehen wurden, konnten fortan vom Dienst entbunden werden. Ein weiteres Gesetz verfügte, dass nur noch diejenigen im Staatsdienst arbeiten konnten, die einen französischen Vater hatten. Richtete sich diese Vorgabe zumindest formal noch gegen sämtliche Staatsbürger, nahm ein weiteres, eine Woche später erlassenes Gesetz unausgesprochen, aber unverkennbar die jüdischen Staatsbürger in den Blick: Es erlaubte, Bürgern, die das Land längerfristig verlassen hatten, die Staatsbürgerschaft zu entziehen. Ihre Güter konnten zugunsten der Staatskasse verkauft werden. Formal für alle Franzosen geltend, zielte das Gesetz tatsächlich auf jene Juden, die die mit dem Einmarsch der Deutschen verbundenen Gefahren frühzeitig erkannt und sich darum nach der Niederlage ins Ausland abgesetzt hatten. Sie mussten sich auf eine faktische Enteignung einstellen – eine deutliche Botschaft an alle im Land verbliebenen Juden, was die Regierung von ihrer Präsenz hielt. Endgültig offenbarte sich der Geist des Vichy-Regimes einige Wochen später: Ende August widerrief sie das Marchandeau-Gesetz vom April 1939, das rassistische und antisemitische Propaganda in der Presse verboten hatte – ein Schritt, die Bevölkerung atmosphärisch auf die kommenden, dann explizit gegen die Juden gerichteten Gesetze vorzubereiten. All dies, hieß es in einem Stimmungsbericht des Reichssicherheitshauptamts vom August 1940, bereite weitere Schritte gegen die jüdische Bevölkerung vor: »In Vichy wird derzeit versucht, ein erweitertes Anti-Juden-Gesetz durchzubringen, dessen Ziel: Jüdische Beamte aus ihren Posten zu entfernen.«[10] Anfang September griff die Regierung zu einem weiteren juristischen Instrument, um gegen missliebige Bürger vorzugehen: Alle Franzosen, die aus Sicht des Regimes der nationalen Verteidigung oder der öffentlichen Sicherheit gefährlich werden könnten, mussten fortan mit Internierung rechnen. Die Stoßrichtung dieses Paragrafen, auf dessen Grundlage sich jeder beliebige Bürger verhaften ließ, zielte wiederum auf all jene, die die Regierung als Feinde des Landes identifiziert hatte. Das Regime realisiere »Schritt für Schritt (Freimaurerei, Juden, freier Unterricht) alles, für das wir seit so langem kämpfen«, freute sich Henry du Moulin de Labarthète, erster Direktor von Pétains Zivilkabinett, in einem privaten Brief.[11]

Die Rede zum *statut des Juifs* war Mitte September verfasst worden. Zu dieser Zeit – so viel wusste die Regierung in Vichy – arbeiteten auch die deutschen Besatzer an einer gegen die in der besetzten Zone lebenden Juden gerichteten Verordnung. Diese trat am 27. September in Kraft. Sie setzte vor allem darauf, die Zahl der im nördlichen Landesteil lebenden Juden so gering wie möglich zu halten oder besser noch zu reduzieren. So verbot das Gesetz jedem Juden, der während des Krieges über die Demarkationslinie geflohen war, die Rückkehr in den besetzten Landesteil. Zudem unterlagen sämtliche dort lebenden Juden einer Meldepflicht, jüdische Geschäfte mussten als solche gekennzeichnet werden. Und für die Geschäfte und Unternehmen geflohener Juden wurden Treuhänder eingesetzt.

Für die Vichy-Regierung lag es auf der Hand: Mit der Verordnung überschritten die Besatzer ihre juristischen Kompetenzen. Eine solche zu verfügen hätte allein der französischen Regierung zugestanden. Durch ihren einseitigen Schritt hatten die Deutschen, entgegen den Bestimmungen des Waffenstillstandsvertrags, die Verwaltungseinheit des Landes geteilt. Langfristig, so die Sorge, würde eine solche Politik auch die staatliche Einheit des Landes aushöhlen, mit der Folge, dass weitere Landesteile annektiert werden könnten. So setzte Außenminister Paul Bedouin eine Note auf, die klarstellte, dass die von den Deutschen geplante Maßnahme laut Waffenstillstandsvereinbarung unzulässig sei. Zum anderen verbiete es die aktuelle französische Rechtsprechung, ausschließlich gegen jüdisch geführte Unternehmen vorzugehen. Auch dieses Papier durchlief mehrere Redaktionsschritte. Als es eine Woche später endgültig stand, war die Anmerkung zur Unzulässigkeit des diskriminierenden Vorgehens getilgt.[12] Sie, so die Sorge, wäre womöglich ein offener Affront gegenüber den Deutschen. Und den wollte die Regierung vermeiden.

Umso mehr musste ihr daran liegen, zumindest gegenüber der eigenen Bevölkerung Handlungsfähigkeit zu beweisen. Auch dazu bot das *statut des Juifs* sich an. Zwar erschien das Gesetz nach der Verordnung der Besatzer. Doch die kurze Zeitspanne – rund eine Woche – konnte der Bevölkerung demonstrieren, dass die Regierung aus eigener Kraft zu ähnlichen Verordnungen gekommen war wie die Besatzer. Nicht im Widerspruch dazu stand das Kalkül, über die gemeinsame antisemitische Politik die Verbindungen zu den neuen Machthabern zu verbessern. »Zuerst allgemeine Maßnahmen gegen die Juden«, empfahl Innenminister Adrien Marquet im November des Jahres. »Das wird die Kontakte zu Deutschlands Chefs erleichtern.«[13]

So spiegelt das *statut* nicht nur die antisemitische Grundhaltung der Vichy-Regierung wider, sondern auch den Drang, dieser Regierung eine eigene Handschrift zu geben. Welchen Einfluss Pétain auf die Ausarbeitung des Gesetzes hatte, zeigte sich in dessen erstem Entwurf, den die Historiker und Nazijäger Serge und Beate Klarsfeld im Jahr 2010 der Öffentlichkeit präsentierten. Ihr hatte Pétain eine Reihe eigener Anmerkungen hinzugefügt. Wichtig, so lässt sich dem Dokument entnehmen, war dem Präsidenten vor allem eines: Juden sollten fortan nicht mehr im Schul- und Universitätswesen arbeiten dürfen. Diesen Punkt hatte er in der dem Statut gewidmeten Tagung des Ministerrats am 1. Oktober vehement verteidigt. »Der Marschall ist am strengsten«, notierte Paul Baudouin. »Insbesondere besteht er darauf, dass das Außen- und das Bildungsministerium keine Juden enthalten sollten.«[14]

Pétain: ein Antisemit?

Pétains persönliche Haltung den Juden gegenüber lässt sich schwer auf einen Nenner bringen. Grundsätzlich hatte er zu ihnen ein gespaltenes Verhältnis. »Sein Nationalismus ließ sie ihm kollektiv als nicht sympathisch erscheinen. Doch so antisemitisch er auch ist, viele seiner persönlichen Freunde sind Juden: Er ist der Pate von Maurice Paléologue an der Académie française. Er ist ein Freund von Chasseloup-Laubat, einem bedeutenden Vertreter des Südens. Er unterstützt André Maurois.«[15] Als zum Jahrhundertende die Dreyfus-Affäre das Land spaltete, äußerte sich der damalige Offizier nicht. Kaum etwas ließ auf seine Haltung zu dem des Landesverrats angeklagten jüdischen Hauptmann schließen. Auch in den folgenden Jahren waren von ihm keinerlei Äußerungen zu jüdischen Mitbürgern zu erhalten.

Ein explizites Dokument stammt aus dem November 1938, verfasst am 16. November anlässlich der antijüdischen Pogrome in Deutschland in der zweiten Woche jenes Monats. Bei dem Text handelt es sich um einen Aufruf, deren Unterzeichner sich öffentlich gegen die antisemitische Gewalt im Nachbarland verwehrten. Die religiösen oder rassistischen Verfolgungen in Deutschland weckten in der »zivilisierten Welt« immer stärkere Emotionen, hieß es in dem Papier. Auch der Papst drücke seinen Protest gegen die Gewalt aus. Deutlich begründeten die Verfasser dann das ethische Fundament, auf dem sie ihren Einspruch artikulierten: »Das globale Verbot einer Religion oder eines Volkes kann man in einer Zeit, in der in allen Ländern Gewissensfreiheit und Gleichheit vor dem Gesetz als Prinzipien verkündet werden, nicht nachvollziehen, geschweige denn rechtfertigen. Selbst wenn sie nicht vollständig respektiert werden, nimmt man diese Grundsätze für sich in Anspruch und wendet sich nicht zynisch von ihnen ab.«[16] Die Autoren setzten menschenrechtliche Übereinkünfte voraus, deren Gültigkeit sie zumindest in Europa als selbstverständlich erachteten und hinter die es für sie kein Zurück mehr geben konnte. »Deshalb ist die Haltung eines großen Staates, der sich rühmt, ein Vorbild von Ordnung und Disziplin zu sein, Anlass zu tiefer Trauer und Missbilligung.« Werde man, fragten die Autoren, zu dunkelsten Stunden der Barbarei zurückkehren? Und entwarfen dann ein Szenario, das in Teilen bereits eingetreten war, seine ganzen Dimensionen aber erst noch entfalten würde: »Werden wir wieder verirrte Herden von Obdachlosen sehen, die ihrer Ressourcen beraubt, aus ihren weltlichen Häusern vertrieben und an allen Grenzen verhaftet werden?« Der Einspruch gegen solche Praktiken könne das Phänomen zwar nicht aus der Welt schaffen. Aber er könne den Auftakt zu einer Aktion bilden, die deren Unmenschlichkeit zumindest mildere oder einhege.

Verfasser des Aufrufs war der Journalist Étienne de Nalèche, damals einer der bekanntesten Vertreter seines Berufs und Mitglied der hoch an-

Alfred Dreyfus (um 1894).

gesehenen *Académie des sciences morales et politiques*. Um seinem Aufruf möglichst große Aufmerksamkeit zu verschaffen, setzte er auf prominente Unterzeichner, zu denen auch Pétain gehörte. Entworfen wurde der Text knapp anderthalb Monate nach dem Münchener Abkommen, das Frankreich zwar unterzeichnet hatte, zu dem es sich moralisch aber kaum bekennen wollte. Der Marschall mochte den Text auch aus Ärger über die Münchener Vereinbarung unterzeichnet haben. Doch konnte er ihn zumindest in diesem Fall einem größeren Publikum nicht kundtun, denn der Aufruf wurde nicht veröffentlicht. Zum Zeitpunkt der geplanten Drucklegung hielt sich zum einen der deutsche Außenminister Joachim Ribbentrop in Paris auf, um die deutsch-französische Verständigung zu beschwören. Zum anderen befand sich Frankreich in einer akuten Auseinandersetzung mit Italien, das Ansprüche auf Tunesien und Korsika stellte.

In gewisser Weise hatte Pétain Glück, dass der Aufruf in der Schublade liegen blieb: Zwei Jahre später hätte er ihn in arge Erklärungsnöte gebracht. Denn ein Großteil dessen, was er mit Blick auf das nationalsozialistische Deutschland billigte, war auf seine Initiative hin nun auch in Frankreich politische Wirklichkeit geworden.

Pétains Berater Bernard Ménétrel schilderte einem um seine Zukunft besorgten jüdischen Freund seine Eindrücke von der in Vichy praktizierten Politik. Diese sei vor allem einer Unfähigkeit zur Differenzierung geschuldet. Er selbst teile die bei manchen Kabinettsmitgliedern vorherrschenden Gefühle überwiegend nicht. Einen Eindruck aber habe er sehr wohl: »Zu viele schlechte Juden haben unvorsichtigerweise zu viel Raum und zu viel Bedeutung im öffentlichen Leben eingenommen, und unter ihnen sind auch solche, die uns in die Katastrophe gestürzt haben, in der wir uns befinden. Sie sind nicht die einzigen, gewiss nicht, aber der Zorn des Volkes beschuldigte sie als erste.«[17] Die Passage besticht durch ihre Zweideutigkeit. Zum einen bezog sich Ménétrel auf die Sicht und den Unmut der Bevölkerung, die die »schlechten« Juden ganz offenbar für die Niederlage gegen die Deutschen und die daraus folgende Misere verantwortlich machte. Zum anderen übernahm er diese Sichtweise. Zwischen der Einschätzung der Bürger und derjenigen der Regierung bestand demnach kein oder kaum ein Unterschied. Beide waren sich in der Sicht zumindest auf Teile der im Land lebenden Juden einig. Auf jeden Fall, erklärte Ménétrel im Weiteren, werde die Regierung ihren eingeschlagenen Kurs fortsetzen – ob aus eigenen Stücken oder um dem vermeintlichen Wunsch der Bevölkerung zu entsprechen, ließ er offen. »Unsere Gegner [die Deutschen] diktieren unser Verhalten überhaupt nicht. Ich habe den Eindruck, es handelt sich um eine absolut spontane Bewegung von verzweifelten und gedemütigten Menschen, die sich an einem so tiefen Punkt befinden, dass sie überall nach etwas suchen, um ihr Ressentiment zu befriedigen.« Auch hier löste sich die Spannung nicht auf, zumindest war kein Zeichen der Distanznahme zu spüren. Die Regierung war willens, die Legitimität ihrer Entscheidungen auf diese Sichtweise zu gründen. Sie machte sich zur Stimme dieses Teils der Bevölkerung.

Zugleich dokumentiert der Brief von Ménétrel etwas anderes: Die Vichy-Regierung handelte aus freien Stücken. Die deutschen Besatzer machten ihr im Spätsommer und Frühherbst 1940 zumindest für die freie Zone keine Vorgaben. Pétains Chefsekretär Henry du Moulin de Labarthète notierte, sie »glaubt sich aufgefordert, einige abstoßende Meinungen aufzugreifen, um den Antisemitismus zu ermutigen.«[18]

Diese Haltung prägte auch das *statut*.[19] Die Juden, hieß es dort, seien »ausgeschlossen von jeder privaten Funktion, die Einfluss auf die Erziehung oder die Moral hat.«[20] Die Bestimmung atmete ganz den Geist der »Nationalen Revolution«: Die Juden galten Pétain als Inbegriff jener Moderne, die ihm so zuwider war. Dagegen galt es anzugehen, und zwar zuallererst an den Schulen. Denn dort übernahmen die jungen Franzosen das Weltbild der älteren. Wollte man ein neues, an der vermeintlichen Tradition orientiertes Weltbild verbreiten, käme es darauf an, das geeignete Lehrpersonal auszuwählen. Die Juden, legte die Überarbeitung des Gesetzes nahe, gehörten aus Sicht Pétains wie auch seiner engsten Mitarbeiter nicht dazu. »Es gibt Berufe wie die freie Bildung, in denen es nicht angebracht wäre, die Juden weiterhin zuzulassen, denn sonst käme es zur Gründung jüdischer Universitäten, was nicht sehr wünschenswert ist«, erklärte der Generalsekretär der *Délegation générale du gouvernement français dans les territoires occupés* (»Generaldelegation der französischen Regierung in den besetzten Gebieten«) Charles-Albert de Boissieu.[21] Ungleich deutlicher äußerte sich Abdel Bonnard, seit 1942 Minister für die nationale Erziehung, über die Hintergründe. »Man konnte es nicht zulassen«, erläuterte er rückschauend, »dass den jungen Franzosen die Geschichte Frankreichs von einem Isaac beigebracht wird.«[22] »Isaac« bezog sich auf Jules Isaac, einen Unterstützer von General Dreyfus und Veteran von Verdun, der nach dem Ersten Weltkrieg zahlreiche Werke für den Geschichtsunterricht an den Gymnasien des Landes geschrieben hatte. Auch er wurde unter der Vichy-Regierung entlassen. Unter der Besatzung entkam er knapp der Deportation. Doch konnte er nicht verhindern, dass seine Frau, seine Tochter und sein Schwiegersohn in die Todeslager des Ostens verschleppt wurden.

Wie besessen die Regierung von der Vorstellung des schädlichen Einflusses der in Frankreich lebenden Juden war, belegte eine dem Statut folgende Erklärung, in der die Regierung ihre Entschlüsse erläuterte. Die Regierung, erklärte der Autor des Papiers, Innenminister Marcel Peyrouton, habe sich bei ihrer Arbeit für den nationalen Wiederaufbau von Anfang an »dem Problem« der Juden und einiger Ausländer widmen müssen, denn diese hätten »durch Missbrauch unserer Gastfreundschaft nicht wenig zur Niederlage beigetragen.«[23] Zwar kenne jedermann ehrenhafte Ausnahmen, doch besonders im öffentlichen Dienst »setzte der Einfluss bewusst falsche Akzente und wirkte letztlich zersetzend.« Belege für die Anschuldigung nannte Peyrouton nicht. Er zog es vor, sie als bereits erhärtet darzustellen: »Alle Beobachter sind sich einig, dass ihre Aktivitäten in den letzten Jahren unglückliche Auswirkungen hatten, in denen sie eine wichtige Rolle bei der Führung unserer Geschäfte gespielt haben. Die Fakten sind da und bestimmen das Handeln der Regierung, die die erhabene Aufgabe hat, Frankreich wiederherzustellen.« Peyrouton zögerte nicht, die aus Sicht der Regierung zu ziehenden Konsequenzen als Ausdruck einer ebenso großzügigen wie nachsichtigen Politik zu beschreiben.

> »Die gesamte Regierung hat in aller Aufrichtigkeit auf Vergeltungsmaßnahmen verzichtet. Sie respektiert die Juden und ihr Eigentum. Sie hindert sie nur daran, bestimmte soziale Aufgaben wie die Wahrung der staatlichen Autorität, der öffentlichen Aufgaben wie auch in der Bildung wahrzunehmen. Denn die Erfahrung hat ihr, wie allen unparteiischen Menschen, gezeigt, dass die Juden sie in einer individualistischen Tendenz zur Anarchie ausgeübt haben.«

Von den Regelungen des Gesetzes könne es natürlich Ausnahmen geben, hieß es abschließend. »Und dieser Vorbehalt beweist, in welchem Geist der Menschheit die Regierung sich bemüht hat, ein Problem zu lösen, dessen universeller Charakter durch die gegenwärtigen Umbrüche bewiesen wurde.« Unübersehbar dokumentiert der letzte Satz die in der Regierung Pétain dominierende antisemitische Grundstimmung: Hatte sie die Juden bislang für die Probleme Frankreichs verantwortlich gemacht, sprach sie nun vom »universellen Charakter« der Herausforderung.

»Alles führt zum Juden«

Der »universelle Charakter« des Problems: Umstandslos knüpfte die Regierung an die antisemitischen Regungen und Motive an, die Frankreich seit dem späten 19. Jahrhundert in unregelmäßigen Abständen durchzogen. Juristisch war das Land viel weiter: 1791 hatte die Verfassunggebende Versammlung den französischen Juden den vollen Bürgerstatus zuerkannt. Fortan galten sie als Anhänger einer Konfession, nicht anders als Christen. Die Versammlung definierte die Juden religiös, nicht ethnisch, eine Entscheidung, die ihren Ausdruck in einem neuen Wort fand: »Israeliten«. Der Begriff zielte auf die Konfession, anders als das Wort »Jude«, in dem eine auf Volkszugehörigkeit fokussierende Komponente mitschwang. Der Integration der Juden sollte nichts mehr im Wege stehen. In diesem rechtsstaatlichen Geist agierten auch die Repräsentanten der Dritten Republik. Ihrem Beschluss von 1872 zufolge durfte die Konfession der Bürger nicht mehr erfasst und auch nicht mehr in den Personaldokumenten notiert werden.

Die Gesetze dieser beiden Jahre schufen für die Juden ganz neue Sicherheiten. Und doch hatte der Antisemitismus weiter Konjunktur. Besonders virulent wurde er im späten 19. Jahrhundert. Zwischen 1880 und 1914 ließen sich allein in Paris rund 35.000 jüdische Migranten nieder, unter ihnen viele jüdische Flüchtlinge aus Russland und Mitteleuropa, damals Bühnen zahlreicher Pogrome. Die Ankömmlinge trafen auf ein Land, das damit beschäftigt war, die Niederlage im Deutsch-Französischen Krieg und den Verlust von Elsass-Lothringen zu verkraften. Zugleich musste sich die Regierung um die Integration der gerade entstehenden Arbeiterklasse kümmern. Die Pariser Kommune vom Frühjahr 1871, deren Niederschlagung rund 30.000 Menschen das Leben kostete, hatte gezeigt, was passierte, wenn sich nennenswerte Teile der Bürger nicht hinreichend in den Staat integriert fühlten. In der aufgeheizten Stimmung wurden die Migranten rasch zur Zielscheibe heftiger Anfeindungen. Im Unterschied zu den bereits seit Jahrhunderten im Land lebenden und assimilierten Juden galten sie als die schlechthin Anderen. Religion, Kleidung, Sprache: In kaum etwas glichen die Zuwanderer den Alteingesessenen.

Unbehagen empfanden viele Franzosen auch angesichts des säkularen Kurses der Republik. Dessen Gegner – überwiegend überzeugte Monarchisten oder strenggläubige Katholiken – machten dafür vor allem zwei Gruppen verantwortlich: Freimaurer und Juden. Zielscheibe ihres Unmuts wurden zudem die jüdischen Banken, Unternehmen und Handelshäuser des Landes – Institutionen, die ihnen als Inbegriff eines alle Traditionen vernichtenden Kapitalismus galten. Der Unmut brach sich Bahn, als das mit der Rothschild-Bank zusammenarbeitende katholische Kreditinstitut *Union générale* 1882 Konkurs anmeldete. Umgehend erging sich die reaktionäre katholische Zeitschrift *La Croix* in giftigen Verleumdungen: »Die finanziellen Katastrophen, die gerade so viele Familien ruiniert haben, zeigen uns den allmächtigen Juden hoch auf seinem Thron und die dem Joch dieses Königs unterworfenen Gesellschaften. Juden sind die Könige der Finanzen.«[24] Die Juden wollten den katholischen Charakter des Landes überwinden, las man in dem ab 1883 als Tageszeitung erscheinenden Blatt, das sich in jenen Jahren zu einem der schrillsten antisemitischen Organe entwickelte und vom Objekt seines Hasses als »gottlosem Volk« oder »Rasse, die Christus hasst« sprach.[25] Auch für die Ankömmlinge aus Osteuropa fand es allein böse Worte. Zusammen mit den alteingesessenen Juden trachteten sie danach, Frankreich zu zersetzen: »Das jüdische Volk vereint sich und steht eng gegen jene Nation, die ihm ihre Brust geboten hat. Es zernagt sie, es zersetzt sie, es scheint französisch und bleibt doch jüdisch.«

Ähnlich sahen es die Anhänger des Ordens der *Augustiner von der Himmelfahrt Mariä* (Assumptionisten). Gegründet 1845 von dem Generalvikar von Nîmes, Emmanuel d'Alzon, wandten sich seine Sympathisanten gegen die säkularen Tendenzen der Französischen Revolution. Für deren Energie machten auch sie wesentlich die Juden verantwortlich. Zudem meinten sie religiöse Motive gegen sie vorbringen zu können. Ihre Abneigung gründeten sie auf das Alte und Neue Testament, insbesondere die Leidensgeschichte Christi. Die Juden waren für die fromme Gemeinschaft der teuflische Gegenspieler der Muttergottes. Zwischen beiden, konnten etwa die Leser der 1873 gegründeten Vereinszeitschrift *Le Pèlerin* (»Der Pilger«) erfahren, herrsche ein unüberbrückbarer Gegensatz:

> »Die eine (Maria, Anm. d. Aut.) hat den Erlöser zur Welt gebracht, der andere (der Jude, Anm. d. Aut.) hat ihn zum Tode verurteilt; die eine schaut zu den Himmeln, der andere zur Erde; die eine steht gerade, der andere kriecht (wie die Schlange, die die Jungfrau der Apokalypse zerschmettert); die eine empfängt und gehorcht, der andere nimmt und will Macht ausüben; die eine ist Großzügigkeit, der andere ist Begierde; die eine ist transparent mit Licht und Gnade, der andere ist unfreundlich und dunkel.«[26]

Mit solchen Tönen war der Auftakt zu jenem Bestseller gesetzt, den 1886 der Journalist Édouard Drumont veröffentlichte. *La France juive* hieß das Werk, erschienen dank der Vermittlung von Drumonts Freund, des Dichters Alphonse Daudet, im renommierten Verlag *Marpon et Flammarion*. Daudet war es auch, der einen Kritiker des *Figaro* auf das zunächst wenig beachtete Buch hinwies. Der griff das Buch auf, andere Kritiker folgten und machten es zum Bestseller: 65.000 Exemplare verkauften sich innerhalb des ersten Jahres, bis 1914 waren es 80.000. Das antisemitische Gefühl, das Drumont bespielte, lag in der Luft. Zum Erscheinungszeitpunkt seines Buches lebten rund 75.000 Juden in Frankreich. Drumont hinderte das nicht, von einer guten halben Million zu sprechen. Und die, berichtete er seinen Lesern, hätten die strategischen Schlüsselpositionen des Landes inne. Wirtschaft, Finanzen, Medien, Kultur: Überall säßen die Juden auf den entscheidenden Posten. »Tout aboutit au juif«, versicherte er seinen Lesern, »Alles führt zum Juden.«[27] Letztlich werde er – »der Jude« – dem Land seinen Stempel aufdrücken und es seiner Identität berauben. »Nach und nach wird der Jude alle Werke mit christlichem und französischem Akzent vernichten; sang- und klanglos, ohne dass es jemand merkt, wird das Judentum die Herrin an der Akademie sein, wie auch sonst überall.«[28]

Drumont feuerte mit aller nur denkbaren Munition, griff alles auf, was irgendwie zur Infamie taugte. Die Juden hassten Jesus Christus; sie entweihten Hostien, besudelten heilige Bilder; im Mittelalter hätten sie sich an den Körpern der Kinder vergangen, heute würden sie es mithilfe des atheistischen Unterrichts auf deren Seelen absehen. Auf allen nur denkbaren Wegen versuchten die Juden, den Staat zu unterminieren, warnte Drumont. Hätten sie 1870 aus Hass gegen die Priester die Pariser Kommune unterstützt, würden sie nun – 1886 – die politische Situation künstlich verkomplizieren, um sich dann ihre Finanzhilfen an den Staat umso teurer bezahlen zu lassen.

Die antikapitalistischen Obertöne des Textes kamen auch bei den Sozialisten an. Er könne Drumonts Buch durchaus etwas abgewinnen, erklärte etwa Albert Regnard, Redakteur der *Revue socialiste*, enthalte es doch deutliche Kritik »an dem anderen Produkt der Semiten«: dem Kapitalismus. Dieses System, das die Arbeiter ausbeute und in Tätigkeiten zwinge, die mit Berufung und Hingabe nicht im Ansatz etwas zu tun hätten, gehe ganz wesentlich auf die Juden zurück. Von einem solchen Standpunkt war es auch für die Sozialisten nicht mehr weit bis zu weiteren Verschwörungstheorien. Längst werde die öffentliche Meinung von den Juden gesteuert, schrieb der sozialistische Abgeordnete Jean Jaurès. »In Frankreich ist der politische Einfluss der Juden enorm, aber er ist, wenn ich so sagen darf, indirekt. Er wird nicht durch die Macht der Zahlen ausgeübt, sondern durch die Macht des Geldes«, erklärte er im Mai 1895. »Die Juden halten einen großen Teil der Presse, der großen Finanzinstitute, und wenn sie in der Lage waren, die Wähler zu beeinflussen, agieren sie als gewählte Amtsträger. Hier haben sie die doppelte Stärke von Geld und Zahl.«[29]

Linke und Rechte, Sozialisten und Nationalisten mochten in vielem entgegengesetzter Meinung sein – doch in der Ablehnung der Juden waren sie sich einig. »Seit zu langer Zeit ist Frankreich zur Beute der Fremden und Juden geworden«, erklärte etwa der nationalistische Abgeordnete Joseph-Henry Michelin. »Wir wollen Frankreich den Franzosen zurückgeben und vor allem das Judentum unterdrücken, das alle diese Skandale hervorgerufen hat, deren Zeugen wir jetzt sind«, so Michelin im Januar 1895, wenige Tage nach Eröffnung des Prozesses gegen den jüdischen Offizier Alfred Dreyfus.[30] Freilich schwinge in diesen Worten auch ein konkretes Begehren mit, ahnte der Schriftsteller Ferdinand Brunetière. Der Antisemitismus, notierte er, sei vor allem »ein Name, um das heftige Verlangen zu verbergen, die Juden zu enteignen.«[31]

Ihren Höhepunkt fanden die Tiraden, als der aus dem Elsass stammende jüdische Offizier Alfred Dreyfus zu Unrecht des Landesverrats beschuldigt wurde. Er habe den Deutschen höchst brisante Informationen zu Ausrüstung und Strategie der französischen Armee zugespielt, so die Anklage. Dreyfus bestritt die Anschuldigungen, musste dann aber erleben, dass er auf der Grundlage teils gefälschter Dokumente, Unterschlagung entlastender Beweisstücke, Lügen und falscher »Ehrenwort«-Erklärungen schuldig gesprochen wurde. Nach dem Prozess verbrachte er vier Jahre in Isolationshaft auf der »Teufelsinsel« vor Französisch-Guyana. Dort waren die Lebensumstände derart hart, dass man seit der Französischen Revolution eigentlich darauf verzichtete, Verbannte dorthin zu schicken. Trotz zahlreicher Indizien, die für seine Unschuld sprachen, wurde Dreyfus im zweiten Prozess im Jahr 1899 wiederum verurteilt, dieses Mal zu zehn Jahren Haft. Der Druck in Teilen der – auch europäischen – Öffentlichkeit war inzwischen allerdings so groß, dass sich Staatspräsident Émile Loubet gezwungen sah, den Offizier zu begnadigen. Zugleich kamen alle anderen Beteiligten, auch die wirklich Schuldigen, in den Genuss einer Amnestie. Vollständig rehabilitiert wurde Dreyfus erst sieben Jahre später. Befördert zum Major, beteiligte er sich 1914 am Krieg gegen Deutschland.

Der Skandal um den jüdischen Offizier gab den antisemitischen Demagogen zahlreiche Motive an die Hand, aus denen sich das Bild einer jüdischen Weltverschwörung zusammensetzen ließ. Es sei kein Zufall, erklärten sie etwa, dass Dreyfus Jude sei. Nur ein Mensch, der sich den Werten seines Landes verweigere, ja sie insgeheim sogar verachte, wäre in der Lage, einen derartigen Verrat zu begehen. Es gehe sogar noch weiter, hieß es: Menschen wie Dreyfus fügten dem Land ganz bewusst Schaden zu. Denn langfristig, behauptete etwa Édouard Drumont Anfang Dezember 1894 – zu einer Zeit, als der Prozess noch nicht einmal begonnen hatte –, verfolgten die Juden ein ganz eigenes Projekt: »Juden wie Dreyfus sind wahrscheinlich nur untergeordnete Spione, die für jüdische Geldgeber arbeiten; sie sind die Zahnräder des großen jüdischen Plans, die uns Füße und Fäuste liefern würden, die an den Feind gebunden sind, wenn wir uns nicht in dem Moment, in dem der Krieg unmittelbar bevorsteht, entscheiden würden, öffentliche Rettungsmaßnahmen zu ergreifen.«[32]

»Primitive, abgeschottete Rassen«

Der Erste Weltkrieg änderte den Blick vieler Franzosen auf ihre jüdischen Mitbürger. Juden taten sich auf den Schlachtfeldern hervor, kämpften Seite an Seite mit ihren Kameraden christlichen Glaubens. Religion spielte keine Rolle, erst recht keine trennende. Stattdessen verband der gemeinsame Schmerz, die Trauer über die Toten, der Schrecken über die Zerstörungskraft des Kriegs.

Das Gefühl der Verbundenheit hatte Bestand bis in die 1930er-Jahre. Dann, mit Beginn der Wirtschaftskrise, setzte ein neuer Ton ein. Die Folgen des »Schwarzen Freitags« vom Oktober 1929 trafen auch Frankreich, wenngleich mit einiger Verspätung. Zunächst schien das Land gegen die Auswirkungen des Crashs gefeit: Die Wirtschaft blühte und konnte die in- und ausländische Nachfrage kaum bedienen. Um sie zu befriedigen, rekrutierte die französische Industrie 70.000 ausländische Mitarbeiter, die sie mit teils erheblichem finanziellem Aufwand ins Land holte. Angesichts des dann immer rascher nachlassenden Schwungs sahen sich die Unternehmer bald wieder zu Entlassungen gezwungen. So verließen allein zwischen Januar 1931 und Februar 1932 rund 450.000 Ausländer das Land.[33] Zusätzlich bemühte sich die Regierung, die Einwanderung zu begrenzen. So erhielten Polizeibeamte im Dezember 1931 die Befugnis, Einwanderer als »nicht wünschenswert« zu klassifizieren.[34] Damit war wieder die Idee der Klassifizierung in der Welt, ausgerichtet zunächst nach ökonomischen Kriterien: Hatte die betreffende Person Arbeit, war sie willkommen. Hatte sie keine, musste sie damit rechnen, ihr Visum nicht verlängern zu können. Von 1933 an durften allein Franzosen als Arzt praktizieren. Und von 1934 an durften Migranten nur noch ins Land, wenn sie erklärten, sie würden dort keine Arbeit aufnehmen. Im gleichen Jahr verbot ein Gesetz Einwanderern, im Staatsdienst oder als Anwalt zu arbeiten, sofern sie nicht bereits zehn Jahre im Land gelebt hatten. Das Gesetz kam vor allem den Berufsverbänden zugute, die sich so lästige Konkurrenz vom Leibe hielten, besonders aus den Reihen der neu ins Land gekommenen Juden. Vom Jahr 1937 an wurde nichtdeutschen jüdischen Migranten die Einreise nach Frankreich verwehrt. Ein

Jahr später konnten alle illegal im Land Lebenden in ihre Heimat zurückgebracht werden. Personen, bei denen das nicht möglich war, wurden verpflichtet, ihren jeweiligen Aufenthaltsort in Frankreich nicht zu verlassen. Ab November 1938 – in Deutschland hatten die als »Reichskristallnacht« bekannten antijüdischen Pogrome begonnen – ließ die französische Regierung Internierungslager für staatenlose Flüchtlinge errichten. Betroffen waren auch viele Juden.

Krisen durchzogen das Land auch im Inneren. 1936 standen sich Arbeitnehmer und Arbeitgeber in heftigen Arbeitskämpfen gegenüber. Im Juni 1936 einigten sich Gewerkschaften und Arbeitgeber im Matignon-Abkommen auf eine 40-Stunden-Woche und einen jährlichen bezahlten Urlaub von zwei Wochen. Doch was die einen als Fortschritt priesen, war für andere ein Skandal: Viele Selbstständige, Führer kleiner, hart an der Gewinngrenze operierender Geschäfte und Betriebe, fühlten sich durch die Abkommen zurückgestellt: Für ihre Situation, waren sie überzeugt, interessiere sich die Regierung nicht. Sie schaue allein auf die Kommunisten und Streikenden, nicht aber auf sie: die ehrenwerten, hart arbeitenden Unternehmer, die sich Tag für Tag mühten, ihre Firma am Laufen zu halten. Sie, die so viel gegeben, über Jahre in den sozialen Aufstieg investiert hatten, fühlten sich durch die in ihren Augen ungerechtfertigte Bevorzugung der Arbeiter geradezu verhöhnt. Nicht wenige schlossen sich in diesen Monaten rechten und rechtsextremen Parteien an. Die verstanden es, den Zorn ihrer neuen Anhänger in die gewünschte Richtung zu kanalisieren.

Zielscheibe des Unmuts waren zunächst die vor der Gewalt der Nationalsozialisten geflohenen Juden. »Sie sind überall«, so ein häufig gehörtes Wort jener Zeit, verbunden mit der Sorge, Frankreich könne seine nationale Identität verlieren.[35] Tatsächlich waren die Zahlen überschaubar: 1940 lebten in Frankreich rund 330.000 Juden. Rund 200.000 hatten die französische Staatsbürgerschaft, etwa 130.000 waren ausländische Flüchtlinge. Hinzu kam die jüdische Gemeinde in den französisch beherrschten Gebieten Nordafrikas: Sie umfasste zu jenem Zeitpunkt rund 370.000 Mitglieder.[36]

Kaum im Land, wurden die Neuankömmlinge zur Zielscheibe gehässiger Pamphlete. Juden wurden darin als Eindringlinge und Fremde gezeichnet, gekommen, um den Franzosen die Arbeit zu nehmen und das Land zu ruinieren. »Fast überall herrscht ein latenter Antisemitismus, fast unbewusst, bestehend aus Misstrauen, Abscheu, Vorurteilen«, notierte 1936 der Jesuitenpater Joseph Bonsirven.[37]

Außer bei verärgerten Kleinunternehmern verfing die antisemitische Propaganda bei Männern mittleren Alters und geringen Standes. Viele von ihnen hatten im Ersten Weltkrieg körperliche Schäden erlitten und waren überzeugt, Staat und Gesellschaft hätten ihren Einsatz nicht angemessen honoriert. Xavier Vallat etwa, später Leiter des den Nationalsozialisten zuarbeitenden *Commissariat Général aux Questions Juives* (CGQJ), hatte im Krieg ein Auge verloren.[38] Auch Vallats Nachfolger an der Spitze des CGQJ, Louis Darquier, hatte eine einschlägige Karriere hinter sich. Aus einer Advokatenfamilie stammend, betätigte er sich nach dem Ersten Weltkrieg im Getreidehandel, ging nach einigen Jahren aber in Konkurs, um sich dann, finanziert von seiner Familie, für einige Zeit als erfolgloser Autor und Lebenskünstler durchzuschlagen, unter dem vornehm klingenden Namen Darquier de Pellepoix. Er nahm an den Februar-Zusammenstößen des Jahres 1934 teil, gründete anschließend einen Opferverband der verwundeten Demonstranten und machte als deren Sprecher Karriere. Eng der *Action française* verbunden, entwickelte er sich zu einem glühenden Antisemiten. Als Mitglied des Pariser Stadtrats nutzte er dessen Sitzungen als Bühne seiner antisemitischen Propaganda. »Besondere Vorsicht ist gegenüber den Juden geboten, jener wandernden Nation, aus der sich die internationalen Makler der politischen Anarchie, des wirtschaftlichen Parasitismus und einer vagabundierenden Finanzmacht rekrutieren«, erklärte er dort im Juni 1936. »Ihr Geist, gleichzeitig destruktiv und auch gewinnorientiert, drängt unaufhaltsam auf den Zerfall der Nationen.«[39]

Die Propagandisten konnten sich sicher sein, nicht nur ihre Stammleserschaft gegen die Einwanderer aufzuwiegeln. »Die Ankunft neuer jüdischer Flüchtlinge ist geeignet, unter der Bevölkerung gewisse Emotionen zu wecken, zumindest jener, die für die höchst entwickelte antisemitische Propaganda am Niederrhein (gemeint ist das Elsass, Anm. d. Aut.) besonders empfänglich sind«, warnten die französischen Sicherheitsbehörden im Norden des Landes im Mai 1938 die Regierung.[40] Tatsächlich nahmen einige Schriftsteller und Publizisten kein Blatt mehr vor den Mund. Der Dichter Jean Giraudoux, Autor eleganter, viel gespielter Theaterstücke und von Juli 1939 bis März 1940 Leiter des französischen Informationsministeriums, erklärte, die Flüchtlinge seien eine »merkwürdige und gierige Kohorte Mittel- und Osteuropas«, eine »primitive und abgeschottete Rasse«. Die »hunderttausenden von Ashkenazis, die aus polnischen oder rumänischen Ghettos entkommen sind«, bedrohten die nationale Kultur. Ihre Präsenz untergrabe »den Geist der Präzision, des guten Willens und der Perfektion der französischen Handwerkskunst.«[41]

Auch die rechtsradikale Zeitschrift *Gringoire* blies zur Hatz auf die Zuwanderer. »Sind wir die Müllhalde der Welt«, fragte das Blatt im Oktober 1936 seine Leser.

> »Über alle Zufahrtsstraßen, die sich in große Trichter verwandelt haben, fließt auf unser Land ein brodelnder, gärender Torf. Es ist der immense Strom neapolitanischen Schmutzes, levantinischer Lumpenträger, trauriger stinkender Slawen, des schrecklichen andalusischen Elends, der Samen Abrahams und des Erdpechs aus Judäa; das ist alles, was die alten Länder der Wunden und Plagen ausspucken. Gekräuselte Ideologen, verstohlene Verschwörer, grünlich gefärbte Königsmörder, mottenzerfressene Pollacken, die feinen Leute aus dem Ghetto, Waffenschmuggler, verzweifelte Pistoleros, Spione, Wucherer, Gangster, Frauen- und Kokainhändler: Sie alle kommen, ihren Geruch vor sich her treibend, begleitet von ihren Käfern.«[42]

Ihr attraktivstes Ziel fanden die antisemitischen Propagandisten aber nicht in den Flüchtlingen, sondern in der Person des ersten jüdischen Premierministers des Landes: Léon Blum. Der Beginn seiner Amtszeit im Juni 1936 fiel mit den Arbeitskämpfen zusammen. Das Bemühen der Regierung, diese zu lösen, und zwar auch auf der Grundlage neuer Sozialgesetze, bot den antisemitischen Publizisten hinreichend Anlass, sich auf den Premier einzuschießen. In der *Action française* war ein Artikel vom 6. Juni 1936 überschrieben mit »Frankreich unter dem Juden«.[43] Charles Maurras, der Chef der Bewegung, erging sich in schrillen Tönen. »Das Kabinett ist jüdisch. Man kann sagen: Es gibt unter Franzosen keine Debatte über die soziale Frage mehr. ... Das Kabinett Blum stellt die soziale Frage. Es ist die Debatte zwischen Nationalen und Anti-Nationalen.« An einer ernsthaften Debatte mochten die Redakteure des Blattes nur bedingt Interesse haben. Doch wo sie standen, daran ließen sie keinen Zweifel. »Der jüdische Herr ist ohnmächtig«, hieß es am 9. Juni während der heißen Phase der Arbeitskämpfe, ganz so, als ließen sich die Konfession des – ohnehin säkularen – Premiers und die Komplexität der Herausforderungen in irgendeinen Zusammenhang bringen. »Das jüdische Schiff kommt vom Kurs ab«, las man am 13. Juni, und am 21. des Monats nahmen die Leser »die große jüdische Offensive« zur Kenntnis.

Auch Léon Daudet, der Sohn des Schriftstellers Alphonse Daudet, schoss sich auf Blum ein und rückte die innenpolitischen Schwierigkeiten in einen Zusammenhang mit den außenpolitischen. Die Feinde, gab er zu verstehen, waren überall. Grenzen spielten für sie keine Rolle mehr: »Die Republik, ein Regime aus dem Ausland, hat dazu geführt, dass wir derzeit drei Invasionen unterliegen: der russischen, der deutschen – vor allem der deutsch-jüdischen – sowie der spanischen. Die Schurken dieser drei Nationen infiltrierten unser Land und ließen sich darin nieder. Sie plünderten, korrumpierten und mordeten.«[44] Alle diese Phänomene, so Daudet, wiesen auf einen Krieg hin. Die Präsenz der dafür Verantwortlichen aber reiche weit zurück, bis zur Affäre um den »Verräter« Alfred Dreyfus. Mindestens ebenso besorgniserregend sei aber die gegenwärtige Konstellation: »Die Dominanz eines rabbinischen Juden, Leon Blum, mit Blick auf unsere Sitten, Gebräuche, die Art und Weise des Verstehens und Fühlens ein völlig Fremder, erhöht die Gefahr um das Zehnfache.«

Wie ernst die Lage sei, wollte die Zeitschrift *Gringoire* durch einen Blick auf die Posten rund um das Kabinett nachweisen. Die entscheidenden Positionen würden von Juden besetzt:

»Ratsvorsitz und Kabinett: die Herren A. Blumel, Jude; Jules Moch, Jude; Heilbronner, Jude; Grunebaum-Ballin, Jude; P. Hug, Jude; Mmes Picard-Moch, Jude; Madeleine Osmin, Jüdin. Unterstaatssekretariat. Büro: Herr Mumber, Jude. Staatsministerium. Büro: Herr Weil, Jude; Pierre Rodrigues, Jude. Innenministerium. Büro: Herr Bechoff, Jude; Salomon, Jude; Cahen-Salvador, Jude. Finanzministerium. Büro: Herr Weill-Raynal, jüdisch. Bildungsministerium: M. Marcel Abraham, Jude; J. J. Moererer, Jude; E. Wellhof, Jude; M. Adrienne Weil, Jude; S. Chaskin, Jude.«[45]

Vornehmstes Ziel der Angriffe war der Premierminister selbst. Unter dem Eindruck der Arbeitskämpfe vom Juni 1936 schrieb der Journalist Henri Béraud in *Gringoire* vom »Samen Abrahams«, der sich in Frankreich verbreitet habe. »Tapferer Franzose, sie haben dich kolonisiert. Der Araber, das bist du«, unkte er in Anspielung auf das französische Kolonialreich, dessen Machtverhältnisse, so deutete er es an, sich in ihr Gegenteil verkehrt hätten.[46]

»Unter dem Diktat harter Notwendigkeiten«

Die Zeit sei noch nicht reif, hatte Pierre Sebilleau, stellvertretender Leiter von Pétains Zivilkabinett, an den Rand des ersten Entwurfs zum *statut des Juifs* geschrieben. »Das Land ist nicht antisemitisch.«[47] Darum gelte es, bei den folgenden Schritten behutsam vorzugehen. Allerdings konnte die Regierung davon ausgehen, dass den Bürgern die antisemitischen Motive und Stereotypen sehr vertraut waren. Wie ambivalent sich der Umgang der Regierung mit der antisemitischen Tradition gestaltete, zeigte sich in einem Brief des Bürochefs des Auswärtigen Amts an den französischen Botschafter in Washington, Gaston Henry-Haye. In dem Schreiben vom 18. Oktober 1940 rechtfertigte der Bürochef das *statut des Juifs*. Vor dem Ersten Weltkrieg habe es in Frankreich nur eine begrenzte Anzahl von Juden gegeben, antisemitische Regungen seien selten gewesen. Doch nach 1936, hieß es in Anspielung auf die Regierung Blum weiter, seien »unter dem überwiegenden Einfluss des israelitischen Elements« die Juden »zu Hunderttausenden« ins Land gekommen, dabei »die Hindernisse hinweg reißend, die eine machtlose Regierung ihnen entgegenzustellen sich bemühte.«[48] Stießen sie auf Schwierigkeiten, sprachen sie wie die Herren, »wie unsere Agenten, die mit ihnen in Kontakt standen, es bezeugen können.« Mit ihrer »sehr besonderen Mentalität« hätten sie sich an vielem gestoßen, was die Franzosen als selbstverständlich empfanden. »So kamen wir zu der Überzeugung, eine der Bedingungen für die nationale Genesung bestehe darin, die Juden aus einer Reihe von Berufen zu entfernen, die es ihnen ermöglichen würden, einen als schädlich erachteten Einfluss auf unsere Verwaltungen, die öffentliche

Meinung und die Jugend auszuüben.« Dem neuen Gesetz habe kein Geist der Unterdrückung Pate gestanden, versicherte er. »Im Gegenteil, es kann spontane Bewegungen des Antisemitismus verhindern, deren Auswüchse sonst schwer zu vermeiden wären.« Auch müsse man beachten, dass keinerlei Maßnahmen gegen Personen oder Eigentum ergriffen würden. »Ziel der neuen Bestimmungen ist es, ein besonders akut gewordenes Problem endgültig und leidenschaftslos zu lösen und in Frankreich das friedliche Bestehen von Elementen zu ermöglichen, die der Charakter ihrer Rasse gefährlich macht, wenn sie zu eng in unser politisches und administratives Leben eingebunden werden.«

Man erkennt die untergründige Ambivalenz dieser Zeilen: Zum einen galt es, die Bevölkerung zu besänftigen, die sich durch die Anwesenheit so vieler Neuankömmlinge bedroht fühlte. Zum anderen befeuerte die Regierung die Vorurteile und Stereotypen nach Kräften. Der Brief zeigte, dass die Regierung sich für einen Weg entschieden hatte: den des Antisemitismus. Alternativen hätte sie durchaus gehabt. Etwa die, eine landesweite oder zumindest über die freie Zone sich erstreckende Diskussion über die Neuankömmlinge anzustoßen, die in dem Brief zitierten oder auch aus den Tiefen des eigenen Empfindens ausgegrabenen Eindrücke zu revidieren. Das aber tat die Regierung nicht. Stattdessen zog sie es vor, sich zur Stimme jener zu machen, die die Flüchtlinge zu Feinden erklärten. Das wiederum tat sie im Geist der »Nationalen Revolution«, der zufolge es unumgänglich war, das Land nach der Niederlage neu zu ordnen. »Die Niederlage hat zu einer tiefgreifenden dauerhaften Reorganisation geführt, deren Notwendigkeit sich seit langem bemerkbar machte«, hieß es in einer Stellungnahme der Regierung vom 22. Oktober 1940 zum *statut des Juifs*. »Es war nötig, unter dem Diktat harter Notwendigkeiten, Ad-hoc-Maßnahmen zu ergreifen. Das sind die Bedingungen, unter denen es zum Statut der französischen Israeliten kam.«[49] Die Passage deutet es an: Die Regierung Pétain setzte das *statut des Juifs* nahezu vollständig aus eigenen Stücken um. Bislang haben sich keine Dokumente gefunden, die auf einen wie auch immer gearteten direkten Druck der Besatzer schließen lassen. Das Vichy-Regime folgte seinem eigenen Kurs, völlig unabhängig von nationalsozialistischen Vorgaben. In einer Notiz vom 28. Oktober bekannte sich der Vizepräsident zu den Zielen der fran-

Französische Polizisten kontrollieren die festgenommenen ausländischen und französischen Juden bei ihrer Ankunft im Internierungslager von Pithiviers im Departement Loiret (Foto von 1941).

zösischen Regierung – die sich mit denen der Deutschen keineswegs deckten: »Das Ziel der deutschen Verordnungen ist es, den Juden jeden wirtschaftlichen Einfluss zu nehmen. Der Zweck der französischen Anordnungen ist es, ihnen jeglichen politischen, militärischen, künstlerischen und intellektuellen Einfluss zu entziehen.«[50] Tatsächlich schränkte das Gesetz die Berufsmöglichkeiten der Juden – und zwar aller in Frankreich lebender Juden – drastisch ein. Zahlreiche politische Ämter waren ihnen fortan verschlossen, so etwa das des Staatschefs oder das eines Ministers, eines höheren Richters. Höhere Posten im öffentlichen Dienst durften sie nur unter bestimmten Voraussetzungen ausüben. So mussten sie in den Jahren 1914 bis 1918 entweder als Soldaten gekämpft oder einen Einberufungsbescheid erhalten haben. Alternativ galt auch die Auszeichnung mit dem Verdienstorden der Ehrenlegion als Zugangsberechtigung. Die selbstständigen Berufe standen ihnen offen, insofern nicht ein beschränkendes Kontingent verfügt worden war. Berufe in den Medien wie in der Kultur – Theater, Kino, Verlagswesen, Presse – waren ihnen ebenfalls grundsätzlich verwehrt. Rund 3000 Personen – überwiegend Militärs und Lehrer – wurden in den folgenden Tagen entlassen.

Gegen Ende der Besatzungszeit – die Vichy-Regierung residierte auf Anordnung Hitlers inzwischen in der baden-württembergischen Stadt Sigmaringen – äußerte sich Justizminister Raphaël Alibert: Zu keinem Zeitpunkt hätten die deutschen Behörden in irgendeiner Form in die Rechtspflege oder in seine Entscheidungen eingegriffen. »Ich habe nie Anträge, Anweisungen oder Verfügungen erhalten.«[51]

Am 4. Oktober 1940, erließ das Vichy-Regime das »Gesetz, betreffend die ausländischen Angehörigen der jüdischen Rasse«. Auf seiner Grundlage konnte jeder im Land lebende Jude ohne französische Staatsangehörigkeit ohne Umschweife in einem der nun eingerichteten Sonderlager interniert werden. Voraussetzung war die bloße Entscheidung des lokalen Präfekten. Das Gesetz, zunächst nur in der freien Zone angewandt, brachte zahlreiche Menschen um ihre Freiheit: Zu Jahresbeginn 1941 waren 50.000 Personen interniert, 40.000 von ihnen ausländische Juden, die übrigen im Besitz der französischen Staatsbürgerschaft. Schrittweise setzte die Regierung eine Politik um, die erst die rechtliche und dann auch die physische Integrität der Juden untergrub. Sie mündete in die Deportation von rund 75.000 Juden in die deutschen Todeslager.

Tortur im Vél' d'hiv
Die große Pariser Razzia vom Juli 1942

> Er entsteigt dem Abwasserrohr, dieser arme Clown
> Niemand hat diese Kröte in der Straße bemerkt;
> Damals hatte mich niemand in der Straße bemerkt
> Jetzt machen sich die Kinder über meinen gelben Stern lustig.
> Glückliche Kröte! ... Du hast keinen gelben Stern
>
> *Max Jacob (1876–1944, Sammellager Drancy)*

Retten konnte sich Léon Fellmann nur durch Einsatz aller Körperkraft. Als es galt, aus dem Vélodrom d'Hiver in die Busse zu steigen, ließ er ganz plötzlich die beiden Koffer fallen, sprang in Richtung der beiden Wachen, stieß sie zur Seite und lief los, so schnell, dass sie ihm nicht mehr folgen konnten. Der junge Mann, 17 Jahre alt, war in Sicherheit. Die anderen in der zur Sammelstelle der jüdischen Gefangenen umfunktionierten Radsporthalle nahe des Eiffelturms blieben ohne Chance: Sie wurden in die Busse verfrachtet, die sie in ein Übergangslager brachten. Von dort ging es Tage oder Wochen weiter, in Richtung Osten, zu den Vernichtungslagern der deutschen Besatzer.

Léon Fellmann hatte sich ein Herz gefasst, ermutigt von seiner Mutter Nessia. Wieder und wieder hatte sie ihn während der vergangenen Tage in der stickigen Halle ermahnt, bei der ersten sich bietenden Gelegenheit Reißaus zu nehmen. Zwei Tage lang hatte sie mit ihm über einen Fluchtversuch gesprochen und dass er, um sein Leben zu retten, sie zurücklassen müsse. An alles hatte sie in den aufgewühlten Stunden nach der Verhaftung gedacht, auch daran, den Stern von der Jacke ihres Sohnes zu trennen. Denn trüge er ihn, liefe er Gefahr, auf der Stelle wieder verhaftet zu werden. »Es zerriss ihr das Herz, und doch blieb ihre Entschlossenheit«, erinnerte sich Fellmann Jahrzehnte später. »Was für ein Mut!

Was für eine Liebe! Sie hat mich zwei Mal zur Welt gebracht: zu meiner Geburt und im Vél d'Hiv, als sie mir den Willen einflößte, wegzurennen.«[1]

Seine Mutter, erfuhr Léon Fellmann später, stieg in den Konvoi Nummer 15, der am 5. August 1942 aus Beaune-la-Rolande in Richtung Auschwitz startete. »In den 1980er Jahren erfuhr ich, dass mein Vater am 10. August 1942 durch eine Injektion von Phenol getötet wurde«, berichtete Léon Fellmann.

> »Bei der Auswahl in der Krankenstation hatte der SS-Arzt fünfundsiebzig Erkrankte identifiziert. Drei Tage zuvor hatte der Konvoi meiner Mutter Auschwitz erreicht. Von den 1.014 Deportierten wurden 310 eine Nummer eintätowiert. Alle anderen, wahrscheinlich auch meine Mutter, wurden direkt vergast. Also wurden meine beiden Eltern im Abstand von drei Tagen an diesem verfluchten Ort ermordet.«

Die Razzia in Paris vom 16. und 17. Juli 1942 gilt in Frankreich als einer der dunkelsten Tage der nationalen Geschichte, die Gefangenschaft in der Radsporthalle als eine der symbolträchtigsten Szenen der Kollaboration. Während der beiden Tage verhaftete die französische Polizei, nach vorheriger Absprache mit der deutschen Besatzungsmacht, 13.152 in Paris lebende Juden. Während Erwachsene ohne Kinder in das Sammellager von Drancy rund 20 Kilometer nordöstlich von Paris gebracht wurden, fanden sich die anderen 8160 Personen – 4115 Kinder, 2916 Frauen und 1129 Männer – für die nächsten fünf Tage in der Radsporthalle wieder. Dort, wo sonst ein begeistertes Publikum rund um die 253 Meter lange Strecke etwa die Sieger des Sechstagerennens feierte, wo sich die Pariser auf dem von der Bahn umschlossenen Feld auf Rollschuhen vergnügten, harrte nun eine verängstigte, desorientierte Menge aus. Die Halle, erinnerte sich Hélène Wajcman-Zyticki, mit ihren Eltern ebenfalls im Vélodrom gefangen, war ein »gigantischer ohrenbetäubender Topf. Die Julisonne brannte auf das Vordach. Die Luft war schwer, heiß, feucht. Keine Spur von Frische. Dazu der Trubel. Der Lärm hallte wider wie in einem Tunnel.« Hinzu kam die Angst der Menschen, »eine Art kollektiver Wahnsinn in einem verschlossenen Raum«, einem Ort, der die Spielregeln des üblichen Verhaltens im Handumdrehen außer Kraft setzte.

Deportierte Juden im Lager Drancy (Foto von 1942).

> »Erwachsene klagten, protestierten, stritten, alte Menschen beschwerten sich, Kinder liefen umher, machten Unsinn, verirrten sich, panische Mütter riefen nach ihnen. Ich hing an meiner Mutter. Ich verstand dieses Spektakel nicht. Schreie, Tränen, Niedergeschlagenheit, Verzweiflung. Wir hatten Durst, wir hatten Hunger. Es gab keinerlei Hygiene, keine Wäsche, keine Möglichkeit, sich umzuziehen, nicht genügend Toiletten. Die Toiletten waren verstopft und nicht mehr zu gebrauchen. Wir machten unser Geschäft, wo immer wir konnten, überall. Die Gerüche drangen in unsere Kleidung, die schweißgebadet an unserer Haut klebte.«[2]

Fünf Tage dauerte diese Tortur. Anschließend wurden die Gefangenen in die Durchgangslager Drancy, Beaune-la-Rolande und Pithiviers gebracht. Dort wurden die Eltern von ihren Kindern getrennt. In den folgenden Wochen starteten die Züge in die Vernichtungslager im Osten.

Schuld und Eingeständnis

Historiker haben darauf hingewiesen: An den Razzien nahm kein einziger deutscher Soldat oder SS-Mann teil. Die gesamte Organisation wie auch die Durchführung lagen allein bei den Franzosen. Sie verhafteten die Juden, brachten sie in die Sammel- und von dort in die Transferlager. Doch die Vichy-Regierung handelte nicht im luftleeren Raum. Sie sah sich einem Besatzungsregime gegenüber, zu dessen zentralen Zielen die Vernichtung der europäischen Juden gehörte. Dieses Ziel konnten die Nationalsozialisten in Frankreich nicht so offen verfolgen wie in den besetzten Gebieten Osteuropas und Russland. Die aus Sicht der Besatzer besonderen Schwierigkeiten in Frankreich – vor allem die rechtlichen Voraussetzungen, die offen zu brechen sie sich scheuten – nötigten sie, die Deportation in diskreterer, darum aber nicht weniger konsequenter Weise umzusetzen. So waren sie die wesentliche treibende Kraft hinter den Razzien und den ihnen folgenden Deportationen.

Aus der Perspektive des Vichy-Regimes sprach zunächst einiges für die Zusammenarbeit mit Deutschland. Die drängendsten Probleme des Landes ließen sich nur in Kooperation mit dem Reich lösen. Rund 1,8 Millionen französische Soldaten waren in deutsche Kriegsgefangenschaft geraten. Für sie hatte das Kabinett Pétain ebenso Sorge zu tragen wie für die rund 600.000 Franzosen, die nach dem Waffenstillstand nicht in ihre Häuser in den nordöstlichen Provinzen des Landes zurückkehren konnten. Zudem bemühte sich die Regierung um die Rückgabe der zur Versorgung des Landes unverzichtbaren Infrastruktur, so etwa um 900 beschlagnahmte Lokomotiven und 80.000 Waggons. All dies ließ es angeraten erscheinen, zur deutschen Regierung ein pragmatisches Verhältnis zu pflegen. Nicht zuletzt drückte die enorme Last der Abgaben, die die Besatzer den Verlierern aufgeladen hatten. All dies bewog François Darlan, seit Februar 1941 als Nachfolger Lavals französischer Regierungschef, Frankreichs guten Willen zur Zusammenarbeit zu dokumentieren. »Wir bitten den Führer, uns zu vertrauen«, ließ er den deutschen Botschafter Otto Abetz im April 1941 wissen.[3] Wie weit seine Bereitschaft zu Zugeständnissen ging, dokumentiert eine Note vom Mai jenes Jahres, in der er darüber klagte, dass sein Engagement ganz ohne Erwiderung bleibe. »Ich habe eine massive anti-englische und anti-gaullistische Kampagne im Radio gestartet, die langsam Früchte trägt. Ich habe das Erscheinen von Zeitungen in der freien Zone unterbunden, die meine Anstrengungen behindern könnten, und ich werde sie, wenn nötig, noch härter strafen. Ich habe das Generalkommissariat für Juden gegründet.« Trotz der bisherigen Enttäuschungen könnten sich die Besatzer weiterhin auf ihn verlassen, fuhr er fort. »Ich werde in Zukunft noch mehr tun, denn wenn ich einen Weg eingeschlagen habe, ändere ich ihn gewöhnlich nicht.«[4]

Im Willen, für das gute Verhältnis zu den Besatzern – im Zweifel auch gegen ausländische Schutzbefohlene vorzugehen, stützten sich die Kabinettsmitglieder mit Blick auf die militärische Großwetterlage unter anderem auf opportunistische Erwägungen. Der Zusammenschluss mit Großbritannien im Frühjahr steckte vielen Franzosen nach der Niederlage weiter in den Knochen. Das Bündnis hatte auf ganzer Linie versagt, an eine weitere Zusammenarbeit auch nur zu denken, erschien ihnen ebenso ausgeschlossen wie der Regierung. Insbesondere die große Rettungsaktion von Dünkirchen, bei der die Briten sich vor allem um die eigenen Soldaten kümmerten und viele französische zurückließen, ließ den Verbündeten vom Sommer an höchst unzuverlässigen Partner erscheinen. Zudem hatte die britische Marine Anfang Juli 1940 den Großteil der vor dem Kriegshafen Mers-el-Kebir vor Anker liegenden französischen Flotte zerstört. Damit wollte sie verhindern, dass die Flotte den Deutschen in die Hände fiel. Auf die Besatzung der Schiffe nahm sie keinerlei Rücksicht: Rund 1300 französische Soldaten starben. Danach galten die Briten in Vichy als Verräter. Zur Enttäuschung gesellte sich Opportunismus: Immer mehr schien in den ersten Monaten nach der Niederlage dafür zu sprechen, dass Deutschland den Krieg gewinnen würde. In rasend schnellem Tempo hatte das Dritte Reich weite Teile Europas unterworfen. Im Februar 1941 waren Marschall Rommels Truppen in Tripolis gelandet, wenige Wochen später eroberten sie die von den Briten gehaltene Stadt Bengasi. Und im Juni des Jahres traute sich die Staatsführung in Berlin sogar zu, die Sowjetunion zu besiegen. Auch im Kampf gegen die Rote Armee schienen die in Berlin ersonnenen Planspiele zunächst aufzugehen. »Ich wünsche den Sieg Deutschlands«, erklärte Premierminister Pierre Laval am 22. Juni 1942 in einer Radioansprache.[5] »Ohne den deutschen Sieg würde sich der Bolschewismus morgen in ganz Europa festsetzen«, begründete er seinen Standpunkt.

Erste antisemitische Verordnungen

Das gute Verhältnis zu den Besatzern vor Augen, konnten die Mitglieder des Vichy-Kabinetts nicht umhin, sich auch mit deren Politik gegenüber den in Frankreich lebenden Juden auseinanderzusetzen. Im September 1940 hatte Reinhard Heydrich, Chef des Reichssicherheitshauptdienstes und einer der Hauptarchitekten des antisemitischen Völkermords, darauf gedrängt, die Pariser Außenstelle der *Sicherheitspolizei* und des *Sicherheitsdienstes* mit erweiterten Kompetenzen auszustatten, um gegen die Juden vorzugehen. Bereits vom Juli 1940 an hatte die Geheimpolizei der Wehrmacht mit ersten Hausdurchsuchungen bei jüdischen Bürgern begonnen. Auch vor Plünderungen schreckten die Kommandos nicht zurück.

Einen entscheidenden Schritt zu den Deportationen der folgenden Monate tat die Besatzungsmacht Ende September 1940: Alle in der besetzten Zone lebenden Juden, Ausländer ebenso wie französische Staatsbürger, wurden dazu verpflichtet, sich zwischen dem 3. und dem 20. Oktober bei den Behörden registrieren zu lassen. Die überwiegend in Kommissariaten untergebrachten Meldestellen waren jeweils einer überschaubaren Menge von zu Registrierenden zugeordnet. So ließen sich Warteschlangen und damit öffentliches Aufsehen vermeiden. In Paris wurden 90 Prozent der Meldepflichtigen registriert, insgesamt 150.000 Personen – 86.000 französische Staatsbürger und 64.000 Ausländer. Weitere 20.000 wurden im Rest der nördlichen Zone gezählt. Die Staatsbürger füllten eine blaue, die Ausländer eine orangefarbene oder beige Karte aus – eine perfide Vorbereitung auf spätere Zeiten, denn so konnten die Besatzer sehen, wen sie bei den alsbald anstehenden Razzien auf jeden Fall verhaften konnten und wen sie – vorerst noch – zu schonen hatten.

Vom Herbst 1940 an demonstrierten die Deutschen immer deutlicher, welchen Kurs sie einzuschlagen gedachten. Im November erließen sie eine der ersten offen antisemitischen Verordnungen: Von einem jüdischen Inhaber geführte Geschäfte mussten fortan durch den deutlich sichtbaren Hinweis *JÜDISCHES GESCHÄFT / ENTREPRISE JUIVE* gekennzeichnet werden. Betroffen von der Regelung waren rund 4.700 Unternehmen allein in Paris. »Das Nazi-Regime betrachtet die Juden als Feind Numero 1, und zwar nicht nur des deutschen Volkes, sondern des Friedens und der Zivilisation in ganz Europa«, hieß es am 5. Oktober in einer Anzeige im *Le Matin.* »Darum betrachten die deutschen Behörden die Präsenz einer großen Zahl nicht erfasster Juden in den besetzten Gebieten als dauerhafte Gefahr.«[6] Auf die erste folgte bald eine zweite Verordnung: Alle jüdischen Unternehmen mussten bis Ende des Monats bei den Pariser Behörden gemeldet sein. Verbunden damit war die Möglichkeit, sämtliche seit Beginn der Besatzung getätigten Geschäftsabschlüsse für ungültig zu erklären. Hatte die Vichy-Regierung gegen die erste Verordnung nichts einzuwenden, wurde sie nun aktiv. In Sorge, die Deutschen könnten die ehemals jüdischen Unternehmen ganz oder in Teilen übernehmen, gründete sie eine eigene Behörde, den *Service de contrôle des administrateurs provisoires* (SCAP), der die Auflösung dieser Betriebe in die Hand nehmen sollte. Bereits im Januar 1941 informierten in rund 4000 jüdischen Unternehmen Aushänge in roter Farbe die Kunden darüber, dass die Leitung des Ladens nun einem stellvertretenden »arischen« Geschäftsführer unterlag.

Im März 1941 erhöhten die Besatzer den Druck auf die Vichy-Regierung weiter. SS-Hauptsturmführer Theodor Dannecker – »ein fanatischer Nazi, von grimmiger anti-jüdischer Einstellung, völlig immun gegenüber jedem humanitären Gefühl, reizbar, sadistisch, das physische und seelische Leiden seiner Opfer genießend«[7] – legte den Grundstein für jene Instanz, die bei der Vernichtung der französischen Juden eine führende Rolle spielen sollte: das *Commissariat Général aux Questions Juives*, (CGQJ, »Generalkommissariat für Judenfragen«). Die in ihren Hochzeiten bis zu 2500 Mitarbeiter starke Behörde hatte vor allem eine Aufgabe: die in Frankreich lebenden Juden zu identifizieren, zu verhaften und dann den Besatzungsbehörden zu übergeben, die sie ihrerseits in die deutschen Vernichtungslager transportierten. Offiziell gegründet wurde das Kommissariat am 8. März 1941. Unterschrieben hatte das entsprechende Dokument François Darlan. Er verfolgte mit der neuen Behörde zwei Motive: Zum einen setzte er, wie sein Vorgänger vom europaweiten militärischen Triumph Deutschlands überzeugt, auf gute Beziehungen zur Besatzungsmacht. Zum anderen aber wollte er seiner Regierung Einfluss bei den antisemitischen Maßnahmen sichern. Ansonsten, so seine Sorge, würden die Besatzer immer größeren Einfluss auf die bislang von ihnen getrennt arbeitenden französischen Behörden nehmen und sie in ihrem Sinne steuern. Eine zentrale, von einem verlässlichen Mitarbeiter geleitete Instanz wäre hingegen weniger anfällig diesen Einfluss. Er ernannte für diese Aufgabe Xavier Vallat, in den 1930er-Jahren einer der führenden rechtsextremen Abgeordneten der Nationalversammlung. Berühmt-berüchtigt wurde er durch die Worte, die er am 6. Juni 1936 Premierminister Léon Blum am Tag von dessen Amtseinführung entgegenschleuderte. Dessen Ankunft an der Spitze der Macht sei unzweifelhaft ein historisches Ereignis. »Zum ersten Mal wird dieses alte galloromanische Land von einem Juden regiert«, rief er ihm zu.[8] »Um dieses bäuerliche Land zu regieren, das Frankreich ist, ist es besser, jemanden zu haben, dessen Ursprünge, so bescheiden sie sein mögen, sich in den Eingeweiden unseres Bodens verlieren als einen subtilen Kenner des Talmuds.« Als Direktor des CGQJ meinte Vallat, den Boden seines Landes zu verteidigen, indem er Ende April 1941 öffentliche Auftritte von Juden verbot, danach das Recht, Geschäftskonten zu führen. Einen Monat später durften sie auch keine Privatkonten mehr haben. Im Mai rang Vallat Darlan die Befugnis ab, Polizeimaßnahmen gegen jüdische Bürger durchzuführen und den beschlagnahmten Besitz zu verkaufen. Mit allen ihm zur Verfügung stehenden Mitteln ging er gegen seine jüdischen Landsleute vor. Allein in den ersten sieben Monaten seiner Amtszeit erließ Vallat rund 50 antisemitische Gesetze. Im Oktober verfügte er zudem eine Zählung der in der freien Zone lebenden Juden. 110.000 Juden werden im Herbst erfasst.

Und Darlan? Es gehe ihm darum, »die französischen Juden« zu retten, rechtfertigte er sich im Spätsommer 1942 gegenüber dem Vorsitzenden der Reformierten Kirche von Frankreich, Marc Boegner.[9] Unter »französischen Juden« verstand Darlan zwei Gruppen: zum einen jene

Juden, die bereits seit Langem im Lande lebten, und zum anderen jene, die im Ersten Weltkrieg gekämpft hatten. Die Gemeinden könnten die Kinder retten, bot Boegner dem Premier an, es gäbe Familien, die sie adoptieren würden. »›Das will ich nicht‹, entgegnet Laval. ›Nicht einer darf in Frankreich bleiben.‹« Dabei wusste er zu dieser Zeit bereits, dass er auch die französischen Juden nicht würde retten können. In einer Besprechung Anfang Juli 1942 erinnerte sich Jean Leguay, der Stellvertreter Bousquets, sei »dem Präsidenten Laval eindeutig klargelegt worden, dass es sich um eine permanente Aktion handeln müsse, die in ihrer Endphase auch Juden französischer Staatsangehörigkeit einbegriffe.«[10]

Und doch fand sein Satz ein wortwörtliches Echo bei Robert Brasillach, dessen Antisemitismus seit Langem ein tödlicher war. »Man muss sich von den Juden insgesamt trennen und auch die Kleinen nicht behalten«, schrieb er am 25. September 1942 in dem rechten Kampfblatt *Je suis partout*.[11]

Mitte Mai 1941 führte Darlan weitere Gespräche mit den Deutschen, am 11. Mai auch eines mit Hitler. Aus ihnen, notierte er, habe er mehrere Schlussfolgerungen gezogen. So bestehe derzeit für Frankreich die letzte Möglichkeit, sich Deutschland anzunähern. Dies sei dringend geboten, denn eine neue Verständigung mit Großbritannien sei zwar möglich, werde aber schlimme Konsequenzen haben: »Frankreich wird zerquetscht, auseinandergenommen und wird als Nation nicht mehr existieren.«[12] Frankreich habe gar keine andere Wahl, als mit Deutschland zusammenzuarbeiten, führte Darlan aus. Zwar müsse man sich nicht militärisch am Krieg beteiligen, wohl aber, indem die französische Industrie die deutsche Kriegswirtschaft unterstütze. Dann – nach Lesart Darlans: nur dann – habe Frankreich eine Chance, als Nation weiterzubestehen und seine territorialen Verluste auf ein Minimum zu reduzieren. Die Entscheidung liege darum auf der Hand. »Für mich ist die Wahl getroffen: Es ist die Kollaboration, und davon werde ich mich durch den Umstand abbringen lassen, dass man uns unter gewissen Bedingungen ein Boot mit Getreide oder Treibstoff anbietet«, erklärte er unter Anspielung auf gleichzeitig laufende Gespräche mit den Briten.[13]

Nach außen stellte er seine Gespräche mit den Besatzern als erfolgreich dar. Am 20. Mai 1941 informierte die französische Presse die Bevölkerung über die angeblich bevorstehende Rückkehr der Unteroffiziere aus deutscher Kriegsgefangenschaft. Wenige Tage später vermeldete sie, 100.000 französische Soldaten würden freigelassen. Es brauchte einige Zeit, bis die Bevölkerung merkte, dass es sich um leere Ankündigungen handelte. So optimistisch sich Darlan nach außen gab, so hilflos zeigte er sich in den Kontakten mit den Besatzern. Denn die ließen ihn auflaufen: Erleichterungen für die Franzosen gab es kaum. Man mache ihm nur wenige Angebote, beklagte sich Darlan gegenüber Botschafter Abetz. Er glaube nicht, signalisierte er, dass er die Franzosen weiterhin von seiner Politik überzeugen könne.

> »Wenn die mir gegebenen Versprechen nicht eingehalten werden, würde ich mich als Betrüger des Marschalls, der Regierung, des Volkes betrachten. Ich würde zu dem Schluss kommen, dass meine Gesprächspartner mir nicht trauen oder mein Vertrauen missbrauchen wollen. Die logische Konsequenz all dessen ist, dass ich mich zurückziehen und erklären werde, warum.«[14]

Trotz dieser Enttäuschungen setzte er, den antisemitischen Prinzipien seines Kabinetts folgend, weiter auf Kollaboration.

Am 2. Juni 1941 unterzeichneten er und Pétain das zweite Judenstatut. Es weitete die gegen die Juden gerichteten Maßnahmen nicht nur aus – es ließ den Betroffenen sogar noch weniger Möglichkeiten, sich diesen zu entziehen. Entschieden sich Eltern etwa, die Konfession ihres Kindes zu annullieren, unterlag das Kind dennoch den neu eingeführten Einschränkungen. Zudem erweiterte dieses Statut die bereits im Vorgänger ausgesprochenen Berufsverbote noch einmal massiv. In seiner Folge mussten 500 Staatsdiener ihre Stelle aufgeben, rund 4000 Selbstständige durften ihren Beruf nicht mehr ausüben, knapp 1000 Studenten wurden exmatrikuliert. Auch die in der freien Zone lebenden Juden mussten sich registrieren lassen.

Zugleich verhärtete sich die Situation für die Juden in der besetzten Zone: Mitte Mai 1941 unternahm die französische Polizei – genauer: die Pariser städtische Polizei mit Unterstützung der Kriminalpolizei und der Politischen Polizei – in Paris eine erste Verhaftungswelle gegen jüdische Ausländer. Die Betroffenen wurden regelrecht in die Falle gelockt. Sie wurden zusammen mit einem Freund oder Bekannten auf die Kommissariate vorgeladen, angeblich, um ihre Situation zu überprüfen. Tatsächlich wurden sie festgehalten, während der Begleiter aufgefordert wurde, in der Wohnung des Verhafteten einen Koffer und persönliche Gegenstände zu holen. Rund 6500 Personen gerieten auf diese Weise in die Hände der Polizei. »3247 von 6494 Vorgeladenen wurden mit vier Sonderzügen in die Lager Pithiviers, und Beaune-la-Rolande (Loiret) überführt«, hieß es im Bericht der Polizei. »Nach denjenigen Personen, welche sich trotz ergangener Vorladung nicht bei den Sammelstellen eingefunden haben, wird weiterhin gefahndet. Die Operation verlief ohne Zwischenfälle.«[15]

Im August – wenige Wochen zuvor hatte Deutschland die Sowjetunion angegriffen, und in Frankreich wagten kommunistisch motivierte Aktivisten erste Widerstandsaktionen – erhöhte der Militärbefehlshaber für Frankreich, Otto von Stülpnagel, den Druck auf die Juden der besetzten Zone. Am 20. August umstellten französische Polizisten, unterstützt von der deutschen Feldgendarmerie, das 11. Arrondissement. Im Unterschied zur vorhergehenden Aktion war das Vichy-Regime dieses Mal nicht in die Aktion eingeweiht. Die Pariser Polizeipräfektur hatte es schlicht unterlassen, den Premier zu informieren. Erst im Nachhinein setzte sie ihn über die Ergebnisse der Razzia in Kenntnis. Demnach wurden am ersten Tag rund 3000 Personen verhaftet, auf Drängen des mit dem Ergebnis unzufriedenen Theodor Dannecker, Leiter des Judenreferats des Sicherheitsdienstes in Paris, am folgenden Tag weitere 1200 Personen. Alle wurden in das Sammellager Drancy deportiert. In dem völlig überfüllten Arsenal herrschten bald katastrophale Zustände. Allein am 21. Oktober registrierte die Polizei drei Todesfälle: Zwei Personen starben an Unterernährung, eine weitere an einem Lungenödem. Eine weitere Razzia am 12. Dezember 1941 nahm erstmals auch französische Staatsbürger ins Visier. Die Besatzer, erkannte man in Vichy, machten zwischen In- und Ausländern keinen Unterschied.

Planskizzen zum Völkermord

Derweil wurden in Deutschland die Pläne zur Vernichtung der europäischen Juden immer konkreter. Am 20. Januar 1942 hatten die führenden Köpfe des NS-Regimes und der deutschen Staatsführung auf der Wannseekonferenz die Vernichtung der europäischen Juden beschlossen. Das Protokoll spricht eine indirekte, aber doch unmissverständliche Sprache. Im »Zuge der Endlösung«, hieß es dort, sollten die Juden »in geeigneter Weise im Osten zum Arbeitseinsatz kommen.«[16] Die arbeitsfähigen Juden würden »straßenbauend in diese Gebiete geführt, wobei zweifellos ein Großteil durch natürliche Verminderung ausfallen wird.« Deutete dieser Satz die geplante Zwangsarbeit bis zum Tod an, erläuterte der folgende Satz, was die Nationalsozialisten mit den Überlebenden vorhatten: »Der allfällig endlich verbleibende Restbestand wird, da es sich bei diesem zweifellos um den widerstandsfähigsten Teil handelt, entsprechend behandelt werden müssen, da dieser, eine natürliche Auslese darstellend, bei Freilassung als Keimzelle eines neuen jüdischen Aufbaus anzusprechen ist.« Der Begriff »entsprechend behandelt«, so der Historiker Peter Longerich, war ein eindeutiger, auf die Ermordung weisender Gestapo-Begriff. Dass er sich nicht allein die überlebenden Zwangsarbeiter, sondern auch alle anderen Deportierten meinte, deutete der nächste Satz an. Für Frankreich nannte das Protokoll 165.000 im besetzten und 700.000 im unbesetzten Gebiet lebende Juden – letzteres offenbar eine auf irrtümlichen Annahmen errechnete Zahl.[17]

Im Juni, wenige Tage, nachdem Reinhard Heydrich in Prag einem Anschlag zum Opfer gefallen war, ordnete Himmler an, die Deportationen aus Westeuropa rascher umzusetzen. Für Frankreich legte man sich in einer Besprechung im Reichssicherheitshauptamt auf ein Kontingent von 100.000 zu deportierenden Juden fest – inklusive des besetzten Gebiets. Kurz danach verständigte man sich darauf, ab Mitte Juli bzw. Anfang August in täglichen Transporten bis zu 1000 Personen zu deportieren – insgesamt, so die Order, 40.000 Juden aus den besetzten Gebieten.[18]

Als sich in den Monaten nach dem deutschen Überfall auf die Sowjetunion die Attentate auf die Besatzer häuften, nahm die Regierung in

Vichy im Dezember 1941 neben den Kommunisten auch die in der freien Zone lebenden ausländischen Juden in den Blick. Alle Ausländer, die nach dem 1. Januar 1936 ins Land gekommen waren, wurden interniert oder zu Zwangsarbeit verpflichtet. Die Besatzer, so das Kalkül, würden die Maßnahme als entgegenkommende Geste der Regierung ansehen und ihrerseits auf deren Wunsch eingehen, die jüdischen Staatsbürger im besetzten Teil zu schonen. Doch das Gegenteil war der Fall: Am 12. Dezember verhafteten Feldgendarmerie und geheime Feldpolizei 743 französische Juden – ein Schlag nicht zuletzt gegen das etablierte Bürgertum. Unter den Verhafteten befanden sich zahlreiche Kaufleute und Gewerbetreibende, Zahnärzte, Apotheker und Chemiker, Rechtsanwälte, Professoren und Studenten. Flankiert wurde die Razzia von einer Mitteilung an die Bevölkerung: »1) Den Juden des besetzten französischen Gebietes wird eine Geldbuße von einer Milliarde Francs auferlegt. 2) Eine große Zahl verbrecherischer jüdisch-bolschewistischer Elemente wird zu Zwangsarbeiten nach dem Osten deportiert (...). 3) 100 Juden, Kommunisten und Anarchisten, die den Urhebern der Attentate nahestehen, werden erschossen.«[19] Die Exekutionen fanden am 15. Dezember statt. 51 Opfer waren Häftlinge aus Drancy.

Derweil liefen die Vorbereitungen, um die Verhafteten in die deutschen Konzentrationslager zu deportieren, propagandistisch legitimiert durch die weiter anhaltenden Attentate. »Als Vergeltungsmaßnahmen halte ich den fallweisen Abtransport einer gewissen Anzahl der bereits internierten Kommunisten und Juden nach Deutschland oder dem Osten für zweckmäßig, insoweit er transportmäßig durchführbar ist und den sicherheitspolizeilichen Erfordernissen entspricht«, schrieb Otto von Stülpnagel an Wilhelm Keitel, den Oberkommandierenden der Wehrmacht. »Eine solche Maßnahme wird sicherlich eine starke allgemeine Wirkung auslösen.«[20] Über Wochen erstreckten sich die Vorbereitungen. Den Wunsch der Vichy-Regierung, französische Staatsbürger zu verschonen, schlugen die Besatzer weiterhin aus. Am 27. März 1942 startete ein Zug nach Auschwitz mit 1146 Personen, unter ihnen rund 500 französische Staatsbürger. Dort wurden sie zwar nicht umgehend ermordet – die Gaskammern wurden erst ab Mitte Juli eingesetzt –, doch die Bedingungen im Lager waren unmenschlich. So starben von den Deportierten des zweiten Transports 80 Prozent innerhalb der ersten zehn, von denen des dritten Transports 80 Prozent innerhalb der ersten sieben Wochen.

Derweil erhöhte sich der Druck auf die Juden in der besetzten Zone weiter. Von Juni an mussten sie ab dem Alter von sechs Jahren einen gelben Stern tragen. Wer zuwiderhandelte, wurde bestraft. Ebenfalls musste mit scharfen Sanktionen rechnen, wer einen den Stern tragenden Juden auf eine Weise grüßte, die sich auch als politisches Bekenntnis verstehen ließ. Die französische Polizei, mit der Überwachung beauftragt, ging auch gegen jene vor, die sich aus Solidarität ein selbst entworfenes Abzeichen an die Brust hefteten. Zuvor hatten die Besatzer bereits versucht, den gelben Stern auch für die Juden in der freien Zone als obligatorisches Kennzeichen durchzusetzen, doch das hatte Darlan abgelehnt. Die bereits getroffenen Maßnahmen seien »ausreichend, um das anvisierte Ziel zu erreichen, nämlich sie (die Juden, Anm. d. Aut.) aus der öffentlichen Beschäftigung, Führungsposten in der Industrie und im Handel zu entfernen«, so Darlan.[21] Einmal mehr bewies die Regierung ihren antisemitischen Kurs, ließ aber auch dessen – vorläufige – Grenzen erkennen. Auf demütigende Gesten verzichtete sie. Den gelben Stern mussten die Juden der unbesetzten Zone weder zu diesem noch zu einem späteren Zeitpunkt tragen. Ihre Glaubensgenossen in der besetzten Zone aber gerieten in immer größerem Maß in die Fänge der Mordmaschinerie: Am 5. Juni rollte der zweite Zug nach Auschwitz, ihm folgten weitere am 22., 25. und 28. des Monats. Viele Gefangene hatten gegen die neue Verordnung verstoßen oder waren bei der Razzia vom Dezember 1941 interniert worden.

All dies hinderte das Kabinett in Vichy nicht, weiter auf die Zusammenarbeit mit den Deutschen zu setzen. Noch verzeichnete die Wehrmacht militärische Triumphe. Außerdem bekämpfte sie einen Feind, der auch in der französischen Regierung keine Sympathien genoss.

Laval setzte bei den kommenden Verhandlungen auf den jungen Präfekten des Départements Marne, René Bousquet. Der, gerade einmal 33 Jahre alt, sollte als frisch ernannter Generalsekretär der französischen Polizei die Autonomie des französischen Staates und dessen Polizei so weit wie möglich gegenüber den Deutschen sichern. Die französische Polizei sollte keinem deutschen Druck unterliegen, unabgesprochene

Razzien wie im Vorjahr sollten nicht mehr vorkommen. Gab es welche, so Bousquet gegenüber seinen deutschen Gesprächspartnern, wolle die Regierung gefragt werden. Doch die Besatzer arbeiteten weiter direkt mit der Polizei der besetzten Gebiete zusammen und nötigten sie, Operationen gegen die Juden durchzuführen. Auch oblag ihr die Verwaltung der Internierungslager.

Langfristig stellte sich allerdings ein Problem: Die kommenden Razzien würden so umfassend sein, dass die Deutschen sie unbedingt der französischen Regierung anvertrauen wollten. Denn zum einen würde eine von den Besatzern in großem Stil durchgeführte Razzia die Bevölkerung aufbringen. Und zum anderen fehlten den Deutschen für eine solche Aktion schlicht die Mittel.

Um Zugeständnisse zu gewinnen, traf sich Bousquet zu einer Unterredung mit Reinhard Heydrich, der sich Anfang Mai 1942 für eine Woche in der französischen Hauptstadt aufhielt. Er stand vor allem aufgrund seiner Erfahrungen in der Tschechoslowakei der eigenständigen Arbeit der französischen Polizei offen gegenüber. So gestand er Bousquet die Selbstständigkeit der französischen Polizei zu – unter der unausgesprochenen Voraussetzung freilich, dass diese die Vorgaben der Besatzer hinsichtlich der kommenden Deportationen erfüllten. Obergs persönlicher Referent Herbert Hagen nahm aus den Gesprächen den Eindruck mit, dass

> »die Beziehungen von Oberg, Knochen und mir mit Bousquet immer in einer Atmosphäre der Kameradschaftlichkeit verlaufen sind. Meiner Meinung nach gründeten sich die beiderseitigen Hoffnungen auf eine Neuordnung Europas, in deren Rahmen Frankreich einen der ersten Plätze einnehmen würde. Der Generalsekretär der Polizei war von dem Gedanken beherrscht, eine starke und mit größtmöglicher Autorität ausgestattete Polizei aufzubauen.«[22]

Klar war Bousquet, dass diese Polizei aus Sicht der Besatzer funktionieren musste. Sie musste dazu beitragen, die aus Berlin dekretierten Quoten zu erfüllen. Tat oder schaffte sie das nicht, war es mit der Eigenständigkeit der Polizei – und damit indirekt mit der des französischen Staates – vorbei. Die Deportation der ausländischen Juden störte ihn nicht. Auch mit dem Umstand, dass sich unter den Inhaftierten französische Staatsbürger befanden, denen ebenfalls der Transport in die deutschen Lager drohte, hielt er sich nicht auf. Bei den Gesprächen im Mai erwähnte Heydrich, dass in Kürze Züge bereitstünden, um staatenlose Juden aus dem besetzten Gebiet zu angeblichen Arbeitseinsätzen im Osten zu bringen. »Bousquet fragte daraufhin Heydrich, ob nicht auch die über eineinhalb Jahre im unbesetzten Gebiet internierten Juden mit deportiert werden könnten. Die Frage wurde wegen Transportschwierigkeiten damals offen gelassen.«[23] Warum Bousquet die Deportation der in der freien Zone internierten Juden anbot, ist nicht eindeutig geklärt. Vermutlich ging es ihm darum, die Kosten für die – katastrophale – Unterbringung und Verpflegung einzusparen oder zu verringern. Klar war fortan eines: Die Regierung in Vichy hatte keinerlei Skrupel, den Nazis bei nächstbester Gelegenheit die ausländischen und staatenlosen Juden auszuliefern. Doch Mitte Juni, als Knochen von Bousquet die Auslieferung verlangte, reagierte dieser überraschend: »Bousquet ist in der Judenfrage noch zurückhaltend, er wurde am 16.6. heftig bearbeitet. Will Razzia mit 500 Beamten an der Côte d'Azur machen, und ›Lager‹ einrichten.«[24] Die heftige »Bearbeitung« hatte offenbar Erfolg: Am 26. Juni hieß es in einer Notiz von Obersturmbandführer Theodor Dannecker, Bousquet sei bereit, »vorläufig einmal 10.000 Juden für den Abtransport nach dem Osten bereitzustellen.«[25]

In den kommenden Tagen und Wochen verhandelten die Besatzer und Vertreter des Vichy-Regimes weiter. Premierminister Laval verweigerte zunächst die Teilnahme der französischen Polizei an den Razzien. Entgegenkommen zeigte er bei der Übergabe der ausländischen Juden. Damit bekannte sich das französische Kabinett noch stärker zur Kollaboration – während zugleich der Mythos der eigenständigen Regierung einen starken Knacks erhielt. Denn die Regierung hätte die Herausgabe der zehntausend Internierten auch verweigern können. Sie auszuliefern bedeutete hingegen, sich von den Besatzern das eigene Verhalten diktieren zu lassen. Doch um eben diese Fiktion aufrechtzuerhalten, sagte Bousquet am 2. Juli 1942 die Teilnahme der französischen Polizei an der Razzia zu. Er erkläre sich bereit, notierte Knochen, »im gesamten Frankreich in einer einheitlich durchgeführten Aktion Juden ausländischer Staatsangehörigkeit in der von uns gewünschten Höhe festnehmen zu lassen.«[26]

Mit dieser Entscheidung hatte Bousquet den entscheidenden Sündenfall vollzogen: Mit dem Segen der Vichy-Regierung beteiligte sich die französische Polizei an Razzien, denen zehntausende Juden zum Opfer fallen sollten. Damit verlor das Kabinett den Anspruch auf staatliche Autonomie, denn es hätte auch ablehnen können. Welche Konsequenzen Berlin dann hätte folgen lassen, wäre fraglich gewesen. Denn das NS-Regime war auf Frankreich als ruhigen, nicht allzu aufwieglerischen und zugleich die deutsche Kriegswirtschaft unterstützenden Staat dringend angewiesen. Die Besatzer hätten die Regierung schwerlich nötigen können, diesen Schritt zu tun, der Aufschrei in der Öffentlichkeit hätte gewaltig werden, der Widerstand, auch der bewaffnete, sich weiter auswachsen können. Ziviler Ungehorsam hätte zudem die Produktion einschränken können, und das zu einer Zeit, da Nazi-Deutschland alle seine Kräfte auf den Kampf gegen die Sowjetunion bündeln musste. Umgekehrt wären aller Wahrscheinlichkeit nach auch allein von deutschen Kräften durchgeführte Razzien in weiten Teilen der Bevölkerung auf größten Unmut gestoßen. Zu sehen, wie ihre Mitbürger abtransportiert und einem mindestens ungewissen Schicksal überantwortet worden wären, hätte ihre Distanz, ihren Hass auf die Besatzer vergrößert. Darum war Deutschland auf die Kooperation der Franzosen angewiesen. Dabei hatte der Werkzeugkasten der Deutschen nur noch wenige Instrumente. Und die waren so grob, dass sie jede gemeinsame Basis zertrümmert hätten.

»Eine Tragödie, vielleicht die Tragödie überhaupt«

Unmittelbar nach dem Treffen liefen die Vorbereitungen für die Razzia des 16. und 17. Juli 1942 an. Verhaftet werden sollten 2533 »staatenlose« Personen in Paris und noch einmal 2027 in den Vororten. Unter dem Begriff »staatenlos« verstanden die Organisatoren Deutsche, Österreicher, Polen, Tschechen, Russen und Personen ohne Staatsangehörigkeit. Die Aktion richtete sich gegen Männer zwischen 16 und 60 sowie Frauen zwischen 16 und 55 Jahre. Deren Kinder im Alter zwischen zwei und 16 Jahren sollten gemeinsam mit den Eltern festgenommen werden. Betraut mit der Razzia wurde die Pariser Stadtpolizei. Insgesamt 3200 Polizisten standen schließlich bereit, in zweiköpfigen Teams, deren Mitglieder sich nach Möglichkeit nicht kannten. Absprachen, etwa mit dem Ziel, einen Teil der Bedrohten entkommen zu lassen, sollten auf diese Weise unterbunden werden. Demselben Ziel dienten die Karteikarten: Auf ihnen waren sowohl die Namen des zu Verhaftenden wie auch die Namen der mit der Verhaftung betrauten Polizisten festgehalten. Kamen die Beamten ohne die auf der Karte aufgeführte Person zurück, mussten sie den Misserfolg ihrer Mission rechtfertigen. Hinzu kamen koordinierende Beamte der politischen und der Kriminalpolizei sowie rund 430 Beamte zur Bewachung der Sammelstellen im Vélodrom d'Hiver, oder im Sammellager in Drancy. Insgesamt waren für die Aktion rund 4500 Polizisten abkommandiert. Der Aufwand war aus französischer Sicht begründet. Denn für Bousquet und Laval war eines von größter Bedeutung: Sie wollten die Autonomie der Polizei auch in den besetzten Gebieten zusichern. Umso mehr kam es darauf an, dass die Razzia aus ihrer Sicht erfolgreich verlief, also möglichst viele Personen verhaftet wurden.

Trotz größter Bemühungen blieben die Vorbereitungen zur Razzia nicht geheim. Unter der jüdischen Bevölkerung herrschte Unruhe. Gerüchte machten die Runde. Zwar wussten nur die wenigsten Genaues. Doch dass eine größere Aktion bevorstand, sprach sich herum, nicht zuletzt dank einiger Polizisten, die mit ihnen befreundete Juden warnten. Auch leitende französische Beamte wahrten das Geheimnis nicht durchgängig. »Diese Razzien werden eine bestimmte Kategorie von Juden ohne französische Staatsbürgerschaft treffen«, hatte etwa Jacques Benoist-Méchin, mit den französisch-deutschen Beziehungen befasster Staatssekretär, einen ihm nahestehenden Juden wissen lassen.[27]

So sickerten Gerüchte durch, die sich für die meisten allerdings nicht zu einem schlüssigen Bild zusammensetzten. Sie trafen auf eine bereits massiv eingeschüchterte jüdische Bevölkerung. Sie war seit vielen Monaten Opfer einer immer aggressiveren antisemitischen Politik, viele Menschen wussten von betroffenen Personen, viele hatten auch selbst Drangsalierungen und Attacken hinnehmen müssen. »Wir hatten bereits Razzien auf der Straße erlebt«, erinnerte sich Anna Radochitzki, damals ein Teenager.

> »Nach einiger Zeit war es uns verboten worden, uns draußen aufzuhalten, wir kannten die Uhrzeit der letzten Metro, die wir noch benutzen durften, wussten, dass wir bei den Gemüsehändlern und in den anderen Geschäften, die erst nach 16 Uhr öffneten, nicht mehr kaufen durften. All dies machte die Menschen ängstlich und fatalistisch.«[28]

Umso beunruhigender die neuen Gerüchte, die man einander erzählte, Informationen, die man vom Hörensagen kannte. »Es wird etwas vorbereitet, etwas, das eine Tragödie sein wird, vielleicht die Tragödie überhaupt«, hielt Hélène Berr, an der Sorbonne für das Studium der englischen und russischen Literatur eingeschrieben, am 15. Juli in ihrem Tagebuch fest. »Herr Simon kam heute Abend um zehn Uhr an, um uns mitzuteilen, dass ihm von einer Razzia für übermorgen, zwanzigtausend Menschen, berichtet worden war.«[29] Doch was tun? Aufbrechen? Wenn ja, wohin? Und was würde aus dem zurückgelassenen Besitz? Die Familie von Hélène Berr, seit mehreren Generationen als Angehörige des gehobenen Bürgertums in Frankreich lebend, entschied sich zu bleiben. Doch wie fast alle anderen auch durchlebte sie die folgenden Tage in größter Unruhe. »Es gibt eine Welle des Schreckens, die in den letzten Tagen alle ergriffen hat. Es scheint, dass nun die SS das Kommando in Frankreich übernommen hat, auf das nun der Terror folgen muss.« Hélène Berr wurde von den Häschern nicht festgenommen. Doch ihren Mördern entkam sie nicht. Im März 1944 wurde sie verhaftet und wenige Tage später, an ihrem 23. Geburtstag, nach Bergen-Belsen deportiert. Dort erkrankte sie an Typhus, konnte sich nicht erheben und wurde – so berichtete es eine Verwandte – daraufhin von einer Wärterin des Lagers zu Tode geschlagen, wenige Tage vor dessen Befreiung. Zu dieser Zeit wusste Hélène Berr aus Berichten und Erzählungen längst, was mit den deportierten Juden geschah, und hatte keine Illusionen hinsichtlich der Brutalität, die die Deutschen in den Vernichtungslagern zeigten. Ihr letzter Tagebucheintrag stammte vom 15. Februar 1944, knapp drei Wochen vor ihrer Verhaftung. Die letzten Worte lauteten: »Horror! Horror! Horror!«[30]

Über Jahre saßen die in Frankreich lebenden Juden – ausländische ebenso wie die Staatsbürger des Landes – in einer Falle, die sich diplomatisch Anfang und polizeilich Mitte Juli 1942 öffnete. Die wenigsten würden ihr entkommen – schon darum nicht, weil sie nicht wussten, wohin sie sich wenden sollten. Léon Fellmann notierte: »Viele unserer Nachbarn, jüdische Migranten wie meine Eltern (Fellmanns Familie stammte aus Polen, Anm. d. Aut.), haben nicht reagiert. Weggehen? Wohin? Sie kannten niemanden, hatten kein Geld, drückten sich nur mühsam auf Französisch aus.«[31] Andere Opfer hingegen waren völlig ahnungslos. »Mitte Juli mochte es Viertel gegeben haben, in denen Gerüchte über Überfälle kursierten«, so Anna Radochitzki. »Aber wir wussten von nichts.«[32]

Die Vorgaben für die Polizisten waren eng. Im Vorfeld hatten sie ein Papier mit Handlungsanweisungen erhalten. Ihm war zu entnehmen, dass sie weder »irgendwelche Einwände zu diskutieren haben, die von ihnen (den Juden, die sie verhaften sollen, Anm. d. Aut.) vorgebracht werden«, noch »sich auf eine Diskussion über den Gesundheitszustand einlassen dürfen. Jeder festzunehmende Jude muss zur vorläufigen Sammelstelle gebracht werden.«[33] Die Mitglieder der Pariser Polizeidirektion wussten, wie ungewohnt diese Arbeit für die Polizisten war, wie widerwillig viele von ihnen sie ausführen würden. Umso mehr kam es auf schnelles, entschiedenes Handeln an. »Die Operationen müssen so rasch wie möglich durchgeführt werden, ohne überflüssiges Gerede und ohne Kommentar«, hieß es in dem Papier.

Wer entkam und wer verhaftet würde, wer am Leben bleiben oder in den Tod deportiert werden würde, entschied sich oft an der Haltung der einzelnen Einsatzleiter. Trieben sie die Polizisten zu größter Sorgfalt an? Drohten sie ihnen mit Konsequenzen, sollten sie nicht mit aller Härte vorgehen? Befahlen sie ihnen, im Zweifel die Türen zu den Wohnungen der Verdächtigen einzutreten? Einige zeigten sich heroisch und versuchten, den geringen Spielraum so weit wie möglich zu nutzen, andere hielten sich strikt an die Anweisungen und gingen teils mit Härte, teils mit Gleichgültigkeit gegen ihre Opfer vor. Zynisch zeigte sich etwa Kommissar Valentin Turpault, der seine Gefangenenrate so hoch wie möglich halten wollte. Als eine verhaftete Mutter die Polizisten um Milch für ihr anderthalb Jahre altes Baby bat, ging der Kommandant dazwischen. »Sie, Ihre Göre und seine Milch sind mir vollkommen gleich«, ließ er die Mutter wissen.[34] Bizarr war auch das Verhalten eines der Beamten, die Anna Radochitzki verhafteten. Am 16. Juli um fünf Uhr morgens wurde die

Familie durch lautes Klopfen an der Tür geweckt. »Einer der beiden Männer in Uniform, die uns verhaften wollten, war unser Nachbar gewesen und kannte uns sehr gut. Alles, was er hatte, war dieser trockene Satz: ›Du hast fünf Minuten Zeit, um dich fertig zu machen, fünf Kilo Gepäck pro Person.‹«[35] Andere Polizisten hingegen versuchten alles, um zumindest einen Teil der auf ihrer Liste aufgeführten Personen zu retten. So etwa Roger Jéhanno, der für die Razzia im zweiten Arrondissement zuständig war. »Während der Razzia warnte uns Herr Jéhanno in der letzten Minute und bat uns, auch alle unsere Bekannten zu warnen«, erklärte einer der geretteten Juden nach der Befreiung. Er sei sicher, dass es Jéhanno während der gesamten Razzia darauf angelegt habe, die Zahl der Opfer möglichst gering zu halten.[36] Andere erbarmten sich im Moment der Festnahme und erklärten den zu Verhaftenden, man müsse schnell noch etwas erledigen, komme aber in einigen Minuten zurück – ein Zeitgeschenk, das demjenigen das Leben retten konnte, der den Wink verstand. Auch im Vél' d'Hiver selbst schienen nicht alle Beamten ihrer Aufsichtspflicht genügen zu wollen. Sarah Lichtsztein gelang es, aus der Radsporthalle zu fliehen. Langsam schlich sie sich zur Eingangstür, sich hinter verschiedenen Beamten versteckend. » Ich ging rückwärts, so, als ob ich auf die Tür zugehen würde. Ein Beamter rief mich. Ich entgegnete, ich sei kein Jude, ich sei gekommen, um jemanden zu besuchen.« Dem Beamten schien die Erklärung zu genügen. »Ich werde nie wissen, ob er mir glaubte oder ob er mich retten wollte«, erinnerte sie sich. »Jedenfalls gab er mir den Befehl, zu gehen und am nächsten Tag wiederzukommen.«[37]

Doch die Polizisten hatten ihre Listen und waren gezwungen, sie mit den Verhaftungen abzugleichen. Einige flüchteten sich angesichts der verhassten Aufgabe in Lügen. Sie würden nur mitgenommen, damit ihre Identität überprüft werden könne, erklärten sie den Festgenommenen. Die Polizisten wussten, dass sie eine Mindestquote zu erfüllen hatten. War diese erbracht, entschlossen sich einige, auf weitere Festnahmen zu verzichten. Unterschiedlich war auch die Reaktion der nicht-jüdischen Franzosen. »Die Portiersfrau, die sich zuvor niemals weder besonders freundlich noch besonders bösartig gezeigt hatte, war nun völlig verzweifelt«, erinnerte sich Sarah Lichtsztein, damals 14 Jahre alt. »Sie ging im Kreis, sie wollte, dass ich Kaffee mit Milch trinke.«[38] So hilflos die einen, so verhalten die anderen. »Es waren schon Passanten auf den Gehwegen«, beschrieb Anna Radochitzki den Moment, in dem sie und ihre Familie abgeführt wurden. »Die Leute sahen uns vorbeiziehen, eingerahmt von französischen Polizisten. Sie kannten uns gut, es war unsere Nachbarschaft, aber sie reagierten nicht.«[39] Das Wegschauen war in Teilen der Gleichgültigkeit geschuldet, in größeren aber auch einem zur Ohnmacht verurteilten Widerwillen. »Obwohl die französische Bevölkerung insgesamt im Allgemeinen recht antisemitisch ist, hält sie diese Maßnahmen, die sie als unmenschlich bezeichnet, für nicht weniger schwerwiegend«, hielt ein Beamter der Präfektur nach der Razzia fest.[40]

> »Die Gründe für diese Missbilligung beruhen im Wesentlichen auf den aktuellen Berichten, dass Familien auseinander gerissen werden und Kinder unter zehn Jahren in die Obhut der öffentlichen Hand gestellt werden. Am meisten trifft viele Bürger die Trennung der Kinder von ihren Eltern. Sie provoziert heftige Kritik an der Regierung und den Besatzungsbehörden.«

Doch die ablehnende Haltung vieler Bürger hielt die Polizeitruppen nicht auf. Am Ende des ersten Tages, dem 16. Juli um 17 Uhr, waren 11.363 Personen verhaftet. Bei der nachgreifenden Razzia am Folgetag gerieten noch einmal 1400 Personen ins Netz der Häscher. Am Ende verzeichneten die Buchhalter 12.884 aufgegriffene Personen: 3031 Männer, 5802 Frauen, 4051 Kinder. Während Erwachsene mit Kindern im Vel' d'Hiv interniert wurden, fanden sich Personen, kinderlose Ehepaare und Unverheiratete im Internierungslager von Drancy wieder, das in den folgenden Monaten zur wichtigsten Drehscheibe für die Deportation nach Auschwitz wurde. 1932–1934 als Großwohnungsanlage im Rahmen des sozialen Wohnungsbaus errichtet, wurde es 1939 in eine Polizeikaserne einschließlich eines Internierungslagers für militante Kommunisten umfunktioniert. 1940 wurde es – auch mit Blick auf einen nahe gelegenen Verschiebebahnhof – von den Besatzern beschlagnahmt, die dort zunächst Kriegsgefangene unterbrachten, ab Oktober 1941 dann Juden und andere als »feindlich« eingestufte Bevölkerungsgruppen.

»Am 16. Juli ab sieben Uhr morgens kamen die ersten Busse mit Opfern der Razzien dieses auf traurige Weise berühmt gewordenen Tages an«, erinnerte sich der Physiologe Georges Wellers.[41] Ungeachtet seiner seit 1938 bestehenden Staatsbürgerschaft war Wellers, 1905 in Koslow als Sohn jüdischer Eltern geboren, bereits im Dezember 1941 verhaftet worden. Lange Zeit arbeitete er im jüdischen Dienst des Lagers von Drancy, bevor er im Juni 1944 nach Auschwitz und im Januar 1945 nach Buchenwald deportiert wurde, wo er schließlich von den Amerikanern befreit wurde. In seine Dokumentattion der Deportation der Juden in Frankreich ließ Wellers auch seine eigenen Erinnerungen einfließen – auch die an den 16. Juli und die folgenden Tage. »Bis um sechs Uhr abends brachten die Busse Menschen herbei. Es handelte sich nicht, wie ursprünglich vorgesehen, um tausend Frauen, sondern um rund 2600 und anstatt 2000 Männer empfing Drancy an diesem Tag 2400. Insgesamt 5000 Personen. Es waren Ausländer aus allen Stadtvierteln von Paris, von 15 bis 60 Jahren.« Getrennt warteten Männer und Frauen unter sengender Sonne auf ihre Registrierung.

> »Den Unglücklichen, die überrascht verhaftet wurden, fehlte es an allem; die Männer und Frauen, die gleich nach ihrer Ankunft getrennt worden waren, hatten keine Zeit gehabt, ihr dürftiges Gepäck vernünftig zu verteilen, so dass die Frau oft im Besitz der Wäsche des Mannes war, der seinerseits das wenige Essen aufbewahrte, das sie in einem Anflug von Geistesgegenwart mitgebracht hatten. In der strikt durchgesetzten räumlichen Trennung war es schwierig, wenn nicht unmöglich, einander zu finden und den Missstand zu überwinden, auch wenn man sich an einen Vermittler wandte. Die Panik war extrem.«[42]

Umso mehr bemühten sich die Männer und Frauen, Eltern und Kinder, nicht auseinandergerissen zu werden. Das entscheidende Kriterium, das über Freiheit und Deportation entschied, war die Staatsbürgerschaft. Französische Juden konnten – noch – damit rechnen, alsbald entlassen zu werden. Umso verzweifelter war die Situation in jenen Familien, in denen nur einige Mitglieder im Besitz der Staatsbürgerschaft waren, die anderen hingegen nicht.

> »Um nicht von ihren Eltern getrennt zu werden, wollten viele der in Frankreich geborenen Kinder nicht als Franzosen erfasst werden. Auch viele französische Frauen gaben aus diesem Grund die (ausländische, Anm. d. Aut.) Staatsangehörigkeit ihres Mannes an. Auch gab es Fälle, in denen ›arische‹ Ehemänner oder Ehefrauen sich als Juden deklarierten, um das Schicksal ihrer Ehepartner zu teilen.«[43]

Viele Polizisten mochten von ihrer Arbeit angewidert sein, Mitleid mit den Gefangenen haben. An ihrem Schicksal etwas zu ändern, vermochten sie nicht. Das Räderwerk der Deportation war angelaufen, viele Familien waren bereits getrennt, als deren Mitglieder in Drancy eintrafen. »Tausende unglücklicher Menschen werden eingeliefert und unter chaotischen Umständen deportiert, die Ehepartner werden getrennt«, berichtete Wellers einem Freund.

> »Es scheint, als seien sie in Beaune-la-Rolande deportiert worden, nachdem man ihnen ihre Kinder wegnahm. Auf Krankheiten nahm man keine Rücksicht, Deportierte wurden während der Durchsuchung ausgeplündert, Hauptmann Vieux und Leutenant Baral schlagen auf Frauen und Kinder mit einer Peitsche ein. Sie sehen ja selbst, wie die Frauen halbnackt aus dem Untersuchungsgebäude herauskommen, wie Patienten auf Bahren getragen werden. Man hört die Schluchzer in der Nacht und die Schreie derer, die sich aus dem Fenster werfen. Was kann ich dir noch sagen?«[44]

In Paris liefen die Verhaftungen und Vorbereitungen zur Deportation der Absprache zwischen Bousquet und Knochen gemäß allein unter der Regie der französischen Polizei. Überall anderswo sonst wurden sie von den Besatzern begleitet, unterstützt und zugleich kontrolliert. So etwa bereits am 15. Juli in Angers, wo deutsch-französische Einheiten mehrere hundert Juden festnahmen. Fünf Tage später fuhr ein Zug von Angers nach Auschwitz mit 823 Juden, darunter, entgegen der Absprache, auch 201 französische Staatsbürger. Der Anspruch der Vichy-Regierung, wenigstens die französischen Juden zu retten, war von Anfang an Makulatur. Auch der – ohnehin nur zu propagandistischen Zwecken geäußerte – Anspruch auf polizeiliche Souveränität, dokumentiert durch ausschließlich von der französischen Polizei betriebene Festnahmen, blieb Fiktion.

Zudem ließ Bousquet die Polizisten eine immer härtere Gangart einschlagen. Nachdem Dannecker von ihm die Übergabe von 11.000 Juden aus der freien Zone gefordert hatte, versprach er, bis zum 10. August 1942 3000 nach dem 1. Januar 1936 eingereiste Juden zu verhaften. Um diese Zahl zu erreichen, weichte er die Kriterien auf, die über die bloße Verhaftung oder Deportation entschieden. Dazu gehörte auch ein verschärfter Umgang mit Jugendlichen unter 16 Jahren. Bislang durften deren Eltern entscheiden, ob sie ihren Nachwuchs mitnahmen oder zurückließen.

Doch vom 18. August an mussten auch die Kinder in die Deportationszüge steigen.

In den folgenden Wochen gingen die Polizisten immer entschlossener vor. Am 22. August gab Bousquet auf Anordnung Lavals neue Maßstäbe vor. Die Präfekten der Regionen innerhalb der freien Zone wies er an, diese persönlich zu überwachen:

> »Sie werden nicht zögern, jeglichen Widerstand zu brechen, den Sie in der Bevölkerung vorfinden wie auch diejenigen Beamten zu melden, deren Indiskretion, Passivität oder böser Wille die Aufgabe verkompliziert hat. Zugleich fordere ich Sie auf, an den Tagen nach der geplanten Operation äußerst strenge Kontrollen durchzuführen und durch erhebliche Polizeikräfte Identitätskontrollen durchzuführen, um Ihre Region völlig von jenen ausländischen Juden zu befreien, deren Zusammenführung laut meinem Brief vom 5. August und den ihnen folgenden Korrespondenzen vorgesehen ist.«[45]

Zu verhaften seien 14.000 ausländische Juden, lautete der Auftrag. Die Präfekten reagierten: Am 23. August wurden 800 Personen festgenommen. Drei Tage später durchkämmten die Polizisten die ihnen überantworteten Gebiete noch einmal. Von größter Hilfe waren ihnen die Listen: Dadurch wussten sie, welche Personen sie an welchem Ort aller Wahrscheinlichkeit nach antreffen könnten. Am Ende des Tages hatten sie 6600 Personen in ihrer Gewalt. Der Rest, weit über die Hälfte, war untergetaucht. So erhöhte Bousquet den Druck noch einmal. »Richten Sie Ihre Aufmerksamkeit auf die erhebliche Kluft zwischen der Zahl der registrierten ausländischen Juden und der Zahl der tatsächlich Verhafteten«, wies er am 30. August die Präfekten an. Das Programm der kommenden Tage umriss er so: »Fortführung und Intensivierung der laufenden Polizeieinsätze mit allen verfügbaren Polizei- und Gendarmeriekräften. Setzen Sie auf Razzien, Identitätsprüfungen, Hausbesuche, Durchsuchungen, etc.«[46]

Protest und Verantwortung

Die Verhaftungen blieben nicht ohne Reaktion. Am 6. August meldete sich der Maler Jean Oberlé über die britische BBC zu Wort.

> »Die unglücklichen Juden zu zwingen, den gelben Stern auf ihrer Kleidung zu tragen, war schon eine schreckliche Unverfrorenheit. Doch jetzt ist es ein wirklicher Terror für Frauen, Kinder und ältere Menschen. Es handelt sich um wirkliche Razzien, Menschenjagden, bei denen Juden wie Wild gejagt werden. Es folgen das Konzentrationslager und die Deportation – wohin, wissen wir nicht, doch auf jeden Fall mit geringer Chance auf Rückkehr.«[47]

Bald darauf, am 23. August, ertönte zum ersten Mal ein Wort von einer Kirchenkanzel. Pastor André Trocmé aus Le Chambon-sur-Lignon nahm sich in seiner Predigt die Pariser Razzia sowie die Menschenjagden auch im unbesetzten Landesteil zum Thema. »Es ist eine Demütigung für Europa, dass solche Dinge dort noch geschehen können und dass wir Franzosen nicht in der Lage sind, auf diese barbarischen Prozesse einer Zeit zu reagieren, von der wir annahmen, sie sei für immer verschwunden. Die christliche Kirche muss auf die Knie gehen und Gott um Vergebung für ihre derzeitige Ohnmacht und Feigheit bitten.«[48] Wie er sahen es viele Kleriker, und auch die allermeisten derer, die ihren Worten lauschten. Die Trennung von Eltern und Kindern, die Degradierung von Schutzsuchenden und Mitbürgern, die Brutalität des Umgangs mit ihnen sowie die Ahnung, dass die Deportierten, zusammengepfercht in überfüllten Viehwaggons, dem sicheren Tod entgegenreisten – all dies ließ den Widerstand und die Empörung wachsen. Ließen sich die Attacken gegen die Juden bis vor Kurzem noch den Besatzern zuordnen, musste man jetzt hinnehmen, dass die eigene Polizei daran beteiligt war – und zwar federführend. Auch der Umstand, dass sich die Razzien auf die freie Zone ausweiteten, war für viele nicht hinnehmbar. Es konnte und durfte nicht sein, dass die eigene Regierung zu Mitteln des Staatsterrors griff, sich zum Gehilfen eines mörderischen fremden Regimes machte. Französische Katholiken und Protestanten, amerikanische Quäker, der YMCA, jüdische Verbände, auch die Resistance: Alle erhoben sie ihre Stimmen, fanden deutliche Worte zum Vorgehen der Regierung. Frankreich sei eines solchen Verhaltens nicht würdig, hieß es ab August 1942 von den Kanzeln herab. In aller Eindringlichkeit warfen die Prediger die Prinzipien des christlichen Menschenbilds in den Ring. Jules-Géraud Saliège, Erzbischof von Toulouse, verfasste einen offenen Brief, der in vielen Gemeinden seines Bistums während des Gottesdienstes vorgelesen wurde.

»Es gibt eine christliche Moral und eine menschliche Moral, die Pflichten auferlegt und Rechte anerkennt. Diese Pflichten und diese Rechte gehören zur Natur des Menschen. Sie kommen von Gott. Man kann sie verletzen. Es liegt nicht in der Hand eines Sterblichen, sie zu unterdrücken.«[49] Doch eben dies, die Unterdrückung der Rechte, gab Saliège zu verstehen, müsse man derzeit in Frankreich beobachten. Hinnehmen aber dürfe man es nicht: »Die Juden sind Männer, die Juden sind Frauen. Nicht alles ist erlaubt gegen diese Frauen, gegen die Familienväter und -mütter.« Wie sehr Worte wie diese geteilt wurden, wie sehr zwar nicht alle, aber doch die meisten Franzosen ihren tödlich bedrohten Mitbürgern ihre Solidarität, wenn nicht offen bekundeten, so doch spüren ließen, merkte auch Hélène Berr. Auf der Straße, in der Metro – überall traf sie auf die Sympathie der Franzosen. »Es gibt den gütigen Blick von Männern und Frauen, der das Herz mit einem unaussprechlichen Gefühl erfüllt«, notierte sie am 18. Juli.

> »Es ist das Bewusstsein, den rohen Menschen überlegen zu sein, die einen leiden lassen, und mit echten Männern und Frauen vereint zu sein. Je größer das Unglück wird, desto mehr vertieft sich diese Bindung. Es geht nicht mehr um oberflächliche Unterscheidungen von Rasse, Religion oder sozialem Rang – an sie habe ich ohnehin nie geglaubt –, sondern es gibt eine Einheit gegen das Böse und eine Gemeinsamkeit im Leiden.«[50]

Die Solidarität mit den Juden wuchs. Vergeblich bemühte sich Laval, die Verbreitung entsprechender Protestnoten zu unterbinden. Schriftlich wies er die Regionalpräfekten an, gegen solche Veröffentlichungen vorzugehen, »eine hinterhältige Propaganda (zu unterbinden), deren einziges Ziel darin liegt, das Werk des Marschalls zu kompromittieren.«[51] Doch gegen die sich ausbreitende Empörung kamen Laval und seine Minister nicht an. Selbst einige Präfekten artikulierten Unbehagen. Die Unterwerfung unter die antisemitische Politik der Besatzer sei eine »nationale Schande«, sie mindere »das nationale Ansehen, das unser Land im Ausland genießt«, hieß es in einem gemeinsam verfassten Schreiben einiger von ihnen.[52] Die anderen vermeldeten Unruhe in der Bevölkerung. »Die Maßnahmen gegen die ausländischen Juden riefen einen solchen Eindruck hervor, dass die Unruhe in der Öffentlichkeit bislang noch nicht abgeklungen ist«, stand Ende August im Bericht des Präfekten von Limoges. »Man spricht von Verfolgungen.«[53] Im Département Creuse »missbilligte die Bevölkerung eindeutig die ergriffenen Maßnahmen«, so der Präfekt weiter. Sein Amtskollege aus dem Département Rhône berichtete, dass »ein erheblicher Teil der Öffentlichkeit, insbesondere in katholischen Kreisen, in Erregung geraten ist«. Aus der Region Toulouse wurde kundgetan, dass »viele Leute dazu neigen, das Los der Betroffenen zu bemitleiden«.

Meldungen wie diese trafen in jenen Wochen zahlreich in Vichy ein. Sie blieben nicht ohne Wirkung. In einer Unterredung am 2. September bat Laval die Besatzer, zunächst keine weiteren Forderungen an die Regierung in Vichy zu stellen. An bisherige Zusagen werde man sich halten. So lief das Räderwerk weiter. Am 5. November etwa führte die Pariser Polizei auf Anweisung der Besatzer eine Razzia gegen griechische Juden an. Verhaftet wurden 1060 Personen. Heinz Röthke, seit Juli 1942 Leiter des »Judenreferats«, war zufrieden. Das Ergebnis, informierte er Knochen, müsse »als sehr gut bezeichnet werden. ... Es wird gebeten, der Polizei-Präfektur für diese Arbeit gegebenenfalls die Anerkennung auszusprechen.«[54] Der Bitte wurde entsprochen: Noch am selben Tag erhielt Bousquet eine förmliche Danksagung. Röthke leitete derweil die weiteren Schritte in die Wege. Es seien 1000 Juden griechischer Staatsbürgerschaft festgenommen, gab er noch am selben Tag an das Reichssicherheitshauptamt in Berlin durch. »Infolgedessen wird es notwendig, dass noch ein vierter Transport am Mittwoch, den 11.11.1942 nach Auschwitz abgeht.«[55] Dieser Zug war der letzte jenes Jahres 1942. An Bord hatte er 743 Juden. Insgesamt wurden im Jahr 1942 41.951 Juden nach Auschwitz deportiert. Von ihnen wurden 24.361 direkt bei der Ankunft vergast. Nur 805 Personen sollten Deportation und Lager am Ende überleben.

Vichy und Verantwortung

War es die Hektik der frühen Juli-Tage im Jahr 1942, die die Regierungsspitze in Vichy und deren Vertreter in Paris die eigenen Wahlmöglichkeiten nicht hinreichend sehen ließ? Oder führte der im Pétain-Regime kultivierte Antisemitismus auch auf französischer Seite Regie?

Am 3. Juli, einen Tag nach der Vereinbarung zwischen Bousquet und Knochen, tagte in Vichy das französische Kabinett. Um den Entschluss, die Razzia allein der französischen Polizei anzuvertrauen, zu rechtfertigen, einigte man sich auf die Behauptung, auf diese Weise wenigstens die französischen Juden vor dem Zugriff der Nazis zu bewahren. Die ausländischen Juden hingegen schienen eine vernachlässigbare, wenn nicht sogar möglichst rasch abzustoßende Gruppe zu sein. Bousquet selbst wollte Frankreich »von einer unerträglichen Gegenwart säubern«, zitierte ihn Marc Boegner.[56] Auch Pétain machte sich um die Schutzbefohlenen keine nennenswerten Gedanken. »Der Marschall ist der Ansicht, dass diese Unterscheidung angemessen ist und in der öffentlichen Meinung verstanden werden wird«, hieß es im Protokoll der Sitzung.[57] Handschriftlich wurden auf dem Protokoll auch die Äußerungen Lavals vermerkt. Sie lassen einen dezidierten, im Ton wenig zimperlichen Standpunkt erkennen. Die Deutschen hätten verlangt, mehrere zehntausend Juden aus Paris in Sammellagern zu konzentrieren, fasste er die Lage zusammen. Das lehne er ab. Mit Blick auf die freie Zone verlangten sie, 10.000 Juden zu verhaften und ebenfalls in Konzentrationslagern zu internieren. Dieses Ansinnen stellte sich für Laval ganz anders dar als das erste: »Man muss unterscheiden zwischen französischen Juden und dem Ausschuss, den die Deutschen selbst verschickt haben.«[58] Die Haltung war deutlich: Die französischen, assimilierten Juden waren der Rettung wert. Die anderen aber, die Flüchtlinge, die in schwierigster Situation auf den Schutz des französischen Staates vertrauten: Sie waren dieses Schutzes nicht würdig.

> »Die Absicht der deutschen Regierung ist es, im Osten Europas einen jüdischen Staat zu errichten. Ich wäre nicht entehrt, wenn ich eines Tages in diesen jüdischen Staat die zahllosen ausländischen Juden schickte, die sich in Frankreich befinden. Ich sehe die Anfrage als eine Bitte an, nicht als eine Entscheidung. Ich beschränke mich darauf, eine Zählung der seit dem 1. September 1939 in Frankreich sich aufhaltenden Juden (10.000?) zu organisieren.«

Die Errichtung eines jüdischen Staats? Laval hätte es besser wissen können. In seinem Rundbrief an die Mitarbeiter des diplomatischen Korps formulierte er eine widersprüchliche Haltung. Die Abhängigkeit von

Filmplakat zu »La Rafle« (»Die Kinder von Paris«) aus dem Jahr 2010.

den Besatzern habe »kaum abwendbare Notwendigkeiten« ergeben. Und doch sei die Regierung auch »den Regungen ihres eigenen Willens« gefolgt.[59] Die Deutschen, entgegnete er kritischen Gesprächspartnern, wollten für die Deportierten »eine Art Heimstätte (»Maison Mère«) in Polen« errichten.[60] Sämtliche anderslautenden Argumente und Hinweise nahm er nicht zur Kenntnis. »Ich habe ihm von Massakern berichtet, er aber ist nur ausgewichen«, erinnerte sich später Marc Boegner.[61]

Was die Nationalsozialisten mit ihren Opfern wirklich taten, begann sich in jenen Tagen und Wochen herumzusprechen. So berichtete der Widerstandskämpfer und spätere Historiker Jean-Louis Crémieux-Brilhac am 1. Juli, einen Tag vor der entscheidenden Sitzung von Bousquet und Knochen, in der britischen BBC über mobile Gaskammern. Seine Reportage wurde als Propaganda abgetan.[62] Doch die Informationen über die wahren Absichten des NS-Regimes verdichteten sich. Eine Woche nach den großen Pariser Razzien vom 16. und 17. Juli trafen in Vichy die ersten Berichte über deren Umstände ein. André Lavagne, Chef von Pétains Zivilkabinett, erläuterte das Schicksal der Internierten: »Sie werden mit Lebensmittelvorräten für 17 Tage nach Polen geschickt, 50 Personen in einem versiegelten Waggon, ohne Wasser. Die Deutschen schauen bei der Ankunft, wer sich am Leben gehalten hat.«[63] Am 20. und 21. Juli teilte Kardinal Emmanuel Suhard die ihm vorliegenden Informationen seinen Amtskollegen mit. Der erste Teil bezog sich auf die Politik der Nationalsozialisten, der zweite auf die in Vichy geäußerten Rechtfertigungen. »Dazu bestimmt, vom Kontinent zu verschwinden. Wer sie unterstützt, ist gegen uns. Vorgeschriebene Ausweisungen. Antwort: die einen sind die unseren – sie sind zu erhalten. Die anderen sind Fremde – wir werden sie zurückgeben. Nicht alle dürfen auf Grundlage unserer Dienste in den beiden Zonen aufbrechen.«[64]

Trotz dieser Informationen wollte das Kabinett von der Politik der Zusammenarbeit nicht abgehen. Die Regierung musste weiter eigenständig handeln, war man im Umfeld Pétains überzeugt – ließe sie davon ab, »riskiert man, die ganze Politik des Marschalls zu diskreditieren.«[65] Entsprechend liefen die Vorbereitungen zur Verhaftung und Übergabe ausländischer Juden an die Besatzer weiter. Sie könnten auf die Regierung zählen, ließ Bousquet die Besatzer Ende Juli wissen. »Der Marschall und Premier Laval waren völlig einverstanden mit dieser Lösung der jüdischen Frage.«[66]

Jagd auf Kinder
Klaus Barbie, die Südzone und das Waisenhaus von Izieu

> Auf einem Haufen menschlicher Asche sitzt eine Puppe.
> Es ist der einzige Rückstand, die einzige Spur von Leben.
> Ganz allein sitzt sie, Waisenkind von einem Kind.
>
> *Moshe Schulstein, »Auschwitz«*

Seine Verurteilung brauchte Klaus Barbie lange Zeit nicht zu fürchten. Die ersten Jahre nach der Niederlage Nazi-Deutschlands hatte sich der Kriegsverbrecher in der Heimat versteckt, bis er sich 1954 mithilfe des US-amerikanischen Geheimdienstes nach Bolivien absetzte. Unter neuem Namen – »Klaus Altmann« – und als Vertrauter der das Land regierenden Diktatoren führte er in der Hauptstadt La Paz ein sorgenfreies Leben.

Ungemütlich wurde es für Barbie im Jahr 1971, als die Nazi-Jäger Serge und Beate Klarsfeld auf ihn aufmerksam wurden. In jenem Jahr hatte die Münchener Staatsanwaltschaft eine nicht publik gemachte Einstellungsverfügung im Fall Barbie beschlossen. Der »Schlächter von Lyon«, wie Barbie genannt wurde, wäre durch diesen Beschluss vollständig rehabilitiert worden, trotz dreier 1947, 1952 und 1954 gegen ihn erlassener Todesurteile der französischen Justiz. Ungeachtet seiner Verbrechen hätte Barbie seinen Lebensabend in aller Ruhe in Südamerika verbringen können. Dass aus diesen Plänen nichts wurde, dafür sorgte das Ehepaar Klarsfeld. Empört über die Generalamnestie des Münchener Gerichts, suchten sie mithilfe damaliger Zeitzeugen neues Belastungsmaterial zusammen, auf dessen Grundlage sie die bayerische Staatsanwaltschaft überzeugten, die Ermittlungen gegen Barbie wieder aufzunehmen.[1] Mehrere Reisen von Beate Klarsfeld nach La Paz und

Lima, wo Barbie sich aufhielt, entfachten auch in Südamerika einen publizistischen und politischen Druck, der dem Kriegsverbrecher schließlich zum Verhängnis wurde. Am 6. März 1972 kettete sich Beate Klarsfeld vor dem Gebäude der damals von Barbie geleiteten Hochseereederei Transmaritima Boliviana an, um für die Auslieferung Barbies zu demonstrieren. An ihrer Seite, ebenfalls angekettet: Ita-Rosa Halaunbrenner, deren Mann, einer der beiden Söhne und zwei der drei Töchter durch Barbies Umtriebe getötet worden waren. Beide Frauen hielten Plakate in die Höhe, auf denen sie die Überstellung und Verurteilung Barbies forderten.

> »Die Menschen strömten herbei, die Autos verlangsamten ihr Tempo. Es gab einen Stau. Mitten in der Stadt hatte es schon lange keine Demonstration mehr gegeben. ... Um 16 Uhr hielt ein Lieferwagen auf unserer Höhe, Männer in Zivil sprangen heraus und mischten sich unter die Zuschauer. Sie entrissen uns die Schilder und flüchteten. Zwei junge Bolivianer und ein Israeli auf Durchreise machten uns neue. ... Es fing an zu regnen. Seit sechs Stunden saßen wir auf unserer Bank. Wir hatten einen Gutteil der Bevölkerung von La Paz und das diplomatische Corps an uns vorbeiziehen sehen ... Wir hatten am helllichten Tag gehandelt, das Bewusstsein der Menschen geschärft.«[2]

Einen bewegenden Eindruck machte auf viele Bolivianer Ita-Rosa Halaunbrenner. In jungen Jahren war die 1904 in Drohobytsch nahe der Stadt Lemberg in der Ukraine geborene Frau mit ihrem Mann Jacob über Österreich nach Frankreich gekommen. Das Ehepaar bekam fünf Kinder, geboren zwischen 1929 und 1941. Der Pariser Razzia vom Juli 1942 hatte die Familie entkommen können. Bereits kurz zuvor hatte sich Jacob Halaunbrenner in die freie Zone abgesetzt, um anschließend die Familie nachzuholen. Erste Zwischenstation war der Ort Montbron nahe Angoulême. Unterschlupf fanden sie in einem überwiegend von jüdischen Flüchtlingen bewohnten Hotel. Wenige Tage nach ihrer Ankunft inspizierten französische Gendarmen das Gebäude. Weil Ita-Rosa und ihre Kinder die Demarkationslinie ohne Erlaubnis überquert hatten, wurden sie verhaftet und in das Internierungslager Nexon im Département Haute-Vienne gebracht. Das Lager war 1940 entsprechend einem Dekret der Regierung Daladier vom November 1938 errichtet worden. Auf der Grundlage dieses Dekrets sollten fortan »unerwünschte Ausländer«[3] – gemeint waren vor allem republikanische Flüchtlinge aus dem

Spanischen Bürgerkrieg – interniert werden können. Das Lager war von Anfang an in desolatem Zustand. »Es regnet drinnen wie draußen«, hielt dessen Direktor im Januar 1941 fest.[4] Und noch ein Problem machte ihm zu schaffen: die Läuse. »Das einzige nicht gelöste Problem ist das der Entlausung. Es ist unmöglich, Personen an einen anderen Ort zu bringen, die von Läusen befallen sind.« Als Ita-Rosa Halaunbrenner und ihre Kinder in das Lager eingewiesen wurden, hatte sich dessen Zustand noch weiter verschlechtert: Es mangelte an allem, an Kleidung ebenso wie an Nahrung. Die Dinge verbesserten sich auch nicht, als Mutter und Kinder nach wenigen Tagen in das Lager Rivesaltes, knapp 45 Kilometer nördlich der spanischen Grenze und nahe der Stadt Perpignan, gebracht wurden.

»Rivesaltes war die Hölle«, erinnerte sich Alexandre Halaunbrenner, mit seiner Mutter und seiner Schwester der einzige Überlebende der Familie. Die Insassen litten vor allem unter der Tramontana, »einem derart mächtigen Wind, dass er uns gegen die Mauern warf.«[5] Zu kämpfen hatte Alexandre, wie alle anderen Kinder des Lagers, mit nie nachlassendem Hunger. Ihn wie alle anderen Gefangenen beschäftigte nur eines: »die Ernährung, das Essen. Man spricht nur davon. Von anderen Dingen kann man gar nicht sprechen.« Hinzu kamen weitere Belastungen: Das verunreinigte Wasser erforderte eine Impfung, die allerdings die Glieder ertauben ließ. Der Überlebenskampf unter den Insassen zwang dazu, immer und überall auf die Schuhe aufzupassen, sie sogar nachts mit ins Bett zu nehmen.[6] Und über allem lauerte die Deportation: Allein von Mitte August bis Mitte Oktober lieferten die französischen Behörden 2313 Insassen des Lagers an die Nazis aus.

In der zweiten Novemberhälfte 1941 beschloss die Regierung, das Lager aufzulösen. Die Gefangenen wurden in Viehwaggons in das Lager Gurs im Département Pyrénées-Atlantiques gebracht. Die Belastungen blieben dieselben: unzureichende Ernährung, Kälte, ein aggressiver Wind, Lehmboden, der sich bei Regen auflöste. Zudem mangelnde Hygiene und wiederum Läuse. Im Sommer 1943 erhielt Ita-Rosa Halaunbrenner eine Arbeit in der Gemeinschaftsdusche. Sie stand um fünf Uhr morgens auf, um mit Feuerholz das Wasser anzuwärmen. Als Lohn erhielt sie eine Extraration Suppe, außerdem durften ihre Kinder vor dem regulären Betrieb duschen. Sohn Léon, 14 Jahre alt, kümmerte sich in der Lagerverwaltung um die Verteilung der Nahrungsmittel und schaffte es auf diese Weise, Mutter und Geschwistern etwas zu essen zu besorgen. Alexandre hingegen nutzte die laxe Bewachung am Samstagabend, um sich durch die Zäune nach draußen zu kämpfen und dort Nahrung zu erbetteln. Zurück kam er oft erst am Montag. Bei den Appellen vertrat ihn sein Bruder. Alexandre, erklärte er, sei gerade bei Mutter und Schwestern in einer der für die Frauen vorgesehenen Baracken.

Derweil erwirkte der Vater, dass die Familie das Lager verlassen konnte. Ende August 1943 war es soweit: Mutter und Kinder waren in Freiheit, neuer Aufenthaltsort war die Gemeinde Villeurbanne nahe Lyon. Dort lebte Jacobs Bruder Joseph, Mitglied eines kommunistischen Widerstandszirkels. Die Familie war nur kurze Zeit bei ihm untergebracht, zu groß war die Gefahr, verhaftet zu werden. Doch auch die neue Unterkunft bot keine Sicherheit: Um Widerstandskämpfer zu verhaften, scheute die Gestapo auch vor Angriffen auf deren Verwandte nicht zurück. Am Vormittag des 24. Oktober kam Alexandre nach Hause: »Es ist knapp 11 Uhr. Kaum öffne ich die Tür, sehe ich Barbie. Mit ihm zwei andere Männer.«[7] Der Grund des Besuchs: Joseph wurde verhaftet, konnte aber fliehen. Auf der Flucht erschoss er einen deutschen Soldaten. Wo sein Bruder sei, wollte Barbie von Jacob wissen. Der aber kannte den Aufenthaltsort seines Bruders nicht. Barbie wurde laut: Wenn Jacob nicht innerhalb von 24 Stunden Auskunft gebe, werde er ihn vor den Augen der Kinder erschießen.

Barbie hatte Zeit an diesem Tag. Er blieb, bis abends auch Léon nach Hause kam. Umgehend ließ er ihn und den Vater verhaften, in ein Fahrzeug stecken und abtransportieren. Als sich Mutter und Kinder am nächsten Tag auf die Suche nach dem Vater machten, sahen sie auf der Straße den Lastwagen vom Vortag, der sich in Richtung ihrer Unterkunft bewegte. Der Familie dämmerte es: Sie wurden am Vortag nur darum nicht verhaftet, weil im Wagen kein Platz mehr für sie gewesen war. Umgehend ergriffen sie die Flucht. Auf Umwegen fand sich die Familie eine gute Woche später in den Räumen der *Union générale des Israélites de France* (UGIF) wieder, dem auf Druck der Nationalsozialisten 1941 gegründeten »Verband der Juden Frankreichs«. Dort suchte man eine andere Unterkunft. Für die beiden jüngsten Töchter war rasch etwas gefunden: das Kinderheim von Izieu. Die älteste Tochter Monique sollte hingegen in ein Heim bei Saint-Cyr-au-Mont-d'Or. Alexandre blieb bei seiner Mutter, mit der er fortan in verschiedenen, häufig zu wechselnden Hotels lebte. Anfang Dezember dann die Nachricht: Vater Jacob war tot. Am 24. November war er im Gefängnis Montluc auf Befehl der Gestapo erschossen worden. Es war an Alexandre, den Vater zu identifizieren: »Sie haben ihn abgeschlachtet. Sie haben ihn derart gefoltert, dass er keine Haare mehr hatte. Er hatte nichts mehr. Seine Nase hing heraus. Es war schrecklich. Schrecklich. Meine Mutter hat nicht einmal gewagt, ihn anzuschauen. Ich war derjenige, der ihn erkannte. Sie fing an zu schreien!«[8] Kurz darauf wurde Léon von Montluc über Drancy nach Auschwitz deportiert, mit dem Konvoi Nummer 63 vom 17. Dezember. 13 Monate lang würde er im Lager Auschwitz III – Monowitz – arbeiten. Am 18. Januar 1945 wurden die ersten Häftlinge aus Auschwitz evakuiert und auf die »Todesmärsche« geschickt. Vom Lager Gleiwitz aus kam Léon anschließend über das Lager Mauthausen Mitte Februar in das Lager Dora-Mittelbau nach Flossenbürg. In der Nacht vom 17. auf den 18. April 1945 wurde dieses Lager evakuiert. Gegen drei Uhr morgens verließ ein LKW mit 188 Gefangenen das Lager. Nach fünf Kilometern hielt er bei einer Kiesgrube nahe Koselitz. Dort wurden die Männer von SS-Leuten erschossen. Léon Halaunbrenner war unter ihnen.

Steigender Druck

Der Verhaftung der Familie Halaunbrenner und der Ermordung mehrerer ihrer Mitglieder waren in Frankreich dramatische Entwicklungen vorausgegangen. Immer stärker hatte sich die antisemitische Gewalt der Nationalsozialisten auch gegen Kinder gerichtet. Im Juni 1942 hatte Heinz Röthke die Leitung des »Judenreferats« der Gestapo übernommen. Ende des Monats verfasste er den Deportationsplan für die kommenden zwei Monate: Im August und September sollten jeweils 13 Züge nach Auschwitz starten. Die Zeit, die Züge zu füllen, war knapp. Doch ein erstes Gespräch mit Jean Leguay, dem Stellvertreter des obersten Polizeidirektors René Bousquet, hatte einen aus Röthkes Sicht guten Verlauf genommen: Leguay hatte erklärt, die Vichy-Regierung sei bereit, »zunächst die in den Judenlagern des unbesetzten Gebiets vorhandenen Juden« übergeben zu wollen[9] – bis zum 10. August sollten es 3000 Personen sein, im Anschluss sollten weitere, noch zu verhaftende Personen folgen.

Am 13. August erläuterte Bousquet seinen Untergebenen, wie er sich die künftige Arbeit vorstellte: »Es wird Ihnen nicht entgehen, dass das Schreiben General Obergs der französischen Polizei in moralischer und materieller Hinsicht Mittel an die Hand gibt, die sie bislang nicht besaß, und dass die Polizeidienststellen deshalb durch erhöhte Anstrengungen und durch die zu erzielenden Ergebnisse den Beweis ihrer tatsächlichen Schlagkraft erbringen müssen.«[10] Wenige Tage später machte Bousquet eine weitere Vorgabe: Die untere Altersgrenze für Deportation liege fortan nicht mehr bei fünf, sondern bei zwei Jahren. Zudem dürften Eltern ihre Kinder nicht mehr der *Union générale des Israélites de France* oder Verwandten übergeben. Stattdessen müssten Kinder ihre Eltern begleiten. Außerdem wies er die Polizisten an, auch jene Kinder zu verhaften, die ihre Eltern verloren hatten. Durch diese Anweisung setzte das Vichy-Regime klare Prioritäten: Hätte es sich dafür entschieden, die Kinder in Frankreich zu behalten, sie also von ihren Eltern zu trennen, hätte es mit weiterem Protest der Öffentlichkeit rechnen müssen – dies umso mehr, als die Regierung die Trennung nicht plausibel hätte begründen können. Eine Trennung würde nur dann Sinn machen, wenn man den Kindern das Los der Eltern ersparen wollte. Das aber hätte bedeutet, dass die Regierung wusste, was diesen in den Konzentrationslagern widerfahren würde. Das wiederum hätte der Öffentlichkeit vor Augen geführt, dass sich die Regierung durch die von ihr verantworteten Verhaftungen und Überstellungen aktiv am Massenmord beteiligte. Auch um diesen Verdacht zu zerstreuen, entschied sich die Regierung dafür, den Nationalsozialisten ebenfalls die Kinder zu übergeben: So ließe sich weiterhin behaupten, man wisse von nichts.

Fortan stiegen auch die Kinder in die Deportationszüge. Entgegen den offiziellen Verlautbarungen wurden sie aber bereits in den französischen Lagern von ihren Eltern getrennt. Völlig verängstigt kamen sie in der Deportationsdrehscheibe von Drancy an. Auch diejenigen Kinder, die mit ihren Eltern während der Pariser Razzia vom 16. und 17. Juli aufgegriffen worden waren, hatte man im Zwischenlager Pithiviers ihren Eltern bereits entrissen. Georges Wellers, in jenen Wochen in Drancy interniert und dort mit Verwaltungsaufgaben betraut, beobachtete ihre Ankunft.

> »Die Kinder stiegen aus den Bussen. Sofort nahmen die Älteren die Kleinen an der Hand und ließen sie während des kurzen Ausflugs in die Schlafzimmer nicht mehr los. Auf der Treppe nahmen die Älteren die Kleineren auf den Arm und trugen sie außer Atem in den vierten Stock. Dort standen sie nebeneinander wie eine verängstigte kleine Herde. Lange zögerten sie, bevor sie sich auf die ekelhaft schmutzigen Matratzen setzten.«[11]

Gerade die jüngeren Kinder waren völlig desorientiert. Viele hatten ihr Gepäck in den Bussen vergessen. Die Polizisten holten es heraus und stapelten es in einem Hof, wo die Kinder es suchen mussten. Sie begaben sich in den Hof, hatten aber Schwierigkeiten, ihr jeweiliges Bündel zu finden – zu sehr ähnelten sich die zusammengeschnürten Habseligkeiten.

> »Rasch durchsuchten sie den Inhalt und waren überrascht, verblüfft und mutlos, wenn sie eine Hose oder ein Kleid fanden, das ihnen nicht gehörte. Trotz ihrer Enttäuschung fassten sie neuen Mut und begannen von neuem mit der Suche. Es gab keinerlei Diskussionen, keinerlei Streitigkeiten zwischen ihnen. Im Gegenteil, sie halfen einander auf vielerlei Art – eine für den Zuschauer ergreifend-überwältigende Szene. Nach vielen erfolglosen Versuchen gaben sie schließlich auf und blieben im Hof, ratlos, was sie nun tun sollten.«[12]

Wieder und wieder war Georges Wellers beeindruckt von der Solidarität der Kinder untereinander, ihrem Versuch, einander Schutz und Trost zu spenden. Und doch: »Jede Nacht hörten wir von der anderen Seite des Lagers her das ständige Weinen verzweifelter Kinder, von Zeit zu Zeit auch Rufe und Schreie derjenigen, die völlig die Fassung verloren hatten.«[13]

Die Kinder blieben nicht lange in Drancy: Nach wenigen Tagen wurde die erste Hälfte von ihnen in einen Zug Richtung Auschwitz gesetzt, zusammen mit rund 500 Erwachsenen. Grundsätzlich, hatten Gestapo-Mitarbeiter und Bousquets Stellvertreter Jean Leguay vereinbart, sollte auf einen Erwachsenen nicht mehr als ein Kind kommen. So sollte nach außen der Eindruck gewahrt werden, die Kinder reisten mit ihren Eltern. In diesem Rhythmus ging es weiter, notierte der Häftling Paul Zuckermann, als gelernter Stenotypist mit Verwaltungsaufgaben in dem Lager betraut: »Von kommendem Sonntag an werden wir 1000 Kinder pro Woche aufnehmen, und pro Konvoi sollen 500 abgehen. ... Dieses ganze Programm ist furchtbar. Wir fürchteten, was wir für das Schlimmste hielten, das Ghetto. Aber das hier ist noch furchtbarer.«[14]

Barbie in Lyon

Die Deportation der Kinder wurde in der freien Zone aufmerksam beobachtet. Auch die Leiter jener Kinderheime, die jüdische Jungen und Mädchen aufgenommen hatten, verfolgten die Entwicklung sehr genau, darauf bedacht, das Risiko für ihre Schützlinge so gering wie möglich zu halten. Umso dramatischer waren die Ereignisse vom Herbst 1942. Am 31. Oktober jenes Jahres erlitt die bis dahin militärisch so erfolgreiche Wehrmacht eine ihrer ersten Niederlagen: Im ägyptischen El-Alamein schlug die britische 8. Armee unter General Bernard Montgomery Verbände der deutsch-italienischen Panzerarmee unter dem Kommando von Erwin Rommel. Wenig später, am 8. November, landeten britische und amerikanische Truppen in Algerien und Marokko. Fortan nahmen die Alliierten die Achsenmächte in einem Zweifrontenkrieg in die Zange. Im Mai 1943 kapitulierten die deutsch-italienischen Truppen.

Nach der Niederlage von El-Alamein reagierte Nazi-Deutschland umgehend: Am 11. November 1942 rückte die erste Armee von der Atlantikküste in Richtung Süden vor, derweil die 7. Armee durch das Zentrum des Landes in Richtung Vichy und Toulon aufbrach. Bereits am Abend jenes Tages erreichten erste Verbände die Mittelmeerküste: Die ehemals freie Zone war nun nicht mehr frei. Im Jargon der Nazis hieß sie nun »Südzone«. Zeitgleich besetzte die italienische 4. Armee Korsika, die Côte d'Azur und das Gebiet östlich der Rhône bis nördlich von Lyon.

Mit der Niederlage in Nordafrika setzte sich für das Dritte Reich die Reihe der militärischen Enttäuschungen fort. Im Winter 1942 und den ersten Wochen des Folgejahres war die Wehrmacht von der Roten Armee vor Stalingrad geschlagen worden – der Nimbus der Unbesiegbarkeit war endgültig verloren. Umso entschiedener trieben die Nationalsozialisten das antisemitische Vernichtungsprogramm voran. So drängten sie darauf, die Judenverfolgung in der freien Zone auszuweiten. Immer noch setzte die Vichy-Regierung dem mörderischen Ansinnen nichts entgegen. Am 16. April unterzeichnete Bousquet einen Vertrag, in dem sich die Regierung zu weiterer Zusammenarbeit verpflichtete. Im Anschluss an die Unterzeichnung erläuterte er, wen die Regierung bekämpfen werde: »alle Feinde der inneren Ordnung«, als da seien: »die Terroristen, die Kommunisten, die Juden, die Gaullisten und die ausländischen Agenten.«[15]

War der Druck für die »Feinde« in der freien Zone ohnehin schon hoch, stieg er nach dem Einmarsch vom November 1942 massiv. Kaum waren die Deutschen installiert, setzten sie das Vernichtungswerk in Gang. Im Januar 1943 nahmen sie Marseille ins Visier. Vorwand war ein Anschlag gegen ein Bordell und ein Hotel am alten Hafen. Als Reaktion darauf ordnete Hitler umgehend die Zerstörung des Viertels an. Am 13. Januar trafen sich – unter anderen – Herbert Hagen, Karl Oberg, René Bousquet sowie der damalige Polizeichef von Marseille, Maurice Rodellec du Porzic, um die Einzelheiten des Unternehmens zu besprechen.

> »Um unseren Willen zu beweisen, den Polizeioperationen maximale Effizienz zu verschaffen, sowie davon überzeugt, dass eine solche Operation im Gebiet des alten Hafens allein völlig unbedeutende Resultate ergeben würde, schlugen wir vor, sehr aufwendige Polizeioperationen an zweierlei Terminen durchzuführen: a) in der Nacht von Freitag, dem 22., auf Samstag, den 23. In mehreren Vierteln der Stadt; b) in der Nacht vom 23. auf den 24., zwischen 20 und 06 Uhr morgens, im alten Hafenviertel.«[16]

Antoine Lemoine, Präfekt des Départements Bouches-du-Rhône sowie der Stadt Marseille, hatte bereits vorgegeben, wen die Beamten aufzugreifen hätten: »Vorbestrafte, Zuhälter, Clochards, Landstreicher, Gesindel, Personen ohne Lebensmittelkarten, alle Juden, Ausländer ohne Aufenthaltsberechtigung, ausgewiesene Personen, alle Personen, die seit mehr als einem Monat keiner legalen Arbeit nachgehen.«[17] Zusammen mit ihren deutschen Kollegen durchkämmten rund 10.000 französische Polizeikräfte zunächst die Viertel jenseits des Hafens. Haus um Haus arbeiteten sie sich voran, inspizierten jede Etage, ließen sich die Gästelisten der Hotels sowie der privat vermieteten Zimmer vorlegen. Um zwei Uhr morgens waren bereits 1300 Personen verhaftet, identifiziert und zum Bahnhof d'Arenc gebracht. Um neun Uhr startete der Zug in Richtung des Lagers von Compiègne, besetzt mit 1642 Personen. Derweil konzentrierte sich die Razzia nun auf das alte Hafenviertel. »Wir haben mehrere Tage – und mehrere Nächte – hinter uns, die uns völlig aufgelöst zurückgelassen haben, wie eine schwere Krankheit, ohne dass wir uns bereits als geheilt bezeichnen könnten«, notierte der Jurist Lucien Vidal-Naquet am 25. Januar in sein Tagebuch.

> »Mehrere Tage, während derer die französische Polizei – leider! – den Befehlen aus Berlin gehorchte und zu massiven Durchsuchungsaktionen sowie Verhaftungen ansetzte, dazu bestimmt, dem Nazi-Moloch das Kontingent an menschlichem Fleisch zu liefern, das er bestellt hatte: Arbeiter, Frauen, Kinder wurde völlig willkürlich verhaftet und in große verplombte Wagen geworfen, die für Zwangsarbeiten in Polen und Russland bestimmt waren.«[18]

Vidal-Naquet konnte sich retten – zunächst. Doch im Mai 1944 wurde auch er verhaftet. Mit dem Deportationszug 75 wurde er am 30. des Monats nach Auschwitz gebracht und dort am 6. Juni ermordet.

Zurück in das Marseille des Jahres 1943. Über Lautsprecher forderten die Polizisten die Bewohner auf, ihre Häuser samt ihrer Habe zu verlassen. Jenen, die nicht auf den Listen der Häscher standen, halfen Ordnungskräfte, ihren Besitz auf die Straße zu bringen. Im Anschluss wurden sämtliche Häuser des Viertels gesprengt. Bilanz der Aktion insgesamt: 5956 Verhaftete, von denen 3977 nach Überprüfung wieder freigelassen wurden. 1642 Personen wurden nach Compiègne deportiert, 600 galten als verdächtig und wurden noch einmal überprüft. Fast alle wurden anschließend in Durchgangslager gebracht – für die meisten Zwischenstationen auf dem Weg in die Todeslager im Osten.

Im Tross der deutschen Truppen war auch Klaus Barbie in Richtung Süden gereist. Versetzt von seiner bisherigen Dienststelle in Dijon, traf er am 11. oder 12. November an seiner künftigen Wirkungsstätte Lyon ein. Dort sollte er die Filiale der Gestapo aufbauen. Umgehend übernahm der Sicherheitsdienst das Hotel Terminus. Im zweiten Stock befanden sich die Wohn- und Schlafräume, der dritte Stock mit seinen 20 Zimmern war

Das alte Hafenviertel von Marseille nach der Räumung und Sprengung durch die Wehrmacht (Foto vom Februar 1943).

für Verhöre vorgesehen. Diese wurden im Juni 1943 in die *École de Santé Militaire* verlegt und das Gebäude mit eigens herbeigeschafften Folterinstrumenten ausgestattet. Barbies vorrangige Aufgabe war die Bekämpfung des französischen Widerstands. Er ging mit größter Brutalität vor, darin nach Einschätzung seines Biografen Tom Bower ein typisches Produkt des nationalsozialistischen Terrorregimes. »So beschränkt Barbie aufgrund seiner mangelnden Bildung auch gewesen sein mag, er überlebte und blühte auf, weil der Nazi-Staat seine Gestapo-Offiziere zur Rücksichtslosigkeit ermutigte. Auf diese Weise wollte er verhindern, dass jemand seine Autorität herausforderte.«[19] Diese Rücksichtslosigkeit, so Bower weiter, wurde geradezu ein Teil von Barbies Charakter – ohne dass dies allerdings zu einer im engeren Sinne politischen Identifikation mit dem Regime geführt hätte. Ebenso gut wie für Hitler hätte er auch für Stalin wirken können, so Bower. Hervor trat er als effektiver Kommandant, der eigenständige Entscheidungen nicht scheute. »Bedenkenlos und ungehemmt«, einzig »auf den eigenen Erfolg versessen«, koordinierte er »alle Aktionen, Hinrichtungen, Morde und Plünderungen, die in

Lyon und Umgebung stattgefunden haben«, selbst und nahm an ihnen auch selbst teil.[20] Aussagen des Gestapo-Offiziers Ernst Floreck zufolge ordnete Barbie allein zwischen April und Juni 1944 mindestens 13 Massenerschießungen an. Dabei seien in Barbies Gegenwart »mindestens 212 Menschen umgebracht worden.«[21]

Im Oktober 1951 beschuldigte das Militärgericht in Lyon Barbie, innerhalb von zwei Jahren an 4342 Tötungen, 7591 Deportationen in Vernichtungslager sowie an 14311 Verhaftungen und Folterungen beteiligt gewesen zu sein.[22] Während des Prozesses 1987 erwähnten seine ehemaligen Opfer immer wieder den sadistischen Charakter des SS-Mannes. »Er war besessen von den immer selben Fragen, denselben Beleidigungen und vor allem dem unwiderstehlichen Vergnügen, das er beim Zuschlagen empfand«, erinnerte sich die ehemalige Widerstandskämpferin Lise Lesèvre, geboren 1901.[23] 19 Tage sei sie verhört worden, berichtete sie. »Ich bin auf den Strecktisch gelegt worden. Nackt, mit dem Bauch auf den Tisch. Hände und Füßen wurden von Handschellen fixiert. Barbie schlug mit einer Gerte oder Ochsenschwanzpeitsche. Meine Muskeln zogen sich zusammen.« Und doch: »In diesem Moment wusste ich, dass ich unter den Schlägen nicht sprechen würde.« Das Schlimmste aber sei die sogenannte Badewannen-Folter gewesen: Zwei Wannen nebeneinander, die eine mit eiskaltem, die andere mit sehr heißem Wasser. Immer wieder hob man die Opfer von der einen in die andere Wanne. »Zwei Stunden hat man mich dort eingetaucht. Ich war am Rand des Geständnisses«, erzählte Lesèvre. Um den Willen der Widerstandskämpferin zu brechen, verhafteten die Gestapo-Mitarbeiter auch ihren Mann und Sohn. Ihr Mann wurde umgehend deportiert, ihr Sohn – gerade 16 Jahre alt – im selben Zug wie sie nach Paris gebracht. »Dank der verständigen Haltung eines luxemburgischen Soldaten habe ich mich ihm nähern können. Er ist aus den Lagern nicht zurückgekehrt. Genauso wie mein Mann, der Teil des Todeskonvois war. Der umfasste beim Start dreitausend Personen. Bei der Ankunft waren es nur noch neunhundert.«

Auch vor Gewalt gegen Jugendliche scheute Barbie nicht zurück. Simone Lagrange, Jahrgang 1930, wurde am 6. Juni 1944 – just an jenem Tag landeten die Alliierten an der Küste der Normandie – zusammen mit ihren im Widerstand aktiven Eltern verhaftet. Umgehend wurde die Familie in die Verhörräume der Lyoner Gestapo geführt, wo Barbie sie persönlich vernahm. Ob es in der Familie weitere Kinder gebe, wollte er wissen. Ja, zwei, antwortete die Mutter. Sie befänden sich auf dem Land. Die genaue Adresse wisse sie allerdings nicht. Daraufhin wandte sich der Gestapo-Chef wieder Simone zu. »Barbie zog an dem Netzstoff, der mein langes blondes Haar zusammenhielt. Es entrollte sich, und er zog mit aller Kraft daran. Ich erhielt das erste Paar Ohrfeigen meines Lebens. Mein Vater wollte sich in den Weg stellen, doch sie hielten ihm eine Waffe an den Kopf.«[24] Später wurde die Familie zurück ins Gefängnis Montluc gebracht. Am nächsten Morgen fragte Barbie ein weiteres Mal nach der Adresse der Söhne. Die Eltern sahen sich nicht in der Lage, eine Antwort zu geben. Barbie reagierte: »Um neun Uhr brachte er mich in seinem Auto zur Gestapo«, berichtete Simone Lagrange.

> »Ich blieb den ganzen Tag dort. Er kam herein mit seinem Lächeln, so dünn wie eine Messerklinge. Das Ganze dauerte sieben Tage: Tritte, Faustschläge auf die kaum verheilten Wunden des Vortags. Am ersten Abend brachte er mich persönlich nach Montluc zurück, ich war kaum mehr als ein blutiges Bündel. Er warf mich in die Arme meiner Mutter und sagte: ›Das hast du mit deiner Tochter gemacht.‹ Nach einer Woche brachte er mich für zwei weitere Wochen in eine andere Zelle. Meine Mutter dachte, ich wäre tot.«

Andere wurden noch härter misshandelt. Der Widerstandskämpfer Léon Pfeiffer etwa, aus dem Barbies Leute Namen und Adressen herauszuprügeln versuchten. Ein Mitkämpfer erinnerte sich an Pfeiffers Zustand nach dem Verhör. »Sein Rücken war in kleine Quadrate zerschnitten, seine Nägel ausgerissen, Teile seiner Haut waren verbrannt. Doch er wollte nicht vor uns weinen. Wir konnten ihn im hinteren Teil des Haus schreien hören: ›Ich habe nicht gesprochen, ich habe nicht gesprochen!‹«[25]

Das Kinderheim von Izieu

Zwar war Barbie offiziell nicht mit der Verfolgung der Juden beauftragt, sondern offiziell SS-Untersturmführer Erich Bartelmus. Doch sein brutaler Ruf mahnte die Juden der Region zu zusätzlicher Vorsicht. Das

Œuvre de secours aux enfants (OSE), das jüdische Kinderhilfswerk, plante eine Umstrukturierung des bestehenden Netzes der von ihm verwalteten Heime. Einige Häuser wurden geschlossen, die Kinder selbst in bereits bestehende oder neu gegründete Heime verlegt. Einige Kinder kamen in das Heim im Schloss von Campestre, geleitet von Sabine Zlatin. Geboren als Sabine Chwatz 1907 in Warschau, verließ sie Mitte der 1920er-Jahre ihr Geburtsland, um sich nach Zwischenstationen in Danzig, Berlin und Brüssel in Nancy niederzulassen. Dort begann sie ein Studium der Kunstgeschichte und lernte Miron Zlatin kennen, einen russischen Studenten der Agrarwissenschaften. Nach der Heirat im Jahr 1939 eröffnete das Paar eine Geflügelfarm in dem Örtchen Landas, direkt an der belgischen Grenze. Im selben Jahr erhielten die beiden die französische Staatsbürgerschaft. Als kurz darauf der Krieg von seiner latenten in die offene Phase überging, entschied sich Sabine Zlatin, eine Ausbildung als Militärkrankenschwester zu machen. Nach der französischen Niederlage wich das Paar in den Süden, in das Département Gard, aus. Dort übernahm Zlatin die Leitung des Heimes im Schloss von Campestre, in dem sich vor allem jüdische Kinder befanden. Die Kinder waren dort zunächst sicher, doch als die Deutschen im Herbst 1942 auch die bislang freie Zone besetzten, war die Sicherheit nicht mehr gewährleistet. Auf der Suche nach einem neuen Standort fand sich in Absprache mit den zuständigen Präfekten ein neues Objekt nahe des Örtchens Izieu im Département Ain, zwischen Lyon und Chambéry gelegen. Die Lage des Hauses war aus mehreren Gründen günstig: Im Westen, in Lyon, hatte der *Circuit Garel* sein Zentrum, ein Kreis um den Ingenieur und Widerstandskämpfer Grigori Garfinkel alias Georges Garel, der sich ganz wesentlich auch um jüdische Kinder kümmerte. Im Osten standen zudem jüdische, protestantische und katholische Gruppen bereit, die die Kinder in die sichere Schweiz lotsten.

Der wichtigste Grund war aber: Das Département befand sich in der italienisch besetzten Zone. Und von den Italienern hatten die Juden nichts zu befürchten. Das faschistische Italien hatte lange Zeit keine antisemitische Politik betrieben. Mussolini selbst hatte zu den Juden zunächst ein unbelastetes Verhältnis. Einen gegen die Juden gerichteten Kurs nahm er erst während der Annäherung an Hitlerdeutschland auf.

Im Oktober 1938 erließ er erste Gesetze gegen die Juden, die aber nie dieselbe gesellschaftliche Akzeptanz wie in Deutschland fanden. Nachdem die Italiener die Zone im November 1942 besetzt hatten, führten sie die antisemitische Politik des Vichy-Regimes nicht fort. Die Juden waren nun nicht mehr gezwungen, ihre Religionszugehörigkeit in ihren Ausweispapieren zu dokumentieren. Bald gingen die Italiener noch einen entscheidenden Schritt weiter: Im Dezember stellten sie sich gegen den Entschluss des Präfekten des Départements Alpes-Maritimes, die dort lebenden ausländischen Juden den Deutschen zu übergeben. Die Kunde von der neuen jüdischen Schutzmacht verbreitete sich rasch, und so befanden sich bald 25.000 ausländische Juden in der von den Italienern kontrollierten Zone. »Die Israeliten sind massenhaft in dieses Gelobte Land ausgewandert, zu welchem das linke Ufer der Rhône geworden ist«, notierte der Regionalpräfekt von Lyon Alexandre Angeli. »Sie begeben sich auch weiter dorthin.«[26] Nach Schätzungen von Heinz Röthke hielten sich bis zu 50.000 Juden in dieser sicheren Zone auf. Die Italiener betrieben dort eine »menschliche Gesetzgebung«, erklärte der Oberkommandierende der dort präsenten Streitkräfte, General Avarna di Gualtieri, in Reaktion auf Proteste des Vichy-Regimes. Auch vor der offenen Konfrontation mit der französischen Regierung scheuten die Italiener nicht zurück. Als im Februar 1943 in Paris zwei deutsche Offiziere ermordet wurden, forderte die Besatzungsmacht die französische Regierung auf, ihr 2000 Juden aus der Südzone zu überstellen. Zur Erfüllung dieser Quote sollte auch der Präfekt des Départements Haute-Savoie beitragen. Er ließ acht Personen verhaften, die zunächst in der Polizeistation von Annecy interniert wurden. Um die Betroffenen zu retten, umstellten die Italiener die Polizeistation und forderten die französischen Behörden auf, die darin einsitzenden Juden freizulassen. Sechs Tage lang belagerten sie die Station, dann aber wurden die Gefangenen in das Internierungslager Gurs überstellt, von wo aus sie den Deutschen übergeben wurden. Erfolgreicher verliefen hingegen die Bemühungen um 25 in Chambéry inhaftierte Juden: Nach langen Verhandlungen erreichten die Italiener die Freilassung der Gefangenen.

Als der antisemitische Druck in der freien Zone immer stärker wurde, erklärte General Avarna di Gualtieri im März, er werde fortan auch die

Juden französischer Staatsbürgerschaft unter seinen Schutz stellen. Verhaftet würden sie von niemandem außer den Italienern selbst – und auch das nur, wenn sie gegen das Gesetz verstießen. Die couragierte Politik konnte der tödlichen Gewalt der Nationalsozialisten allerdings nur bedingt Einhalt gebieten: Um die geforderte Quote zu erfüllen, konzentrierten sich die französischen Behörden nun auf die in der deutsch besetzten Zone lebenden Juden.

Unter diesen Umständen gelang es Sabine Slatin, im März 1943 die behördlichen Bewilligungen für den Betrieb des Kinderheims in Izieu zu erhalten. Anfang April wurde das bislang genutzte Heim aufgelöst, Mitte des Monats brach die Gruppe nach Chambéry auf.

Zunächst nur von 14 Kindern bewohnt, füllte sich das zweigeschossige Gebäude in den folgenden Monaten rasch. Die meisten erreichten das Haus dank der Hilfe der *Union générale des Israélites de France* oder dem *réseau Gardel*. Das Schloss funktionierte nicht nur als Heim, sondern auch als Drehscheibe: Einige Kinder blieben nur wenige Tage oder Wochen, um dann an andere Heime, karitative Einrichtungen oder zur Adoption bereite Familien weitergereicht oder in die Schweiz gebracht zu werden. Am 6. November erreichten auch Claudine und Mina, die beiden fünf und acht Jahre alten Töchter des Ehepaars Halaunbrenner, die Kolonie.

Viele der in Izieu untergebrachten Kinder zeigten sich im Umgang mit ihren neuen Kameraden wie auch den Lehrern zunächst verhalten. Als etwa der 13 Jahre alte Marcel Bulka von einem Mitschüler nach seinen Eltern gefragt wurde, gab er eine düstere Antwort. »Ich werde meine Eltern auf keinen Fall mehr sehen. Die Deutschen haben sie weggebracht, weil sie Juden waren.«[27] Die Lehrerin Gabrielle Perrier, gerade 21 Jahre alt, bemerkte das zurückhaltende Wesen der Kinder. »Die Kinder wollten über ihre Herkunft nicht reden, sie weigerten sich, über ihre Herkunft und das, was sie erlebt hatten, zu sprechen. Am Anfang hat es mich ein wenig gestört, doch ich hatte bereits gehört, dass es Juden waren, und so verstand ich es. Ich begriff, warum sie nicht reden wollten, also bestand ich nicht darauf.«[28] Die Kinder von Izieu waren ernst, erinnerte sie sich, die Unbekümmertheit der jungen Jahre hatten sie bereits hinter sich gelassen. »Sie waren reifer als die anderen Kinder, man bemerkte, dass diese Kinder bereits gelitten hatten.«[29] Die Schrecken, die die Kinder zu verarbeiten hatten, deuteten sich an, als sie zu Beginn des Schuljahrs Angaben zu ihrer Person machen sollten, etwa zum Namen und der Adresse ihrer Eltern. »Ich weiß nicht«, war in den entsprechenden Antwortzeilen zu lesen, »Ich will es nicht sagen« – oder auch: »Meine Eltern sind tot.«[30]

Der Unterricht selbst schien von den traumatischen Erfahrungen der Schüler allerdings kaum betroffen. Marcel Bulka, seit Mai 1943 im Haus, erzielte besonders gute Ergebnisse in Orthografie und Grammatik. »Ein ernsthafter Schüler, gewissenhaft und fleißig, der gute Fortschritte macht«, hieß es in der Beurteilung. »Er hat sich leicht eingewöhnt. Er wird gute Übungen machen. Sehr gut.«[31] Maurice Gerenstein, 13 Jahre alt und seit Dezember 1943 in Izieu, erwies sich als sensibler Pianist. »Ich erinnere mich sehr gut an die konzentrierte Atmosphäre, an die Virtuosität unseres Kameraden, den unterschiedlichen, teils getragenen, teils heftigen Charakter seines Spiels«, berichtete ein ehemaliger Mitschüler.[32] Von ganz anderer Art war Henri Goldberg, 13 Jahre alt. Der in Paris aufgewachsene Teenager entdeckte in dem von Wiesen umgebenen Haus seine Leidenschaft fürs Gärtnern. Wann immer möglich, war er draußen – und ließ es darüber bisweilen ein wenig am schulischen Ernst fehlen. »Ein offener Geist, aber auch ein wenig aufs Vergnügen bedacht«, notierte der Direktor. »Arbeit und Noten sind insgesamt aber passabel.«[33]

Immer wieder zeigte sich, wie beruhigend die entlegene Lage des Heims auf die Kinder wirkte. Hier, in der Weite der wenig bevölkerten Landschaft, waren sie – zumindest eine Zeit lang – weit weg von den Schrecken der Besatzungsherrschaft. Izieu war ein Ort des Rückzugs, für einige Momente vielleicht sogar einer des Vergessens. Insbesondere die Sommermonate gewährten sorglose Stunden, Nachmittage, an denen Gedanken an Verfolgung und Vernichtung in den Hintergrund traten. »Die Kinder spielten. Es waren verschiedene Spiele, im Grunde ein einziges, durchgehendes Spiel«, erinnerte sich die Erzieherin Paulette Balarés. »Wir fühlten uns wohl. Wir hatten keine Angst, wir fühlten uns einfach nur wohl.«[34] Besonders die nicht allzu weit weg gelegene Rhône war ein beliebtes Ausflugsziel. »Wir mussten Kilometer entlang der Felder hinabsteigen, bis wir schließlich ankamen. Bei einigen Stellen musste

Das Waisenhaus von Izieu (Foto aus den 1940er Jahren).

man enorm aufpassen, denn die Rhône ist stellenweise recht gefährlich. Es gibt Untiefen und Wasserwirbel. Aber insgesamt haben wir wohl sehr gut aufgepasst, denn es ist niemals etwas passiert.«[35] Einige Wochen später, der Sommer neigte sich seinem Ende, standen andere Vergnügungen auf dem Programm. »Ende September, Anfang Oktober, habe ich Trauben in den Weinbergen gesammelt. Ernten, für mich war das eine Art Spiel. Aber ich habe es nicht allein getan. Zwei, drei der Älteren waren auch dabei«, erinnerte sich Heinz alias Henry Alexander, damals 16 Jahre alt, geboren in Neustadt an der Weinstraße.[36]

Razzia

Doch die Idylle in Izieu war bedroht. Ende Juli 1943 wurde Mussolini von Gegnern aus den eigenen Reihen abgesetzt. Sein Sturz, so das Kalkül, sollte das Bündnis mit Deutschland beenden und so einer antifaschistischen Massenbewegung den Wind aus den Segeln nehmen. Nur wenige Wochen später, am 8. September, gab sich Italien den Alliierten geschlagen und zog seine Truppen aus Frankreich zurück. Der Schutz, auf den die in der italienisch kontrollierten Zone lebenden Juden bisher zählen konnten, existierte nicht mehr, die Flüchtlinge waren fortan tödlich bedroht. Das Vichy-Regime, bislang von den Italienern an der Auslieferung ausländischer Juden gehindert, hatte dort nun wieder uneingeschränkte Handlungsfreiheit. Nur wenige Wochen nach der Kapitulation stießen deutsche Truppen in das Gebiet vor. Am 6. September informierte der Polizeichef von Belley, etwa 100 Kilometer östlich von Lyon, seine Vorgesetzten über die unmittelbar bevorstehende Ankunft von rund 1500 deutschen Soldaten.

Die Besatzer hielten sich nicht lange zurück: Auch im Département Ain verhaftete die deutsche Polizei bald die ersten Juden. Anfang Februar 1944 starteten die Deutschen eine große Aktion gegen die in der Region präsenten Kämpfer der *Résistance*. In ihrem Verlauf inhaftierten sie 340 Personen, von denen 290 nach Deutschland deportiert wurden. Rund 15 Widerstandskämpfer starben, auch die Bevölkerung wurde in Mitleidenschaft gezogen: Rund 100 Häuser wurden in Brand gesteckt. Gleichzeitig wurden in Chambéry die führenden Repräsentanten der dortigen UGIF verhaftet. Selbst vor Repräsentanten des Vichy-Regimes machten die Besatzer nicht halt: Der aus jüdischer Familie stammende Alain-Raoul Mossé, Leiter des UGIF-Büros und zugleich Präfekt des Départements Savoyen, wurde von Alois Brunner gefoltert. Am 7. März wurde er nach Auschwitz deportiert, wo er kurz darauf starb.

Sabine Zlatin bemühte sich derweil, die Kinder von Izieu auf andere Häuser aufzuteilen oder in die Schweiz zu bringen. »Die Kinderheime sind tödliche Fallen. Man muss sie schnellstmöglich auflösen«, hatte bereits Ende 1942 der Arzt und Widerstandskämpfer Joseph Weill erklärt, zu einer Zeit, da die Nachrichten über das Schicksal verschleppter Kinder immer dringlicher wurden.[37] Wie begründet die Warnung war, zeigte sich im Frühjahr 1944: In der Nacht vom 22. auf den 23. März starteten Gestapo-Mitarbeiter eine Razzia gegen das Kinderheim von La Martellière. 18 Personen wurden verhaftet und nach Drancy deportiert. Von dort bestiegen sie die Todeszüge nach Auschwitz.

Auch um das Heim von Izieu zog sich die Schlinge zusammen. Am 6. April erhielt Lucien Ermann, in Belley ansässiger Bauunternehmer, von den deutschen Besatzern die Anweisung, umgehend einen Lastwagen samt Fahrer zur Verfügung zu stellen. Um sieben Uhr morgens startete der LKW. Kurz darauf traf er auf einen zweiten LKW wie auch auf einen der Lyoner Gestapo. Zusammen fuhren sie nach Izieu.
Ungefähr zur gleichen Zeit machte sich auch Léon Reifman auf den Weg nach Izieu. Bis zum vergangenen Sommer hatte er als Erzieher in dem Heim gearbeitet. Als Jude von den Besatzern gesucht, hatte er damals entschieden, sich eine Weile zu verstecken. Nun aber, die absehbare Niederlage Deutschlands vor Augen, fühlte er sich wieder sicherer. Morgens gegen halb neun erreichte er sein Ziel. Sein erster Besuch galt seiner Schwester, die im Kinderheim als Ärztin arbeitete. Er traf sie im Krankenzimmer des ersten Stocks.

> »Wir unterhielten uns einige Minuten. Dann läutete die Refektoriumsglocke, die die Kinder zum Frühstück rief. Meine Schwester ging hinunter, ich folgte ihr, und als ich in der Mitte der Treppe ankam, sah ich drei Männer in Zivil, die in den Flur zum Refektorium eilten. Ein kleiner Mann in der Mitte, der einen eng geschnittenen Mantel und einen Hut trug, sowie zwei andere, erheblich größere Männer. Ich blieb stehen. Der erste rechts vom Jungen sah auf und sagte: ›Mein Herr, kommen Sie runter, wir brauchen Sie‹. Er sagte das in gutem Französisch, ohne Akzent. Dann eilten sie weiter.«[38]

Er sei der Anordnung nicht gefolgt, so Reifman. Stattdessen sei er die Treppe wieder hochgeeilt. Von oben habe er seine Schwester gesehen, die ihm bedeutete, zu verschwinden. Die Deutschen kämen, habe sie ihm noch zuflüstern können. Vom zweiten Stock aus blickte er aus dem Fenster und sah einen deutschen Soldaten. Der bemerkte ihn ebenfalls. Rasch verschwand Reifman vom Fenster, eilte in die Küche und sprang durch deren Fenster in den Garten, wo er sich versteckte. Die Deutschen waren ihm umgehend auf den Fersen. »Sie kamen direkt an mir vorbei, aber ich wurde nicht verhaftet. Ich kann nicht erklären, warum ich nicht entdeckt wurde. Vielleicht wollten sie mich nicht einmal sehen.«[39] Die Kinder hingegen waren bereits im Griff der Polizisten. Im Ohr blieben Reifman ihre Schreie sowie das Gebrüll der Gestapo-Mitarbeiter.

Die Aktion hatte Zeugen: Aus der Ferne beobachtete Juliette Perticoz die Razzia. Die junge Frau lebte seit einiger Zeit auf einem in der Nähe gelegenen Bauernhof. Sie hatte einige Birnen besorgt und befand sich gerade auf dem Rückweg, als ihr ein LKW entgegenkam. »Ich erkannte sofort, dass es Deutsche waren. Sie ließen mich passieren. Eilig betrat ich die Küche und verbarg mich dort mit meiner Schwiegermutter. Wir schauten aus dem Fenster. Die Soldaten betraten das Haus, ließen die Kinder heraustreten, um sie auf die Lastwagen zu bringen. Meine Schwiegermutter und ich weinten.«[40]

Für die Kinder in dem Heim kam die Razzia völlig überraschend. Sie frühstückten gerade, als die Soldaten das Haus stürmten. Umgehend wurden sie aus dem Haus in Richtung der LKWs gedrängt. Auch Julien Favet, Landarbeiter auf dem Bauernhof von Perticoz, beobachtete das Geschehen. »Die Älteren, 10 bis 12 Jahre alt, versuchten von der Ladefläche des Lastwagens herunterzuspringen. Sofort wurden sie von zwei Deutschen wieder zurückbefördert. Sie packten sie und warfen sie wieder hinauf, wie Kartoffelsäcke, wie ganz gewöhnliche Säcke. Als sie wieder drin waren, empfing sie ein anderer mit Fußtritten.« Sabine Zlatins Ehemann Miron, der sich ebenfalls auf dem Lastwagen befand, rief Aimé Perticoz zu, er solle auf seinem Hof bleiben und den Deutschen nicht zu nahe kommen. »Da rammte ihm ein deutscher Soldat mit aller Wucht sein Maschinengewehr in den Bauch und trat ihm mit aller Kraft gegen das Schienbein. Der Stoß mit dem Gewehr warf ihn zu Boden. Er musste sich hinlegen. Danach habe ich ihn nicht mehr gesehen.«[41]

Für die Entführten begann ein Martyrium. Bereits am folgenden Tag wurden die 44 Jungen und Mädchen zusammen mit ihren sechs Betreuern in das Durchgangslager Drancy gebracht. Eine Woche später, am 13. April, bestiegen 34 von ihnen den Transportzug Nr. 71, der sie nach Auschwitz deportierte. Die übrigen Kinder folgten am 30. Mai und 30. Juni in den Zügen mit den Transportnummern 75 und 76. Von allen

Bewohnern des Heims überlebte einzig die Erzieherin Léa Feldblum das Todeslager. 1987 sagte sie im Prozess gegen Barbie aus, war aber, als sie die Erinnerungen an Auschwitz schilderte, so aufgebracht, dass sie keine verwertbare Aussage mehr machen konnte. Sie habe, so viel immerhin konnte sie mitteilen, die Kinder bis an die Tür des Krematoriums gebracht. »Man hat mich von ihnen getrennt und zur Seite geschleudert. Man hat mir den kleinen Émile entrissen. Aber ich habe überlebt. Sie hat man verbrannt, man hat sie verbrannt.«[42]

Nicht alle Insassen wurden in Auschwitz ermordet. Miron Zlatin und zwei seiner Schützlinge starben in Estland. Zusammen mit Théo Reis, 16, und Arnold Hirsch, 17 Jahre alt, wurde er Mitte Mai 1944 in das Gefängnis Paterei bei Tallinn überwiesen. Tagsüber arbeiteten alle drei in einer Brotmühle, aus der sie immer wieder ein wenig Mehl in ihre Zellen schmuggelten und es dort unter ihren Mithäftlingen verteilten. Das ging gut bis zum 31. Juli: An jenem Tag wurden sie erwischt und umgehend erschossen.

Seine Frau Sabine hingegen entkam der Deportation. Am 6. April hielt sie sich in Montpellier auf, wo sie Gespräche über die Auflösung des Heims führte. Nach der Befreiung Frankreichs engagierte sie sich im Luxushotel Lutetia, bis dahin Sitz unter anderem der SS, nach der Befreiung Anlaufstelle für alle jene, die die Deportation in die deutschen Konzentrationslager überlebt hatten und nach Frankreich zurückkehrten. Dort stellte sie auch Nachforschungen über ihren Mann an – und erhielt von einem Rückkehrer, der ihn auf einem der Fotos erkannte, die Nachricht über seinen Tod.

»Ich bin ein SS«

War Barbie bei der Razzia in Izieu persönlich dabei? Die Frage ist bis heute nicht geklärt. Nachgewiesen ist hingegen, dass er von ihr wusste. Den Beweis lieferte ein am 6. April 1944 von Barbie unterzeichnetes Telex, über dessen Existenz Serge Klarsfeld die Öffentlichkeit 1971 erstmals informierte. Das Dokument schilderte in kurzen Worten den Verlauf der Razzia:

»In den heutigen Morgenstunden wurde das jüdische Kinderheim ›Colonie enfant‹ in Izieu-Ain ausgehoben. Insgesamt wurden 41 Kinder im Alter von 3 bis 13 Jahren festgenommen. Ferner gelang die Festnahme des gesamten jüdischen Personals, bestehend aus 10 Köpfen, davon 5 Frauen. Bargeld oder sonstige Vermögenswerte konnten nicht sichergestellt werden. Der Abtransport nach Drancy erfolgt am 7.4.44./ Der Kdr. der Sipo und des SD Lyon IV B 61/ 43 / I.A. gez. Barbie/ SS-Ostuf«[43].

Damit war Barbies Kenntnis von der Razzia und damit auch seine dienstliche Verantwortung bekundet – fast. Denn bei dem Dokument handelte es sich nur um eine Kopie. Das Original fand Klarsfeld Anfang 1984 im französischen Staatsarchiv. Damit war die Verantwortung Barbies zweifelsfrei erwiesen. Barbie wurde – auch auf der Grundlage des Verbrechens in Izieu – zu lebenslanger Haft verurteilt.

Seine Verbrechen hat Barbie niemals bedauert. In einem Interview 1973 mit dem brasilianischen Journalisten Ewaldo Dantas Ferreira bekannte er sich zu seinen Verbrechen:

»Ich bin ein SS. Wissen Sie, was ein SS ist? Eine Art Übermensch. Ein von Hitler persönlich ausgewählter Spezialist. ... Was soll ich bereuen? Im Krieg tötet jedermann. Ich bin ein überzeugter Nazi. Ich bewundere die Disziplin der Nazis; ich bin stolz darauf, der Kommandant der besten Einheit des Dritten Reiches gewesen zu sein, und wenn ich noch tausendmal zur Welt kommen sollte, würde ich noch tausendmal das gleiche Leben wählen.«[44]

Diese Haltung vertrat er auch während seines Prozesses in Lyon. »Klaus Barbie ist entschlossen zu kämpfen«, notierte Ladislas de Hoyos während des Prozesstages vom 12. Mai 1987.

»Darauf deutet alles hin. Zunächst sein Verhalten: Wir erwarteten das Erscheinen eines resignierten alten Mannes, der nach vier Jahren Isolationshaft müde war. Doch nein! Der Leiter der Abteilung IV der Gestapo von Lyon zeigte sich mit einem Lächeln, er gab sich entschlossen und entsprach voll und ganz den Schlussfolgerungen der psychiatrischen Experten, die wir morgen hören werden: Barbie hat kein Schuldgefühl, keine Gewissensbisse.«[45]

Der Verbrecher hat sich von seinen Taten niemals distanziert.

Tod und Gesang
Die Miliz

Es ist die Gewalt, durch die die Freiheit zu erschaffen ist.

Jean-Paul Marat, L'Ami du peuple, 1792

Irgendwann war sie da, die Angst. Ein paar Jahre war er bereits auf der Flucht. Was ihm blühte, würde er erkannt, deuteten die Anfang September 1944 auf Geheiß der provisorischen Regierung in Lyon verteilten Plakate an, die die Bürger dazu aufriefen, sich nach der Flucht der deutschen Besatzer an Recht und Ordnung zu halten. »Ihre Pflicht ist es, sich so zu verhalten, dass die Geschichte später sagen kann, dass Recht und Rechtswesen in dieser Stunde des Übergangs untrennbar mit der Freiheit verknüpft waren«, konnten die Bürger dort lesen. »Die Militärgerichte werden die Verräter verurteilen. Alle jene, die dem Feind gedient haben, die zur Deportation beigetragen, das französische Volk beraubt haben; alle jene, die durch Denunziation zum Martyrium des Landes beigetragen haben, werden bezahlen müssen.«[1]

Zu den »Verrätern«, von denen die Plakate sprachen, zählte auch der Mann auf der Flucht: Paul Touvier, der ehemalige Regionalchef der Miliz von Lyon – jener Organisation, die wie keine andere den Besatzern zugearbeitet, im Namen des Vichy-Regimes Landsleute verraten, getötet und beraubt hatte und deren Mitglieder darüber für viele Franzosen zu den meistgehassten Personen überhaupt geworden waren. Die Miliz, das war eine vom Staat gedeckte, nominell zwar von der Regierung kontrollierte, in der Praxis aber durch keinerlei übergeordnete Instanzen im Zaum gehaltene Terrorgruppe, losgelassen gegen alle, die sich allzu deutlich gegen die Kollaboration wie auch den von Pétain eingeschlagenen Kurs wandten. Diese Gruppe jagte gnadenlos ihre selbst ernannten »Feinde«, allen voran Juden und Bolschewisten. Ihre Mitglieder hatten oft keine Scheu davor, das ihnen politisch richtig Erscheinende mit persönlichem Vorteil zu verbinden, kurzum: Sie fanden nichts dabei, ihre Opfer nicht nur zu peinigen, sondern auch zu berauben, den Besitz der Gejagten in ihren eigenen übergehen zu lassen.

Zweimal hatte sich Paul Touvier der Verhaftung entzogen, und damit zumindest zu jener Zeit auch seiner Hinrichtung. Im September 1946 und dann noch einmal im März 1947 hatten ihn französische Gerichte zum Tod verurteilt. Henri Gonnet, ein Mitarbeiter Touviers und vor allem für unter Folter geführte Verhöre zuständig, wurde Mitte September von einem Kriegsgericht zum Tode verurteilt. Einen Tag später wurde er erschossen. Wenige Tage zuvor hatte sich Touvier im Haus des Priesters Stéphane Vautherin, seit 1943 der selbst ernannte »Beichtvater« der Miliz, verborgen. Bei einer Hausdurchsuchung blieb der in ein eigens vorbereitetes Versteck geschlüpfte Touvier unentdeckt. Kurz darauf wurde Vautherin verhaftet und zu lebenslanger Zwangsarbeit verurteilt. Nach sieben Jahren wurde er begnadigt. Einige Tage nach ihm wurde auch François Touvier, der Vater Pauls, für zwei Tage verhaftet.

Höchste Zeit also für Paul Touvier, unterzutauchen. Der ehemalige Milizenchef nahm zunächst die Identität seines in deutscher Kriegsgefangenschaft sich befindlichen Schwagers Albert Gaillard an. Er habe, erklärte Touvier alias Gaillard, seine Papiere bei Aktionen der *Résistance* verloren, deren Mitglied er gewesen sei. Einzelheiten über die Widerstandsbewegung kannte Touvier sehr gut – schließlich hatte er sie als Mitglied der Miliz lange bekämpft. Als Gaillard im April 1945 aus der Kriegsgefangenschaft zurückkehrte, musste sich Touvier eine neue Lösung einfallen lassen. Im Sommer begann seine erste Tour durch mehrere Klöster und Pfarreien der Region – der Beginn jenes »Komplotts der Konvente« oder »Komplotts der Sutanen«, wie seine über Jahrzehnte andauernde Unterstützung durch eine Reihe katholischer Geistlicher genannt wird. Gleichzeitig gelang es ihm, sich mehrere verschiedene Ausweispapiere zu verschaffen. In seinen biografischen Erzählungen mischte er Lüge und Wahrheit, genau in jenem Maß, das ihm half, allen Gesprächspartnern gegenüber glaubwürdig zu bleiben und seine wahre Identität zu verschleiern. Aus den während der Milizenzeit erpressten und geraubten Geldern hatte er zunächst eine stattliche Summe – rund 500.000 Francs – bei sich. Als sich die erschöpfte, beging er mehrere Einbrüche. Im Juli 1947 wurde er dank eines Hinweises verhaftet. In den Verhören gab er die Namen weiterer Milizen preis – doch es nutzte ihm nicht: Touvier, befand das Gericht, solle vor ein Erschießungskommando treten, und zwar an der Stätte seines früheren Wirkens in Lyon. Doch eine Wache ließ es offenbar an Aufmerksamkeit fehlen. Touvier nutzte den Moment zur Flucht. Verdankte er sein Entkommen wirklich der Unaufmerksamkeit eines einzelnen Polizisten? Oder doch der Gefälligkeit eines oder mehrerer Sympathisanten, die auch jetzt, in der Stunde der Niederlage, die alten Bande pflegten? Die Frage ist bis heute ohne definitive Antwort.

Ein paar Jahre befand sich Touvier auf der Flucht, an wechselnden Orten, gehetzt und immer auf der Hut. 1949 schien sein Leben zur Ruhe zu kommen. Zusammen mit seinen Eltern, seiner Ehefrau und den beiden Kindern – die Tochter kam 1948 zur Welt, 1950 folgte ein Sohn – ließ sich der Gesuchte mithilfe kirchlicher Würdenträger unter falscher Identität in Charmettes, 110 Kilometer südöstlich von Lyon, nieder. Doch die Idylle war keine. Touvier lebte in immer größerer Angst. »Das war die Zeit, in der sie Besitz von mir ergriff«, schrieb er Jahre später. »Als alltägliche Begleiterin sollte sie mich während der langen Jahre, die ich inkognito verbrachte, nicht mehr verlassen.«[2] Der Kriegsverbrecher war immer auf dem Sprung, jederzeit bereit, in das eigens für ihn gemachte Kellerversteck zu steigen. Nachts schlief er nicht, und wenn doch, plagten ihn Albträume. Darin wurde er verhaftet und hingerichtet. »Was soll ich Ihnen von meinen Träumen berichten«, schrieb er einem Freund. »Es sind nur Verfolgungen, Verhaftungen, ständige Fluchten.«[3]

Die Fluchten würden weitergehen, über Jahre. 1963 wagte Touvier einen ersten Versuch, dem Leben im Untergrund zu entkommen. Er bat den französischen Staatspräsidenten um Begnadigung. Doch der wollte davon nichts wissen. »Touvier? 12 Kugeln in den Leib«, soll die rüde Antwort Charles de Gaulles gelautet haben. Doch spielten auch komplexe juristische Erwägungen eine Rolle: Welche Taten waren verjährt, welche bereits Gegenstand der früheren Prozesse, welche grundsätzlich nicht amnestiefähig? Juristisch ungelöste Fragen, die das Justizministerium bewogen, eine Amnestie auszuschließen. Erfolgreicher war das Gesuch, das Touvier einige Jahre später bei de Gaulles Nachfolger Georges Pompidou präsentierte. Dieser unterzeichnete im November 1969 eine Begnadigungsurkunde. »Sollen wir auf ewig die Wunden unserer nationalen Differenzen am Bluten halten«, verteidigte er seine Entscheidung angesichts des sich erhebenden Entrüstungssturms.[4] Doch beruhigen konnte Pompidou seine aufgebrachten Landsleute nicht: Verbände ehemaliger Widerstandskämpfer äußerten ihren Unmut, die Presse schoss sich auf den Fall ein. Dem Journalisten Jacques Derogy gelang 1972 mithilfe einer List ein Schnappschuss des äußerst zurückgezogen lebenden Ex-Milizen. Ein als Blumenhändler verkleideter Kollege klingelte an Touviers Geburtstag an der wie immer verschlossenen Gartentür des Hauses. Ein Sohn öffnete, Touvier zeigte sich kurz am Fenster. In diesem Moment drückte der mit einem starken Objektiv ausgerüstete Fotograf auf den Auslöser. Das Bild wurde zur Ikone, stand fortan für die nicht gesühnten Verbrechen der Miliz im Allgemeinen und Touviers im Besonderen. Der Blumenstrauß aber, den das Geburtstagskind entgegennahm, war mit einem ganz besonderen Gruß versehen: »Mit besten Erinnerungen an Klaus Barbie«[5]. Bald erreichte Touvier auch eine anonyme Morddrohung, gehalten im Stil jener Drohbriefe, die die Miliz während der Besatzungszeit an ihre Gegner verschickte. Zwar deutete sich an, dass sie nicht wörtlich zu nehmen war. Aber Touvier spürte den Druck. Zusammen mit seiner Familie tauchte er erneut unter. Wieder waren die Klöster und Konvente ihre Heimat.

Die Unversöhnlichkeit seiner Landsleute hatte sich Touvier durch seine großen und kleinen Verbrechen während seiner Amtszeit als Regionalchef der Miliz von Lyon zugezogen. Dazu gehörte etwa der Machtmissbrauch, allen voran die Selbstbereicherung auf Kosten derjenigen, die in die Fänge der Miliz geraten waren. Noch in den letzten Tagen der Besatzungszeit verhafteten seine Männer einen Händler, Picon mit Namen, der Kondensmilch auf dem Schwarzmarkt verkauft hatte. Touvier machte dem Mann ein Angebot: 300.00 Francs an die Miliz, und Picon könne gehen. Der übergab das Geld, das zu erheblichen Teilen in Touviers Tasche floss. Nicht anders ging es Marcel Picard, einem jüdischen Unternehmer. Er zahlte Touvier 50.000 Francs – schlicht dafür, dass er nicht verhaftet wurde. Eigentlich hatte Picard, nach dem Einmarsch der Deutschen in die bislang freie Zone praktisch vogelfrei, dem Milizenchef

250.000 Francs geben sollen. Täte er das nicht, hatte ihm Touvier gedroht, würde er auch dessen Neffen verhaften. Doch Picard vermochte das Geld nicht aufzubringen. So begnügte sich Touvier mit einem Fünftel des ursprünglichen Betrags – auch dies eine stattliche Summe, die Touvier nichts weiter kostete als die Anweisung, Picard laufen zu lassen.

Touvier zögerte zudem nicht, eine Wohnung zu beziehen, die zuvor verhafteten Juden gehört hatte. Auch seine damalige Lebenspartnerin, eine praktizierende Prostituierte, konnte die Wohnung einer in die Fänge der Miliz geratenen jüdischen Familie übernehmen. Touvier, so beschrieb es sein damaliger Chauffeur Jean-Lucien Feuz, »war ein gefährlicher Mensch, skrupellos, dessen Arbeit von seinen persönlichen Interessen geleitet wurde.«[6] Für mehrere Menschen hatte Touviers Amtsführung tödliche Konsequenzen. So verhaftete die Miliz am 10. Januar 1944 den 80 Jahre alten Philosophen Victor Basch, Präsident der *Ligue française pour la défense des droits de l'homme et du citoyen* (»Französische Liga zur Verteidigung der Menschen- und Bürgerrechte«), und seine Frau Helène. Mit dabei: August Moritz, ein Untergebener Touviers. »Moritz befand, Basch sei zu alt, um ihn zu verhaften. So entschieden wir, ihn zu töten«, belastete ihn Joseph Lécussan, Mitglied der *Milice* von Lyon und einer der Mörder Baschs.[7]

Der Mord an dem Ehepaar Basch war eines jener Verbrechen, die 1973 einen neuen Prozess gegen Touvier begründeten. Gewertet als Verbrechen gegen die Menschlichkeit, verjährte es ebenso wenig wie die willkürliche Erschießung sieben jüdischer Geiseln Ende Juni 1944. Die Sühne kam sehr spät:. Über Jahre entkam Touvier der Polizei, bis er am 24. Mai 1989 von einem Kommando in der Chapelle de la Visitation Sainte-Claire in Nizza verhaftet wurde.

In dem 1992 gegen ihn eröffneten Prozess gab sich Touvier unschuldig – so wie er es zeit seines Lebens getan hatte. »Für mich war das, was ich tat, legal. Man sagte mir: Beschlagnahmen Sie Wohnungen von Juden, und ich beschlagnahmte Wohnungen von Juden. Sie brauchen Autos? Beschlagnahmen Sie Autos! Wenn man das später als Diebstahl bezeichnet hat, interessiert mich das nicht. Für mich handelte es sich um Beschlagnahme.«[8] Nützen sollte ihm die gespielte Naivität nicht: Einige seiner Verbrechen werteten die Richter als Verbrechen gegen die Mensch-

Victor Basch (Foto um 1926).

lichkeit. Paul Touvier, damals einer der letzten noch nicht zur Rechenschaft gezogenen Kommandanten der Miliz, wurde zu einer lebenslangen Haftstrafe verurteilt.

Le chef Darnand

Die Miliz: ein Geschöpf des französischen Staates unter Präsident Pétain und seinem damaligen Premier Laval, entstanden unter dem Druck der Umstände. Am 8. November 1942 landeten die Alliierten in Marokko und Algerien, um von dort das Heer von Erwin Rommel aus westlicher Richtung in die Zange zu nehmen. Laval und Pétain reagierten verunsichert. Zum einen wollten sie angesichts der allmählich sich abzeichnenden Niederlage der Deutschen in der Sowjetunion und der dadurch wahrscheinlicher gewordenen Kriegswende eine offene Konfrontation mit den Alliierten, insbesondere den Amerikanern, vermeiden. Sie wollten aber auch nicht in Berlin und Paris in den Verdacht geraten, sich auf die Seite der Westmächte zu stellen. Denn klar war: Käme dieser Eindruck auf, würden die Besatzer nicht zögern, sich an Land und Leuten zu rächen. Noch am 9. November hatte Laval ein Gespräch mit Hitler geführt. Der Diktator gab sich eisig. Er diskutierte nicht, er befahl: Die Franzosen hätten die deutschen Verstärkungstruppen in Tunesien aufzunehmen, und zwar an jenen Orten, an denen die Alliierten nicht gelandet seien. Die Anordnung zog sich über sechs Monate erstreckende Kämpfe nach sich, dann gaben sich die Deutschen in Nordafrika geschlagen. Ein Partner war Frankreich für Hitler an jenem 9. November nicht. Dass die Deutschen im Begriff waren, auch die Südzone zu besetzen, verschwieg der Reichskanzler seinem Gegenüber. Der wurde mitten in der Nacht, noch in Berlin, von dem deutschen Botschafter in Frankreich, Otto Abetz, über den Einmarsch informiert. Der Einmarsch, erklärte Abetz dem Premier, stelle keine Invasion dar. Vielmehr sei er als Hilfe gedacht, um die Franzosen beim Kampf gegen die Alliierten zu unterstützen. Doch nur wenige Tage später musste die französische Regierung erleben, dass die ihr im Waffenstillstandsvertrag vom Juni 1940 vertraglich zugesicherte Armee aufgelöst wurde. Zudem starteten die Besatzer einen Angriff auf die französische Kriegsflotte in Toulon: Sollte Frankreich kippen, sollte die aus gut 80 Kriegsschiffen bestehende Marine die Alliierten nicht mehr unterstützen können. Ebenso wenig, fand man in Vichy, durfte sie aber den Deutschen in die Hände fallen. Also gab die Vichy-Regierung den Befehl, sie im Fall eines deutschen Angriffs zu versenken. Als die Besatzer ihre Attacke begannen, reagierten die Franzosen umgehend und setzten den Großteil ihrer Flotte auf Grund.

Für das Vichy-Regime beendete der deutsche Vorstoß in die Südzone alle Illusionen: Seine politische Autonomie hatte es vollends verloren, die Armee war aufgelöst, Deutsche und Italiener beherrschten das gesamte Land. Trostlos auch die Lage in Übersee: Die Japaner hatten Indochina besetzt, nicht lange mehr und die Alliierten würden in Nordafrika landen. Einige Wochen später der nächste Schlag: Am 19. Dezember 1942 erfuhren die Franzosen, dass die Besatzungskosten steigen würden, und zwar von 300 Millionen auf 500 Millionen Francs täglich – denn nun besetzte das Deutsche Reich ja das gesamte Land. Auch die Kriegsgefangenen kehrten nicht in der erhofften Zahl zurück. Entsprechend zurückhaltend waren die Reaktionen in Frankreich. Immerhin hatte Hitler Laval zugestanden, eine neue Truppe zu gründen, die ihm persönlich unterstehen sollte. Laval aber gab sich unbeeindruckt. »Niemals werde ich mich von der öffentlichen Meinung irritieren lassen, wenn es um das Interesse Frankreichs geht. Ich habe den einzig gangbaren Weg gewählt, der zum Wohlergehen unseres Landes führt. Der Sieg Deutschlands wird unsere Zivilisation davor bewahren, im Bolschewismus zu versinken.«[9]

Tatsächlich befand sich Laval in erheblichen Nöten: Sein Kabinett wurde verspottet als »syndic de faillite«, »Regierung der Niederlage«.[10] Immer mehr Franzosen gingen auf Distanz zum Regime. Persönlich galt es, Zweifel an seiner politischen Kompetenz entgegenzutreten, die ihn im schlimmsten Fall das Amt kosten konnten. Auch Gedanken um seine Sicherheit drängten sich ihm wegen eines von einem Einzeltäter im August 1941 ausgeführten Attentats auf, dem er nur mit Glück entkommen war. Im Land selbst sah er sich wachsendem Missmut gegenüber und musste ein dramatisches Erstarken der Opposition befürchten – und zwar keineswegs nur von links: Bekannte Nazi-Sympathisanten wie etwa Jacques Doriot mit seinem faschistischen *Parti populaire français* (PPF) oder Marcel Déat, Chef des antisemitischen *Rassemblement national populaire* (RNP), wollten die Besatzer noch entschlossener unterstützen. Sie machten der Regierung von rechts Konkurrenz. Hatten sie dabei Erfolg, drohte die Vichy-Regierung politisch an den Rand gedrängt zu werden. Die Mitglieder des PPF demonstrierten in Paris bereits auf den Straßen: »Laval, der Verräter«, riefen sie, und mehr noch »Laval an den Galgen«. Lautstark forderten sie zudem die Schaffung einer »imperialen Armee«, die die Deutschen in Nordafrika unterstützen sollte.

Dies vor Augen, entschied sich Laval zu einem harten Kollaborationskurs, um sich so der weiteren Unterstützung der Besatzer zu versichern. Griffe er nur entschieden genug durch, so sein Kalkül, würden die Deutschen ihn in seinem Amt belassen. In Konsequenz dieser Überlegungen führte er im Februar 1943 den *Service du travail obligatoire* (STO) ein, den Zwangsarbeitsdienst zugunsten des Deutschen Reiches. Alle zwischen 1920 und 1922 geborenen Männer sollten für zwei Jahre nach Deutschland entsandt werden, um dort die (Kriegs-)Wirtschaft zu unterstützen. Die Arbeit in Deutschland war nicht nur hart, sie war auch gefährlich: Viele Franzosen arbeiteten bei der Reichsbahn, deren Anlagen immer stärker im Fokus der alliierten Angriffe standen. Tausende von Vichy entsandte Männer starben im Bombenhagel. Viele derer, denen ein Arbeitseinsatz in Deutschland bevorstand, zogen es vor, abzutauchen und sich dem Widerstand anzuschließen. Wenn sie schon sterben müssten, so die Überlegung, dann wenigstens auf der richtigen Seite. Wie verhasst der Dienst in der Bevölkerung war, zeigte sich Laval auch an dem Umstand, dass die Polizei sich ausgesprochen wenig Mühe gab, die Deserteure zu verhaften. Schon gegen die im Land lebenden Juden vorzugehen war vielen Beamten schwergefallen. Ohnehin hatten die meisten ihre Arbeit während der Dritten Republik begonnen. Ihr fühlten sie sich verpflichtet, nicht aber der derzeitigen Regierung, die diese Republik abgeschafft hatte. Unverbrüchliche Loyalität konnte Laval darum von den Beamten kaum erwarten. Auch darum, fand er, brauche es eine neue Truppe, eine, die dem Regime innerlich verbunden und darum verlässlich war. Umfassen sollte sie, wie es in einer damaligen Erklärung hieß, »Franzosen, die entschlossen sind, einen aktiven Part am politischen, sozialen, ökonomischen, intellektuellen und moralischen Wiederaufbau Frankreichs zu übernehmen.«[11]

Eine Anlaufadresse, um solche Männer zu rekrutieren, war der *Service d'ordre légionnaire* (SOL) in Nizza, geleitet von Joseph Darnand, einem Veteranen des Ersten wie auch des Zweiten Weltkriegs. Ab dem Sommer 1941 war sie zudem ein Bollwerk gegen jenen »vent mauvais« (schlechten Wind), den Pétain an der ideologischen Großwetterfront in jener Zeit – die Besatzung wurde immer härter, immer mühsamer – aufziehen sah.

Nizza war für Darnands Männer eine geradezu ›natürliche‹ Station: Immer wieder war die Stadt wie auch das weiter nördlich gelegene Savoyen Objekt territorialer Begierden aus Italien. Der Zweite Weltkrieg bot aus Sicht Mussolinis die Chance, die Stadt an der Côte d'Azur endgültig zu Italien zu holen. Die Gelegenheit ergab sich 1942, als Deutschland und Italien die freie Zone okkupierten. Was das für die von Mussolinis Truppen besetzte Zone bedeutete, erfuhren deren Bewohner umgehend: Italienisch wurde Amtssprache, für den öffentlichen Dienst galten ab sofort die italienischen Regeln. »Nizza fu italiana. Nizza sarà italiana« (»Nizza war italienisch. Nizza wird italienisch sein«) war auf großen Transparenten zu lesen.

Der gewaltige Zuspruch, den Darnands Legion erfuhr, verdankte sich nicht zuletzt den vielen Männern aus jenen Regionen des südöstlichen Frankreich, die um die Identität ihrer Region fürchteten und verhindern wollten, dass sie an Italien fiel. Sie waren bereit, sich für den Erhalt ihrer Heimat den Reihen der Milizen anzuschließen. Überzeugte Faschisten wie Darnand selbst waren sie darum zwar noch längst nicht. Allerdings mussten sie durch eine ideologische Schulung gehen, die geeignet war, sie dem Weltbild der Rechtsextremen nahezubringen.

Darnand, Jahrgang 1897, hatte sich aus bescheidenen Verhältnissen nach oben gekämpft. Seine Vorfahren waren Bauern, der Vater trat in die Dienste der französischen Eisenbahn und wurde technischer Direktor des Bahnhofs von Bourg. Die Familie war im Städtchen vor allem für ihre Frömmigkeit bekannt. Der junge Joseph galt als mittelmäßig begabter Schüler: nicht dumm, aber auch kein sonderlich heller Kopf. Zu leiden hatte er bisweilen unter den Kameraden: Seine ärmliche Kleidung sowie der dezidiert ländliche Akzent – restlos würde er ihn niemals ablegen – waren Zielscheibe bösen Spotts. Frühzeitig verließ Joseph die Schule und begann eine Tischlerlehre. Die vorhersehbare kleinbürgerliche Karriere wurde dann allerdings vom Ersten Weltkrieg durchkreuzt. An der Front erwies der junge Mann sich als bemerkenswert tapfer, eine gewagte Spionageaktion im Juli 1918 machte ihn zum gefeierten Kriegshelden: Darnands Wagemut verdankten zahlreiche französische Soldaten ihr Leben. Und doch blieb die erhoffte Karriere in der Armee nach Kriegsende aus: Das Militär hatte für die Helden keine Verwendung mehr, auch nicht im höheren Dienst. Für einen solchen Posten hielt die Armeeführung Darnand aufgrund seiner bescheidenen Herkunft und Kenntnisse nicht für geeignet. »Die Armee hat unglaubliche Vorbehalte, die tapfere Krieger in anonyme Angestellte verwandeln«, schreibt Darnands Biograf Hugues Viel.[12]

Und doch hatte der verwegene Soldat aus dem Krieg einiges mitgenommen: sein straff geordnetes Weltbild etwa, in dem Freund und Feind eindeutig verortet waren und das für Fragen und Zweifel keinen Raum ließ. Es gab die Starken und die Schwachen, jene, die kommandierten, und die, die gehorchten. Und er, Darnand, befahl. Der Drill des Krieges, bemerkte er, war auch im zivilen Leben von Vorteil: Als technischer Direktor eines Möbelwerks, hochrangiger Angestellter eines Forstunternehmens, dann wiederum in der Möbelwirtschaft war ihm entschlossene Tatkraft vielfach von Nutzen. In Lyon, wo er inzwischen lebte, trat er einem den Reihen der *Action française* entstammenden Verband ehemaliger Kämpfer bei, deren monarchistisches Ideal seinem Weltbild entsprach. »Die Monarchie war für mich Ordnung, Respekt vor der Vergangenheit, Heimatverehrung«, würde er während seines Prozesses 1945 erklären. »Also habe ich mich dafür entschieden. Ich war für Autorität. So hatte ich auch Erfolg in meinem Beruf, weil ich der einzige war, der etwas zu sagen hatte.«[13] Und doch: Wie so viele Mitglieder gab sich auch Darnand mit der *Action française* nicht mehr zufrieden: Zu viel politisches Ornament, fand er, und zu wenig Handlung. So zog es ihn zum rechtsextremen Geheimbund *Organisation secrète d'action révolutionnaire nationale* alias *Comité secret d'action révolutionnaire*, in der Öffentlichkeit bekannt unter dem Namen *Cagoule* (»Maske«). Seit ihrer Gründung 1936 engagierte sich die Organisation im Widerstand gegen die Dritte Republik. Einige Mitglieder planten 1937 sogar einen Putsch, der allerdings aufflog. Der damalige Innenminister Marx Dormoy ließ die führenden Mitglieder der Gruppe verhaften. Die rächten sich Jahre später: Im Juli 1941 ermordeten ehemalige Kämpfer der Gruppe den Politiker.

Der Zweite Weltkrieg gab Darnand die Gelegenheit, ein weiteres Mal seine Tapferkeit zu beweisen. Ein Scharmützel mit den Deutschen bei Forbach, im heutigen Département Moselle, endete mit dem Tod seines Kommandanten im Feindesgebiet. Einen Toten aber ließ man nicht zurück, und so machte sich Darnand in der folgenden Nacht mit einer Handvoll Freiwilliger auf, den Leichnam zu bergen. Sein Mut brachte Darnand auf die Titelseite des Magazins *Match*, auch in den Abendnachrichten fand er sich wieder. Nun galt er als geeigneter Kandidat für höhere Aufgaben. Er wurde Pétain als Regionalleiter der *Légion française des combattants* am Standort Nizza empfohlen. Deren Ziel war vor allem eines: »die Regeneration der Nation durch die Tugend des Opferbeispiels von 1914–1918 umzusetzen«[14] – eine Aufgabe, der sich Darnand ohne Vorbehalte anschloss. Zwar hatte er sich in den ersten Monaten nach der französischen Niederlage gegen die Deutschen gewandt, doch hielt er ausgesprochen wenig von jenem Land, das zur Befreiung Frankreichs den entscheidenden Beitrag leisten würde: den USA. Einer von Darnands Mitstreitern, Noël de Tissot, glaubte zu wissen, wen und was die US-Kultur förderte: »das Judentum, die Trusts und die Frei-Maurerei.«[15] Verdammenswerte Ziele, darin war er sich mit Darnand und weiten Teilen des Vichy-Regimes einig. Darnand selbst nahm, der Linie Vichy folgend, als Hauptfeind den Bolschewismus ins Visier. Um ihn zu bekämpfen, gründete er im Spätsommer 1942 die *Légion des volontaires français contre le bolchévisme* (»Französische Freiwilligenlegion gegen den Bolschewismus«), auch bekannt als *Légion tricolore*. So überzeugt waren einige der Mitglieder von ihrer Mission, dass sie nach Russland aufbrachen und dort als Freiwillige in deutschen Uniformen gegen die Rote Armee kämpften.

Geister aus der Flasche

Joseph Darnand: Das war der Mann, dem Laval den Aufbau der neuen Sicherheitskräfte anvertraute. Wie riskant die Zusammenarbeit mit dem politischen Extremisten war, zeigte sich im Mai 1942. Am ersten jenes Monats nahm der republikanisch gesinnte Jurist und spätere Widerstandskämpfer François de Menthon, an einer Kundgebung gegen die Kollaboration teil. Am nächsten Tag griffen ihn Männer aus Darnands Truppe an, richteten ihn übel zu, um ihn dann halb nackt in einen Brunnen zu werfen, in dem sie ihn fotografierten. Menthon erstattete Anzeige, viele Menschen solidarisierten sich mit ihm. Doch Laval gab sich unbeeindruckt, ja mehr noch, er stellte sich uneingeschränkt vor seine Leute. »Sie verfolgen meine Milizen viel zu sehr«, ließ er Justizminister Joseph Barthélemy wissen. »Ich will nicht, dass man meine Milizen verfolgt.«[16] Bedenken, einen schwer beherrschbaren Extremisten in seinen Dienst gestellt zu haben, hatte der Premierminister nicht. Im Juni 1942 beförderte er Darnand zum Delegierten des Veteranenverbandes seiner

Regierung. Mit Darnand, nahm er an, ließe sich die Miliz entsprechend den Vorgaben aus Vichy führen. Auch als dessen Männer drei Monate später die Synagoge von Nizza schändeten, hielt er an ihm fest. Im Januar 1943 war es dann soweit: Das *Journal officiel* gab die Gründung der Miliz bekannt. »Ich möchte Ihr Freund und werde Ihr Chef sein«, erklärte der Premier dem Milizenführer.[17] Beides hätte womöglich gelingen können, hätte Laval, dem Drängen seines Polizeichefs René Bousquet folgend, die Miliz in die Polizei integriert, sie also zu einer Organisation gemacht, die uneingeschränkt Recht und Gesetz unterstand. Doch die Miliz war eine Gruppe eigenen Rechts, die allein den Befehlen Darnands gehorchte. Der ließ Laval bald wissen, was seinen Männern vor allem fehlte: ein eigenes Waffenarsenal. Tatsächlich waren die Milizen nicht hinreichend ausgerüstet. Eine ganze Reihe ihrer Mitglieder fielen den in dieser Zeit sich häufenden Angriffen der Résistance zum Opfer.

Als die Waffenlieferungen auf sich warten ließen, wandte sich Darland an die Gestapo. Die übergab gerne Waffen – nicht nur, weil sie die Miliz als verlässlichen Partner wertete, sondern auch, weil um die Bewaffnung ein öffentlicher Streit entstand, der die französische Gesellschaft noch weiter spalten und damit schwächen würde.

Wie schwer die Miliz bereits vor ihrer offiziellen Gründung zu kontrollieren war, zeigte sich im Dezember 1943: Terroristen erschossen Maurice Sarraut, den Eigentümer der Zeitung Depêche de Toulouse. Mit ihm hatten sie ein Mitglied einer der großen Familien getroffen, befreundet sowohl mit Polizeichef René Bousquet wie auch mit vielen von Lavals Klienten aus jener Zeit, als er noch als Rechtsanwalt arbeitete. Die Täter selbst kamen zwar aus den Reihen von Déats *Légion des volontaire français contre le bolchévisme*. Doch die Waffen stammten von den Milizen. Déats Leute wurden verhaftet, kamen aber nach einigen Wochen wieder frei. Aufmerksamen Beobachtern entging es nicht: In Frankreich wurde Rechtsbeugung möglich.

So blieb auch Darnand weiter auf Erfolgskurs. Ende Dezember wurde er Nachfolger Bousquets und Mitglied der Regierung, wenn auch ohne Ministerrang. Doch auch so genoss er enorme Machtfülle: Ihm unterstanden, so sah es sein Aufgabenbereich vor, »alle Kräfte, Körperschaften und Dienste, die die öffentliche Sicherheit und die innere Stabilität des Staates garantieren«, und dies im gesamten Staatsgebiet.[18] Er kommandierte die Gendarmerie, die Republikanische Garde, die paramilitärische *Groupe mobile de réserve*, die Polizei und die Miliz. Möglich wurde dies durch massive juristische Umbauten: Die Gendarmerie, bislang dem Verteidigungsministerium unterstellt, empfing ihre Anweisungen nun aus dem Innenministerium. Damit, räumte Laval ein, hatte Darnand eine lange Zeit nicht dagewesene Machtfülle: »Man muss bis zu Zeiten Fouchés zurückgehen, um Institutionen zu finden, die den gerade geschaffenen ähneln«, erklärte er unter Anspielung auf Joseph Fouché, Polizeiminister unter Napoléon Bonaparte.[19] Außerdem erhielt Darnand die nötigen Kompetenzen, um Kriegsgerichte zu begründen. Vor diesen hatte sich zu verantworten, wer »in flagranti« bei einem Mord erwischt wurde oder dabei war, einen solchen vorzubereiten. Ein Anwalt stand dem Angeklagten nicht zu. Wurde er schuldig gesprochen, wurde er umgehend exekutiert. Wie die Miliz unter seinem Kommando vorgehen würde, daran ließ Darnand Anfang Januar 1944 in einem Interview keinen Zweifel. Schon der Publikationsort dieses Interviews war ein Bekenntnis: Es erschien in dem rechtsextremen Blatt *Je suis partout*.

> »Ich wiederhole, was ich bereits gesagt habe: ›Das menschliche Leben ist zu wertvoll, als dass man es ohne Prüfung opfern darf.‹ Aber dass unsere Feinde es wissen – und sie wissen es gut: Keines ihrer Verbrechen wird unbestraft bleiben, wir werden sowohl die Mörder wie auch ihre Komplizen erwischen. Mit professionellen Verbrechern diskutiert man nicht.«[20]

Der Ton deutete es an: Unter dem Vichy-Regime hörte Frankreich zunehmend auf, ein Rechtsstaat zu sein. Die Regierung hatte sich entschieden, eine ideologische Bewegung vom harten rechten Rand in ihre Dienste zu nehmen, und zwar mit so umfassenden Kompetenzen, dass sie fast im rechtsfreien Raum operieren konnte. Darnand strebte nicht weniger an, als die Polizei über das Recht zu stellen – auch und gerade im Umgang mit jenen, die er als »Terroristen« bezeichnete: »Der Generalsekretär der Ordnungskräfte befiehlt allen Mitgliedern der Polizei, gegen die Terroristen und andere Mitglieder der Widerstandsbewegung ihre Waffen einzusetzen.«[21]

»Es ist für Gott!«

Die Miliz lockte mit vielen Attraktionen: der Uniform, dem Geruch des Abenteuers, dem Gefühl, zu einer Gruppe zu gehören, im Bund mit Gleichgesinnten etwas Sinnvolles – ja mehr noch: das einzig Sinnvolle – für das Vaterland zu tun, es nämlich vor seinen Feinden und Verrätern zu schützen. Darüber hinaus, waren ihre Mitglieder und Anhänger überzeugt, zeichnete sich die Miliz schon dadurch aus, dass sie überhaupt etwas tat. Das Land mochte apathisch sein. Aber sie, die Milizen, wurden aktiv, um es zu schützen, vor inneren wie vor äußeren Feinden. Einzig die Widerständler hatten zu Waffen gegriffen, doch taten sie es für die falsche – die republikanische – Sache, die das Elend des Landes überhaupt erst bewirkt hatte. Ihre Provokationen erforderten eine entschlossene Antwort, die verwegene Tat. Und wer diese Tat ausführte, war ein Held und durfte stolz auf sich sein – und etwas verlangen. Anerkennung, auch materielle: ebenfalls ein Motiv, sich der Miliz anzuschließen. Belohnung, Einkünfte, Reichtum: all dies wurde den Mitgliedern versprochen.

Auf also in den Kampf gegen die Feinde des Vaterlands. Für den Katholizismus und gegen die Kommunisten, Anhänger einer Ideologie, die Papst Pius XI. als »abgrundtief pervers« bezeichnete.[22] Die reine, unbefleckte Lehre fand sich hingegen im Christentum, das wie keine andere Weltanschauung die Identität der Nation spiegelte, das zugleich auch ein Bollwerk gegen die Irrlehre aus dem Osten war. In den Kreisen der Milizen war außerdem bekannt, dass Kommunisten und Juden eine unheilige Allianz gebildet hatten, ja sogar oft miteinander identisch waren. In jedem Fall waren sie eine Gruppe, die sich den Staat zu eigen machen wollte. »Frankreich, ein reiches und entvölkertes Land, zieht auf fatale Weise die Einwanderung von Millionen Juden und Asiaten an«, hieß es in der Broschüre *Que veut la milice?* aus dem Jahr 1943.[23] Es war ein teuflisches Bündnis, das sich zwischen Juden und Kommunisten aufgetan hatte. Auf entsprechender Höhe galt es zu antworten, die Allianz, zu der sich die Milizionäre zusammengetan hatten, war darum ein geradezu heiliges Bündnis. »Es ist für Gott! Es ist für Frankreich, wir werden uns alle im

Paradies wiederfinden«, erklärte ein junger Milizionär, bevor er von seinen Gegnern 1944 erschossen wurde.[24] Mit dem Christentum stand die Identität des gesamten Landes auf dem Spiel. Seine Bewohner sahen sich Menschen gegenüber, von denen sie nichts Gutes zu erwarten hatten, Menschen, die sich abschotteten und mit denen, in deren Land sie lebten, nichts gemeinsam hatten. Denn die Juden, hieß es, waren

> »einzig am Profit interessiert, und, wie die jüngste Geschichte gezeigt hat, solidarischer im Umgang mit ihresgleichen als mit ihren französischen Landsleuten. Auf diese Weise hat man 1935 hinter Léon Blum eine ganze Menge Juden nach oben kommen sehen: Zay, Moch, Grumbach, Brunschwig, ebenso wie 1939 die beiden jüdischen Internationalen – jene des Goldes und jene der Revolution – ihre Kräfte vereint haben, um uns in den großen Kreuzzug gegen Hitler zu stürzen, der uns all die Aschkenasim aus Mitteleuropa bringen sollte.«[25]

Im symbolischen Universum der Miliz war der Feind omnipräsent. Auch in der Hymne der Miliz tauchte er auf. Doch bevor es zum Angriff ging, galt es zunächst, sich auf die Aufgabe einzustimmen: »Wir schwören, das neue Frankreich zu machen«, hieß es in dem Refrain. »Auf den Knien leisteten wir diesen Eid«.[26] Der Refrain hämmerte es den Sängern bei jeder Wiederholung ein: Sie waren demütige Diener einer noblen Sache. Sie bereiteten dem neuen Frankreich den Weg, dafür war kein Opfer zu viel. Sollten sie sterben, ging den Kämpfern im letzten Moment noch der Gesang über die Lippen, versicherte der Refrain. Doch zum Stolz über die gute Sache gehörte zwingend auch die Rücknahme der eigenen Person: Darum wurde der Eid auf den Knien geleistet. Eine Demutsgeste, Ausdruck des gebotenen Ernstes – und das hieß auch: der gebotenen Rücksichtslosigkeit –, mit der gegen die Feinde vorzugehen war. Wie dies aussah, verriet die fünfte Strophe der Hymne: »Für die Verantwortlichen unserer Niederlage / ist keine Strafe hart genug: / Wir wollen, dass man uns Köpfe liefert / Wir wollen den Galgen.« Der Galgen, der weithin sichtbare Tod, er war reserviert für die Feinde der Miliz, die vor allem die des Landes waren. Strophe sechs schaffte Klarheit: »Milizen, reinigen wir Frankreich: / die Feinde der Bolschewiken und Freimaurer, / das Judentum, dieser verkommene Abfall / Angewidert kotzt Frankreich euch aus.«

Die lockere Form des Liedes, durch das die Sänger sich zum großen Ganzen vereinten, in dem sie das Gefühl und die Macht der Gruppe verspürten, weckte den Sinn für den Feind. Ob die Milizen wussten, was sie da sangen und was das Lied bewirkte? Dass sie Mitglieder einer politischen Psychosekte waren, darüber hätte ihnen eine auch nur im Ansatz nüchterne Lektüre der berühmten »21 Punkte« Auskunft geben können, aus denen die Miliz ihre Leitlinie zusammensetzte. In frappierender Deutlichkeit fassten sie zusammen, wie sich ein im Wortsinn schlagkräftiger Verband schmieden ließ. »Gegen den Skeptizismus. Für den Glauben«, hieß es etwa im zweiten Punkt, eine offene Absage an jede Form der inneren Distanznahme.[27] »Gegen den Individualismus. Für die Gesellschaft«, forderte Punkt 6. »Gegen die Anarchie. Für die Disziplin«, lautete Punkt 8, während die Miliz in Punkt 11 bezeugte, immer und überall auf der richtigen Seite zu stehen: »Gegen die Demagogie. Für die Wahrheit.« Bolschewismus und Freimaurertum standen auf der Liste, ebenso wie der andere große Feind: »Gegen die jüdische Lepra. Für die französische Reinheit.« Der letzte Punkt hingegen erinnerte die Milizionäre daran, wozu sie sich eigentlich zusammengefunden hatten: »gegen das Vergessen der Verbrechen. Für die Bestrafung der Schuldigen.« Dieses Motiv hatte Darland bereits vor der Gründung der Miliz regelmäßig aufgegriffen. »Wisst Ihr, worum es in eurem Kampf geht«, fragte er seine Leute auf der ersten Kundgebung in Nizza im Februar 1942.

> »Es geht nicht um den Kampf der Nation, die ihr Leben an den Grenzen verteidigt. Sondern um den Kampf der besten Söhne Frankreichs gegen jene, deren Fehler und Verbrechen der Grund unseres Unglücks sind. Es ist der Kampf der revolutionären Kräfte gegen jene, die um ihrer persönlichen Interessen willen für den Erhalt jener Dinge streiten, die wir überwinden wollen.«[28]

In einer derart aufgeladenen Atmosphäre war für Zurückhaltung kein Raum. Jeder war gehalten, sich zu entscheiden und Partei zu ergreifen. »In unserem Dorf folgte man entweder dem Priester, oder man war Kommunist«, erinnerte sich ein Milizionär. Das Bekenntnis war zwingend, in den Dörfern, die Schutz durch Anonymität nicht gewährten, ließ sich die Entscheidung nicht umgehen. »Auf der einen Seite stand die katholische Kirche. Viele ihrer Priester waren radikal, standen der *Action française* nahe und zeigten sich dem Kommunismus gegenüber sehr aggressiv«, erinnerte sich ein weiterer Zeuge. Die Erfahreneren unter ihnen hätten den Nachrückern gezeigt, was entschlossenes Handeln bedeutete: »Diese ältere Generation, entschlossen antikommunistisch, haben die Kommunisten umgebracht. Die Älteren machten die Jüngeren gefügig.«[29] Und die sahen keinen anderen Ausweg, als sich zu fügen. »Der Druck im Kessel stieg. Die jungen Leute mochten abstoßende Überzeugungen haben; doch der extremen Rechten gehörten sie zu größten Teilen nicht an – auch dann nicht, wenn sie sich, getrieben von den Verhältnissen, in den Reihen der Milizen wiederfanden.«[30] Von dort war es dann nicht mehr weit bis zu den Reihen der Besatzer. An der ideologischen Nähe zu ihnen ließ Darnand keinen Zweifel: »Deutschland allein ist in der Lage, dem russischen Kommunismus einen Riegel vorzusperren und ihn zu zerstören. Diese revolutionäre Ideologie ist der wesentliche Feind, ist das Tier, das es zu erlegen gilt. … Der Krieg, den Deutschland führt, ist eine letzte Schlacht, von der das Schicksal der gesamten Menschheit abhängen wird.«[31]

Angesichts solcher Dimensionen sollte der Feind in aller Härte bekämpft werden. Wie genau mit ihm umzugehen war, erläuterte Joseph Lécussan, Jahrgang 1895, Regionalchef der Miliz von Lyon. Kampferprobt in den Jahren 1914–1918, scheute er das Risiko auch nach dem Krieg nicht. In den Diensten der französischen Marine stehend, war er es, der im Militärhafen von Toulon eine in ihrer Schale verhakte Mine löste, die jeden Moment explodieren konnte. Dröhnend selbstbewusst, gewaltbereit, sadistisch und in regelmäßigen Abständen dem Alkohol ergeben, dazu ein glühender Antisemit, hatte er sich in und um Lyon bald einen einschlägigen Ruf erarbeitet. Gelegentlich präsentierte er sich mit einem Davidstern, angefertigt aus menschlicher Haut. »Das ist eine Pobacke«, pflegte er die Beschaffenheit der Trophäe zu erläutern.[32] Hemmungen, Menschen anzugreifen, zu unterwerfen, zu quälen und zu töten, hatte er nicht. Das, rechtfertigte er sich, gehöre zu den Aufgaben eines Milizionärs. Schließlich gehe es um das nationale Wohl, darum, Frankreich von seinen Feinden zu befreien, deren größte ja mitten im Land stünden: die Juden. Sie hätten sich aus der nationalen Gemeinschaft ausgeschlossen, erklärte er, schon durch die Rasse seien sie von den gebürtigen Franzosen getrennt. Sie seien es auch, die zu den Waffen gegriffen und die Franzosen bedroht hätten. Kein Zweifel darum: Gnade durfte es für sie nicht geben. »Sie müssen getötet werden.«[33] Nur indem man sie unterdrücke, werde man der Juden Herr. Und wer wisse, wo sich Juden aufhielten, der solle es ihm sagen. Er wisse, was er mit ihnen tue: »Zwei habe ich schon getötet.« Angst vor dem Akt brauche man nicht zu haben: »Es ist sehr einfach, einen Menschen zu töten. Für mich fasst sich das in drei Worten zusammen: Bauch, Kopf, Hals. Ein Schuss in den Magen, um den Mann an die Wand zu nageln, einen in den Kopf, um ihn zu töten, einen in den Nacken, um sicherzugehen, dass die Arbeit richtig gemacht wird!«[34]

Der Schmerz der anderen

Die Zynismen von Frankreichs oberstem Ordnungshüter konnten auf Umsetzung rechnen: Die Miliz wurde zur folternden Großinstanz. Ihr Auftrag: die Terroristen unter Druck setzen, um weitere Straftaten zu verhindern. So jedenfalls lautete die offizielle Lesart. Tatsächlich ging es um mehr: Die Foltermaschine der Miliz arbeitete vor dem Hintergrund des seit Jahren zerstrittenen, hassvergifteten Landes. Der in den 1930er-Jahren immer schriller geführte Streit um seine politische Ausrichtung mündete unter der Besatzung in offen physische Gewalt der Bürger untereinander. Die Fronten waren geklärt, Anschuldigungen, Beleidigungen und Herausforderungen hinreichend ausgetauscht. Nun folgten Taten. Auf der einen Seite standen die Mitglieder der *R*ésistance, die nicht nur die Besatzer attackierten, sondern auch die mit ihnen zusammenarbeitenden Franzosen. Ihnen gegenüber standen die Mitglieder der Miliz, die nach einigen Monaten über ein stattliches Waffenarsenal verfügten, mit dem sie auf Teile ihrer Landsleute – keineswegs nur Mitglieder des aktiven Widerstands – losgingen.

So diente die Folter, die die Miliz im Namen des Staates betrieb, nicht nur der behaupteten Aufklärung und Verhinderung möglicher Widerstandsakte, sondern war auch eine Rache für erlittene Demütigungen. Offiziell im Namen der Wahrheitsfindung ausgeübt, war sie eine Möglichkeit, auch Gelegenheit, es den Feinden heimzuzahlen. Entsprechend grob, ja sadistisch waren die Methoden und Instrumente. Die Folterknechte der Miliz kannten kein Erbarmen. Tagelang verweigerten sie ihren Opfern die Nahrung, verbanden ihnen die Augen, fesselten sie, hielten sie in unbequemer, schmerzhafter Stellung. Verhört wurden die Gefangenen meist nackt – ein erniedrigender Umstand, der ihnen Würde und damit ihre Selbstsicherheit nahm. »Man ist nur noch ein missachtetes Wesen«, berichtete der Widerstandskämpfer ›Castor‹ seine Erfahrungen unter der Folter.

> »Aber das Deprimierendste ist das Verhör in entkleidetem Zustand und mit verbundenen Augen. Während eines normalen Verhörs schaut man seinem Folterer in die Augen und zieht diejenigen Körperteile zusammen, auf die er schlagen will. Dadurch lässt sich der Schmerz enorm lindern. Nackt und mit verbundenen Augen lässt sich nicht voraussehen, wohin der Schlag geht. So entfaltet dieser seine maximale Wirkung.«[35]

Alle Opfer durchlitten die sogenannte »tabassage«, eine systematische Tortur durch Schläge: Ohrfeigen, Faustschläge, Fußtritte, Hiebe mit einem Gürtel, einem Knüppel, Schlagstock, Pistolengriff oder einer an ihrem Ende absichtlich aufgerauten oder mit Stahlteilen versehenen Peitsche – mit, kurzum, allem, was den Folterern in den Sinn kam. Besonders furchtbar waren die Peitschen – »Druckmaschinen«, wie die Folterer sie zynisch nannten –, die den an einen Stuhl gefesselten oder breitbeinig an einer Wand fixierten Opfern schlimmste Verletzungen zufügten. Häufig zum Einsatz kam die Wasserfolter: Der Kopf des Opfers wurde so lange in eiskaltes Wasser gehalten, bis es kurz davor war zu ersticken.

Eine junge Frau, die der Widerstandsbewegung *Francs-tireurs et partisans* (FTP) als Botin diente, fiel Mitte Juni in der Nähe von Rennes der Miliz in die Hände. »Kaum war ich gefasst, zwangen sie mich, mich auszuziehen. Als ich mich weigerte, rissen sie mit aller Kraft die Kleidung runter.«[36] In einem nahegelegenen Bauernhof begann umgehend das Verhör, doch die junge Frau wollte nicht sprechen. »Sie schlugen mich ohne Pause, mit einer Peitsche und mit einem Gürtel.« Als sie weiterhin schwieg, brachten die Milizen sie in das lokale Miliz-Büro in Rennes. »Zu sechs schlugen sie mit einem Gürtel, einer Peitsche, der flachen Seiten eines Säbels. Die anderen würgten mich, bis ich fast erstickte. Als sie feststellten, dass ich weiterhin nichts sagen wollte, folterten sie mich mit

Stromstößen, die durch den gesamten Körper gingen, bis hinein ins Ohr. Dadurch wurde ich für einige Tage fast völlig taub.« Achtzehn Stunden habe das Verhör gedauert, berichtete die junge Frau.

> »Als sie aufhörten, mich zu schlagen, zwangen sie mich, mit ausgestreckten Armen in jeder Hand zwei Liter Wasser zu halten. Wenn ich die Arme senkte, schlugen sie sofort auf mich ein. Während der ganzen Zeit war ich nackt, den Blicken der hinein- und hinausgehenden Milizen ausgesetzt. Als sie mir befahlen, mich wieder anzukleiden, lief das Blut an Unterkörper und Schenkeln hinab. Ich hörte nichts mehr und konnte mich kaum mehr aufrecht halten.«

Am nächsten Tag begann das Verhör von Neuem, mit den gleichen Methoden. Als auch das nichts brachte, wurde die junge Frau nach Paris gebracht. Dort traktierten die Milizen sie wiederum, nur dass die Schläge noch härter, die Stromstöße noch heftiger waren. Anschließend kam sie zum Ausruhen in ein Zimmer, in dem sie mit Handschellen an einen Heizungskörper gefesselt wurde. »Ich litt furchtbar, empfand aber auch eine große innere Freude. Ich spürte, dass ich stärker war als sie. Ich hatte nichts gesagt, und nicht ein einziger Kamerad wurde meinetwegen gefoltert oder erschossen.«

Die Folterknechte der Miliz – Diener des französischen Staates – erwiesen sich als höchst reizbar. Im Juli 1944 wurde der Widerstandskämpfer Marc-André Fabre verhaftet. Er geriet in die Hände von Pierre Poinsot, der die Gefangenen in Vichy folterte. Das Verhör fand in einem Keller des Hauptsitzes der dortigen Miliz statt. Kaum angekommen, wurde Fabre in das Kellergeschoss geführt und dort misshandelt. Schläge auf den Körper, so hart, dass Fabre umfiel. Man richtete ihn wieder auf, es folgten neue Schläge. »Du wirst schon sehen, was es bringt, die Miliz und ihren Chef Darnand anzugreifen«, ließ sein Peiniger ihn wissen.[37] Tatsächlich hatte die Miliz einen Brief Fabres abgefangen. »Wann werden wir Darnand und seine Clique wieder los«, hatte er darin geschrieben. Gerichtet war der Brief an Fabres Onkel. Eine abweichende politische Meinung, geäußert im Privaten – für Poinsot war schon das ein Vergehen, das entschlossen geahndet gehörte. Schließlich ließen die Peiniger von Fabre ab. Er selbst fand sich in einem Raum wieder, der die Spuren früherer Verhöre trug.

»In einer Ecke verdichtete sich der ganze Dreck: Ich meinte an den Mauern einzelne Blutflecken unterscheiden zu können. Mitgefangene erklärten mir, dass es im Nachbargang weitere Folterräume gebe. Allerdings ohne Rad und Folterbank! Wir sind nicht mehr im Mittelalter, und die Typen von der Miliz oder der Brigade Poinsot, Verteidiger Europas und der Zivilisation, haben ›modernere‹ Instrumente entdeckt. So etwa den elektrischen Strom, den sie auch bei Frauen anwenden. Die Frauen, die jungen Mädchen vor allem, werden vermutlich aus reinem Sadismus dazu gezwungen, ihre Kleider auszuziehen und erniedrigende Beschimpfungen zu ertragen.«[38]

Tod im Wald

Die Miliz war Herrin über Leben und Tod. Ihre Führer entschieden, wer leben durfte und wer sterben musste. Die Entscheidungsautorität verlieh die Organisation sich selbst. Von niemandem kontrolliert, maßen sich selbst Männer der mittleren oder unteren Führungsebene an, über das Schicksal der Gefangenen zu entscheiden. Manche ihrer Opfer starben allerdings nicht in den Folterkellern und vor den Erschießungsmauern, sondern in freier Natur, hingerichtet von heimtückischen Attentätern. Es brauchte nur wenige Monate, bis sich die Miliz in eine Terrorgruppe verwandelte, die auch Politiker und prominente Repräsentanten des gegnerischen Lagers ins Visier nahm. Eines der prominentesten Opfer war der Jurist und ehemalige Bildungsminister des *Front populaire*, Jean Zay. Den Verantwortlichen von Vichy galt er als Jude – und das, obwohl er ein solcher weder den jüdischen Traditionen noch den Vorgaben der beiden *statuts des Juifs* nach war: Er war Sohn einer protestantischen Mutter. Zudem hatte er nur zwei jüdische Großeltern, außerdem war seine Frau Protestantin. Dennoch hieß es in einer Stellungnahme des *Commisariat Général aux Questions Juives*, Zay sei Jude.[39]

Er, der überzeugte Republikaner, 1932 mit gerade 27 Jahren der jüngste Abgeordnete des Landes, hatte sich bei seinen nationalistisch gesonnenen Landsleuten spätestens 1934 massiv unbeliebt gemacht. Anlässlich der gewaltigen Zusammenstöße zwischen Rechtsextremisten und der Polizei vor dem Parlamentsgebäude vom 6. Februar, an deren Ende man 1500 Tote zählte, hatte er die französische Flagge als Symbol der Unterdrückung ebenso wie eines aufgepeitschten Nationalismus beschrieben, in Worten, die geeignet waren, alle, die diese Fahne ehrten, zu entsetzen oder zu erzürnen. »Ich hasse dich wegen aller, die dich grüßen«, schrieb er in einem Pamphlet. »Ich hasse dich wegen all der Kotzbrocken, Widerlinge und Hurensöhne, die ihren Hut vor deinem Grab in den Schmutz ziehen. Ich hasse in dir die ganze jahrhunderte alte Unterdrückung, den tierischen Gott, die Herausforderung an die Menschen, die wir nicht sein dürfen.«

Eine zornige Herausforderung eines entschlossenen Liberalismus, dessen letzte Worte in eine kaum mehr steigerbare Provokation mündeten: Die Flagge, schrieb er, gehöre für ihn zur »erbärmlichen Klasse des Toilettenpapiers«.[40] Die Schärfe seiner Herausforderung hatte Zay wohl unterschätzt: Von nun an war der Boden bereitet für die dreifache Verleugnung, der Zay sich gegenüber sah. Für seine Feinde war er ein »falscher Protestant (aber echter Jude), ein falscher Radikaler (aber echter Bolschewist) und ein falscher Patriot (aber echter vaterlandsloser Verräter).«[41] In den Reihen der extremen Nationalisten wurde er zu einer der meistgehassten Figuren des Landes – und blieb es bis in die Wirren der deutschen Besatzung hinein – für viele eine Zeit der Rechtlosigkeit, die zu seinem Tod führte.

Verdüstert hatte sich Zays Schicksal bereits Jahre vor seinem Tod. Im Krieg hatte er sich als Freiwilliger an die Front gemeldet. Nach der Niederlage Frankreichs gehörte er zu jenen Abgeordneten, die sich auf Geheiß Darlands an Bord des Schiffs *Marsillia* begaben, um nach Marokko zu reisen und von dort aus weiter Widerstand zu leisten. Doch kaum dort angekommen, wurde Zay zusammen mit anderen Politikern verhaftet. Die gegen ihn, den Kriegsfreiwilligen, vorgebrachte Anschuldigung: Er habe sich unerlaubt von seinem Posten entfernt und Fahnenflucht begangen. Der Politiker wurde zur Deportation verurteilt, das Gericht sprach ihm alle militärischen Ehren ab. »Meine Unschuld wächst mit dem Stolz, für das zu leiden, was ich bin«, schrieb er in seinem ersten Brief aus dem Gefängnis, in dem er sich zuversichtlich über sein Schicksal äußerte.[42] Doch Zay täuschte sich: Gerechtigkeit würde ihm nicht widerfahren. Ein Berufungsgericht bestätigte die Strafe. Der Prozess gegen Jean Zay, schreibt sein Biograf Olivier Loubes, markierte die erste Staffel von politisch motivierten Urteilen gegen Personen, die aus der Öffentlichkeit verschwinden sollten. An deren Rhythmus lasse sich »die Entstehung der Diktatur« messen.[43]

Ein Gnadengesuch lehnte Zay ab – er habe sich, erklärte er völlig zu Recht, keines Vergehens schuldig gemacht. So begann für ihn eine jahrelange Odyssee durch die französischen Gefängnisse. Zunächst in Clermont-Ferrand und Marseille inhaftiert, traf er im Januar 1941 in Riom ein, wo er bis zu seiner Ermordung im Sommer 1944 blieb. Am 16. Juni 1944 – die Alliierten waren kurz zuvor in der Normandie gelandet und im ganzen Land gewann der Widerstand an Schwung – wurde Zay aus »Sicherheitsgründen«, wie es in der damals ausgestellten Anweisung hieß, nach Paris gebracht. Am Vormittag des 20. Juni dann erhielt er die Anweisung, sich für einen unmittelbar bevorstehenden Transport zurechtzumachen. Derart knapp war die Zeit gehalten, dass er sich nicht einmal von seiner Frau verabschieden konnte, die ihn im Gefängnis besuchte.

Den Transport übernahmen Mitarbeiter der Miliz. Die erste Station war Vichy. Dort verbrachte Zay die Nacht im *Hotel Moderne*, dem Sitz der Miliz. Am folgenden Tag, gegen 20 Uhr, ging es weiter. Zay schöpfte keinen Verdacht, als er in einen der beiden Wagen stieg: Die Milizen erklärten ihm, in Wirklichkeit seien sie getarnte Mitglieder des Widerstands und wollten ihn mithilfe einer List befreien. Nach einigen Kilometern hielt der Konvoi: Man würde ihn nun ihren Freunden vom Widerstand übergeben, sagte man ihm. Diese warteten abseits der Straße. Nach einiger Zeit machte die Gruppe eine Pause in einer Bodensenke. Einer der Milizen nahm diskret Position hinter Zay. Dort richtete er sein Maschinengewehr auf das arglose Opfer. Ein Schuss in den Nacken warf Zay um. Als er sich weiter regte, folgten weitere Salven. Die Milizen entkleideten den Toten und verscharrten ihn in einem Erdloch. Seine Überreste wurden erst über zwei Jahre später, im September 1946, gefunden.

Als die Täter den Tod ihres Opfers meldeten, erklärten sie, der Konvoi sei von Widerstandskämpfern angegriffen worden. In dem Durcheinander habe Zay versucht zu fliehen, weswegen ihn einer der Milizen erschossen habe. Das war auch die Version, die sich Laval zu eigen machte, als er der Witwe des Erschossenen den Vorgang berichtete. Doch Ungereimtheiten in der Geschichte der Milizen ließen ihn an ihrer Version immer mehr zweifeln. »Ich glaube, die Halunken von der Miliz verschweigen mir etwas«, erklärte er bald darauf[44] und wies Darnand an, einen Bericht zum Tod Zays anzufertigen. Der aber blieb, wie ein ihm folgender zweiter , ohne befriedigende Ergebnisse. In seinem Prozess im Juli 1945 erklärte Darnand eidesstattlich, er habe die Ermordung Zays nicht angeordnet. Ob es sich tatsächlich so verhält, ist bis heute nicht geklärt. Zu unterschiedlich lassen sich die Indizien deuten, ebenso auch die Aussagen der Zeugen. Es gilt als durchaus denkbar, dass seine Mörder, dem Mittelbau der Miliz-Hierarchie entstammend, eigenmächtig und aus bloßem Hass auf ihr Opfer gehandelt hatten. Andere Zeugen erklärten hingegen, der Mordbefehl an Zay sei aus den höchsten Rängen der Miliz gekommen, womöglich sogar in Absprache mit dem deutschen Botschafter Otto Abetz.

Ungeklärt blieb auch der Mord an einem weiteren prominenten Opfer der Miliz, dem ehemaligen Post- und Kolonialminister Louis Georges Rothschild alias Georges Mandel. Der Anwalt, Jahrgang 1885, war ein Urgestein der französischen Politik. 1919, mit gerade 24 Jahren, wurde er Kabinettschef des damaligen Premiers Georges Clemenceau. Alsbald in die Nationalversammlung gewählt, übernahm er 1934 als Postminister sein erstes Regierungsamt. Ab 1938 unter Édouard Daladier fungierend, warnte er so deutlich wie kaum ein anderer Minister vor den Gefahren des Deutschen Reichs. Angesichts der auf Hochtouren laufenden Rüstungswerke müsse man sich auf das Schlimmste gefasst machen: »Der Krieg ist unvermeidlich«, erklärte er im September 1938 – um dann das für viele Ohren Ungeheuerliche nachzusetzen: »Es ist zu wünschen, dass er möglichst schnell ausbricht: lieber in einer Woche als in einem Monat; und lieber morgen als in einer Woche.«[45] Nur ein schneller Krieg, war er überzeugt, könne einen Sieg Nazi-Deutschlands verhindern. Doch seine Worte trugen ihm den Ruf eines Kriegstreibers ein. Eine bewaffnete Auseinandersetzung, so seine weiterhin auf *Appeasement* hoffenden Kritiker, lasse sich immer noch verhindern. Man müsse Hitler nur entgegenkommen. Gegen Verhandlungen hatte auch Mandel nichts einzuwenden. Allerdings seien sie nur dann sinnvoll, wenn man bereit sei, zuletzt bis zum Äußersten zu gehen. »Aber geben Sie acht, diese Mittel sind nur dann wirksam, wenn man zum Krieg bereit erscheint, um die durch Verträge geschmiedete europäische Ordnung zu erhalten.«[46]

Mandels Entschlossenheit wurde ihm nach der Niederlage zum Verhängnis. Auch er befand sich – als Innenminister der Regierung Reynaud – an Bord der *Massilia*, und auch er wurde nach der Ankunft verhaftet. Auch für ihn begann nun bis zu seinem Tod eine Tour durch die französischen Gefängnisse. Anfang September wurde er in einem Flugzeug nach Frankreich gebracht. »Ich bin ein politischer Kriegsgefangener«, erklärte er noch im selben Monat, um hinzuzufügen: »Nichts scheint mir ehrenhafter.«[47] Im Herbst 1941 saß er zusammen mit Paul Reynaud, Édouard Daladier und General Maurice Gamelin in dem Ort Vals-les-Bains ein, von wo aus sie im November das von einem Sondergericht verhängte Urteil vernahmen: lebenslängliche Haft. Kaum hatten die Deutschen im November 1942 auch die südliche Zone besetzt, kümmerten sie sich um die prominenten politischen Gefangenen des Regimes. Mandel und Reynauld wurden in das Lager Buchenwald deportiert, wo bereits León Blum war. Im Juli 1944 wurden Mandel, Blum und Reynaud zurück nach Frankreich überstellt und der Miliz übergeben. Die drei seien als Geiseln zu behandeln, ließen die Nazis die Regierung wissen: Würden prominente Anhänger des Vichy-Regimes erschossen, wäre es auch um das Leben der drei Politiker geschehen. Laval intervenierte. »Die französische Regierung hat auf den Vorschlag der deutschen Regierung hinsichtlich der verhafteten französischen Politiker negativ geantwortet«, erklärte er.[48] Doch es war zu spät: Mandel war auf Anordnung der Deutschen auch in Frankreich in Haft zu halten.

Als Ende Juni Widerstandskämpfer den rechtsradikalen Politiker Philippe Henriot ermordeten, einen der großen Propagandisten des Vichy-Regimes, war Mandels Tod besiegelt: Am 7. Juli 1944 wurde der zwischenzeitlich nach Paris verbrachte Häftling von Milizen aus seiner Zelle geholt und in einen Wagen gesetzt. Insgesamt drei Fahrzeuge bewegten sich in Richtung des Waldes von Fontainebleau. Auch er wurde von den Fahrzeugen weggeführt und erschossen. Seine Mörder brachten dasselbe Argument vor wie wenige Wochen vorher die von Zay: Der Häftling habe fliehen wollen. Doch dieses Mal fanden sie keinen Glauben: Laval – ein politischer Ziehsohn Mandels – nahm ihre Erklärung nicht an. »Das ist ein Mord!«, wandte er sich an einen Führungskader der Milizen. »Die deutsche Regierung ist gerade dabei, uns Paul Reynaud,

Joseph Darnand vor Gericht in Paris nach seiner Verurteilung zum Tod am 3. Oktober 1945.

Daladier, Léon Blum zurückzugeben. Sie soll sie behalten! Ein Toter reicht.«[49]

Der Auftrag zur Ermordung Mandels, weiß man heute, wurde von der Führungsspitze der Miliz nach Absprache mit den Deutschen erteilt. Das Verbrechen, so der Staatsanwalt in dem bereits im Oktober 1944 eröffneten Prozess gegen die Mörder des Politikers, »steht für das furchtbarste Elend dieser vier Besatzungsjahre; es steht für die Gestapo, die bei Tagesanbruch zuschlägt; es steht für die Verhöre, die Foltersitzungen, die Deportationen, den Tod in den Lagern und an den Erschießungsmauern.«[50]

Späte Gerechtigkeit

»Ich weiß nicht mehr, wo ich hingehen soll. Ich bin wie ein Blinder, der nicht mehr daran glauben kann, dass er das Licht sieht. Es ist, als hätte Gott mich aufgegeben. ... Vater, warum hast du mich verlassen?«[51] Worte eines Menschen, der dunkle Zeiten miterlebt hatte. Aber nicht als Opfer, sondern als Täter. Im Frühjahr 1994 war es soweit: Paul Touvier stand wegen Verbrechens gegen die Menschlichkeit vor Gericht. Den gesamten Prozess über stritt Touvier seine Verantwortung ab. Verantwortlich sei »London«, als Zentrale der *Résistance*, geleitet von Charles de Gaulle. Verantwortlich sei sein damaliger Vorgesetzter, der sich den Besatzern gegenüber verpflichtet habe, auf das Attentat mit Hinrichtungen zu reagieren. Verantwortlich seien schließlich die Deutschen, die auf Vergeltung gedrängt hätten. Er aber, Paul Touvier, nicht: »Ich habe nicht anders gekonnt.«[52] Das Gericht verurteilte ihn im April 1994 zu lebenslanger Haft. Gut zwei Jahre später, im Juli 1996, starb Touvier nach einem längeren Krebsleiden. »Paul Touvier ist verurteilt worden. Und das ist gut so«, schrieben der Journalist Éric Conan und der Historiker Henry Rousso. »Man wird ihn nicht mehr beschuldigen, vor seiner Vergangenheit zu fliehen, wohl aber, sich ständig etwas vorgemacht zu haben.«[53] In ihren »21 Punkten« hatten die Milizen erklärt: »Gegen den Skeptizismus. Für den Glauben«. Selbst 50 Jahre nach ihren Verbrechen taten sich ihre Mitglieder schwer mit der Einsicht, dass sie einem Irrglauben erlegen waren.

Teil IV

Heroen. Der Widerstand

»Die Ehre Frankreichs« Charles de Gaulle in London

In der Zeit der Nacht
Werde ich zu dir sprechen

Jacques Prevel, Poèmes pour toute mémoire, 1947

Wie nannte sich der Mann doch gleich? »Degaule«, vielleicht auch »Dugaul« oder einfach nur »Gaul« – so ungefähr hatte man es verstanden. Die Sprache ließ viele Schreibweisen zu, möglich war darum auch ein Leerzeichen in der Mitte: »de Gaule«. Doch vermutlich war der Name nur ein Pseudonym. Denn dass in der Stunde der größten Not ein Armeeangehöriger ausgerechnet dieses Namens das Land an seine Zukunft erinnerte, daran, dass der Krieg gegen Deutschland entgegen allem Anschein mitnichten verloren war – das konnte wohl kaum mehr als ein Zufall sein. Denn »Gaul«: Das war der erste Name, den jenes von Kelten besiedelte Land trug, das die Römer später »Gallia« nannten. Und ausgerechnet so sollte jener Kommandant heißen, der sich vornahm, das am Boden liegende Land wieder aufzurichten? Als man die korrekte Form des Namens kannte, erfuhr man, dass »de Gaulle« eine Ableitung aus dem Flämischen war: Der Name ging zurück auf »De Walle«, »die Mauer«. Ein höchst bescheidener Ursprung also, der auch Vermutungen um die adlige Herkunft seines Trägers keinen Raum mehr ließ: Das »de« im Namen war ein ganz banaler Artikel.[1]

Doch so bescheiden der Name, so bedeutend sein Träger. Wenn Charles de Gaulle noch zu Lebzeiten zu einer überragenden, ja mythischen Gestalt heranwuchs, wenn er vielen Franzosen als viel mehr galt denn als gewöhnlicher Politiker, so darum, weil er geleistet hatte, was fast undenkbar schien: Als in der Öffentlichkeit kaum bekannter General, ohne nennenswerte Anhänger- und Gefolgschaft, ohne eine mächtige Organisation im Rücken hatte er im Juni 1940 den Aufstand gewagt, sich zugetraut, Marschall Pétain herauszufordern, den legendären, hochdekorierten Kriegshelden, dem die Franzosen das Schicksal ihres Landes anvertrauten. Dabei, fand de Gaulle, hatte Pétain das Schändlichste überhaupt getan: die Waffen zu strecken und sich den Deutschen umstandslos zu unterwerfen. Staatsräson im Augenblick der Not? Nicht für de Gaulle. Frankreich, war er überzeugt, habe durchaus eine Chance im Kampf gegen die übermächtig scheinenden Deutschen. Dass er von London aus agierte, war aus seiner Sicht nur konsequent. »In Frankreich gibt es nichts mehr zu tun«, befand er am 18. Juni im Gespräch mit Jean Monnet, in jenen Monaten für die Koordinierung der britisch-französischen Militäreinkäufe zuständig. »Wir werden hier (in London, Anm. d. Aut.) arbeiten.«[2] Und doch deutete das schlichte Verb »arbeiten« die Dimension dessen, was er tun wollte, nur entfernt an. Welche Mission er denn in London erfülle, wollte die Ehefrau Monnets von ihm wissen. »Ich bin in keiner Mission hier«, entgegnete er. »Ich bin hier, um die Ehre Frankreichs zu retten.«

So gewaltig die Aufgabe war, so selbstgewiss ging de Gaulle sie an. Am Abend des 18. Juni 1940, kurz nach seiner Ankunft in London, nahm er in einem Studio der BBC seine erste Rede auf, die der Sender wenige Stunden später nach Frankreich ausstrahlte. Die Blätter lagen vor ihm auf dem Tisch, doch würdigte er sie keines Blickes. Ein kurzer Mikrofontest und schon sprach der General los, kaum auf das Manuskript achtend, das nach mehreren Durchsichten, Korrekturen und von den Briten erzwungenen Änderungen schließlich zu seiner endgültigen Form gefunden hatte. Entschlossen und als redete er live, wandte sich de Gaulle an seine Landsleute. »Er fixierte das Mikro, als wäre es das personifizierte Frankreich, als wolle er es hypnotisieren«, erinnerte sich die damals für die britische BBC arbeitende Politologin Elizabeth Barker, die ihm bei jener Aufnahme am 18. Juni 1940 kurz vor 18 Uhr zur Seite stand.[3]

De Gaulle sprach mit Zustimmung der Regierung Churchill. Zunächst hatten dessen Minister Bauchschmerzen bei der Vorstellung, dass der Kommandant ausgerechnet von britischem Territorium aus eine Ansprache hielt. Denn immerhin war er mit seinem Engagement für einen fortgesetzten Kampf gegen die Deutschen für die gerade angetretene Regierung Pétain zu einer *persona non grata* geworden. Zudem hatten die britischen Minister die Hoffnung, Frankreich im Krieg gegen Deutschland doch noch auf ihre Seite zu ziehen, nicht gänzlich begraben. Und noch etwas war ihnen von höchster Bedeutung: zu verhindern, dass die französische Flotte den Deutschen in die Hände fiel. Geschähe das, würden die Deutschen zu einer der stärksten Seemächte überhaupt. Also galt es, die neue französische Regierung nicht allzu sehr zu verstimmen. Solange überhaupt noch Chancen bestanden, auf sie einzuwirken, war es gut, sich mit Blick auf andere Partner zurückzuhalten – vor allem gegenüber jenem General, von dem man kaum wusste, für wen er eigentlich sprach. Klar war aber schnell: Wenn er überhaupt Anhänger hatte, dann war ihre Zahl sehr überschaubar.

Es war Edward Spears, im Ersten Weltkrieg britischer Verbindungsoffizier beim französischen Generalstab und langjähriger Freund und Vertrauter Churchills, der die Bedenken der Minister am Nachmittag jenes Junitages in mehreren Gesprächen zerstreute und ihnen die Zustimmung zu de Gaulles Ansprache entlockte. Gewiss, de Gaulle mochte mittellos sein, räumte er ein. Aber womöglich gelänge es ihm, diejenigen Franzosen, die von Niederlage und Unterwerfung nichts wissen wollten, nach Großbritannien zu holen. Von der Insel aus ließe sich dann eine erste Widerstandszelle aufbauen. »Man wird in Bordeaux vielleicht wütend sein, aber das Chaos ist in Frankreich bereits so groß, dass man nicht viel riskiert, wenn man es noch ein wenig vergrößert«, umriss Edward Wood, Earl of Halifax, Churchills Kalkül.[4]

So kündigte die BBC die Ausstrahlung von de Gaulles Rede für 20.15 Uhr, zu Beginn der französischsprachigen Abendnachrichten, und für 22.00 Uhr desselben Tages an. Die Rede war inhaltlich zurechtgestutzt, doch auch in der zurückhaltenden Form legte de Gaulle es darauf an, das Publikum seine Entschlossenheit spüren zu lassen. Außerdem entsprach die Rede im Kern weiterhin dem, was er seit jungen Jahren für wahr und richtig hielt. »Mein ganzes Leben lang hatte ich eine gewisse Vorstellung von Frankreich«, eröffnete er Jahre später seine *Mémoires de Guerre* überschriebenen Erinnerungen.[5] Diese Idee, führte er aus, basiere auf zweierlei Grundlagen: »In meinen Gefühlen stelle ich mir Frankreich vor wie eine Märchenprinzessin oder eine Freskenmadonna, die einem bedeutenden und außergewöhnlichen Schicksal gewidmet ist. Instinktiv habe ich den Eindruck, dass die Vorsehung sie für vollkommene Erfolge oder exemplarische Unglücke geschaffen hat.« Allerdings, warnte er, könne es auch ganz anders kommen: »Wenn jedoch das Mittelmaß seine Handlungen prägt, dann halte ich das für eine unsinnige Anomalie, die auf die Fehler der Franzosen, nicht aber das Genie des Landes zurückzuführen ist.« Von einem sei er allerdings seit jeher überzeugt: Frankreich sei nur dann es selbst, wenn es an vorderster Front stehe. Nur bedeutende Länder könnten die Gedankenlosigkeit ihrer Bürger bändigen. Um seiner Existenz willen müsse Frankreich sich auf seine besten Kräfte konzentrieren und sich in vorderster Reihe halten. »Meiner Meinung nach kann Frankreich ohne seine Größe nicht Frankreich sein.«

Seine *Mémoires de Guerre* schrieb de Gaulle in den 1950er-Jahren. Zu dieser Zeit lebte er wegen seines Vorbehalts gegen den Parteienstaat politisch auf zurückgezogenem Posten. Seine Erinnerungen sind darum auch eine Art Rechtfertigung seiner damaligen Haltung, von seinen Kritikern als Ausdruck eines reaktionären Elitismus gewertet. Freilich kamen sie gegen die rhetorische Macht des Buches nicht an: Darin setzte de Gaulle Standards, die über Jahrzehnte die Ausdrucksform und das nach außen demonstrierte Selbstverständnis späterer französischer Präsidenten prägten. François Mitterand sprach ebenfalls von seinen »Vorstellungen« (»idées«) Frankreichs: »Ich habe deren mehrere«.[6] Die Größe Frankreichs, von der de Gaulle sprach, beschäftigte auch Valéry Giscard d'Estaing:

> »Immer schien mir, dass das Schicksal Frankreichs zwischen zweierlei Tendenzen schwankte: Bisweilen, wenn es sich organisiert, ist es ein mutiges, entschlossenes, effektives Land, in der Lage, dem Schlimmsten entgegenzutreten und in der Lage, weit zu gehen. Bisweilen, wenn es sich gehen lässt, ist es ein Land, das in Richtung unvorsichtiger Leichtigkeit, des Durcheinanders, des Egoismus und der Unordnung gleitet. Stärke und Schwäche Frankreichs gründen auf dem Umstand, dass sein Schicksal niemals definitiv zwischen Größe und der Gefahr der Mittelmäßigkeit fixiert ist.«

Auch ein zweites Sujet, das der ahnungsvollen Einfühlung in die nationale Geschichte, verbunden mit der Gewissheit, in ihrem Namen zu agieren, setzte sich in den Äußerungen von de Gaulles Nachfolgern fort. »Soweit ich zurückschaue, habe ich nur Lektionen der Aufrichtigkeit, der

Ehrenhaftigkeit und des Einsatzes (»travail«) empfangen«, versicherte Georges Pompidou seinem Publikum. Und selbst Nicolas Sarkozy führte in manchen seiner Äußerungen gelegentlich den pathetischen Duktus des Generals auf: »So weit ich auch zurückschaue, ich habe immer handeln wollen.«

Ungeachtet aller Rhetorik verlieh die »Vorstellung Frankreichs« de Gaulle in der Stunde der Not eine Entschlossenheit, die den Namen »historisch« verdient. Die Größe Frankreichs galt es zu bewahren, war er überzeugt, und zwar auch und gerade dann, wenn kaum etwas so aussichtslos schien wie dieses Unterfangen. Frankreich war gerade überrollt worden. Das Land lag am Boden. Dass es sich absehbar wieder erheben würde, war kaum anzunehmen – so jedenfalls dachten die meisten. De Gaulle aber dachte anders. Den Gedanken an eine Niederlage ließ er nicht zu. Gewiss, die Fakten lagen auf der Hand: Frankreich war fürs Erste geschlagen. Aber musste man sich den Fakten geschlagen geben? Was, wenn man ihnen andere Fakten zur Seite stellte, solche, die geeignet wären, den Franzosen neuen Mut einzuflößen? Womöglich waren sie nur niedergeschlagen, weil sie die Gesamtlage nicht angemessen bewerteten, sich nur auf das Offensichtliche konzentrierten, alle anderen, kaum weniger relevanten Aspekte aber nicht zur Kenntnis nahmen? »Comme si«, »als ob«, lautete die Zauberformel, mit der de Gaulle die niederschmetternde Wirklichkeit bezwang, indem er sich weigerte, sie über Gebühr zur Kenntnis zu nehmen. Diese kurze Formel hatte die Macht, die Welt zu verändern. Mit ihr ließe sich die Niederlage Frankreichs langfristig überwinden und in einen Sieg verwandeln. Kein Zweifel, dieses Unterfangen erforderte entschlossenen Willen und enorme Ausdauer. Doch sie zu erbringen galt ihm als Pflicht. Wer, wenn nicht er, hätte die Kraft, es mit den Fakten aufzunehmen und ihnen eine andere Richtung aufzuzwingen als jene, die sie von allein nähmen. Was war Politik, wenn nicht der Wille zur Formgebung der öffentlichen Dinge?

Bis heute beeindruckt de Gaulle durch seine Willenskraft, seine Absage an die Macht des Faktischen. Nicht, dass er die Realitäten ignorierte. Aber unbedingte, unabänderliche Gültigkeit wollte er ihnen auch nicht zusprechen. Die Wirklichkeit war plastisch, und darum kam es darauf an, sie den eigenen Vorstellungen entsprechend zu bearbeiten.

Frankreich, das war seine Passion und seine Verpflichtung, und wenn er eine »gewisse Vorstellung« von seinem Land hatte, dann hieß das für ihn nichts anderes, als dass er sich dazu berufen sah, ihr zur Geltung zu verhelfen. Und für ihn war klar: Eine solche Aufgabe konnten nur die wenigsten Menschen erfüllen.

Denn dafür brauchte es ungewöhnliche Charaktere, große Führungsgestalten. »Die Essenz des Prestiges ist der Eindruck, den der Chef dank seines außerordentlichen Charakters hervorruft, der wiederum daher rührt, dass seine Person etwas nicht Fassbares, ein Mysterium darstellt, das ihm wesenseigentümlich ist«, lehrte er im Frühjahr 1927 als junger Offizier an der *École de Guerre*. »Tatsächlich hatten die Chefs, über deren Prestige die Geschichte Auskunft gibt, alle den einen Zug gemeinsam, dass sie ihren Untergebenen auf welche Weise auch immer unerfindlich blieben, sich darauf verstanden, sie moralisch in Atem zu halten und sich gleichzeitig in ihrer Anerkennung einen unabsehbaren Kredit zu verschaffen.«[7] Das mochte auch auf andere Kommandanten gemünzt sein – zuerst und vor allem aber auf ihn selbst.

Die Größe, die er den aus seiner Sicht wahren politischen Führern zuerkannte, entsprang, wenn überhaupt, nur zu kleinsten Teilen eigener Eitelkeit. De Gaulle machte durchaus Aufhebens um sich, allerdings nicht, weil es ihm um persönliche Anerkennung ging, sondern weil er sich selbst in einer herausragenden Rolle sah, einer Aufgabe verpflichtet, die durchaus auch Last war. Die mythische Aura, die ihn seit jenen Junitagen des Jahres 1940 umgab, war der Nebeneffekt der Mission, der er sich unterwarf. Den wirklich großen Menschen, so sah es de Gaulle, ging es nicht um die eigene Person, sondern ausschließlich darum, ihrer Aufgabe gerecht zu werden. »Wer ist de Gaulle«, fragt der Historiker Michel Winock – und gibt zur Antwort:

> »Gewiss kein Ideologe, kein Mann des Systems; er kennt die Macht der Umstände, und er verkennt nicht die politische Formel, der zufolge man sich niemals von der Realität lossagen darf. Doch sein Wille ist es, seinem einmal mehr geteilten, in Streitigkeiten versunkenen Vaterland seinen Glanz in jenem Moment zurückzugeben, in dem es unfähig ist, sich eine gemeinsame Richtung zu geben.«[8]

»Frankreich ist nicht allein!«

So stand er im Juni 1940 im Studio der BBC, um seinem Land den rechten Weg zu weisen. Ganz wichtig war ihm vor allem der eine Gedanke: Trotz der Niederlage gab es Hoffnung. Diese Hoffnung lag im Bündnis mit anderen Staaten. Der Gedanke war so wichtig, dass er ihn dreimal wiederholte: »Frankreich ist nicht allein! Es ist nicht allein! Es ist nicht allein!«[9] Denn Frankreich habe ein großes Kolonialreich im Rücken. Es könne sich zudem mit den Briten verbünden. Und schließlich könne es auf die Industrie der USA zählen. Das Land sei auch deswegen nicht allein, weil der Krieg sich nicht nur auf sein Terrain beschränke. Der werde auch anderswo geführt, und er werde weitere Akteure einbinden. In anderen Worten: »Dieser Krieg ist ein Weltkrieg.« Alle Leiden, die er verursache, verhinderten nicht, dass absehbar hinreichende Mittel zur Verfügung stünden, um den Feind zu schlagen – »plattzumachen« (»écraser«), wie de Gaulle es ausdrückte. Darum gelte es, entschiedenen Widerstand zu leisten. Er, General de Gaulle, »momentan in London«, fordere die französischen Offiziere, Soldaten, Ingenieure und Facharbeiter der Rüstungsindustrie auf, sich mit ihm in Verbindung zu setzen. »Was auch geschieht, die Flamme des französischen Widerstands darf nicht erlöschen, und sie wird nicht erlöschen.« Zum Ende seiner Rede kündigte de Gaulle weitere Ansprachen an: »Morgen werde ich wie heute im Radio in London sprechen.«[10]

Tatsächlich begab er sich auch während der folgenden Tage in die BBC. Schon am 19. Juni war der General wieder zu hören, dieses Mal mit der Auskunft, wen und was er repräsentierte: »Ich, General de Gaulle, Soldat und französischer Kommandant, bin mir bewusst, dass ich im Namen Frankreichs spreche.«[11] »General Micro« nannte man ihn in London ironisch, und auch für das Rededuell, in das er Pétain per Radio verwickelte, war bald ein treffender Name gefunden: »Der Krieg der (Radio-) Wellen«. Insgesamt 67 Mal machte de Gaulle von seiner verlässlichsten Waffe, dem Wort, Gebrauch.

In Frankreich fand der Aufruf vom 18. Juni zunächst nur wenige Hörer. Als de Gaulle zu seinen Landsleuten sprach, waren diese zu Millionen auf der Flucht, damit beschäftigt, ihr Überleben zu sichern, dem Feind zu entkommen, Nahrung und einen Platz für die Nacht zu finden: All dies hatte absolute Priorität. Für Ansprachen aus dem Radio, gar auf einem ausländischen Sender, blieb kaum Zeit. Und viele derer, die ihn hörten, wussten nicht, was zu halten war von den Worten eines unbekannten Generals, der sich zudem aus dem sicheren London und über einen wenig geläufigen Sender, die BBC, an sie wandte. Auch direkt nach der Niederlage von Widerstand zu sprechen, kam nicht wenigen irrwitzig, ja geradezu absurd vor. Immerhin war seine Rede in den folgenden Tagen ganz oder in Auszügen in den Zeitungen zu lesen. Noch griff die Zensur durch das Vichy-Regime nicht, noch war es möglich, sich aus unterschiedlichen Quellen zu informieren und sich vielleicht sogar von den Worten des Kommandeurs in London inspirieren zu lassen.

Für de Gaulle war indessen klar, dass er, um wahrgenommen zu werden, in aller Deutlichkeit sprechen musste. Entsprechend scharf waren die Worte, in denen er Pétain und seine Regierung kritisierte. Er bot dem Volk eine ganz andere »Vorstellung Frankreichs« an als jene, die der Marschall präsentierte. Am 25. Juni wandte sich Pétain an die Franzosen, um ihnen die Gründe für die Niederlage gegen Deutschland zu erläutern. Die Erklärungen, die er lieferte, enthielten im Kern bereits die gesamte Stoßrichtung der *Nationalen Revolution*. »Unsere Niederlage kommt von unserer Erschlaffung. Unsere Genusssucht zerstört, was der Opfergeist errichtet hat.« Selbstgewissheit, so Pétain, fänden die Franzosen vor allem in der Besinnung auf sich selbst: »Die Erde, sie lügt nicht. Sie bleibt eure Hilfe. Sie ist das Vaterland selbst.«[12]

Solche für sein Verständnis ins Unverbindlich-Ungefähre entgleitenden Worte wollte de Gaulle nicht hinnehmen. Am 26. Juni, einen Tag nach der Rede des Marschalls, trat er wieder ans Mikrofon. In seiner Ansprache ließ er ihn wissen, welcher Grund für die Niederlage tatsächlich ausschlaggebend gewesen sei – der Umstand nämlich, dass Frankreich nicht über hinreichend starke Panzerverbände verfügt habe. Für diese hatte er bereits in seiner Schrift *Vers l'armée de métier* (»Für eine Berufsarmee«) aus dem Jahr 1934 plädiert. Die starren Formationen früherer Schlachten hätten ausgedient. Angebrochen sei die Zeit der beweglichen Panzerformationen. Wer auf sie verzichte, könne keinen Krieg mehr ge-

Charles de Gaulle bei einer Radioansprache an seine Landsleute in einer Londoner Rundfunkstation (Foto von 1941).

winnen. Doch mit dieser Meinung konnte er sich lange Zeit nicht durchsetzen: Weite Teile der Armeeführung hatten Vorbehalte gegen die motorisierten Verbände. Eben dies warf de Gaulle ihnen nun vor, allen voran Pétain. »Wenn Frankreich über diese mechanische Kraft nicht verfügte, wenn sie sich eine rein defensive Kraft gegeben hatte, eine nicht bewegliche Armee, wessen Fehler war das dann, Herr Marschall?« Punkt für Punkt erinnerte er ihn an die Stationen seiner militärischen Karriere, die ihn in die höchste Entscheidungsebene führte. »Sie, die Sie die ranghöchste militärische Person unseres Landes waren, haben Sie jemals die unumgängliche Reform unseres schlechten Systems unterstützt, gefordert, verlangt?«[13] De Gaulles Vortrag war nicht nur inhaltlich eine Herausforderung, sondern auch formal: Der Rede Pétains war eine Aufnahme der Marseillaise gefolgt? Dann ließ der jüngere Kommandant in London sie seiner Ansprache ebenfalls folgen. In nichts, gab er zu verstehen, stehe er hinter dem Marschall zurück.

Pétain und de Gaulle: zwei Gegenspieler, die in vielem so unterschiedlich gar nicht waren. Was sie trennte, war die militärische Konzeption, die Vorstellung von der angemessenen Verteidigungsstrategie des Landes.

Ihretwegen habe er den Glauben an Pétain verloren, erklärte de Gaulle im Jahr 1968. »Nun gut, das war ein außergewöhnlicher Mann, ein außergewöhnlicher Chef. Dieser Meinung bin ich noch immer. Das Unglück für Frankreich wie für ihn wollte es jedoch, dass er schon 1925 gestorben ist und dass er das nicht wahrnahm. Ich wohnte dem damals unmittelbar bei und, da ich eine große Zuneigung zu ihm hegte, war ich darüber sehr unglücklich.«[14] Mit dem Jahr 1925 spielte de Gaulle auf die Maginot-Linie an, Verteidigungsanlage an der Ostgrenze des Landes, deren Bau Milliarden verschlungen, aber das Land nicht vor der deutschen Invasion hatte bewahren können. Auch von ihr hatte der junge Kommandant von Anfang an nichts gehalten.

Näher standen sich die beiden Männer hingegen in ihren Vorbehalten gegenüber der politischen und kulturellen Entwicklung des Landes. Zwar war de Gaulle ein unversöhnlicher Gegner des Vichy-Regimes, aber darum noch lange kein glühender Verfechter der Republik, ihrer zerbrechlichen, durch Wahlen legitimierten Machtordnung. Die tiefe Zerrissenheit, die Frankreich während der Dritten Republik durchlitt, hatte auch de Gaulle skeptisch gegenüber der neuen Staatsform werden lassen, die das Land sich seit 1870 gegeben hatte. Skepsis hieß allerdings nicht vollkommene Ablehnung. Seine Eltern, moderat konservativ, lasen *Le Correspondant*, ein Blatt, das die Monarchie zwar nostalgisch beschrieb, sie sich durchaus aber in einem modernen politischen Gewand vorstellen konnte. Dass der Wille vom Volk ausgehen solle, daran bestand für de Gaulle kein Zweifel. Allerdings ließe sich dieser Wille auch in andere Formen fügen als die derzeit geläufigen. »Ich hielt es für nötig, dass die Regierung nicht auf dem Weg über das Parlament entsteht, in anderen Worten, über die Parteien, sondern jenseits von diesen, vermittels eines Chefs, der von der Gesamtheit der Nation auserkoren ist.«[15] De Gaulles Verständnis der Demokratie mochte einen unverkennbaren monarchistischen Unterton haben. Aber er war Realist genug, um zu erkennen, dass Frankreich mit der Demokratie eine angemessene und vor allem weithin akzeptierte Staatsform gefunden hatte. »Ich liebe die Republik nicht um ihrer selbst willen«, erklärte er einmal. »Aber weil die Franzosen sich ihr verschrieben haben, habe ich immer angenommen, dass ich keine andere Wahl habe.«[16]

Persönlich pflegte er einen zurückhaltenden, kargen Lebensstil. Der Katholizismus, in dessen Geist er erzogen worden war, predigte Nüchternheit, Fleiß und Zurückhaltung. All dies konzentrierte sich im Haus der Familie in Lille, aus dem die Eltern allerdings nach Paris umgezogen waren, kaum dass Charles wenige Monate alt war. Doch in der Erinnerung blieb das Haus Hort jenes gemäßigt konservativen Weltbilds, dem er sich verpflichtet fühlte. So war das Haus »nicht nur ein Geburtsplatz, sondern auch eine Ethik, eine Erziehung, eine Art, die Welt zu sehen: streng, traditionalistisch, misstrauisch gegenüber aller Prunksucht.«[17] In gewisser Weise stand dieses Haus in seiner Vorstellung für Frankreich, für die nationale Würde, die sich aus den Tiefen der Geschichte herleitete. Wenn er in den dunklen Jahren so unbeirrbar, so traumwandlerisch sicher voranschritt – Fehltritte durchaus nicht ausgeschlossen –, so darum, weil er sich auf einer Mission sah, die auf das Innigste mit seiner persönlichen Herkunft verbunden war: »Mein Vater, ein nachdenklicher, Kultur und Tradition zugewandter Mann, war durchtränkt von einem Sinn für die Würde Frankreichs. Er brachte mich dazu, die Geschichte des Landes zu entdecken.«[18]

Der Sinn für die Vergangenheit stand dem Sinn für die militärischen und dann auch politischen Fragen der Gegenwart nicht im Weg. Als begabter Kommandant war de Gaulle über Jahre von Pétain gefördert worden und rasch in den Kreis seiner Berater aufgestiegen. Das verhinderte nicht, dass die beiden sich bereits in den 1920er-Jahren einander entfremdeten, unmerklich zunächst, dann in immer größeren Schritten, bis es im Juni 1940 zum offenen Bruch kam. Bereits Anfang des Monats – der Krieg gegen Deutschland nahm einen immer bedrückenderen Verlauf – hatte de Gaulle den damaligen Premierminister Paul Reynaud davor gewarnt, sich auf Oberkommandierende zu verlassen, die nicht mehr auf der Höhe der Zeit seien. Reynaud setze »auf Männer von gestern«, so de Gaulle, und weiter: »Ich stelle keineswegs deren vergangenen Ruhm noch frühere Verdienste infrage. Aber ich versichere Ihnen, diese Männer von gestern werden den Krieg verlieren, wenn man sie machen lässt.«[19]

Das überbordende Selbstvertrauen des Absenders machte Eindruck auf den Empfänger: Am 6. des Monats berief Premierminister Paul Reynaud, wie de Gaulle ein Gegner des Waffenstillstands, diesen als Unterstaatssekretär für Krieg und Verteidigung. »Eine echte Katastrophe«, befand Brigadegeneral Paul de Villelume, in jenen Wochen einer der leitenden politischen Berater der Regierung, und sprach damit all jenen aus dem Herzen, die an eine andere Option als einen Waffenstillstand mit Deutschland nicht denken wollten.[20] Für sie war die Berufung des Generals eine Provokation, der sie sich nach Kräften widersetzten. Als der zögerliche Reynaud seinen Plan eines fortzusetzenden Widerstands nicht durchsetzen konnte, trat er am 16. Juni zurück. Sein Nachfolger Pétain verzichtete auf die Dienste de Gaulles.

Auf dem Gang

Umso beeindruckter war Churchill von dem jungen Kommandanten. Kennengelernt hatte er ihn am 9. Juni, als de Gaulle nach London geflogen war, um ihn zu bitten, Frankreich mit Kampfflugzeugen zu unterstützen. Churchill, in Erwartung eines Angriffs der Deutschen auf Großbritannien, lehnte ab. Wenige Tage später begegnete er de Gaulle wieder, nämlich während der inter-alliierten Kriegskonferenz von Briare am 11. und 12. Juni in Bréteau im Département Loiret, kurz nach der Evakuierung der Regierung aus Paris, und direkt danach beim Treffen in Tour am 13. Juni. Das internationale Treffen leitete die Entfremdung zwischen Frankreich und Großbritannien auf der einen und den USA auf der anderen Seite ein. Reynaud hatte dem britischen Premier erklärt, dass sich Frankreich, sollte US-Präsident Roosevelt sein Land nicht militärisch unterstützen, zum weiteren Kampf nicht in der Lage sähe. Versuche, Reynaud umzustimmen, misslangen. Am Ende des Gesprächs begab sich Churchill auf den Flur der Präfektur, wo er de Gaulle sah, »fest und ausdruckslos auf dem Gang stehend«.[21] Es blieb bei der wortlosen Begegnung. Aber: »Der Mann des Schicksals«, soll Churchill gemurmelt haben – so jedenfalls will es die Legende.

Nachdem das Vichy-Kabinett am 22. Juni 1940 den Waffenstillstandsvertrag unterzeichnet hatte, hielt Churchill die Kontakte zur neuen Regierung zwar aufrecht, setzte nun aber mehr und mehr auf de Gaulle. »Sie sind ganz allein«, wandte er sich am 27. Juni in London an seinen Gast.

»Nun, ich erkenne Sie ganz allein an.«[22] Nur einen Tag später ließ er ein Kommuniqué veröffentlichen: Die Regierung seiner Majestät erkenne General de Gaulle als Chef aller Mitglieder der *France libre* an. Das gelte für alle ihre Mitglieder, die sich, »wo sie sich auch befinden, ihm anschließen, um die Sache der Alliierten zu verteidigen.«[23] Zwar bezog sich die Erklärung allein auf de Gaulle als militärischen, nicht als politischen Führer. Doch die Hoffnungen des Franzosen erfüllte sie trotzdem, lief sie doch auf die internationale Anerkennung seiner Organisation *France libre* hinaus. Nun, da Großbritannien die »Freien Franzosen« anerkannte, wäre es nur eine Frage der Zeit, dass andere Staaten nachzögen. Einen weiteren Schritt ging Churchill am 7. August: Großbritannien erkannte de Gaulles Bewegung als »Frankreich« an – praktisch die Aufwertung der Bewegung zu einem völkerrechtlichen Subjekt. Zwar folgte der Zeitpunkt der Anerkennung keiner Agenda, sondern schlicht auf das Ende der ihr vorausgehenden Verhandlungen. Trotzdem musste dies in Vichy als Provokation gedeutet werden: Nur wenige Tage vorher, am 4. August, war de Gaulle von einem französischen Gericht wegen Fahnenflucht zum Tode verurteilt worden. Damit einher ging die vollständige militärische Degradierung.

Doch das Urteil, in Abwesenheit des Angeklagten gefällt, erwies sich als stumpfe Waffe: Fortan umgab ihn die Aura eines politischen Märtyrers. Und so gering die Zahl seiner Zuhörer zunächst auch war, so beeindruckt waren zumindest einige derer, die er erreichte. Sie erlebten im Radio einen Mann, der sich mit dem Waffenstillstand nicht nur nicht abfinden wollte, sondern der auch begründete, warum diese Position vernünftig sei und langfristig Aussicht auf Erfolg habe.

Am 18. Juni befand sich auch die Kunsthistorikerin und spätere Widerstandskämpferin Agnès Humbert auf der Flucht. Am Abend jenes Tages hielt sie sich in einem kleinen Dorf südlich von Paris auf. In ihrer Nähe lief ein Radio.

> »Es ist auf London eingestellt. Durch einen glücklichen Zufall höre ich bei einer französischsprachigen Sendung zu. Man kündet die Rede eines französischen Generals an. Seinen Namen verstehe ich nicht. Seine Botschaft, holprig und gebieterisch, passt nicht recht zum Radio. Er ruft die Franzosen dazu auf, sich um ihn zu scharen und den Kampf fortzusetzen. Ich spüre, dass das Leben zu

> mir zurückkehrt. Ein Gefühl, von dem ich annahm, es sei für immer gestorben, regt sich wieder: Hoffnung.«[24]

Menschen, die diese Hoffnung verloren hatten, konnten sie aus den Worten de Gaulles neu schöpfen. Ihre erschütterte Zukunftserwartung stützte sich nun auf ihn, mit ihm verbanden sie die Aussicht, dass man die Besatzer eines Tages aus dem Land jagen könne. Der Redner in London war für sie der Garant der Zukunft, der nationalen und damit auch der persönlichen. Nach der Befreiung, Ende August 1944, widmete der Schriftsteller Claude Mauriac, ein Freund de Gaulles, ihm im *Figaro* eine Eloge.

> »In der traurigsten Stunde des Schicksals hielt sich die französische Hoffnung an einem Mann fest; sie artikulierte sich durch die Stimme dieses Mannes – dieses Mannes allein. ... Wir hörten zu, mit geballten Fäusten, wir hielten unsere Tränen nicht zurück. Wir liefen los, um unsere Familienangehörigen zu holen, die sich nicht in der Nähe des Radios befanden: ›General de Gaulle wird sprechen, er spricht!‹ Auf dem Höhepunkt des Triumphes der Nazis kündigte sich alles, was unter unseren Augen jetzt (nach der Niederlage, Anm. d. Aut.) geschehen ist, durch diese prophetische Stimme an.«[25]

Die Reaktion der Hörer folgte umgehend. Im September erreichte de Gaulle ein erster Brief, weitere folgten alsbald, allesamt voller Zustimmung und Dankbarkeit. Er wisse kaum, wie er ihm seine Dankbarkeit für die Reden vom Juni 1940 ausdrücken solle, teilte ihm im Jahr 1942 einer seiner Bewunderer mit. »Seit dieser Zeit verkörpern Sie Frankreich für uns, das sich selbst, seiner Vergangenheit, seinen Traditionen, seinen Helden, seinen Denkern treue Frankreich, das unsterbliche Frankreich – kurzum: Frankreich.«[26] Botschaften wie diese signalisierten de Gaulle vor allem eines: Er wurde gehört. Die meisten Briefe kamen aus der unbesetzten Zone. Da die Absender die Adresse des Empfängers nicht kannten, begnügten sie sich mit ungefähren Anschriften: »Général de Gaulle, Londres, Angleterre.«[27] Dass die Briefe zu ihm fanden, signalisierte dem Angeschriebenen, dass er auch unter den Postbeamten, ja offenbar sogar den Zensoren Anhänger hatte. Als immer mehr Briefe in London eintrafen, entschloss sich Jacques Borel, einer der Sprecher der inzwischen ins französische BBC-Programm aufgenommenen Sendung

Ici Londres, eine weitere Sendung aus der Taufe zu heben: *Le Courier de la France*. Von London aus diente sie als Bindeglied zwischen den einzelnen französischen Regionen. Informationen, die den Weg über die Demarkationslinie nur mühsam fanden, erreichten dank der BBC alle Franzosen, im freien ebenso wie im besetzten Teil. Die Kommunikation der Franzosen untereinander verlief zu nicht geringen Teilen über England.

Von dort aus ließen sie sich auch zu ersten, anfangs noch symbolischen Widerstandsformen inspirieren.[28] Am 23. Dezember 1940 trug de Gaulle im Radio seine Idee einer »Stunde der Hoffnung« vor: Am 1. Januar, zwischen 14 und 15 Uhr in der freien und 15 und 16 Uhr in der besetzten Zone – dort galt die deutsche Ortszeit –, sollten die Franzosen die Straßen verlassen und auf diese Weise den öffentlichen Raum symbolisch den Besatzern und ihren französischen Helfern überlassen. Das, so das Kalkül, sollte diesen klarmachen, wie viele Menschen sich von ihnen distanzierten. Die Aktion hatte zudem den Vorteil, die Beteiligten nicht in Gefahr zu bringen: Dafür, nicht auf die Straße zu gehen, konnte man niemanden bestrafen. Im März 1941 schlug de Gaulle eine neue Aktion vor: die V-Kampagne. Wo immer möglich, sollten die Franzosen ein »V« – für »victoire«, »Sieg« – an öffentliche Wände malen. Ebenfalls Teil der Zeichnung war das Lothringerkreuz, gedacht als zeichnerische Entgegnung auf das Hakenkreuz. Als im Oktober 1941 in Nantes und Bordeaux in Entgegnung auf das tödliche Attentat auf den Feldkommandanten Karl Hotz 48 Geiseln hingerichtet wurden, rief de Gaulle seine Landsleute zu einer weiteren Aktion auf: Am 31. Oktober um 16 Uhr sollten sie sich fünf Minuten lang nicht bewegen – weder bei der Arbeit noch im öffentlichen Raum. »Garde à vous«, »Nehmt euch in Acht!«, sollte die Aktion heißen. Anders als die vorhergehenden barg sie für die Beteiligten ein Risiko, denn sie fand für jedermann sichtbar im öffentlichen Raum statt. Die körperliche Unversehrtheit der Teilnehmer genoss oberste Priorität, und so rief de Gaulle für den 13. Juli 1942, den Vortag des Nationalfeiertags, die Bürger der unbesetzten Zone – und nur sie – dazu auf, ihre Häuser am Folgetag mit der Trikolore zu schmücken und die Marseillaise zu singen. Die Idee fand solchen Anklang, dass sich auch einige Bewohner der besetzten Zone zur Teilnahme entschlossen. Die Besatzer reagierten entschlossen: 5000 Personen wurden verhaftet. Dennoch ließen sich viele Anhänger de Gaulles von weiteren Aktionen nicht abschrecken. In London wiederum lernte man, die Ordnungskräfte des Vichy-Regimes auszutricksen. Die Vorlaufzeiten zwischen Aufforderung und Umsetzung wurden immer kürzer, sodass es der Polizei kaum möglich war, die Aktion vorab zu verbieten. Die Ideen aus London träfen die öffentliche Meinung zudem so genau, dass sie kaum zu unterbinden seien, beklagte sich der Regionalpräfekt von Marseille bei der Regierung in Vichy. »Es ist uns nicht mehr möglich, über Aushänge, die Presse oder auch nur das Radio Hinweise zu geben, die sich gegen die Botschaften der Agitatoren in London richten.«[29]

Weniger Sorgen musste sich die Regierung im Hinblick auf die Armee machen: Auf die Militärs machten de Gaulles Reden zunächst nur geringen Eindruck. In den Augen der meisten Kommandanten stand Pétain an der Spitze des Militärs, für die Verlautbarungen eines rebellischen und zudem degradierten Kommandanten hatten sie kein Verständnis. Diejenigen, die bereits früher mit ihm zu tun hatten, schlossen aus seinem überbordend anmutenden Selbstbewusstsein, de Gaulle überschätze sich maßlos und verkenne schlicht die Dimensionen der selbst gestellten Aufgabe. Kaum weniger abschreckend war der herrische Ton des Kommandanten. Vor allem Untergebenen gegenüber fehlte de Gaulle das Gespür für den angemessenen Umgang. Soldaten, die in London Kontakt zu ihm aufnahmen, berichteten von irritierenden Begegnungen. »Unter seiner Hose wirken seine zu langen Beine zu zerbrechlich, um einen derart massiven Körper zu stützen«, erinnerte sich ein Soldat.

> »Seine seltsame Erscheinung wird durch die seltsame Intonation seiner Stimme noch verstärkt: ›Ich werde dir nicht dazu gratulieren, dass du gekommen bist: Du hast nur deine Pflicht getan.‹ Der Besuch dauerte kaum mehr als ein paar Minuten. Ich bleibe perplex zurück. Das also ist mein Anführer: eine kalte, distanzierte, undurchdringliche und eher abstoßende Person.«[30]

Auch ein anderer Freiwilliger war ernüchtert. Kein Austausch von Höflichkeiten, stattdessen umstandslos Fragen zu Rang und Kenntnissen, anschließend eine kurze Mitteilung zum Dienstgrad in der neuen Armee. Das war es. »Die Unterhaltung war vorbei«, erinnerte sich der Soldat. »Ich grüßte und ging hinaus. Vielleicht trieb ihn ein Hauch Stolz oder

Verachtung, vielleicht auch Schüchternheit.«[31] De Gaulle mochte durch vielerlei bestechen, nicht aber durch ausladenden Charme. Stattdessen beeindruckte er durch seinen unbedingten, kaum gezügelten Willen, die Entschlossenheit, mit der er seine Pläne umzusetzen versuchte. Für die Erfordernisse der Etikette ließen die anstehenden Aufgaben weder Zeit, fand er, noch wäre ihnen damit gedient. Denn Frankreich zu retten war für de Gaulle ein Unternehmen, das sich aus sich selbst legitimierte. Höflichkeit und freundliche Floskeln hatte es nicht nötig, dafür war der Stand der Dinge zu ernst. De Gaulle, so sein späterer Biograf François Mauriac, pflegte seine kühlen Umgangsformen nicht aufgrund persönlichen Hochmuts. Vielmehr stand er im Dienst seiner Sache. Ihr ordnete er sich unter, ihr entsprach sein eigenwilliges Verhalten, das er allerdings nicht nur Untergebenen gegenüber zeigte.

> »Was diese Politiker, diese Freiwilligen (hinsichtlich de Gaulles Umgangsformen, Anm. d. Aut.) nicht verstanden, war, dass er diese Distanz auch gegenüber Churchill und Roosevelt an den Tag legte. Er hatte kein Gefühl sozialer oder persönlicher Überlegenheit. Stattdessen ging es ihm darum, seine uneingeschränkte Autorität zu sichern, eine grundlegende Autonomie, die nicht die eines Menschen war, sondern die eines Staates, ja mehr noch: die der Nation.«[32]

Überzeugt, eine historische Aufgabe erfüllen zu müssen, machte sich de Gaulle an die Arbeit: Er gewann die Länder der Kolonie Französisch-Äquatorialafrika für seine Bewegung, etablierte zunächst Brazzaville, dann Algier als Hauptstadt des freien Frankreichs. Er entsandte seine – von den Alliierten ausgerüsteten – Truppen zur Unterstützung der *Operation Torch*, der Invasion Französisch-Nordafrikas im November 1942. Die Operation förderte das Ansehen seiner Bewegung bei den Alliierten: Als sie sich wenige Wochen danach Ende einen neuen Namen gab – *France combattante* – erkannten Churchill und Roosevelt dies an. De Gaulles Truppen genossen – in Maßen – auch militärische Anerkennung. Zwar gestatteten ihnen die Alliierten bei kleineren Schlachten wie etwa der um die libysche Stadt Tobruk eine Rolle zu, doch insgesamt hatten sie eine bestenfalls nebensächliche Bedeutung. Immerhin gelang es, den Ruf weiter zu verbessern. »French Army is back«, stellten die Amerikaner nach der Invasion in Italien fest, an der sich auch de Gaulles Truppen beteiligt hatten. Doch die eigentliche Bedeutung der *France combattante* war eine symbolische: Frankreich, gaben de Gaulles Truppen Tag um Tag zu verstehen, gab im Kampf gegen die Besatzer nicht auf.

Diplomatisch hingegen traf de Gaulle mit seiner rigorosen Entschlossenheit und seinem herrischen Auftreten auf Schwierigkeiten. Präsident Franklin D. Roosevelt, nach dem Kriegseintritt der USA im Dezember 1941 zusammen mit Churchill sein wichtigster Ansprechpartner, stieß sich an der Diskrepanz zwischen dem enormen politischen Anspruch und der geringen militärischen Macht des Generals ebenso wie an der Selbstgewissheit, mit der dieser beanspruchte, sein Land zu vertreten – ganz so, als gäbe es in Vichy nicht eine offizielle Regierung. Die mochte umstritten sein und seit der Selbstabdankung des Parlaments autoritäre Züge aufweisen – demokratische Legitimität genoss sie ungeachtet ihres problematischen Kurses dennoch. Entsprechend ging Roosevelt auf Distanz. »De Gaulle hat den Anspruch, in Frankreich seine Diktatur zu errichten«, vertraute er Winston Churchill in Casablanca im Januar 1943 an, kurz vor seiner ersten persönlichen Begegnung mit dem Vertreter des *Freien Frankreichs*. »Es ist schwierig, einen Menschen zu finden, in den ich weniger Vertrauen hätte.«[33] Seine Skepsis legte Roosevelt auch während der kommenden Monate nicht ab. Anfang Juli 1944 – die *Operation Overlord*, die Landung der Alliierten an den Stränden der Normandie, war gerade durchgeführt worden – traf de Gaulle zu einem Besuch in Washington ein. Ein Ziel verfolgte er nicht, schrieb er später in seinen Memoiren: nämlich seinen Gesprächspartner um Gefälligkeiten zu bitten.[34] Der selbstbewusste Auftritt eines Mannes, dessen militärische Macht in diesem globalen Krieg kaum ins Gewicht fiel, irritierte Roosevelt auch dieses Mal. Im Gespräch mit seinem Gast gab er sich zwar freundlich und verständnisvoll, doch seiner Familie gegenüber äußerte er sich deutlicher. »Das ist kein Chef eines fremden Staates, das ist nur der Chef eines Komitees«, erklärte er seiner Frau – um seine eigentliche Auffassung nur anzudeuten.[35] Eine Woche vorher hatte er sich noch offener artikuliert: »Das ist ein Verrückter«, befand er mit Blick auf den französischen Kommandanten.

Ein Unternehmen menschlicher Solidarität

Die in Washington geäußerten Zweifel an de Gaulles politischer Legitimität ließen sich nur durch eines mindern: eine wachsende Anhängerschaft. Die baute de Gaulle Schritt für Schritt in Frankreich auf. Bereits kurz nach Beginn der Besetzung hatten sich erste Widerstandszirkel gebildet. Sie agierten zum einen propagandistisch, indem sie Zeitschriften und Flugblätter herausgaben und die Bevölkerung über den Stand der Dinge jenseits der von den Besatzern wie vom Vichy-Regime betriebenen Propaganda informierten. Zum anderen versteckten sie in Frankreich verbliebene britische Soldaten und organisierten für sie wie auch für alle anderen unmittelbar Bedrohten – allen voran die Juden – Fluchtlinien. Doch immer wieder gelang es den Besatzern, Widerstandsgruppen zu infiltrieren und auszuheben. Um sich zu schützen und zugleich ihre Effizienz zu steigern, arbeiteten die unterschiedlichen Widerstandsgruppen immer enger zusammen. So sehr sich die Gruppen ideologisch auch unterschieden, so vielfältig ihre christlichen, kommunistischen, sozialistischen oder rechtskonservativen Ansichten sein mochten, mehr und mehr einte sie nicht nur der Widerstand gegen die Besatzer, sondern auch gegen das Vichy-Regime. So lag es nahe, die aus London kommenden Aufrufe zur Geschlossenheit zur Kenntnis zu nehmen. Sie sollten sich der *France libre* anschließen und mit ihr zusammenarbeiten, forderte de Gaulle die Widerstandskämpfer auf. Die waren für den Vorschlag aus zwei Gründen offen: Zum einen brauchten sie Waffen. Zum anderen waren sie darauf angewiesen, ihre spezifischen, keineswegs von der gesamten Bevölkerung geteilten Motive hinter sich zu lassen und ihre Arbeit durch den Zusammenschluss auf eine nationale Basis zu stellen. Ginge es um das Wohl des gesamten Landes statt um sektiererische Sonderinteressen, würde das Ansehen der *Résistance* in der Bevölkerung noch mehr steigen – und ihre Arbeit zusätzlich legitimieren. Genau das schien durch die Vereinigung mit de Gaulles Bewegung möglich. Dies käme umgekehrt auch dessen Verhandlungen mit Churchill und vor allem mit Roosevelt zugute.

Ein entscheidender Schritt wurde im September 1941 getan: Jean Moulin, der spätere, im Juli 1943 von den Nazis ermordete Chef des innerfranzösischen Widerstands, reiste nach London. Er vertrat nicht nur drei große Widerstandsorganisationen, sondern gehörte als Präfekt des Départements Eure-et-Loire auch dem institutionellen Frankreich an, war mithin einer jener Funktionsträger, deren Unterstützung für de Gaulles Bewegung propagandistisch so wichtig war. Unmittelbar nach der Niederlage von den Besatzern gefoltert, machte sich Moulin über den Charakter der Besatzung keinerlei Illusionen. Die Widerstandskämpfer bekämpften nicht nur einen Feind, war er überzeugt. Sie setzten auch ein Zeichen, vertraten die Würde des Landes. Umso mehr kam es darauf an, dass sie sich zusammenschlosssen: »Diese Männer und Frauen mit allen politischen und sozialen Hintergründen, die einst in ihren Vorurteilen gefangen, die einander oft unbekannt, ja vielleicht Feinde waren, sie kommunizieren heute im gleichen Glauben und sind bereit, ein fast beispielloses Unternehmen der menschlichen Solidarität zu verwirklichen.«[36]

Um den gleichen Glauben auch organisatorisch umzusetzen, traf Moulin am 25. Oktober 1941 de Gaulle. Gut zwei Stunden besprachen sich die beiden. Die Unterredung war konstruktiv, dem Konservativen und dem linken Liberalen gelang es, ihre politischen Differenzen beiseite zu räumen. Umstandslos konzentrierten sie sich auf die anstehende Arbeit. »Das war meine Aufgabe«, schrieb de Gaulle in seinen zu Teilen im Präsenz gehaltenen *Mémoires*:

> »Frankreich im Krieg neu zu einer Gruppe zusammenzufügen; dem Land den Umsturz zu ersparen; ihm ein Schicksal zu bereiten, das nur von ihm selbst abhängt. ... Es ist die gesamte Bevölkerung, die ich zusammenbringen muss. Gegen den Feind, trotz der Alliierten, trotz der furchtbaren Spaltungen werde ich um mich herum die Einheit des zerrissenen Frankreichs schaffen müssen.«[37]

Das beiderseitige Einverständnis führte zu raschen Entscheidungen: Kurz nach dem Gespräch ernannte der Führer der *France libre* seinen Gast zu deren oberstem Repräsentanten in Frankreich. Dorthin zurückgekehrt, organisierte Moulin den Widerstand, und zwar auf der Grundlage jenes Organisationsplans, den de Gaulle am 5. November offiziell verkündete: strikte Trennung des politischen und des militärischen Widerstands. Aufteilung des letzteren in verschiedene Bereiche: Hilfsgruppen, Kommandos, Saboteure, Agenten für Aufklärung und Gegenspionage. »Zentralisierung und Koordinierung werden von London aus geleistet«, verfügte de Gaulle.[38] Allerdings, erinnerte Léon Blum de Gaulle im November 1942, galt es, auch im Widerstand die politische Vielfalt und damit dessen demokratische Legitimation zu wahren. Träger dieser Vielfalt waren die Parteien. Deren Existenz gelte es zu achten. Sie einer vereinten Widerstandsfront zu opfern, wäre ein Fehler. »Es kann keine Demokratie ohne Parteien geben«, mahnte Blum den Kommandanten in einem Brief. »Sie müssen moralisiert, revitalisiert und keinesfalls überwunden werden. Ein demokratischer Staat ist unumgänglich eine Föderation von Parteien, so wie die Europäische Gemeinschaft von morgen notwendigerweise eine Föderation freier Nationen sein wird.«[39]

Ähnlich wie Blum sah es auch Moulin. In diesem Bewusstsein – Einheit in politischer Vielfalt – führte er in Frankreich zahllose Gespräche. Dank großen diplomatischen Geschicks und hoher persönlicher Autorität gelang es ihm, die Führer der einzelnen Gruppen zum Zusammenschluss zu bewegen. Dass er Erfolg haben würde, war alles andere als ausgemacht. Denn um eine möglichst breite Front hinter sich zu vereinen, mussten er und de Gaulle auch auf die Kommunisten setzen. Zwar hatte de Gaulle selbst, um das schwierige Verhältnis zu den USA auszubalancieren, immer wieder den Kontakt zur Sowjetunion gesucht. Doch ließ er sich von rein strategischen Überlegungen leiten, ideologisch blieb er auf Distanz. Trotzdem war der Kontakt zu den eng an Moskau orientierten französischen Kommunisten riskant. »Wird der sowjetische Staat es hinnehmen, sich in die internationale Gemeinschaft zu integrieren, was auch bedeutet, dass er darauf verzichtet, sich in die inneren Angelegenheiten der anderen Staaten einzumischen«, fragte der ehemalige Premier Léon Blum de Gaulle in einem Brief vom März 1943.[40] Scharfsichtig umriss Blum das Risiko des Zusammenschlusses. Wie Pétain seine nationale Revolution, so folgten auch die französischen Kommunisten einer verborgenen Agenda. Aus der Perspektive Moskaus ging es nicht allein um die Befreiung Frankreichs, sondern auch um dessen Position in der europäischen Ordnung nach Kriegsende. »Wir brauchen auf dem europäischen Kontinent ein Gegengewicht zu England und den Vereinigten Staaten«, schrieb im Oktober 1943 der sowjetische Vizeaußenminister

Solomon Lozovski, stellvertretender Volkskommissar für Außenbeziehungen der UdSSR. »Das einzige Land, das diese Rolle spielen kann, ist Frankreich. Wir müssen entscheiden, a), bis zu welchem Grad Frankreich wieder aufzurichten ist und b), wie wir vorgehen müssen, damit Frankreich nach dem Krieg weder mit England noch den Vereinigten Staaten einen Block bildet.«[41] So galten die Kommunisten von Anfang an als schwieriger Partner. Zwar verabschiedete sich der *Parti Communiste français* (PCF), die Französische Kommunistische Partei, im Sommer 1941 von ihrer bis dahin vertretenen Auffassung, der Krieg sei einer zwischen imperialistischen Staaten, den es darum mit Blick auf beide Seiten abzulehnen gelte. Doch auch dieser Beschluss entsprach wesentlich einer Anweisung Stalins, der seit dem deutschen Überfall auf Russland den Kampf gegen Hitlers Truppen an sämtlichen Fronten forderte. Die französischen Kommunisten gehorchten und stürzten sich in den militärischen Widerstand, dessen Erfolge überschaubar waren, aber zu drakonischen Maßnahmen der Deutschen führten – so etwa der Massenhinrichtung von 48 überwiegend kommunistischen Geiseln im Oktober 1941. Noch entschiedener integrierten sich die Kommunisten im Spätsommer 1942, als der zunehmend bedrängte Stalin die kommunistischen Parteien aufforderte, sich patriotischen Bündnissen anzuschließen. Tatsächlich sprach sich die Leitung der PCF für einen »historischen Kompromiss« aus, in dessen Rahmen sie fortan auch mit den aus ihrer Sicht »bürgerlichen« Kräften zusammenarbeitete. Der PCF war bewusst, dass die verstärkte Integration zudem half, aus der politischen Isolierung herauszutreten, in die sie nach dem Hitler-Stalin-Pakt geraten war. Auch darum traten zwei ihrer Führer umgehend dem im Mai 1943 gegründeten *Conseil national de la Résistance* (CNR), dem »Nationalen Widerstandskomitee«, bei. So schien de Gaulles Rechnung zunächst aufzugehen: Bände er sie ein, könnte er die Kommunisten zähmen und zu Kompromissen bewegen. Die aber dachten nicht daran, sich umstandslos unterzuordnen. Systematisch versuchten sie, die Institutionen des französischen Widerstands zu infiltrieren, auch, indem sie in diese Aktivisten einschleusten, die sich als Kommunisten nicht zu erkennen gaben. So hatte de Gaulle äußerste Mühe, die Kommunisten bei der Stange zu halten. Ohne sein Weltbild zu teilen, akzeptierten sie angesichts des Drucks, den der Feind ausübte, de Gaulle als obersten Kommandanten. »Die Libération hatte einen nicht-gaullistischen Anfang, doch dann zeigte die Kraft der Symbolik, dass es unmöglich war, auf etwas anderes als den Gaullismus zu setzen«, erinnerte sich der Widerständler Emmanuel d'Astier de la Vigerie.[42]

»Symbol, nicht Macht«

De Gaulle war ein Mythos geworden, ein Übermensch in den Augen von Millionen. »In der France Libre ist alles Symbol, nicht Macht«, bemerkte d'Astier de la Vigerie nur wenige Jahre nach dem Ende des Krieges.[43] Paradox aber: Eben dadurch wirkte er, entfaltete er seine Sogkraft und über sie den Zukunftsglauben seiner Landsleute. Einen Glauben, für den nicht wenige erhebliche Opfer brachten, viel zu oft auch das des eigenen Lebens. »Es ist allein der Name de Gaulle, der für die Widerstandskämpfer zählt«, bemerkten der britische Außenminister Anthony Eden und Vizepremier Clement Attlee. »Der de Gaulle, dem sie folgen, ist offenbar eine halbmythische Figur, ganz anders als jene, die wir kennen.«[44] Durch diese Verwandlung erwies der Kommandant den Franzosen einen kaum zu unterschätzenden Dienst. »De Gaulle hat diesen Millionen von Franzosen eine unvergleichliche psychologische Hilfe gewährt«, beschrieb der Widerstandskämpfer Claude Bourdet die Prozesse, die schließlich zur Identifikation so vieler Franzosen mit dem Kommandanten führten – völlig unabhängig davon, ob sie ihn aktiv unterstützten oder in der Deckung blieben.[45] Anders als die im Verborgenen agierenden Widerstandsgruppen handelte de Gaulle vor aller Augen. Er war es, der mit den Alliierten verhandelte, und zwar, so schien es, auf Augenhöhe. Er war es, der eine Alternative zur Niederlage aufgezeigt hatte. Er war es, der seine Männer, wo immer möglich, in den Kampf gegen Deutschland schickte. De Gaulle, das war der personifizierte Widerstand, in ihm inkarnierte sich der nationale Stolz. Darum, so Bourdet, wurde de Gaulle zu einer Erlösergestalt:

> »Wenn de Gaulle der Heiland war, wenn er in sich den gesamten Widerstand absorbierte, dann also konnte man dank seiner von allen vergangenen Irrtü-

mern befreit und errettet werden: Ich war mit ihm in London, in Bir Hakeim, mit ihm im Maquis. ... Man konnte also auch sagen: De Gaulle war für uns in London, in Bir Hakeim oder im Maquis, es läuft immer auf dasselbe hinaus. Ein Erlöser jedenfalls verlangt allein Glauben und nicht Taten.«

Der Preis der Freiheit
Motive des Engagements

> Die Deutschen waren bei mir.
> Man hat mir gesagt, füge dich.
> Doch ich konnte es nicht
> Und nahm meine Waffe wieder zur Hand.
>
> *Robert Desnos, 1900–1945,*
> *Couplets de la rue Saint-Martin*

Die Besatzer scheuten keine Gewalt. Wer sich ihnen nicht fügte, musste mit enthemmten Reaktionen rechnen. Nicht einmal ein Amt schützte vor der Willkür zorniger Deutscher. Am 17. Juni 1940, die französischen Truppen hatten sich in der Stadt Chartres gerade aus den letzten kleinen Scharmützeln zurückgezogen, wurde Jean Moulin, Präfekt des Départements Eure-et-Loir, in das Büro der Besatzer zitiert. Im Namen Frankreichs kämpfende senegalesische Soldaten, Mitglieder der berühmten *Tirailleurs sénégalais* (»Senegalesische Schützenverbände«), hätten Bürger des nahegelegenen Örtchens La Taye grausam misshandelt, teilten ihm drei deutsche Offiziere mit.

Jean Moulin hielt dagegen: Ein solches Verhalten sei für die senegalesischen Soldaten völlig untypisch. Doch die Offiziere wollten davon nichts wissen. Die Realität interessierte sie nicht, sie hatten andere Motive. Sie griffen die Beschuldigung nur auf, weil sie als Gerücht gerade die Runde machte. In der Nacht zuvor hatten sich deutsche Soldaten erzählt, die Senegalesen hätten einen Kameraden mit blankem Messer angegriffen und regelrecht abgestochen. Später stellte sich heraus, dass der Soldat in ein Sperrfeuer regulärer französischer Verbände geraten war. Kein ungewöhnlicher Vorfall in jenen Tagen. Doch die Besatzer drängten auf Rache: Der Feind sollte eine Lektion erhalten und sich umgehend an die neuen Machtverhältnisse gewöhnen. Das Gerücht um den senegalesischen Soldaten gab eine wunderbare Vorlage. Nicht von einem, sondern von mehreren Soldaten aus der westafrikanischen Kolonie war nun die Rede. Die, so der Vorwurf, hätten in La Taye Frauen vergewaltigt, zusammen mit ihren Kinder gequält und anschließend getötet. Tatsächlich waren diese Frauen im Bahnhof des Örtchens gestorben, umgekommen höchstwahrscheinlich durch deutsche Luftangriffe.

Doch die Besatzer beharrten auf ihrer Version und Moulin sollte sie durch seine Unterschrift offiziell bestätigen. Sie würde den Deutschen den Nimbus moralischer Integrität verleihen, die geeignet wäre, sie vor den Bürgern der Region als Repräsentanten von Recht und Ordnung, ja sogar als Retter vor barbarischer Brutalität erscheinen zu lassen. Moulin weigerte sich, die Unterschrift zu leisten. Die Ehre Frankreichs, in deren Namen de Gaulle im großen Maßstab zu Felde zog, verteidigte er auf lokaler Ebene. »Glauben Sie wirklich, ein Franzose und zudem ein hoher Amtsträger, der die Aufgabe hat, sein Land vor dem Feind zu vertreten, könnte es akzeptieren, ein solch niederträchtiges Papier zu unterschreiben«[1], antwortete Moulin, seinen Aufzeichnungen zufolge, den Besatzern. Die Stimmen der Offiziere wurden lauter, warnten ihn, sich der Unterschrift zu widersetzen. Moulin verweigerte sie weiterhin. Die Offiziere versetzten ihm einen ersten Hieb, einer der Kommandanten drückte ihm einen Pistolenlauf in den Rücken. »›Unterschreiben Sie‹, sagt mir der blonde Offizier, ›oder Sie werden erfahren, was es bringt, deutsche Offiziere zu provozieren.‹«

Moulin weigerte sich erneut. Stattdessen verlangte er, den deutschen General zu sprechen, denn den habe er ja eigentlich treffen sollen. Höhnisches Gelächter der Deutschen war die Antwort. Ein Offizier befahl einem der Wächter, Moulin in einen anderen Raum zu führen. »Weil ich für seinen Geschmack nicht schnell genug über die Schwelle des Raumes trete, versetzt er mir einen derartigen Schlag in die Nieren, dass ich zu Boden stürze. Bevor ich die Zeit habe, mich zu erheben, regnet es Stiefeltritte auf mich. Sie stammen von dem Offizier, zu dem man mich geführt hat.«[2] Die Diskussion setzte sich fort. Der Zorn der Offiziere stieg. »Irgendwann im Laufe der Diskussion stürzte sich der große dunkle Offizier, mein Folterknecht Nr. 2, der einen Foxterrier an seiner Seite hat, auf mich und schlägt mich brutal mit der Leine seines Hundes. Sie ließen mich nicht einen Moment sitzen. Ich frage mich, wie lange ich das aushalten kann.«[3]

Dass die Deutschen ihren Opfern gegenüber keine Skrupel zeigen würden, hatte Moulin bereits vor der Niederlage Frankreichs gegen die Deutschen geahnt. »PS. Sollten die Deutschen – sie sind zu allem fähig – mich Dinge sagen lassen, die gegen die Ehre gehen, wisst Ihr, dass das nicht wahr ist«, hatte er am 15. Juni seiner Mutter und seiner Schwester geschrieben.[4] Zwei Tage später drohten seine Befürchtungen wahr zu werden. Unter den Schlägen fürchtete er einzuknicken und das Dokument zu unterschreiben, vermochte dann aber doch letzte Reserven zu mobilisieren.

Er wolle Beweise für die Anschuldigungen sehen, erklärte er den Deutschen. Die setzten ihn schließlich in einen Wagen und fuhren zu einem Hangar. Einer der Offiziere öffnete ein Tor.

> »Mit einer Handbewegung weist er auf neun nebeneinander aufgereihte bedauernswerte Leichen, geschwollen, entstellt, formlos. Ihre zerrissene und befleckte Kleidung erlaubt es kaum, ihr Geschlecht zu unterscheiden. Auch mehrere Kinderleichen befinden sich dort. Bei zwei oder drei der Opfer deuten die verbogenen Gelenke auf die erlittenen Todesqualen hin.«[5]

Waren die Leichen ein Beweis für die Aggression der französisch-senegalesischen Soldaten? Nein, sagte Moulin: Die Art der Verletzungen zeige klar, dass es sich um Opfer von Luftangriffen handle. Es setzte neue Schläge, wieder mit aller Wucht. Anschließend schlossen die Offiziere den Präfekten mit den Leichen ein, bei denen bereits der Verwesungsprozess eingesetzt hatte. »Ich wurde auf diese menschlichen Überreste gestoßen, und der kalte, klebrige Kontakt ließ mich bis aufs Mark erstarren. In der Dunkelheit dieses Verlieses, mit dem abstoßenden Geruch der Leichen, der mir in die Nase steigt, scheint mir, als bekäme ich einen Fieberanfall. Ich spüre, dass ich keinen Widerstand mehr leisten kann.«[6] Doch auch als sich nach einer Weile die Tore des Hangars wieder öffneten, unterschrieb Moulin nicht.

Inzwischen war es Abend, die Offiziere sperrten ihn unter höhnischen Anspielungen auf homosexuelle Neigungen zusammen mit einem Soldaten aus dem Senegal in eine Zelle, in der beide die Nacht verbrachten. Der Aufenthalt war nach den Torturen auch eine psychische Belastung. Einen weiteren Tag von Verhören glaubte Moulin nicht überstehen zu können. So griff er zum letzten Mittel: Mit einer Scherbe versuchte er, sich die Halsschlagader aufzuschneiden, doch der Versuch misslang. Überraschung am nächsten Morgen: Das Verhör wurde nicht fortgesetzt, stattdessen brachten die Besatzer ihn zu einem der Ärzte von Chartres und nach der Untersuchung zur Präfektur. Moulin hatte die Tortur überlebt.

Pflicht und Freiheit

Kraft zum Widerstand: Moulin bezog sie aus seinem Glauben an die Ehre Frankreichs – eine Ehre, die es auch im schwierigsten Moment zu verteidigen galt. Was dies kostete, erfuhr er in den langen Stunden des 17. und 18. Juni. Auch anderswo gingen die Besatzer aggressiv vor. Doch gerade mit ihrer enthemmten Brutalität trieben sie einige Franzosen in den Widerstand. Die Dichterin Madeleine Riffaud war 15 Jahre alt, als sie im Juni 1940 mit ihren Eltern vor den anrückenden Deutschen floh. Am Bahnhof von Amiens wurde die junge Frau von einer Gruppe deutscher Soldaten belästigt. Der Offizier rief seine Untergebenen zur Ordnung, doch im selben Moment, erinnerte sie sich, »gab er mir einen gewaltigen Tritt in den Hintern, der mich in die Luft hob. Ich war ungeheuer wütend, empfand Erniedrigung und Zorn, und in meinem Zorn gelobte ich mir, dass ich zur Résistance stoßen würde. Ich werde die finden, die Widerstand leisten. Alles begann in diesem Moment.«[7] Im November 1940 versammelten sich in Paris Studenten und zogen zum Grab des unbekannten Soldaten. Allesamt hatten sie sich den Schriftzug »gaules« – die Bezeichnung für die einst auf französischem Gebiet lebenden keltischen Stämme – an die Schulter geheftet. Wo Nazis waren, sollten wieder Franzosen sein, so die ungefähre Botschaft des Aufzugs. Für die Besatzer war das eine ungeheure Provokation. Sie gingen gegen die Demonstranten mit aller Härte vor. Zeugin der Szene war die Schriftstellerin Benoîte Groult. Einer ihrer Freunde wurde mit anderen Demonstranten ins Cherche-Midi-Gefängnis gebracht.

> »Sie wurden getreten, mit Gewehrkolben geschlagen und von den deutschen Soldaten angespuckt. Man teilte ihnen mit, dass sie am nächsten Morgen er-

Arbeiter beim Ausbessern eines Großfotos mit Porträtaufnahme von Jean Moulin an der Fassade des *Mémorial Leclerc et de la Libération de Paris* – Musée Jean Moulin.

schossen würden, ein Umstand, der das Stehen nicht einfacher machte. Einer der Studenten wurde während der Nacht ohnmächtig. Er wurde liegen gelassen, wo er sich befand. Die Jungen waren sicherlich nicht die gleichen, als sie nach Hause kamen. Die Lektion war nicht abstrakt, wie das Lesen von ›Mein Kampf‹. Ein Tritt ins Gesicht bewirkt mehr als jede Propaganda.«[8]

Andere Franzosen stießen sich vor allem an der symbolischen Gewalt, die die Deutschen praktizierten. Kaum einmarschiert, markierten sie unübersehbar den öffentlichen Raum, und dies nicht mit nationalen deutschen Emblemen, sondern dezidiert mit Emblemen der NSDAP. »Auf dem Schloss von Versailles wurde die Hakenkreuzflagge gehisst«, erinnerte sich Jacqueline Fleury-Marié, damals 17 Jahre alt. »Das löste bei uns furchtbare Emotionen aus: Das Symbol des Besatzers auf einem vertrauten Monument, das die Geschichte Frankreichs verkörpert. Die Nazis setzten zu immer mehr Militärparaden auf dem Schlossplatz an. Eine Niederträchtigkeit. Eine mehr!«[9] Die Paraden der Nationalsozialisten waren der jungen Frau eine unerträgliche Schmach, die sie nicht hinnehmen wollte. »Ich werde nie dieses bittere Gefühl loswerden, das mich angesichts der Omnipräsenz deutscher Soldaten ergriff. Eine Verachtung, die mir, vermittelt über meine Mutter, ohne jeden Zweifel deutlich machte, worin unsere Aufgabe bestünde.«[10] Jacqueline Fleury-Marié schloss sich dem Widerstand an. Sie engagierte sich vor allem als Botin, half, wichtige Informationen innerhalb des Widerstands zu verteilen. Über Jahre arbeitete sie auf diese Weise, bis sie im Juni 1944 von der Gestapo verhaftet wurde. Im August wurde sie in das Konzentrationslager Ravensbrück deportiert. Dort traf sie ihre Mutter. Im April 1945 auf einen der »Todesmärsche« geschickt, gelang ihr die Flucht. Nach dem Einmarsch der Roten Armee kehrte sie über die amerikanische Zone im Mai 1945 nach Paris zurück.

Wut, Zorn, Ohnmacht, Entsetzen über die Brutalität der Besatzer: Für nicht wenige Franzosen waren dies wesentliche Motive, den Deutschen Widerstand zu leisten. Die Gewalt war so nicht hinnehmbar, der höhnisch-arrogante Auftritt der Deutschen rief nach Gegenwehr. Vor allem aber zwang sie zu geradezu letzten Fragen. Was konnte ein Mensch tun in der äußersten Not? Wo begann, wo endete seine Verantwortung? Wie groß war sein Entscheidungsrahmen? Angesichts der Verbrechen der Besatzer war Widerstand richtig, vielleicht sogar Pflicht. Doch zugleich brachte er den, der ihn leistete, in tödliche Gefahr. Wer dem Feind in die Hände fiel, konnte auf Gnade nicht hoffen. »Ich denke an euch bis zur letzten Minute und danke euch, aus mir einen ehrenhaften Mann gemacht zu haben«, schrieb Louis Kalmanovitch, Mitglied und einer der Gründer der Widerstandsgruppe *Francs-tireurs*, am 22. Februar 1942 seinen Eltern. Gut zwei Monate zuvor war er verhaftet worden. »Ich drücke euch fest an mein Herz und umarme euch zärtlich ein letztes Mal.«[11]

Noch am selben Tag wurde er erschossen. »Ich bin von starker seelischer Verfassung und werde mich anstrengen, sie bis zum letzten Moment zu behalten, denn es ist schwierig, zu sterben, wenn man 32 Jahre alt ist und jemanden liebt«, schrieb Leon Pakin, Gründer der jüdischen Widerstandsgruppe *Francs-tireurs et partisans – main d'*œuvre *immigrée* (FTP-MOI) seiner Freundin. Pakin war Ende Juni 1942 bei einer Widerstandsaktion verhaftet worden. Einen Monat später trat er vor ein Erschießungskommando.[12]

Was bedeutete es, sich den Besatzern ungeachtet des tödlichen Risikos entgegenzustellen? Es war der höchste Akt menschlicher Entscheidungsgabe, formulierte Jean-Paul Sartre. »Niemals waren wir freier als unter der deutschen Besatzung«, schrieb der Philosoph in seinem berühmten Essay *La République du Silence*, erschienen im September 1944.[13]

> »Weil das Nazi-Gift bis in unser Denken glitt, war jeder angemessene Gedanke eine Eroberung; weil eine allmächtige Polizei uns zur Stille zu zwingen versuchte, wurde jedes Wort wertvoll wie eine Prinzipienerklärung. Weil wir umstellt waren, hatte jede unserer Gesten das Gewicht eines Engagements. Die oft furchtbaren Umstände unseres Kampfes versetzten uns in die Lage, ohne Schutz und Verstellung jene zerrissene, unhaltbare Situation zu durchleben, die man die condition humaine nennt.«

Die *condition humaine*: Es schwang Pathos mit in dem Begriff. Trotzdem war er angemessen. Denn es ging um nicht weniger als Leben und Tod, um Entscheidungen, die schwer, vielleicht überhaupt nicht kalkulierbar waren und bei denen Glück und Unglück eine Rolle spielten, dramatischer formuliert: das Schicksal. »So war die Frage der Freiheit selbst gestellt, und wir befanden uns am Rande der tiefsten Kenntnis, die der Mensch von sich selber haben kann. Denn das Geheimnis eines Menschen ist nicht sein Ödipus- oder Minderwertigkeitskomplex, es ist die Grenze seiner Freiheit, es ist seine Widerstandskraft gegenüber der Pein und dem Tod.«

Das gefährdete, schmerzhafte Leben, befand Sartre, entfaltete seine volle Wucht unter der Herrschaft der Nazis. Das Land befand sich in eisernem Griff, in dem jede Bewegung in eine nicht gewünschte Richtung äußerste Kraft und äußersten Mut erforderte.

»Denjenigen, die eine Existenz im Untergrund führten, brachten die Umstände ihres Kampfes eine neue Erfahrung: Sie kämpften nicht im Offenen, wie Soldaten; eingeschlossen in Einsamkeit und Verlassenheit, widerstanden sie den Qualen in vollkommenster Hilf- und Schutzlosigkeit: Allein und nackt standen sie vor wohlrasierten, wohlgenährten, gut gekleideten Henkern, die sich über ihr elendes Fleisch lustig machten und denen ihr selbstzufriedenes Bewusstsein, ihre grenzenlose soziale Macht allen Anschein gaben, recht zu haben.«

In aller Schärfe umriss Sartre die Konsequenzen einer Entscheidung, die er als eine zur Freiheit beschrieb. Sich herauszureißen aus den Bedingungen des gewöhnlichen Daseins, sich der Gefahr zu stellen und das Äußerste zu wagen: Dadurch, so der Philosoph, bewiesen die Widerstandskämpfer enorme, alle gewöhnlichen Maßstäbe sprengende Willenskraft. Sartre selbst allerdings stellte sich den Konsequenzen der von ihm umrissenen Freiheit nur halbherzig: So gründete er zwar eine Widerstandsbewegung, *Socialisme et Liberté* (»Sozialismus und Freiheit«), doch diese bestand nur kurzfristig: gegründet 1941, löste sie sich noch im selben Jahr wieder auf. Zudem beschränkten sich ihre Mitglieder auf Aktionen überschaubaren Risikos, nämlich Debatten im vertrauten Kreis.[14] Insgesamt, so der Historiker Michel Winock, fiel Sartres Engagement im Widerstand bescheiden aus: »Nichts von einem heldenhaften, ja nicht einmal besonders aktiven Widerstand.«[15] Wenn er nach der Befreiung dennoch weltweit als engagierter Dichter gefeiert wurde, so darum, weil er von August 1944 an – just jenem Monat, in dem Paris befreit wurde – in der im Untergrund gegründeten Zeitschrift *Combat* schrieb. Des Weiteren verdankte er sein Renommee seinem Aufsatz *La République du Silence*, ein Meisterstück der eindringlichen Beschreibung. Im Dezember desselben Jahres veröffentlichte *The Atlantic Monthly* den Text, begleitet von einer angesichts seines bescheidenen Engagements ausgesprochen großzügigen Anmerkung zum Autor: »Jean-Paul Sartre ist ein französischer Dichter und Schriftsteller, der sich in den langen Jahren der deutschen Besatzung als einer der militärischen Führer der FFI (*Forces françaises de l'intérieur*, der im Februar vereinten französischen Widerstandsbewegungen, Anm. d. Aut.) profiliert hat.«[16] Das war glatt erfunden, doch Sartre wies die Behauptung nicht zurück. Stattdessen sonnte er sich im Ruf des im Widerstand aktiven Schriftstellers, der er nie gewesen war. Allerdings, so sein

Biograf John Gerassi, könnte der unverdiente Ruhm den Philosophen dazu getrieben haben, sich fortan in jenen engagierten Schriftsteller zu verwandeln, der er im Krieg nicht gewesen war: »Seit 1945 hat Sartre mehr als jeder andere Intellektuelle auf der Welt getan, um die Ungerechtigkeit anzuprangern und die Verdammten der Erde zu unterstützen.«[17] Keine Entscheidung blieb folgenlos, jeder Schritt hatte Konsequenzen. Die Literaturwissenschaftlerin Susan Suleiman weist mit Blick auf Sartres Selbstinszenierung auf ein aufschlussreiches Zitat aus dessen 1944 erschienenem Werk *L'être et le néant* (»Das Sein und das Nichts«) hin: »So wählen wir unsere Vergangenheit im Lichte eines bestimmten Endes, aber von da an drängt sie sich auf und verschlingt uns.«[18]

Die Gewissheit eines Gläubigen

In den ersten Wochen und Monaten der Besatzung schauten die angehenden Widerstandskämpfer indessen in eine höchst riskante Zukunft. »Das Bewusstsein der Niederlage verhalf einem alten nationalistischen Reflex aufs Neue zum Leben, verbunden mit einem tief empfundenen Gefühl der Niederlage und der Wut angesichts der Vorstellung, dass diese Leute nun in unseren Häusern zu Hause waren«[19], erinnerte sich Jean-Pierre Vernant alias »Colonel Berthier«. Hinzu gesellte sich ein tief empfundener Antifaschismus, ein Hass auf die gesamte Lage. Empfindungen wie diese standen vielfach am Anfang des Widerstands. Es ging um die Ehre und Identität des Landes – wie auch um Ehre und Identität der Franzosen selbst. »Letztlich haben wir immer geglaubt, dass unsere Rolle darin bestand, an der inneren Front zu kämpfen«, beschrieb der Historiker und ehemalige Widerstandskämpfer Henri-Irénée Marrou die damalige Atmosphäre. Er und seine Kameraden sahen sich als »Front des geistigen Widerstands gegen das Hitlertum – um den militärischen Sieg nicht nutzlos oder auf tragische Weise illegitim werden zu lassen.«[20]

So unterschiedlich ihr Engagement auch sein mochte, ein Motiv teilten viele der zum Widerstand sich entscheidenden Franzosen: Es ging darum, den Deutschen entgegenzutreten. Ein Zeichen zu setzen, die Würde des Landes zu wahren, den Besatzern zu verstehen zu geben, dass sie militärisch zwar gesiegt, die Franzosen darum aber noch lange nicht moralisch unterworfen, nicht in devote Feiglinge verwandelt hatten. Den Siegern mit Waffen beizukommen, war unmöglich, niemand machte sich darüber Illusionen. Und doch, notierte der Schriftsteller François Mauriac in seinem 1943 veröffentlichten *Cahier noir*, einer Meditation über die Motive des Widerstands, würden die Waffen am Ende nicht triumphieren. Gegen das Wort würden sie letztlich nicht ankommen. Jedenfalls dann nicht, wenn jene, die mit dem Wort stritten, auch den technischen Fortschritt nicht verschmähten: »Die Waffen entscheiden in der Debatte um Ideen über nichts. Weder hat unser Sieg von 1918 bewiesen, dass Demokratien Recht haben, noch unsere Niederlage von 1940, dass sie schuldig sind. Die Technik, die sie nun besiegt hat, wird eines Tages ihren Triumph garantieren.«[21]

Doch vorerst konnten die Widerstandskämpfer auf Technik, zumindest Waffentechnik, nicht ernsthaft setzen. Darin waren die Deutschen ihnen unendlich überlegen. »Wir hatten wirklich nichts anderes zu tun als intellektuelle und moralische Arbeit gegen die Deutschen zu setzen, indem wir Propaganda betrieben«, so Christian Pineau, einer der Gründer von *Libération-Nord*.[22] Es ging um Gesten der Ermutigung, der Selbstvergewisserung, um den Glauben, dass die Lage, so verzweifelt sie auch scheinen mochte, sich – irgendwann und irgendwie, letztlich aber ganz gewiss – ändern ließ, auch die neue, übermächtig scheinende Wirklichkeit am Ende vorübergehen würde. Und es ging darum, der Propaganda der Sieger etwas entgegenzusetzen. Für François Mauriac wurde der Widerstand gegen die Besatzer so zu einem Kampf um den Menschen, genauer, das angemessene Bild des Menschen.

> »Wir müssen die Tendenz zur Verachtung des Menschen bekämpfen. Der Gegner gewinnt über uns in dem Maß, in dem wir jener Verachtung weichen, die die Grundlage seiner Doktrin ist. Die Verachtung des Menschen ist nötig für jene, die ihn brauchen und missbrauchen wollen. Für seine Zwecke kann man sich nicht einer unsterblichen, beinahe göttlichen Kreatur bedienen. Darum erniedrigen sie (die Nationalsozialisten, Anm. d. Aut.) ihre Opfer von Anfang an.«[23]

Dagegen galt es sich aufzulehnen. Zunächst schien es, als wären die Franzosen dazu bereit, hielt die Kunsthistorikerin Agnès Humbert fest. Auch sie war vor den herannahenden Deutschen zunächst geflohen. Doch dann vernahm sie ermutigende Nachrichten. »Heute Morgen hörten wir, dass die deutschen Plakate, kaum dass sie befestigt wurden, wieder heruntergerissen und zerstört werden. Die Bürger von Paris rebellieren bereits. Damit ist es entschieden: ich kehre zurück!«[24] Die Rückkehr war allerdings ernüchternd: Die meisten ihrer Landsleute waren mit anderem beschäftigt, als Plakate des Feindes zu entfernen. Ihre Sorgen waren prosaischer. Und ihr Benehmen war es auch:

> »Ich finde alles so verändert vor, dass ich mich frage, ob mit mir etwas nicht in Ordnung ist. Ich mustere mich im Spiegel. Das Ergebnis ist eindeutig: In den letzten sechs Wochen bin ich gealtert und habe abgenommen. Aber wie steht es um meine Moral? Welcher Spiegel könnte mir deren Verwüstungen zeigen? Und doch glaube ich – ach, was sage ich – dass sich meine Denkweise nicht geändert hat. Die Menschen um mich herum sind andere, sind anders als früher. Sie haben Zuflucht zu einer diskreten flüchtigen Haltung gefunden, eine träge Zufriedenheit darüber, noch am Leben zu sein.«[25]

Militärisch war das Land besiegt, und auch psychologisch hatten einige Franzosen die Waffen gestreckt. Zumindest jene, die Agnès Humbert dabei beobachtete, wie sie den Deutschen das Gepäck trugen – eine devote Geste, beschämend für die Träger selbst wie für alle, die Zeugen der Szene wurden. Der Akt demonstrierte die völlige Unterwerfung und damit die vorbehaltlose Anerkennung der neuen Realität. Eben das war fatal, bemerkte Humbert. Denn nichts besiegelte die Niederlage gründlicher als deren Akzeptanz. Zwischen Siegern und einigen der Besiegten hatte sich ein neues Verhältnis etabliert, in dem jeder der Beteiligten seine Rolle gefunden und sich in ihr eingerichtet hatte. Erst dadurch triumphierten die Deutschen endgültig.

> »Man muss das beenden, sie dürfen uns nicht kolonisieren, nicht alle unsere Güter auf den Rücken unserer Männer tragen lassen, während sie selbst sich mit baumelnden Armen, glücklichem Gesicht, angelegtem Gürtel und gut polierten Stiefeln bewegen. Nein, das darf nicht sein. Damit wir das nicht mehr sehen, sind wir gezwungen, zu töten. Zu töten wie wilde Tiere, töten, um zu leben. Heimtückisch zu töten, unschuldige Menschen zu töten. Man muss es tun, und ich werde es tun.«[26]

Wissenschaftliche Angestellte im Pariser *Musée de l'Homme*, gehörte Humbert zu einem der ersten Widerstandskreise überhaupt, jener Gruppe, die später unter dem Namen des Museums bekannt wurde, in dem ihre Mitglieder arbeiteten. Ihre Aktivität widmeten diese dem intellektuellen Widerstand, dessen Prinzipien sie in den fünf Nummern ihrer Zeitschrift, *Résistance*, umrissen, bevor die Gruppe im März 1941 zerschlagen wurde.

Die Brutalität der Besatzer war hart, aber sie lähmte nicht, sondern animierte einige der Widerstandskämpfer umso mehr dazu, auch weiterhin gegen die Sieger anzugehen. »Die Erniedrigung durch die Niederlage erweist sich als immer weniger erträglich. Sie trifft den Stolz in einem Maß, von dem man bislang vielleicht noch gar keine Vorstellung hatte«, notierte Auguste »Alban« Vistel, Mitglied der Gruppe *Libération-Sud*. »Aber jenseits des Individuums löst sich eine kollektive Vergangenheit auf. Die nationale Gemeinschaft erscheint ihrer Geschichte beraubt. In diesem Augenblick taucht ein alter Patriotismus auf, der sonst angesichts der Ironie leichter Stürme schwindet. Doch wenn das Vaterland im Todeskampf liegt, wird er wieder zu einem Wert.«[27] Diesen Wert vertraten die Widerstandskämpfer auch dann, wenn sie wenig konkreten Grund hatten, an ihn zu glauben. Die Übermacht des Feindes war offensichtlich, kein Zweifel, dass er sich fürs Erste an der Macht halten würde. Und doch: »Wir erzählten uns, dass der Sieg der Deutschen wahrscheinlich sei, ja wir glaubten es sogar«, räumte Claude Bourdet, Mitgründer der Zeitschrift *Combat* (»Kampf«) ein. »Aber bisweilen schien es, als hätten wir die Gewissheit eines Gläubigen, die auf einer inneren Klarsicht gründet, die von außen allerdings wie eine Autosuggestion anmutet.«[28]

Es lag auf der Hand: Die Widerstandskämpfer der ersten Stunde waren keine Strategen, der Blick auf das gesamte europäische oder sogar darüber hinaus reichende Schlachtfeld war ihnen versperrt. Doch das hielt sie nicht davon ab, den Kampf gegen den Gegner auf der Grundlage von Mut und der Hoffnung zu wagen, am Ende könnte das Engagement doch noch zu etwas führen. »Ich war überzeugt, dass der Schöpfer Frankreich nicht aufgeben konnte«, erinnerte sich der elsässische Industrielle Paul Dungler, Gründer der Bewegung *7ᵉ Colonne*. »Ich glaubte an die Vorsehung, glaubte zugleich aber, dass man ihr helfen musste. Wir mussten also kämpfen.«[29] Kämpfen wurde in diesem Moment zu einer Frage der persönlichen Haltung: »Ich werde die Prinzipien von Ehre und Patriotismus, die mich zwanzig Jahre lang aufrecht gehalten haben, nicht aufgeben«, schrieb Generalmajor Philippe Leclerc de Hauteclocque, einer der wenigen hochrangigen Militärs, die de Gaulles Aufruf vom Juni 1940 folgten. Leclerc zog in aller Konsequenz in den Kampf: Als er nach London aufbrach, ließ er seine Frau und die sechs Kinder in Frankreich zurück. »Sei meinetwegen niemals in Sorge«, schrieb er seiner Frau. »Ich werde dich wiederfinden, sobald wir auf dem Weg des Sieges sind.«[30]

Eine Frage der Würde

Widerstand leisten, darum ging es. Darin waren sich alle Mitglieder der *Résistance* einig. Doch Widerstand gegen wen? In allererster Linie gegen die Besatzer, auch darüber bestand Einvernehmen. Mit dem Blick auf weitere Gegner aber herrschte Dissens. Im Fokus nicht weniger Gruppen stand auch das Vichy-Regime. Viele seiner Gegner teilten jene Vorbehalte, die Charles de Gaulle in London formulierte. Das Regime, so der Vorwurf, bestehe aus Personen, die nicht mehr auf der Höhe der Zeit seien, allen vorweg Pétain.

> »Man kann jetzt sagen, dass es, um einer hochgradig ernsten Situation entgegenzutreten, andere Menschen braucht als jene, die derzeit am Platz sind und die uns in die Katastrophe gesteuert haben. Zu sehr den Formeln der Vergangenheit verpflichtet, sind sie ebenso wenig in der Lage, ihre Pflichten zu erkennen wie die Methoden, die sie verwenden müssten«,

urteilte Henri Frenay, der Gründer von *Combat*, im Mai 1941.[31] Der Einschätzung war ein langer Entfremdungsprozess vorausgegangen, der schließlich in offenen Widerspruch zum Marschall mündete.

Einher gingen solche Überlegungen bei einigen der Untergrundkämpfer mit Hoffnungen, die weit über die aktuelle Situation hinausreichten. »Wir wollen nach dem Krieg ein neues Regime begründen, eine Synthese zwischen Autorität und Freiheit, eine wirkliche Demokratie, die die Geschwätzigkeiten der Parteien, die Vormundschaft der Trusts und die Zusammenschlüsse des Geldes hinter sich gelassen hat«, las man in der Untergrundzeitung *Franc-Tireur* im Dezember 1941. »Wir wollen weder eine Diktatur des Militärs, noch der Religion, des Proletariats oder des Kapitals.«[32] Auch das Bekenntnis zur in den 1930er-Jahren geächteten Republik gehörte zu den Motiven des Widerstands, ebenso der gesteigerte Patriotismus der Immigranten. Von »meinem Frankreich« sprach etwa der Linguist und Ethnologe Boris Vildé aus der Gruppe des *Musée de l'Homme*, 1919 mit seiner Mutter aus Sankt Petersburg geflohen und seit 1932 in Paris lebend.

Doch das Frankreich, das er und so viele andere meinten, war ein anderes als das, für das jene Franzosen eintraten, die zwar die Herrschaft Pétains und sein Projekt der Nationalen Revolution begrüßten oder gar aktiv dafür arbeiteten, aber von der Kollaboration nichts wissen wollten. Sie befanden sich in einer schwierigen Lage: nämlich einerseits den Marschall zu unterstützen – und ihm zugleich in einem zentralen Punkt zu widersprechen. »Nicht den Marschall angreifen«, »ohne persönlich gegen den Marschall gerichtete Polemiken«, »keine öffentlichen Stellungnahmen gegen den Marschall«: So lauteten die Maximen, die sich die so genannten *Vichysto-résistants* gaben.[33] Anders als die übrigen Widerstandskämpfer beschränkten sie sich auf den Kampf gegen die Besatzer. Der französischen Regierung gegenüber waren sie weiterhin loyal. Das Regime, das diesen Besatzern entgegenkam, sollte bleiben. Eine Gratwanderung, die einigen Kämpfern dafür aber erweiterte Handlungsmöglichkeiten bot. Hatten sie im Staat oder in den Überbleibseln des Heeres Positionen inne, fanden sie nicht selten privilegierten Zugang zum deutschen Militär – und damit zumindest in Teilen Einblick in dessen Aufbau oder sogar Strategie. So erhielten sie wertvolle Informationen, die sie ebenso an die Briten weiterreichten wie jene, die als Angestellte des staatlichen Postdienstes Nachrichten abfingen. Allerdings schloss das Engagement gegen die Besatzer ideologische Nähe zu einigen ihrer Überzeugungen nicht aus. »Sind Sie jüdischer Rasse?«, ließ der gegen die Besatzer engagierte Chef des damaligen französischen Statistikamtes, René Carmille, als Frage in jene Bögen eintragen, die Rekruten für den Kampf gegen Deutschland ausfüllen sollten. Der überzeugte Gegner der Besatzer war ein nicht minder überzeugter Antisemit.[34]

General Benoît-Léon de Fornel de La Laurencie hingegen geriet in einen Gewissenskonflikt. Er war Pétain treu ergeben und ein entschlossener Verfechter des Waffenstillstands mit den Deutschen. Das hinderte ihn aber nicht daran, auf den Sieg Englands zu hoffen. »Ich wünsche England in der Tat den Sieg, und glaube auch daran«, schrieb er im Mai 1941 an Premier François Darlan. »Der Sieg Deutschlands bedeutet in der Tat, was immer man sagen mag, eine sichere Knechtschaft für viele Generationen. Trotz der vielversprechenden Perspektiven für eine ›Zusammenarbeit‹, die noch nie klar definiert war, habe ich kein Vertrauen in die Großzügigkeit unserer Gewinner.«

Fornel de La Laurencie lag richtig mit seiner Annahme. Die Besatzer waren nicht großzügig. Die Jagd auf die Juden war eröffnet, und auch gegen alle anderen, die sich ihnen in den Weg stellten, gingen sie immer härter vor. Es gab viele gute Gründe, ihnen entgegenzutreten – Gründe, die sich nicht in einer Formel zusammenfassen ließen, sondern die im Gegenteil oft im Widerstreit miteinander lagen. Gewiss war nur: Die Entscheidung zum Engagement war folgenreich. Kaum jemand derer, die es wagten, war sich darüber im Unklaren. Wenn sie die Gegenwehr dennoch wagten, dann, weil persönlicher Mut über alle Bedenken ging, weil der moralische Imperativ größer war als alles andere. Es ging um Frankreich, erinnerte sich Auguste »Alban« Vistel, einer der regionalen Führer der *Forces françaises de l'intérieur*.

> »Das Wohl der Bevölkerung, der nationalen Gemeinschaft? Daran hat man auf jeden Fall gedacht, allerdings wie an eine ferne Möglichkeit. Tatsächlich stand der Mensch sich selbst gegenüber, in absoluter Einsamkeit und ohne jeglichen anderen Raum vor sich als jenen, den er erobern könnte. Wenn ihm die Idee des Heils kam, brachte sie kein Behagen, denn das Heil konnte in nichts anderem bestehen als in der Bekräftigung der eigenen Würde.«[35]

Die eigene Würde war zerbrechlich, nirgends so sehr wie in den Folterkellern der Besatzer. Dort zu enden war nicht ausgeschlossen. Und doch bestand die Chance, zum Niedergang der Besatzer beizutragen. Würde es gelingen? Man wusste es nicht Der Widerstand war ein Unternehmen mit offenem Ausgang, das Engagement konnte im Triumph enden oder im Tod. Die Würde war hart umkämpft im Frankreich der Jahre 1940 bis 1944.

Tödlicher Widerstand
Combat und die Vereinigung der *Résistance*

Ich werde morgen verraten, nicht heute
Heute reißt mir die Fingernägel heraus
Ich werde nicht verraten!

Marianne Cohn, 1922–1944, ermordet von der Gestapo
»Je trahirai demain«

Am 23. Dezember 1942 ging Berty Albrecht in den Untergrund. Ihre legale Existenz verwandelte sich in dem Moment in eine illegale, als sie von dem kleinen Kommando um André Bollier, den erprobten Agenten der Widerstandsbewegung *Combat*, befreit wurde. Wieder und wieder hatten Bollier und seine Begleiter die Pläne der psychiatrischen Anstalt von Vinatier nahe dem Städtchen Bron, einige Kilometer südwestlich von Lyon, studiert. Alles musste glatt laufen bei dieser Aktion, schon die geringste Panne konnte das ganze Unternehmen zum Scheitern bringen. Zum Glück verfügte man über genaue Pläne der Anstalt, angefertigt von dem Arzt, der Berty Albrecht dort behandelte. Dass die Patientin keine war, wusste der Mediziner. Um gerettet zu werden, hatte sie dem Krankheitsbild der dort internierten Patienten so nahe wie möglich kommen müssen.

Denn ursprünglich hatte Berthe »Berty« Albrecht im Frauengefängnis Saint-Joseph in Lyon eingesessen. Ende April 1942 war sie unter dem dringenden Verdacht verhaftet worden, dem französischen Widerstand anzugehören. Die Möglichkeit zur Verteidigung verweigerten die Behörden: Weder wollten sie ihr einen Rechtsanwalt zur Seite stellen noch überhaupt einen Prozess gegen sie eröffnen. Ein eklatanter Rechtsbruch, gegen den Albrecht protestierte: Zusammen mit weiteren Verhafteten, unter anderem dem Philosophen Emmanuel Mounier, trat sie in den Hungerstreik. Nach rund zwei Wochen erreichte sie, was sie forderte:

einen Prozess. Die Richter verurteilten sie zu sechs Monaten Freiheitsstrafe. Die hätte sie absitzen können, doch ab November 1942 drängte die Zeit: Am 11. des Monats marschierten die Deutschen in die Südzone des Landes ein. Für alle Häftlinge, die unter Verdacht standen, gegen die Vichy-Regierung und vor allem gegen die deutschen Besatzer zu arbeiten, erhöhte sich auf einen Schlag das Risiko: Jederzeit konnte die Gestapo die Gefängnisse kontrollieren und ihr verdächtig erscheinende Personen verhören, foltern, töten. Für Berty Albrecht wurde es eng: Zusammen mit Henri Frenay hatte sie Ende 1940 den *Mouvement de Libération nationale* (MLN), eine der ersten innerfranzösischen Widerstandsbewegungen, gegründet. Würden die Nationalsozialisten und deren Helfer sie unter Folter verhören, drohte die gesamte Bewegung gesprengt zu werden.

Ein Ausbruch war darum zwingend. Weil der aber im Gefängnis Saint-Joseph nicht möglich war, brauchte es eine Verlegung in eine weniger gut gesicherte Anstalt. Der Weg dahin führte über den simulierten Wahn. In der zweiten Novemberhälfte war es soweit: Albrecht mimte eine psychische Erkrankung. »Ich bekam einen Schock, als ich sie sah«, erinnerte sich ihre Tochter Mireille an einen Besuch im Gefängnis. »Das Gesicht hatte die Farbe des Gefängnisses angenommen, ein Weiß, das in Grau überging, dazu ein wirrer Blick. Bekleidet war sie mit einem bräunlichen Sack, der Kleidung der nach bürgerlichem Recht Verurteilten. Sie war ein Wrack geworden. Ich wusste zwar, dass es ein Schauspiel war – schockiert war ich trotzdem.«[1] Die Inszenierung hatte Erfolg: Albrecht wurde nach Vinatier verlegt.

Gut vier Wochen später erfolgte dort die Befreiungsaktion. André Bollier und seine Begleiter gehörten den *Groups Francs* an, jenen Gruppen meist junger Aktivisten, die innerhalb des Widerstands für besonders riskante Aktionen zuständig waren. Begonnen hatten diese Gruppen mit kleineren Aktionen: Steinwürfe etwa in Geschäfte, deren Inhaber mit den Besatzern mehr als nötig kooperierten, oder auch in die Büros der *Légion des volontaires français contre le bolchévisme*, die Freiwillige für den Kampf gegen den Kommunismus rekrutierte, die dann Seite an Seite mit den Wehrmachtssoldaten kämpften; Angriffe auf die irregulären Ordnungskräfte des Vichy-Regimes, auf übereifrige Polizisten, auf Denunzianten. Auch unterstützten sie, so gut es eben ging, gefangene Widerstandskämpfer. Wann immer möglich, versuchten sie sie auch zu befreien – wie nun Berty Albrecht.

Bollier parkte mit seinen beiden Begleitern nahe der Anstalt. Einer der beiden hielt Wache am Wagen, die anderen kletterten über die Mauer des Gebäudes und bewegten sich zum Trakt, in dem Albrecht saß. Die Außentür war offen. Drinnen unterhielten sich einige Krankenschwestern, den Eindringlingen den Rücken zugewandt. Die Befreier schlichen sich vorbei, erreichten über die Treppe den ersten Stock und öffneten Albrechts Zelle. Dann gingen alle drei über die Treppe ins Erdgeschoss, nicht ohne die Zelle wieder verriegelt zu haben. Die Krankenschwestern waren weiterhin ins Gespräch vertieft, die Gruppe kam unbemerkt an ihnen vorbei. Mithilfe eines Seils und einer Leiter überwanden sie die Mauer, liefen zum Wagen und fuhren davon. Berty Albrecht war frei.

Frei, aber auf der Flucht. Und zudem fürs Erste ausgeschlossen von jeglichem Engagement im MLN – die strikten Sicherheitsvorkehrungen, unverzichtbar zum Schutz der Mitglieder, schlossen jeden den Behörden auffällig gewordenen Aktivisten von der weiteren Mitarbeit aus: Zu groß war die Gefahr, dass die Sicherheitsdienste sie beschatteten. Statt Engagement nun also Flucht, mit Stationen in Marseille, Toulouse und schließlich Cluny, auf halber Strecke zwischen Lyon und Dijon, als Gast der Familie Gouze, eines mit dem Widerstand sympathisierenden Lehrerehepaars und Eltern der jungen Danielle, die einen späteren Staatspräsidenten, François Mitterand, heiraten würde. Die Haftzeit, bemerkte Frenay, hatte die Widerstandskämpferin verändert. »Es scheint, als hat sie ihre Lebensfreude verloren. Ihre Augen haben nicht mehr denselben Glanz. Sie lachen nicht mehr, man sieht in ihnen nur noch kalte Entschlossenheit.«[2]

Nach einigen Monaten durfte sich Albrecht wieder engagieren. Für den 28. Mai 1943 war in Mâcon im dortigen Hotel de Bourgogne ein Treffen hochrangiger Résistance-Aktivisten angesetzt, an dem auch sie teilnehmen sollte. Einige Mitglieder der Bewegung hatten das Hotel bereits erreicht, als sich eine erschütternde Neuigkeit herumsprach: Victoria alias Berty Albrecht war verhaftet worden. Zusammen mit einer weiteren Person hatte sie sich auf einer Bank in der Nähe des Hotels niedergelassen, als dort unmittelbar eine Gruppe von Gestapo-Mitarbeitern erschien und sie mitnahm. Albrecht war klar, dass sie ihren Häschern nicht entkommen konnte. »In diesem Moment schreit sie lauthals und ohne Unterlass Warnungen heraus, in der Hoffnung, dass wir so aufmerksam werden«, erinnerte sich Henri Noguères, der spätere Chef der Widerstandsbewegung *Franc-Tireur* der Region Montpellier.[3] Die Gestapo-Agenten reagierten in aller Härte. »Während sie das ganze Viertel aufmerksam macht, regnen Ohrfeigen, Faustschläge, Fußtritte auf sie hinab, um sie zum Schweigen zu bringen. Zeugen sahen, wie sie in Handschellen, halb ohnmächtig, Gesicht und Beine blutverschmiert, in Richtung eines Wagens gezogen wurde, der sofort verschwand.« Gleichzeitig umstellten andere Gestapo-Leute das Hotel de Bourgogne. Alle Widerstandskämpfer vor Ort wurden verhaftet. Der wichtigste aber, Henri Frenay, entging ihnen: Überraschend war er dem Treffen ferngeblieben. Immerhin verfügten die Besatzer nun über eine Geisel, die sie zu ihm führen sollte: Berty Albrecht. Sie wurde umgehend nach Lyon und von dort nach Paris in das Gefängnis von Fresnes gebracht.

Die Widerstandskämpferin wurde zu einer Zeit verhaftet, in der die Besatzer und ihre Helfer immer härter und erfolgreicher gegen die Widerstandskämpfer vorgingen. »Grand voyage«, »große Reise«, lautete in deren Kreisen der lakonische Begriff für die Deportation an einen unbekannten Ort. Ziele waren oftmals die Konzentrationslager im Osten, aber auch Gefängnisse und Gestapo-Quartiere in Deutschland. Traurigen Ruhm erlangte etwa der »Convoi des 31 000«, jener am 24. Januar 1943 Richtung Auschwitz gestartete Zug, in dem sich rund 230 weibliche politische Gefangene befanden, deren Registriernummern zwischen 31265 und 31854 lagen. Über drei Viertel von ihnen waren Mitglieder der *Résistance*.

Wie so viele Widerstandskämpfer wurde auch Albrecht Opfer eines Verrats. In den vorhergehenden Monaten war es der Gestapo immer besser gelungen, die Kreise des Widerstands zu unterwandern. Besonders erfolgreich waren die Einheiten der Gestapo in Lyon, geführt von Klaus Barbie. Er zeigte enormes Geschick darin, verhaftete Résistance-Mitglieder in Agenten zu verwandeln, die fortan für die Besatzer arbeiteten.

»Menschen zu manipulieren war für Barbie keine feine, kunstvoll praktizierte Fähigkeit, sondern oft ein rohes Instrument, eingesetzt auch, um sein eigenes Überleben zu sichern. Seine Erfolge gegen die Résistance waren die Folge seines ungehinderten Einsatzes rücksichtsloser Zermürbung und dem Bewusstsein seiner Opfer, dass er nicht zögerte und keinerlei menschliche Zweifel verspürte, bevor er schließlich Gewalt einsetzte.«[4]

Um den Willen der Verhafteten zu brechen, brauchte es oftmals nicht viel: Meist genügten kurze, aber entschlossen praktizierte Misshandlungen, verbunden mit der Ankündigung, weitere Qualen folgen zu lassen, sollte sich der Gefangene nicht fügen. Auch Drohungen, die Familien der Gefangenen zu verhaften und als Geiseln einzubehalten, die jederzeit erschossen werden konnten, verfehlten ihre Wirkung selten. In der Folge gaben die Verhafteten Namen preis, nannten Treffpunkte oder verrieten, wo sich die »Briefkästen« befanden, jene Orte, oft in Hotels oder Geschäften, an denen die Widerständler einander ihre Briefe hinterlegten. Beschattet von Gestapo und Miliz, wurden diese Briefkästen für viele Aktivisten zur unentrinnbaren Falle. Aus den neu Verhafteten ließen sich dann wiederum neue Informationen herauspressen und neue Spitzel gewinnen.

Zu jenen, die sich in der Haftzeit den Besatzern unterwarfen, gehörte Jean Multon, ein im *Combat* engagierter Versicherungsagent. Verhaftet am 28. April 1943 in Marseille, erwies sich Multon, genannt Lunel, für die Besatzer bald als ungemein wertvoll. Als Sekretär von Maurice Chevance, dem Chef von Frenays Bewegung in der Region Bouches-du-Rhône, verfügte er über erstklassige Informationen: Deck- und reale Namen, Treffpunkte, Adressen, Kommunikationsstrukturen. Kaum in Haft, lieferte er bereits erste Namen, darunter auch den von Chevance. Er könne sie auch zu Berty Albrecht führen, erklärte er den Agenten des deutschen Sicherheitsdienstes. Sie hatte er kurz zuvor im April in Marseille kennengelernt. Dort hatte sie ihm auch erklärt, wie er sie künftig in Mâcon erreichen könne – nämlich über den »Briefkasten« an der Rezeption des Hotel de Bourgogne. Über diesen gelang dann auch die Kontaktaufnahme: Ein in Diensten der Deutschen stehender Agent hinterlegte eine Nachricht, derzufolge Maurice Chevance Albrecht am 28. Mai in dem Hotel erwartete. Das Datum war mit Bedacht gewählt: An jenem Tag fand in dem Hotel ein Treffen hochrangiger Vertreter der *Mouvements unis de la Résistance* (MUR) statt. Erwartet wurde auch Henri Frenay – für Albrecht eine willkommene Gelegenheit, den in Lyon lebenden Weggefährten und ehemaligen Geliebten wiederzusehen.

Albrecht endgültig in die Falle laufen zu lassen, übernahm eine zweite Person, Edmée Delétraz, auch sie Mitglied im Widerstand. Verhaftet am 16. April, bot sie Barbie bereits bei der ersten Begegnung ihre Dienste an. Als Albrecht an jenem Maitag im Hotel de Bourgogne eintraf, lockte sie sie unter einem Vorwand auf eine Bank in der Nähe des Hotels.

Sie habe gar nicht gewusst, mit wem sie spreche, erklärte Delétraz später. Die Frau vor ihr hätte eine Widerstandskämpferin, aber ebenso gut eine für die Gestapo arbeitende Agentin sein können.[5] Tatsache war, dass Albrecht an diesem Tag in die Falle lief – anstelle von Frenay, auf den die Gestapo es eigentlich abgesehen hatte. Aus welchem Grund er nicht kam, ist bis heute nicht hinreichend geklärt. Frenays Wecker in Lyon habe nicht funktioniert, erklärte ein Weggefährte. Ein anderer Mitstreiter sagte, Frenay sei am Bahnhof von Mâcon angekommen, dort von Mitarbeitern aber gewarnt worden, dass im Hotel de Bourgogne eine Razzia stattfinde. Andere wieder berichteten, es habe Schwierigkeiten wegen einer geplanten Reise nach London zwecks weiterer Koordinierung und Finanzierung des Widerstands gegeben. Darauf habe Frenay reagieren müssen. Sicher ist, dass Frenay über Albrechts geplante Präsenz im Hotel de Bourgogne ebenso wenig informiert war wie über ihre Verhaftung.[6] Einen Tag später versuchten Frenay und Pierre de Bénouville, auch er Mitglied im Führungsstab des MUR, Albrecht davor zu warnen, nach Mâcon zu reisen. Nach Stunden gelang es ihnen, eine Telefonverbindung zu den Gastgebern Albrechts alias Moulins, der Familie Gouze in Cluny, zu erhalten. »Ich kenne keine Madame Moulin«, schallte ihnen eine Frauenstimme aus dem Telefon entgegen. »Im Übrigen geht es den Gouzes sehr schlecht. Es ist nicht der Moment, sie zu stören«, erklärte sie und legte auf.[7] Frenay und Bénouville begriffen umgehend: Albrecht war verhaftet worden. Und ihren Häschern war es offenbar auch gelungen, ihren Wohnsitz ausfindig zu machen.

Berty Albrecht, 1893 als Berthe Wild in Marseille geboren, heiratete 1918 Frédéric Albrecht und zog anschließend mit ihm nach London. Die junge Frau begeisterte sich für die Ideen des Feminismus, in deren Licht sie einen neuen, wenig schmeichelhaften Blick auf ihre französischen Geschlechtsgenossinnen warf. Die waren viel zu passiv, fand sie. »Frauen, die keinerlei Recht haben und dieses auch nicht einfordern. Gewöhnt an ihren minderwertigen Status, reichen ihre Ansprüche nicht über die nächste Modeboutique hinaus.«[7] Solche Ansichten kamen in den Geschäftszirkeln des Ehepaars nicht sonderlich gut an: Das Paar beschloss, sich zu trennen. Berty Albrecht ging mit ihren beiden Kindern zurück nach Paris. In den 1930er-Jahren trat sie dem *Comité mondial des femmes contre la guerre et le fascisme* (»Internationaler Frauenbund gegen Krieg und Faschismus«, CMF) bei, bald auch der Internationalen Menschenrechtsliga. Im Jahr 1935 lernte sie den zwölf Jahre jüngeren Offizier Henri Frenay kennen. Die beiden wurden ein Paar. Der Krieg riss sie auseinander. Frenay wurde von der Wehrmacht gefangengenommen, konnte aber fliehen. Erst im Dezember 1940 sahen sie sich wieder. Frenay arbeitete im *Deuxième Bureau*, dem Auslandsnachrichtendienst, der nun der Vichy-Regierung unterstand. Den Entschluss zum Widerstand fasste er bereits wenige Wochen nach der französischen Niederlage, genauer: am 27. Juli 1940. An jenem Tag verkündeten die Zeitungen, der englische Premier Churchill lehne die von Hitler angebotenen Verhandlungen ab. Über kurz oder lang, nahm Frenay an, dürften sich auch die Amerikaner an dem Krieg beteiligen. Für ihn stand damit fest, die Franzosen durften nicht aufgeben, sich nicht mit der Niederlage abfinden. So formulierte er es in einem Manifest, verfasst an eben jenem Julitag. Bald knüpfte er Kontakte zur amerikanischen Botschaft und ließ ihr über das *Deuxième Bureau* gewonnene Informationen über die militärische Lage im besetzten Frankreich zukommen. Berty Albrecht wurde in dieser Zeit zur unverzichtbaren Partnerin. In Lyon, wo beide vom Frühjahr 1941 an lebten, bauten sie gemeinsam ein erstes Widerstandsnetz auf. Zugleich arbeiteten sie sich in die Sicherheitsmaßnahmen ein, die es fortan zu beachten galt. In der gemeinsamen Wohnung etwa durfte nicht das geringste Detail auf ihr Engagement hindeuten, kein belastender Textschnipsel zu finden sein. Die Arbeit für ihre Gruppe erledigten sie in einem Büro der völlig unverdächtigen Nationalen Gesellschaft für den Flugzeugbau. Frenay nahm zudem eine falsche Identität an: Fortan hieß er Henri Francen.

Die wesentliche Arbeit zunächst: neue Mitglieder für den Widerstand gewinnen. Albrecht, in der Filiale der staatlichen Arbeitslosenversicherung in Lyon tätig, erwies sich als effektive Netzwerkerin. Dank ihr schlossen sich nun auch Frauen dem Widerstand an. Jacqueline Bernard etwa, mit der sie erste Informationsblätter produzierte, gerichtet an Sympathisanten in spe. Später wurde Bernard Chefredakteurin der Zeitschrift *Combat*. Bernards Vater, ein wohlhabender Geschäftsmann, wurde zu einem wichtigen Finanzier der Gruppe.

Über Monate warb Albrecht Aktivisten an, immer darauf bedacht, nicht aufzufallen. Und doch blieb ihr Engagement nicht unbemerkt. Ihre Fehlzeiten im Büro, ihr oft viel zu leiser Ton, ihre auffällig diskreten Gespräche: All dies erregte Misstrauen. So sehr, dass sich – die Informationskanäle funktionierten gut – auch die Behörden für die Angestellte zu interessieren begannen – und sie im Frühjahr 1943 in Gewahrsam nahmen. Für Albrecht war das der Auftakt zu einem Drama, das fast auf den Tag genau einen Monat später, am 31. Mai 1943, im Gefängnis von Freses mit ihrem Tod endete. Ihre Weggefährten und Freunde wollte sie nicht verraten. Statt unter Folter zu reden zog sie es vor, aus dem Leben zu scheiden. Ihr Schal half ihr, dies zu tun.

Schwierige Kursbestimmung

Mit Berty Albrecht hatte Fernay nicht nur seine Lebensgefährtin und wichtigste Mitstreiterin verloren, sondern auch eine bedeutende politische Gesprächspartnerin. Zwar unterzeichneten die beiden die Dokumente des MLN nicht gemeinsam. Anzunehmen ist aber, dass den Texten Diskussionen zwischen Frenay und Albrecht vorausgingen, und zwar durchaus konträre. Denn politisch hatten sie, die linke Feministin, und er, der konservative Republikaner, außer der Gegnerschaft zu den Besatzern wenig gemeinsam. Insbesondere in einem Punkt dürften sie sich lange Zeit nicht einig gewesen sein, nämlich in der Haltung zum Vichy-Regime. Zunächst war auch Albrecht davon überzeugt, dass Pétain die Besatzung im Rahmen des Möglichen entschlossen bekämpfte. Die Dienste der Résistance, glaubte sie, würde der Marschall zu gegebener

Zeit dankbar in Anspruch nehmen. Pétains »Nationale Revolution« hingegen blieb ihr fremd. Doch nicht nur zur Regierung ging Albrecht dann auf Distanz. Sie war generell nicht geneigt, sich einer ideologischen Gruppe zuschlagen zu lassen. Dem MLN tat das nur gut: Hier fanden die unterschiedlichsten Sichtweisen zusammen. Antiklerikale, Sozialisten, Konservative, Katholiken. Abspaltungen und ideologische Sonderwege konnte die Bewegung nicht gebrauchen, denn dies trüge nur zu ihrer Schwächung bei. So wandte Berty Albrecht ihre diplomatischen Künste an: Sie sprach an, verband, glich aus. »Die Bewegung und durch sie der gesamte Widerstand verdanken dieser Frau sehr viel«, erinnerte sich Claude Bourdet, auch er Mitglied der *Résistance*. »Ohne sie, eine linke Aktivistin, doch ohne jegliches Sektierertum, wären sehr viele Dinge ganz anders gelaufen.«[9]

Das dürfte ganz wesentlich auch für die politischen Ansichten Frenays gelten. Anders als Albrecht stand er dem Marschall in vielerlei Hinsicht nahe. Wie Pétain betrachtete auch er die Politik – symbolisiert vor allem in den Parteien – als Quelle vielerlei Übels. Sie zerrreiße den sozialen Zusammenhalt, war er überzeugt, in ihrer Konkurrenz hatten die Parteien erst jenen Streit der verschiedenen Gruppen entfacht, der dann die Nation als ganze schwächte – und damit letztlich dem Feind die Türen öffnete. Als traditioneller Katholik konnte er wie Pétain mit dem Individualismus seiner Zeit wenig anfangen, ja mehr noch, er hielt ihn für ausgesprochen schädlich.

> »Der äußere Feind, welcher Nation auch immer er sei, welche Formen der Propaganda er auch habe, hat den französischen Individualismus ausgenutzt. Auf politischer Ebene äußert sich dieser Individualismus durch das Erblühen zahlreicher Parteien, die ihrerseits durch viele Tendenzen aufgeteilt sind. Aufgrund dieser Zersplitterung, die er gefördert hat, hat der Feind uns besiegt. Deutsche, Bolschewiken, Mächte des Geldes, Freimaurer etc. haben in Frankreich Komplizen gefunden, die wissentlich oder nicht, ihr Spiel gespielt haben.«[10]

Diese Spaltung gelte es zu überwinden, fand Frenay, nur dann könne sich das Land gegen seine Besatzer wehren. Denn der Feind komme von außen, und nur von außen. »Unter den Franzosen selbst haben wir keine Feinde«, versicherte er, gegen alle Evidenz und gegen die eigene These, die »Politik« habe die Gesellschaft zerrissen.[11] Auch dies verband ihn mit Pétain. Bedroht sah er das Land durch den Bolschewismus, für ihn eine eine germanisch-asiatische Ideologie, den internationalen Kapitalismus und das Freimaurertum. Auch zu den Juden äußerte er sich auf eine Weise, die der Ideologie des Vichy-Regimes durchaus nahestand: »Es existiert für uns ein jüdisches Problem, das aber auf keinen Fall auf eine rassische [*racial*] Ebene zu heben ist.«[12] Zwei Probleme schienen ihm akut: »die jüngere Einwanderung ausländischer Juden« und »das Problem des jüdischen Kapitalismus, der jüdischen Finanz, die in der nationalen Ökonomie einen nicht hinzunehmenden Platz eingenommen hat.«

Frenay brauchte Monate, um zu Pétain auf Distanz zu gehen. Zu groß waren die ideologischen Gemeinsamkeiten, zu groß auch die Hoffnung, Pétain wäre zur Zusammenarbeit mit den Besatzern nur in minimalem Maß bereit, er entfalte sein Engagement für die Deutschen nur so weit, wie es unabdingbar schien. Dass der Marschall tatsächlich ganz andere Ziele verfolge, glaubte Frenay dessen Rede vom 25. Juni, kurz nach der Niederlage, entnehmen zu können. »Ich lade Sie zuerst zu einer intellektuellen und moralischen Erneuerung [*redressement*] ein«, hatte Pétain sich an jenem Tag an seine Landsleute gewandt.[13] »Zuerst«: Hieß das, dass Pétain die französische Gesellschaft zunächst psychologisch wieder aufbauen wollte, um anschließend die Auseinandersetzung mit dem Dritten Reich zu wagen?

Wie widersprüchlich, unsicher und zögerlich Frenoys Haltung war, zeigte sich in dem ersten, am 27. Juli 1940 verfassten Pamphlet des MLN, gewissermaßen dem Gründungstext der Bewegung. Es ist ein irritierendes Dokument, Zeugnis womöglich des Ringens um politische Positionsbestimmung, zugleich aber auch in einer taktisch motivierten Wortwahl verfasst. Das Manifest blieb jedoch in der Schublade. Erst ein halbes Jahrhundert später gelangte es an die Öffentlichkeit. 1989 erschien eine monumentale Biografie über Jean Moulin, verfasst von dessen damaligem Sekretär Daniel Cordier. Dieser hatte sich über Frenays 1973 erhobene Vermutung geärgert, Moulin sei ein »Kryptokommunist« gewesen und damit zumindest jener Gruppe – den Kommunisten – nahestehend, deren Einfluss innerhalb des Widerstandes er, Frenay, weitestmöglich begrenzen wollte.[14] Den Vorwurf wollte Cordier, auch er damals ein entschiedener Gegner des Kommunismus, nicht hinnehmen – und warf Frenay in seinem Buch vor, sich längere Zeit nicht hinreichend vom Vichy-Regime distanziert zu haben. Als Beweis zitierte er das Manifest vom Juli 1940. Und damit wurde vor allem der Satz berühmt: »Möge Marschall Pétain ein hinreichend langes Leben haben, um uns mit seiner hohen Autorität und seinem unvergleichlichen Ansehen zu unterstützen.«[15]

Frenay in unbedingter Loyalität zu Pétain? Als Cordier sein Werk veröffentlichte, lebte Frenay nicht mehr: Er war 1988 verstorben. Umso schärfer fiel die Kritik seiner damaligen Begleiter und Mitkämpfer aus. Sie bezichtigten Cordier des Verrats: Das Manifest sei nicht datiert und trage keine Unterschrift, es könne nicht von Frenay sein, so ihr Argument. Zu diesem Schluss kam auch eine eigens eingesetzte Kommission, die das Dokument einer ersten Prüfung unterzog. Nichts weise auf Frenay als Autor hin, so das Resümee. Frenays Biograf Robert Belot kam zu folgendem Ergebnis: Technische und stilistische Charakteristika des Textes ließen keinen Zweifel, dass er zumindest aus dem unmittelbaren Umfeld Frenays komme. Zudem finde sich die Eloge auf den Marschall auch in anderen Texten der Bewegung. Es könnte auch eine Konzession an die in jenen Monaten noch ungebrochene Hingabe der meisten Franzosen an den Marschall sein. Damals waren viele Franzosen noch davon überzeugt, der Kriegsheld früherer Zeiten werde ihr Land aus der Not hinausführen, in die es geraten war. Wer also, wenn nicht Pétain, wäre fähig, Frankreich vor dem endgültigen Untergang zu bewahren? Das hohe Ansehen des Marschalls musste auch Frenay respektieren, so Belot. Wer für den Widerstand gegen die Besatzer warb, konnte sich der nationalen Begeisterung für Pétain nicht entgegenstellen. Der Geist der Zeit forderte Anpassungen. Zudem, so Belot, gelte es, sich die ungeheuren Dynamiken und Erschütterungen zu vergegenwärtigen, die das Land damals in Atem hielten. Diese Dynamiken hätten auch auf die Widerstandskämpfer eingewirkt, ihr Weltbild geformt, und zwar mitnichten auf kontinuierliche Weise. »Man versteht nichts von dieser Geschichte, wenn man sich nicht von einer existentialistischen Auffassung der Menschen, ihrer Handlungen und ihres Denkens trennt, wenn man nicht die geschichtlichen Voraussetzungen dieses menschlich, allzu menschlichen Engagements bedenkt.«[16] Die auf ein nationales Idol gerichteten Hoff-

Henri Frenay während des Zweiten Weltkriegs.

nungen, erste Zweifel an dessen Politik, schließlich der offene Einspruch: Prozesse wie diese waren schmerzhaft, und sie zogen sich in die Länge. Frenay brauchte Zeit, um sich über seinen künftigen Kurs klarzuwerden. Der stabilisierte sich im Laufe des Jahres 1941, als er sich erstmals gegen die Zusammenarbeit des Vichy-Regimes mit den Besatzern aussprach: »Diese Kollaboration wollen wir nicht!«[17] Sie war auch darum abzulehnen, weil sich das Vichy-Regime ganz offenbar gewaltige Illusionen über Hitler als Bundesgenossen gegen den Kommunismus machte. Denn ein Partner in diesem Kampf war Hitler ganz gewiss nicht. Der »ideologische Krieg«, den der deutsche Reichskanzler gegen Stalin führte, war für Frenay nur ein Vorwand, um Verbündete zu gewinnen. Dies allerdings nicht für »den Kampf gegen den Kommunismus, sondern um die Getreidefelder der Ukraine, die Ölfelder Bakus zu erobern.« Damit aber würde der Kontinent einem Politiker auf den Leim gehen, »der auf diabolische Weise versucht, sich in den Augen Europas als Champion der Zivilisation zu präsentieren«, erklärte er Anfang Juli 1941.[18] Doch es brauchte weitere Zeit, bis er sich endgültig von Pétain lossagte. Das tat er erst in einem

Brief vom Mai 1942, in einem Stil, der an Deutlichkeit nichts zu wünschen übrig ließ. »Sie hatten die Wahl«, schrieb er ihm, »sich zu unterwerfen oder Ihr Amt aufzugeben. Sie hätten es aufgeben und anderen die Sorge überlassen müssen, unser Land zu übergeben. Sie ziehen es vor, zu bleiben, nicht mehr in halber Freiheit, sondern in völliger Versklavung, um auf diese Weise dem Verrat vorzustehen. Nun ist alles klar: Der Mythos Pétain hat gelebt. Ihr Stern sinkt.«[19]

Auf dem Weg zur Einheit

Das zentrale Problem blieb indessen die Besetzung Frankreichs. Ihr galt der eigentliche Kampf des Widerstands, der allerdings lange Zeit allein mit Worten ausgetragen wurde. Dazu gehörte, den wachsenden Kreis derer, die sich dem Dritten Reich entgegenstellten, mit Informationen zu versorgen. Zunächst machten 500, bald 1000 Exemplare des von Frenay und Albrecht redigierten Widerstands-Bulletins die Runde. Im April 1941 erhielt Frenay von einem Mitarbeiter den Hinweis auf ein kleines, im Norden der besetzten Zone erscheinendes klandestines Blatt: *Les Petites Ailes du Nord et du Pas de Calais*. Dessen Herausgeber Jacques-Yves Mulliez, erfuhr Frenay, arbeitete ebenfalls für den französischen Nachrichtendienst in Vichy. Die beiden beschlossen, zusammenzuarbeiten. Gedacht war an ein Magazin, das in der besetzten wie der unbesetzten Zone erscheinen sollte. Den Geist des Blattes illustrierte ein unter den Titel gesetzter Satz Napoléons: »Vivre dans la défaite, c'est mourir chaque jour« (»In der Niederlage zu leben heißt, jeden Tag zu sterben«). Noch erschient die Zeitschrift in beklagenswert dünner Auflage. Doch im Juni gelang es Albrecht, einen Drucker ausfindig zu machen, der bereit war, die Zeitschrift in großer Menge zu vervielfältigen. Bereits die nächste Nummer hatte eine Auflage von fünftausend Exemplaren. Doch Polizei und Presse lieferten sich in jenen Monaten ein Katz-und-Maus-Spiel. So fielen bald die Redaktionsräume und das Lager einer Razzia zum Opfer. Dokumente und Papiervorräte wurden beschlagnahmt, die Arbeit um Wochen zurückgeworfen. Die Herausgeber waren gezwungen, einen neuen Namen und neue Redaktionsräume zu finden. Als die

Probleme gelöst waren, erschien die Zeitschrift unter zweierlei Namen: In der besetzten Zone hieß sie fortan *Résistance*, während sie in der freien Zone unter dem Titel *Verités* firmierte.

Die Namen deuteten es an: Wie der richtige Kurs aussah, welches die politischen Leitlinien seiner Arbeit sein sollten, darüber war sich Frenay alles andere als sicher. Was die politische Wahrheit war, darüber zu urteilen sah er sich inzwischen außerstande. Nicht auszuschließen, dass es »Wahrheit« nur im Plural – als »verités« – gab. Schließlich zeigte sich ein vorläufiges Ende des Klärungsprozesses, ablesbar an einem weiteren Namenswechsel der Zeitung: Von November 1941 an lautete der Titel *Combat* – »Kampf«. Ein Jahr später erreichte sie eine Auflage von 80.000 Exemplaren.

Ganz allmählich klärte sich auch Frenays Verhältnis zu de Gaulle. Lange Zeit war Frenay zu ihm und der *France libre* auf Distanz gegangen. Gewiss, fand Frenay, war de Gaulles Engagement ehrenwert. Allerdings sei es ein »Irrtum«, es aus dem Ausland heraus zu betreiben: »Wir sind überzeugt, dass man sein Land besser verteidigt, wenn man in ihm bleibt, anstatt es zu verlassen.«[20] Klar war aber auch, dass sich der Kampf gegen die Besatzer nicht isoliert führen ließ, und zwar umso mehr, als die einzelnen Widerstandsbewegungen auf sich allein gestellt wenig ausrichten konnten. Wollten sie über ihre jeweils lokale Bedeutung hinausgehen, mussten sie sich zusammenschließen. Erfahrungsaustausch, gegenseitige Hilfe, Kontakte über die Demarkationslinie hinweg: All dies war erst noch einzurichten. Die Schwierigkeiten des Zusammenschlusses lagen auf der Hand: Er forderte Kompromissbereitschaft und im Zweifel auch Unterordnung – also eine Selbstbeschränkung, zu der die Führer der meisten Gruppen nicht bereit waren. »Jede Bewegung möchte hinsichtlich ihrer politischen Überzeugungen eine gewisse Unabhängigkeit behalten«, beobachtete ein polnischer Aufklärungsoffizier im August 1941. »Darum wollen sie die Vereinigung in dieser Hinsicht auf ein Minimum beschränken, das einige fundamentale Punkte umfasst, auf die sich alle einigen können.«[21]

Der Unabhängigkeitsdrang verdammte die einzelnen Bewegungen allerdings auch zu relativer Wirkungslosigkeit. Die Herausforderungen, vor denen sie standen, fasste André Malraux 1964 anschaulich zusammen:

»Sie (die Widerstandsbewegungen, Anm. d. Aut.) hatten Schritt für Schritt gelernt, dass es zwar einfach ist, eine Brücke zu sprengen, aber kaum weniger einfach, sie zu reparieren. Dagegen ist es für den Widerstand zwar einfach, zweihundert Brücken zu sprengen, für die Deutschen hingegen sehr schwierig, sie sofort zu reparieren. Mit einem Wort, die Bewegung weiß, dass eine effektive Unterstützung der Landungsarmeen nur auf Grundlage eines Gesamtplans möglich ist. Darum müssen die Widerstandskämpfer die Konzentration der deutschen Panzerdivisionen auf allen Straßen und Eisenbahnen Frankreichs systematisch stören. Ein solcher Gesamtplan kann nur durch die Einheit des Widerstands konzipiert und verwirklicht werden.«[22]

Als einer der Ersten verstand Frenay, wie wichtig die Koordinierung war. Ende 1941 verband sich seine Bewegung mit der christlich motivierten Gruppe *Liberté*, in Marseille ins Leben gerufen von dem Juristen François de Menthon, Professor an der Universität von Nancy. Der Zusammenschluss verschaffte beiden Gruppen größeren Handlungsspielraum. Der war zwar weiterhin auf den Süden des Landes beschränkt, doch ihren künftigen Anspruch zeigten beide Gruppen fortan in dem Namen, unter dem sie auftraten: *Mouvement de libération française*, bekannter unter dem Namen von Frenays Zeitschrift: *Combat*.

Doch auch mit dem Zusammenschluss dieser einzelnen Gruppen blieb der Widerstand insgesamt unter seinen Möglichkeiten. Immer deutlicher zeigte sich, dass es viel mehr brauchte, nämlich ein übergreifendes nationales Bündnis. Das sah auch der ehemalige Präfekt des Départements Eure-et-Loir, Jean Moulin, so, der wegen seiner republikanischen Neigungen im November 1940 seines Amtes enthoben worden war. Knapp zwei Wochen später entschied er sich, in den Untergrund zu gehen, sich einen Überblick über die Widerstandsbewegungen zu verschaffen und diese nach Möglichkeit mit de Gaulles *France libre* zu vereinen. So standen eine Reihe von Gesprächen an – im Sommer 1941 auch eines mit Frenay. Der ehemalige Präfekt, so Frenay in seinen Memoiren, war zu jener Zeit zur Vichy-Regierung erheblich auf Distanz gegangen: »Seine Opposition gegen das Regime ist total, doch er spricht ohne Hass von ihm, nur mit Verachtung. Und der Nazismus verursacht ihm Abscheu.«[23] Im Lauf des Gesprächs erläuterte Frenay seinem Gegenüber nicht nur die Struktur des innerfranzösischen Widerstands, sondern auch dessen zu diesem Zeitpunkt größtes Problem: die Unfähigkeit, sich zusammenzuschließen. Die Vereinigung sei aber unverzichtbar. »Um dorthin zu kommen, braucht es ein Symbol von außerhalb des Widerstands, das diesen dann zusammenbinden könnte. Es gibt nur das Lothringerkreuz und de Gaulle, die diese Rolle spielen können.«[24]

So unterschiedlicher Auffassung sie in einigen Punkten, vor allem hinsichtlich Pétains, sein mochten, so sehr waren sie in einem Punkt einig: Der Widerstand brauchte einen Fixpunkt. Und der konnte nach Lage der Dinge nur in London liegen. Allerdings, ließ Frenay in den folgenden Wochen und Monaten immer wieder erkennen, war der nun anzubahnende Kontakt zu de Gaulle für ihn keine Sache des Herzens, sondern einer – überaus skeptischen – Vernunft. »Er ist den Gaullisten gegenüber sehr misstrauisch und möchte nicht mit ihnen arbeiten«, hielt ein englischer Gesprächspartner fest.[25]

Bald darauf, am 20. Oktober 1941, traf Moulin nach langen Umwegen in London ein. In Gesprächen mit englischen Offiziellen stellte er sich selbst als Gesandten dreier Bewegungen vor. Er vertrete *Libération nationale*, *Liberté* und *Libération*. Das entsprach in zweierlei Hinsicht nicht der Wahrheit: Zum einen hatte Moulin nur mit den Führern zweier Bewegungen, Frenay und Menthon, gesprochen. Kontakte zu Emmanuel d'Astier de la Vigerie, dem Chef von *Libération*, hatte er noch nicht. Zum anderen war er von niemandem beauftragt, de Gaulle zu sprechen – er tat es aus eigener Entscheidung. Dennoch war die Finte Voraussetzung für alles Weitere. »Seine Erfahrungen im politischen und administrativen Milieu hatten ihn gelehrt, dass man, wenn man gehört werden will, Repräsentant einer geschlossenen und starken Organisation sein muss«, schreibt sein späterer Biograf Daniel Cordier. »Seine Odyssee hatte also nur dann Sinn, wenn man ihn hörte, ihm glaubte, ihm seine Bitten erfüllte.«[26]

So trat Moulin seinen englischen Gesprächspartnern gegenüber durchaus selbstbewusst auf. Die drei Bewegungen, erklärte er, hätten mehrere Anliegen: Sie bräuchten moralische Unterstützung sowie Geld und Waffen. Ähnlich trug er das Ganze am 25. Oktober Charles de Gaulle vor. Zwei Stunden sprachen die beiden miteinander, während derer Moulin auf den Führer des Widerstands starken Eindruck machte. »Die Seele voller Leidenschaft für Frankreich, überzeugt, dass der Gaullismus nicht nur ein Kampfinstrument, sondern Motor einer grundlegenden Erneuerung sein müsse, durchdrungen vom Gefühl, dass der Staat sich in der *France Libre* verkörperte, hatte er den Ehrgeiz, Großes zu unternehmen.«[27] Moulin schilderte ihm die Situation der Widerstandsbewegungen, ihre Anstrengungen, aber auch ihre dringend zu überwindende Isolation. In Frankreich sei viel in Bewegung gekommen, aber noch längst nicht genug: »Ein schöner moralischer Erfolg, aber die paramilitärische Organisation ist noch völlig embryonal.«[28] Eben darauf komme es an, erklärte er de Gaulle beim gemeinsamen Frühstück. »Es ist dringend geboten, überall, wo es möglich ist, erste Kerne paramilitärischer Gruppen zu bilden.«[29] Die allerdings, darin war er sich mit de Gaulle einig, sollten keineswegs blind zuschlagen. Es brauche geordnete, strukturierte Aktionen, sorgsam geplant und als Teil einer übergeordneten Strategie, die auch politisch wohlüberlegt sein wollte. Schließlich komme es darauf an, Voraussetzungen zu schaffen, »die es erlauben würden, jene einzubeziehen, die etwas auf eigene Faust unternehmen wollen, jene, die mangels solcher Perspektiven Gefahr laufen, sich von den Kommunisten verführen zu lassen.«[30]

Das Gespräch war ein Erfolg: Wenige Tage später hielt Moulin ein Dokument mit den Anweisungen des Generals in den Händen. Dieses erteilte »Monsieur M.«, wie er genannt wurde, ein ganzes Bündel von Anweisungen: Die militärische war von der politischen Arbeit zu trennen; die paramilitärischen Einheiten, von London aus befehligt, hatten sich zunächst auf lokale Operationen zu beschränken; sollte es zur Landung der alliierten Truppen in Frankreich kommen, sollten die vereinten Widerstandsgruppen zur Unterstützung der Alliierten bereitstehen. Außerdem sollten sie sich spezialisieren. Vorgesehen waren mehrere Einheiten: normale Truppen; Saboteure; Aufklärungs- und Gegenspionageagenten.[31] Und, für de Gaulle keine Frage: Die Zentralisierung und Koordinierung wurde von London aus unternommen. Zur Unterstützung der drei Bewegungen erhielt Moulin anderthalb Millionen Francs. Ende Dezember ernannte de Gaulle Moulin zu seinem Repräsentanten und Generalbevollmächtigten für die freie Zone.

Zurück in Frankreich versuchte Moulin in zahllosen Gesprächen, die Führer der einzelnen Widerstandsbewegungen zur Vereinigung zu be-

Widerstandskämpfer der FFI, der Forces françaises de l'intérieur in Paris (Foto vom 1. August 1944).

wegen. Geschickter Diplomat, der er war, konnte er rasch Erfolge verzeichnen: Nach Gesprächen im Herbst 1942 schlossen sich im Januar des folgenden Jahres mit *Combat*, *Libértation* und *Franc-Tireur* die bedeutendsten Gruppierungen zu den *Mouvements unis de la R*ésistance (MUR) zusammen. Deren Generaldirektor wurde Moulin, während Frenay die militärischen Aktivitäten dirigierte. Als politischer Leiter der MUR fungierte Emmanuel d'Astier de la Vigerie. Auch die Kampfeinheiten der Gruppen schlossen sich zusammen – der Beginn der legendären *Armée secrète*, in der sich fortan immer mehr Kämpfer zusammenfanden. Eine Ausweitung erfolgte 1944, als sich die *Armée secrète* 1944 mit der *Organisation de résistance de l'armée* und den *Francs-tireurs et partisans* zu den *Forces françaises de l'intérieur* verband.

Derweil lief auch der politische Vereinigungsprozess weiter: In der Folgezeit kamen weitere große Gruppen hinzu, etwa der *Front National* und das *Comité d'action socialiste*. Zusammen mit Vertretern der Presse, der Gewerkschaften und der gegen Vichy opponierenden politischen Parteien bildeten sie Ende Mai 1943 den *Conseil national de la Résistance*, kurz

CNR (»Nationaler Rat des Widerstands«). Die Konsequenzen des Gründungstreffens waren enorm, erklärte der Widerstandskämpfer Robert Chambeiron, Gefährte Moulins und später Mitglied des Europäischen Parlaments: »Vor dem 27. Mai gab es nur vereinzelte Widerstandsgruppen. Danach gab es *den* Widerstand.«[32] Und noch etwas leistete dieses Treffen, so Chambeiron: »Die Erschaffung des CNR vollzog die Einheit zweier verschiedener Teile des Widerstands: den des Inneren und den des Äußeren.« Diese Einheit vollendete jenen ersten Schritt, den de Gaulle 1940 getan hatte, als er dem »Freien Frankreich« von London aus Anerkennung als völkerrechtliches Subjekt verschaffte. Diesem arbeitete nun der CNR zu, dessen Mitglieder umgehend eine politische Agenda für die Zeit nach der Befreiung ausarbeiteten. Die war aus einsehbaren Gründen nötig. Denn nicht nur pflegten die einzelnen Gruppen des Widerstands ungeachtet ihrer Vereinigung weiterhin erhebliche Differenzen; auch und vor allem würde es darauf ankommen, Republikaner und Anhänger Pétains miteinander zu versöhnen, dazu auch, falls möglich, Gewinner und Verlierer der vierjährigen Regierungszeit, die Täter und Opfer. »Indem sie damit den Grundstein für die Zukunft legen, sind die Widerstandskämpfer überzeugt, im Namen des noch geknebelten französischen Volkes zu denken und zu handeln.«[33] Auch außenpolitisch hatte das Pariser Treffen enorme Auswirkungen: Fortan konnte de Gaulle in London für sich in Anspruch nehmen, legitimer Führer eines landesweiten Widerstands zu sein. »Frankreich wird ein vollwertiger Verbündeter (der Alliierten, Anm. d. Aut.), so dass es auch an der Kapitulation der Nazis am 8. Mai 1945 teilhat.«[34]

Zuallererst aber ging es darum, für den absehbaren Kampf gegen die Besatzer gerüstet zu sein. Entsprechend vielfältig waren die Dienste, die der CNR einrichtete: ein Aktionskomitee gegen die Deportation; eine Kommission zur Versorgung und Ausrüstung der Widerstandskämpfer; ein medizinisches Komitee; einen Sozialdienst. Die wichtigste Einrichtung aber war das COMAC, das *Comité d'action militaire*, betraut mit der Aufgabe, auf französischer Seite die militärischen Vorbereitungen für den Tag X, den Tag des alliierten Vorstoßes nach Frankreich, vorzubereiten.

Es war deutlich: Der CNR war politisch wie militärisch zu einer für die Besatzer höchst gefährlichen Organisation geworden. Er verlieh dem

Widerstand nicht nur eine – von den Alliierten anerkannte – politische Legitimität, sondern wurde auch zu einer eminenten militärischen Bedrohung, mit der spätestens am Tag der alliierten Invasion zu rechnen sein würde. Die Konsequenz lag aus deutscher Sicht auf der Hand: Der CNR war zu zerschlagen, und zwar von oben nach unten. Zuallererst kam es deshalb darauf an, seiner politischen Führer habhaft zu werden, allen voran »Max«, dem Mann an der Spitze. Noch kannten die Besatzer dessen Identität nicht. Aber sie setzten alles daran, das Pseudonym von Max, wie Jean Moulin nun hieß, zu lüften. Verlassen konnten sie sich dabei auf ein enormes Heer an Spitzeln, Zuträgern und »gedrehten« Widerstandskämpfern, solchen also, die es angesichts massiver Drohungen seitens der Nationalsozialisten vorzogen, sich in deren Dienste zu stellen. Max zu identifizieren und zu verhaften, waren die Deutschen sich darum sicher, würde nur eine Frage der Zeit sein.

Jagd auf »Max«

Am 21. Juni 1943 machte sich Moulin auf den Weg in das Städtchen Caluire etwas nördlich von Lyon. Dort, in der Praxis eines dem Widerstand zugehörigen Arztes, Frédéric Dugoujon, wollten führende Köpfe des Widerstands über die Nachfolge von Charles Delestraint sprechen, dem wenige Tage zuvor in Paris verhafteten Kommandanten der *Armée Secrète*. Moulin, ausweislich seiner Papiere ein Innenausstatter namens Jacques Martel, begab sich in den Warteraum der Arztpraxis. Eigentlich fühlte er sich sicher, hatte er doch eine – ebenfalls gefälschte – ärztliche Bescheinigung dabei, die ihn als vermeintlichen Rheumapatienten an Doktor Dugoujon überwies. Eine Viertelstunde wartete er bereits, darüber sinnierend, ob die anderen Teilnehmer des Treffens bereits anwesend waren. Dann, völlig überraschend, Tumult im Haus: »Deutsche Polizei! Hier findet ein Treffen statt!«[35] Die Sicherheitskräfte stürmten das Haus, das Erdgeschoss ebenso wie die obere Etage. Einige der Teilnehmer waren dort bereits versammelt. Mit drei von ihnen wurde Moulin Minuten später in einen Citroën gestoßen, der umgehend startete. Rund zwanzig Minuten dauerte die Fahrt, dann waren sie am Ziel: dem Sitz der Sicherheitspolizei und des Sicherheitsdienstes in Lyon. Ansässig war dort auch die Sektion IV, verantwortlich für den Kampf gegen den Widerstand, geleitet von Klaus Barbie.

In dessen Hände war wenige Tage vorher, am 7. Juni, ein weiterer Widerstandskämpfer geraten: René Hardy, in der *Armée Secrète* für Sabotageakte zuständig. Er war an jenem Tag von Jean Multon erkannt worden, jenem aus dem französischen Widerstand rekrutierten Spitzel, der der Gestapo Ende Mai bereits den entscheidenden Hinweis zur Verhaftung Berty Albrechts gegeben hatte. Hatte Hardy Moulin verraten? Auf jeden Fall hatten die Besatzer ein enormes Druckmittel in der Hand: Hardys Verlobte Lydie Bastien. Würde er nicht mitarbeiten, liefe Bastien samt ihrer Familie Gefahr, als Geiseln genommen zu werden. Das hieße: Griffen Widerstandskämpfer die Besatzer an, würden diese einen Teil der Verhafteten aus Rache wie auch zur Abschreckung erschießen. Ging Hardy auf das Angebot ein? Er selbst erklärte später, er sei aus der Haft entlassen worden, ohne dass die Besatzer seine Funktion im Widerstand erkannt hätten. Allerdings hätten sie ihn beschattet und seien ihm auch zu jenem Treffen vom 21 Juni gefolgt, das in der Führungsspitze des CNR so viele Opfer forderte. Die meisten der Widerstandskämpfer, die mit Hardy zusammengearbeitet hatten, nahmen ihm diese Version nicht ab. Doch in zwei Prozessen wurde er 1947 und 1950 freigesprochen. Zweifelsfrei geklärt ist Hardys Rolle bis heute nicht.[36]

Für Moulin aber begann mit der Verhaftung ein Martyrium. Zusammen mit anderen Mitgliedern der Führungsriege des CNR fand er sich zunächst im Quartier der Lyoner Gestapo wieder. Am Abend wurden alle Verhafteten in das Gefängnis von Montluc gebracht. Barbie war eines klar: Einer der Häftlinge war »Max«, der Vertreter de Gaulles im innerfranzösischen Widerstand. Die Frage war nur: Wer der sechs Männer? Das galt es um jeden Preis herauszufinden. Entsprechend hart waren die Verhöre. Zwei Tage setzten Barbies Leute den Männern zu, dann ertrug Henri Aubry, Kommandant von *Combat*, die Qualen nicht mehr. Schlimmste Foltersitzungen hatte er hinter sich, dazu drei Scheinhinrichtungen. Hinter »Max«, offenbarte er seinen Peinigern, verberge sich Jean Moulin.

An ihm ließ Barbie während der folgenden Tage seinen gesamten Sadismus aus. Raymond Aubrac, Gründer von *Libération-Sud* und zusammen mit Moulin verhaftet, erhielt am 24. Juni den Befehl, einen Mitgefangenen zu rasieren.

> »Wie groß ist mein Erstaunen und Entsetzen, als ich merke, dass der hingestreckte Mann niemand anderes als Max ist. Er hat das Bewusstsein verloren. Seine Augen sind eingesunken, als hätte man sie in seinen Kopf gedrückt. An seiner Schläfe hat er eine hässliche bläuliche Wunde. Ein leichtes Röcheln entweicht seinen geschwollenen Lippen. Kein Zweifel, er wurde von der Gestapo gefoltert.«[37]

Am 2. oder 3. Juli wurde Moulin nach Paris gebracht, in das dortige Gestapo-Quartier. Zeugen, die ihn wenige Tage später in den Räumen der Gestapo sahen, berichteten von einer völlig entstellten Gestalt, mit verbogenen Gliedmaßen, aufgequollen von den Schlägen, kaum mehr wiederzuerkennen. Aus eigener Kraft vermochte er sich nicht mehr zu bewegen, die Gestapo-Mitarbeiter zogen ihn hinter sich her. Von Paris aus wurde er dann in die Villa des SS-Sturmbannführers Karl Bömelburg in Neuilly-sur-Seine gebracht. Dort sollte ihn der ebenfalls verhaftete Delestraint identifizieren. »Es ist mir unmöglich, in dem Mann, den Sie mir zeigen, wen auch immer zu erkennen.«[38] Delestraint war einer der letzten Widerstandskämpfer, der Moulin lebend sah. Er überlebte ihn um knapp zwei Jahre. Im Juli 1943 wurde er als sogenannter »Nacht-und-Nebel-Gefangener« – die NS-Bezeichnung für Häftlinge, die die Gestapo spurlos und ohne die Angehörigen zu informieren verschwinden ließ – auf Umwegen in das Konzentrationslager Dachau deportiert. Dort wurde er im April 1945 erschossen. Moulin selbst starb während der ersten Julitage 1943. Das genaue Datum ist genauso ungewiss wie der Ort. Er könnte in Metz gestorben sein, womöglich aber auch in Frankfurt am Main, wohin die Nationalsozialisten ihn gebracht haben sollen. Doch erwiesen ist es nicht, zu widersprüchlich sind die von seinen Entführern bewusst manipulierten Dokumente. Doch wo immer Moulin auch starb: Sein Werk lebte fort. Unerschrockene Nachfolger setzten seine Arbeit fort, bereiteten die einzelnen Gruppen des nationalen Widerstands auf jenen Tag vor, an dem es endlich möglich sein würde, die Besatzer anzugreifen und damit jene Phase einzuleiten, an deren Ende die Befreiung Frankreichs stehen würde.

Widerstand auf dem Land

Der Maquis

> Doch ein einziges Wort – Freiheit – reichte,
> den alten Zorn wieder zu erwecken.
> Und Millionen Franzosen bereiten sich im Schatten auf die Aufgabe vor,
> die der nahende Morgen ihnen auferlegt.
>
> *Robert Desnos, 1900–1945 (Theresienstadt),*
> *»Dieses Herz, das den Krieg hasste«*

Auch Paul Verlaine ging über den Äther, genauer, zwei Zeilen seines melancholischen Gedichtes »Chanson d'automne«, »Herbstlied«, veröffentlicht 1866.

Am 1. Juni 1944 sowie an den drei folgenden Tagen nahmen verschiedene Verse, von einem Gefolgsmann de Gaulles in energischer, wenig lyrischer Sprache artikuliert, den Weg aus der Londoner BBC nach Frankreich. »Bitte hören Sie einige persönliche Mitteilungen«, bat der Sprecher von »Radio London«, dem über die Wellen der BBC sendenden Programm der *France libre*, sein französisches Publikum. Die Worte, die dann piepsend und rauschend auf die Paukenschläge aus Beethovens fünfter Symphonie folgten, waren wenig persönlich. Vielmehr muteten sie an wie Formeln aus dem Sprachschatz des Surrealismus. »Ich liebe siamesische Katzen«, erklärte der Sprecher etwa. »Andromache parfümierte sich mit Lavendel«; »Es ist heiß in Suez«; »Die Karotten sind gekocht«; »Großmutter isst unser Süßes«. Sinnfreie Zeilen ohne Unterlass. Schließlich auch eine Zeile aus dem »Chanson d'automne«, »Herbstlied« des Dichters Paul Verlaine. »Les sanglots longs des violons de l'automne«,rezitiert der Sprecher, »Die langen Schluchzer der Herbstviolinen«. Verlaines Verse, hieß es eine Zeit lang, seien für alle Widerstandsgruppen das Signal gewesen, dass die Landung der Alliierten an der Küste der Normandie unmittelbar bevorstehe.[1] Tatsächlich richteten sie sich nur an eine Gruppe, nämlich *Ventriloquist* in der Sologne, einem dicht bewaldeten Landstrich im Herzen Frankreichs. Für diese Gruppe war der Vers, von den Kommandanten der *France libre* erst wenige Augenblicke vor der Ausstrahlung an die Sprecher weitergegeben, das lange erwartete Stichwort, um sich für den Aufstand gegen die Deutschen bereitzuhalten.

Losschlagen durften sie allerdings noch nicht: Das endgültige Startsignal kam mit der zweiten Zeile des Verses. Die vernahmen die Mitglieder erst am 5. Juni: »Blessent mon cœur d'une langueur monotone«. Die Herbstviolinen, zitierte der Sprecher den zweiten Vers, »durchdringen mein Herz mit monotoner Mattheit«. Nun war es gewiss: In wenigen Stunden, am frühen Morgen des 6. Juni 1944, würden die Alliierten in der Normandie landen. Der Kampf um die Befreiung zunächst Frankreichs und anschließend ganz Europas von der NS-Herrschaft hatte begonnen. Für die Kämpfer von *Ventriloquist* bedeutete das, den Vormarsch der deutschen Truppen in Richtung Normandie so lange wie möglich zu verzögern. Die Reaktion der Besatzer auf die Landung der Alliierten sollte verlangsamt, am besten sogar unterbunden werden. Und das nicht nur in der Sologne, sondern im gesamten Land.

So funkte Radio London ohne Unterlass. Hunderte verschlüsselter Botschaften gingen an den ersten Junitagen in Frankreich ein, gerichtet entweder an einzelne Gruppen innerhalb des Widerstands oder zu konzertierten Aktionen auffordernd. »Wichtige Nachricht für Nestor: Die Giraffe hat einen langen Hals«, hieß es etwa – das Signal für Jacques Poirier, »Nestor«, einen Agenten der britischen *Special Operations Executive* (SOE), seine Leute einsatzbereit zu halten. Und noch ein der Dichtung entnommener Vers machte den Weg über den Ärmelkanal: »Die meistverzweifelten Gesänge sind die schönsten Gesänge« – inspiriert von Alfred de Musset, der sich im Unterschied zu den Verbindungsoffizieren von *France libre* damit begnügte, die »Gesänge« in seinem Original nur ein- statt zweimal zu erwähnen. Die Zeile, zusammen mit der ihr folgenden, gab das Signal zum *Plan Violet*, der die Zerstörung sämtlicher den Besatzern dienender Kommunikationsnetze vorsah.

Die Planungsgruppen hatten ein ganzes Spektrum von Codenamen entworfen, die jeweils für bestimmte Aktionen standen: Der *Plan Grün* sah die Zerstörung der Eisenbahnanlagen vor, der *Plan Schildkröte* Sabotageakte gegen die Panzereinheiten, *Plan Rot* gegen die Munitionsdepots des Feindes. *Plan Gelb* hingegen regelte Angriffe auf die Kommandozentralen, *Plan Blau* auf die elektrischen Leitungen. *Plan Mumie* beschrieb Schritte zum Schutz der von den Alliierten benutzten Häfen.

In den meisten französischen Widerstandsgruppen wurden die Signale aus London mit Begeisterung aufgenommen. »Die Résistance hielt den Atem an«, erinnerte sich Charles Tillon, Kommandant der kommunistischen *Francs-tireurs et partisans* (FTP). »Eine ungeheure Armada der Alliierten steuerte auf die Normandie zu.«[2] Die Landung, so Tillon weiter, »mobilisierte das Bewusstsein von Millionen Franzosen, die sich bislang mit der Besatzung abgefunden und zugearbeitet hatten [*restés attentistes*], und motivierte hunderttausende andere, die Aktion des organisierten Widerstands zu verstärken.«

Doch nicht überall herrschte Begeisterung. Im Maquis des Vercors, ein Hochplateau südöstlich von Grenoble, reagierten viele Kämpfer zunächst verhalten. Die Nachricht von der Landung der Alliierten war zwar ein Appell, sich auf die zu erwartende Mobilisierung einzustellen, erinnerte sich Gilbert Joseph, der sich dem Widerstand im Alter von 16 Jahren angeschlossen hatte.

> »Aber er verbreitete bei den Meisten auch Bestürzung, in einem Camp, das seit langem jeden Kontakt zur Außenwelt verloren hatte. Die Gruppe von Sassenage (einer Gemeinde am Fuß des Vercors-Massivs, Anm. d. Aut.) schien erschüttert. Nachdem sie zuvor so überschwänglich gewesen war, tauschten die Mitglieder nun nur noch ein Murren aus, führten das Schauspiel junger Männer auf, die den Maquis nicht gewählt hatten, um gegen den Feind zu kämpfen, sondern vor ihm zu fliehen.«[3]

Geflohen waren die jungen Männer vom Februar 1943 an, als das Pétain-Regime auf Druck der Besatzer den *Service du travail obligatoire* (STO), den Zwangsarbeitsdienst einführte, der die zwischen 1920 und 1922 geborenen männlichen Franzosen zu einem zweijährigen Arbeitsdienst in Deutschland verpflichtete – in aller Regel an den großen Industriestandorten des Landes, die ganz besonders im Visier der alliierten Luftwaffe standen. Um diesem Dienst zu entgehen, tauchten zahllose Angehörige dieses Jahrgangs unter. Überwiegend schlossen sie sich dem Maquis an, oft nicht aus überzeugter Kampfbereitschaft, sondern um in Deutschland nicht das Leben zu riskieren. Diese Männer sollten nun kämpfen – eine Aufgabe, zu der sie weder die richtige Einstellung noch die passende Ausbildung hatten. Entsprechend gedämpft war ihre Stimmung. Zurückhaltend zeigten sich auch diejenigen, die seit Langem auf die Nachricht von der Landung der Alliierten warteten.

> »Die Maquisards, die ihre Freude kundtun wollten, zwangen sich zur Mäßigung, denn irgendwie machten sie den Eindruck, an einer Feier mit gedrückter Stimmung teilzunehmen. Es war schwierig, sich zusammenzureißen und eine schuldbewusste Miene aufzusetzen, obwohl man über die von den Küsten der Normandie her sich ankündigende Befreiung tatsächlich überaus glücklich war.«

Einige zeigten sich über die Nachricht eher unglücklich, bemerkte Joseph. »Einer von ihnen scheint zu hoffen, dass die Landung misslingt, damit sein Leben wie gewohnt weitergeht oder dass alle nach Hause gehen können, ohne gekämpft zu haben.«

Insgesamt aber weckte die Nachricht Erleichterung und Freude. Kampfesmut, Entschlossenheit, Freiheitswille: Starke Regungen drängten nun auf Handlung. Zusätzlichen Schwung verlieh de Gaulle am Nachmittag des 6. Juni der Mobilisierung. Zu jener Zeit – die Landungskämpfe dauerten bereits seit über zwölf Stunden an – nahm der Führer der *Français libres* in London eine Rede auf, die noch am Abend ausgestrahlt wurde. »Die erhabene Schlacht hat begonnen«, verkündete er seinen Landsleuten jenseits des Ärmelkanals.

> »Es ist in der Tat die Schlacht Frankreichs und die Schlacht für Frankreich. Für die Söhne Frankreichs, wo immer sie sein mögen, wer immer sie sein mögen, besteht die einfache und heilige Pflicht darin, den Feind mit allen verfügbaren Mitteln zu bekämpfen. Die von der französischen Regierung gegebenen Anweisungen müssen buchstabengetreu befolgt werden. Hinter den schweren Wolken unseres Bluts und unserer Tränen taucht wieder die Sonne unserer Größe auf.«[4]

Wie üblich griff de Gaulle tief ins pathetische Register. Das mochte dem anstehenden Kampf höhere Weihen verleihen. Die trafen zwar die allgemeine Stimmung, hatten aber wenig zu tun mit den oft viel prosaischeren Motiven, die die Franzosen trieb, die Freiheit und damit auch die Würde ihres Landes wiederherzustellen. Vielen stand der Sinn danach, ihr verlorenes Haus wieder zurückzuerhalten, in die Heimat zurückzukehren, die Familie wieder zu vereinen. Doch so unterschiedlich die Motive auch sein mochten: Stark waren sie allesamt. Und endlich schienen die Chancen gut, den Feind mit der alliierten Armada im Rücken zurückzutreiben und absehbar aus dem Land zu jagen.

»Allgemeiner Enthusiasmus bei unseren Männern, die sich auf ihre Posten begeben«, notierte darum Max Juvénal, Kommandant der *Armée secrète* im Département Bouches-du-Rhône.[5] Auch Louis Riberolle, freiwilliger Kämpfer am Mont Mouchet im Margeride-Massiv, hielt die Freude und Zuversicht jener Tage fest. Am 6. Juni begab er sich zum Kommandoposten seiner Einheit, als sich die Kunde von der Landung der Alliierten verbreitete. »Freudenschreie. Alle singen. Man reicht uns drei Flaschen alten Wein. Am Abend künden uns dumpfe und ferne Detonationen von Dingen, die in die Luft fliegen.« Überall brach sich die Freude Bahn. Im Gebirgsstock des Vercors organisierten die Mitglieder der *Armée secrète* einen Aufmarsch, in dem Örtchen Saint-Chély-d'Apcher im Département Lozère hielten rund 60 Mitglieder des lokalen Maquis für die Einwohner eine Parade ab. Ähnliche Szenen spielten sich auch in vielen anderen Landesteilen ab.

Gleichzeitig schlugen erste Gruppen des Maquis zu.[6] Die kommunistisch dominierten *Francs-tireurs et partisans*, im Dezember 1943 mit der *Armée secrète* zu den *Forces françaises de l'intérieur* (FFI) unter dem Befehl von General Marie-Pierre Kœnig fusioniert, reichten ihren Kämpfern einen regelrechten Katalog von Aufgaben an die Hand, um die Bewegungen der Besatzer einzuschränken, wenn möglich gar zu unterbinden:

> »– keine Kurve, in der sich nicht ein Ölfleck, Seifenlauge oder Zuckerrübensirup ausbreitet; – keine von Bäumen gesäumte Straße, über die sich bei der Durchfahrt der Feinde nicht ein Draht spannt; – kein Unterholz, das nicht jeden Kilometer von der Straße zu räumen wäre; keine Passage, die nicht in die Luft fliegt; – keine Straße ohne aufgeschüttetes Geröll; keine zu sprengende Brücke ohne Sprengungen; keine vom Feind benutzbare Straße, die nicht vermint wäre.«[7]

Maquis-Kämpfer beim Waffentraining.

Worum es letztlich ging, erfuhren die Widerstandskämpfer auch:

> »Wo immer möglich, sind die kleinen Attacken zu vervielfältigen, und gälten sie auch nur einem einzigen, isolierten Soldaten. Die Aktionen versetzen den Feind in eine Angstpsychose, untergraben seine Moral und zwingen ihn, ohne Unterlass neue Sicherheitsmaßnahmen zu ergreifen, die die Soldaten physisch belasten (verstärkte Wachen, Patrouillen usw.). Diese Schwächung gilt es durch geschickte Propaganda noch zu intensivieren.«

Ob kommunistisch oder gaullistisch inspiriert, im ganzen Land mündeten Empfehlungen wie diese in konkrete Taten. In der Normandie verübte eine Gruppe in der Nacht vom 5. auf den 6. Juni einen Anschlag auf die zentrale Bahnlinie des Départements Eure und griff die Feldgendarmerie von Pont-Audemer an. Nach einem heftigen Schusswechsel zogen die Deutschen sich zurück. Den Angreifern gab das Gelegenheit, sämtliche Dokumente und Kommunikationseinrichtungen zu zerstören. Am frühen Morgen zerlegte eine Einheit des Maquis Surcouf den Beobachtungsposten am Mont Rôti, errichtet auf der höchsten Erhebung des Départements. Er diente den Besatzern dazu, die gesamte Region bis ins Mündungsgebiet der Seine zu überblicken und die an der Küste der Normandie versammelten Kräfte über größere Bewegungen aus dem Landesinneren zu informieren. Im Limousin verübten Kräfte der *Franc-tireurs et partisans* nicht weniger als 39 Anschläge auf das regionale Eisenbahnnetz. Außerdem zertrennten sie das unterirdisch von Bordeaux über Limoges nach Paris verlaufende Telefonkabel. Im Département Landes verübten die Männer von Léonce Dussarat allein zwischen dem 7. und dem 10. Juni 200 Sabotageakte. Auch Kinder wurden aktiv: So warfen sie etwa Zuckerstückchen in die Tanks der Panzer, was die Motoren umgehend außer Gefecht setzte. Auf die Straße gesetzte Nagelbretter brachten zahllose Reifen zum Platzen, so sehr, dass der Ersatz zur Neige ging.

Andere Franzosen gingen mit ungleich härteren Mitteln vor: Sie spannten anderthalb Meter über dem Boden einen dünnen Draht quer über die Straße, sodass die mit hoher Geschwindigkeit fahrenden deutschen Motorradfahrer in Kopfhöhe von diesem zerrissen wurden. So dicht waren die Hindernisse, dass Teile der 265. Infanteriedivision für die rund 320 Kilometer von Quimper in der Bretagne zu ihrem Einsatzort in der Normandie eine ganze Woche brauchten. Noch stärker setzten die Maquisards der 275. Infanteriedivision zu: Die 120 Kilometer von Vannes zu ihrem Einsatzort bewältigte sie in sechs Tagen. Während aus Russland angeforderte Verstärkung innerhalb einer Woche an den Rhein gebracht war, brauchte sie für die 650 Kilometer von dort nach Caen drei Wochen.

Im Département Ain zerstörte eine Gruppe die beiden dort gelegenen Eisenbahndepots. Auf die Strecke Toulouse-Paris wurden allein im Juni 1944 800 Anschläge verübt.[8] Auch in Bourg-en-Bresse raubten Widerstandsgruppen den Besatzern einen Teil ihrer Mobilität: In rund 50 Explosionen ließen sie knapp 40 Lokomotiven, die zentrale Drehscheibe und Weichen in die Luft gehen. Auch in Ambérieu-en-Bugey wurden über 50 Lokomotiven beschädigt, waren eine Drehscheibe und mehrere Arbeitsmaschinen nicht mehr funktionstüchtig. Und sämtliche Züge, die aus Marseille in Richtung Lyon starteten, entgleisten auf der Strecke mindestens einmal.[9] Außerdem wussten die Soldaten sämtlicher nach Norden eilender Konvois, dass sie fortan in höchstem Maß verwundbar waren, gaben die mit Funktechnik ausgerüsteten Maquisards deren Stellungen doch kontinuierlich nach England durch, wo die britische Air Force jederzeit Staffeln für Luftangriffe bereithielt.

Tragödie in Tulle

Insbesondere die zweite SS-Panzerdivision »Das Reich« bekam die Macht des Widerstands zu spüren. In der Nacht auf den 11. Juni richtete der schottische Offizier Tommy MacPherson mit einigen Leuten an der von den Besatzern am nächsten Tag benutzten Straße mehrere Sprengstofffallen ein. An jeweils zwei Bäumen auf beiden Seiten der Route befestigten sie größere Mengen Dynamit. Zugleich gruben sie ein Loch durch den dünnen Straßenbelag, das sie ebenfalls mit Sprengstoff füllten. Anschließend errichteten sie über dieser Falle eine Barrikade. Die Arbeiten wiederholten sie an zwei weiter nördlich gelegenen Stellen der Straße. Am nächsten Morgen verlief die Aktion aus Sicht der Maquisards ganz nach Plan: Die gefällten Bäume nötigten den Konvoi zum Halten. Kaum waren die ersten Soldaten am Hindernis, eröffneten die Widerstandskämpfer das Feuer. Einige Soldaten wurden verletzt, andere getötet. Anschließend zogen sich die Maquisards zurück. Für den Kommandeur der Division ging es nun darum, die Barrikade an der Zugspitze beiseite zu räumen.

> »Die Deutschen schickten einen Panzer mit einer Schaufel nach vorn. Die LKWs und PKWs brauchten eine Stunde, um an den Straßenrand zu rücken und ihn vorbeifahren zu lassen. Der Panzer erreichte sein Ziel und schob die Bäume rasch beiseite. Nach getaner Arbeit wendete er und traf dabei die im Boden vergrabene Mine. Eine der Panzerketten lag auf der Fahrbahn wie ein Stück zerrissener Kleidung. Der außer Gefecht gesetzte Panzer vergrößerte die Straßensperre nun seinerseits.«[10]

So brauchte es einen weiteren Panzer, um die Trümmer des ersten wegzuräumen. Er benötigte für den Weg an die Spitze des Konvois nur eine halbe Stunde, da die Fahrzeuge bereits an der Seite standen. Rasch schob er das Hindernis zur Seite, sodass der Zug seinen Weg fortsetzen konnte.

Doch schon nach einigen hundert Metern türmte sich vor ihm das zweite Hindernis auf.

> »Dieses Mal schickten die Nazis einige Ingenieure vor, die die Sperre auf Minen untersuchen sollten. Es gab keine. Stattdessen hatte Macphersons Gruppe die Granaten in die Äste der Bäume gehängt. Ein Ingenieur stieß an eine dieser Vorrichtungen. Die Granate löste sich aus ihrer Halterung und explodierte, der Ingenieur lag inmitten eines blutigen Haufens. Weiter oben auf der Straße, bei der dritten und letzten Gruppe gefällter Bäume, hatte Macpherson keine Bombe isoliert. So verbrachten die Deutschen eine Stunde damit, nach Minen und Granaten zu suchen, die es nicht gab.«[11]

Attacken wie diese setzten der Division zu. An der Loire hatte die britische Air Force die Brücken gesprengt. Zugleich machten ihr Hunderte Widerstandskämpfer mit zahllosen kleinen und kleinsten Hindernissen das Leben schwer. Zusammen mit der britischen Air Force stellten sie die Panzerdivision vor größte Hindernisse. »Im Süden und Südwesten gingen die Verzögerungen größtenteils auf die effektiven Aktionen der französischen Widerstandskämpfer zurück«, hieß es in einem Bericht der von den Briten eingerichteten taktischen Planungsabteilung.[12] Wie effektiv diese Aktionen waren, verriet das Tempo des Konvois: Für die rund 850 Kilometer zwischen Toulouse und Saint-Lô brauchte er 17 Tage.

Der Unmut der Angegriffenen brach sich in den folgenden Tagen mit aller Wucht Bahn. Kurz vor der Landung der Alliiierten hatten die Mitglieder der *Francs-tireurs et partisans* (FTP) im Département Corrèze den Befehl erhalten, die wichtigsten Städte der Region zurückzuerobern. Seit Wochen hatten sich die Kämpfer auf diese Aufgabe vorbereitet. Ihr wichtigstes Ziel: das Städtchen Tulle, Sitz der Präfektur des Départements.

Im Juni 1944 kontrollierten 300–400 deutsche Soldaten die Stadt, dazu rund 600 Milizen sowie Mitglieder der paramilitärischen *Groupes mobiles de réserve* (GMR). Damit waren sie um mehrere hundert Kämpfer stärker als die *Franc-tireurs et partisants*, die die Stadt von den Deutschen und ihren Helfern befreien wollten. War die Stadt einmal erobert, so das Kalkül der FTP-Zentrale, ließen sich von dort aus weitere Befreiungsaktionen starten. In den Morgenstunden des 7. Juni nahmen darum Kommandant Jean-Jacques Chapou, Kriegsname Kléber, und seine Leute die wichtigsten Zufahrtsstraßen in Beschlag. Es folgte ein Gefecht mit den Besatzern, von einer Heftigkeit, die Kléber schließlich dazu veranlasste, sich mit seinen Leuten zurückzuziehen. In den Verhandlungen mit den *Groupes mobiles de réserve* erreichte er, dass sich diese, wenig gewillt, auf Landsleute zu schießen, in ihr Hauptquartier in Limoges zurückzogen. Die Deutschen allerdings blieben in der Stadt – und begannen um die Mittagszeit eine neue Attacke. Bald hatten sie einige Stellungen der Maquisards zurückerobert, vermochten es aber nicht, deren Hauptsitz einzunehmen, über dem bereits die französische Flagge wehte. Um auch diese Stellung zu knacken, forderten sie Verstärkung an. Am Morgen des 8. Juni begannen sie mit dem Angriff auf die Maquisards. Im Verlauf des Gefechts ging das deutsche Hauptquartier in Flammen auf. Die deutschen Soldaten versuchten, sich aus dem brennenden Gebäude zu retten. Rund 40 von ihnen starben im Kugelhagel der Franzosen. Die übrigen ergaben sich den Partisanen. Die aber zögerten nicht, die Kriegsgefangenen zu erschießen. Auf den Mord folgte der kurz bemessene Triumph: Die Maquisards erklärten Tulle zur befreiten Stadt, zur großen Freude der Bürger.

Was sie allerdings nicht wussten: Längst rollte die zur Unterstützung angeforderte Panzerdivision »Das Reich«, geführt von Kommandeur Heinz Lammerding, auf Tulle zu. Die Fahrzeuge hatten sich zuvor geteilt und näherten sich aus verschiedenen Richtungen der Stadt. Kurz bevor sie vollends umstellt war, zogen sich die Widerstandskämpfer von dort zurück. Am nächsten Tag, dem 9. Juni, setzten die Deutschen zu einer Razzia in der Stadt an. Um zehn Uhr vormittags trieben sie mehrere Tausend männliche Bürger in der lokalen Waffenfabrik zusammen. Für ihre 40 toten Kameraden, entschieden die Deutschen, mussten 120 Franzosen sterben. In mehreren Durchgängen wählten sie unter Kommandant Walter Schmald ihre Opfer aus.

Dass die Auswahl willkürlich war, räumte Schmald selbst ein. Als der Leiter des lokalen Straßenbauamts den im Nebenzimmer ein Omelette verspeisenden Kommandanten um Gnade für einen der Selektierten bat, da dieser unschuldig sei, erhielt er eine lapidar-zynische Antwort: »Ich glaube gern, dass Ihr Mitarbeiter unschuldig ist. Ich weiß, dass diejenigen, die hingerichtet werden, unschuldig sind. Aber man müsste einen Unschuldigen durch einen anderen ersetzen.«[13] Auch weitere Bitten um

Begnadigungen blieben ohne Erfolg. Am Nachmittag brachten die Deutschen die ausgewählten Geiseln an die Place de Souillac im Zentrum der Stadt. An allen nur denkbaren Gelegenheiten – Balkone, Laternenpfosten, Hinweisschilder – hatten sie Stricke befestigt. Die zunächst aus der Waffenfabrik herausgeführten Geiseln hielten die Szene noch für einen Akt der Simulation. »Wir kommen aus der Manufaktur«, erinnerte sich eine der nicht zum Tode verurteilten Geiseln. »Wir erstarren! An den Balkonen und Stützbalken in der Rue de Pont-Neuf sind Stricke befestigt. Wir wagen es nicht zu glauben. Wird man wirklich Menschen, vor allem Unschuldige, durch solche Marter sterben lassen? Handelt es sich nicht um ein Schauspiel?«[14] Zumindest für sie, die zunächst Herausgetretenen, würde es sich um ein Schauspiel handeln. Denn sie wurden gezwungen, Zeugen der nun beginnenden Hinrichtungen zu werden. Sie mussten zuschauen, wie die ersten zehn in der Manufaktur Verbliebenen aus der Fabrik kamen – unter ihnen das jüngste Opfer der Deutschen, der gerade 18 Jahre alte Jean-François Vieillefond. Umringt von 30 Soldaten, bewegte sich diese Gruppe auf die Galgen zu.

> »Die Gruppe ist kompakt, sie taumelt, einem Meteor oder durcheinander geratenen Rugbyteam vergleichbar, in dem alles mit allem verbunden ist. Dieser Meteor bewegt sich stürzend, wie eine zur Schlachtbank geführte Herde. Man stößt sie, man schlägt sie, und jene, die sie führen, treten zugleich auf die Bremse, um eine Flucht zu verhindern.«

Die Opfer wurden zu den Galgen getrieben, jeweils umrahmt von zwei SS-Leuten und zwei kleinen Leitern oder Treppchen. Die Verurteilten wehrten sich, versuchten zu fliehen, wurden von den Deutschen aber festgehalten. Einzeln führte man sie anschließend an den Strick. Die SS-Männer hielten sie fest, schlangen ihnen den Strick um den Hals. Als das geschafft war, zog ein weiterer Soldat ihnen die Leiter unter den Füßen weg. Auch der junge Jean-François starb auch diese Weise, aufgehängt am Nachbargebäude seines Elternhauses, vor den Augen seiner Mutter.

Begleitet wurden die Opfer von Pater Jean Espinasse, der sich von den Henkern das Recht ausbat, den Geiseln geistliches Geleit zu geben. Nach dem Tod der ersten zehn Opfer wäre die Aktion beendet, nahm er an. Doch kaum hatte er die Totengebete gesprochen, sah er eine zweite Zehnergruppe auf den Platz kommen, wiederum begleitet von SS-Männern. Der Geistliche näherte sich der Gruppe, wiederum Gebete rezitierend. Als die Männer der neuen Gruppe die Gehängten erblickten, leisteten sie noch größeren Widerstand als die vorhergehende Gruppe, den die SS-Leute durch noch brutalere Gewalt brachen. François Teillé, 27 Jahre alt und Mitglied des lokalen Rugbyteams, riss sich trotz der Handfesseln aus der Gruppe und versuchte, sein Leben durch einen Sprint zu retten, doch der Kugelhagel der SS-Leute warf ihn sofort nieder. Die Salve hallte im gesamten Viertel wider und ließ alle, die nicht unmittelbar anwesend waren, vermuten, die Geiseln würden erschossen. Weitere Salven löste ein Mitglied derselben Opfergruppe, Roger Chichard, aus. Der schwer Erkrankte war so schwach, dass er von der bereits erkletterten Leiter fiel und im Sturz einen SS-Mann niederriss. Umgehend eröffneten dessen Kameraden das Feuer. Die Lage rund um den Platz wurde immer angespannter. Die SS-Leute wurden unruhig, die Bewegungen der Henker hektischer. »Die Soldaten waren nervös, da die Dinge schnell gehen mussten. So warfen sie alles nieder, was ihnen im Weg stand«, erinnerte sich ein Zeitzeuge. Auch wollten sie Pater Espinasse loswerden und untersagten seine Präsenz bei den folgenden Exekutionen. So ging er zurück in die Waffenmanufaktur, wo die restlichen Gefangenen warteten.

Die wurden nach und nach auf den Platz geführt. Dort starben sie, oftmals vor den Augen von Freunden, Bekannten, Familienangehörigen. »Es war furchtbar, ein echter Albtraum. Man sah, wie der Kopf der Hinzurichtenden durch die Schlinge schlüpfte. Der Verurteilte wird weiß, noch bevor sein Körper in die Tiefe stürzt«, berichtete ein Zeitzeuge, der sich zudem an ein weiteres Detail erinnerte: Während sie ihre Opfer am Galgen sterben ließen, »machten die Deutschen Scherze und aßen Kirschen, die sie an einem nahe des Platzes stehenden Baum pflückten.« Andere wiederum hatten es sich auf der Terrasse des nahen Café Tivoli bequem gemacht, wo sie gestohlene Weinflaschen öffneten und sich von der aus einem Grammophon wehenden Musik berieseln ließen. Einige der von der Szene erhaltenen Fotos geben einen Eindruck von den SS-Leuten, hämisch grinsend und obszön gestikulierend. Ganz offenbar erfreuten sie sich an den Hinrichtungen. Die junge Yvette Chastel, gerade dreizehneinhalb Jahre alt, musste an diesem Tag zusehen, wie viele ihr vertraute Menschen ermordet wurden. Am schlimmsten sei es gewesen, als der junge Jean-François Vieillefont an den Galgen stieg und dort um letzte Hilfe bat: »Mutti, Mutti, sag ihnen, dass ich unschuldig bin.«

Andere Geiseln hatten Glück: Nachdem sie 99 Männer gehängt hatten, ließen die SS-Leute von ihrem Tun ab. Die Division war nur auf dem Durchmarsch, und Schmald wusste, er und seine Leute wurden anderswo gebraucht. So bereiteten sie sich auf den Abzug vor. Doch am nächsten Tag nahmen sie unter den über Nacht in der Manufaktur einbehaltenen Geiseln eine weitere Selektion vor. Hauptsturmführer Aurel Kowatsch, unterstützt von Adjutant Walter Schmald, sortierte aus: Welche der hunderte in der Manufaktur gehaltenen Männer durften gehen, welche blieben weiter als Geiseln? Um zehn Uhr morgens gelang es Maurice Roche, dem Generalsekretär der Präfektur, Kowatsch davon zu überzeugen, 150 Männer freizulassen. Die anderen Gefangenen versuchte er zur Ruhe zu bewegen: »Wir können nicht alle gleichzeitig befreien. Aber man hat uns versprochen, die Fälle individuell zu bearbeiten. Die Untersuchung wird am Nachmittag stattfinden.«[15] Um elf Uhr erschien Präfekt Pierre Trouillé, auch er um die Freilassung der Männer bemüht. Tatsächlich gelang es ihm, weitere 400 Geiseln aus der Hand der Deutschen zu bekommen – überwiegend Männer, die eine Familie zu versorgen hatten. Auch die verhafteten Gendarmen des Ortes wurden freigelassen. Doch noch immer befanden sich mehrere hundert Geiseln in der Hand der SS. Einige Offizielle griffen zu lebensrettenden Tricks. So spritzte ein zu den Männern vorgelassener Arzt aus Tulle einigen von ihnen einen unmittelbar wirkenden Fiebererreger. Die so Erkrankten präsentierten sich ihren Bewachern – und wurden ebenfalls freigelassen. Gegen Mittag erklärte Kowatsch, die Verhandlungen seien beendet. Doch noch einmal gelang es Trouillé, zehn weitere Männer freizubekommen. Noch einmal zehn weitere löste er aus, indem er dem seit drei Tagen nicht rasierten Kowatsch einen Coiffeur besorgte. Während der den SS-Kommandanten rasierte, konnte Trouillé ihn dazu bewegen, auch die beiden jüngsten Geiseln – sie waren noch keine 18 Jahre – freizulassen.

Doch dann setzte sich die Division in Bewegung. Die Geiseln wurden zu jeweils 30 in einzelne LKW gesetzt. Würde auch nur einer von ihnen fliehen, drohten die Deutschen ihren Opfern, würden sämtliche in den betreffenden LKW befindlichen Personen erschossen. Ziel des Konvois war Limoges, gegen drei Uhr morgens war die Stadt erreicht. In aller Eile verließen die Geiseln die LKW. »Wir werden entladen wie Tiere«, erinnerte sich einer der Gefangenen. »Ich werde unter lautem Hundegebell auf die Erde gestoßen. ›Raus, raus‹. Man schließt uns wie eine Viehherde in einer Baracke ein, der Baracke der Verdammten, wie man sie nennt.«[16] Nun erfuhren die Gefangenen, wie die Nationalsozialisten mit ihnen verächtlich erscheinenden Feinden umgingen. Den ganzen Tag standen die Männer wartend in einer Kaserne, ohne zu essen und zu trinken, sahen in das Mündungsrohr eines jederzeit schussbereiten Maschinengewehrs.

Derweil ließ Präfekt Trouillé nicht locker. Er bat den Milizenchef von Tulle, sich für die Gefangenen einzusetzen. Der wollte der Bitte entsprechen. Angekommen in Limoges, gelang es ihm und seinen Leuten, noch einmal 162 Männer freizubekommen. Entscheidend für den Prozess waren vor allem persönliche Beziehungen. Glück hatte, wer einen Milizionär kannte, wie oberflächlich auch immer. In diesen alles entscheidenden Momenten kam es vor allem auf vergangene Begegnungen an: Wer einem der Milizen bereits begegnet war, einen Eindruck bei ihm hinterlassen hatte, wie flüchtig er auch gewesen war, konnte nun darauf hoffen, ihn zu einer wohlwollenden Regung zu bewegen. Daumen hoch oder runter: Über Leben und Tod entschied die Gunst oder Ungunst des Augenblicks. Diejenigen, die der Gnade der Miliz teilhaftig wurden, hörten sich im Gegenzug deren Belehrung an. »Die deutschen Autoritäten haben der Zusammenarbeit mit uns zugestimmt, auf dass die gesunden Elemente der Stadt Tulle von deren verdorbenen getrennt werden. Wir haben ein Werk guter Franzosen vollbracht. Es lebe Darnand! Es lebe die Miliz! Es lebe Frankreich!«[17] Anschließend wandte sich ein SS-Kommandant an die soeben dem Tod Entronnenen: Seine Truppe hätte nicht erwartet, in Frankreich auf Kampfmethoden zu treffen, wie sie im Osten die Partisanen der Roten Armee praktizierten. Doch leider habe man feststellen müssen, dass nicht nur die Methoden, sondern auch der Feind derselbe sei wie auch, dass sich im Maquis vor allem Kommunisten befänden. An deren Aktionen dürften »ehrenhafte« Franzosen sich nicht beteiligen.

Die als »unehrenhaft« deklarierten Franzosen – es waren 149 – traten nun ihre letzte Reise an. Sie führte in das Konzentrationslager Dachau.

Die erste Station war Poitiers, ein Gebäude in der Nähe des Bahnhofs. Dort hatten die Deutschen rund 400 Gefangene zusammengetrieben. Als die Alliierten am Abend jenes Tages den Bahnhof der Stadt bombardierten, gerieten die Häftlinge in Panik und versuchten, aus dem Gebäude zu fliehen. Die SS feuerte mit ihren Maschinengewehren in die Menge. Minuten später zählte man sechs Tote und über 35 Verwundete. Ärztliche Behandlung bekamen sie nicht, viele der Angeschossenen starben während der folgenden Tage an ihren Verletzungen. Am 2. Juli dann startete der eigentliche Transport: 2162 Gefangene insgesamt, verteilt in Gruppen zu jeweils hundert auf einen Waggon. Insgesamt 22 Wagen waren es schließlich. Zusammen bildeten sie den Konvoi mit der Nummer 7909, später bekannt geworden als der »Todeszug«. Die Situation an Bord war infernalisch.

> »Die Wagen haben nur zwei kleine Öffnungen von 30 mal 70 Zentimetern, mit festen Gittern davor. Die Julihitze lastet schwer auf uns. Die Luft in den Waggons wird immer schlechter, und schon als sich der Konvoi in Gang setzt, können wir kaum mehr atmen. Die Luft füllt sich mit Gas, die Hitze drückt uns nieder. ... Wir bitten unsere Folterer um Wasser, das uns aber unerbittlich verweigert wird.«[18]

Auf 60 Grad schätzte einer der überlebenden Gefangenen die Temperatur im Zug. Entsprechend gereizt war die Stimmung: Die eng aneinander gepressten Männer wurden aggressiv, es herrschte ein Gemisch aus Verzweiflung und Zorn bis hin zum völligen Kontrollverlust: Die Insassen gingen aufeinander los. Die schwächsten der Gefangenen starben. »In meinem Waggon befinden sich fünfzehn Tote.« Dann ein Zwischenstopp in Revigny. »Die Verbrecher öffnen unsere Türen und lassen uns aussteigen. Die Toten werden in einen Wagen gebracht, die Verletzten in einen anderen. Schließlich geht es weiter, mit leerem Magen und trockener Kehle.« Am 5. Juli erreichte der Zug Dachau. »Ein mörderischer Gestank dringt aus den mit zerfallenden Leichen beladenen Wagen.« Der Transport beförderte viele Gefangene in den Tod. Von den über 2000 Personen, die den Zug bestiegen, überlebten die Reise nur 1536. In anderen Worten: Während der viertägigen Deportation starben 985 Menschen. Ihre Leichen wurden in Dachau umstandslos verbrannt. Für die anderen begann

Von deutschen Truppen ermordete Maquis in Lantilly (Côte d'Or. Foto vom 25. Mai 1944).

die Tortur des Lagerlebens: Nur 326 überlebten die kommenden elf Monate. Von den 149 aus Tulle Deportierten kamen 101 nicht zurück.

In ihrer Unerbittlichkeit weist die Tragödie von Tulle auch auf die Schwächen des Widerstands hin: Im Zweifel gingen die einzelnen Gruppen immer noch getrennte Wege. So hatte die vergleichsweise konservative *Armée secrète* sich an der Aktion der kommunistisch inspirierten *Francs-tireurs et partisans* (FTP) nicht beteiligt: Zu unterschiedlich waren die Vorstellungen von Aufgaben und Zweck des Widerstands, zu unterschiedlich auch die Risikobereitschaft. In den Augen der Bürger von Tulle hatten die FTP-Kämpfer das Risiko sträflich unterschätzt: Man griff keine deutschen Soldaten an, wenn die jederzeit Verstärkung anfordern konnten, zumal, wenn sie so massiv war und so enthemmt vorging wie die Panzerdivision »Das Reich«. »Die Bevölkerung von Tulle ist geschlossen gegen uns«, schrieb Jean-Jacques Chapou, Kommandant der in Tulle aktiven Kämpfer.[19] »Sie lädt die gesamte Verantwortung der NS-Repression auf unsere Schultern. Diese Ansicht wird zudem von den Männern der Armée Secrète und allen anderen nicht-kommunistischen

Elementen geschickt gefördert und ausgenutzt.« Das Massaker hatte die *Francs-tireurs et partisans* zumindest in der Region um Tulle isoliert. »Wir befinden uns nach diesem Misserfolg in einer höchst ungünstigen Situation, sowohl in politischer wie in militärischer Hinsicht.« Tatsächlich hätten die *Francs-tireurs et partisans* um die Gefahren ihres Kampfes auch für die Bevölkerung wissen müssen. Um sich vor Attentaten zu sichern, hatten die Besatzer bereits 1941 bekannt gegeben, für jeden getöteten Soldaten eine vielfache Menge an bereits verhafteten Franzosen zu exekutieren. Wie rücksichtslos sie vorgingen, zeigte sich im Oktober 1941, als der Feldkommandant Karl Hotz in Nantes von kommunistischen Partisanen erschossen wurde. Im Gegenzug ermordeten die Besatzer insgesamt 48 Geiseln, überwiegend in Nantes, aber auch in Châteaubriand und am Mont Valérien. Die Warnung sollte über die Grenzen von Nantes hinausgehen. Ein Attentat auf den deutschen Offizier Hans Reimers wenige Tage später in Bordeaux zog den Tod von 50 Geiseln nach sich. FTP-Truppen waren es auch, die am 9. Juni – genau jenem Tag, als in Tulle die 99 französischen Geiseln ermordet wurden – 100 Kilometer weiter nördlich SS-Sturmbannführer Helmut Kämpfe entführten. Der hatte an jenem Tag seinerseits 29 Widerstandskämpfer erschießen lassen. Kämpfe selbst starb am 10. Juni durch die Hand der von dem Kommunisten Georges Guingouin kommandierten FTP-Milizen – sei es, dass er erschossen wurde, sei es, dass er bei einem Fluchtversucht umkam. Sein Tod bewegte die übrigen Kommandanten der Division zu einem furchtbaren Entschluss: Aus Rache richteten sie unter den Bewohnern des Örtchens Oradour-sur-Glane im Département Haute-Vienne ein Massaker an. 642 Bürger von Oradour wurden am 10. Juni 1944 ermordet.

Kampf im Vercors

Der Kampf zwischen Maquis und Besatzern war einer ums Ganze. Beiden Seiten war bewusst, um was es ging. Verloren die Nationalsozialisten die Schlacht um Frankreich, war es mit ihrem auf tausend Jahre angesetzten »Reich« vorbei. Vor allem waren sich viele der Kämpfer im Klaren, dass sie sich im Fall der Niederlage vor einer internationalen Justiz zu verantworten hätten. Entsprechend hart war ihr Einsatz, dem das Engagement des französischen Widerstands allerdings in nichts nachstand. Es ging um die Befreiung des Landes, darum, die Besatzer endlich abzuschütteln und ihrem massenmörderischen Treiben ein Ende zu setzen. Der Kampf fand in nahezu allen Landesteilen statt – aufseiten des Widerstands aber kaum irgendwo so heftig wie im Vercors-Gebirge ganz im Westen der französischen Alpen. Die dort kämpfenden Widerständler gingen zunächst davon aus, in den alliierten Planspielen eine herausgehobene Rolle zu spielen, stellte das von ihnen kontrollierte Gebiet im Süden von Grenoble doch einen wichtigen Brückenkopf zu jenen Soldaten dar, die in der Provence anlanden sollten. So empfingen die Maquisards auch dort in der Nacht auf den 6. Juni die vereinbarten Codewörter, blieben aber in ihren Stellungen. Angesichts der deutschen Präsenz sei es noch zu früh, aktiv zu werden, befanden die Kommandanten. Zwar stand eine gewaltige Zahl von Kämpfern – rund 4000 – unter ihrem Befehl, doch war allenfalls die Hälfte davon hinreichend bewaffnet. Vor allem in den Tagen vor dem 6. Juni waren zahlreiche Freiwillige in das Gebirge geströmt: Alle wollten sie nun, da das Kriegsglück sich zu wenden schien, zum Sieg über die Besatzer beitragen. Doch erst am Abend des 8. Juni gab es den ersten Marschbefehl. An drei Orten ließen sie den Zugang zum Gebirgsmassiv sperren, nicht ohne sich Gedanken über das Ausbleiben der angekündigten maritimen Offensive in der Provence zu machen. Dennoch entschlossen sie sich, dem Demobilisierungsbefehl von General Kœnig nicht zu folgen: Zu groß war der Druck der Wartezeit, zu groß die Ungeduld der Maquisards. Über Monate hatten sie das Terrain vorbereitet, nun brannten sie darauf, aktiv zu werden, konkret: der in der Provence erwarteten alliierten Armada eine sichere Basis in dem schwer zugänglichen Gebirgsmassiv zur Verfügung zu stellen. Irritierend war freilich, dass die britischen und amerikanischen Fallschirmspringer, Vorhut des Zuges, weit und breit nicht zu sehen waren. Was die Maquisards nicht wussten: Der Truppenaufzug in der Normandie war massiv ins Stocken gekommen, schlechtes Wetter hatte die Pläne durcheinandergeworfen. So waren die Planer ganz wesentlich mit der Verstärkung der Truppen in der Normandie befasst, der Vorstoß im Süden hatte demgegenüber nur zweitrangige Bedeutung.

Für die Widerstandskämpfer im Vercors hieß das nichts anderes, als dass die erwartete logistische und militärische Unterstützung ausblieb. Zwar hatten die Alliierten bereits im Januar erste Ladungen über dem Terrain abgeworfen, doch sie reichten bei Weitem nicht. So forderte Kommandant Marcel Descour dringend weitere Ausrüstung an. Erst am 13. und dann noch einmal am 25. Juni setzten alliierte Flugzeuge 432 Container mit militärischem Gerät ab. »Browning-Maschinengewehre, Hotchkiss-Maschinengewehre reihen sich in dichter, doppelter Linie«, erinnerte sich der Historiker Yves Pérotin alias Pothier, im Sommer 1944 im Widerstand im Vercors aktiv. Die Waffen waren dringend nötig, erreichte das Lager doch »eine große Zahl von auf seltsame Weise ausgerüsteten Zivilisten, ohne Waffen oder mit mehr oder minder barock anmutenden Jagdgewehren.«[20] Und doch, die mangelnde Ausrüstung ließ die Kämpfer am Sieg nicht verzweifeln, im Gegenteil: Sie waren so zuversichtlich, dass sie wenige Tage nach Landung der Alliierten sogar eine »République du Vercors« ausriefen.

Umso bedeutender war Ende Juni die Ankunft von britischen und französischen Agenten der *Operation Jedburgh* – eigens ausgebildet und trainiert für besonders riskante Sabotage- und Spionageaktionen. Mit sich brachten sie ebenso – wie kurz nach ihnen auch Agenten der US-amerikanischen *Operational Group* – starke Radiogeräte, die den Kontakt nach London herstellten. Anfang Juli folgte ihnen ein Team der *Operation Paquebot*: spezifisch geschulte Soldaten, die bei Vassieux eine eigene Landepiste von 1000 x 150 Metern für die alsbald erwarteten alliierten Flugzeuge anlegten. Die landeten zwar nicht, doch warfen 70 amerikanische Transporter wenige Tage später weitere Ausrüstung über dem Gebiet ab.

Derweil ließen die Besatzer die *Operation Bettina* anrollen, die größte Offensive, die sie in Europa jemals gegen eine Widerstandsbewegung führten. Rund 10.000 Mann waren an dem Feldzug beteiligt, darunter vier spezifisch für den Kampf in den Bergen ausgebildete Bataillone, zwei Grenadier-Bataillone sowie drei Bataillone der »Ostlegion«. Ergänzt wurden sie durch Artillerie und eine Schwadron der Luftwaffe. Während die Angriffstruppen sich in Richtung des Hochplateaus bewegten, riegelten nachrückende Truppen dieses über weite Teile ab. Bei Vassieux schwebten zwei Fallschirmspringer-Einheiten vom Himmel.

Stück um Stück erhöhten die Besatzer in den folgenden Tagen den Druck. Die Aufklärungsflüge folgten in immer dichterer Reihenfolge, ihr Zugriff rund um die Stellungen des Maquis wurde enger. Immer dringlicher forderten die Kommandanten aus London Waffen an. Insbesondere schwere Geschütze seien nötig, teilten sie mit. Am 21. Juli dann begann der eigentliche Angriff. Von mehreren Seiten stießen die Deutschen vor. Bald hatten sie einige Zugänge erobert. Zugleich begannen die Luftangriffe. »Am frühen Morgen tauchten Flugzeuge auf, sie hatten Lastensegler im Schlepptau«, erinnerte sich Yves Pérotin alias Pothier.[21]

> »Sie waren ohne erkennbare Markierungen. Zunächst freuten wir uns, denn wir nahmen an, es handle sich um die versprochene Verstärkung. Dennoch brachten wir aufgrund des merkwürdigen Äußeren der Flugzeuge hastig zwei Maschinengewehre in Stellung. Doch ein amerikanischer Offizier verhinderte, dass sie eingesetzt würden: ›Nicht schießen‹ sagte er, ›das sind unsere Leute.‹ Einen Moment später waren die Lastensegler mehr oder weniger glücklich gelandet. Doch dann begriffen wir, dass es sich um Deutsche handelte. Aus den Flugzeugen sprangen mit Maschinenpistolen oder Flammenwerfern bewaffnete Soldaten. Wir versuchten dagegenzuhalten. Ein Maschinengewehr hat mehrere Feinde umgeworfen, doch da sie sich nicht in einer offenen Stellung halten konnten, zogen sich die Schützen in den Wald zurück.«

Schritt für Schritt bauten die Besatzer ihre Position auf dem Plateau aus, errichteten strategisch ausgeklügelte Stellungen, die den Bewegungsspielraum der Maquisards enorm einschränkten. »Wir müssen angreifen, die feindliche Enklave beseitigen, die mitten auf dem Plateau unsere sämtlichen Reserven bindet. ... Doch wie könnten wir angreifen?«[22] Pothier deutete es an: Aufgrund der deutschen Stellungen waren weite Flächen des Plateaus nicht mehr passierbar. Die Bewegungsfreiheit der Maquisards war massiv beschnitten. Kamen die Widerstandskämpfer aus ihrer Deckung, setzten die Deutschen sie unter massives Sperrfeuer. Dass die Geschosse ihr Ziel verfehlten, ging allein auf die große Entfernung zurück. So blieb es bei einigen Verwundeten.[23]

Doch am nächsten Tag setzten die Deutschen die Luftwaffe ein. »Unter wiederholten Attacken spürt jeder den Geschmack der Erde, der alten Mutter Erde, auf die wir uns werfen und in die wir gern eindringen wollten, auf dass sie uns vor dem Tod schütze.«[24] Wo die Deutschen sich installiert hatten, richteten sie umgehend alles für weitere Verstärkung her.

> »Bald landet ein neuer Lastensegler auf dem Terrain. Umgehend laufen sie auf ihn zu, um ihn hinter die bereits errichteten Bauten zu bewegen, während unsere Leute sie mit einem Kugelhagel überziehen. Dann senkt sich ein Flugzeug in sehr niedriger Höhe über ihnen hinab und wirft mit bemerkenswerter Präzision einen Container in ein Areal, dessen Mauern gegen unser Feuer schützen.«[25]

Immer weitere Lastensegler schafften in den folgenden Tagen weitere Verstärkung heran, rund 500 Soldaten sprangen an Fallschirmen aus den Flugzeugen, um die deutschen Einheiten aufzustocken, unter ihnen auch Rekruten der »Ostlegion«: Kriegsgefangene aus Russland, der Ukraine und anderen Ländern, die nun aufseiten der Wehrmacht kämpften. Gegen diese Übermacht waren die Maquisards wehrlos: Am 23. Juli war die Schlacht um Vassieux geschlagen.

Auch in anderen Teilen des Massifs wurde die Situation immer verzweifelter. Dessen Kommandeure gaben den Befehl zum Rückzug. Keine offene Front, stattdessen Überraschungsangriffe, lautete die Devise. Die Nachrichten nach London wurden immer dringlicher, der Ruf nach Unterstützung lauter. Noch sei es möglich, das Blatt zu wenden, informierte einer der Kommandeure:

> »Die Moral der Bevölkerung ist hervorragend, doch könnte sie sich sehr schnell gegen Sie wenden, wenn Sie nicht umgehend Maßnahmen ergreifen. Wir stimmen mit den Leuten hier überein, wenn sie sagen, in London und Algiers habe man nichts begriffen von der Lage, in der wir uns befinden. Darum betrachtet man Sie als Kriminelle und Feiglinge. Wir sagen es ausdrücklich: Kriminelle und Feiglinge.«[26]

Doch die Appelle blieben unerhört: Waffen und Verstärkung kamen nicht, stattdessen eroberten die Deutschen immer weitere Teile des Vercors. Das harte Vorgehen gegen die Maquisards wie auch gegen die sie unterstützende Zivilbevölkerung erhöhte den Blutzoll: 332 tote Widerstandskämpfer und 131 tote Zivilisten würde man schließlich zählen. Die Racheaktionen der Deutschen waren unerbittlich: In dem Örtchen Beauvoir-en-Royans wurden 19 Zivilisten erschossen, am selben Tag traten auch 37 gefangene Widerstandskämpfer vor ein Erschießungskommando. In der gesamten Region verübten die Deutschen zahlreiche Massaker an der Zivilbevölkerung. Vassieux selbst wurde nahezu vollständig zerstört. »Wo wir waren, lebt keine einzige Maus mehr«, notierte ein Soldat am Ende der Kämpfe. »Man sieht kein erhaltenes Haus mehr. Vieh und Pferde irren umher.«[27]

Sonnengebräunte, müde Gesichter

Die Niederlage im Vercors zeigte in aller Deutlichkeit, wozu der um den 6. Juni ausbrechende Widerstand in der Lage war – und wozu nicht. Er vermochte die Aktionen der Besatzer zu behindern, ihre Bewegungen ins Stocken, ihre Zeitpläne durcheinander zu bringen. Ebenso vermochte er ihre Kommunikation einzuschränken, teils sogar völlig zu unterbinden: Befehle und Informationen endeten aufgrund zertrennter Kabel im Nichts. Auch setzten die Maquisards den Soldaten zu, brachten sie auf ihrem Zug gen Norden in größte Bedrängnis, oft mit tödlichen Folgen. Doch der Maquis ersetzte keine reguläre Armee. Der Feuerkraft des deutschen Heeres konnte er sich nicht ernsthaft entgegenstellen. Er war eine teils sehr effiziente Hilfskraft – mehr aber nicht. Im Fall des Vercors kam hinzu: Der Widerstand setzte mehrere Wochen zu früh ein. Der Kampf hätte mehr Sinn gemacht, hätte wohl auch weniger Tote gefordert, hätte er zeitgleich mit der Invasion der alliierten Truppen in der Provence stattgefunden. Dass diese allerdings erst Wochen später als die Invasion an den Stränden der Normandie, nämlich erst Mitte August, folgte, davon hatten die Maquisards keine Kenntnis. Sie hatten angenommen, die Landung fände parallel oder in zeitlicher Nähe zur Landung in der Normandie statt. Und doch trugen die Widerstandskämpfer im Vercors wie überall sonst in Frankreich dazu bei, dass die Alliierten und de Gaulles Truppen am 25. August in Paris einmarschieren konnten. Am selben Tag hatte Dietrich von Choltitz, der zwei Wochen zuvor ernannte Kommandant von Paris, die Stadt an Leclerc übergeben, sich über Hitlers Befehl hinwegsetzend, die Metropole zu zerstören. Die Befreier waren zuletzt immer schneller vorangekommen – so schnell, dass einige Franzosen auf den Einmarsch noch gar nicht eingestellt waren. »Nicht dagewesen zu sein!«, hielt der Jurist Maurice Garçon in seinem Tagebuch fest. »Ein unverzeihlicher Irrtum, dass ich aufgebrochen bin. Aber wie hätte ich die Geschwindigkeit des amerikanischen Vorstoßes voraussehen können, nachdem er zwei Monate auf der Stelle trat?«[28] Der Journalist Jean Galtier-Boissière erlebte, wie Generalmajor Philippe Leclerc de Hauteclocque mit seiner Division in der Hauptstadt einmarschierte.

> »Rue Saint-Jacques, ein unvergesslicher Anblick: eine vibrierende Menge umgibt die von Blumen übersäten französischen Angriffspanzer, auf denen die Nationalflagge gehisst ist. Auf jedem Panzer, auf jedem Maschinengewehr finden sich neben den in Kaki gekleideten Besatzungsmitgliedern mit ihren Feldmützen auf dem Kopf Trauben junger Mädchen, Frauen, Kinder. Die Bevölkerung bildet ein Spalier, applaudiert, wirft den Soldaten Küsse zu, ballt die Faust, schreit vor Freude über die Befreiung. Diese französischen Soldaten – Angehörige des Kavallerieregiments – sind würdig, charmant, gut erzogene Kinder. Ohne jegliche Verstellung nehmen sie den Dank eines ganzen Volkes entgegen und lächeln mit ihren weißen Zähnen in sonnengebräunte und müde Gesichter.«[29]

Auch de Gaulle kam an jenem Tag nach Paris. Umgehend inspizierte er sein Büro, das er vier Jahre zuvor, im Juni 1940, verlassen hatte. Er war erstaunt, alles nahezu unverändert vorzufinden. »Nichts fehlt, mit Ausnahme des Staates«, beschrieb er die Szene in seinen Erinnerungen.[30] Es sei seine Aufgabe, ihn wieder aufzubauen, notierte er weiter. So habe er den Raum umgehend wieder bezogen.

Arbeit am Staat, Investition in die Zukunft. Zugleich aber auch die Rückschau, der Versuch, die zurückliegenden Jahre zu verstehen und Konsequenzen aus allem zu ziehen. Das heißt nicht zuletzt: die Verantwortlichen zur Verantwortung zu ziehen, die großen ebenso wie die kleinen Kollaborateure. Die Franzosen schritten zur »épuration«, zur »Reinigung«. Und eröffneten ein in Teilen dunkles Kapitel ihrer Geschichte, dieses Mal in eigener Regie und Verantwortung.

Teil V
Französischer und europäischer Neuanfang

Abrechnung unter Landsleuten *Épuration*: die »Reinigung« nach der Befreiung

Seien wir grausam, um dem Volk zu ersparen, es zu sein.

Georges Danton, 1793

Gehofft auf ein mildes Urteil hatte sie bis zuletzt. Sie meinte, dafür gute Gründe zu haben. Immerhin hatte sie niemandem Leid zugefügt, hatte niemanden verraten, niemand hatte wegen ihrer Entscheidungen leiden müssen. Wenn man von Entscheidungen überhaupt reden konnte. Denn sie, die tuberkulosekranke Künstlerin, hatte nichts getan, was ihrem Land schadete. Einzig der Stimme ihrer noch jungen Jahre war sie gefolgt, immer den Intensitäten des Lebens hinterher, in der Kunst, der Freundschaft und der Liebe. Das, fand sie, konnte kein Verbrechen sein.

Doch der Vorsitzende Richter sah es anders. Er verurteilte die Angeklagte angesichts ihres Verhaltens während der deutschen Besatzungszeit zu zehn Jahren *dégradation nationale*. In anderen Worten: Für die Dauer von zehn Jahren würden der Schauspielerin Corinne Luchaire die bürgerlichen Rechte aberkannt. Erwiesen war aus Sicht des Gerichts damit, dass sie sich der *indignité nationale* schuldig gemacht hatte, jenes im August 1944, nur wenige Wochen nach der Landung der Alliierten, geschaffenen Straftatbestands, den fortan alle fürchten mussten, die den Besatzern aus Sicht der Richter allzu große Dienste geleistet hatten. Der *indignité nationale* wurde angeklagt, »wer nach dem 16. Juni 1940 entweder in Frankreich oder im Ausland Deutschland oder seinen Verbündeten direkt oder indirekt Hilfe geleistet beziehungsweise der Einheit der Nation oder Freiheit und Gleichheit der Franzosen Schaden zugefügt hat.«[1]

Dégradation nationale – für Corinne Luchaire bedeutete das Urteil das Ende ihrer künstlerischen Existenz. Der Richterspruch vom 4. Juni 1946 entzog der jungen Frau nicht nur ihre bürgerlichen Rechte – damit hätte sie, die sich für Politik zeit ihres Lebens nicht interessierte, noch leben können. Vom aktiven und passiven Wahlrecht, das ihr nun entzogen war, hatte sie ohnehin kaum Gebrauch gemacht. Auch die anderen Strafen, allen voran der Ausschluss von öffentlichen Ämtern, trafen sie nicht. Doch das Urteil vernichtete ihren Ruf und damit ihre Zukunft auf der Bühne. Corinne Luchaire, Jahrgang 1921 und zum Zeitpunkt des Urteils mithin 25 Jahre alt, bis vor Kurzem eine der großen Diven des französischen Kinos, würde niemals mehr vor die Kamera treten. Niemals wieder würde sie ihr Publikum verzaubern, es durch die Vielzahl der Charaktere verblüffen, die zu mimen sie imstande war. *Prison sans barreaux* (»Gefängnis ohne Gitter«) hieß ihr erster größerer Film, herausgekommen 1938. Die junge Luchaire spielte darin Nelly, eine junge Strafgefangene, gerissen, klug und sehr hübsch. Hauptfigur des Films war – dem Drehbuch nach – Yvonne, die Direktorin des Gefängnisses, gespielt von Annie Ducaux. Doch der eigentliche Star des Films war Nelly, zunächst abweisend und rebellisch, dann aber mehr und mehr beeindruckt von den modernen, dezidiert humanen Prinzipien der Anstaltsleiterin.

Nelly alias Corinne: das blonde, leicht ondulierte Haar zur Seite gekämmt, schmale, in eleganter Linie sich ziehende Augenbrauen, zusammen mit den Wimpern die klaren, ein wenig melancholisch dreinblickenden Augen umspielend, verkörperte sie das erotische Ideal der Zeit. Und doch war sie auch eine Frau der neuen Sachlichkeit, von kühler Romantik, die die plüschige Schwere früherer Jahrzehnte weit hinter sich gelassen hatte. Die Mimin, bemerkte der *Petit Parisien* im März 1939, zeigte sich in anmutiger Demut:

> »Innerhalb von sechs Monaten zum Star geworden, ist Corinne dennoch Zizi geblieben – das ist ein echtes Wunder. Sie mag zwanzig Mal am Tag ihren Namen in der Presse lesen; ihn hell und so groß wie sie selbst auf den Leuchtwänden der Kinos anschauen; sie mag ihr Gesicht in Schwarz, in Sepia oder bunt auf den Titelseiten der Zeitungen und den Kinoanzeigen anschauen; sie mag im Radio sprechen und Galas vorsitzen: Corinne ist sie selbst geblieben, ehrlich wie Gold, schlicht wie der Tau, spontan wie ein junges Küken, spritzig wie ihr Lieblingsgetränk: Coca-Cola.«[2]

Als der Krieg ausbrach, war Corinne Luchaire ein Star, geliebt, bewundert, umschwärmt. Zehn Filme hatte sie zu diesem Zeitpunkt gedreht, ein weiterer kam 1940 in die Kinos. Doch 1940 war auch das Jahr, in dem sie aus Sicht ihrer späteren Richter vom rechten Wege abkam. Unter dem Einfluss ihres Vaters, des Journalisten Jean Luchaire – er glaubte in der Herrschaft der Nazis die Grundlage für eine goldene persönliche Zukunft zu erkennen, die er durch Arbeit für die den Besatzern gewogenen Blättern umgehend nutzte – geriet sie in immer größere Nähe zu den Deutschen. Auf deren Partys war sie ständiger Gast. »Die Buffets, aufwendig bestückt, bieten Delikatessen von jenseits des Rheins, geröstete Toasts, französische pétits-fours, Champagner.«[3] In der Welt der Besatzer fehlte es an nichts, deren verschwenderischer Luxus stand in größtem Gegensatz zur wachsenden Not der allermeisten Franzosen. Nach einer gescheiterten Ehe mit dem windigen Unternehmer Guy de Voisins-Lavernière – sie verließ ihn einen Monat nach der Heirat –, stürzte sie sich in eine Beziehung mit dem deutschen Luftwaffen-Kommandanten Wolrad Gerlach. Im Mai 1944 kam ihre gemeinsame Tochter zur Welt. Wie eine ganze Reihe Künstler hatte auch Luchaire den nötigen Abstand zu den Besatzern nicht gewahrt, würde der Staatsanwalt später im Prozess gegen sie vorbringen: »Diejenigen, die mit dem Schreibstift verraten haben, waren oft durch den Faschismus inspiriert; Luchaire aber war getrieben von Bestechlichkeit und Verdorbenheit.«[4] Getrieben von ihrer Krankheit womöglich auch: Sie litt an Tuberkulose. In über Monate sich erstreckenden Sanatoriumsaufenthalten versuchte sie ihrer Krankheit Herr zu werden – vergeblich. Mehrere Selbstmordversuche scheiterten. Im Januar 1950, mit 29 Jahren, starb sie.

Anders als viele unbekannte Französinnen vermochte sich Luchaire der »wilden« épuration ihrer Landsleute in den Wochen und Monaten nach der Landung der Alliierten an den Stränden der Normandie zu entziehen. Zusammen mit ihrem Vater befand sie sich im Tross jener, die Marschall Pétain im September 1944 auf das Schloss der Hohenzollern im baden-württembergischen Sigmaringen folgten. Im April 1945 – die Niederlage des nationalsozialistischen Deutschland rückte immer näher – reiste sie von Sigmaringen in die Schweiz und von dort aus nach Italien. Dort wurde sie zusammen mit ihrem Vater verhaftet und nach Frankreich überstellt. Da sie kein politisches Amt hatte, wurde sie im Sommer aus dem Gefängnis entlassen. Die Zeit bis zu ihrem Prozess im Jahr 1946 verbrachte sie in Freiheit. Der unkontrollierten »Reinigung«, in deren Namen die Franzosen im Sommer 1944 Jagd auf Kollaborateure machten, war sie entkommen.

»Reinigung«: Spuren einer Idee

Die *épuration*: ein dunkles, lange Zeit verschwiegenes, verschämt beiseite gedrücktes Kapitel aus der Zeit der mit der Landung der Alliierten an den Küsten der Normandie beginnenden Befreiung. So unangenehm war den Franzosen diese Episode der ungezügelten Gewalt, dass sie ihr, anders als den heroisch konnotierten Begriffen *Résistance* und *Libération*, keinen Großbuchstaben am Anfang gönnen mochten. Die *épuration* wird mit einem kleinen »e« geschrieben: den Anspruch, eine einzigartige Epoche darzustellen, soll sie nicht erheben können. Immerhin können die Franzosen darauf verweisen, dass zumindest die wilde *épuration* sich nur über einige Wochen innerhalb der zweiten Jahreshälfte 1944 erstreckte, mit einem nachträglichen Aufflackern im Frühjahr 1945, als die ersten Kriegsgefangenen und Überlebenden aus den Konzentrationslagern kamen und ungeschminkten Bericht von der Ungeheuerlichkeit deutscher Verbrechen gaben. Franzosen, die diesem Regime zugearbeitet hatten, mussten in jenem Frühjahr noch einmal um Leib und Leben fürchten. Die Monate der *épuration* forderten einen enormen Blutzoll: Rund 10.000 Hinrichtungen wurden vollzogen, insgesamt waren von den verschiedenen Formen der »Reinigung« rund 350.000 Personen betroffen.[5]

Bei dieser Reinigung mochte Rache eine Rolle spielen, mehr aber noch ein anderes Bedürfnis: das Land zu »reinigen«, die Scham und Schande zu überwinden, die Frankreich in den vier Besatzungsjahren durchlebt hatte. Der Begriff knüpfte an eine hoch aufgeladene symbolische Tradition an. Seit der Revolution des Jahres 1789 setzte er einen »reinen« Volkskörper voraus, eine Art organischer Gemeinschaft, die all jene umfasste, die 1789 nicht als Feinde der Revolution galten. Bauern, Handwerker, der sich herausbildende »dritte Stand«. Sie stellten jene Schichten, aus denen sich das neue Frankreich rekrutierte, während das alte auf die Aristokraten verwies, unter deren Privilegien die nun herrschenden

Schichten gelitten hatten. Das berühmte *loi des suspects* (»Gesetz der Verdächtigen«) vom September 1793 etwa zielte vor allem auf eine Gruppe: »jene, die sich, sei es durch ihr Verhalten, sei es durch ihre Beziehungen, sei es durch ihre Worte oder Schriften, als Partisanen der Tyrannei oder des Föderalismus und als Feinde der Freiheit erwiesen haben.«[6] Zugleich nahm das Gesetz auch die Frage der Gesinnung in den Blick, mit der Folge, dass sich gewaltige Spielräume eröffneten: Verdächtig war fortan jeder, jedes einzelne Wort ließ sich gegen Personen verwenden. Noch deutlicher war ein Revolutionsgesetz der Stadt Paris. Es erklärte alle für verdächtig, »die zwar nichts gegen die Freiheit unternommen haben, aber auch nichts für sie.«[7] Damit war einer totalitären Justiz Tür und Tor geöffnet, der Willkür der Richter waren keine Grenzen mehr gesetzt, nun konnte ausnahmslos jeder zum Opfer einer ins Ideologische driftenden Justiz werden. Zudem trieb die Denunziation Blüten. Der Rache, Missgunst und persönlichen Feindschaften bot das Rechtssystem eine offene Flanke.

Über lange Zeit blieb das totalitäre Konzept der ›guten Gemeinschaft‹ und ihrer Feinde latent. Es erfuhr eine kurzlebige Renaissance im Umfeld der Pariser Kommune 1871, verschwand dann wieder, um unter dem Pétain-Regime erneut aktuell zu werden. Nun diente es dazu, die zerrissene Gesellschaft wieder zum großen Ganzen zu vereinen. Dies zu leisten, hatte sich Pétain mit seiner »Nationalen Revolution« vorgenommen. Reinigen wollte Pétain den Volkskörper von den aus seiner Sicht zweifelhaften Elementen: Freimaurer, Kommunisten, Juden. »Die Reinigung beginnt«, verkündete im Oktober 1940 das *Journal officiel*. »Endlich werden die Juden aus allen öffentlichen Funktionen der Republik verjagt.«[8]

Diese Tradition griffen insbesondere vom Sommer 1944 an auch die Mitglieder der *Résistance* auf. Erste Anzeichen eines wilden Aufbegehrens gegen die Kollaborateure zeigten sich allerdings bereits weit vorher. »Das Banditentum, dessen Opfer nicht durchweg die Händler des Schwarzmarkts sind, findet Formen, die man seit dem Direktorium (im Kontext der Französischen Revolution, Anm. d. Aut.) nicht mehr findet«, so der Historiker Roger Leroux. »Frauen werden vergewaltigt, Männer gefoltert. Der Terrorismus ... setzt sich aus unkontrollierten Banden zusammen, die auf eigene Rechnung arbeiten, zugleich aber weiterhin der *Résistance* angehören.«[9]

»Notorische Kollaborateurinnen«

Auch Teile der *Résistance* unterwarfen sich der undifferenzierten Freund-Feind-Logik, die dem Konzept seit jeher innewohnte. Seine Willkür und Infamie bereiteten ihnen ebenso wenig Bedenken wie sein demagogisches Potenzial und seine Fähigkeit zur Massenhysterisierung. Die vornehmsten Opfer waren rasch definiert: die Spitzen des Vichy-Regimes, die Führer der Miliz wie einige ihrer besonders brutalen Angehörigen sowie jene Polizeikräfte, die allzu entschlossen an der Deportation mitgewirkt hatten. Andere Fälle schienen hingegen zweifelhafter: Wie verhielt es sich mit jenen, die sich auf dem Schwarzmarkt bedient hatten, etwa, um ihre Familie durchzubringen? Wie mit jenen, die sich aufgrund ihrer deutschen Sprachkenntnisse als Dolmetscher betätigt hatten? Wie mit jenen, die sich deutlich und über Jahre zu Pétain bekannt hatten? Besonders sichtbar, besonders hämisch entlud sich der Hass über die Frauen: Rund 20.000 wurden während der auf die Landung der Alliierten folgenden Monate der übergroßen Nähe zu den Besatzern beschuldigt.[10] Die Vorwürfe lauteten auf Zusammenarbeit mit den Deutschen, freiwillige Arbeit für ihr Regime, Denunziation oder antifranzösisches politisches Engagement. Der häufigste Anklagepunkt aber war die sexuelle Beziehung zu einem Deutschen – »collaboration horizontale«, wie es damals höhnisch hieß, »horizontale Kollaboration«.

Viele Frauen waren der Willkür der Ankläger oder Denunzianten schutzlos ausgeliefert. Wer vor ein Komitee gebracht wurde und wer nicht, wer sich verantworten musste oder sich Anschuldigungen ausgesetzt sah und wem das erspart blieb, darüber entschied nicht zuletzt Glück. »In dem Moment, in dem die FFL [*Forces françaises libres*, Anm. d. Aut.] in Montreuil-Bellay eintrafen, fragte einer der Männer Frau C. aus Cizay-la-Madeleine, ob es in der Region Frauen gebe, die ihr Leben mit den Deutschen geteilt hätten«, sagte eine Denunziantin im Département Maine-et-Loire bei einer späteren Befragung der Polizei.

> »Er hat auch mich angesprochen und gefragt, ob ich Frauen dieser Art in Courchamps kenne. Ich habe ihm geantwortet, dass ich die junge Frau X zu dieser Gruppe rechnete. Ich habe ihm aber nicht von Frau Y erzählt. Ich weiß, dass

> diese Frauen durch den Soldaten der FFL nach Montreuil-Bellay geführt wurden, um dort geschoren zu werden.«[11]

Anklage und Denunziation blühten in einer Zeit, in der die Autorität des Staates nach dem Rückzug der Vichy-Regierung ins sicher scheinende Deutschland noch nicht hinreichend wiederhergestellt war, in der sich zudem die psychologischen Folgen der Besatzung – Willkür, Verrohung, Brutalität – Bahn brachen. Das rücksichtslose Vorgehen der Besatzer hatte auch bei den Besetzten Spuren hinterlassen. Ein psychologischer Ausnahmezustand prägte die Atmosphäre, ein Zynismus, dem die Ordnungskräfte oftmals wenig entgegenzusetzen hatten. So gingen sie dazu über, die Gewalt zumindest in Teilen mitzuorganisieren, um sie so in ansatzweise beherrschbaren Bahnen zu halten. Im Oktober 1944 schilderte eine Mutter, was ihrer der Beziehung zu einem Deutschen beschuldigten Tochter widerfuhr:

> »Am 31. August wurde sie von neun Bauern aus der Gemeinde Varrains aus dem Haus gezerrt. Fünf von ihnen waren mit Revolvern bewaffnet, um sie so zum Scheren in aller Öffentlichkeit zu führen. Danach führte man sie zur Gendarmerie von Saumur, wo sie wiederholt der Öffentlichkeit vorgeführt wurde und die schlimmsten Beschimpfungen hinnehmen musste. Am Abend des Tages wurde sie wieder freigelassen.«[12]

Ebenfalls am 31. August wurden in Villebernier nahe Saumur zwei »notorische Kollaborateurinnen« durch Kämpfer der FFL zu einer Schule in der Ortschaft geführt. »Um 11:30 Uhr wurde die Gendarmerie von Saumur über die Operation informiert. Angesprochen auf das Scheren antwortete der Adjutant der Gendarmerie positiv, unter der Voraussetzung, dass es ohne Gewalt geschehe.«[13] Insgesamt wurden in Villebernier an jenem Tag 13 Frauen von den FFL verhaftet. Zwei Tage später wurden sie vor eine Jury, zusammengesetzt aus sieben Männern, geladen. Diese setzte sich an die Stelle des offiziellen, in jenen Wochen noch nicht funktionsfähigen Stadtrats. Ohne jegliche staatsrechtliche Legitimation, dennoch aber geschützt von Beamten der lokalen Gendarmerie, sprach die Jury ihr Urteil: Die Frauen waren zu scheren, ihnen wurden die Haare abrasiert.

So sehr das Urteil von aller Rechtstaatlichkeit entfernt war, so sehr spiegelte es neben allem Ingrimm doch das Bemühen, ein angemessenes juristisches Verfahren zumindest zu suggerieren. So wichtig eine solche Symbolik auch sein mochte, den Abschied von der Rechtsstaatlichkeit nicht offen zu vollziehen, so sehr blieb sie im Zweifel eine Ausnahme. In vielen anderen Fällen gingen die FFL-Kämpfer völlig eigenmächtig vor und banden keinerlei lokale Autoritäten in die von ihnen inszenierten Prozesse ein. »Sie wurden geschoren durch Männer der FFL, die ich nicht kenne«, berichtete der Bürgermeister von Jallais.[14] Zudem »werden sie von zahlreichen anderen Personen des Orts begleitet«; beschrieb er den spontan-enthemmten Charakter der Aktion. Der Staat – sein Gewaltmonopol war in jenen Sommerwochen zusammengebrochen – erkannte diese Tribunale zwar nicht an. Aber seine Vertreter, falls vor Ort, mussten sie dennoch dulden.

Die sogenannten »Volkstribunale« traten im Namen einer empörten, mehr auf Rache als auf Recht drängenden Menge auf, die in diesen Tagen ihre über lange Zeit angestauten Affekte ausagierte. Die Legitimität eines von ordentlichen Richtern nachvollziehbar gefällten Urteils wich binnen kürzester Zeit gefällten Ad-hoc-Urteilen. Die Diskretion des Strafvollzugs, gewährleistet durch Haftstrafen in Gefängnissen, die dem öffentlichen Blick entzogen waren, wurde ersetzt durch die Zurschaustellung der Angeklagten, teils verbunden mit physischer Aggression auf öffentlichen Bühnen. Bereits der gemeinsame Zug zum Haus der Beschuldigten war Teil des Rituals. Auf dem Weg dorthin formten sich die Reihen der Ankläger und mit ihnen deren Hierarchie. Vorneweg die Avantgarde der neuen Ordnung, entschlossen und sendungsbewusst, äußerlich erkennbar an der Uniform; hinter ihnen jene, die bereit waren, sich in ihrem eigenen Urteil von ihnen leiten zu lassen. Jedes Element dieser Aktion war geeignet, die Reihen weiter zu schließen: der gemeinsame Marsch vor das Haus der Beschuldigten, die Ankunft ebendort, das bedeutungsvolle Schweigen, schließlich der Eintritt – oder Einbruch – in das Gebäude. Allesamt Elemente eines Rituals, gemeinschaftsfördernd ebenso wie Legitimität einfordernd, symbolisiert im gemeinschaftlich demonstrierten Willen der vielen und in seinem letzten Akt ausgeführt auf den Stufen oder Balkonen öffentlicher Gebäude, den Musikpavillons in den

Parks auf den Plätzen und Podien im Herzen der Stadt. Immer war die öffentliche Sichtbarkeit zentraler Bestandteil der Strafe: Von den 36 Scherungen im Département Maine-et-Loire wurden nur acht in geschlossenen Räumen vollzogen. Durch die Öffentlichkeit gewann der Strafvollzug an Schärfe. Er respektierte die nach der Französischen Revolution vollzogene Abschaffung der Körperstrafe, insofern er von Verstümmelungen absah. Stattdessen wurde der Körper erniedrigt, gekennzeichnet und im Ansatz auch gezüchtigt. Die vor aller Augen vollzogene Demütigung der Opfer gründete die Gemeinschaft neu: Auf der einen Seite die vielen, die ihr zu Recht angehörten; und auf der anderen die wenigen Verächtlichen – die Markierten, kenntlich Gemachten –, die auf Rückkehr in die Gruppe der Gerechten so leicht nicht hoffen konnten. Die Scherung der Frauen war eine symbolische Taufe, in der Richter und Zuschauer sich selbst von aller Schuld freisprachen. Der behaupteten Würdelosigkeit der Frauen, kenntlich gemacht durch den entehrenden Umgang noch vor der eigentlichen Scherung, entsprach die für sich selbst beanspruchte Würde. Zu der den Frauen zugefügten Gewalt gehörten nicht zuletzt sexuelle Anzüglichkeiten. »In den Tagen nach der Befreiung musste die ehrenhafte Bevölkerung abstoßenden Schauspielen beiwohnen. Geschorene Frauen, eine Schlinge um den Hals, das Gesicht beschmiert, in anstößiger Kleidung, verhöhnt von ganzen Gruppen von Wütenden, die sich das Recht herausgenommen hatten, sie zu bestrafen.«[15] Die Richtung war klar: Dass die Frauen ihre Würde auch physisch verloren, erniedrigt und in ihrem Schamgefühl verletzt wurden. Das Halsband degradierte sie symbolisch zum Tier, nahm ihnen ihre Würde und rechtfertigte in der Logik der Menge die ihnen zuzufügende Gewalt zusätzlich. Das stillschweigende Zugeständnis freilich, dass es sich bei den Getriebenen sehr wohl um Menschen handelte, verlieh der Entblößung ihre Gewalt.

Dabei kam es zu erschütternden Szenen. Am 24. August kam ein Kommandant im Heereszug von General Leclerc de Hauteclocque durch ein kleines Örtchen im Département Eure-et-Loire.

»Auf einem kleinen Platz vor dem Rathaus befand sich eine Gruppe schreiender und Drohgebärden zeigender Menschen. Auf einer Erhöhung sah ich eine blonde junge Frau von 25 bis maximal 30 Jahren. Ihre Hände waren durch eine Art Kette gefesselt, deren anderes Ende ein Mann in seinen Händen hielt. Er sagte mir, er sei der lokale Befehlshaber der FFL. Er wartete auf die Polizei, damit die junge Frau verurteilt und erschossen würde.«[16]

Die junge Frau, erfuhr der Soldat, habe den Besatzern als Übersetzerin gedient.

»Ich bemerkte, dass die Frauen in der Menge erbitterter waren als die Männer. Wenn einige Männer die Frau nicht geschützt hätten, wäre die Frau bei unserem Eintreffen nicht mehr am Leben gewesen. Sie hielt sich aufrecht mit gesenktem Kopf, warf uns aber den flüchtigen Blick wie ein in die Falle geratenes Tier zu, einen Blick, den ich niemals wieder vergessen werde.«

Der Kommandant entschied, die junge Frau zu befreien und in Sicherheit zu bringen. Sie sollte vor ein Militärgericht, das sie auf ordentliche Weise verurteilte. Doch es kam anders, bemerkte er am nächsten Morgen, als sein Heereszug sich zum Aufbruch fertig machte.

»Wie groß war mein Erstaunen, als ich dasselbe Opfer wieder sah, zitternd und mit einem groben Strick an einen Telegrafenmast am Straßenrand gebunden. Sie war kaum bei Bewusstsein und in einem furchtbaren physischen Zustand. Ihre Haare waren abrasiert, einige Büschel hatte man ihr abgerissen, so dass sie blutete. ... Ihr Gesicht war bläulich, durch Faustschläge angeschwollen. Ihr Unterkleid war zerrissen, die Brüste unbedeckt, voller blauer Flecken und blutender Kratzer. Ihr Kleid war nur noch ein verdreckter Fetzen Stoff, der sie kaum mehr bedeckte. Sie musste in den Schlamm geworfen worden sein. Vor allem bemerkte ich ihr erbarmungswürdiges, verformtes Gesicht, angeschwollen und mit Spucke und Dreck bedeckt. Sie hatte entweder das Bewusstsein verloren oder den Verstand. ... Ich werde diesen furchtbaren Eindruck nie wieder vergessen.«

Diese Gewalt macht deutlich: Die Frauen spielten eine herausgehobene Opferrolle, um die Ehre der Nation wiederherzustellen – vor allem die Ehre der männlichen Nation, also all jener, die Hitlerdeutschland 1940 nicht hatten schlagen können.[17] Die Erniedrigung der Frauen war auch ein Versuch, der verlorenen Männlichkeit wieder habhaft zu werden, durch die Verfügungsgewalt über die Verräterinnen die frühere Ohnmacht zu überwinden. Die Männer hatten sich und die Frauen nicht schützen können, und das hieß auch: Sie waren nicht in der Lage gewe-

»Femmes tondues« nach der Befreiung von Paris (Foto vom 26. August 1944).

sen, über den Anstand der Frauen zu wachen, zumindest jene Art von Anstand, der sie sich verpflichtet fühlten. Dass sie es nun wieder konnten, galt es mit aller Macht zu demonstrieren. Dies schien in dieser misogynen Logik umso dringlicher, als die Verletzung des Anstands zugleich auch als eine der nationalen Würde gewertet wurde. Denn welche explizitere, zudem entschlossenere Hingabe an den Feind gäbe es, als eine intime Beziehung zu ihm zuzulassen? Tatsächlich war die körperliche Intimität mit einem der Repräsentanten Nazi-Deutschlands das exakte Gegenteil jenes verweigerten Blicks, den der Journalist Jean Texcier den Franzosen in seinem berühmten Handbuch *Conseils à l'occupé* 1940 empfohlen hatte. Dies war in den Augen der Ankläger umso entwürdigender, als die Beschuldigten die Beziehung mutmaßlich genossen hatten – und das in einer Zeit, in der ihre Mitbürger zu leiden hatten. Die Hingabe an den Besatzer war für all diese Personen, die gegen die Frauen vorgingen, auch auf emotionaler Ebene ein Verrat, der zudem von den »losen«, gerne auch »verkommenen« Sitten der Beschuldigten zeugte. So mischten sich in politische und misogyne Motive bereits wieder ideologische: Die »anständigen« Franzosen meinten allen Grund zu haben, den »unanständigen« zu zeigen, was sie von ihnen hielten.[18]

Justiz ohne Staat

Die Volkstribunale gingen auch gegen Männer vor. Allein zwischen dem 18. und dem 31. August wurden rund 200 Männer verhaftet, Dutzende von ihnen getötet. Ihre Überreste landeten in rasch ausgehobenen, anonymen Gemeinschaftsgräbern. Rund 9000 Menschen wurden erschossen, bevor ab Herbst langsam wieder die Justiz die Regie übernahm.[19] Bis dahin kam es im gesamten Land zu Gewaltexzessen. In dem Städtchen Pamiers im Département Ariège wurden in den letzten Augusttagen 42 Personen getötet, unter ihnen sieben Deutsche – von einer »blutigen Justizparodie« sprach der damalige Staatsanwalt von Toulouse.[20] Mitte August wurde das Département Haute-Savoie befreit. In der Garnison Annecy saßen 98 Milizen fest. Gegen die gewaltige Übermacht von rund 4000 Mitgliedern der *Armée secrète* und der *Francs-tireurs et partisan* hatten sie keine Chance. Auch wussten sie, dass die Widerstandskämpfer einige ihrer Familienmitglieder als Geiseln genommen hatten. »Die Milizen ergaben sich unter der Bedingung, dass man sie am Leben ließe«, erklärte später ein Kommandant der *Armée secrète*.[21] Diese schaffte für die Milizen umgehend ein Militärgericht, das am 26. August in Grand-Bornand seine Arbeit aufnahm. Es setzte sich zusammen aus drei Mitgliedern der FTP und zweien der *Armée secrète*. Unterstützt wurden sie von einem lokalen Polizeiinspektor sowie einem Protokollführer, auch er ein Mitglied des Widerstands. Noch vor Beginn des Prozess bestellte er 75 Särge. Den Angeklagten wurden vier Rechtsanwälte an die Seite gestellt. Diese hatten die Möglichkeit, die Beschuldigten zu verteidigen – fünf Minuten pro Person. Am 23. August begann der Prozess. Auf der Grundlage von Artikel 75 des *Code pénal* – Teilnahme an bewaffneten Operationen gegen die »Patrioten« und Pflege kontinuierlicher Beziehungen zu den Besatzern – war das Urteil rasch gefällt: 76 von 98 Milizen wurden zum Tod verurteilt. Am folgenden Tag wurden die Verurteilten zu einer Wiese drei Kilometer außerhalb des Ortes gebracht. Dort waren bereits zehn Erschießungspfähle errichtet. Gruppenweise – mit jeweils einem freien Pfahl zwischen den dort Festgebunden – sollten sie erschossen werden. »Die Milizen treten in Vierergruppen und in alphabetischer Reihenfolge vor. Die Männer fallen mit Losungen auf den Lippen: ›Es lebe Frankreich!‹ ›Es lebe der Marschall!‹ Die Schüsse hört man bis in den späten Morgen.«

Der Selbstjustiz, die sich durch die Einberufung willkürlicher Schnellgerichte bestenfalls notdürftig tarnte, versuchte Charles de Gaulle so schnell wie möglich Herr zu werden. »Es ist Aufgabe des Staates, der staatlichen Justiz, der Autorität des Staates, der Staatsgewalt und ausschließlich dieser Gewalt, seiner Justiz und seiner Autorität, sich in Frankreich durchzusetzen.«[22] Doch der Staat war schwach, auch auf dem Gebiet der Justiz. Gegen die wilde *épuration* vermochte er sich zunächst kaum durchzusetzen. Dass allerdings auch das Freie Frankreich vor harten Urteilen nicht zurückschreckte, zeigte sich bereits im März 1944 mit der Hinrichtung von Pierre Pucheu. Von August 1941 bis 1942 Innenminister des Vichy-Regimes, hatte er sich nach der Landung der Alliierten im November 1942 in Nordafrika nach Algier begeben, um dort in den Reihen des französischen *France libre* mitzukämpfen. Doch auf Betreiben der Gaullisten und Kommunisten wurde Pucheu – er hatte kurz nach seiner Amtseinführung General Otto von Stülpnagel, damals Militärbefehlshaber in Frankreich, mehrere Kommunisten als Geiseln ausgehändigt, die dieser dann hinrichten ließ – in Algier vor ein Gericht der *France libre* gestellt und zum Tod verurteilt. Das Urteil wurde umgehend vollstreckt – ein mehr als deutliches Signal, dass sich der Anfang Juni 1944 gegründete *Gouvernement provisoire de la République française* (»Provisorische Regierung der französischen Republik«, GPRF) unter seinem Präsidenten Charles de Gaulle auch juristisch als vollwertige staatliche Instanz betrachtete. Immer entschlossener setzte sich die GPRF nun an die Stelle des Vichy-Regimes. Während dessen Macht zunehmend zerfiel, retteten sich dessen wichtigste Repräsentanten im September 1944 – vorerst – durch die Verlegung des Amtssitzes in das baden-württembergische Sigmaringen. Dort führten sie ein bizarres Regierungsspiel auf, in Szene gesetzt mit allen Symbolen staatlicher Macht, doch ohne nennenswerten Einfluss auf das Geschehen in dem Land, dessen Geschicke zu lenken sie für sich weiterhin in Anspruch nahmen.

Die echte, die sogenannte »provisorische« Regierung hingegen stand in diesen Wochen und Monaten vor der Aufgabe, sich gegenüber der

Macht der vor Ort agierenden Widerstandsgruppen zu behaupten. Auf der Grundlage des bereits bestehenden Strafgesetzbuchs schaffte sie in nicht weniger als zweihundert Texten die juristischen Voraussetzungen für die *épuration*, für die mit einem Erlass vom 26. August 1944 zudem ein eigens geschaffener Straftatbestand eingeführt wurde: eben der *indignité nationale*. Zugleich entstanden im ganzen Land Institutionen und Kommissionen – inklusive Berufungsinstanzen –, die der Rechtsstaatlichkeit wieder zur Geltung verhelfen sollten.

Schritt für Schritt ging die neue Regierung auch gegen die Repräsentanten des Vichy-Regimes vor. Mitte November wurde ein Gerichtshof erschaffen, vor den die politische, militärische und administrative Elite der vergangenen vier Jahre treten sollte. Ihm gehörten 80 Geschworene an, allesamt nach politischen Kriterien ausgewählt. Berufen wurden zur Hälfte per Los bestimmte Parlamentarier der letzten Vorkriegsregierung – vorausgesetzt, sie hatten im Juli 1940 nicht für die Selbstauflösung des Parlaments gestimmt. Die andere Hälfte der Geschworenen rekrutierte sich aus Widerstandskämpfern und – so sah es ein im Juli 1945 veröffentlichter Erlass vor – aus Personen, die unter den nun vor Gericht stehenden Personen in besonderem Maß gelitten hatten. Dass die von den Jurys gesprochenen Urteile oft eher politischen als juristischen Erwägungen folgten, lag auf der Hand. »Die Leidenschaft, die die Geschworenen bisweilen gezeigt haben, ist sicherlich bedauerlich, aber es wäre ungerecht, sie als unverständlich zu bezeichnen«, erklärte Pierre-Henri Teitgen, seit Juni 1945 französischer Justizminister. Angesichts des früheren Verhaltens der Angeklagten nämlich gelte eines: »Es war schwierig, heiter zu bleiben, denn es handelte sich um Verbrechen, die niemanden gleichgültig ließen.«[23] Die Worte lassen es ahnen: Die Urteile der Jury blieben nicht ohne Widerspruch. Im Dezember wurde die Zusammensetzung der Geschworenen reformiert: Fortan waren es ausschließlich Parlamentarier.

Vor dieser Kammer erschienen peu à peu auch die Großen des Regimes. Im Dezember erhob der neue Generalstaatsanwalt André Mornet Anklage gegen 108 Vertreter des Vichy-Regimes. Die meisten von ihnen befanden sich außer Landes, so auch die bekanntesten Gesichter: Laval, Darnan, Déat und Pétain selbst. Von Anfang an hatte der Prozess eine politische Stoßrichtung: Den Anklägern ging es darum, die Vichy-Regierung als solche als illegitim darzustellen. Gelänge ihnen das, liefen die Aussagen der anderen Angeklagten ins Leere, sie hätten nichts anderes getan, als den Anweisungen einer legalen Regierung zu entsprechen. So setzten die Ankläger alles daran, Pétain nachzuweisen, dass er die Wirren der Niederlage genutzt habe, um die Dritte Republik abzuschaffen. Dieser Putsch sei dann die Voraussetzung für alles Weitere gewesen: die antisemitische Gesetzgebung, die Kollaboration, die zu große Nähe zu Nazi-Deutschland. Insbesondere die Widerstandskämpfer drängten auf ein rasches, hartes Urteil. »Man muss Pétain verurteilen, den größten Verräter Frankreichs, man muss ihn in Abwesenheit verurteilen, und zwar sofort«, hieß es in der Zeitschrift *Franc-Tireur* vom Februar 1945. »Es ist nicht gut, für die moralische Gesundheit des Landes, dass es weiter so in Aufruhr ist.«[24]

Der zentrale Punkt der Anklage war seit Jahren zumindest implizit bekannt: Ihre Entscheidung, einen Friedensvertrag mit Deutschland zu unterzeichnen, habe politisch jene Verbrechen überhaupt erst ermöglicht, die das Land in den folgenden Jahren durchlitt. De Gaulle hatte Pétain bereits im Juni 1940 ein grundsätzliches Versagen vorgeworfen – und damit auch den nach der Befreiung folgenden Prozessen die Richtung vorgegeben. Wie aufgeheizt die Stimmung war, zeigte eine Meinungsumfrage aus dem Juli 1944. War es angemessen, dass sich das Gerechtigkeitsempfinden des Volkes nach der Landung der Alliierten Bahn brach, wurden die Franzosen gefragt. Ja, antworteten 25 Prozent, während 44 Prozent dieses Vorgehen für falsch hielten. 28 Prozent hingegen hielten es zwar grundsätzlich für richtig, schränkten aber ein, man müsse es zügeln. Auch wurde nach Pétain gefragt. Ob er den Tod verdiene, wollten die Meinungsforscher wissen. Ja, fanden 30 Prozent, während weitere 26 Prozent die Frage grundsätzlich bejahten, aber für mildernde Umstände plädierten. 36 Prozent hingegen verneinten die Frage. Erheblich weniger günstig kam Laval davon: 65 Prozent der Befragten waren der Ansicht, er habe den Tod verdient. 16 Prozent sahen es grundsätzlich so, machten aber mildernde Umstände geltend. Nur 15 Prozent waren der Ansicht, er habe die Todesstrafe nicht verdient.[25]

Im Sommer 1945 lag die Anklageschrift gegen Philippe Pétain vor. Sie zielte auf zweierlei: zum einen auf die persönliche Verantwortung des

Marschalls und zum anderen auf die Verantwortung der Regierung, der er vorstand. Ließ sich zwischen dem Angeklagten und dem von ihm geführten Kabinett unterscheiden? Die Frage war heikel, auch darum, weil angesichts des hohen Alters des Angeklagten die Frage der Verantwortung schwer wog. Kontrollierte der greise Staatschef das Regierungsgeschäft? Wusste er, was er tat? Oder wurde er von seinem Kabinett schlicht ausgespielt? Genau diese Argumentation – er sei über vieles nicht informiert gewesen – führte Pétain in den Wochen vor dem eigentlichen Prozessbeginn ins Feld. Zu dieser Zeit hatten sich Teile der Öffentlichkeit bereits auf Pétain und sein Kabinett eingeschossen. »Die Vichy-Minister müssen vor einem Sondergericht erscheinen«, forderte etwa Auguste Gillot in der 1943 in Algier gegründeten *Assemblée consultative provisoire* (»Vorläufige Beratende Versammlung«, ACP), für Fragen der *épuration* zuständig. »Wenn das nicht geschieht, wenn man alle diese Leute nicht erschießt, weiß ich nicht, was aus dem Justizministerium wird, das mir fortan ausgesprochen diskreditiert erscheint.«[26]

Pétain und Laval vor Gericht

Am 9. März 1945 trat das Hohe Gericht zu seiner ersten Sitzung zusammen. Als Erster hatte sich General Jean-Pierre Esteva zu verantworten. Doch letztlich ging es nicht allein um ihn, deutete Staatsanwalt Mornet an. Sein Verfahren war nur der Auftakt zu einem weiteren, dem eigentlich bedeutsamen: »Heute beginnt der Prozess Pétain-Laval«.[27] Das war am 23. Juli 1945. Zu diesem Zeitpunkt war Pétain 89 Jahre alt, ein Alter, in dem man zumindest in Ansätzen auf eine milde Öffentlichkeit rechnen konnte. Doch eben das war aus Sicht der Anklage ein Risiko: Denn mit der öffentlichen Wahrnehmung Pétains stand und fiel auch die seines Regimes. Würde er freigesprochen, erschiene damit auch die von ihm geführte Regierung als legitim. Das aber hieß: Es konnte in dem Prozess nicht allein um ihn gehen. Das Urteil war zugleich eines über das gesamte Regime. Der Prozess, so beschreibt Pétains Biografin Bénédicte Vergez-Chaignon dessen Ausgangslage, folgte von Anfang an auch politischen Motiven:

> »Wird er (Pétain) zum Tode verurteilt, dann nicht nur, um allein ihn zu beurteilen, sondern um eine generelle Verdammung seiner Handlungen und seines Regimes auszusprechen und im Gegenzug jene zu legitimieren, die sich gegen ihn erhoben und ihm nicht gehorcht haben – inklusive (der Repräsentanten, Anm. d. Aut.) der derzeitigen provisorischen Regierung der Republik.«[28]

Unter diesen Vorzeichen traf Pétain Ende April aus Sigmaringen über den Umweg über die Schweiz ein. Der Marschall war bereit, sich den Behörden zu stellen. Wenige Tage nach seiner Ankunft vernahm er die Anklage: »Gefährdung der inneren Sicherheit« und »Verbindung mit dem Feind«. Pétain protestierte: »Alles ist ohne mein Wissen geschehen.«[29] Ja mehr noch: »Man hat mir irgendein Dokument vorgelegt, damit ich meine Unterschrift daruntersetze. Vielleicht hat man sie auch gefälscht.« Zudem sei er sich über die rechtlichen Aspekte seiner Regierung nicht im Klaren gewesen: »Mir fehlte jegliche Erfahrung, die Abgeordneten selbst haben mich ermutigt, und ich habe nicht eine Sekunde daran gedacht, dass ich eine illegale Situation hinnähme.« Zudem habe er unter Druck der Deutschen gestanden, ja sei geradezu deren Gefangener gewesen. »Wie hätte ich fliehen können? Sie (die Deutschen, Anm. d. Aut.) verfügten über sämtliche Transportmittel, und Vichy war von einer regelrechten Wache umgeben.« Gegenstand des Prozesses war auch sein Verhältnis zur *Résistance*, die nicht nur unter den Deutschen, sondern auch unter der von Vichy eingesetzten Miliz zu leiden hatte. »Ich habe niemals versucht, den Widerstand zu erniedrigen, denn ich war selbst ein Widerständler, der Widerständler Frankreichs in der Hauptstadt.«[30]

Zu Beginn des Prozesses gab Pétain sich selbstbewusst entschieden. Er werde nur dem französischen Volk dienen, erklärte er. Allein ihm habe er sich geopfert, und darum sei es ihm weiterhin in Zuneigung verbunden. Auch mit Blick auf die vergangenen Jahre zeigte er sich selbstbewusst: Er habe durch den Waffenstillstand weitere Gewalt von den Franzosen abgewendet. Durch die Zusammenarbeit mit den Besatzern habe er das Land letztlich geschützt. Und die »Nationale Revolution« habe die Familie und die Arbeit gefördert.

Insgesamt 63 Personen aus Pétains politischem Umfeld traten in den folgenden Wochen in den Zeugenstand. Nicht wenige erklärten, sie hätten eine Art doppeltes Spiel getrieben, seien also mit den Nazis nur zum Schein in Kontakt getreten, um sie tatsächlich auf Abstand zu halten – eine Aussage, die auf einen großen Teil des Publikums schlicht zynisch wirkte. »Liest man die Erklärungen, hat man den Eindruck, man wolle uns glauben machen, dass abgesehen von Laval, Darlan und einer kleinen Gruppe anderer das Personal von Vichy nur mit dem Ansinnen gelebt habe, die Deutschen zu täuschen und den Amerikanern zuzuarbeiten«, hieß es in dem Journal *Questions actuelles* vom September 1945. »Das persönliche Plädoyer erscheint bisweilen in allzu systematischer, allzu naiver Form, als dass es durchgehend überzeugen könnte.«[31] Zudem bemerkten die Kritiker auch: Von einigen Entscheidungen und Aktionen der Regierung war im Prozess kaum die Rede. Die antisemitische Gesetzgebung, die Razzien, die Beihilfe zur Deportation. Einer der Geschworenen wies auf diese eigentümliche Lücke hin. Er sei hier als Vertreter jener hunderttausender Menschen, die während Pétains Regierungszeit Angehörige und Freunde verloren hatten, erklärte er. »Zwischen dem Waffenstillstand und der Befreiung haben sich in diesem Land eine Reihe von Dramen ereignet, die viele Geschworene gewiss interessieren. Wir haben Briefe von Personen erhalten, die gehört werden wollen.«[32]

Der Geschworene sprach ein großes Manko nicht nur dieses, sondern zahlreicher Prozesse im Kontext der *épuration* an: Da keine Zivilkläger präsent waren, fielen die Erfahrungen der Opfer oft unter den Tisch. Ihre Stimmen, zur Seite gedrängt von denen der Widerstandskämpfer und Parlamentarier, fanden nur selten Gehör. Umso entschiedener wurde die Deportation außerhalb des Gerichtssaales aufgegriffen. »Unser Bruder Jean-Richard Bloch ist heute völlig erschüttert am Justizpalast eingetroffen«, erfuhren die Leser des *Franc-Tireur* am 30. Juli 1945. »Am Abend hat er erfahren, dass seine Tochter am 12. Februar 1943 in Hamburg erschossen worden ist, seine Frau am 3. Juni 1944 in der Gaskammer erstickt und sein Schwiegersohn am 15. Juni 1944 von der Miliz Darnands massakriert worden ist. Wann endlich wird man vom Blut der Toten sprechen?«[33]

Trotzdem wurde von den Toten weiterhin kaum gesprochen, sie bildeten die Leerstelle der Prozesse. Denn dann hätte Frankreich sich des eigenen Antisemitismus stellen müssen. Der wesentlich in der zweiten

Hälfte des 19. Jahrhunderts geborene Judenhass speiste über Jahrzehnte die demagogischen Energien, die schließlich in die von dem Pétain-Regime angestoßene und von weiten Teilen der Bevölkerung mindestens hingenommene antisemitische Gesetzgebung, allen voran die beiden Juden-Statute, mündeten, die ihrerseits den Auftakt zur Deportation bildeten. Es brauchte Jahrzehnte, bis die Tragödie in den 1980er-Jahren erstmals angemessen aufgegriffen wurde. Unmittelbar nach Kriegsende jedoch fand sich kaum jemand, der sich ihr stellen wollte. »Tatsächlich ist dies die unglaubliche Schlussfolgerung, die aus diesem Prozess gezogen wurde: Man hat dort weder von den Opfern gesprochen – weder denen von Vichy, noch denen der Résistance.«[34] Grundsätzlich versäumte es das Gericht, die Verantwortung Pétains an den Deportationen zu klären. Dies sei nichts anderes als ein Verbrechen gegen die Menschlichkeit, schrieb der Schriftsteller Claude Morgan im August 1945 in der drei Jahre zuvor im Untergrund ins Leben gerufenen Zeitschrift *Les lettres françaises*. »Ich sage, wenn Pétain – und ich weigere mich, zu sagen: der Marschall – nur für die Deportation eines einzigen Franzosen oder einer einzigen Französin nach Auschwitz oder einen anderen Ort des Martyriums verantwortlich war, würde er den Tod verdienen.«[35]

Pétain freilich nutzte das gleichgültig-verschämte Hinwegsehen über die Opfer der Deportation nichts: Am 15. August 1945 wurde er auf der Grundlage zweier Anklagepunkte zum Tod verurteilt: Verständigung mit dem Feind und Hochverrat. Vollstrecken wollte der Gerichtshof das Urteil angesichts des hohen Alters des Marschalls nicht. Es wurde umgewandelt in lebenslange Haft. Allerdings hatte das Urteil Folgen für alle weiteren Prozesse gegen hochrangige Mitarbeiter des Vichy-Regimes: Sie konnten sich fortan nicht mehr auf ihre Weisungspflicht berufen – den Anordnungen eines illegal agierenden Staatenlenkers mussten sich dessen Untergebene nicht fügen.

Mit dem Urteil war die Marschrichtung der weiteren Prozesse festgelegt. Am 3. Oktober wurde Milizenführer Joseph Darnand an einem einzigen Prozesstag zum Tod verurteilt. Auch er erklärte, als Befehlshaber der Miliz reinen Herzens agiert zu haben. »Ich bin stolz auf das, was ich getan habe. Ich habe mich getäuscht, aber ich habe in gutem Glauben gehandelt. Ich glaube, ich habe gedient.«[36] Doch die Jury beeindruckte das Bekenntnis nicht. Darnand war verantwortlich, befand sie, und zwar sowohl für seine eigenen Taten wie auch für die, die unter seinem Kommando begangen worden waren. Noch am Abend fällte sie ihr Urteil. »Der Apostel des Hasses ist zum Tode verurteilt worden«, schrieb einen Tag später die Zeitung *L'Aurore*.[37] Eine Woche nach dem Urteil wurde er hingerichtet.

Nur einen Tag nach dem Urteil gegen Darnand begann der Prozess gegen den ehemaligen Premierminister Pierre Laval – nach der Befreiung einer der meistgehassten Männer des Landes. Ihm lastete man die wesentliche Verantwortung für die Kollaboration, die Zusammenarbeit mit den Besatzern, den obligatorischen Arbeitsdienst in Deutschland (STO) und den Machtmissbrauch der politisch ihm unterstehenden Miliz an. Seine Chancen standen von Anfang an schlecht: Von den zwölf in der Jury vertretenen Parlamentariern waren fünf Kommunisten und vier Sozialisten. Mehrere der in der Jury vertretenen Parlamentarier hatten einen Teil der Besatzungszeit in Haft verbracht. Einer von ihnen war kurz vor dem Prozess aus dem Konzentrationslager Mauthausen nach Frankreich zurückgekehrt. Welche gereizte Stimmung am Prozesstag herrschte, dokumentiert ein kurzer Zwischenfall. Als ein junger Mann im Gerichtssaal Laval applaudierte, erntete er wütende Reaktionen: »Wie Laval verdient er zwölf Kugeln in den Körper«, erhoben sich wütende Zwischenrufe.[38] Wenige Tage nach der Prozesseröffnung, am 9. Oktober, wurde Laval zum Tod verurteilt, zudem zur *dégradation nationale*, zur nationalen Degradierung. Auch seine Güter wurden konfisziert.

Doch fügen wollte sich Laval dem Urteil nicht. Als am Morgen des 15. Oktober, dem Tag der geplanten Hinrichtung, das Exekutionskommando seine Zelle im Gefängnis von Fresnes betrat, flößte er sich vor den Augen der Eintretenden den Inhalt eines Zyanid-Fläschchens ein, das er in seinen Habseligkeiten verborgen hatte. In der Eile schluckte er nur die Hälfte des Giftes, was seinen Tod hinauszögerte. An dem Gift sollte Laval nicht sterben, entschied der ebenfalls anwesende Generalstaatsanwalt André Mornet. Der diensthabende Arzt weigerte sich unter Berufung auf seine Berufsehre, dem Sterbenden den Magen auszupumpen. Rasch war ein zweiter Mediziner gefunden, der das Notwendige unternahm. Über drei Stunden zogen sich die Wiederbelebungsversuche hin. Mit

Erfolg: Der Premier überlebte. Doch er war zu schwach, um ins Gefängnis von Montrouge gebracht zu werden, wo die Exekution hätte stattfinden sollen. Was tun? »Pierre Laval gehört uns nicht mehr«, erklärte der zwischenzeitlich informierte Charles de Gaulle. »Der diensthabende Kommandant des Erschießungskommandos möge seinen Dienst tun.« So schleppte man Laval in den Innenhof des Gefängnisses von Fresnes und erschoss ihn dort in aller Hast. Niemand sollte sagen können, das Urteil sei nicht vollstreckt worden.[39] Mit diesem Tod, so sein Biograf Renaud Meltz, endete eine Epoche. »Laval stirbt ohne wirklich verstanden zu haben, dass er mit einer Zeit in Zusammenhang gebracht wird, die nicht nur vorüber ist, sondern der zudem Ablehnung entgegenschlägt und deren Last allein ihm überantwortet wird.«[40]

Und doch schlossen sich nicht alle Franzosen dem Urteil gegen Laval an, dem juristischen ebenso wenig wie dem damit verbundenen moralischen. Denn eines vermochte die *épuration* nicht: die Bevölkerung zu einen. Mit dem Neuanfang, den sie zu begründen versuchte, identifizierten sich längst nicht alle Franzosen. Ein Teil der Bürger hielt wenn nicht an der Legitimität des Vichy-Regimes, so doch an der Überzeugung fest, dieses habe in guter Absicht gehandelt. Die harten Urteile gegen dessen oberste Repräsentanten taten das Ihre, die Bevölkerung zu spalten, die Gesellschaft in eine Zukunft zu entlassen, über deren Richtung die Bürger sich nicht einigen konnten, da sie schon mit Blick auf die Vergangenheit zerstritten waren. Immerhin in einem waren sie sich einig: Die verhassten Deutschen waren sie endlich los. Was diese ins Land getragen hatten, war ein Gift, das Jahre brauchte, um halbwegs abgebaut zu werden. Eigentlich hätte man eine Dauer von Jahrzehnten erwarten können. Dass die deutsch-französischen Beziehungen nach der mörderischen Besatzungszeit gegen alle Erwartungen aber vergleichsweise schnell wieder ins Lot kamen, diesen Umstand darf man getrost zu den kleinen, vielleicht sogar großen Wundern der Geschichte zählen.

Last der Vergangenheit
Gedenkkultur nach dem Völkermord

> Ohne zu wissen, wer ich bin, ohne zu wissen, wer ich war
> Sehe ich eine unter dem Gewitter ausgestreckte Hand
> Ein Gesicht, das weint, eine verschlossene Tür.
>
> *Jean Tardieu, Le Démon de l'Irréalité, 1946*

Der Blick war böse, der hingemurmelte Satz war es unverkennbar ebenso. Mit demonstrativem Unwillen schaute der alte Mann auf uns, eine Gruppe von 15 jungen Deutschen, die während einer Fahrradtour entlang des Atlantiks Rast machten. Da saßen wir, in der Nähe von Arcachon, unterhielten uns in sommerlich bester Laune und genossen das Leben. Doch dieser Blick, von der Gruppe kaum wahrgenommen, wollte von all dem nichts wissen. Er war düster und signalisierte Widerwillen, unsere Gruppe dort zu sehen. Dort war: in Frankreich, wo die Deutschen vor rund 40 Jahren schon einmal präsent waren. Und dieser Mann, so schoss es mir damals, Anfang der 1980er-Jahre, durch den Kopf, hatte sie wohl erlebt, als sie als Besatzer ins Land gekommen waren. Ihre Taten bildeten die Folie, durch die er jetzt auf uns schaute, die später geborenen Bürger jenes Staates, dessen historischer Vorläufer, das »Dritte Reich«, als rüder Angreifer gekommen war.

Was mochte der alte Mann erlebt haben? Der Blick jedenfalls deutete an, dass er nichts vergessen hatte. Alles, so mein Eindruck, war ihm noch präsent, mit den Folgen der Besatzung rang er bis zuletzt. Gut möglich, dass es ihm am Ende des Zweiten Weltkriegs so erging wie Aurélien, dem Protagonisten von Louis Aragons gleichnamigem Roman am Ende des Ersten Weltkriegs: »Er hatte sich niemals völlig von diesem Krieg erholt«.[1] Den Krieg beschrieb Aragon als einschneidendes Erlebnis, das die Biografie Auréliens in ein Vorher und ein Nachher teilte, in zwei Zeitspannen, die miteinander verbunden waren, aber zugleich wie Bestandteile zweier völlig verschiedener Biografien wirkten. »Er bedauerte den Krieg«, schrieb Aragon. »Oder besser, nicht den Krieg. Sondern die Zeit des Krieges. Er hatte sich niemals davon erholt. Er hatte niemals wieder den Rhythmus seines Lebens gefunden.«

Der Krieg als das nahezu Unaussprechliche. Wie schwer es auch Wissenschaftlern fallen kann, sich den Vichy-Jahren zu stellen, hat in einem persönlich gehaltenen Buch sehr eindrücklich der Historiker Pierre Birnbaum dargelegt.[2] Birnbaum kam 1940 zur Welt, exakt in jenem Jahr, als die Franzosen von den Deutschen besiegt wurden. Als Sohn jüdischer Eltern – die Mutter stammte aus Dresden, der Vater aus Warschau – waren die Eltern gezwungen, sich vor den Nazis zu verstecken. Um der Sicherheit ihrer beiden Kinder willen, aber auch, um ihnen die aus Sicherheitsgründen ständigen Ortswechsel zu ersparen, gaben sie sie in die Obhut einer Bauernfamilie in dem Bergdörfchen Omex, wenige Kilometer südwestlich von Lourdes.

Im Schutz der ländlichen Abgeschiedenheit überlebten die beiden Geschwister, auch die Eltern konnten sich dem Zugriff der Besatzer entziehen. Nach der Befreiung waren die zurückliegenden Jahre in der Familie nie Thema, die Eltern sprachen diese Zeit trotz der Toten, die sowohl die Familie der Mutter wie die des Vaters zu beklagen hatten, nie an. Die Kinder sollten unbelastet aufwachsen und ganz normale Franzosen werden unter der nach dem Sturz des Pétain-Regimes wieder in Kraft getretenen Republik. Sie war in den Augen der Eltern dasjenige Staatswesen, das sich allen Bürgern öffnete und sie schützte, unabhängig davon, woher sie kamen, wie sie aussahen, woran sie glaubten. Die Unterschiede im Privaten, waren Birnbaums Eltern überzeugt, würden im Licht der Republik dahinschmelzen. »Nach Vichy prägte allein sie – und nicht etwa der Messianismus, der Kommunismus oder sogar der Zionismus – unsere Ideale. Sie würde sich als eine Gemeinschaft durchsetzen, die in der Lage wäre, alle Bürger an sich zu binden.«[3] Die Trauer innerhalb der Familie wurde diskret ausgetragen, und das hieß: niemals vor den Augen der Kinder. In nichts, so der Wunsch der Eltern, sollten sie sich von ihren nicht-jüdischen Schulkameraden unterscheiden. Die jüdische Identität wollten die Eltern ihrem Nachwuchs zwar weiterreichen, allerdings auf nach außen nicht sichtbare Weise. Vor allem sollte dieses Judentum nichts mit der Shoa zu tun haben. »Wie in vielen jüdischen Familien, die überlebt hatten, scheint mir, dass eine dichte Stille die Zeit von Vichy und vielleicht mehr noch die der Shoa bedeckte. ... Dieses Schweigen wurde verstärkt durch die Taubheit rings herum.«[4] Systematisch mieden die Eltern die Erinnerung an den Völkermord – ganz so, als handele es sich um eine nachträgliche Schande, die die Überlebenden zu Bürgern zweiter Klasse mache. Allein ein Leben, als hätte es die Shoa nie gegeben, garantierte aus Sicht der Eltern die Rückkehr in den republikanischen Alltag, die Normalität, die nach der Befreiung wieder Fuß zu greifen schien. »Die Republik«, fasste Birnbaum die Überzeugung seiner Eltern zusammen, »bleibt die einzig strahlende Zukunft.«[5]

Mit ihrem Schweigen, so Birnbaum, entsprachen die Eltern ganz dem Geist der Zeit, vielleicht mehr noch: einer historischen Notwendigkeit. In den ersten Nachkriegsjahren wog die Last der Geschichte zu schwer, als dass sie sich durch Worte abtragen ließe. Die Wunden waren zu frisch, die Erinnerung zu schmerzhaft, für die Anhänger der Kollaboration zu peinlich auch, als dass sich eine offene Sprache ertragen ließ. So wollten nicht nur die Opfer, sondern auch diejenigen, die aufseiten des Regimes gestanden, ihm und den Deutschen womöglich sogar zugearbeitet hatten, die Vergangenheit möglichst schnell hinter sich lassen, wo jener moralisch-politische Abgrund klaffte, und den Blick nach vorne richten. In dieser Zeit der »unabgeschlossenen Trauer«, wie der Journalist Éric Conan und der Historiker Henry Rousso sie nennen, erfüllte das Schweigen ein grundlegendes Bedürfnis der allermeisten Franzosen.[6] So hatten nicht nur die Opfer, sondern auch die Täter allen Grund, die Zukunft, bestenfalls noch die Gegenwart in den Blick zu nehmen.

> »Die Franzosen waren auf gewisse Weise ›schuldig‹: schuldig, ein Regime akzeptiert und dessen Chef geschmeichelt zu haben, die beide im Namen einer bestimmten Idee von Frankreich furchtbare Verbrechen begangen hatten oder diese hatten geschehen lassen. Schuldig schienen sie auch, weil sie für die Folgen der Besetzung keinen anderen Umgang hatten finden können oder wollen.«[7]

Nichts schien passender als ein Schweigepakt, der den Opfern eine neue Sonderrolle und den Verantwortlichen sowie den Tätern die öffentliche

Schande ersparte. Die kollektive Erinnerung jener Jahre war gekennzeichnet durch diese Stille, die über die Vergangenheit ausgebreitet wurde.

Tatsächlich wusste man zu dieser Zeit längst, wie mörderisch die Nationalsozialisten gegen die Juden vorgegangen waren. Die ersten Informationen über den Völkermord hatten Frankreich bereits in der zweiten Jahreshälfte 1942 erreicht. Über Radio-London, die jüdische Untergrundpresse sowie christliche Medien sickerten erste Informationen durch und eine Erklärung der Alliierten. Die Deutschen »setzen jetzt die wiederholt von Hitler formulierte Absicht um, die jüdische Bevölkerung in Europa auszulöschen.«[8] Grundsätzlich war das Wissen verfügbar. Allerdings fand es in einer zensierten Presselandschaft nicht den Weg in die Öffentlichkeit. Außerdem, so der Philosoph François Azouvi, Chronist des Wissens über den Holocaust in Frankreich, hatten die meisten Menschen vom Begriff des »Auslöschens«, wie die Nazis ihn konzipierten und umsetzten, keine realistische Vorstellung: »Ein solches Verständnis entzog sich der durchschnittlichen Vorstellungskraft.«[9] So brauchten die vereinzelt auftauchenden und kaum wahrgenommenen Nachrichten noch Jahre, um eine nennenswerte Öffentlichkeit zu erreichen. Im Mai 1945 zeigte die Sendung *Actualités* erstmals Bilder der von den Deutschen inzwischen verlassenen Todeslager. Der Journalist Jean Galtier-Boissière – er wandte sich in späteren Jahren der extremen Rechten zu – war in jenem Monat entsetzt von den eintreffenden Bildern: »In den ›Actualités‹ läuft ein furchtbarer Film: ein Zug mit bis aufs Skelett abgemagerten Deportierten, die während der deutschen Niederlage einfach so zurückgelassen wurden und nun fast tot vor Hunger waren.«[10] Nicht überall wurden die Juden als erste Opfer der Nationalsozialisten genannt. Doch eine im Frühjahr 1945 vom Jüdischen Weltkongress in mehreren Versionen veröffentlichte Broschüre ließ keinen Zweifel mehr, gegen wen sich der tödliche Furor der Nationalsozialisten in erster Linie richtete:

> »Hitler hat der ganzen Welt den Krieg erklärt, und er ist gerade dabei, ihn zu verlieren. Unerbittlicher als allen anderen hat er Israel (gemeint: den Juden, Anm. d. Aut.) den Krieg erklärt. ... Es sind Juden, die die gewaltige Mehrheit der Opfer in den Todeslagern von Auschwitz, Majdanek Treblinka, Minsk Mazowiecki bildeten, wo Millionen auf brutale Weise dorthin gebrachter menschlicher Wesen aus allen Punkten des besetzten Europas litten und starben.«[11]

Die Schattenseite der Republik

So erlebte auch der junge Pierre Birnbaum eine Zeit, die kaum einen Zugang zur Vergangenheit bot. »Das Schweigen der Schule verdoppelte jenes der Familie, wies unerbittlich jede Erinnerung an die doch so nahe Zeit zurück.«[12] So schien Birnbaum auch die Pariser Grundschule, die er als Kind besuchte, über lange Jahre als ein ganz gewöhnlicher Ort: eine jener zahllosen Bildungseinrichtungen, an denen der Staat die Schüler nicht nur in gebildete Zeitgenossen, sondern auch und vielleicht vor allem in Franzosen und überzeugte Anhänger der Republik verwandelte. Doch dieser scheinbar ganz normale Ort, erfuhr Birnbaum in den 1990er-Jahren, war während der Vichy-Zeit Schauplatz einer Razzia gewesen. »Diese Razzia in den vertrauten Mauern meiner Schule ereignete sich drei oder vier Jahre vor meiner eigenen Schulzeit.« Trotzdem schienen ihm die dunklen Jahre wie ein Traum, bar aller Realität und weit weg von aller Gegenwart. »Bis in die 1990er Jahre hatte ich mir meine so ruhig anmutende und liebgewonnene republikanische Grundschule nicht als die Bühne jener Razzia vorstellen können.«[13]

Wenn aber die Schule ein Ort war, durch den das Vichy-Regime und die ihm folgende Republik durch eine Razzia physisch miteinander verbunden waren: Was sagte dieser Umstand über das Verhältnis der Republik zu diesem Regime aus? Waren beide, *État français* und Republik, nach der Befreiung tatsächlich so voneinander geschieden, wie es das Schweigen jener Jahre und auch die ihm folgenden Abgrenzungsstrategien späterer Jahrzehnte glauben machen wollten? Er habe die Republik über Jahrzehnte ohne jede Einschränkung verehrt, schreibt Birnbaum. Gesehen habe er in ihr eine Institution, die ihre Bürger zu Universalisten mache. Über Jahre habe er historische Studien über ihren emanzipatorischen Geist veröffentlicht, habe wieder und wieder nachweisen wollen, wie sehr politische Emanzipation und Republik miteinander verwoben seien. Die Republik, war er überzeugt, setze sich über die womöglich allzu eng gefassten Identitäten der Bürger hinweg. Sie transzendiere die Herkunft des Einzelnen, verweigere ihm kulturelle Sonderrechte, um an deren Stelle ein gleiches Recht für alle zu setzen. Vor dem Gesetz der

Republik hätten andere als die bürgerlichen und die Menschenrechte keine Geltung mehr – mit der Folge, dass Kulturkämpfe zivilisiert und Identitätsansprüche nur so weit zugelassen würden, wie sie der republikanischen Egalität nicht widersprachen.

So klang das Ideal der Republik, von dem Birnbaum über Jahrzehnte nicht lassen wollte. In ihm fühlte er sich aufgehoben, Loyalität zur Republik war eine Sache politischer Selbstverständlichkeit. Voller Bewunderung studierte er am *Institut d'études* politiques ihre Theorie und Praxis, nahm Einblick in ihre Mechanismen und politisch-juristischen Voraussetzungen, um nach dem Studium eine Stelle als Hochschullehrer anzustreben. »In der Erinnerung an die kaum vergangene Rolle des französischen, auf meinen Tod hin ausgelegten Staates und ohne jedes Bewusstsein für meine paradoxe Haltung verfolgte ich mit Körper und Seele eine Karriere in diesem Staat, von dem ich ausschließlich seine schützenden Aspekte wahrnahm.«[14] 1975 fielen Theorie und Praxis auch institutionell ineinander: Birnbaum wurde zum Professor an der Universität Panthéon-Sorbonne berufen. Als Staatsdiener erforschte er nun dessen Geschichte, und damit auch die Geschichte der Ideen, von denen sich dieser Staat lenken ließ. »Von einem Werk zum anderen, einem Kolloquium zum anderen, verwandele ich mich Schritt für Schritt in einen Theoretiker des starken Staats, eines Staates nahe am Idealtyp, dessen beinahe kantische Legitimation Frankreich eine herausgehobene Stellung sichert.«[15]

Es liegt auf der Hand: Birnbaum wollte an die ungebrochene historische Kontinuität dieses Staates glauben. Die Ergebenheit seiner Diener gegenüber dem Beamtenrecht, ihre Loyalität den juristischen Vorgaben gegenüber, die unbedingte Zurücknahme ihrer persönlichen Weltsicht gegenüber den von ihnen zu leistenden Aufgaben: All das schien ihm selbstverständlich und wie fraglos gültig – ganz so, als ob es die Vichy-Jahre nie gegeben hätte. Als hätte der État français, dem Pétain vorstand, nicht von Anfang an Unterschiede zwischen seinen Bürgern gemacht, sie einer willkürlichen, allein dem Weltbild seiner höchsten Präsentanten folgenden Hierarchie unterworfen, die schließlich in den Tod zahlloser, auf seinen Schutz hoffender Flüchtlinge wie auch vieler seiner eigenen Bürger mündete.

Die Geschichte seiner frühen Jahre, die Birnbaum im Alter von fast 80 Jahren ausbreitete, zeugt eindrücklich von der Kraft der Verdrängung – nicht der Täter, sondern in diesem Fall der Opfer. Auch sie wollten die Willkür nicht wahrhaben, der der Staat, dessen Bürger sie waren, über vier Jahre verfiel. Der Gedanke, dass ein Staat von solch stolzer Tradition wie Frankreich die eigenen Bürger der Vernichtung anheimgab, erschien Birnbaum als zu grotesk, um als Fakt gelten zu können. Um sein Weltbild zu erhalten, hatte er den Zivilisationsbruch, den die Republik zu verkraften hatte, über Jahrzehnte ignoriert.

Weil es nicht nur Birnbaum so ging, blieb der Mythos des unbestechlichen Staates und seiner Diener ungeachtet anschwellenden künstlerischen und wissenschaftlichen Einspruchs bis in die 1970er-Jahre in der breiten Öffentlichkeit ohne Widerspruch. Wer wollte, konnte die Realität freilich längst zur Kenntnis nehmen. So hatte etwa Elie Wiesel die psychologischen Folgen der Shoa – und damit auch der vom Vichy-Regime verantworteten Deportationen – 1967 in aller Deutlichkeit im französischen Fernsehen angesprochen: »Sie haben mich gefragt: ›Was heißt es, Jude zu sein?‹ Es heißt, die Nacht zu sehen und von innen zu besiegen. Es heißt, die Hoffnung völlig zu verlieren und aus dieser Hoffnungslosigkeit ein gesungenes Glaubensbekenntnis zu machen, trotz der Existenz des Menschen und bisweilen auch trotz der Existenz Gottes.«[16] Endgültig aber brach den Mythos der kontinuierlichen Zivilität des französischen Staats im Jahr 1972 ein Buch des amerikanischen Historikers Robert Owen Paxton. In *Vichy France : Old Guard and New Order* beschrieb er die personellen Kontinuitäten zwischen der Dritten Republik und dem *État français*, hielt fest, wie glatt der Übergang vom Rechts- in den autoritären Staat verlaufen war. Das Buch öffnete vielen Lesern die Augen. Erst jetzt erkannten sie, dass der Bruch zwischen Republik und État français längst nicht so radikal war, wie sie bis dahin hatten annehmen wollen.

Neuen Schwung gewannen die Zweifel zu Beginn der 1980er-Jahre. Im Mai 1981 wurde François Mitterand französischer Präsident. »Es war die Stunde, um die bürgerlichen Freiheiten zu bekräftigen.«[17] Und in der Tat: Die privaten Radiosender wurden zugelassen, das Streikrecht wurde überarbeitet, die Homosexualität entkriminalisiert. Die Rechte der Frauen wurden gestärkt, der Frauentag am 8. März eingeführt, das Renteneintrittsalter auf 60 Jahre festgelegt, in der Metro wurden die Erste-Klasse-Abteile gestrichen. Ebenfalls in jenem Jahr erschien ein weiteres Werk von Robert Owen Paxton, gemeinsam verfasst mit dem kanadischen Historiker Michael Marrus: *Vichy et les Juifs*. Die Autoren befassten sich vor allem mit der Frage der Verantwortung des damaligen Regimes für die Deportation der Juden. Sie kamen zu dem Schluss, dass es enorme Verantwortung trage. Dieses Buch arbeitete einem weiteren, zwei Jahre später erscheinenden vor, das die endgültige Wende in der Wahrnehmung des Vichy-Regimes brachte: Serge Klarsfelds epochales Werk *Vichy – Auschwitz*. Darin wies der Nazi-Jäger und Historiker anhand zahlloser, bis dahin ungesichteter Quellen detailliert, Zahl um Zahl, die Verantwortung der Pétain-Regierung am Tod der in Frankreich lebenden Juden nach. Noch einmal zwei Jahre später, 1985, zeigte Claude Lanzmann seinen Film *Shoa*, eine neunstündige Dokumentation des Völkermords, beruhend auf Interviews mit Überlebenden.

Im Fall von Pierre Birnbaum aber vermochten selbst evidenteste Fakten seine Hingabe an die Republik nicht zu erschüttern: Die entsprechenden Studien las er nicht, den Film schaute er sich nicht an. »Während dieser Jahre des Erwachens der jüdischen Erinnerung hielt ich mich an meine Rolle des Universitätslehrers, dem es allein um seine akademische Forschung geht.«[18] Erst im Jahr 1988 griff er erstmals in die Debatte ein, und zwar mit einem Band über die antisemitische Tradition in Frankreich. Insbesondere befasste er sich mit der immer wieder geäußerten Unterstellung, die Juden besäßen einen ungeheuren, freilich versteckten Einfluss im Gefüge der französischen Republik. So wurde Birnbaum fast fünfzig Jahre alt, bevor seine erste Publikation zu einem Thema erschien, das das Leben seiner Eltern und indirekt auch sein eigenes wie kein anderes geprägt hatte. Doch immer noch scheute er die historische Aufarbeitung der Vichy-Regierung. Die folgte erst zu Beginn der 1990er-Jahre, als Birnbaum Mitglied des wissenschaftlichen Rates der *Maison d'Izieu* wurde, der Gedenkstätte zum Mord an den 44 Kindern des Waisenhauses in Izieu.

Zu dieser Zeit war längst Bewegung in die Erinnerung gekommen. 1978 hatten Beate und Serge Klarsfeld ihr *Mémorial de la déportation des*

Juifs de France veröffentlicht, ein Werk, das die Namen sämtlicher während der Besatzungsjahre in Frankreich getöteter oder in die Konzentrationslager der Nationalsozialisten deportierter Juden enthielt. Das Werk nannte rund 76.000 Namen – eine Zahl, der sich die meisten Franzosen noch nicht bewusst waren und die ihnen die Augen für die Dimensionen des Verbrechens öffnete. Zugleich strengte Klarsfeld gemeinsam mit dem »Verband der Söhne und Töchter der Deportierten« eine Klage wegen Verbrechens gegen die Menschlichkeit gegen Jean Leguay an, Delegierter des Polizeipräfekten René Bousquet in der besetzten Zone, der nach dem Krieg direkt Spitzenpositionen in der französischen Wirtschaft übernommen hatte. »Leguay«, so Klarsfeld in seinen Erinnerungen, »das war in Wahrheit Bousquet, als dessen Abgesandter er in der besetzten Zone wirkte. Und Bousquet war Laval, dessen politische Anweisungen er mit Hilfe der Polizei umsetzte. Wir konzentrierten den juristischen Druck auf Leguay.«[19]

Druck auf die Täter

Gleichzeitig erhöhten die Klarsfelds auch den Druck auf Bousquet. Juristisch war der nach einem bereits im Jahr 1949 gegen ihn geführten Prozess nur auf der Grundlage neuer Beweise zu belangen, die zu dieser Zeit allerdings noch nicht vorlagen. Doch sozial setzten die Klarsfelds dem ehemaligen Polizeichef massiv zu:

> »In der Bankengruppe Indosuez machten die Gewerkschaften mobil; die jungen Leute von der LICA demonstrierten vor dem Firmensitz; unsere Akte zirkulierte. Die Presse zeigte sich erstaunt über Bousquets Wiederverwendung. Er wurde zur Last für seine Kollegen und schließlich zum Rücktritt gezwungen, zuerst von seinem Verwaltungsratsposten der Luftfahrtgesellschaft UTA, deren Generaldirektor Antoine Veil war – sicher hatten er und seine Frau Simone auf seine Entlassung gedrängt. Anschließend trat er von seinem Posten als Aufsichtsrat von Indosuez und in vielen Verwaltungsräten zurück, angeblich um seine Verteidigung besser zu gewährleisten.«

Im März 1979 wurde gegen Leguay als ersten Franzosen überhaupt Anklage wegen Verbrechen gegen die Menschlichkeit erhoben. Gleichzeitig begann Serge Klarsfeld in der Zeitung *Le Monde* eine Reihe von Artikeln, in denen er die Zusammenarbeit der Vichy-Regierung mit den Besatzern bei der Deportation erläuterte. Der Prozess gegen Leguay zog sich in die Länge. Im Juli 1989 starb der Angeklagte, noch bevor das Verfahren gegen ihn abgeschlossen war. Eines immerhin hatten dieser wie auch der später eröffnete Prozess gegen Bousquet gebracht: Die Öffentlichkeit wurde sich der Dimensionen des Verbrechens bewusst. »Das französische Volk musste genug über den Vichy-Staat wissen, damit es seine Bedeutung ganz erfassen und dieses Regime, das es gewagt hatte, den deutschen Besatzern im Namen Frankreichs Tausende jüdischer Kinder auszuliefern, auf ewig verurteilte.«[19] Immer drängender stellte sich den Franzosen die Frage, was die obersten Repräsentanten des Vichy-Regimes über das Schicksal der Deportierten gewusst hatten. So schwer es in vielen Fällen auch sein mochte, detaillierte Antworten zu geben, so sehr lag eine Schlussfolgerung doch auf der Hand: die nämlich, dass die damals Verantwortlichen es gar nicht wissen wollten. »Die Frage ist nicht, ob man in Vichy etwas wusste oder nicht«, so die Historikerin Bénédicte Vergez-Chaignon: »Man interessierte sich nicht dafür.«[21]

Angesichts des sich verdichtenden Wissens über die Beteiligung an der und die (Mit-)Verantwortung des Vichy-Regimes für die Deportation und Ermordung der in Frankreich lebenden Juden verschob sich die Aufmerksamkeit: Die zentrale Frage, die in den Prozessen der *épuration* eine so große Rolle gespielt hatte – nämlich die nach der allzu bereitwilligen Unterwerfung unter die Besatzer –, wich der nach der Verantwortung im Kontext des Holocaust. »Die Pflicht der Erinnerung wird zur drängenden Aufforderung, die Fehler und Verbrecher anzuerkennen. Es ist der Auftrag zur Erinnerung. Seitdem die Shoah im Mittelpunkt steht, schafft ihr zentraler Stellenwert eine neue Art, auf Vichy zu schauen, nämlich mit Bezug auf die ›Judenfrage‹.«[22] Der Vaterlandsverrat, der die Öffentlichkeit in der unmittelbaren Nachkriegszeit so beschäftigt hatte, schien unbedeutend angesichts des eigentlichen Verbrechens des Regimes, gegen die Gesetze der Menschlichkeit verstoßen zu haben.

So setzte in den 1980er-Jahren ein grundlegender, nahezu die gesamte Öffentlichkeit umfassender Bewusstseinswandel ein. Als im Sommer 1987 der Prozess gegen den vier Jahre zuvor ausgelieferten Kriegsverbrecher Klaus Barbie begann, bemerkte der Journalist und Philosoph Bernard-Henri Lévy die Offenheit, mit der seine Landsleute auf das Verfahren blickten. »Was mich erstaunt hat«, so Lévy, »war die außergewöhnliche Ernsthaftigkeit, mit der die öffentliche französische Meinung sich der Trauer- und Erinnerungsarbeit gestellt hat.«[23] Die Franzosen hätten sich der geschichtlichen Wahrheit geöffnet, sich bemüht, den Fall nüchtern zu sehen und allen Versuchungen einer tendenziösen Lesart von Barbies Verbrechen zu widerstehen. Weder hätten sie diese als Ausdruck einer geradezu übermenschlichen Bösartigkeit dämonisiert – »Barbie, der absolute Kriminelle, größtes aller Monster« – noch hätten sie seine Taten banalisiert, noch sie als die eines »gewöhnlichen Kriminellen, eines gewöhnlichen Mörders« bagatellisiert.[24]

Kurz zuvor, im Jahr 1986, stellte sich auch das politische Frankreich verstärkt der Vergangenheit – und damit auch der eigenen Verantwortung. In jenem Jahr benannte die Pariser Stadtverwaltung unter dem damaligen Oberbürgermeister Jacques Chirac einen Platz nahe dem 1959 abgerissenen *Vélodrom d'Hiver* um: Fortan hieß er »Place des Martyrs-Juifs-du-Vélodrome-d'Hiver« und erinnerte so an die in dem Gebäude festgehaltenen Opfer der Razzia vom Juli 1942. Acht Jahre später, 1994, weihte der damalige Präsident François Mitterand ein Denkmal zur Erinnerung an das Verbrechen ein: eine bronzene Gruppe von sieben Personen, sitzend oder liegend auf einer schrägen Fläche aus Stahlbeton, angefertigt von dem Bildhauer Walter Spitzer, der selbst Gefangener in Auschwitz gewesen war, das Lager aber überlebt hatte. Die Inschrift war ein klares Schuldbekenntnis: »Die Französische Republik zum Gedenken an die Opfer rassistischer und antisemitischer Verfolgungen und Verbrechen gegen die Menschlichkeit, die unter der faktischen Autorität der französischen Staatsregierung 1940–1944 begangen wurden. Lasst uns nie vergessen.«[25]

1994 geriet François Mitterand allerdings unter Druck. In jenem Jahr veröffentlichte der Journalist Pierre Péan das Buch *Une jeunesse française* (»Eine französische Jugend«). Darin zeichnete er – auf der Grundlage auch von Interviews mit Mitterand, der sich zur Mitarbeit bereit erklärt hatte – ein detailliertes Bild von dessen politischer Entwicklung während der Vichy-Jahre. Schon das Cover des Buches verhieß eine vermeintliche Sensation: Es zeigte den jungen, 1916 geborenen Mitterand im Wortwechsel mit Philippe Pétain. Allerdings fand die Szene im Rahmen eines politischen Empfangs statt, in dem Pétain zahlreiche junge Mitarbeiter begrüßte. Zugleich war auf dem Cover ein weiteres – kleineres – Foto zu sehen, wiederum der junge Mitterand, dieses Mal mit Schnurrbart. Der sollte ihn, den zwischenzeitlich dem französischen Widerstand Angehörenden, tarnen und so vor dem Zugriff der Nationalsozialisten schützen. Doch im Blick blieb das Foto von Mitterand und Pétain, und zwar umso mehr, als der Präsident in den bald vierzehn Jahren seiner Amtszeit trotz immer wiederkehrender Diskussionen und Gerüchte um seine politische Vergangenheit in der Besatzungszeit eine deutliche Distanznahme zum Vichy-Regime durchgehend hatte vermissen lassen.

Gewiss, Péan hatte es von Anfang an klargestellt: Aus seiner Schilderung von Mitterands frühen Jahren – auf deren Darstellung beschränkte er sich in seinem Buch – ließen sich keinerlei Rückschlüsse auf dessen spätere Karriere schließen. Es wäre unhistorisch, vom jungen Mann eine schnurgerade Linie zum späteren Präsidenten ziehen zu wollen.

> »Das hieße, die Geschichte zu fälschen. Der Leser wird selbst zu dem Schluss kommen, dass dieser Mensch sich wiederholte Male an wichtigen Kreuzungen seines Lebens befand und vor Entscheidungen stand, die nicht auf der Hand lagen. Aus dem jungen Mann hätte ein Schriftsteller, Anwalt, Diplomat, ja sogar ein Abenteurer werden können. Er hätte zwischen 1942 und 1943 viele schlechte Wege einschlagen können. Er hätte ...«

Doch dieses »hätte« war reine Spekulation, gab Péan durch die drei Punkte am Ende des Satzes zu verstehen. Gewiss, Mitterand – im Jahr der Niederlage, 1940, gerade 24 Jahre alt – hatte Vertrauen zu Pétain. Aber er war – wie so viele Franzosen seiner Zeit – ein entschiedener Gegner der Deutschen. Später wurde Mitterand zu einem der *vichysto-résistants*, jener Franzosen, die gegen die Deutschen kämpften, gleichzeitig aber Anhänger des Vichy-Regimes blieben. Eine solche Haltung mochte vor allem die Zerrissenheit und insbesondere Unsicherheit vieler Franzosen spiegeln: Woran sich halten? Sie passte aber schlecht zu Mitterands späteren Aussagen zu seiner antifaschistischen Jugend und zu seinem Eintritt in den Widerstand nach seiner Flucht aus deutscher Kriegsgefangenschaft Ende 1941. Seine ambivalente, vielleicht auch nur zögerliche Haltung während der Besatzungsjahre ernüchterte viele Franzosen.

Zudem hatte Mitterand diese Ambivalenz auch während seiner Zeit als Staatspräsident erkennen lassen. Als er 1984 ein Blumengesteck auf das Grab Pétains legte, folgte er einer Geste, die andere französische Staatspräsidenten vor ihm ebenfalls getan hatten. Allerdings verwandelte Mitterand die sonst einmalige Ehrenbezeugung von 1987 an in ein jährliches Ritual. Für Serge Klarsfeld war dies eine Geste mehr, die von der eigentlichen Gesinnung des Präsidenten zeugte. Seitdem er 1942 dem Vichy-Regime beigetreten war, sei der Präsident sich treu geblieben, schrieb er im November 1992 in der Zeitung *L'Humanité*. Zwar habe er sich später dem Widerstand angeschlossen. Doch nie habe er in der Regierung Pétain ein hassenswertes, ein faschistisches Regime gesehen. »Selbst wenn Mitterand in der Résistance eine ehrenwerte Laufbahn hatte, will er den jungen Mann nicht verleugnen, der er war. Er ist der Ansicht, die einzigen Henker seien die Nazis gewesen.«[26]

Dass Mitterand, offenbar völlig ungerührt von allen zwischenzeitlich gewonnenen Erkenntnissen über das Pétain-Regime, dem Marschall weiterhin kontinuierlich die Ehre erwies, stieß nicht nur den französischen Juden-Verbänden bitter auf. Als er am 16. Juli 1992 dem Festakt zum Gedenken an die Pariser Razzia ein halbes Jahrhundert zuvor beiwohnte, wurde es in Teilen des Publikums unruhig. »Mitterand nach Vichy«, schallte eine laute Stimme provozierend quer über die Versammlung. Der ehemalige Justizminister Robert Badinter, selbst jüdischen Ursprungs, reagierte darauf sichtbar ungehalten. Der Zwischenfall schaffte es umgehend in die Nachrichten der großen Fernsehsender.

Mitterand selbst verteidigte sich immer wieder mit dem Hinweis, er sei über die damaligen Verhältnisse nicht angemessen informiert gewesen. »Ich dachte nicht an den Antisemitismus von Vichy«, hatte er Pierre Péan in dessen Buch erklärt. »Ich wusste, dass es unglücklicherweise Antisemiten gab, die in der Nähe des Marschalls einen wichtigen Platz eingenommen hatten. Aber ich verfolgte damals weder die aktuelle Gesetzgebung noch die ergriffenen Maßnahmen. Wir standen am Rande.«[27] Auch persönlich habe er nichts gegen Juden gehabt, im Gegenteil: »Ich hatte vier oder fünf Juden um mich. Man interessierte sich nicht dafür.

Man interessierte sich nur für das Schicksal der Gefangenen und Geflohenen und dann auch für den Kampf gegen die Besatzer.« Diese Haltung bestätigten Begleiter aus jener Zeit. »Taktisch gab es auch Gelegenheiten, die nach rechts wiesen«, erinnerte sich Georges Beauchamp, Jude und 1943 einer der Weggefährten Mitterands. »Aber er (Mitterand, Anm. d. Aut.) hatte einen gewissen Sinn für Gerechtigkeit und Zusammenhalt. Er war allergisch gegenüber dem Antisemitismus.«[28]

In einem Interview mit dem Journalisten Jean-Pierre Elkabbach im Fernsehsender *France 2* im September 1994 rechtfertigte Mitterand sich damit, im Vichy-Regime habe ein gewisses Durcheinander geherrscht. Vieles sei unklar gewesen, vieles habe er nicht angemessen verstanden. Bezeichnend war seine Antwort auf den antisemitischen Kurs der damaligen Regierung: »Sie sprechen mir gegenüber von ›antijüdischen Gesetzen‹; es handelte sich – was nichts verbessert und nichts entschuldigt – um eine Gesetzgebung gegen ausländische Juden, über die ich nichts wusste.«[29] Mit dieser Erklärung disqualifizierte sich Mitterand in den Augen vieler seiner Landsleute selbst. Er ignorierte, was man seit Langem über die antisemitische Gesetzgebung wissen konnte. Mit keinem Wort erwähnte er zudem, dass die Erlasse den Auftakt zu juristischen und später auch polizeilichen Maßnahmen bildeten, die sich – Stichwort Berufsverbote – von Anfang an gegen alle in Frankreich lebenden Juden richteten, auch die mit französischer Staatsbürgerschaft. Wie aber stand der Präsident nun zu dem Regime? Hatte er seine Sicht auf den antisemitischen Kurs der Vichy-Regierung beibehalten? Von einem dürfe man wohl ausgehen, vermuten der Historiker Henry Rousso und der Journalist Éric Conan: Mitterand stand auch 50 Jahre später für den Geist der damaligen Zeit, dem der antisemitische Kurs der Vichy-Regierung zumindest anfänglich kein allzu großes Kopfzerbrechen bereitete. Dazu passte für viele Franzosen der Umstand, dass Mitterand den Gedanken ablehnte, Frankreich müsse Verantwortung für die Verbrechen des État français übernehmen. »Ich werde keinerlei Entschuldigungen im Namen Frankreichs aussprechen«, erklärte er in dem Interview mit Jean-Pierre Elkabbach. »Die Republik hat mit dem nichts zu tun. … Es handelt sich um entschlossene Minderheiten und Aktivisten, die die Niederlage als Gelegenheit zur Machtergreifung nutzten, und die für diese Verbrechen verantwortlich sind. Nicht aber die Republik, nicht Frankreich.«[30]

Kaum weniger irritierend wirkte Mitterands Beziehung zu René Bousquet, dem damaligen Polizeichef des Vichy-Regimes, der unter anderem für die Pariser Razzia im Juli 1942 verantwortlich war. Der Ausgang des 1949 gegen Bousquet eingeleiteten Prozesses – eines der letzten im Zuge der *épuration* angestrengten Verfahren – verlief vergleichsweise glimpflich: Das Gericht kam zu dem Schluss, Bousquet sei des Hochverrats nicht schuldig. Zwar verurteilte es ihn aufgrund der aktiven Zugehörigkeit zum Vichy-Regime zu fünf Jahren *dégradation nationale*, der Aberkennung der bürgerlichen Rechte. Weil er sich aus Sicht des Gerichts zugleich aber »aktiv und dauerhaft«[31] am Widerstand gegen die Besatzer engagiert hatte, wurde das Urteil noch im Urteilsspruch selbst wieder aufgehoben.

Zwischen Bousquet, später unter anderem für die Banque de l'Indochine tätig, und Mitterand entwickelte sich eine lose Freundschaft. Beide standen sie in Opposition zum Gaullismus. Im Jahr 1957 – Mitterand war zu dieser Zeit französischer Justizminister – erhielt Bousquet seine ihm vom Gericht 1949 aberkannte Mitgliedschaft in der Ehrenlegion zurück. »Wir haben uns niemals bei Vornamen genannt«, erklärte Mitterand im Interview mit Elkabbach. »Wir hatten keine besonders innige Beziehung. Ich bin niemals in seinem Haus gewesen.«[32] Sprach Mitterand die Wahrheit? Zeugen aus Bousquets Umfeld bestritten das: Mitterand sei sehr wohl Gast in Bousquets Haus gewesen.[33] Dass dieser umgekehrt auch dessen Gast war, belegte ein Foto aus dem April 1974 auf Mitterands Landsitz nahe Latche im Département Landes, unweit von Hossegor. Ein Fotograf des Magazins *Le Point* hatte dort mit Einverständnis des damaligen Präsidentschaftskandidaten der Sozialistischen Partei dessen Privatleben dokumentiert. So nahm er auch einen Schnappschuss einer Runde beim Mittagessen auf. Mitarbeiter der Banque de l'Indochine erkannten darauf umgehend ihren ehemaligen Vorgesetzten, René Bosquet, wieder. Auch im Élysée-Palast wurde Bousquet später gesehen.[34] »Ich weiß nicht, welche Rolle René Bousquet bei dem gewaltigen Drama des Vel d'Hiv spielte«, sagte Mitterand in dem Interview vom September 1994. »Wenn er dort Initiativen ergriffen hat, war es ein Fehler. Wenn er nur bereit gewesen wäre, Befehle auszuführen, wäre das auch falsch gewesen.«[35] Blasse Worte für einen Politiker, der bereits das Amt des Staats-, Innen- und Justizministers innehatte und von Amts wegen über die Vergangenheit der ihm politisch wie privat Nahestehenden hätte informiert sein sollen. Zuletzt, so erklärte er im Interview, habe er Bousquet 1986 getroffen – zu einer Zeit also, als der Prozess gegen Klaus Barbie das Land mit den Schatten seiner Vergangenheit konfrontierte. Es waren laue Erklärungen, die weite Teile der Öffentlichkeit nicht überzeugten. Einige ältere Mitglieder der Sozialistischen Partei stellten sich an seine Seite, die jüngeren aber gingen auf Distanz. »Als Franzose ebenso wie als Jude schockiert es mich, dass François Mitterand zugibt, René Bousquet bis 1986 getroffen zu haben«, erklärte kurz nach der Sendung der spätere Wirtschafts- und Währungskommissar der EU-Kommission Pierre Moscovici. »Sein Schweigen, seine Ausflüchte, seine Lügen haben ihm erlaubt, sich ein halbes Jahrhundert lang als Verleumdungsopfer darzustellen«, schrieb der Journalist Thomas Ferenczi in *Le Monde*.[36] Noch weiter ging Gilles Martinet, Vordenker der Sozialistischen Partei und französischer Botschafter in Italien. Er sah Mitterands Verhalten in der Frage Bousquet als typisch für dessen generelles Machtmanagement.

> »Die Beziehungen zu René Bousquet und anderen schreiben sich in ein Machtsystem, das auf dem Spiel eines riesigen Beziehungsnetzes gründet, das sich über den größten Teil der Meinungsmacher erstreckt. Dieses Netz gründet auf Freundschaft, Komplizenschaft und gegenseitigen Gefälligkeiten. Es endet nicht an der Grenze zwischen Rechts und Links. Es erlaubt dem, der es beherrscht, eine Menge möglicher Kombinationen und Manöver.«[37]

Dieses Beziehungsnetz, so Martinet weiter, sei die vornehmste Machtgrundlage des Präsidenten überhaupt. »Auf diese Weise hat François Mitterand in guten wie in schlechten Zeiten regiert. Er findet immer jemanden, der ausführt, was er will, denn dieser Jemand weiß, dass im Gegenzug auch ihm geholfen wird, dass er verteidigt, geschützt, belohnt, befördert werden wird, selbst, wenn er eines Tages als politischer Gegner gelten sollte.« Auch Pierre Birnbaum äußerte sich, ebenfalls in *Le Monde*, in nie gekannter Heftigkeit über den Präsidenten. Dessen lapidare Antwort weise auf ein mindestens fragwürdiges Verhältnis zu den Juden hin:

»Dieser präsidiale Lapsus impliziert aufs Neue eine echte Gleichgültigkeit für das nationale Schicksal der Juden. Er tendiert auch dazu, die französischen Juden den ausländischen Juden anzugleichen, indem er die Verantwortung des Staats gegenüber seinen eigenen Bürgern beiseite wischt – Bürgern, die beruflich und rechtlich beeinträchtigt wurden und die ihm, warum nicht, noch heute Wiedergutmachungen aller Art abverlangen könnten; schließlich verringert er auch die Verantwortung des Staates gegenüber allen Ausländern, die sich auf dem nationalen Territorium aufhalten und nimmt ihnen so ihren einzigen Schutz. Implizit trennt er auch heute noch die Juden insgesamt von ihren Mitbürgern.«[38]

Präsidiale Schuldbekenntnisse

Ganz anders als Mitterand setzte sich sein Nachfolger Jacques Chirac mit dem Erbe Vichys, allem voran dessen Beitrag zur Vernichtung der Juden, auseinander. Im Juli 1995, zum 53. Jahrestag der großen Pariser Razzia, hielt er vor dem Mahnmal am ehemaligen Vél' d'Hiver eine Rede, die sich von denen seines Vorgängers radikal unterschied und eine ganz neue Art der Auseinandersetzung mit der Vergangenheit begründete. Es gebe im Leben einer Nation Momente, die die Erinnerung und die Vorstellung verletzten, die man sich von seinem Land mache, erklärte Chirac. Es falle schwer, über diese Momente zu sprechen, denn sie beschmutzten auf immer die französische Geschichte. Ja, erklärte er weiter: »Der kriminelle Wahn des Besatzers wurde von Franzosen, vom französischen Staat unterstützt. Vor 53 Jahren, am 16. Juli 1942, entsprachen 4500 französische Polizisten und Gendarmen unter den Befehlen [im Original: »l'autorité«] ihrer Vorgesetzten den Forderungen der Nazis.«[39] So deutlich dieses Bekenntnis zur Mitverantwortung war, so eindeutig verwahrte sich Chirac gegen den Verdacht einer grundsätzlich judenfeindlichen Tendenz seiner Landsleute. »»Frankreich, wir alle wissen es, ist mitnichten ein antisemitisches Land.« Und so sehr der Sommer 1942 das »wahre Gesicht« der Kollaboration – »also ihren rassistischen Charakter« – entblößt habe, so sei er doch für viele Franzosen ein zeitlicher Einschnitt gewesen, von dem an sie sich dem Widerstand angeschlossen hätten. »Gewiss, es gibt gewisse Irrtümer, die begangen wurden, es gibt Fehler, es gibt ein kollektives Fehlen [»une faute collective«]. Aber es gibt auch Frankreich, eine gewisse Vorstellung von Frankreich, rechtschaffen, großzügig, treu zu seinen Traditionen, seinem Geist stehend.

Chiracs Rede löste erneut eine Diskussion um jene Frage aus, zu der sich Mitterand so eindeutig positioniert hatte: In welchem Verhältnis stand die Republik zum État français, der der Dritten Republik einst das Ende bereitet hatte? In einem Punkt folgte Chirac der Linie seines Vorgängers: Moralisch konnte man die Republik für die Verfehlungen von Pétains Politik nicht verantwortlich machen. Wohl aber verurteilte Chirac im Unterschied zu früheren Präsidenten in aller Deutlichkeit diese Verfehlungen. Dass Pétain den Glauben verletzt habe, den die meisten Franzosen an ihr Land hatten, daran bestand für Chirac kein Zweifel. Ebenso wenig zweifelte er daran, dass die Republik als Nachfolgerin des *État français* zu dessen Politik Position beziehen musste. Denn die Regierungen der Vierten Republik regelten die politischen Geschäfte eines Landes, auf dessen Boden die Verbrechen geschehen waren. Zugleich hatte auf diesem Boden die *Résistance* agiert, hatten viele Franzosen im Kampf gegen die Besatzer das Äußerste gewagt. Damit tat sich ein bis heute nicht gelöster Widerspruch auf: Es ist einfach, den *État français* zu verdammen. Aber kann man die Nation aus allen Verstrickungen heraushalten?[40] Frankreich war während der Besatzung gespalten und stand am Rand eines Bürgerkriegs. De Gaulle hatte diesen Umstand einst schlicht negiert, indem er die *France libre* zum einzig legitimen Frankreich erklärte und Pétains Staat jegliche Berechtigung absprach. Aber damit löste der General nicht die Probleme, die sich der Nation stellten. Weder ließ sich das Land durch Verdammen des *État français* als Ganzes von seinen Fehlern freisprechen, noch ließen sich die Regierungen nach 1944 für diese Fehler rechtlich zur Verantwortung ziehen. Wohl aber konnten beide, Nation und Regierung(en), aus diesen Fehlern Konsequenzen für ihr politisches Handeln in Gegenwart und Zukunft ableiten. Wenn es eine Verpflichtung gab, der sich das heutige Frankreich zu stellen habe, so Chirac, dann die, weiterhin für Zivilität einzustehen: »die humanistischen Werte, die Werte der Freiheit, Gerechtigkeit und Toleranz, die die französische Identität begründen und uns mit Blick auf die Zukunft verpflichten.«[41]

Im Jahr 2012 bekannte sich François Hollande zur überwiegenden, wenn nicht ausschließlich französischen Verantwortung für das Verbrechen. »Die Wahrheit ist, dass kein einziger deutscher Soldat, kein einziger Soldat, für die gesamte Operation mobilisiert wurde«, so Hollande. »Die Wahrheit ist, dass dieses Verbrechen in Frankreich begangen wurde, von Frankreich.«[42] Ähnlich sah es sein Nachfolger Emmanuel Macron. Auch er machte für die beiden Razzien allein die französische Regierung verantwortlich: »Am 16. und 17. Juli 1942 folgte die französische Polizei den Anweisungen der Regierung von Pierre Laval, des Generalkommissars für jüdische Angelegenheiten, Louis Darquier de Pellepoix und Präfekt René Bousquet. Kein einziger Deutscher half dabei.«[43] Indem Macron Namen nannte – und zwar ausschließlich französische Namen – konkretisierte er die These von der ausschließlich französischen Verantwortung.

Entschädigung und Aufarbeitung

Dieser Verantwortung ließ der Staat Taten folgen. 1997 rief der damalige Premierminister Alain Juppé eine *Mission d'étude sur la spoliation des biens juifs sous l'Occupation* (»Kommission zur Untersuchung des während der Besatzung geraubten jüdischen Eigentums«) ins Leben. 1999 folgte ihr eine Kommission, die die Entschädigung der Opfer umsetzen sollte. Sie sorgte indirekt durch ihre Arbeit auch für eine Entspannung mit den jüdischen Organisationen in den USA, sprach sie doch Empfehlungen aus, die die französischen Regierungen ausnahmslos annahmen. Der Mission folgte im Jahr 2000 die *Fondation pour la Mémoire de la Shoah* (»Stiftung zur Erinnerung an die Shoah«), die die Erinnerung an und Aufklärung über den Völkermord, die Pflege des jüdischen Kulturlebens fördert und die Überlebenden des Völkermords unterstützt. Angesichts der wenigen noch lebenden Opfer ist diese Solidarität inzwischen eine vor allem symbolische. Zudem ist sie Ausdruck des Kompromisses, die der französische Staat im Hinblick auf die zwischen 1940 und 1944 begangenen Verbrechen gefunden hat: Er sieht sich als verantwortlich, nicht aber als schuldig. Die Republik entschädigt die Opfer der vom Vichy-Regime begangenen Verbrechen, übernimmt für sie aber nicht die moralische, sondern nur die institutionelle Verantwortung.[44]

In diesem Sinn wurde 1993 ein »Nationaler Tag« zur Erinnerung an die Opfer der rassistischen und antisemitischen Verbrechen sowie der »Gerechten (Justes) eingerichtet, die ihnen beisprangen und sie retteten. Der Tag fällt auf den 16. Juli, in Gedenken an das Datum der großen Razzia gegen die Pariser Juden 1942. In demselben Geist begab sich der damalige Präsident Jacques Chirac 2007 in das Pariser Pantheon, um in dessen Krypta eine Tafel zur Ehrung der 2725 französischen »Gerechten unter den Völkern« anzubringen, die die Gedenkstätte Yad Vashem bis dahin ausgezeichnet hatte. Deren Zahl ist zum Jahresende 2019 auf 4099 gestiegen.[45] Anlässlich der Gedenkfeier hielt Chirac eine Rede, die wiederum einen neuen Akzent in der Erinnerungspolitik setzte. Über Frankreich sei während der Besatzungsjahre eine dunkle Nacht gefallen. Doch »zu tausenden« hätten die Lichter sich geweigert, zu erlöschen. Dieses Licht hätten all jene hochgehalten, die den Juden in dieser Zeit beigesprungen seien.

> »Überall nehmen sie Kinder, Frauen, Männer auf, die verfolgt werden, weil sie Juden sind. Sie verstecken sie, retten sie trotz der Gefahr für ihr eigenes Leben. In diesem Wirklichkeit gewordenen Albtraum, den die Juden seit 1940 durchleben, ist Frankreich, ist ihr Frankreich, an das sie so innig glauben, nicht verschwunden. In den Tiefen des Landes leuchtet ein Licht der Hoffnung. Es ist schwach, es flackert. Aber es existiert.«[46]

Mit der Rede knüpfte Chirac in differenzierter Weise an die Sichtweise de Gaulles an. Der hatte Vichy als eine schlichte Unterbrechung der französischen Zivilität dargestellt, an die Frankreich, nachdem die Besatzungsjahre vorüber waren, relativ problemlos wieder anknüpfen konnte. Diese These machte sich Chirac zwar nicht restlos zu eigen. Doch er stellte dem dunklen Frankreich ein helles entgegen, verkörpert durch all jene, die sich gegen die Besatzer erhoben hatten, die es vor allem gewagt hatten, ihre bedrohten Mitmenschen zu schützen und zu retten. Damit freilich war auch ein Band zwischen der klassischen *Résistance* – dem Widerstand gegen die Deutschen – und der Rettung der Juden gegeben, die es so nicht durchweg gegeben hatte. Nicht wenige der damaligen Wider-

Handkuss mit Bedeutung: Jacques Chirac ehrt die Holocaust-Überlebende Simone Veil, ehemalige französische Ministerin und Präsidentin des Europaparlaments, anlässlich der Ehrung der französischen »Gerechten unter den Völkern« im Pantheon am 17. Januar 2007.

standskämpfer hatten sich allein gegen die Präsenz der Besatzer gerichtet, sich darum aber nicht zwangsläufig auch für die Juden engagiert.

Kann ein Land leben, das für einen Zeitraum von vier Jahren nicht in den Spiegel schauen kann? Es fällt zumindest schwer, und so dürften Chiracs Worte auch dem Versuch einer nationalen Selbsttherapie gedient haben, um das eigene Antlitz nicht ganz und gar unerträglich zu finden. Es war Nicolas Sarkozy, der dem vorsichtigen Versuch seines Vorgängers Chirac eine Wendung ins Grobe gab und den gegenwärtigen Stand der Erinnerungskultur kritisierte, um auf dieser Grundlage ein anderes Bild der Vergangenheit zu zeichnen. Gewiss, Frankreich habe Fehler gemacht, räumte er ein. »Aber die Mode des Bedauerns ist furchtbar. Ich nehme es nicht hin, dass man die Söhne auffordert, die Fehler der Väter zu büßen. Ich nehme es nicht hin, dass man die Vergangenheit immer mit den Vorurteilen der Gegenwart beurteilt.«[47] Sarkozy trieb ein riskantes Spiel: Er nahm den alten historischen Grundsatz auf, dass jede Generation ihre eigene Sicht auf die Vergangenheit hat, eigene Raster und Normen entwickelt, nach deren Vorgabe sie die Vergangenheit deutet und sich zu ihr verhält. Indem er diese Raster aber als »Mode«, ja sogar als »Vorurteile« beschrieb, redete er einem Geschichtsrelativismus das Wort, auf dessen Grundlage die Vichy-Jahre sich ganz anders darstellen ließen. »Frankreich hat der totalitären Versuchung niemals nachgegeben«, erklärte Sarkozy. »Das Land hat niemals ein Volk ausgelöscht. Es hat die ›Endlösung‹ nicht erfunden, es hat keine Verbrechen gegen die Menschlichkeit, keinen Völkermord begangen.« Das traf im Ganzen zu (mit Ausnahme des 1942 zum Generalsekretär der Präfektur von Gironde ernannten Maurice Papon, der wegen seiner Rolle bei der Deportation 1998 der Verbrechen gegen die Menschlichkeit für schuldig befunden wurde).

Es war Emmanuel Macron, der diesen Kurs wieder korrigierte. Wie vor ihm bereits François Hollande machte er für die beiden Razzien allein die französische Regierung verantwortlich.[48] Indem Macron Namen nannte, konkretisierte er zwar die These von der ausschließlich französischen Verantwortung, versäumte es aber, sie in den Kontext der Besatzungszeit zu stellen – den Druck, den die Nationalsozialisten entfachten und ohne den die Genannten Beihilfe zum Genozid nicht geleistet hätten. Denn diese These darf man wagen: Ohne den deutschen Antisemitismus hätte der französische niemals jene mörderische Wendung genommen, zu der er ab 1940 Anlauf nahm. Es waren die Deutschen, die die Pläne zur Vernichtung der europäischen Juden fassten, sie waren es, die die Vernichtungslager errichteten und über Jahre in Betrieb hielten. Die Franzosen beteiligten sich zwar daran. Aber sie taten es in einer Situation, die ihre Möglichkeiten zum Einspruch zumindest in Teilen überstieg. Die Franzosen – genauer: einige Franzosen – wurden zu Gehilfen bei einem Verbrechen, dessen Wurzeln im Land des Nachbarn im Norden lagen. Ihre Verbrechen nach Frankreich exportiert zu haben: Auch das ist ein unverrückbarer Teil der deutschen Kriegsschuld.

Frankreich
NIEDERLANDE
Amsterdam
GROSSBRITANNIEN
London
DEUTSCHES REICH
Köln
Rhein
Calais
Brüssel
Lille
BELGIEN
Mosel
Der Kanal
Amiens
LUXEMBURG
Luxemburg
Rethel
Honfleur
Compiègne
Caen
Rouen
Royallieu
Reims
Verdun
Straßburg
Montmorency
Drancy
Versailles
Nancy
ELSASS-LOTHRINGEN
Paris
Seine
besetzte Zone
besetzt ab Juni 1940
Pithiviers
Rennes
Beaune-la-Rolande
Mülhausen
Orléans
Basel
Tours
Dijon
Nantes
Loire
SCHWEIZ
Küstenzone
(Zugang verboten)
Poitiers
Montluçon
Brout-Vernet
Genf
La Rochelle
Saint-Pierre-de-Fursac
Vichy
Aix-les-Bains
Limoges
Lyon
Atlantischer Ozean
Clermont-Ferrand
Sarcenas
ITALIEN
Grenoble
Périgueux
ital. Besatzungszone
Nov. 1942 bis Sept. 1943
(danach deutsch besetzt)
Bordeaux
Terrasson
Rhône
unbesetzte Zone
militärisch besetzt ab Nov. 1942
Chabannes
Garonne
Menton
Toulouse
Nîmes
Arles
Nizza
Bayonne
Montpellier
Les Milles
Aix-en-Provence
Saint-Raphaël
Seyre
Béziers
Palavas-les-Flots
Noé
Pau
Gurs
Le Vernet
Marseille
Récébédou
Cauterets
Rieucros
Rivesaltes
Saint-Cyprien
Perpignan
Banyuls-sur-Mer
Cerbère
Port-Bou
ANDORRA
SPANIEN
Mittelmeer
Lager
Zone mit beschränktem Zugang
Vom Deutschen Reich faktisch annektiert
An die Militärverwaltung in Brüssel angeschlossene Zone
0 50 100 150 km

Anmerkungen

Einleitung

1 Zitiert nach Michael Sontheimer, »Hitlers Blitzkriege«, *Der Spiegel*, 5.2.2005, online unter: https://www.spiegel.de/spiegel/print/d-39257689.html.
2 Zitiert nach Jürgen Trimborn, *Arno Breker. Der Künstler und die Macht. Die Biographie*, Berlin, 2011, S. 15. Das Datum des Besuchs ist umstritten; viele Historiker gehen heute vom 28. Juni aus, so auch Ian Kershaw; Arno Breker, Hitlers Diener Heinz Linge und seine Sekretärin Christa Schroeder meinen hingegen, es sei der 23. Juni gewesen.
3 Zitiert nach Jürgen Trimborn, ebd., S. 19.
4 Zitiert nach ebd., S. 23.
5 Sebastian Haffner, *Anmerkungen zu Hitler*, Reinbek, 2013, E-Book, Pos. 1163, Kap. Erfolge.
6 Ebd., Pos. 209, Kap. Leben.
7 Zitiert nach Ralf Georg Reuth, *Kurze Geschichte des Zweiten Weltkriegs*, Reinbek, 2018, S. 103.
8 Zitiert nach Christoph Raichle, *Hitler als Symbolpolitiker*, Stuttgart, 2014, E-Book, Pos. 7302, Kap. Compiègne.
9 Vgl. hierzu die Diskussion bei Christoph Raichle, ebd., Pos. 7186, Kap. Compiègne.
10 Zitiert nach ebd., Pos. 7215, Kap. Compiègne.
11 Zitiert nach ebd., Pos. 7250, Kap. Compiègne.
12 Zitiert nach Jean-Pierre Azéma, *1940. L'année terrible*, Paris 1990, S. 187.
13 Zitiert nach William L. Shirer, *This is Berlin. Reporting from Nazi Germany 1938–1940*, Kent, 2014, E-Book, Pos. 6778, Kap. Compiègne June 21, 1940.
14 Zitiert nach Volker Ullrich, *Adolf Hitler. Die Jahre des Untergangs*, Frankfurt M., 2018, E-Book, Pos. 2649, Kap. Entscheidung im Westen?
15 Zitiert nach William L. Shirer, ebd., Pos. 6819, Kap. Compiègne June 21, 1940.
16 Zitiert nach Volker Ullrich, ebd., Pos. 2656, Kap. Entscheidung im Westen?
17 Eine Kopie des Waffenstillstandsvertrags findet sich etwa in der *Zeitschrift für ausländisches öffentliches Recht und Völkerrecht*, »Dokumente über den Waffenstillstand mit Frankreich«, Max-Planck-Institut für ausländisches öffentliches Recht und Völkerrecht, online unter: https://www.zaoerv.de/10_1940/10_1940_1_4_b_851_2_860_1.pdf.
18 Christoph Buchheim, »Die besetzten Länder im Dienste der Deutschen Kriegswirtschaft während des Zweiten Weltkriegs«, Institut für Zeitgeschichte München, online unter: https://www.ifz-muenchen.de/heftarchiv/1986_1_5_buchheim.pdf.
19 Vgl. Götz Aly, *Hitlers Volksstaat. Raub, Rassenkrieg und nationaler Sozialismus*, Frankfurt M., 2013, S. 171f.
20 Serge Berstein, *La France des années 30*, Paris, 2011, E-Book, Pos. 2192, Kap. La crise intellectuelle et morale de la France des années 1930.
21 Nach Serge Klarsfeld, *Vichy – Auschwitz. Die ›Endlösung der Judenfrage‹ in Frankreich*, Darmstadt, 2007, S. 371.
22 Hélène Miard-Delacroix/Andreas Wirsching, *Von Erbfeinden zu guten Nachbarn. Ein deutsch-französischer Dialog*, Stuttgart, 2019, S. 111.

Teils heiter, teils wolkig

1 Vgl. hierzu Aymeric Renou/Jules Brussel, »ETE RETRO. 1936, l'année des premiers congés payés«, *Le Parisien*, 11.7.2016, online unter: http://www.leparisien.fr/espace-premium/air-du-temps/l-annee-des-premiers-conges-payes-11-07-2016-5957747.php.
2 Henri Amouroux, *Le peuple du desastre*, Paris, 1976, S. 1231.

3 Fabrice Grenard, *La drôle de guerre. L'entrée en guerre des Français. Septembre 1939–mai 1940*, Paris, 2015, S. 62.
4 Corinne Luchaire, *Ma drôle de vie*, Paris, 1949, zitiert nach Dominique Veillon, *La mode sous l'occupation*, Paris, 2014, S. 13f.
5 Zitiert nach Yves-Marie Evanno, »Du cliquetis des pédales au bruit des bottes: un été cycliste perturbé en Bretagne (Juillet–Septembre 1939)«, *En Envor*, 2, 2013, Ohne Jahresangabe, S. 10, online unter: http://enenvor.fr/eeo_revue/numero_2/du_cliquetis_des_pedales_au_bruit_des_bottes.html.
6 Frank Sistenich, »Suite 45 – Marlene Dietrichs Hotelwohnung in Paris«, *WELT*, 27.10.2009.
7 Simone de Beauvoir, *La force de l'âge*, Paris, 2013, E-Book, Pos. 426, Kap. VI.
8 Dieses und das folgende Zitat nach ebd., Pos. 425, Kap. VI.
9 Ebd., Pos. 426, Kap. VI.
10 Ebd., Pos. 428, Kap. VI.
11 Ebd., Pos. 426, Kap. VI.
12 Charles Baudelaire, *Les fleurs du Mal*, Paris, 1988, S. 84.
13 Zitiert nach Olivier Loubes, *Cannes 1939. Le festival qui n'a pas eu lieu*, Paris, 2016, S. 206.
14 Dieses und die folgenden Zitate nach Joan DeJean, *How Paris Became Paris. The Invention of the Modern City*, New York, 2014, E-Book, Pos. 105, Kap. Introduction: Capital of the Universe.
15 Honoré de Balzac, *Le Père Goriot*, Paris, 2018, E-Book, Pos. 4252, Kap. Le Père Goriot.
16 Gustave Flaubert, *Madame Bovary*, Paris, 2013, E-Book, Pos. 2010, Kap. IX.
17 Anne Kraume, *Das Europa der Literatur. Schriftsteller blicken auf den Kontinent 1915–1945*, Berlin, New York, 2010, S. 26.
18 Henry Miller, *Souvenirs, souvenirs*, zitiert nach François Chaubet, *Histoire intellectuelle de l'Entre-deux-guerres. Culture et politique*, Paris, 2011, E-Book, Pos. 2537, Kap. Accueillir l'Autre.
19 Zitiert nach Hal Vaughan, *Coco Chanel. Der schwarze Engel. Ein Leben als Nazi-Agentin*, Hamburg, 2011, E-Book, Pos. 1578, Kap. Und dann kam der Krieg.
20 Zitiert nach ebd., Pos. 1630.
21 Philippe Richer, *La drôle de guerre des Français. 2 septembre–10 mai 1940*, Paris, 1990, S. 63.
22 Zitiert nach Elisabeth du Réau, *Édouard Daladier, 1884–1970*, Paris, 2014, E-Book, Pos. 6020, Kap. Les chemins de Munich.
23 Dieses und die folgenden beiden Zitate nach Jean-Pierre Azéma, *1940. L'année terrible*, Paris, 1990, S. 21.
24 Zitiert nach Chemins de Mémoire, Stichwort »14 juillet«, online unter: http://www.cheminsdememoire.gouv.fr/fr/14-juillet.
25 Zitiert nach Jean-Pierre Azéma, ebd., S. 20.
26 Zitiert nach Fabrice Grenard, *La drôle de guerre. L'entrée en guerre des Français. Septembre 1939–mai 1940*, Paris, 2015, S. 69.
27 Zitiert Philippe Richer, S. 24.
28 Zitiert nach ebd., S. 28.
29 Joseph Goebbels, *Tagebücher. Band 3: 1935–1939*, München, 2008, S. 1228.
30 Ebd., S. 1264f.
31 Zitiert nach Olivier Loubes, ebd., S. 36.
32 Zitiert nach ebd., S. 15.
33 Zitiert nach Georges Poisson, *La grande histoire du Louvre*, Paris, 2013, E-Book, Pos. 7543, Kap. Première rénovation.
34 Zitiert nach ebd., Pos. 7551, Kap. Première rénovation.
35 Dieses und die folgenden Zitate nach Elisabeth du Réau, ebd., Pos. 9428, Kap. Daladier devant la guerre.
36 Zitiert nach Fabrice Grenard, ebd., S. 85.
37 Maurice Garçon, *Journal 1939–1945*, Paris, 2017, S. 116.

»Drôle de guerre«

1 Zitiert nach Philippe Richer, *La drôle de guerre des Français. 2 septembre-10 mai 1940*, Paris, 1990, S. 62.
2 Eine Abbildung findet sich auf der Webseite »Remembrance«, online unter: http://www.memoire14-45.eu/en/search-notice/detail/4mozhn487rtoierfy5s50pq6oyl6mqn-pmz63hk07rqzzl6qy62.
3 »La distribution des masques à gaz«, *Le Matin*, 4.9.1939, online unter: https://gallica.bnf.fr/ark:/12148/bpt6k586441k/f2.item.zoom.
4 Zitiert nach Dominique Veillon, *Vivre et survivre en France 1939–1947*, Paris, 1995, S. 19.
5 Zitiert nach Fabrice Grenard, *La drôle de guerre. L'entrée en guerre des Français. Septembre 1939–mai 1940*, Paris, 2015, S. 149.
6 Dieses und die beiden folgenden Zitate nach Simone de Beauvoir, *La force de l'âge*, Paris, 2013, E-Book, Pos. 438, Kap. VI.
7 Fabrice Grenard, ebd., S. 149.
8 Simone de Beauvoir, ebd., Pos. 444, Kap. VI.
9 Dieses und die folgenden Zitate nach Maurice Garçon, *Journal 1939–1945*, Paris, 2017, S. 57.
10 Zitiert nach Rainer F. Schmidt, *Die Außenpolitik des Dritten Reiches 1933–1939*, Stuttgart, 2002, S. 71.
11 Nach Volker Berghahn, *Der Erste Weltkrieg*, München, 2014, E-Book, Pos. 291, Kap. Eine Verlustrechnung.
12 Zitiert nach Béatrix Pau, *Le ballet des morts. État, armée, familles: s'occuper des corps de la Grande Guerre*, Paris, 2016, E-Book, Pos. 101, Kap. Introduction.
13 Dieses und das folgende Zitat nach ebd., Pos. 303, Kap. Affronter la perte.
14 Die Geschichte der Familie Lhéritier findet sich bei Béatrix Pau, ebd., Pos. 435ff, Kap. Affronter la perte.
15 Zitiert nach Béatrix Pau, ebd., Pos. 540, Kap. Affronter la perte.
16 Nach Jörn Leonhard, *Die Büchse der Pandora. Geschichte des Ersten Weltkriegs*, München, 2014, Pos. 18862.
17 Jean Guéhenno, *Un homme de quarante ans*, Paris, 1934, S. 195.
18 »Ils sont restés les mêmes«, *Le Matin* 5.9.1939, online unter: https://gallica.bnf.fr/ark:/12148/bpt6k586442z.item.
19 Fabrice Grenard, ebd., S. 139.
20 Zitiert nach Philippe Richer, ebd., S. 41.
21 Fabrice Grenard, ebd., S. 154.
22 Dieses und das folgende Zitat nach Matthieu Devigne, »›Les enfants d'abord!‹ Le repli des écoles loin des dangers de la guerre en France (1939–1944)«, in Jean-François Condette, *Les Écoles dans la guerre. Acteurs et institutions éducatives dans les tourmentes guerrières, XVII–XX siècle*, Villeneuve-d-Ascq, 2016, ohne Seitenangabe, online unter: https://books.openedition.org/septentrion/7220?lang=de.
23 Zitiert nach Pierre Rigoulot, *L'Alsace-Lorraine pendant la guerre 1939–1945*, Paris, 1998, S. 8.
24 Dieses und die beiden folgenden Zitate nach Mireille Biret, »L'évacuation«, 1.10.2010, Canopé – Académie de Strasbourg, ohne Seitenangabe, online unter: http://www.crdp-strasbourg.fr/data/histoire/alsace-39-45a/evacuation.php?parent=10.
25 Zitiert nach ebd.
26 Zitiert nach Pierre Rigoulot, ebd., S. 11.
27 Dieses und das folgende Zitat nach »›L'évacuation en Dordogne‹, un temoignage de Jeannine H.«, in *Les passeurs de mémoire*, online unter: https://www.passeursdememoire.fr/memoires/levacuation-en-dordogne/.
28 Zitiert nach Philippe Richer, ebd., S. 66.
29 Zitiert nach, ebd., S. 67.
30 Zitiert nach Alain Leclercq, *1939–1945: Espionnage et guerre secrète*, Paris, 2018, S. 283.

31 Zitiert nach Pierre Dac, *L'os à moelle*, Paris, 2007, S. 835.
32 Zitiert nach Philippe Richer, ebd., S. 69.
33 Zitiert nach Dominique Veillon, *Vivre et survivre en France 1939–1947*, Paris, 1995, S. 17.
34 Vgl. Philip Nord, *France 1940. Defending the Republic*, London, 2015, E-Book, Pos. 610, Kap. Armaments and Morale.
35 Zitiert nach Jean-Louis Crémieux-Brilhac, *Les Français de l'an 40. Tome I: La guerre qui ou non?*, Paris, 2015, E-Book, Pos. 1132, Kap. L'angoisse et le consentement.
36 Zitiert nach Philippe Richer, ebd., S. 44.
37 Zitiert nach Fabrice Grenard, ebd., S. 93.
38 Zitiert nach ebd., S. 94.
39 Jean-Paul Sartre, *Carnets de la drôle de guerre. Septembre 1939–Mars 1940*, Paris, 2018, E-Book, Pos. 135, Kap. Marmoutier, jeudi 14 Septembre 39.

Reich und Rätsel

1 Die Rede findet sich in zahlreichen Internet-Quellen. So etwa bei Wikisource: https://fr.wikisource.org/wiki/Discours_du_maréchal_Pétain_du_17_juin_1940.
2 Zitiert nach Bénédicte Vergez-Chaignon, *Pétain*, Paris, 2014, E-Book, Pos. 2056, Kap. Pourquoi Verdun, pourquoi Pétain?.
3 Zitiert nach ebd., Pos. 2268, Kap. Plus loin de Verdun.
4 Ebd., Pos. 8760, Kap. ›Il faut cesser le combat‹.
5 Die Rede findet sich online etwa unter dieser Adresse: http://www.encyclopedie.bseditions.fr/article.php?pArticleId=160&pChapitreId=24028&pSousChapitreId=24030.
6 Marc Bloch, *L'étrange défaite. Testament et écrits clandestins*, Paris, 2016, E-Book, Pos. 633, Kap. La déposition d'un vaincu.
7 Vgl. Kersten Knipp, *Im Taumel. 1918 – ein europäisches Schicksalsjahr*, Darmstadt, 2018, S. 211.
8 Zitiert nach ebd., S. 7.
9 Zitiert nach Serge Berstein, *Léon Blum*, Paris, 2006, E-Book, Pos. 5149, Kap. Chef de file du socialisme français.
10 Ernst Robert Curtius, *Die literarischen Wegbereiter des neuen Frankreich*, Potsdam, 1923, S. 43.
11 Zitiert nach Maike Albath, »Romain Rolland. Schriftsteller mit Feingefühl, *Deutschlandfunk*, 29.1.2016, online unter: https://www.deutschlandfunk.de/romain-rolland-schriftsteller-mit-feingefuehl-fuer-freiheit.871.de.html?dram:article_id=343858.
12 Zitiert nach Kersten Knipp, ebd., S. 232.
13 Elias Canetti, *Masse und Macht*, Frankfurt M., 1980, S. 212f.
14 Zitiert nach Elisabeth du Réau, *Édouard Daladier, 1884–1970*, Paris, 2014, E-Book, Pos. 2625, Kap. Quelle place pour la nouvelle Allemagne?.
15 Vgl. Andrew Shannon, *France, 1940*, London, New York, 2016, S. 37.
16 Zitiert nach Helmut-Dieter Giro, *Frankreich und die Remilitarisierung des Rheinlandes*, Düsseldorf, 2005, S. 186.
17 Marc Bloch, ebd., Pos. 2738, Kap. Examen de conscience d'un français.
18 Zitiert nach Jean-Pierre Azéma, Michel Winock, *La troisième république*, Vincennes, 2015, E-Book, Pos. 3138, Kap. La République s'enlise.
19 Vgl. Pierre Birnbaum, *Léon Blum. Un portrait*, Paris, 2016, E-Book, Pos. 2652, Kap. Front populaire!.
20 Zitiert nach Helmut-Dieter Giro, ebd., S. 160.
21 Zitiert nach Andrew Shannon, ebd., S. 36.
22 Dieses und die beiden folgenden Zitate nach Helmut-Dieter Giro, ebd., S. 177.
23 Zitiert nach Elisabeth du Réau, ebd., Pos. 4109, Kap. Les ambitions et les contraintes été 1936 – printemps 1938.
24 Zitiert nach Serge Berstein, ebd., Pos. 11011, Kap. L'exercice du pouvoir: fruits amers de la réalité.

25 Zitiert nach Roland Ray, *Annäherung an Frankreich im Dienste Hitlers? Otto Abetz und die deutsche Frankreichpolitik 1930–1942*, München, 2000, S. 129.
26 Zitiert nach Jean-Paul Cointet, *Hitler et la France*, Paris, 2017, S. 78.
27 Zitiert nach Roland Ray, ebd., S. 127.
28 Zitiert nach ebd., S. 138.
29 Vgl. ebd.
30 Zitiert nach Helmut-Dieter Giro, ebd., S. 187.
31 »L'idéologie nationale-socialiste«, 1935, zitiert nach Olivier Beaud, »René Capitant et sa critique de l'idéologie nazie«, in *Revue française d'histoire des idées politiques*, 2001, 14, S. 351–378 (ohne einzelne Seitenangabe), online unter: https://www.cairn.info/revue-francaise-d-histoire-des-idees-politiques1-2001-2-page-351.htm#re32no352.
32 René Capitant, »L'organisation économique et sociale du IIIe Reich«, 1937, in Olivier Beaud, ebd.
33 Zitiert nach Frédéric Sallée, *Sur les chemins de terre brune. Voyages dans l'Allemagne Nazie, 1933–1939*, Paris, 2017, S. 72.
34 Zitiert nach Roland Ray, ebd., S. 143.
35 Zitiert nach ebd., S. 147.
36 Zitiert nach ebd.
37 Zitiert nach Helmut-Dieter Giro, ebd., S. 188.
38 Zitiert nach Jean-Paul Cointet, ebd., S. 102.
39 Zitiert nach ebd., S. 91.
40 Zitiert nach Elisabeth du Réau, ebd., Pos. 5120, Kap. Les ambitions et les contraintes été 1936 – printemps 1938.
41 Zitiert nach ebd., Pos. 5137, Kap. Les ambitions et les contraintes été 1936 – printemps 1938.
42 Zitiert nach Simon Sebag Montefiore, *Stalin. Am Hof des roten Zaren*, Frankfurt M., 2014, E-Book, Pos. 5662, Kap. Die Aufteilung Europas: Molotow, Ribbentrop und Stalins Judenfrage.
43 Vgl. Volker Berghahn, *Der Erste Weltkrieg*, München, 2014, E-Book, Pos. 300, Kap. Eine Verlustrechnung.
44 Dieses und das folgende Zitat nach Andrew David Stedman, *Alternatives to Appeasement. Neville Chamberlain and Hitler's Germany*, London, 2011, S. 10.
45 Neville Chamberlain, »Peace for Our Time«, September 30, 1938, online abrufbar unter: https://www.britannia.com/history/docs/peacetime.html.
46 Zitiert nach Elisabeth du Réau, »Frankreich vor dem Krieg«, in Klaus Hildebrand/Jürgen Schmädeke/Klaus Zernack, *1939. An der Schwelle zum Weltkrieg*, S. 173–195, hier S. 186.
47 Julian Jackson, *France. The Dark Years, 1940–1944*, Oxford, 2003, S. 91.
48 Zitiert nach Andrew David Stedman, ebd., S. 163.
49 Zitiert nach ebd.
50 Dieses und das folgende Zitat nach Elisabeth du Réau, *ebd.*, Pos. 8854, Kap. La guerre pour horizon, février-septembre 1939.
51 Zitiert nach ebd., Pos. 8917, Kap. La guerre pour horizon, février-septembre 1939.
52 Zitiert nach ebd., Pos. 8935, Kap. La guerre pour horizon, février-septembre 1939.
53 Zitiert nach ebd.

Geräusch und Signal

1 Dieses und das folgende Zitat nach P. Goudot, »La vision mosellienne de la nature Lorraine jusqu'en 1902«, in *Études Touloises*, 1974, Numero 1, S. 11–20, online unter: https://www.etudes-touloises.fr/archives/1/art2.pdf.
2 Zitiert nach Gérard Chauvy, *Le drame de l'armée française du Front Populaire à Vichy*, Paris, 2010, E-Book, Pos. 8310, Kap. La guerre des généraux.
3 Zitiert nach William Allcorn, *The Maginot Line, 1928–1945*, Oxford, 2012, E-Book, Pos. 1037, Kap. The Maginot Line at War.

4 Jean-Louis Crémieux-Brilhac, *Les Français de l'an 40. Tome I: La guerre qui ou non?*, Paris, 2015, E-Book, Pos. 1776, Kap. L'impregnation pacifiste et la religion de la paix.
5 Zitiert nach ebd.
6 Ernest R. May, *Strange Victory. Hitlers' Conquest of France*, New York, 2015, E-Book, Pos. 141, Kap. Introduction.
7 Vgl. hierzu Helmut-Dieter Giro, *Frankreich und die Remilitarisierung des Rheinlandes*, Düsseldorf, 2005, S. 129.
8 Zitiert nach Serge Berstein, *Léon Blum*, Paris, 2006, E-Book, Pos. 12498, Kap. Le temps des déceptions.
9 Zitiert nach Elisabeth du Réau, *Édouard Daladier, 1884–1970*, Paris, 2014, E-Book, Pos. 7791, Kap. Le débat sur les orientations de la politique étrangère française.
10 Vgl. Volker Ullrich, *Adolf Hitler. Die Jahre des Untergangs*, Frankfurt M., 2018, E-Book, Pos. 2461, Kap. Entscheidung im Westen?. Zu anderen, für die Alliierten günstigeren Zahlen kommt Richard J. Evans, *The Third Reich at War. How the Nazis Led Germany from Conquest to Disaster*, London, 2012, E-Book, Pos. 2426, Kap. Fortunes of War.
11 Berthold Seewald, »Gegen Frankreich wurde der ›Blitzkrieg‹ erdacht«, *Die Welt*, 11.5.2015, online unter: https://www.welt.de/geschichte/zweiter-weltkrieg/article140762623/Gegen-Frankreich-wurde-der-Blitzkrieg-erdacht.html.
12 Lloyd Clark, *Blitzkrieg. Myth, Reality and Hitler's Lightning War – France, 1940*, New York, 2018, E-Book, Pos. 363, Kap. Ingredients.
13 Zitiert nach Karen Schäfer, *Die Militärstrategie Seeckts*, Berlin, 2016, S. 123.
14 Richard J. Evans, ebd., Pos. 320, Kap. Beasts in Human Form.
15 Dieses und das folgende Zitat siehe Marc Bloch, *L'étrange défaite. Testament et écrits clandestins*, Paris, 2016, E-Book, Pos. 2275, Kap. La déposition d'un vaincu.
16 Zitiert nach Julian Jackson, *The Fall of France. The Nazi Invasion of 1940*, Oxford, 2004, S. 23.
17 Philip Nord, *France 1940. Defending the Republic*, London, 2015, E-Book, Pos. 763, Kap. Battle Plans.
18 Zitiert nach Bénédicte Vergez-Chaignon, *Pétain*, Paris, 2014, E-Book, Pos. 5738, Kap. Le maréchal Pétain est-il responsable de la défaite de 1940?.
19 Zitiert nach Volker Ullrich, ebd., Pos. 1813, Kap. Die Entfesselung des Zweiten Weltkriegs.
20 Vgl. hierzu Ralf Georg Reuth, *Kurze Geschichte des Zweiten Weltkriegs*, Reinbek, 2018, S. 96.
21 Zitiert nach Hans Holl, *Die Festung an der Maas. 1940 – Luftschlacht beim Kampf um Sedan*, Rastatt, 1986, S. 129.
22 Zitiert nach Volker Ullrich, ebd., Pos. 2219, Kap. Entscheidung im Westen?.
23 Vgl. Ralf Georg Reuth, ebd., S. 104.
24 Zur Strategie vgl. Antony Beevor, *Der Zweite Weltkrieg*, München, 2014, S. 98.
25 Zitiert nach Lloyd Clark, ebd., Pos. 1609, Kap. Final Preparations.
26 Vgl. Ernest R. May, ebd., Pos. 6680, Kap. Intelligence Failure.
27 Vgl. ebd., Pos. 6687, Kap. Intelligence Failure.
28 Dieses und die folgenden Beispiele nach Ernest R. May, ebd., Pos. 6703, Kap. Intelligence Failure.
29 Johannes Hürter, *Hitlers Heerführer. Die deutschen Oberbefehlshaber im Krieg gegen die Sowjetunion 1941/42*, München, 2007, S. 160.
30 Nach Ernest R. May, ebd., Pos. 6728, Kap. Intelligence Failure.
31 Die Darstellung folgt ebd., Pos. 6836, Kap. Intelligence Failure.
32 Pierre Le Goyet, *Le mystère Gamelin*, Paris, 1975, S. 245.
33 Nach Ernest R. May, ebd., Pos. 6728, Kap. The Reasons Why.
34 Pierre Le Goyet, ebd., S. 248.
35 Dieses und das folgende Zitat nach Léon Noël, *La guerre de 39 a commencé 4 ans plus tôt*, zitiert nach Jean-Louis Crémieux-Brilhac, *Les Français de l'an 40. Tomme: II, Ouvriers et soldats*, Paris, 2014, E-Book, Pos. 9202, Kap. Le prologe.
36 Zitiert nach Julian Jackson, ebd., S. 102.

37 Nach Ernest R. May, ebd., Pos. 6978, Kap. The Reasons Why.
38 Zitiert nach Lloyd Clark, ebd., Pos. 2189, Kap. 11–12 May – To the Meuse.
39 Zitiert nach ebd., Pos. 2199, Kap. 11–12 May – To the Meuse.
40 Antony Beevor, ebd., S. 106.
41 Dieses und die beiden folgenden Zitate nach Lloyd Clark, ebd., Pos. 2751, Kap. 11–12 May – To the Meuse.
42 Dieses und das folgende Zitat nach ebd., Pos. 2760, Kap. 11–12 May – To the Meuse.
43 Zitiert nach Janusz Piekalkiewicz, *Ziel Paris. Der Westfeldzug 1940*, München, Berlin, 1986, S. 124.
44 Zitiert nach Volker Ullrich, ebd., Pos. 2484, Kap. Entscheidung im Westen?.

Exodus

1 Alexander Werth, *Les derniers jours de Paris.* Carnet d'un journaliste, Paris, 2017, E-Book, Pos. 2023, Kap. Jeudi 13 juin.
2 Zoltán Szabó, *L'Effondrement. Journal de Paris à Nice (10 mai 1940–23 août 1940)*, Paris, 2002, S. 35.
3 Ebd., S. 36.
4 Alexander Werth, ebd., Pos. 2023, Kap. Jeudi 13 juin.
5 Zitiert nach Éric Alary, *L'exode. Un drame oublié*, Paris, 2013, E-Book, Pos. 1707, Kap. Dans l'Aisne, l'echo terrible de 14–18.
6 Zitiert nach Philippe Carrozza, *Ils m'ont volé mes plus belles années. 44 témoins du Louxembourg racontent leur guerre*, Neufchâteau, 2012, E-Book, Pos. 1402, Kap. 10. Daverdisse. Jean Philippe.
7 Zitiert nach ebd., Pos. 1646, Kap. 12. Érezée. Joseph Daulne.
8 Zitiert nach Pierre Miquel, *L'Exode, 10 mai–20 juin 1940*, Paris, 2003, S. 88f.
9 Zitiert nach Jean-Pierre Azéma, *1940. L'année terrible*, Paris, 1990, S. 122f.
10 Zitiert nach Pierre Miquel, ebd., S. 138f.
11 Dieses und die folgenden Zitate nach André Maurois, *Mémoires 1885–1967*, Paris, 1970, S. 286f.
12 Zitiert nach Pierre Miquel, ebd., S. 226.
13 Zitiert nach ebd., S. 229.
14 Éric Alary, ebd., Pos. 5738, Kap. Enfants et jeunes: traumatismes et désouvrement.
15 Ebd., Pos. 5854, Kap. Enfants et jeunes: traumatismes et désouvrement.
16 Ebd., Pos. 5775, Kap. Enfants et jeunes: traumatismes et désouvrement.
17 André Maurois, ebd., S. 288.
18 Dieses und das folgende Zitat nach Marc Bloch, *L'étrange défaite. Testament et écrits clandestins*, Paris, 2016, E-Book, Pos. 2401, Kap. Examen de conscience d'un français.
19 Zitiert nach Hanna Diamond, *Fleeing Hitler. France 1940*, New York, 2007, S. 10.
20 Zitiert nach Jean-Pierre Azéma, ebd., S. 127.
21 Zitiert nach Éric Alary, ebd., Pos. 5516, Kap. Malades et morts à l'abandon.
22 Zitiert nach Martin Gilbert, *Winston S. Churchill. Finest Hour. 1939–1941*, Hilldale, 2015, E-Book, Pos. 2384, Kap. Mission to Paris.
23 Léon Werth, *33 jours*, Paris, 2012, E-Book, S. 11.
24 Zoltán Szabó, ebd., S. 109.
25 Zitiert nach Hanna Diamond, ebd., S. 43.
26 Zitiert nach ebd., S. 48.
27 Dieses und das folgende Zitat nach Éric Alary, ebd., Pos. 4026, Kap. L'État chassé de lui-même.
28 Dieses und das folgende Zitat nach ebd., Pos. 4035, Kap. L'État chassé de lui-même.
29 Zitiert nach ebd., Pos. 3968, Kap. L'État chassé de lui-même.
30 Zitiert nach ebd., Pos. 4409, Kap. La poudre d'escampette.
31 Zitiert nach ebd., Pos. 4089, Kap. Perdu dans un desert.
32 Zitiert nach ebd., Pos. 5402, Kap. Pilleurs et profiteurs.

33 Zitiert nach ebd., Pos. 5440, Kap. Pilleurs et profiteurs.
34 Zitiert nach Alexander Werth, ebd., Pos. 2174, Kap. Jeudi 13 juin.
35 Zitiert nach ebd., Pos. 2194, Kap. Jeudi 13 juin.
36 Jean Guéhenno, *Journal des années noires, 1940–1944*, Paris, 2014, S. 43.
37 Dieses und das folgende Zitat nach *Jean Gúehenno*, ebd., S. 44.
38 Alfred Fabre-Luce, *Journal de la France, mars 1939–juillet 1940*, Paris, 1940, S. 343.

Der verweigerte Blick

1 Jean Galtièr-Boissière, *Mon journal pendant l'occupation*, Paris, 2017, S. 27.
2 Einen guten Überblick über die politischen, wirtschaftlichen und kulturellen Folgen der Besatzung wie auch die Politik der Besatzer geben Fabrice Grenard/Jean-Pierre Azéma, *Les Français sous l'Occupation en 100 questions*, Paris, 2016, S. 90.
3 Zitiert nach Fabrice Grenard/Jean-Pierre Azéma, ebd. S. 93.
4 Vgl. hierzu Götz Aly, *Hitlers Volksstaat. Raub, Rassenkrieg und nationaler Sozialismus*, Frankfurt M., 2013, S. 170.
5 Zitiert nach Dominique Veillon, *La mode sous l'occupation*, Paris, 2014, S. 71.
6 Jean Texcier, »Conseils à l'occupé«, online unter: http://museedelaresistanceenligne.org/media2616-iConseils-A.
7 Léon Werth, *33 jours*, Paris, 2012, E-Book, S. 139.
8 Ebd.
9 Ebd.
10 Ebd.
11 Jean Guéhenno, *Journal des années noires, 1940–1944*, Paris, 2014, S. 32.
12 Ebd., S. 48.
13 Jean Galtièr-Boissière, ebd., S. 59.
14 Jean Guéhenno, ebd., S. 59.
15 Ebd.
16 Berthe Auroy, *Jours de guerre. Ma vie sous l'Occupation*, Montrouge, 2008, S. 126.
17 Jean Texcier, ebd.
18 Zitiert nach Philippe Burrin, *La France à l'heure allemande, 1940–1944*, Paris, 2015, E-Book, Pos. 3708, Kap. Français et Allemands.
19 Jean Galtièr-Boissière, ebd., S. 36.
20 Ebd., S. 37.
21 Berthe Auroy, ebd., S. 127.
22 Felix Hartlaub, *Kriegsaufzeichnungen aus Paris*, Berlin, 2011, S. 14.
23 Jean-Paul Sartre, *Situations, III. Lendemains de guerre*, Paris, 1977, S. 18.
24 Ebd., S. 20.
25 Zitiert nach Fabrice Grenard/Jean-Pierre Azéma, ebd., S. 99.
26 Jean-Paul Sartre, ebd., S. 20.
27 Zitiert nach Philippe Burrin, ebd., Pos. 3647, Kap. Français et Allemands.
28 Ernst Jünger, *Strahlungen I*, Stuttgart, 2014, E-Book, Pos. 3747, Kap. Das erste Pariser Tagebuch.
29 Martin Meyer, *Ernst Jünger*, München, Wien, 1990, S. 335.
30 Ernst Jünger, ebd., Pos. 3755, Kap. Das erste Pariser Tagebuch.
31 Dieses und die folgenden Zitate nach Claude Mauriac, *La terrasse de Malagar*, Paris, 2014, E-Book, S. 144.
32 Ebd., S. 145.
33 Dieses und die folgenden Zitate in Vercors, *Le silence de la mer. Suivi de La marche à l'étoile*, Paris, 2017, E-Book, Pos. 322, Kap. Le Silence de la mer.
34 Dieses und das folgende Zitat nach ebd., Pos. 351, Kap. Le Silence de la mer.
35 Léon Werth, *Déposition. Journal 1940–1944*, Paris, 2012, E-Book, S. 422.
36 Jean Guéhenno, ebd., S. 312.
37 Ernst Jünger, ebd., Pos. 5639, Kap. Das erste Pariser Tagebuch.

»Eine neue Ordnung beginnt«

1 Die Szene wird erwähnt bei Audrey Mallet, *Vichy contre Vichy. Une capitale sans mémoire*, Paris, 2019, E-Book, S. 41.
2 Zitiert nach Bénédicte Vergez-Chaignon, *Pétain*, Paris, 2014, E-Book, Pos. 474, Kap. C'est moi seul qui jugera.
3 Pierre Laborie, *L'opinion française sous Vichy. Les Français et la crise d'identité nationale (1936–1944)*, Paris, 2001, S. 230.
4 Alfred Fabre-Luce, *Journal de la France, 1939–1944*, Paris, 1969, S. 286.
5 Zitiert nach Éric Alary, *Nouvelle histoire de l'Occupation*, Paris, 2019, S. 137.
6 Zitiert nach Alain Vincenot, *Vél' d'hiv. 16 juillet 1942*, Paris, 2012, E-Book, Pos. 1181, Kap. Du ›vent mauvais‹ au ›vent printanier‹.
7 Zitiert nach L. J. Alary, *Album des eaux thermales du centre de la France (Vichy)*, Cusset, Vichy, 1846, S. 104.
8 Dieses und das folgende Zitat in Hyacinthe Audiffred, *Un mois à Vichy. Guide pittoresque et médical, indispensable aux artistes et aux gens du monde*, Paris, 2018, E-Book, Pos. 259, Kap. L'Établissement thermal.
9 Zitiert nach Audrey Mallet, ebd., S. 17.
10 Michèle Cointet, *Vichy Capitale, 1940–1944*, Paris, 2015, E-Book, S. 27.
11 Nach Matthias Waechter, *Geschichte Frankreichs im 20. Jahrhundert*, München, 2019, E-Book, Pos. 3698, Kap. Frankreich um 1926.
12 Vgl. Julian Jackson, *France. The Dark Years, 1940–1944*, Oxford, 2003, S. 66.
13 Nach Gérard-François Dumont, »La population de la France au XXe siècle: un bilan extraordinnairement contrasté«, in *Population et avenir*, Association Population et Avenir, 2000, S. 4–9, online unter: https://halshs.archives-ouvertes.fr/halshs-01096587/document.
14 Vgl. hierzu Matthias Waechter, ebd., Pos. 3960, Kap. Die Krise der 1930er Jahre.
15 Pierre Laborie, ebd., S. 71.
16 Charles Maurras, *Enquête sur la monarchie*, Paris, 1925, S. 78.
17 Zitiert nach Julian Jackson, ebd., S. 63.
18 Zitiert nach Jean-Pierre Azéma/Michel Winock, *La troisième République*, Vincennes 2015, E-Book, Pos. 3139, Kap. La République s'enlise.
19 Zitiert nach Pierre Laborie, ebd., S. 69.
20 Robert Aron, *Dictature de la libérté*, Paris, E-Book, 2012, Pos. 212, Kap. Mission de la jeunesse française.
21 Zitiert nach Julian Jackson, ebd., S. 59.
22 Zitiert nach Jean-Pierre Azéma/Michel Winock, ebd., Pos. 3357, Kap. Les occasions perdues.
23 Zitiert nach Jean-Pierre Azéma/Michel Winock, ebd., Pos. 3456, Kap. Les occasions perdues.
24 Ebd.
25 http://clioweb.free.fr/textes/petain.htm.
26 Vgl. hierzu Henry Ruosso, *Le Régime de Vichy*, Paris, 2016, E-Book, Pos. 311, Kap. La Révolution nationale.
27 Zitiert nach ebd., Pos. 232, Kap. Le 10 juilet 1940.
28 Dieses und das folgende Zitat in Maurice Garçon, *Journal 1939–1945*, Paris, 2017, S. 204.
29 Zitiert nach Henri Michel, *Vichy. Année 40*, Paris, 1966, S. 119.
30 Zitiert nach Dominique Rossignol, *Histoire de la propagande en France de 1940 à 1944. L'utopie Pétain*, Paris, 2015, E-Book, Pos. 1776, Kap. Révolution nationale – Oeuvre du Maréchal.
31 Zitiert nach Henri Michel, ebd., S. 123.
32 Zitiert nach Henry Ruosso, ebd., Pos. 287, Kap. L'État français.
33 Ebd.
34 http://www.encyclopedie.bseditions.fr/article.php?pArticleId=160&pChapitreId=24028&p

SousChapitreId=24030&pArticleLib=25+juin+1940%A0%3A+P%E9tain+annonce+aux+Fran%E7ais+les+conditions+de+l%27armistice+%5BR%E9gime+de+Vichy%3A+textes+officiels-%3ELes+discours+du+Mar%E9chal+P%E9tain%2C+chef+de+l%92Etat%5D.

35 Zitiert nach Henri Michel, ebd., S. 119.

36 Zitiert nach Dominique Rossignol, ebd., Pos. 1770, Kap. Révolution nationale.

37 Zitiert nach Bénédicte Vergez-Chaignon, ebd., Pos. 10361, Kap. Pourquoi ›Révolution nationale‹?.

38 Zitiert nach Henri Michel, ebd., S. 123.

39 Dieses und die folgenden Zitate nach Marc Olivier Baruch, *Le Régime de Vichy, 1940–1944*, Paris, 2017, S. 45.

40 Dieses und die folgenden Zitate nach ebd., S. 42.

41 Zitiert nach Bénédicte Vergez-Chaignon, ebd., Pos. 10361, Kap. Pourquoi ›Révolution nationale‹?.

42 Marc Ferro, *Pétain en vérité*, Paris, 2013, S. 108.

43 Ebd., S. 111.

44 Dieses und die folgenden Zitate nach Dominique Rossignol, ebd., Pos. 1752, Kap. Révolution nationale – Patrie.

45 Zitiert nach Jean-Pierre Azéma/Olivier Wieviorka, *Vichy, 1940–1944*, Paris, 2004, S. 174.

46 Zitiert nach Henri Michel, ebd. S. 125.

47 Ebd.

48 Zitiert nach ebd., S. 126.

49 Zitiert nach Henry Ruosso, ebd., Pos. 607, Kap. La dictature charismatique.

»Der Marschall ist am strengsten«

1 Das Gesetz findet sich online unter: https://fr.wikipedia.org/wiki/Loi_portant_statut_des_Juifs.

2 Dieses und das folgende Zitat nach Bénédicte Vergez-Chaignon, *Pétain*, Paris, 2014, E-Book, Pos. 11684, Kap. Un statut déjà défini.

3 Zitiert nach ebd.

4 Dieses und die folgenden Zitate nach Michael Mayer, *Staaten als Täter. Ministerialbürokratie und ›Judenpolitik‹ in NS-Deutschland und Vichy-Frankreich*, München, 2010, E-Book, Pos. 555, Kap. Die Einführung des Berufsbeamtengesetzes und des *statut des Juifs*.

5 Das Gesetz findet sich online unter: https://fr.wikipedia.org/wiki/Loi_portant_statut_des_Juifs.

6 Zitiert nach Pascal Ory, *La France allemande (1933-1945)*, Paris, 2013, E-Book, Pos. 1771, Kap. »Partis et mouvements«.

7 Dieses und das folgende Zitat nach Michael Mayer, ebd., Pos. 558, Kap. Die Einführung des Berufsbeamtengesetzes und des *statut des Juifs*.

8 Dieses und das folgende Zitat nach Laurent Joly, *L'État contre les juifs*, Vichy, *Les nazies et la persécution antisémite*, Paris, 2018, S. 28.

9 Michel Winock, *La France et les juifs. De 1789 à nos jours*, Paris, 2014, E-Book, Pos. 3561, Kap. La législation antisémite du régime pétainiste.

10 Zitiert nach Michael Mayer, »Die französische Regierung packt die Judenfrage ohne Umschweife an. Vichy-Frankreich, deutsche Besatzungsmacht und der Beginn der ›Judenpolitik‹ im Sommer/Herbst 1940«, in *Vierteljahreshefte für Zeitgeschichte*, 58, 2010, S. 329–362, hier S. 344.

11 Zitiert nach Laurent Joly, ebd., S. 31.

12 Vgl. Bénédicte Vergez-Chaignon, ebd., Pos. 11684, Kap. Un status déjà défini.

13 Vgl. Laurent Joly, ebd., S. 25.

14 Zitiert nach Bénédicte Vergez-Chaignon, ebd., Pos. 11849, Kap. Un status déjà défini.

15 Marc Ferro, *Pétain en vérité*, Paris, 2013, S. 133.

16 Dieses und die folgenden Zitate nach Bénédicte Vergez-Chaignon, ebd., Pos. 11574, Kap. L'antisémitisme de Pétain avant la guerre.

17 Zitiert nach ebd., Pos. 11625, Kap. Un antisémitisme évident.
18 Zitiert nach ebd., Pos. 11637, Kap. Un antisémitisme évident.
19 Vgl. hierzu die Aussagen des Leiters von Pétains Zivilkabinett Henry du Moulin de Labarthète während seiner Befragung im Oktober 1946, in Michael Mayer, ebd., Pos. 709, Kap. Exkurs: Der deutsche Einfluss auf den Erlass des *statut des Juifs*.
20 Zitiert nach Bénédicte Vergez-Chaignon, ebd., Pos. 11811, Kap. Un status déjà défini.
21 Zitiert nach Michael Mayer, ebd., Pos. 605, Kap. Die Einführung des Berufsbeamtengesetzes und des *statut des Juifs*.
22 Zitiert nach Michel Winock, ebd., Pos. 3602, Kap. La législation antisémite du régime pétainiste.
23 Dieses und die folgenden Zitate nach Bénédicte Vergez-Chaignon, ebd., Pos. 11871, Kap. Un status déjà défini.
24 Zitiert nach Michel Winock, ebd., Pos. 1402, Kap. Le moment Drumont.
25 Diese beiden und das folgende Zitat nach ebd., Pos. 1409, Kap. Le moment Drumont.
26 Zitiert nach Ruth Harris, *Dreyfus. Politics, Emotion, and the Scandal of the Century*, New York, 2011, S. 227.
27 Zitiert nach Michel Winock, ebd., Pos. 1451, Kap. Le moment Drumont.
28 Zitiert nach ebd.
29 Zitiert nach ebd., Pos. 1490, Kap. Le moment Drumont.
30 Zitiert nach Gérard Noiriel, *Immigration, antisémitisme et racisme en France (XIX–XX siècle). Discours publics, humiliations privées*, Paris, 2007, E-Book, Pos. 4923, Kap. La politisation de l'antisémitisme et la restructuration de la droite républicaine.
31 Zitiert nach ebd., Pos. 4902, Kap. La politisation de l'antisémitisme et la restructuration de la droite républicaine.
32 Michel Winock, ebd., Pos. 1790, Kap. L'affaire Dreyfus.
33 Gérard Noiriel, ebd., Pos. 7322, Kap. Les débuts de la crise économique (1931–1933): De l'immigration ›choisie‹ à l'immigration ›jettable‹.
34 Ebd. Pos. 7344, Kap. Les débuts de la crise économique (1931–1933): De l'immigration ›choisie‹ à l'immigration ›jettable‹.
35 Zitiert nach André Kaspi, *Les juifs pendant l'occupation*, Paris, 1997, S. 18.
36 Zitiert nach *La Shoah en France*, online unter: http://1942.memorialdelashoah.org/histoire_shoah_en_france.htm.
37 Zitiert nach Michael R. Marrus/Robert O. Paxton, *Vichy et les Juifs*, Paris, 2015, E-Book, Pos. 1171, Kap. Les images traditionelles du Juif.
38 Gérard Noiriel, ebd., Pos. 9059, Kap. Le retour du problème juif.
39 Zitiert nach Annick Duraffour/Pierre-André Taguieff, *Céline, la race, le Juif*, Paris, 2017, E-Book, Pos. 2736, Kap. L'écrivain engagé contre le ›péril juif‹ et le ›péril rouge‹.
40 Zitiert nach Gérard Noiriel, ebd., Pos. 9166, Kap. Le retour du problème juif.
41 Zitiert nach André Kaspi, ebd., S. 18.
42 Zitiert nach Serge Berstein, *Léon Blum*, Paris, 2006, E-Book, Pos. 10289, Kap. L'exercise du pouvoir: les fruits amers de la réalité.
43 Dieses und die folgenden Zitate nach ebd., Pos. 10277, Kap. L'exercise du pouvoir: les fruits amers de la réalité.
44 Zitiert nach ebd., Pos. 10289, Kap. L'exercise du pouvoir: les fruits amers de la réalité.
45 Zitiert nach ebd., Pos. 10300, Kap. L'exercise du pouvoir: les fruits amers de la réalité.
46 Zitiert nach Gérard Noiriel, ebd., Pos. 9121, Kap. Le retour du problème juif.
47 Dieses und das folgende Zitat nach Laurent Joly, ebd., S. 22f.
48 Dieses und die folgenden Zitate nach Marc Olivier Baruch, *Le Régime de Vichy, 1940–1944*, Paris, 2017, S. 38.
49 Zitiert nach Michael Mayer, ebd., Pos. 815, Kap. Exkurs: Der deutsche Einfluss auf den Erlass des *statut des Juifs*.
50 Zitiert nach ebd., Pos. 722, Kap. Exkurs: Der deutsche Einfluss auf den Erlass des *statut des Juifs*.
51 Zitiert nach ebd., Pos. 797, Kap. Exkurs: Der deutsche Einfluss auf den Erlass des *statut des Juifs*.

Tortur im Vél' d'hiv

1 Dieses und das folgende Zitat nach Alain Vincenot, *Vél' d'hiv. 16 juillet 1942*, Paris, 2012, E-Book, Pos. 1343, Kap. Léon Fellmann.
2 Zitiert nach ebd., Pos. 1430, Kap. Hélène Wajcman-Zyticki.
3 Zitiert nach Bernard Costagliola, *Darlan. La collaboration à tout prix*, Paris, 2015, E-Book, Pos. 3082, Kap. Le bel avril.
4 Dieses und das folgende Zitat nach ebd., Pos. 3175, Kap. Entre promesses et confession.
5 Dieses und das folgende Zitat nach Renaud Meltz, *Pierre Laval. Un mystère français*, Paris, 2018, E-Book, Pos. 21537, Kap. Le déchirure: ›Je souhaite la victoire de l'Allemagne‹.
6 Zitiert nach Laurent Joly, *L'État contre les juifs*, Vichy, Les nazies et la persécution antisémite, Paris, 2018, S. 47.
7 Serge Klarsfeld, *Vichy-Auschwitz, La ›solution finale‹ de la question juive en France*, Paris, 2001, S. 41.
8 Zitiert nach Serge Berstein, *Léon Blum*, Paris, 2006, E-Book, Pos. 10315ff, Kap. L'exercice du pouvoir: les fruits amers de la réalité.
9 Zitiert nach Fred Kupferman, *Pierre Laval*, Paris, 1976, S. 422f.
10 Zitiert nach Serge Klarsfeld, *Vichy – Auschwitz. Die ›Endlösung der Judenfrage‹ in Frankreich*, Darmstadt, 2007, S. 171.
11 Zitiert nach Fred Kupferman, ebd., S. 423.
12 Dieses und das folgende Zitat nach Bernard Costagliola, ebd., Pos. 3465, Kap. La collaboration d'abord.
13 Zitiert nach ebd., Pos. 3476, Kap. La collaboration d'abord.
14 Zitiert nach ebd., Pos. 33632, Kap. D'encombrantes arrière-pensées.
15 Zitiert nach Serge Klarsfeld, ebd., S. 34f.
16 Dieses und die folgenden Zitate aus dem Protokoll der Wannseekonferenz nach Peter Longerich, *Wannseekonferenz: Der Weg zur ›Endlösung‹*, München, 2016, S. 133f.
17 Zu einer Erklärung vgl. ebd., S. 129f.
18 Vgl. ebd., S. 174.
19 Zitiert nach Serge Klarsfeld, ebd., S. 46.
20 Zitiert nach ebd.
21 Laurent Joly, ebd., S. 69.
22 Zitat aus der Militärgerichtsakte Herbert Hagen, in Serge Klarsfeld, ebd., S. 69f.
23 Aufzeichnungen des deutschen Generalkonsuls Rudolf Schleier, zitiert in Serge Klarsfeld, ebd., S. 70.
24 Zitiert nach ebd., S. 84.
25 Zitiert nach ebd., S. 85.
26 Zitiert nach ebd., S. 108.
27 Zitiert nach Laurent Joly, ebd., S. 90.
28 Zitiert nach Blanche Finger, William Karrel (Hg.), *Opération ›Vent printanier‹. 16–17 juillet 1942. La rafle du Vel' d'Hiv'*, Paris, 1992, S. 99.
29 Dieses und das folgende Zitat nach Hélène Berr, *Journal*, Paris, 2008, S. 104.
30 Ebd., S. 280.
31 Dieses und das folgende Zitat nach Alain Vincenot, *Vél' d'hiv. 16 juillet 1942*, Paris, 2012, E-Book, Pos. 1280, Kap. Léon Fellmann.
32 Zitiert nach Blanche Finger, William Karrel (Hg.), ebd., S. 98.
33 Dieses und das folgende Zitat nach Serge Klarsfeld, ebd., S. 137.
34 Zitiert nach Laurent Joly, ebd., S. 95.
35 Zitiert nach Blanche Finger, William Karrel (Hg.), ebd., S. 101.
36 Zitiert nach Laurent Joly, ebd., S. 97.
37 Zitiert nach Blanche Finger, William Karrel (Hg.), ebd., S. 121.
38 Zitiert nach ebd., S. 119.
39 Zitiert nach ebd., S. 99.
40 Dieses und das folgende Zitat nach Alain Vincenot, ebd., Pos. 1129, Kap. Du ›vent mauvais‹ au ›vent printanier‹.

41 Zitiert nach Georges Wellers, *L'Étoile jaune à l'heure de Vichy. De Drancy à Auschwitz*, Paris, ohne Jahresangabe, E-Book, Pos. 2468, Kap. Le camp de Drancy.
42 Zitiert nach ebd., Pos. 2484, Kap. Le camp de Drancy.
43 Zitiert nach ebd., Pos. 2491, Kap. Le camp de Drancy.
44 Zitiert nach ebd., Pos. 2571, Kap. Le camp de Drancy.
45 Zitiert nach Pascale Froment, *René Bousquet*, Paris, 2001, E-Book, Pos. 5041, Kap. Parcourant les campagnes, les Israélites ...
46 Zitiert nach ebd., Pos. 5060, Kap. Parcourant les campagnes, les Israélites ...
47 Zitiert nach Alain Vincenot, ebd., Pos. 1129, Kap. Du ›vent mauvais‹ au ›vent printanier‹.
48 Zitiert nach André Kaspi, *Les juifs pendant l'occupation*, Paris, 1997, S. 243.
49 Dieses und das folgende Zitat nach »Lettre de Mgr Saliège, 23 août 1942«, online unter: https://fr.zenit.org/articles/lettre-de-mgr-saliege-23-aout-1942/.
50 Zitiert nach Hélène Berr, ebd., S. 107.
51 Zitiert nach Michael R. Marrus, Robert O. Paxton, *Vichy et les Juifs*, Paris, 2015, E-Book, Pos. 8880, Kap. Le revirement de l'opinion.
52 Zitiert nach ebd., Pos. 8911, Kap. Le revirement de l'opinion.
53 Dieses und die folgenden Zitate nach Serge Klarsfeld, ebd., S. 186f.
54 Zitiert nach ebd., S. 212.
55 Zitiert nach Ernst Klee, *Das Personenlexikon zum Dritten Reich*, Frankfurt M., 2005, S. 504.
56 Zitiert nach Laurent Joly, ebd., S. 104.
57 Zitiert nach Bénédicte Vergez-Chaignon, *Pétain*, Paris, 2014, Pos. 12198, Kap. L'heure de vérité.
58 Dieses und das folgende Zitat nach ebd. Pos. 12206, Kap. L'heure de vérité.
59 Zitiert nach Laurent Joly, ebd., S. 113.
60 Zitiert nach ebd., S. 150.
61 Zitiert nach ebd.
62 Zitiert nach ebd.
63 Zitiert nach Bénédicte Vergez-Chaignon, *Pétain*, Pos. 12232, Kap. L'heure de vérité.
64 Zitiert nach ebd., Pos. 12248, Kap. L'heure de vérité.
65 Zitiert nach ebd., Pos. 12240, Kap. L'heure de vérité.
66 Zitiert nach ebd., Pos. 12256, Kap. L'heure de vérité.

Jagd auf die Kinder

1 Die folgende Darstellung orientiert sich wesentlich an Beate Klarsfeld/Serge Klarsfeld, *Erinnerungen*, München, 2015, S. 298ff.
2 Ebd., S. 337f.
3 Zur Geschichte des Begriffs vgl. Emmanuel Blanchard, Les »indésirables«. Passé et présent d'une catégorie d'action publique. GISTI. Figures de l'étranger. Quelles représentations pour quelles politiques?, *GISTI*, 2013, S. 16–26, online unter: https://hal.archives-ouvertes.fr/hal-00826717/document.
4 Dieses und das folgende Zitat nach Institut Cooperatif de l'Ecole Moderne, »1939–1945. Les camps d'internement de France«, online unter: https://www.icem-pedagogie-freinet.org/sites/default/files/bt2_290_camps_dinternement.pdf.
5 Dieses und das folgende Zitat nach Pierre-Jérôme Biscarat, *Izieu. Des enfants dans la Shoah*, Paris, 2014, E-Book, Pos. 1301, Kap. L'odyssée tragique des Halaunbrenner.
6 Diese und die folgenden Schilderungen des Schicksals der Familie Halaunbrenner folgen, soweit nicht anders angegeben, Pierre-Jérôme Biscarat, ebd., Kap. L'odyssée tragique des Halaunbrenner.
7 Ebd., Pos. 1439, Kap. L'odyssée tragique des Halaunbrenner.
8 Zitiert nach ebd., Pos. 1492, Kap. L'odyssée tragique des Halaunbrenner.
9 Zitiert nach Serge Klarsfeld, Vichy-Auschwitz, Die ›Endlösung der Judenfrage‹ in Auschwitz, S. 156.
10 Zitiert nach ebd., S. 169.

11 Georges Wellers, *L'Étoile jaune à l'heure de Vichy. De Drancy à Auschwitz*, Paris, ohne Jahresangabe, E-Book, Pos. 2517, Kap. Le camp de Drancy.
12 Ebd., Pos. 2524, Kap. Le camp de Drancy.
13 Ebd., Pos. 244, Kap. Le camp de Drancy.
14 Zitiert nach Annette Wieviorka, Michel Laffitte, *À l'intérieur du camp de Drancy*, Paris, 2015, E-Book, Pos. 2279, Kap. La déportation des enfants.
15 Zitiert nach Laurent Joly, *L'État contre les juifs*, Vichy, *Les nazies et la persécution antisémite*, Paris, 2018, S. 127.
16 Zitiert nach Renée Dray-Bensousan, *Les juifs de Marseille (1940–1944)*, Paris, 2004, S. 308.
17 Zitiert nach Serge Klarsfeld, *Vichy – Auschwitz. Die ›Endlösung der Judenfrage‹ in Frankreich*, Darmstadt, 2007, S. 231.
18 Zitiert nach Renée Dray-Bensousan, ebd., S. 309.
19 Dieses und das folgende Zitat nach Tom Bower, *Nazi Gold/Klaus Barbie*, New York, 2018, E-Book, Pos. 8644, Kap. The Butcher.
20 So das Vernehmungsprotokoll von Jacques Nicolai, dem Chauffeur von Oberstleutnant Otto Molinard, zitiert nach Peter Hammerschmidt, *Die Nachkriegskarriere des »Schlächters von Lyon«. Klaus Barbie und die westlichen Nachrichtendienste*, (Diss.) Mainz, 2013, S. 110.
21 Zitiert nach ebd., S. 110, Fußnote 459.
22 Vgl. ebd., S. 110.
23 Dieses und die folgenden Zitate nach Bernard-Henri Lévy (Hg.), *Archives d'un procès. Klaus Barbie*, Paris, 1986, S. 247ff.
24 Dieses und das folgende Zitat nach ebd., S. 259f.
25 Zitiert nach ebd., S. 265.
26 Zitiert nach Michael R. Marrus, Robert O. Paxton, *Vichy et les Juifs*, Paris, 2015, E-Book, Pos. 10399, Kap. L'intermède italien.
27 Zitiert nach Pierre-Jérôme Biscarat, ebd., Pos. 1577, Kap. Éduquer: ›on aprent des leçon‹.
28 Zitiert nach ebd., Pos. 1658, Kap. Éduquer: ›on aprent des leçon‹.
29 Zitiert nach ebd., Pos. 1657, Kap. Éduquer: ›on aprent des leçon‹.
30 Zitiert nach ebd., Pos. 1665, Kap. Éduquer: ›on aprent des leçon‹.
31 Zitiert nach ebd., Pos. 1694, Kap. Éduquer: ›on aprent des leçon‹.
32 Zitiert nach ebd., Pos. 1720, Kap. Éduquer: ›on aprent des leçon‹.
33 Zitiert nach ebd.
34 Zitiert nach ebd., Pos. 1814, Kap. Le quotidien d'une ›colonie d'enfants réfugiés‹.
35 Zitiert nach ebd.
36 Zitiert nach ebd., Pos. 1829, Kap. Le quotidien d'une ›colonie d'enfants réfugiés‹.
37 Zitiert nach Myriam Foss, Lucien Steinberg, *Vie et mort des juifs sous l'occupation. Récits et temoignages*, Paris, 1996, S. 246.
38 Zitiert nach Anonymes, *Justes et Persécutés durant la période Nazie dans les communes de France*, online unter: http://www.ajpn.org/personne-Leon-Reifman-3665.html.
39 Zitiert nach Pierre-Jérôme Biscarat, ebd., Pos. 2522, Kap. La rafle du 6 avril 1944.
40 Zitiert nach ebd., Pos. 2541, Kap. La rafle du 6 avril 1944.
41 Zitiert nach Maison d'Izieu, *Mémorial des enfants juifs exterminés*, online unter: http://www.memorializieu.eu/die-kolonie-1943-1944/der-6-april-1944/.
42 Zitiert nach Antoine Spire, *Ces enfants qui nous manquent. Izieu, 6 avril 1944*, Paris, 1990, S. 25.
43 Zitiert nach Beate/Serge Klarsfeld, ebd., S. 306.
44 Zitiert nach Peter Hammerschmidt, ebd., S. 112.
45 Zitiert nach Bernard-Henri Lévy (Hg.), ebd., S. 283.

Tod und Gesang

1 Zitiert nach Bénédicte Vergez-Chaignon, *L'affaire Touvier. Les révélations des archives*, Paris, 2016, E-Book, Pos. 981, Kap. Un condamné en fuite, 1944–1957.
2 Paul Touvier, Récit autobiographique, zitiert nach Pierre Giolitto, *Histoire de la Milice*, Paris, 2002, S. 374.
3 Zitiert nach Bénédicte Vergez-Chaignon, ebd., Pos. 1290, Kap. Un condamné en fuite, 1944–1957.
4 Zitiert nach Pierre Giolitto, ebd., S. 375.
5 Zitiert nach Bénédicte Vergez-Chaignon, ebd., Pos. 3672, Kap. Le scandale 1972.
6 Zitiert nach Pierre Giolitto, ebd., S. 367.
7 Zitiert nach *L'Express*, »L'Express retrouve Paul Touvier«, 5.6.1972, online unter: https://www.lexpress.fr/actualite/politique/l-express-retrouve-paul-touvier_494871.html?p=2.
8 Zitiert nach Laurent Greilsamer, Daniel Schneidermann, *Un certain Monsieur Paul. L'affaire Touvier*, Paris, 1994, S. 49.
9 Zitiert nach Fred Kupferman, *Pierre Laval*, Paris, 2016, S. 459.
10 Zitiert nach Marc Olivier Baruch, *Le Régime de Vichy, 1940–1944*, Paris, 2017.
11 Zitiert nach ebd., S. 132.
12 Hugues Viel, *Darnand. La mort en chantant*, Paris, 1995, S. 31.
13 Zitiert nach Michèle Cointet, *La milice française*, Paris, 2013, E-Book, Pos. 622, Kap. Joseph Darnand, chef de bande.
14 Zitiert nach Pierre Giolitto, ebd., S. 13.
15 Zitiert nach Michèle Cointet, ebd., Pos. 822, Kap. Joseph Darnand, chef de bande.
16 Zitiert nach Renaud Meltz, *Pierre Laval. Un mystère français*, Paris, 2018, E-Book, Pos. 24135, Kap. La collabo impopulaire: la lente agonie du régime de Vichy (1943–1944).
17 Zitiert nach ebd., Pos. 24143, 24135, Kap. La collabo impopulaire: la lente agonie du régime de Vichy (1943–1944).
18 Zitiert nach Hugues Viel, ebd., S. 233.
19 Zitiert nach Renaud Meltz, ebd., Pos. 24219, 24135, Kap. La collabo impopulaire: la lente agonie du régime de Vichy (1943–1944).
20 Zitiert nach Hugues Viel, ebd., S. 236.
21 Zitiert nach ebd.
22 Vgl. Michèle Cointet, ebd., Pos. 822, Kap. Les motivations de l'adhésion à la milice.
23 Zitiert nach ebd., Pos. 1007, Kap. Les motivations de l'adhésion à la milice.
24 Zitiert nach ebd., Pos. 972, Kap. Les motivations de l'adhésion à la milice.
25 Zitiert nach ebd., Pos. 1035, Kap. Les motivations de l'adhésion à la milice.
26 Diese und die folgenden Verse der Hymne zitiert nach Michel Germain, *Histoire de la milice et les forces du maintien de l'ordre. Guerre civile en Haute-Savoie*, Les Marches, 1997, S. 482.
27 Die »21 Punkte« sind zitiert nach ebd., S. 481.
28 Zitiert nach Hugues Viel, ebd., S. 139f.
29 Zitiert nach ebd., Pos. 1007, Kap. Les motivations de l'adhésion à la milice.
30 Zitiert nach ebd., Pos. 972, Kap. Les motivations de l'adhésion à la milice.
31 Zitiert nach ebd., Pos. 1011, Kap. Les motivations de l'adhésion à la milice.
32 Zitiert nach ebd., Pos. 1405, Kap. Lécussan, chef régional et assassin.
33 Zitiert nach ebd., Pos. 1420, Kap. Lécussan, chef régional et assassin.
34 Zitiert nach ebd.
35 Zitiert nach Pierre Giolitto, ebd., S. 283.
36 Dieses und die folgenden Zitate nach ebd., S. 286.
37 Zitiert nach ebd., S. 288.
38 Zitiert nach ebd.
39 Vgl. Olivier Loubes, *Jean Zay. L'inconnu de la République*, Paris, 2012, S. 174.
40 Zitiert nach ebd., S. 61.
41 Ebd., S. 177.

42 Zitiert nach ebd., S. 161.
43 Ebd., S. 166.
44 Zitiert nach Pierre Giolitto, ebd., S. 335.
45 Zitiert nach Bertrand Favreau, *Georges Mandel ou la passion de la république*, Paris, 2014, S. 344.
46 Zitiert nach ebd., S. 345.
47 Zitiert nach ebd., S. 436.
48 Zitiert nach Pierre Giolitto, ebd., S. 349.
49 Zitiert nach Bertrand Favreau, ebd., S. 480.
50 Zitiert nach Pierre Giolitto, ebd., S. 359.
51 Zitiert nach Bénédicte Vergez-Chaignon, ebd., Pos. 1866, Kap. Impossible amnistie insaisissable grâce, 1958–1967.
52 Zitiert nach Dorothea Hahn, »Paul Touvier: Ein Nazi à la française«, *TAZ*, 16.4.1994.
53 Éric Conan, Henry Rousso, *Vichy, un pássé qui ne passe pas*, Paris, 2013, E-Book, Pos. 2614, Kap. Un procès en trompe-oeil.

»Die Ehre Frankreichs«

1 Zum Namen de Gaulles vgl. Julian Jackson, *A certain idea of France*, London, 2018, S. 6.
2 Dieses und das folgende Zitat nach Jean-Louis Crémieux-Brilhac, *L'appell du 18 juin*, Paris, 2010, E-Book, Pos. 109, Kap. Un premier appel en deux versions.
3 Zitiert nach ebd., Pos. 150, Kap. Un premier appel en deux versions.
4 Zitiert nach ebd., Pos. 137, Kap. Un premier appel en deux versions.
5 Dieses und das folgende Zitat nach Charles de Gaulle, *Mémoires de Guerre / Mémoires d'espoir*, Paris, 2016, E-Book, Pos. 38, Kap. La pente.
6 Dieses und die folgenden Zitate nach Sudhir Hazareesingh, *Le mythe gaullien*, Paris, 2010, S. 58f.
7 Zitiert nach Johannes Willms, *Der General. Charles de Gaulle und sein Jahrhundert*, München, 2019, E-Book, Pos. 607, Kap. Pétains poulain.
8 Michel Winock, *Charles de Gaulle. Un rebelle habité par l'histoire*, Paris, 2019, S. 1.
9 Dieses und die folgenden Zitate nach Jean-Louis Crémieux-Brilhac, ebd., Pos. 952, Kap. Discours prononcé à la radio de Londres le 18 juin 1940.
10 Zitiert nach Christian Delporte, *La France dans les yeux. Une histoire de la communication politique de 1930 à nos jours*, Paris, 2007, S. 33.
11 Zitiert nach Jean-Louis Crémieux-Brilhac, ebd., Pos. 952, Kap. Discours prononcé à la radio de Londres le 18 juin 1940.
12 Zitiert nach ebd., Pos. 972, Kap. Discours et textes du maréchal Pétain et du général de Gaulle.
13 Zitiert nach ebd., Pos. 1087, Kap. Discours et textes du maréchal Petain et du général de Gaulle.
14 Zitiert nach Johannes Willms, ebd., Pos. 867, Kap. Pétains poulain.
15 Zitiert nach Michel Winock, ebd., S. 1.
16 Zitiert nach ebd., S. 31.
17 Zitiert nach Julian Jackson, ebd. S. 10.
18 Zitiert nach ebd., S. 11.
19 Zitiert nach Johannes Willms, ebd., Pos. 1055, Kap. Die Entscheidung.
20 Zitiert nach François Kersaudy, *De Gaulle et Roosevelt. Le duel au sommet*, Paris, 2003, S. 44.
21 Zitiert nach John Kelly, *Never Surrender. Winston Churchill and Britain's Decision to Fight Nazi Germany in the Fateful Summer of 1940*, New York, 2016, S. 290.
22 Zitiert nach François Kersaudy, ebd., Pos. 1557, Kap. La croix de Lorraine.
23 Zitiert nach François Kersaudy, ebd.
24 Julian Jackson, ebd., S. 5.
25 Zitiert nach *De Gaulle*, Paris, 2014, E-Book, Pos. 120, Kap. Chapitre I.

26 Zitiert nach Sudhir Hazareesingh, ebd., S. 27.
27 Zitiert nach Christian Delporte, ebd., S. 39.
28 Die folgende Darstellung orientiert sich an ebd., S. 40ff.
29 Zitiert nach ebd., S. 42.
30 Zitiert nach Julian Jackson, ebd., S. 140.
31 Zitiert nach ebd., S. 141.
32 Zitiert nach François Mauriac, ebd., Pos. 179, Kap. Chapitre I.
33 Zitiert nach François Kersaudy, ebd., S. 214.
34 Charles de Gaulle, ebd., Pos. 8949, Kap. L'unité 1942–1944.
35 Zitiert nach François Kersaudy, ebd., S. 420.
36 Jean Moulin, »Journal de Chartres«, zitiert nach Bénédicte Vergez-Chaignon, *Jean Moulin l'affranchi*, Paris, 2018, S. 260.
37 Charles de Gaulle, ebd., Pos. 4763, Kap. L'unité 1942–1944.
38 Zitiert nach Bénédicte Vergez-Chaignon, ebd., S. 265.
39 Zitiert nach Jean-François Muracciole, *Histoire de la Résistance en France*, Paris, 2012, S. 62.
40 Zitiert nach Jean-Louis Crémieux-Brilhac, *De Gaulle, la République et la France Libre, 1940–1945*, Paris, 2014, E-Book, Pos. 5025, Kap. La Résistance française et les enjeux alliés.
41 Zitiert nach ebd., Pos. 5114, Kap. La Résistance française et les enjeux alliés.
42 Zitiert nach Bernard Phan, *De Gaulle*, Paris, 2019, E-Book, Pos. 897, Kap. Un soutien hésitant de la Résistance intérieure.
43 Zitiert nach Sudhir Hazareesingh, ebd., S. 80.
44 Zitiert nach Jean-Louis Crémieux-Brilhac, ebd., Pos. 5528, Kap. La Résistance française et les enjeux alliés.
45 Dieses und das folgende Zitat nach Johannes Willms, ebd., Pos. 4002, Kap. Stille Triumphe.

Der Preis der Freiheit

1 Dieses und die folgenden Zitate nach Jean Moulin, *Premier Combat*, Paris, 2013, E-Book, Pos. 772, Kap. Journal (Chartes 14–18 Juin 1940).
2 Ebd., Pos. 801, Kap. Journal (Chartes 14–18 Juin 1940).
3 Ebd., Pos. 847, Kap. Journal (Chartes 14–18 Juin 1940).
4 Ebd., Pos. 1157, Kap. Lettre de Jean Moulin à sa mère et sa soeur.
5 Ebd., Pos. 869, Kap. Journal (Chartes 14–18 Juin 1940).
6 Ebd., Pos. 894, Kap. Journal (Chartes 14–18 Juin 1940).
7 Zitiert nach Robert Gildea, *Fighters in the Shadows. A New History of the French Resistance*, London, 2015, E-Book, Pos. 481, Kap. Awakenings.
8 Zitiert nach ebd., Pos. 1289, Kap. Faire quelque chose.
9 Jacqueline Fleury-Marié, Jérôme Cordelier, *Résistante*, Paris, 2019, S. 29.
10 Ebd., S. 32.
11 Zitiert nach David Diamant, *Combattants, héros & martyrs de la résistance*, Paris, 1984, S. 27.
12 Zitiert nach ebd., S. 70f.
13 Dieses und die folgenden Zitate nach Jean-Paul Sartre, »La République du Silence«, in Jean-Paul Sartre, *Situations, III. Lendemains de guerre*, Paris, 1977, S. 11.
14 Michel Winock, »Sartre s'est-il toujours trompé?«, online unter: https://www.diplomatie.gouv.fr/IMG/pdf/0203-Winock-FR-5.pdf.
15 Michel Winock, ebd. (ohne Seitenangabe).
16 Zitiert nach ebd.
17 John Gerassi, *Jean-Paul Sartre, Hated Conscience of His Century*, University of Chicago Press, 1989, zitiert nach ebd.
18 Zitiert nach ebd.

19 Zitiert nach Robert Gildea, ebd., Pos. 476, Kap. Awakenings.
20 Zitiert nach Olivier Wieviorka, *Histoire de la Résistance, 1940–1945*, Paris, 2013, E-Book, Pos. 1160, Kap. La naissance des mouvements.
21 François Mauriac, *Le Cahier noir*, Paris, 1994, S. 28f.
22 Zitiert nach Olivier Wieviorka, ebd., Pos. 1152, Kap. La naissance des mouvements.
23 François Mauriac, ebd., S. 36.
24 Agnès Humbert, *Résistance. Memoirs of Occupied France*, London, 2008, E-Book, S. 8.
25 Ebd., S. 9.
26 Ebd., S. 28.
27 Zitiert nach Olivier Wieviorka, ebd., Pos. 1536, Kap. Accords parfaits?.
28 Zitiert nach ebd., Pos. 1528, Kap. Accords parfaits?.
29 Zitiert nach ebd.
30 Sébastien Albertelli, Julien Blanc, Laurent Douzou, *La lutte clandestine en France. Une histoire de la Résistance 1940–1944*, Paris, 2019, S. 27.
31 Zitiert nach Olivier Wieviorka, ebd., Pos. 1554, Kap. Accords parfaits?.
32 Zitiert nach ebd., Pos. 1561, Kap. Accords parfaits?.
33 Zitiert nach Bénédicte Vergez-Chaignon, *Les vichysto-résistants*, Paris, 2008, S. 133.
34 Vgl. Olivier Wieviorka, ebd., Pos. 1718, Kap. Les vichysto-résistants.
35 Zitiert nach ebd., Pos. 2162, Kap. Une logique des intérêtes?.

Tödlicher Widerstand

1 Mireille Albrecht, *Vivre au lieu d'exister. La vie exceptionelle de Berty Albrecht, compagnon de la Libération*, Monaco, 2015, E-Book, Pos. 6022. Kap. Chapitre XX.
2 Zitiert nach Dominique Missika, *Berty Albrecht. Féministe et résistante*, Paris, 2005, S. 270.
3 Dieses und das folgende Zitat nach ebd., S. 282.
4 Tom Bower, *Klaus Barbie. The butcher of Lyons*, New York, 2018, E-Book, Pos. 749, Kap. The butcher.
5 Vgl. hierzu Dominique Missika, ebd., S. 294.
6 Zur Diskussion um Frenays Rolle vgl. Michèle Cointet, *Les françaises dans la guerre et l'occupation*, Paris, 2018, S. 294ff.
7 Zitiert nach Dominique Missika, ebd., S. 296.
8 Zitiert nach Michèle Cointet, ebd., S. 190.
9 Zitiert nach ebd., S. 185f.
10 Zitiert nach Robert Belot, *Henri Frenay. De la résistance à l'Europe*, Paris, 2015, E-Book, Pos. 3582, Kap. Limites politiques d'une mystique patriotique.
11 Zitiert nach Robert Belot, ebd., Pos. 3601, Kap. Limites politiques d'une mystique patriotique.
12 Dieses und die beiden folgenden Zitate nach ebd., Pos. 3687, Kap. Limites politiques d'une mystique patriotique.
13 Zitiert nach Jean-Louis Crémieux-Brilhac, *L'appell du 18 Juin*, Paris, 2010, E-Book, Pos. 937, Kap. Discours et textes du maréchal Pétain et du général de Gaulle.
14 Henri Frenay, *La nuit finira. Mémoires de résistance 1940–1945*, Paris, 2006, S. 814.
15 Zitiert nach Daniel Cordier, *Jean Moulin. La République des catacombes, I*, Paris, 2014, S. 116.
16 Robert Belot, ebd., Pos. 3446, Kap. Un manifeste encombrant devenu une affaire de mémoire.
17 Zitiert nach ebd., Pos. 3635, Kap. Limites politiques d'une mystique patriotique.
18 Zitiert nach ebd., Pos. 3949, Kap. Ambiguïtés d'une guerre informationelle.
19 Zitiert nach Daniel Cordier, ebd., S. 117.
20 Zitiert nach Robert Belot, ebd., Pos. 3728, Kap. Ambiguïtés d'une guerre informationelle.
21 Zitiert nach Sébastien Albertelli, Julien Blanc, Laurent Douzou, *La lutte clandestine en France. Une histoire de la Résistance 1940–1944*, Paris, 2019, S. 82.

22 André Malraux, »Le discours d'André Malraux au Panthéon«, online unter: https://www.lefigaro.fr/politique/le-scan/2014/04/08/25001-20140408ARTFIG00071-le-discours-d-andre-malraux-au-pantheon.php.
23 Henri Frenay, ebd., S. 157f.
24 Ebd., S. 159.
25 Zitiert nach Robert Belot, ebd., Pos. 4462, Kap. Frenay l'unificateur: naissance de Combat.
26 Daniel Cordier, ebd., S. 219.
27 Charles de Gaulle, *Mémoires de Guerre/Mémoires d'espoir*, Paris, 2016, E-Book, Pos. 4181, Kap. L'Appell 1940–1942.
28 Zitiert nach Bénédicte Vergez-Chaignon, *Jean Moulin l'affranchi*, Paris, 2018, S. 263.
29 Zitiert nach ebd., S. 264.
30 Zitiert nach ebd., S. 265.
31 Das Dokument findet sich bei Daniel Cordier, ebd., S. 251f.
32 Dieses und die beiden folgenden Zitate nach M. M., »27 Mai 1943–27 Mai 2003. 48, rue Dufour, un tournant capital«, *L'Humanité*, 27.5.2003.
33 Sébastien Albertelli, Julien Blanc, Laurent Douzou, ebd., S. 193.
34 Zitiert nach M. M., ebd.
35 Zitiert nach Bénédicte Vergez-Chaignon, ebd., S. 343.
36 Vgl. hierzu Olivier Wieviorka, *Histoire de la Résistance, 1940–1945*, Paris, 2013, E-Book, Pos. 5589, Kap. Caluire.
37 Christian Pineau, *La simple verité*, zitiert nach *Traces d'Histoire Contemporaine* – Paul Burlet, »L'agonie de Jean Moulin«, online unter: http://www.tracesdhistoire.fr/resources/DIGESTS+-+03+-+LA+RESISTANCE+-+10+-+L$27AGONIE+DE+JEAN+MOULIN+-+FICHIER+PDF+TRACES+D+HISTOIRE+CONTEMPORAINE.pdf.
38 Zitiert nach *Traces d'Histoire Contemporaine*, ebd.

Widerstand auf dem Land

1 Die Durchsage der BBC ist etwa unter diesem Link nachzuhören: https://france3-regions.francetvinfo.fr/normandie/calvados/debarquement-sanglots-longs-violonsles-verlaine-symbolisent-dday-encore-75-ans-apres-491391.html.
2 Dieses und das folgende Zitat nach Charles Tillon, *On chantait rouge*, Paris, 2019, E-Book, Pos. 7584, Kap. Vers l'insurrection nationale.
3 Dieses und die beiden folgenden Zitate nach Gilbert Joseph, *Combattant du Vercors*, Clermont-Ferrand, 2019, E-Book, Pos. 1265, Kap. L'annonce du combattement.
4 Zitiert nach Julian Jackson, *A certain idea of France*, London, 2018, S. 314.
5 Dieses und das folgende Zitat nach Fabrice Grenard, *Les Maquisards. Combattre dans la France occupée*, Paris, 2019, S. 361.
6 Die Darstellung folgt ebd., S. 361ff.
7 Zitiert nach Charles Tillon, ebd., Pos. 7729, Kap. Instruction pour les cadres F.T.P.
8 Vgl. Éric Alary, *Nouvelle histoire de l'Occupation*, Paris, 2019, S. 311.
9 Colin Beavan, *Operation Jedburgh. D-Day and America's first shadow war*, London, New York, 2007, E-Book, Pos. 2807, Kap. Alles kaputt.
10 Ebd., Pos. 2768, Kap. Boys vs. Panzers.
11 Ebd., Pos. 2793, Kap. Boys vs. Panzers.
12 Zitiert nach Max Hastings, *Das Reich. The March of the 2nd SS Panzer Division through France, June 1944*, London, 2009, E-Book, Pos. 3764, Kap. Normandy.
13 Zitiert nach Fabrice Grenard, *Tulle. Enquête sur un massacre. 9 juin 1944*, Paris, 2014, E-Book, Pos. 3098, Kap. Les Pendaisons.
14 Dieses und die folgenden Zitate nach ebd., Pos. 3174, Kap. Les Pendaisons.
15 Zitiert nach ebd., Pos. 3360, Kap. Un nouveau tri.
16 Zitiert nach ebd., Pos. 3424, Kap. Le départ vers Limoges.
17 Zitiert nach ebd., Pos. 3453, Kap. L'ultime sélection de Limoges.

18 Dieses und die folgenden Zitate nach ebd., Pos. 3480, Kap. Le chemin de croix des déportés.
19 Dieses und die beiden folgenden Zitate nach ebd., Pos. 3574, Kap. Vivre avec ses bourreaux.
20 Yves Pérotin dit Pothier, *La vie inimitable. Dans les maquis du Trièves et du Vercors en 1943 et 1944*, Grenoble, 2014, E-Book, Pos. 2812, Kap. Chapitre IX.
21 Dieses und das folgende Zitat nach ebd., Pos. 3457, Kap. Chapitre XII.
22 Zitat nach ebd., Pos. 3489, Kap. Chapitre XII.
23 So ebd., Pos. 3489ff, Kap. Chapitre XII.
24 Ebd., Pos. 3559, Kap. Chapitre XII.
25 Ebd., Pos. 3582, Kap. Chapitre XII.
26 Zitiert nach Stéphane Siminnet, *Maquis et Maquisards. La Résistance en armes, 1942–1944*, Paris, 2015, S. 302.
27 Zitiert nach ebd., S. 304.
28 Maurice Garçon, *Journal 1939–1945*, Paris, 2017, S. 935.
29 Jean Galtier-Boissière, *Mon journal pendant l'occupation*, Paris, 2017, S. 245f.
30 Charles de Gaulle, *Mémoires de Guerre / Mémoires d'espoir*, Paris, 2016, E-Book, Pos. 10210, Kap. L'unité 1942–1944.

Abrechnung unter Landsleuten

1 Zitiert nach Archives déparmentales et patrimoine, »*L'épuration légale à la Libération*«, online unter: http://www.archives18.fr/article.php?larub=566&titre=l-epuration-legale-a-la-liberation.
2 Zitiert nach Carole Wrona, *Corinne Luchaire. Un colibri dans la tempête*, Grandvilliers, 2011, S. 52.
3 Ebd., S. 85.
4 Zitiert nach Anne Sebba, *Les Parisiennes. Leur vie, leurs amours, leurs combats*, Paris, 2018, E-Book, Pos. 5480, Kap. 1946 – Panser les plaies.
5 Vgl. François Rouquet / Fabrice Virgili, *Les Francaises, les Français et l'Épuration (1940 à nos jours)*, Paris, 2018, S. 20.
6 Bénédicte Vergez-Chaignon, *Histoire de l'épuration*, Paris, 2010, E-Book, Pos. 78, Kap. Prologue. Le mal vient de plus loin.
7 Zitiert nach ebd., Pos. 85, Kap. Prologue. Le mal vient de plus loin.
8 Zitiert nach François Rouquet / Fabrice Virgili, ebd., S. 23.
9 Roger Leroux, »Le Morhiban dans la guerre, 1939–1945«, zitiert in Philippe Bourdrel, *L'épuration sauvage, 1944–1945*, Paris, 2008, S. 138.
10 Michèle Cointet, *Les françaises dans la guerre et l'occupation*, Paris, 2018, S. 265.
11 Zitiert nach Marc Bergère, *Une société en épuration. Épuration vécue et perçue en Maine-et-Loire. De la Libération au début des années 50*, Rennes, 2015, E-Book, Pos. 7285, Kap. La répression populaire.
12 Zitiert nach ebd., Pos. 7286, Kap. La répression populaire.
13 Zitiert nach ebd., Pos. 7292, Kap. La répression populaire.
14 Zitiert nach ebd., Pos. 7322, Kap. La répression populaire.
15 Zitiert nach ebd., Pos. 7363, Kap. La répression populaire.
16 Zitiert nach Philippe Bourdrel, ebd., S. 76f.
17 Vgl. hierzu François Rouquet / Fabrice Virgili, ebd., S. 117.
18 Vgl. hierzu ausführlich Marc Bergère, *L'épuration en France*, Paris, 2018, S. 17.
19 Vgl. ebd., S. 8.
20 Zitiert nach Joël Drogland, »Claude Delpla, La Libération de l'Ariège, *La Clio-thèque*, 30.6.2019, online unter: https://clio-cr.clionautes.org/la-liberation-de-lariege.html.
21 Dieses und das folgende Zitat nach Philippe Bourdrel, ebd., S. 360.
22 Zitiert nach Marc Bergère, ebd., S. 23.
23 Zitiert nach ebd., S. 31.

24 Zitiert nach Bénédicte Vergez-Chaignon, ebd., Pos. 10646, Kap. La Haute Cour de justice: le procès de Vichy?.
25 Vgl. ebd., Pos. 10563, Kap. La Haute Cour de justice: le procès de Vichy?.
26 Zitiert nach ebd., Pos. 10590, Kap. La Haute Cour de justice: le procès de Vichy?.
27 Zitiert nach ebd., Pos. 10666, Kap. La Haute Cour de justice: le procès de Vichy?.
28 Bénédicte Vergez-Chaignon, *Pétain*, Paris, 2014, E-Book, Pos. 20802, Kap. L'Accusé - avril-août 1945.
29 Dieses und die folgenden Zitate nach ebd., Pos. 20955, Kap. L'Accusé - avril-août 1945.
30 Zitiert nach ebd., Pos. 21165, Kap. L'Accusé - avril-août 1945.
31 Zitiert nach Bénédicte Vergez-Chaignon, ebd., Pos. 10782, Kap. La Haute Cour de justice: le procès de Vichy?.
32 Zitiert nach ebd., Pos. 10790, Kap. La Haute Cour de justice: le procès de Vichy?.
33 Zitiert nach Marc Ferro, *Pétain en vérité*, Paris, 2013, S. 251.
34 Zitiert nach ebd.
35 Zitiert nach Bénédicte Vergez-Chaignon, ebd., Pos. 10830, Kap. La Haute Cour de justice: le procès de Vichy?.
36 Michèle Cointet, *La milice française*, Paris, 2013, E-Book, Pos. 3882, Kap. Épuration judiciaire.
37 Zitiert nach Hugues Viel, *Darnand. La mort en chantant*, Paris, 1995, S. 267.
38 Zitiert nach Fred Kupferman, *Pierre Laval*, Paris, 2016, S. 580.
39 Zitiert nach ebd., S. 596.
40 Renaud Meltz, *Pierre Laval. Un mystère français*, Paris, 2018, E-Book, Pos. 27210, Kap. La prison, le procès et la fin.

Last der Vergangenheit

1 Dieses und das folgende Zitat nach Bruno Cabanes, Guillaume Piketty, *Retour à l'Intime au sortir de la guerre*, Paris, 2015, E-Book, Pos. 1630, Kap. On ne sait pas à quoi on appartient.
2 Pierre Birnbaum, *La leçon de Vichy. Une histoire personelle*, Paris, 2019.
3 Ebd., S. 95.
4 Ebd., S. 94.
5 Ebd., S. 96.
6 Éric Conan, Henry Rousso, *Vichy, un passé qui ne passe pas*, Paris, 2013, E-Book, Pos. 174, Kap. Rappels.
7 Ebd., Pos. 174, Kap. La mémoire de tous ses états.
8 Zitiert nach François Azouvi, *Le mythe du grand silence. Auschwitz, les Français, la mémoire*, Paris, 2012, E-Book, Pos. 280, Kap. Le travail des élites.
9 Ebd., Pos. 280, Kap. Le travail des élites.
10 Zitiert nach ebd., Pos. 246, Kap. Le travail des élites.
11 Zitiert nach ebd., Pos. 260, Kap. Le travail des élites.
12 Pierre Birnbaum, ebd., S. 98.
13 Ebd., S. 98f.
14 Ebd., S. 101.
15 Ebd., S. 105.
16 Zitiert nach François Azouvi, ebd., Pos. 5419, Kap. De la grace de Touvier au procès Barbie.
17 Ludivine Bantigny, *La France à l'heure du monde. De 1981 à nos jours*, Paris, 2013, E-Book, Pos. 317, Kap. Des roses et des épines.
18 Pierre Birnbaum, ebd., S. 111.
19 Dieses und das folgende Zitat nach Beate Klarsfeld / Serge Klarsfeld, *Erinnerungen*, München, 2015, S. 401f.
20 Ebd., S. 416.
21 Bénédicte Vergez-Chaignon, *Les vichysto-résistants*, Paris, 2008, S. 765.

22 Ebd., S. 766.
23 Bernard-Henri Lévy (Hg.), *Archives d'un procès. Klaus Barbie*, Paris, 1986, S. 10.
24 Ebd., S. 10.
25 Zitiert nach Alain Vincenot, *Vél' d'hiv 16 juillet 1942*, Paris, 2012, E-Book, Pos. 2997, Kap. Ces heures noires souillent à jamais notre histoire.
26 Zitiert nach Bénédicte Vergez-Chaignon, ebd., S. 769.
27 Dieses und das folgende Zitat nach Pierre Péan, *Une jeunesse française. François Mitterand 1934–1947*, Paris, 2014, E-Book, Pos. 3684, Kap. Fonctionnaire Maréchaliste.
28 Zitiert nach ebd., Pos. 3700, Kap. Fonctionnaire Maréchaliste.
29 Zitiert nach Éric Conan, Henry Rousso, ebd., Pos. 5684, Kap. Prolongements: 1994–1995.
30 Zitiert nach Bénédicte Vergez-Chaignon, ebd., S. 775.
31 Zitiert nach *René Bousquet*, Paris, 2001, E-Book, Pos. 10099, Kap. À quarante ans, devant la Haute Cour.
32 Zitiert nach ebd., Pos. 10704, Kap. François Mitterand, 20, rue Nationale, Vichy.
33 Vgl. ebd.
34 Vgl. Michel Winock, *François Mitterand*, Paris, 2016, E-Book, Pos. 6140, Kap. Les révélations.
35 Zitiert nach Pascale Froment, ebd., Pos. 10725, Kap. François Mitterand, 20, rue Nationale, Vichy.
36 Zitiert nach Michel Winock, ebd., Pos. 6173, Kap. Les révélations.
37 Dieses und das folgende Zitat nach ebd., Pos. 6196, Kap. Les révélations.
38 Zitiert nach Pierre Birnbaum, ebd., S. 121. Der Artikel in *Le Monde* erschien am 21.10.1994.
39 Die Rede findet sich mehrfach im Internet. Die folgenden Zitate finden sich hier: https://www.lhistoire.fr/discours-de-jacques-chirac-du-16-juillet-1995.
40 Vgl. hierzu Éric Conan, Henry Rousso, ebd., Pos. 5843, Kap. Prolongements I: 1994–1995.
41 Zitiert nach: https://www.lhistoire.fr/discours-de-jacques-chirac-du-16-juillet-1995.
42 »Déclaration de M. François Hollande, Président de la République, sur la déportation des Juifs pendant la Deuxième guerre mondiale et sur la lutte contre l'antisémitisme, à Paris le 22 juillet 2012«, online unter: http://discours.vie-publique.fr/notices/127001400.html.
43 »Discours du Président de la République française à l'occasion de la commémoration de la raffle du Vel d'Hiv«, online unter: https://www.elysee.fr/emmanuel-macron/2017/07/18/discours-du-president-de-la-republique-francaise-a-loccasion-de-la-commemoration-de-la-rafle-du-vel-dhiv.
44 Vgl. hierzu Éric Conan, Henry Rousso, ebd., Pos. 6150, Kap. Prolongements II: 1996–2013.
45 https://www.yadvashem.org/fr/justes/statistiques.html.
46 Zitiert nach Éric Conan, Henry Rousso, ebd., Pos. 6299, Kap. Prolongements II: 1996–2013.
47 Dieses und das folgende Zitat nach ebd., Pos. 6337, Kap. Prolongements II: 1996–2013.
48 »Discours du Président de la République française à l'occasion de la commémoration de la raffle du Vel d'Hiv«, ebd.

Bibliographie

Alary, Éric, *L'exode, Un drame oublié*, Paris, 2013, E-Book.

Alary, Éric, »L'exode de mai-juin 1940 en région-centre«, online unter: http://academie-de-touraine.com/Tome_24_files/171-192.pdf

Alary, Éric, *Nouvelle histoire de l'Occupation*, Paris, 2019.

Alary, L. J., *Album des eaux thermales du centre de la France (Vichy)*, Cusset, Vichy, 1846.

Albath, Maike, »Romain Rolland. Schriftsteller mit Feingefühl«, *Deutschlandfunk*, 29.1.2016, online unter: https://www.deutschlandfunk.de/romain-rolland-schriftsteller-mit-feingefuehl-fuer-freiheit.871.de.html?dram:article_id=343858

Albertelli, Sébastien, Julien Blanc, Laurent Douzou, *La lutte clandestine en France. Une histoire de la Résistance 1940–1944*, Paris, 2019.

Albrecht, Mireille, *Vivre au lieu d'exister. La vie exceptionelle de Berty Albrecht, compagnon de la Libération*, Monaco, 2015, E-Book.

Allcorn, William, *The Maginot Line, 1928–1945*, Oxford, 2012, E-Book.

Aly, Götz, *Hitlers Volksstaat. Raub, Rassenkrieg und nationaler Sozialismus*, Frankfurt M., 2013.

Amara, Michael, »L'exode … de 14. La fuite des populations civiles face au tourbillon de l'invasion«, in *Cahiers d'Histoire du Temps présent*, 2005, 15, S. 47–64, online unter: http://www.cegesoma.be/docs/media/chtp_beg/chtp_15/chtp15_006_Amara.pdf

Amouroux, Henri, *Le peuple du desastre*, Paris, 1976.

Anonymes, *Justes et Persécutés durant la période Nazie dans les communes de France*, online unter: https://www.ajpn.org

Archives déparmentales et patrimoine, »L'épuration légale à la Libération«, online unter: http://www.archives18.fr/article.php?larub=566&titre=l-epuration-legale-a-la-liberation

Aron, Robert, *Dictature de la liberté*, Paris, 2014 E-Book.

Audiffred, Hyacinthe, *Un mois à Vichy. Guide pittoresque et médical, indispensable aux artistes et aux gens du monde*, Paris, 2018, E-Book.

Auroy, Berthe, *Jours de guerre. Ma vie sous l'Occupation*, Montrouge, 2008.

Azéma, Jean-Pierre, *1940. L'année terrible*, Paris, 1990.

Azéma, Jean-Pierre, Olivier Wieviorka, *Vichy, 1940–1944*, Paris, 2004.

Azéma, Jean-Pierre, Michel Winock, *La troisième république*, Vincennes, 2015, E-Book.

Azouvi, François, *Le mythe du grand silence. Auschwitz, les Français, la mémoire*, Paris, 2012, E-Book.

Balzac, Honoré de, *Le Père Goriot*, Paris, 2018, E-Book.

Bantigny, Ludivine, *La France à l'heure du monde. De 1981 à nos jours*, Paris, 2013, E-Book.

Baudelaire, Charles, *Les fleurs du Mal*, Paris, 1988.

Baruch, Marc Olivier, *Le Régime de Vichy, 1940–1944*, Paris, 2017.

Beaud, Olivier, »René Capitant et sa critique de l´idéologie nazie«, in *Revue française d'histoire des idées politiques*, 2001, 14, S. 351–378.

Beauvoir, Simone de, *La force de l'âge*, Paris, 2013, E-Book.

Beavan, Colin, *Operation Jedburgh. D-Day and America's first shadow war*, London, New York, 2007, E-Book.

Beevor, Antony, *Der Zweite Weltkrieg*, München, 2014.

Belot, Robert, *Henri Frenay. De la résistance à l'Europe*, Paris, 2015, E-Book.

Bergère, Marc, *L'épuration en France*, Paris, 2018.
Bergère, Marc, *Une société en épuration. Épuration vécue et perçue en Maine-et-Loire. De la Libération au début des années 50*, Rennes, 2015, E-Book.
Berghahn, Volker, *Der Erste Weltkrieg*, München, 2014, E-Book.
Berr, Hélène, *Journal*, Paris, 2008.
Berstein, Serge, *La France des années 30*, Paris, 2011, E-Book.
Berstein, Serge, *Léon Blum*, Paris, 2006, E-Book.
Biret, Mireille, »L'évacuation«, 1.10.2010, Canopé – Académie de Strasbourg, ohne Seitenangabe, online unter: http://www.crdp-strasbourg.fr/data/histoire/alsace-39-45a/evacuation.php?parent=10
Birnbaum, Pierre, *La leçon de Vichy. Une histoire personelle*, Paris, 2019.
Birnbaum, Pierre, *Léon Blum, Un portrait*, Paris, 2016, E-Book.
Biscarat, Pierre-Jérôme, *Izieu. Des enfants dans la Shoah*, Paris, 2014, E-Book.
Blanchard, Emmanuel, Les »indésirables«. Passé et présent d'une catégorie d'action publique. GISTI. Figures de l'étranger. Quelles représentations pour quelles politiques?, *GISTI*, 2013, S. 16–26, online unter: https://hal.archives-ouvertes.fr/hal-00826717/document
Bloch, Marc, *L'étrange défaite. Testament et écrits clandestins*, Paris, 2016, E-Book.
Bower, Tom, *Klaus Barbie. The butcher of Lyons*, New York, 2018, E-Book.
Bower, Tom, *Nazi Gold / Klaus Barbie*, New York, 2018, E-Book.
Bourdrel, Philippe, *L'épuration sauvage, 1944–1945*, Paris, 2008.
Buchheim, Christoph, »Die besetzten Länder im Dienste der Deutschen Kriegswirtschaft während des Zweiten Weltkriegs«, Institut für Zeitgeschichte München, online unter: https://www.ifz-muenchen.de/heftarchiv/1986_1_5_buchheim.pdf
Buisson, Patrick, *1940–1945, Années érotiques. Vichy ou les infortunes de la vertu*, Paris, 2013, E-Book.
Burlet, Paul, »L'agonie de Jean Moulin«, online unter: http://www.tracesdhistoire.fr/ressources/DIGESTS+-+03+-+LA+RESISTANCE+-+10+-+L$27AGONIE+DE+JEAN+MOULIN+-+FICHIER+PDF+TRACES+D+HISTOIRE+CONTEMPORAINE.pdf
Burrin, Philippe, *La France à l'heure allemande, 1940–1944*, Paris, 2015, E-Book.
Cabanes, Bruno, Guillaume Piketty, *Retour à l'Intime au sortir de la guerre*, Paris, 2015, E-Book.

Canetti, Elias, *Masse und Macht*, Frankfurt M., 1980.
Carrozza, Philippe, *Ils m'ont volé mes plus belles années. 44 témoins du Louxembourg racontent leur guerre*, Neufchâteau, 2012, E-Book.
Chamberlain, Neville, »Peace for Our Time«, September 30, 1938, online abrufbar unter: https://www.britannia.com/history/docs/peacetime.html.
Chaubet, François, *Historie intellectuelle de l'Entre-deux-guerres. Culture et politique*, Paris, 2011, E-Book.
Chauvy, Gérard, *Le drame de l'armée française du Front Populaire à Vichy*, Paris, 2010, E-Book.
Chemins de Mémoire, Stichwort »14 juillet«, online unter: http://www.cheminsdememoire.gouv.fr/fr/14-juillet.
Chlewnjuk, Oleg, *Stalin. Eine Biographie*, München, 2015.
Clark, Lloyd, *Blitzkrieg. Myth, Reality and Hitler's Lightning War – France, 1940*, New York, 2018, E-Book.
Cointet, Jean-Paul, *Hitler et la France*, Paris, 2017.

Cointet, Michèle, *La milice française*, Paris, 2013, E-Book.
Cointet, Michèle, *Les françaises dans la guerre et l'occupation*, Paris, 2018.
Cointet, Michèle, *Vichy Capitale, 1940–1944*, Paris, 2015, E-Book.
Conan, Éric, Henry Rousso, *Vichy, un passé qui ne passe pas*, Paris, 2013, E-Book.
Cordier, Daniel, *Jean Moulin. La République des catacombes, I*, Paris, 2014.
Costagliola, Bernard, *Darlan. La collaboration à tout prix*, Paris, 2015, E-Book.
Crémieux-Brilhac, Jean-Louis, *De Gaulle, la République et la France libre, 1940–1945*, Paris, 2014, E-Book.
Crémieux-Brilhac, Jean-Louis, *L'appell du 18 juin*, Paris, 2010, E-Book.
Crémieux-Brilhac, Jean-Louis, *Les Français de l'an 40. Tome I: La guerre qui ou non?*, Paris, 2015, E-Book.
Crémieux-Brilhac, Jean-Louis, *Les Français de l'an 40. Tome II: Ouvriers et soldats*, Paris, 2014, E-Book.
Curtius, Ernst Robert, *Die literarischen Wegbereiter des neuen Frankreich*, Potsdam, 1923.

Dac, Pierre, *L'os à moelle*, Paris, 2007.
»Déclaration de M. François Hollande, Président de la République, sur la déportation des Juifs pendant la Deuxième guerre mondiale et sur la lutte contre l'antisémitisme, à Paris le 22 juillet 2012«, online unter: http://discours.vie-publique.fr/notices/127001400.html
De Gaulle, Charles, *Mémoires de Guerre / Mémoires d'espoir*, Paris, 2016, E-Book.
DeJean, Joan, *How Paris Became Paris. The Invention of the Modern City*, New York, 2014, E-Book.
Delporte, Christian, *La France dans les yeux. Une histoire de la communication politique de 1930 à nos jours*, Paris, 2007.
Devigne, Matthieu, »›Les enfants d'abord!‹ Le repli des écoles loin des dangers de la guerre en France (1939–1944)«, in Jean-François Condette, *Les Écoles dans la guerre. Acteurs et institutions éducatives dans les tourmentes guerrières, XVII–XX siècle*, Villeneuve-d-Ascq, 2016, ohne Seitenangabe, online unter: https://books.openedition.org/septentrion/7220?lang=de
Diamant, David, *Combattants, héros & martyrs de la résistance*, Paris, 1984.
Diamond, Hanna, *Fleeing Hitler. France 1940*, New York, 2007.
»Discours du Président de la République française à l'occasion de la commémoration de la raffle du Vel d'Hiv«, online unter: https://www.elysee.fr/emmanuel-macron/2017/07/18/discours-du-president-de-la-republique-francaise-a-loccasion-de-la-commemoration-de-la-rafle-du-vel-dhiv
Donnell, Clayton, *The Battle for the Maginot Line, 1940*, Barnsley, 2017, E-Book.
Dray-Bensousan, Renée, *Les juifs de Marseille (1940–1944)*, Paris, 2004.
Drogland, Joël, »Claude Delpla, La Libération de l'Ariège, *La Cliothèque*, 30.6.2019, online unter: https://clio-cr.clionautes.org/la-liberation-de-lariege.html.
Dumont, Gérard-François, »La population de la France au XXe siècle: un bilan extraordinnairement contrasté«, in *Population et avenir*, Association Population et Avenir, 2000, S. 4–9, online unter: https://halshs.archives-ouvertes.fr/halshs-01096587/document
Duraffour, Annick, Pierre-André Taguieff, *Céline, la race, le Juif*, Paris, 2017, E-Book.
Du Réau, Elisabeth, *Édouard Daladier, 1884–1970*, Paris, 2014, E-Book.
Du Réau, Elisabeth, »Frankreich vor dem Krieg«, in Klaus Hildebrand, Jürgen Schmädeke, Klaus Zernack, *1939. An der Schwelle zum Weltkrieg, Die Entfesselung des Zweiten Weltkriegs und das internationale System*, Berlin, New York, 1990, S. 173–195.

Eder, Cyril, *Les comtesses de la Gestapo*, Paris, 2007, E-Book.
Epstein, Simon, *Un paradoxe français. Antiracistes dans la Collaboration, antisémites dans la Résistance*, Paris, 2015, E-Book.

Evanno, Yves-Marie, »Du cliquetis des pédales au bruit des bottes: un été cycliste perturbé en Bretagne (Juillet–Septembre 1939)«, *En Envor*, 2013, 2, S. 10, online unter: http://enenvor.fr/eeo_revue/numero_2/du_cliquetis_des_pedales_au_bruit_des_bottes.html

Evans, Richard J., *The Third Reich at War. How the Nazis Led Germany from Conquest to Disaster*, London, 2012, E-Book.

L'Express, »L'Express retrouve Paul Touvier«, 5.6.1972, online unter: https://www.lexpress.fr/actualite/politique/l-express-retrouve-paul-touvier_494871.html?p=2.

Fabre-Luce, Alfred, *Journal de la France, 1939–1944*, Paris, 1969.

Favreau, Bertrand, *Georges Mandel ou la passion de la république*, Paris, 2014.

Ferro, Marc, *Pétain en vérité*, Paris, 2013.

Finger, Blanche, William Karrel (Hg.), *Opération ›Vent printanier‹. 16–17 juillet 1942. La rafle du Vel' d'Hiv'*, Paris, 1992.

Flaubert, Gustave, *Madame Bovary*, Paris, 2013, E-Book.

Fleury-Marié, Jacqueline, Jérôme Cordelier, *Résistante*, Paris, 2019.

Fontenay, Élisabeth de (u.a.), *Le nouvel antisémitisme en France*, Paris, 2018.

Foss, Myriam, Lucien Steinberg, *Vie et mort des juifs sous l'occupation. Récits et temoignages*, Paris, 1996.

Frenay, Henri, *La nuit finira. Mémoires de résistance 1940–1945*, Paris, 2006.

Froment, Pascale, *René Bousquet*, Paris, 2001, E-Book.

Galtier-Boissière, Jean, *Mon journal pendant l'occupation*, Paris, 2017.

Garçon, Maurice, *Journal 1939–1945*, Paris, 2017.

Gaston-Breton, Tristan, *La Saga des Rothschild*, Paris, 2017.

Germain, Michel, *Histoire de la milice et les forces du maintien de l'ordre. Guerre civile en Haute-Savoie*, Les Marches, 1997.

Gilbert, Martin, *Winston S. Churchill. Finest Hour. 1939–1941*, Hilldale, 2015, E-Book.

Gildea, Robert, *Fighters in the Shadows. A New History of the French Resistance*, London, 2015, E-Book.

Giocanti, Stéphane, *Maurras. Le chaos et l'ordre*, Paris, 2006.

Giolitto, Pierre, *Histoire de la Milice*, Paris, 2002.

Giro, Helmut-Dieter, *Frankreich und die Remilitarisierung des Rheinlandes*, Düsseldorf, 2005.

Goebbels, Joseph, *Tagebücher. Band 3: 1935–1939*, München, 2008.

Goudot, P., »La vision mosellienne de la nature Lorraine jusqu'en 1902«, in *Études Touloises*, 1974, Numero 1, S. 11–22, online unter: https://www.etudes-touloises.fr/archives/1/art2.pdf.

Greilsamer, Laurent, Daniel Schneidermann, *Un certain Moniseur Paul. L'affaire Touvier*, Paris, 1994.

Grenard, Fabrice, *La drôle de guerre. L'entrée en guerre des Français. Septembre 1939–mai 1940*, Paris, 2015.

Grenard, Fabrice, *Les Maquisards. Combattre dans la France occupée*, Paris, 2019.

Grenard, Fabrice, *Tulle. Enquête sur un massacre. 9 juin 1944*, Paris, 2014, E-Book.

Grenard, Fabrice, Jean-Pierre Azéma, *Les Français sous l'Occupation en 100 questions*, Paris, 2016.

Groult, Benoîte, Flora Groult, *Journal à quatre mains*, Paris, 1962.

Guéhenno, Jean, *Journal des années noires, 1940–1944*, Paris, 2014.

Guéhenno, Jean, *Un homme de quarante ans*, Paris, 1934.

Guichard, Jean-Pierre, *Paul Reynaud. Un homme d'*État dans la tourmente Septembre 1939–Juin 1940, Paris, 2008, E-Book.

H., Jeannine, »›L'évacuation en Dordogne‹, un temoignage de Jeannine H., in *Les passeurs de mémoire*, online unter: https://www.passeursdememoire.fr/memoires/levacuation-en-dordogne/.

Haffner, Sebastian, *Anmerkungen zu Hitler*, Reinbek, 2013, E-Book.

Hahn, Dorothea, »Paul Touvier: Ein Nazi à la française«, *TAZ*, 16.4.1994.

Hammerschmidt, Peter, *Die Nachkriegskarriere des »Schlächters von Lyon«. Klaus Barbie und die westlichen Nachrichtendienste*, Mainz (Diss.), 2013.

Harris, Ruth, *Dreyfus. Politics, Emotion, and the Scandal of the Century*, New York, 2011.

Hartlaub, Felix, *Kriegsaufzeichnungen aus Paris*, Berlin, 2011.

Hastings, Max, *Das Reich. The March of the 2nd SS Panzer Division through France, June 1944*, London, 2009, E-Book.

Hazareesingh, Sudhir, *Le mythe gaullien*, Paris, 2010.

Hentschel, Volker, *Charles de Gaulle. Eine kurze Geschichte seines Lebens (1890–1970)*, Hildesheim, Zürich, New York, 2016.

Holl, Hans, *Die Festung an der Maas. 1940 – Luftschlacht beim Kampf um Sedan*, Rastatt, 1986.

Horne, John, Alan Kramer, *Deutsche Kriegsgreuel 1914. Die umstrittene Wahrheit*, Hamburg, 2018, E-Book.

Hürter, Johannes, *Hitlers Heerführer, Die deutschen Oberbefehlshaber im Krieg gegen die Sowjetunion 1941/42*, München, 2007.

Humbert, Agnès, *Résistance. Memoirs of Occupied France*, London, 2008, E-Book.

»Ils sont restés les mêmes«, *Le Matin*, 5.9.1939, online unter: https://gallica.bnf.fr/ark:/12148/bpt6k586442z.item.

Institut Cooperatif de l'Ecole Moderne, *»1939–1945. Les camps d'internement de France«*, online unter: https://www.icem-pedagogie-freinet.org/sites/default/files/bt2_290_camps_dinternement.pdf.

Jackson, Julian, *A certain idea of France*, London, 2018.

Jackson, Julian, *France. The Dark Years, 1940–1944*, Oxford, 2003.

Jackson, Julian, *The Fall of France. The Nazi Invasion of 1940*, Oxford, 2004.

Joly, Laurent, *L*'État contre les juifs. Vichy, Les nazies et la persécution antisémite, Paris, 2018.

Joseph, Gilbert, *Combattant du Vercors*, Clermont-Ferrand, 2019, E-Book.

Jünger, Ernst, *Strahlungen I*, Stuttgart, 2014, E-Book.

Karski, Jan, *Mein Bericht an die Welt. Geschichte eines Staates im Untergrund*, München, 2011.

Kaspi, André, *Les juifs pendant l'occupation*, Paris, 1997.

Kellerhoff, Sven Felix, »Gebt mir vier Jahre Zeit!«, *Die Welt*, 30.1.2017.

Kelly, John, *Never Surrender. Winston Churchill and Britain's Decision to Fight Nazi Germany in the Fateful Summer of 1940*, New York, 2016.

Kersaudy, François, *De Gaulle et Churchill*, Paris, 2016, E-Book.

Kersaudy, François, *De Gaulle et Roosevelt. Le duel au sommet*, Paris, 2003.

Klarsfeld, Beate, Serge Klarsfeld, *Erinnerungen*, München, 2015.

Klarsfeld, Beate, Serge Klarsfeld, *Mémorial de la déportation des Juifs de France*, Paris, 1978.

Klarsfeld, Serge, *Vichy – Auschwitz, Tome I: La ›solution finale‹ de la question juive en France*, Paris, 2001.

Klarsfeld, Serge, *Vichy – Auschwitz. Die ›Endlösung der Judenfrage‹ in Frankreich*, Darmstadt, 2007.

Klee, Ernst, *Das Personenlexikon zum Dritten Reich*, Frankfurt M., 2005.

Knipp, Kersten, *Im Taumel. 1918 – ein europäisches Schicksalsjahr*, Darmstadt, 2018.
Kraume, Anne, *Das Europa der Literatur. Schriftsteller blicken auf den Kontinent 1915–1945*, Berlin, New York, 2010.
Kupferman, Fred, *Pierre Laval*, Paris, 2016.
Laborie, Pierre, *L'opinion française sous Vichy. Les Français et la crise d'identité nationale (1936–1944)*, Paris, 2001.

»La distribution des masques à gaz«, *Le Matin*, 4.9.1939, online unter: https://gallica.bnf.fr/ark:/12148/bpt6k586441k/f2.item.zoom
La Shoah en France, online unter: http://1942.memorialdelashoah.org/histoire_shoah_en_france.htm
Le Boterf, Hervé, *La vie parisienne sous l'occupation, 1940–1944*, Paris, 2016, E-Book.
Leclercq, Alain, *1939–1945: Espionnage et guerre secrète*, Paris, 2018.
Le Goyet, Pierre, *Le mystère Gamelin*, Paris, 1975.
»Lettre de Mgr Saliège, 23 août 1942«, online unter: https://fr.zenit.org/articles/lettre-de-mgr-saliege-23-aout-1942/
Lemire, Laurent, »L'été 1940, l'exode sous la canicule«, *Nouvel observateur*, 3.8.2009, online unter: https://bibliobs.nouvelobs.com/documents/20090803.BIB3808/l-ete-1940-l-exode-sous-la-canicule.html
Leonhard, Jörn, *Die Büchse der Pandora. Geschichte des Ersten Weltkriegs*, München, 2014, E-Book.
Lévy, Bernard-Henri (Hg.), *Archives d'un procès. Klaus Barbie*, Paris, 1986.
»L'Express retrouve Paul Touvier«, *L'Express*, 5.6.1972, online unter: https://www.lexpress.fr/actualite/politique/l-express-retrouve-paul-touvier_494871.html?p=2
Longerich, Peter, *Wannseekonferenz: Der Weg zur ›Endlösung‹*, München, 2016.
Loubes, Olivier, *Jean Zay. L'inconnu de la République*, Paris, 2012.
Loubes, Olivier, *Cannes 1939. Le festival qui n'a pas eu lieu*, Paris, 2016.

M. M., »27 Mai 1943–27 Mai 2003. 48, rue Dufour, un tournant capital«, *L'Humanité*, 27.5.2003.
Maison d'Izieu, »Mémorial des enfants juifs exterminés«, online unter: http://www.memorializieu.eu/die-kolonie-1943-1944/der-6-april-1944/
Mallet, Audrey, *Vichy contre Vichy. Une capitale sans mémoire*, Paris, 2019, E-Book.
Malraux, André, »Le discours d'André Malraux au Panthéon«, online unter: https://www.lefigaro.fr/politique/le-scan/2014/04/08/25001-20140408ARTFIG00071-le-discours-d-andre-malraux-au-pantheon.php
Marrus, Michael R., Robert O. Paxton, *Vichy et les Juifs*, Paris, 2015, E-Book.
Martnes, Stefan, Steffen Prauser (Hg.), *La guerre de 1940 – se battre, subir, souvenir*, Villeneuve-d-Ascq, 2014, E-Book.
Mauriac, Claude, *La terrasse de Malagar*, Paris, 2014, E-Book.
Mauriac, François, *De Gaulle*, Paris, 2014, E-Book.
Mauriac, François, *Le Cahier noir*, Paris, 1994.
Maurois, André, Mémoires 1885–1967, Paris, 1970.
Maurras, Charles, *Enquête sur la monarchie*, Paris, 1925.
Mauthner, Martin, *Otto Abetz And His Paris Acolytes. French Writers Who Flirted with Facism, 1930–1945*, Eastbourne, 2016.
May, Ernest R., *Strange Victory. Hitlers' Conquest of France*, New York, 2015, E-Book.
Mayer, Michael, »Die französische Regierung packt die Judenfrage ohne Umschweife an. Vichy-Frankreich, deutsche Besatzungsmacht und der Beginn der ›Judenpolitik‹ im Sommer/Herbst 1940«, *Vierteljahreshefte für Zeitgeschichte*, 2010, 58, S. 329–362.

Mayer, Michael, *Staaten als Täter. Ministerialbürokratie und ›Judenpolitik‹ in NS-Deutschland und Vichy-Frankreich*, München, 2010, E-Book.

Meletta, Cédric, *Jean Luchaire, 1901–1946. L'enfant perdu des années sombres*, Paris, 2013, E-Book.

Meltz, Renaud, *Pierre Laval. Un mystère français*, Paris, 2018, E-Book.

Mémoires de guerre (Online-Seite), online unter: http://memoiresdeguerre.com/1983/02/frankreich-drauf-oder-dran.html.

Meyer, Martin, *Ernst Jünger*, München, Wien, 1990.

Miard-Delacroix, Hélène, Andreas Wirsching, *Von Erbfeinden zu guten Nachbarn. Ein deutsch-französischer Dialog*, Stuttgart, 2019.

Michel, Henri, *Vichy. Année 40*, Paris, 1966.

Miquel, Pierre, *L'Exode, 10 mai–20 juin 1940*, Paris, 2003.

Missika, Dominique, *Berty Albrecht. Féministe et résistante*, Paris, 2005.

Moll, Martin (Hg.), *»Führer-Erlasse« 1939–1945*. Stuttgart, 2011.

Montefiore, Simon Sebag, *Stalin. Am Hof des roten Zaren*, Frankfurt M., 2014, E-Book.

Moulin, Jean, *Premier Combat*, Paris, 2013, E-Book.

Muracciole, Jean-François, *Histoire de la Résistance en France*, Paris, 2012.

Musée de la résistance 1940–45 en ligne, »Francis André, dit »Gueule tordue«, online unter: http://museedelaresistanceenligne.org/media494-Francis-AndrA#fiche-tab

Noiriel, Gérard, *Immigration, antisémitisme et racisme en France (XIX–XX siècle). Discours publics, humiliations privées*, Paris, 2007, E-Book.

Nord, Philip, *France 1940. Defending the Republic*, London, 2015, E-Book.

Ory, Pascal, *La France allemande (1933–1945)*, Paris, 2013, E-Book.

Pau, Béatrix, *Le ballet des morts. État, armée, familles: s'occuper des corps de la Grande Guerre*, Paris, 2016, E-Book.

Paxton, Robert O., *Vichy France: Old Guard and New Order, 1940–1944*, New York, 1972.

Péan, Pierre, *Une jeunesse française. François Mitterand 1934–1947*, Paris, 2014, E-Book.

Pérotin, Yves dit Pothier, *La vie inimitable. Dans les maquis du Trièves et du Vercors en 1943 et 1944*, Grenoble, 2014, E-Book.

Phan, Bernard, *De Gaulle*, Paris, 2019, E-Book.

Piekalkiewicz, Janusz, *Ziel Paris. Der Westfeldzug 1940*, München, Berlin, 1986.

Pineau, Christian, *La simple verité*, zitiert nach Paul Burlet, »L'agonie de Jean Moulin«, in *Traces d'Histoire Contemporaine*, online unter: http://www.tracesdhistoire.fr/resources/DIGESTS+-+03+-+LA+RESISTANCE+-+10+-+L$27AGONIE+DE+JEAN+MOULIN+-+FICHIER+PDF+TRACES+D+HISTOIRE+CONTEMPORAINE.pdf

Poisson, Georges, *La grande histoire du Louvre*, Paris, 2013, E-Book.

Raichle, Christoph, *Hitler als Symbolpolitiker*, Stuttgart, 2014, E-Book.

Ray, Roland, *Annäherung an Frankreich im Dienste Hitlers?: Otto Abetz und die deutsche Frankreichpolitik 1930–1942*, München, 2000.

Renou, Aymeric, Jules Brussel, »ETE RETRO. 1936, l'année des premiers congés payés«, *Le Parisien*, 11.7.2016, online unter: http://www.leparisien.fr/espace-premium/air-du-temps/l-annee-des-premiers-conges-payes-11-07-2016-5957747.php

Reuth, Ralf Georg, *Kurze Geschichte des Zweiten Weltkriegs*, Reinbek, 2018.

Richer, Philippe, *La drôle de guerre des Français. 2 septembre–10 mai 1940*, Paris, 1990.

Riding, Alan, *Et la fête continue. La vie culturelle à Paris sous l'Occupation*, Paris, 2016, E-Book.

Rigoulot, Pierre, *L'Alsace-Lorraine pendant la guerre 1939–1945*, Paris, 1998.
Rossignol, Dominique, *Histoire de la propagande en France de 1940 à 1944. L'utopie Pétain*, Paris, 2015, E-Book.
Rouquet, François, Fabrice Virgili, *Les Françaises, les Français et l'*Épuration (1940 à nos jours), Paris, 2018.
Ruosso, Henry, *Le Régime de Vichy*, Paris, 2016, E-Book.

Sallée, Frédéric, *Sur les chemins de terre brune. Voyages dans l'Allemagne Nazie, 1933–1939*, Paris, 2017.
Sartre, Jean-Paul, *Carnets de la drôle de guerre. Septembre 1939–Mars 1940*, Paris, 2018, E-Book.
Sartre, Jean-Paul, *Situations, III. Lendemains de guerre*, Paris, 1977.
Schäfer, Karen, *Die Militärstrategie Seeckts*, Berlin, 2016.
Schmidt, Rainer F., *Die Außenpolitik des Dritten Reiches 1933–1939*, Stuttgart, 2002.
Sebba, Anne, *Les Parisiennes. Leur vie, leurs amours, leurs combats*, Paris, 2018, E-Book.
Seewald, Berthold, »Gegen Frankreich wurde der »Blitzkrieg« erdacht«, *Die Welt*, 11.5.2015, online unter: https://www.welt.de/geschichte/zweiter-weltkrieg/article140762623/Gegen-Frankreich-wurde-der-Blitzkrieg-erdacht.html
Shannon, Andrew, *France, 1940*, London, New York, 2016.
Shirer, William L., *This is Berlin. Reporting from Nazi Germany 1938–1940*, Kent, 2014, E-Book.
Siminnet, Stéphane, *Maquis et Maquisards. La Résistance en armes, 1942–1944*, Paris, 2015.
Sistenich, Frank, »Suite 45 – Marlene Dietrichs Hotelwohnung in Paris«, *WELT*, 27.10.2009.
Sontheimer, Michael, »Hitlers Blitzkriege«, *Der Spiegel*, 5.2.2005, online unter: https://www.spiegel.de/spiegel/print/d-39257689.html
Spire, Antoine, *Ces enfants qui nous manquent. Izieu, 6 avril 1944*, Paris, 1990.
Stedman, Andrew David, *Alternatives to Appeasement. Neville Chamberlain and Hitler's Germany*, London, 2011.
Szabó, Zoltán, *L'Effondrement. Journal de Paris à Nice (10 mai 1940–23 août 1940)*, Paris, 2002.

Texcier, Jean, »Conseils à l'occupé«, online unter: http://museedelaresistanceenligne.org/media2616-iConseils-A
Tillon, Charles, *On chantait rouge*, Paris, 2019, E-Book.
Trimborn, Jürgen, *Arno Breker. Der Künstler und die Macht. Die Biographie*, Berlin, 2011.

Ullrich, Volker, *Adolf Hitler. Die Jahre des Untergangs*, Frankfurt M., 2018, E-Book.

Vaughan, Hal, *Coco Chanel. Der schwarze Engel. Ein Leben als Nazi-Agentin*, Hamburg, 2011, E-Book.
Veillon, Dominique, *La mode sous l'occupation*, Paris, 2014.
Veillon, Dominique, *Vivre et survivre en France 1939–1947*, Paris, 1995.
Vercors, *Le silence de la mer. Suivi de La marche à l'étoile*, Paris, 2017, E-Book.
Vergez-Chaignon, Bénédicte, *Histoire de l'épuration*, Paris, 2010, E-Book.
Vergez-Chaignon, Bénédicte, *Jean Moulin l'affranchi*, Paris, 2018.
Vergez-Chaignon, Bénédicte, *L'affaire Touvier. Les révélations des archives*, Paris, 2016, E-Book.
Vergez-Chaignon, Bénédicte, *Les vichysto-résistants*, Paris, 2008.

Vergez-Chaignon, Bénédicte, *Pétain*, Paris, 2014, E-Book.
Viel, Hugues, *Darnand. La mort en chantant*, Paris, 1995.
Vincenot, Alain, *Vél' d'hiv. 16 juillet 1942*, Paris, 2012, E-Book.

Waechter, Matthias, *Geschichte Frankreichs im 20. Jahrhundert*, München, 2019, E-Book.
Wellers, Georges, *L'*Étoile jaune à l'*heure de Vichy. De Drancy à Auschwitz*, Paris, ohne Jahresangabe, E-Book.
Werth, Alexander, *Les derniers jours de Paris. Carnet d'un journaliste*, Paris, 2017, E-Book.
Werth, Léon, *33 jours*, Paris, 2012, E-Book.
Werth, Léon, *Déposition. Journal 1940–1944*, Paris, 2012, E-Book.
Wieviorka, Annette, Michel Laffitte, À l'intérieur du camp de Drancy, Paris, 2015, E-Book.
Wieviorka, Olivier, *Histoire de la Résistance, 1940–1945*, Paris, 2013, E-Book.
Willms, Johannes, *Der General. Charles de Gaulle und sein Jahrhundert*, München, 2019, E-Book.
Winock, Michel, *Charles de Gaulle. Un rebelle habité par l'histoire*, Paris, 2019.
Winock, Michel, *François Mitterand*, Paris, 2016, E-Book.
Winock, Michel, *La France et les juifs. De 1789 à nos jours*, Paris, 2014, E-Book.
Winock, Michel, *Nationalisme, antisémitisme et fascisme en France*, Paris, 2014, E-Book.
Winock, Michel, »Sartre s'est-il toujours trompé?«, online unter: https://www.diplomatie.gouv.fr/IMG/pdf/0203-Winock-FR-5.pdf
Wrona, Carole, *Corinne Luchaire. Un colibri dans la tempête*, Grandvilliers, 2011.

Zeitschrift für ausländisches öffentliches Recht und Völkerrecht, »Dokumente über den Waffenstillstand mit Frankreich«, Max-Planck-Institut für ausländisches öffentliches Recht und Völkerrecht, online unter: https://www.zaoerv.de/10_1940/10_1940_1_4_b_851_2_860_1.pdf

Register

Abetz, Otto 89f., 225, 231, 282, 300
Adrey, Georges 146
Albrecht, Berty 18, 345–353, 357, 365
Alexander, Heinz alias Henry 270
Alibert, Raphaël 221
Altmayer, Robert 110
Angeli, Alexandre 267
Aragon, Louis 74, 413f.
Aron, Raymond 181
Aron, Robert 181
Attlee, Clement 328
Aubrac, Raymond 365
Aubry, Henri 365
Audiffred, Hyacinthe 174
Avarna di Gualtieri, Giuseppe 267
Azaña, Manuel 96
Azouvi, François 416

Badinter, Robert 425
Bakunin, Michail
Balarés, Paulette 269
Barbie, Klaus 253–256, 260, 262–265, 274f., 365, 423
Barker, Elizabeth 307
Barral, Pierre 60
Barrès, Maurice 191
Barthélemy, Joseph 287
Bartelmus, Erich 265
Basch, Helène 280
Basch, Victor 280–281
Bastien, Lydie 365
Bartelmus, Erich 266
Baudelaire, Charles 28f.
Beach, Sylvia 32
Beauchamp, Georges 426
Beauvoir, Simone de 26–28, 52
Belot, Robert 355
Below, Nicolaus von 11
Benjamin, René 172
Bennett, Constance 26
Benoist-Méchin, Jacques 239
Bénouville, Pierre de 350
Bérard, Christian 33
Béraud, Henri 218
Bergeret, Jean 11
Bernard, Jacqueline 71
Bernard, Jean-Jacques 34
Bernier, François 30
Bernus, Pierre 90–91
Berr, Hélène 240, 248
Bessy, Maurice 43
Baudouin, Paul 202
Birnbaum, Pierre 414f., 417–420, 428
Bloch, Jean-Richard 409
Bloch, Marc 79f., 109, 140,
Blum, Léon 82, 86, 105, 198, 216–218, 291, 301, 326
Boegner, Marc 229, 250
Bömelburg, Karl 366
Boissard, Jacqueline 72
Boissieu, Charles-Albert de 296
Bollaert, Émile 71
Bollier, André 345-346
Bonaparte, Napoleon 45
Bonnard, Abdel 206
Bonsirven, Joseph 215
Borel, Jacques 319
Bormann, Martin 7
Bost, Jacques-Laurent 26
Boulard, Gabriel 57
Boulard, Henri 57f.
Boulard, Lucien 57f.
Bourdet, Claude 328, 341
Bousquet, René 230, 235–239, 245f., 249f. 252, 257–261, 288, 421f., 427f.
Bouthillier, Yves 188
Boyer, David 127f.
Boyer, Lucienne 35
Bower, Tom 263
Brasillach, Robert 230
Breker, Arno 7
Briand, Aristide 83
Brice, Germain 29
Bruller, Jean Marcel Adolphe alias Vercors 166
Brunetière, Ferdinand 211
Brunner, Alois 271
Bulka, Marcel 268

Canetti, Elias 83
Capitant, René 91f.
Carmille, René 343
Challaye, Félicien 87
Chamberlain, Neville 97-99
Chambeiron, Pierre 363
Chambre, René 86
Chanel, Coco 33
Chapou, Jean-Jacques 375
Charpentier, Gustave 26
Chastel, Yvette 378
Chevalier, Maurice 133f.
Chevalier, Louis 163
Chevance, Maurice 349
Chiappe, Jean 183
Chichard, Roger 378
Chirac, Jacques 423, 429f., 432f.
Choltitz, Dietrich von 388
Chopin, Fréderic 31
Churchill, Winston 97f., 123, 142, 308, 317f., 322f., 351
Clemenceau, Georges 300
Clément, Georges R. 65
Cocteau, Jean 33
Colbert, Jean-Baptiste 30
Conan, Éric 303
Contandin, Fernand Joseph Désiré alias Fernandel 26
Corbin, Charles 99
Cordier, Daniel 354f., 360
Coulondre, Robert 56
Crémieux-Brilhac, Jean-Louis 252
Curtius, Ernst Robert 32

Dac, Pierre 69
Daladier, Édouard 38, 47, 98, 183, 300, 302
Dalí, Salvador 33
d'Alzon, Emmanuel 209
d'Astier de la Vigerie, Emmanuel 328, 360
Dannecker, Theodor 228, 237,
Danton, Georges 392
Darlan, François 225, 229–231, 235, 292, 344, 409,
Darnand, Joseph 281, 284–289, 293, 296, 300, 380, 410f.
Darquier de Pellepoix, Louis 431
Daudet, Alphonse 207, 210, 217
Daudet, Léon 217
Daulne, Joseph 136
Da Vinci, Leonardo 44
Déat, Marcel 283, 288,
Delestraint, Charles 364
Delétraz, Edmée 350
Derain, André 133
Derogy, Jacques 279
Descour, Marcel 385
Dietrich, Maria Riva 26
Dietrich, Marlene 26
Dior, Christian 33
Domergue, Jean-Gabriel 28
Doriot, Jacques 283
Dormoy, Marx 286
Dreyfus, Alfred 203f., 206, 211f., 217
Drumont, Édouard 210, 212
Ducaux, Annie 393
Dufieux, Julien 110
Dugoujon, Frédéric 364
Du Moulin de Labarthète, Henry 201
Dungler, Paul 341
Dussarat, Léonce 373

Eden, Anthony 98
Eduard VIII. 34
Erlanger, Philippe 42f.
Ermann, Lucien 272
Ernst, Max 31
Espinasse, Jean 377f.
Esteva, Jean-Pierre 407
Estienne, Jean-Baptiste 110

Fabre, Marc-André 296
Fabre-Luce, Alfred 161f., 173
Favet, Julien 273
Feldblum, Léa 274
Fellmann, Léon 222f., 241
Ferenczi, Thomas 428
Ferrari, Giuseppe 31
Ferreira, Ewaldo Dantas 245
Feuz, Jean-Lucien 280
Flaubert, Gustave 31
Fleury-Marié, Jacqueline 335
Foch, Ferdinand 10f., 75, 81
Fornel de La Laurencie, Benoît-Léon de 344
Fouché, Joseph 289
Franco, Francisco 96

Frenay, Henri 18, 342, 346–360

Gaillard, Albert 277
Gallieni, Joseph 75
Galtier-Boissière, Jean 153f., 161, 389, 416
Gamelin, Maurice 104, 112, 116, 118f., 121-123, 142, 301
Gance, Abel 26
Garçon, Maurice 47, 54, 186, 389
Garel, Georges, geb. Grigori Garfinkel 266
Gauché, Maurice-Henri 123
Gaulle, Charles de 18, 144, 173, 278, 303, 306–328, 331, 342, 385–364, 366f., 370, 388f., 404, 406, 412, 430, 432
Georges, Alphonse 121
Gerenstein, Maurice 269
Géricault, Théodore 45
Gerassi, John 338
Gerlach, Wolrad 394
Gerlier, Pierre-Marie 173
Gide, André 132
Girard de Charbonnières, Guy de 99
Giraudoux, Jean 216
Giscard d'Estaing, Valéry 319
Göring, Hermann 12, 115
Gogol, Nikolai Wassiljewitsch 132
Goldberg, Henri 269
Gonnet, Henri 277
Gouze, Danielle 347
Goy, Jean 89, 92
Gracq, Julien 71
Groscurth, Helmuth 114
Groult, Benoîte 333
Guariglia, Raffaele 226
Guderian, Heinz 126
Guéhenno, Jean 87, 150, 159, 169
Guingouin, Georges 383

H., Jeannine 67
Haffner, Sebastian 8
Hagen, Herbert 236
Halaunbrenner, Alexandre 255–257
Halaunbrenner, Ita-Rosa 254f.
Halaunbrenner, Jacob 254
Halaunbrenner, Léon 257
Hartlaub, Felix 162
Hardy, René 365
Haussmann, Georges-Eugène 30
Hauteclocque, Xavier de 91, 389
Heine, Heinrich 31
Henderson, Nevile M. 56
Henriot, Philippe 301
Henry-Haye, Gaston 218
Héring, Pierre 141
Héry, Auguste 138
Heß, Rudolf 12
Heydrich, Reinhard 227, 236
Hirsch, Arnold 274
Hitler, Adolf 7–13, 27, 37f., 43, 46, 55f., 71, 81, 84-90, 92-94, 96, 98, 105, 114f., 120, 129, 133, 161, 183, 221, 261, 275, 282f., 291, 300, 327, 351, 356, 416
Hoare, Samuel 98
Hogarth, William 33
Hollande, François 431, 434
Hore-Belisha, Leslie 39
Hotz, Karl 320
Hoyos, Ladislas de 272
Humbert, Agnès 319, 339–341
Huntziger, Charles 11
Isaac, Jules 206

Jaujard, Jacques 44
Jaurès, Jean 211
Jéhanno, Roger 242
Jodl, Alfred 108
Joffre, Joseph 37
Joseph, Gilbert 369
Jünger, Ernst 164, 169
Juppé, Alain 431
Juvénal, Max 371

Kalmanovitch, Louis 335
Kämpfe, Helmut 383
Kant, Immanuel 91
Karski, Jan, eigentlich Jan Kozielewski 16
Keitel, Wilhelm 7, 234
Ketty, Rina 35
Klarsfeld, Beate 19, 202, 253f., 420f.
Klarsfeld, Serge 19, 202, 253, 275, 420f., 425
Klethi, Fernand 65
Knochen, Helmut 237, 245, 252
Koenig, Marie-Pierre 371
Kowatsch, Aurel 379

Laborie, Pierre 179
Lagrange, Simone 264
Lammerding, Heinz 377
Lanzmann, Claude 420
Larbaud, Valery 32
La Rocque, François de 184
Lattre de Tassigny, Jean de 95
Lavagne, André 252
Laval, Pierre 16, 187, 227, 230, 237, 246, 248, 250, 252, 281–284, 287–289, 299, 301, 405–407, 409, 411f., 421
Léautaud, Paul 160
Lebrun, Albert 34, 39, 145
Leclerc de Hauteclocque, Philippe 342, 389
Lécussan, Joseph 280
Léger, Alexis alias Saint-John Perse 99
Le Goyet, Pierre 122
Leguay, Jean 230, 258, 421f.
Lemoine, Antoine 261
Lépée, Charles-Michel 124
Lepercq, Aimé 15
Leroux, Roger 396
Lescure, Pierre de 168
Lesèvre, Lise 264
Lévy, Bernard-Henri 423
Lhéritier, François 58f.
Lhéritier, Jules 58
Lichtenberger, Henri 94
Lichtsztein, Sarah 243
Loizeau, Lucien 95
Longerich, Peter 233
Loti, Pierre 34
Loubes, Olivier 298
Loubet, Émile 212
Lozovski, Solomon 327
Luchaire, Corinne 23, 392–394
Luchaire, Jean 394
Louis XIV. oder Ludwig XIV. 30

MacPherson, Tommy 374f.
Macron, Emmanuel 431
Maes, Sylvère 24
Maginot, André 101
Malraux, André 358
Mandel, Georges, eigentlich Louis Georges Rothschild 300–302
Mangin, Charles 9
Margueritte, Victor 88
Marivaux, Pierre Carlet de 30
Marquet, Adrien 198f.
Marrou, Henri-Irénée 338
Marrus, Michael 420
Martinet, Gilles 428
Marx, Karl 32
Matisse, Henri 133
Mauriac, Claude 165
Mauriac, François 165f., 322
Maurin, Louis 104
Maurois, André 137-139, 202
Maurras, Charles 179f., 182
Meltz, Renaud 412
Ménétrel, Bernard 205f.
Menthon, François de 287, 359
Merleau-Ponty, Maurice 164
Miard-Delacroix, Hélène 17
Michelin, Joseph-Henri 21
Miller, Henry 32
Mistler, Jean 92
Mitterand, François 309, 419, 423–431
Molotow, Wjatscheslaw Michailowitsch 44
Monnet, Jean 107
Montgomery, Bernard 260
Monzie, Anatole de 144
Moore, Grace 26
Morgan, Claude 410
Mornet, André 411
Moscovici, Pierre 428
Moselly, Émile 100f.
Mossé, Alain-Raoul 271
Moulin, Jean 148, 201, 324–326, 330–334, 354, 360–366
Moulin de Labarthète, Henry du 201
Mounier, Emmanuel 345
Mulliez, Jacques-Yves 357
Multon, Jean alias Lunel 346, 365
Murillo, Bartolomé Esteban 45
Musset, Alfred de 368
Mussolini, Benito 27, 41
Mussolini, Vittorio 42

Nalèche, Étienne de 203
Nin, Anaïs 32
Noël, Léon 11, 287
Noguères, Henri 348

Oberg, Carl 236, 258, 261

Oberlé, Jean 246
Oberlindober, Hanns 90

Pakin, Leon 336
Papon, Maurice 434
Pardo, Geraldine 52
Patenôtre, Raymond 26
Paul-Boncours, Joseph 145
Paxton, Robert Owen 419
Péan, Pierre 423f.
Péguy, Charles 133, 149f.
Pernet, André 26
Pérotin, Yves 385
Perrier, Gabrielle 268
Perticoz, Juliette 273
Perticoz, Aimé 273
Pétain, Philippe 15, 74-80, 104, 114, 152, 173f., 176, 184, 186-194, 196f., 202, 204–204, 219, 231, 250, 276, 281, 286, 307, 312-314, 316, 326, 343, 352–356, 360, 369, 396, 405–410, 418, 424f., 430
Petiot, Henri alias Daniel-Rops 86
Peyrouton, Marcel 207
Pfeiffer, Léon 265
Philippe, Jules 136
Picard, Marcel 279
Picasso, Pablo 31
Pichot, Henri 89f., 92f.
Piguet, Robert 33
Pineau, Christian 339
Pius XI. 290
Pöchlinger, Josef 10
Poincaré, Raymond 83
Poinsot, Pierre 296
Pöllnitz, Karl Ludwig von 30
Pompidou, Georges 278
Pourrat, Henri 71
Proudhon, Pierre-Joseph 31
Pucheu, Pierre 404

Rabutin-Chantal, Marie de, Marquise de Sévigné 174
Radochitzki, Anna 239–241
Raeder, Erich 12
Ray, Man 31
Rebatet, Lucien 146, 199
Regnard, Albert 211
Reifman, Léon 272
Reimers, Hans 383
Renoir, Jean 41
Reynaud, Paul 75, 104, 118, 122, 141, 143f., 301, 316f.
Rheinberger, Helmut 115
Riberolle, Louis 371
Riefenstahl, Leni 42
Riffaud, Madeleine 333
Ritter von Leeb, Wilhelm 114
Röthke, Heinz 249, 257, 267
Rodellec du Porzic, Maurice 261
Rolland, Romain 82
Romain, Jules 34
Rommel, Erwin 125f., 260
Roche, Maurice 379
Roosevelt, Franklin D. 317, 322–324
Rossi, Tino 35
Rousso, Henry 303, 415, 426

Salacrou, Armand 34
Saliège, Jules Géraud 247
Salles, Georges 45
Sarkozy, Nicolas 310, 434
Sarraut, Maurice 289
Sartre, Jean-Paul 26, 28, 72, 162, 336f.
Scapini, Georges 90
Scheler, Max 32
Schiaparelli, Elsa 155
Schlumberger, Jean 87
Schmald, Walter 376, 379
Schumacher, Kurt 17
Sebilleau, Pierre 218
Shearer, Norma 26
Shirer, William L. 11f.
Simon, Charles 25
Simon, François 57
Singh Bahadur, Jagatjit 26
Spears, Edward Louis 122
Speer, Albert 7
Spitzer, Walter 423
Stalin, Josef 44, 95f.,327
Stavisky, Alexandre 182
Stresemann, Gustav 83
Suhard, Emmanuel 252
Suleiman, Susan 338
Szabó, Zoltán 135

Teitgen, Pierre-Henri 405
Teillé, François 378
Texcier, Jean 156, 402

Thill, Georges 26
Thorez, Maurice 87
Tillon, Charles 370
Tissot, Noël de 287
Toulouse-Lautrec, Henri de 28
Touvier, François 276–281, 303
Touvier, Paul 277
Trenet, Charles 35
Trocmé, André 247
Trouillé, Pierre 379
Tzara, Tristan 31
Turpault, Valentin 241

Vallat, Xavier 215, 229
van Overstraeten, Raoul 121
Vautherin, Stéphane 277
Veil, Antoine 421
Veil, Simone 421
Vereker, John, 6. Viscount Gort 39
Vergez-Chaignon, Bénédicte 77, 407
Verlaine, Paul 367
Vernant, Jean-Pierre 339
Verne, Jules 34
Vidal-Naquet, Lucien 262
Viel, Hugues 285
Vieillefont, Jean-François 380
Vildé, Boris 343
Villelume, Paul de 144
Vistel, Auguste alias Alban 341
Voisins-Lavernieère, Guy de 395
Voltaire, eigentlich François-Marie Arouet 132
von Below, Nicolaus 11
von Brauchitsch, Walther 12
von Leeb, Wilhelm Ritter 114
von Manstein, Erich 115
von Ribbentrop, Joachim 12, 44, 46, 85, 90, 96, 205
von Seeckt, Hans 108
von Stülpnagel, Otto 164, 234
Vuillemin, Joseph 107

Wajcman-Zyticki, Hélène 223
Weill, Joseph 271
Wellers, Georges 243f., 259
Werth, Alexander 150
Werth, Léon 142, 157, 168
Weygand, Maxime 11, 110, 123, 145, 195
Wiesel, Elie 419
Winock, Michel 312
Wirsching, Andreas 17
Wolff, Karl 7
Wood, Edward Earl of Halifax 308

Zay, Jean 43, 291, 297–301
Zlatin, Miron 266
Zlatin, Sabine 266, 271, 273
Zuckmayer, Carl 20